आर. गुप्ता® कृत

SSC-CHSL

संयुक्त हायर सेकेन्डरी लेवल (10+2)

डाटा एन्ट्री ऑपरेटर (DEO)

लोअर डिवीजन क्लर्क (LDC)

जूनियर सेक्रेटेरियल असिस्टेंट (JSA)

TIER-I

पिछले प्रश्न-पत्र

(हल सहित)

2027
EDITION

रमेश पब्लिशिंग हाउस, नई दिल्ली

प्रकाशकः ओ.पी. गुप्ता, **रमेश पब्लिशिंग हाउस**

प्रशासनिक कार्यालय

12-H, न्यू दरियागंज रोड, आफिसर्स मेस के सामने,
नई दिल्ली-110002 ✆ 23275224, 23245124

E-mail: info@rameshpublishinghouse.com
For Online Shopping: www.rameshpublishinghouse.com

विक्रय केन्द्र

- बालाजी मार्किट, नई सड़क, दिल्ली-110006 ✆ 23282525 📱 9354373464
- 4457, नई सड़क, दिल्ली-110006

Book Code: R-1334

ISBN: 978-93-5012-025-5

मूल्यः ₹ 260

मुद्रकः बी.के. ऑफसैट, दिल्ली

अनुक्रमणिका

पिछले प्रश्न-पत्र

SSC—संयुक्त हायर सेकेन्डरी लेवल (CHSL : 10 + 2)

डाटा एन्ट्री ऑपरेटर (DEO)/लोअर डिवीजन क्लर्क (LDC)/ जूनियर सेक्रेटेरियल असिस्टेंट (JSA)

Tier-I, भर्ती परीक्षा-2025

(Exam held on 13-11-2025)

English Language

1. Identify the part of the sentence that contains a grammatical error.

The new manager / is responsible of / the entire marketing / campaign.

A. The new manager
B. is responsible of
C. the entire marketing
D. campaign

2. Fill in the blank with the most appropriate phrase:

As the deadline approached, the team was working _______ to finalize the report.

A. under wraps B. around the corner
C. against the clock D. in high spirits

3. Select the most appropriate synonym of the word :

Hapless

A. Fortunate B. Lucky
C. Unlucky D. Successful

4. Fill in the blank with the most appropriate idiom :

She took the criticism _______ and used it to improve her performance.

A. at face value B. with a grain of salt
C. in stride D. out of context

5. Which of the following sentences uses the word "saw" with the **same meaning** as in the following sentence?

"He saw the car coming too late"

A. She used a hand saw to cut the plank in half.
B. We needed a power saw to cut through the thick branch.
C. I saw a beautiful sunset last night.
D. The lumberjack's saw was very loud.

Directions (Qs.No. 6-10): *Read the following passage and answer the questions based on it :*

Online purchasing, which combines unmatched ease with a distinct set of disadvantages, has completely changed how consumers behave. Accessibility is its main benefit; customers may explore and buy things from almost anywhere at any time, and there is frequently a greater selection than in physical stores. Important lures include competitive pricing, made possible by internet retailer' reduced overhead, and the simplicity of comparing prices from several

1. B	2. C	3. C	4. C	5. C

providers. However, there are significant drawbacks to online shopping's virtual nature. Delivery-related discontent may result from the inability to personally inspect things before purchase. Concerns over shipping delays, unstated expenses, and the effects of packaging and transportation on the environment are becoming more widespread. Additionally, the individualised customer service experience may be weakened by a lack of human interaction.

6. What is the primary advantage of online purchasing according to the text?

A. It allows for in-person inspection of products
B. It provides easy access to a wider selection of items from anywhere at any time
C. It offers higher prices than physical stores
D. It eliminates the need for shipping

7. What is one of the key benefits of online shopping in terms of pricing?

A. Higher prices due to store overhead costs
B. Competitive pricing due to lower overhead costs for online retailers
C. Fixed prices with no possibility of comparison
D. Prices that remain constant across all platforms

8. What is a significant drawback of online shopping mentioned in the text?

A. Lack of variety in products
B. The inability to inspect products before purchasing
C. Higher prices for shipping
D. Limited access to the internet

9. What are some growing concerns related to the environmental impact of online shopping?

A. Increased store visits
B. Concerns over shipping delays
C. Higher fuel consumption from physical stores
D. Limited product availability

10. What aspect of the customer experience may be weakened by online shopping?

A. The ability to compare prices easily
B. Personalized customer service due to lack of human interaction
C. The variety of products available
D. Convenience of purchasing from anywhere

11. Choose the correctly spelt word :

A. Beaurocrat B. Burocrat
C. Bureaucrat D. Buroucrat

12. Choose the correctly spelt word:

A. Iresistible B. Irresistable
C. Irresistible D. Irresistble

13. Choose the correct meaning of the idiom :

As thick as thieves

A. Very close and loyal
B. Very secretive
C. Very sneaky
D. Very quiet

14. Choose the correct one-word substitute for :

A person who studies birds

A. Biologist B. Ornithologist
C. Ecologist D. Zoologist

15. Select the most appropriate antonym of the word :

Felicity

A. Misery B. Despair
C. Sorrow D. Anger

16. Select the most appropriate antonym of the word :

Repudiate

A. Reject B. Disown
C. Deny D. Accept

6. B	**7.** B	**8.** B	**9.** B	**10.** B	**11.** C
12. C	**13.** A	**14.** B	**15.** A	**16.** D	

17. Choose the correct one-word substitute for :

A place where records and documents are stored

A. Archive B. Library
C. Storage D. Depository

18. Change the following sentence into the Active form.

Let the emergency meeting be convened at 10 AM without delay.

A. Convene the emergency meeting at 10 AM without delay.
B. The emergency meeting should be convened at 10 AM without delay.
C. They will convene the emergency meeting at 10 AM without delay.
D. An emergency meeting is convened at 10 AM without delay.

19. Select the option that expresses the given sentence in indirect voice.

The company CEO announced, "We will not be able to meet the deadli· for this quarter, which is a great disappointment for all of us, but we will have to work harder next time."

A. The company CEO announced that they will not be able to meet the deadline for this quarter, which is a great disappointment for all of us, but that they will have to work harder next time.
B. The company CEO announced that they would not be able to meet the deadline for this quarter, which was a great disappointment for all of them, but that they would have to work harder the next time.
C. The company CEO announced that they would not be able to meet the deadline for that quarter, which was a great disappointment for all of them, but that they would have to work harder next time.
D. The company CEO announced that they would not be able to meet the deadline for that quarter, which was a great disappointment for all of them, but that they would have to work harder the next time.

20. Choose the most suitable option to replace the highlighted part of the sentence :

I am not one of these people who believes in rumours.

A. believer B. believe
C. believing D. to believe

21. Choose the most suitable option to replace the highlighted part of the sentence :

The organized sellers with the ability to control their price-lines, or pass on any increase in cost to customers, should be able to maintain or improve profit margin.

A. should be able to maintain or improve profit margins
B. will be able to maintains or improve profit margin
C. will be able to maintain or improves profit margin
D. will be abled to maintain or improve profit margin

22. Choose the correct passive voice transformation of the sentence:

The students are completing their assignments.

A. The assignments are being completed by the students.
B. The assignments are completed by the students.
C. The assignments were completed by the students.
D. The assignments have been completed by the students.

17. A	**18.** A	**19.** D	**20.** B	**21.** A	**22.** A

23. Select the option that expresses the given sentence in direct voice.

The captain explained that the ship had been sailing for three weeks and they had faced a severe storm the previous night.

A. The captain explained, "The ship was sailing for three weeks, and we faced as severe storm last night."

B. The captain explained, "The ship has been sailing for three weeks, and we had faced a severe storm last night."

C. The captain explained, "The ship has been sailing for three weeks, and we faced a severe storm last night."

D. The captain explained, "The ship had been sailing for three weeks, and we faced a severe storm last night."

24. Rearrange the following sentence parts to form a meaningful and grammatically correct paragraph :

P. But the fleet was caught off guard as a sudden, strong storm blew in from the sea.

Q. Confident in their strategy to blockade the enemy port, the admiral gave the order for the ships to proceed.

R. The conflict became a desperate struggle for survival due to the unanticipated weather.

S. Without firing a shot, they were to cut off supplies and compel a surrender.

A. P, S, Q, R   B. S, R, P, Q
C. Q, S, P, R   D. R, S, P, Q

25. Rearrange the following sentence parts to form a meaningful and grammatically correct paragraph :

P. However, as the Empire grew, a series of internal and external pressures began to mount.

Q. The Roman Empire was the most powerful civilisation in history at its height.

R. Its gradual decline was caused by a confluence of political corruption, military overstretch, and economic instability.

S. Its vast network of roads, laws, and military outposts brought a period of peace and prosperity.

A. R, S, P, Q   B. P, S, Q, R
C. R, P, S, Q   D. Q, S, P, R

सामान्य बुद्धिमत्ता

26. यदि HARMONY को KDUPRQB के रूप में कोडित किया गया है, तो BALANCE को क्या लिखा जाएगा?

A. EDODQFH   B. EDLDQFH
C. EDLDQGI   D. EDFDRFH

27. एक विशेष कोड भाषा में, यदि ARCHAEOLOGICAL को BSDIBFPMPHJDBM और ANTHROPOLOGICAL को BOUISPQPMPHJDBM के रूप में कोडित किया जाता है, तो PSYCHOLOGICAL का कोड क्या होगा?

A. QTZDIPMPHJDBM
B. QSZDIPMPHJDBM
C. QTZDIPMPHJCBM
D. QTZDIPMPGJDBM

28. एक विशिष्ट कोडिंग प्रणाली में, यदि MATHEMATICS को NBUIFNBUJDT और GEOGRAPHY को HFPHSBQIZ के रूप में कोडित किया जता है, तो CHEMISTRY को कोड क्या होगा?

A. DIFNJTUSZ   B. DIFNJTVRZ
C. DIFNJTRSZ   D. DIFNJTTRZ

23. C	24. C	25. D	26. B	27. A	28. A

29. यहाँ आपको कथन में किसी समस्या या उसके समाधान के बारे में दिया गया है, आपको दिये गए कथन के लिए उपयुक्त तार्किक निष्कर्ष चुनना है।

कथन :

निगरानी तकनीक में प्रगति ने राष्ट्रीय सुरक्षा और अपराध रोकथाम में सुधार किया है। हालांकि, व्यापक निगरानी और गोपनीयता के उल्लंघन की चिंताओं ने नैतिक सीमाओं और सरकारी अतिक्रमण पर बहस छेड़ दी है। आलोचक पारदर्शी नीतियों और सार्वजनिक निगरानी की माँग करते हैं।

निष्कर्ष :

I. निगरानी तकनीक के लाभ और जोखिम दोनों हैं।

II. गोपनीयता और सुरक्षा के बीच संतुलन बनाने के लिए सार्वजनिक निगरानी और स्पष्ट नीतियों की आवश्यकता है।

III. व्यक्तिगत स्वतंत्रता की रक्षा के लिए निगरानी पर पूरी तरह से प्रतिबंध लगा देना चाहिए।

कौन-सा निष्कर्ष अनिवार्य रूप से निकलता है?

A. केवल I अनुसरण करता है

B. I और II अनुसरण करते हैं

C. केवल III अनुसरण करता है

D. सभी अनुसरण करते हैं

30. प्रत्येक वस्तु में एक स्थिति का वर्णन किया गया है और उसके बाद चार संभावित उत्तर दिए गए हैं। उस उत्तर का संकेत करें जिसे आप सबसे उपयुक्त पाते हैं। प्रत्येक वस्तु के लिए केवल एक उत्तर चुनें। प्रतिक्रियाओं का मूल्यांकन दी गई स्थिति के लिए उपयुक्तता के स्तर के आधार पर किया जाएगा।

एक छात्रा की परीक्षा में केवल 3 दिन शेष हैं। उसने आधा पाठ्यक्रम भी पूरा नहीं किया है। सबसे अच्छी रणनीति क्या होनी चाहिए?

A. घबराहट शांत करने के लिए प्रेरणादायक वीडियो देखना

B. कम सोकर सभी विषयों को कवर करना

C. अधिक अंकभार वाले और परिचित विषयों पर ध्यान केंद्रित करना

D. हार मानकर परीक्षा छोड़ देना

31. इस प्रकार के प्रश्नों में, विभिन्न गणितीय प्रतीकों के प्रतिस्थापन दिए जाते हैं, जिसके बाद एक अभिव्यक्ति की गणना या सही/गलत समीकरण चुनने से संबंधित एक प्रश्न आता है। आपको दिए गए समीकरण में वास्तविक चिह्न लगाने होंगे और फिर आवश्यकतानुसार प्रश्नों को हल करना होगा।

यदि '^' का अर्थ '×', '%' का अर्थ '–', '&' का अर्थ '÷', '*' का अर्थ '+', तो मान ज्ञात कीजिए : 13%9*12%14 = ?

A. 5

B. 2

C. 3

D. 1

32. इस प्रकार के प्रश्नों में, विभिन्न गणितीय प्रतीकों के प्रतिस्थापन दिए जाते हैं, जिसके बाद एक अभिव्यक्ति की गणना या सही/गलत समीकरण चुनने से संबंधित एक प्रश्न आता है। आपको दिए गए समीकरण में वास्तविक चिह्न लगाने होंगे और फिर आवश्यकतानुसार प्रश्नों को हल करना होगा।

यदि '–' का अर्थ '÷', '?' का अर्थ '+', '%' का अर्थ '–', '$' का अर्थ '×', तो मान ज्ञात कीजिए : 4%13?9$14 = ?

A. 117

B. 114

C. 118

D. 116

29. B	**30.** C	**31.** B	**32.** A

33. आपका सहकर्मी व्यक्तिगत समस्याएँ साक्षा करता है जो उनके काम को प्रभावित कर रही हैं। आप उनके प्रबंधक नहीं है। सबसे अच्छी सामाजिक बुद्धिमत्ता वाली प्रतिक्रिया क्या है?

A. उनके मुद्दों को कार्यालय गपशप के रूप में फैलाएं ताकि सहानुभूति मिले

B. उन्हें कार्यों को प्राथमिकता देने में मदद करें और एचआर या सुपरवाइजर से बात करने का सुझाव दें

C. उन्हें काम को घर पर छोड़ने के लिए कहे

D. चूंकि यह आपकी चिंता नहीं है, नजरअंदाज करें

34. 40 बच्चों की एक पंक्ति में, सीता शुरू से 15वें स्थान पर है और रीता अंत से 18वें स्थान पर है। सीता और रीता के बीच कितने बच्चे हैं?

A. 6 B. 7
C. 8 D. 9

35. एक मंदिर में एक पंक्ति में 25 तेल के दीपक जलाए गए हैं। दाईं ओर से गिनने पर बाईं ओर से 9वें दीपक का स्थान क्या है?

A. 16th B. 17th
C. 18th D. 15th

36. प्रत्येक प्रश्न के नीचे एक कथन दिया गया है जिसके बाद दो कार्यविधियों क्रमांक I और II दी गई हैं। आपको कथन में दी गई हर बात को सत्य मानना है और कथन में दी गई जानकारी के आधार पर, यह तय करना है कि दी गई कौन-सी कार्यविधि तार्किक रूप से अनुसरण करती है?

कथन :

उचित सिग्नलिंग प्रणाली की कमी के कारण रेलवे क्रॉसिंग पर बड़ी संख्या में दुर्घटनाएँ हो रही हैं।

कार्यवाही :

I. क्रॉसिंग पर तुरंत स्वचालित सिग्नलिंग प्रणाली स्थापित करें।

II. उस मार्ग पर ट्रेन सेवाओं पर स्थायी रूप से प्रतिबंध लगाएँ।

A. केवल I अनुसरण करता है

B. केवल II अनुसरण करता है

C. दोनों लागू होते हैं

D. या तो I या II अनुसरण करता है

37. नीचे दिए गए प्रत्येक प्रश्न में एक कथन शामिल है, जिसके बाद दो तर्क क्रमांक I और II दिए गए हैं। आपको तय करना है कि कौन-सा तर्क एक 'मजबूत' तर्क है और कौन-सा 'कमजोर' तर्क है।

कथन: क्या वोटिंग को अनिवार्य बनाना चाहिए?

तर्क:

I. हाँ, यह बेहतर प्रतिनिधित्व सुनिश्चित करता है।

II. नहीं, लोगों को चुनाव की स्वतंत्रता होनी चाहिए।

A. केवल I मजबूत है

B. केवल II मजबूत है

C. दोनों I और II मजबूत हैं

D. ना तो I और ना ही II मजबूत है

38. कुछ अक्षर दिए गए हैं जिनके बाद प्रश्नवाचक चिह्न (?) है, ये अक्षर किसी विशिष्ट क्रम का पालन कर रहे हैं, आपको सही विकल्प देना है जो प्रश्नवाचक चिह्न को प्रतिस्थापित कर सके।

अगला पद क्या आएगा : C, G, L, R, ?

A. Y B. Z
C. A D. B

39. कुछ अक्षर दिए गए हैं जिनके बाद प्रश्नवाचक चिह्न (?) है, ये अक्षर किसी विशिष्ट क्रम का पालन कर रहे हैं, आपकों सही विकल्प देना है जो प्रश्नवाचक चिह्न को प्रतिस्थापित कर सकें।

अनुक्रम में अगला पद : U, Q, M, I, ?

A. D B. E
C. F D. G

33. B **34.** B **35.** B **36.** A **37.** C **38.** A **39.** B

40. इस प्रश्न में आपकों कुछ शर्तें या परिस्थितियाँ दी गई हैं, आपको उल्लिखित परिस्थितियों के अनुसार तर्कसंगत निर्णय लेना है और प्रश्न के लिए सही निर्णय अंकित करना है।

एक नगर परिषद को बुनियादी ढांचे के लिए सीमित बजट आवंटित करना होता है। परिषद के पास एक पुराने पुल की मरम्मत, एक नया पार्क बनाने, जल आपूर्ति में सुधार, या स्थानीय परिवहन को बेहतर बनाने का विकल्प है। यदि शहर को हाल ही में पानी की कमी का सामना करना पड़ा है, तो सबसे उचित कदम क्या होगा?

A. पुराने पुल की मरम्मत करें
B. एक नया पार्क बनाएं
C. जल आपूर्ति में सुधार करें
D. स्थानीय परिवहन को बेहतर बनाएँ।

41. विकल्पों में चार सार्थक शब्द दिए गए हैं, आपको जांचना है कि निम्नलिखित में से कौन-सा शब्द अक्षरों से नहीं बनाया जा सकता है?
'MANAGEMENT'

A. AGENT B. MEANT
C. MANGE D. MANTLE

42. इस प्रकार के प्रश्नों में, कथन के साथ कुछ मुद्दे/विवाद/समस्या प्रदान की जाती है, जिसके बाद समस्या को हल करने के लिए कुछ विधियाँ दी जाती हैं, उस उचित समस्या समाधान विधि का चयन करें जिसे लागू किया जा सकता है।

एक कर्मचारी का दावा हैं कि एक सहकर्मी ने उसके विचार का श्रेय ले लिया। एचआर को हल करना होगा। सबसे अच्छा कदम क्या है?

A. दोनों पक्षों से सबूत एकत्र करके जांच करें
B. टकराव से बचने के लिए नजरअंदाज करें
C. दावेदार को खुश करने के लिए पदोन्नति दें
D. सहकर्मी को तुरंत बर्खास्त करें

43. निम्नलिखित प्रत्येक प्रश्न में, (::) के एक तरफ दिए गए दो अक्षर-युग्मों के बीच एक निश्चित संबंध होता है और (::) के दूसरी तरफ एक युग्म दिया जाता है, जहाँ दिए गए विकल्पों में से एक अन्य युग्म ज्ञात करना है, जिसका इस युग्म के साथ वही संबंध हो जो दिए गए युग्म के युग्मों के बीच है। सर्वोत्तम विकल्प चुनें।
UV : ST :: QR : ?

A. OO B. OP
C. ON D. PP

44. निम्नलिखित प्रत्येक प्रश्न में, (::) के एक तरफ दिए गए दो अक्षर-युग्मों के बीच एक निश्चित संबंध होता है और (::) के दूसरी तरफ एक युग्म दिया जाता है, जहाँ दिए गए विकल्पों में से एक अन्य युग्म ज्ञात करना है, जिसका इस युग्म के साथ वही संबंध हो जो दिए गए युग्म के युग्मों के बीच है। सर्वोत्तम विकल्प चुनें।
AE : EI :: IO : ?

A. OS B. OU
C. IU D. OA

45. उस अगले तत्व को ज्ञात करें जो तार्किक रूप से ? को प्रतिस्थापित करता है।
56, 71, 88, 107, ?

A. 136 B. 123
C. 128 D. 143

46. उस अगले तत्व को ज्ञात करें जो तार्किक रूप से ? को प्रतिस्थापित करता है।
0, 7, 26, 63, ?

A. 131 B. 123
C. 124 D. 140

47. उस अगले तत्व को ज्ञात करें जो तार्किक रूप से ? को प्रतिस्थापित करता है।
14, 38, 86, ?

A. 182 B. 191
C. 194 D. 175

40. C **41.** D **42.** A **43.** B **44.** B **45.** C **46.** C **47.** A

48. निम्नलिखित जोड़ियों में से तीन एक ही पैटर्न का पालन करती हैं, एक जोड़ी को छोड़कर। कौन-सी जोड़ी इस पैटर्न का पालन नहीं करती?

A. 18 : 27
B. 36 : 45
C. 54 : 63
D. 72 : 80

49. दिए गए शब्दों के सही क्रम को चुनें जैसे वे अंग्रेजी शब्दकोश में दिखाई देंगे।

1. Circulation
2. Circumference
3. Circumscribed
4. Circumstance
5. Circumstantial

A. 1, 2, 3, 4, 5
B. 2, 3, 1, 4, 5
C. 1, 2, 4, 3, 5
D. 2, 1, 3, 4, 5

50. दिए गए शब्दों के सही क्रम को चुनें जैसे वे अंग्रेजी शब्दकोश में दिखाई देंगे।

1. Memory 2. Method
3. Middle 4. Modern
5. Moment 6. Monday

A. 1, 2, 3, 4, 5, 6
B. 1, 3, 2, 4, 5, 6
C. 1, 2, 3, 4, 6, 5
D. 1, 3, 2, 4, 6, 5

संख्यात्मक अभियोग्यता

51. A, B और C एक साझेदारी में प्रवेश करते हैं। A ₹ 80,000 रुपये, B 60,000 रुपये और C 40,000 रुपये निवेश करता है। 6 महीने बाद, B अपनी पूँजी में 25% की वृद्धि करता है, जबकि C अपनी पूँजी में 10% की कमी करता है। 1 वर्ष के अंत में, कुल लाभ 1,20,000 रुपये होता है। लाभ में C का हिस्सा क्या है?

A. ₹ 20,000 B. ₹ 24,582
C. ₹ 30,000 D. ₹ 35,789

52. अगर $\sin A = \frac{7}{25}$ और $\cos B = \frac{24}{25}$, खोजो $\sin A \cos B + \cos A \sin B$:

A. $\frac{168}{625}$ B. $\frac{13}{25}$
C. $\frac{336}{625}$ D. $\frac{24}{25}$

53. एक व्यापारी 50 किलो चावल ₹ 50 प्रति किलो की दर से और 30 किलो चावल एक अलग किस्म का ₹ 60 प्रति किलो की दर से खरीदता है। वह दोनों किस्मों को मिलाता है और पूरे मिश्रण को ₹ 55 प्रति किलो की दर से बेचता है। उसका कुल लाभ या हानि क्या है?

A. ₹ 100 लाभ B. ₹ 100 हानि
C. ₹ 200 लाभ D. ₹ 200 हानि

54. दो संख्याएँ एक तीसरी संख्या से क्रमशः 20% कम और 30% अधिक है। दोनों संख्याओं का अनुपात क्या है?

A. 8 : 13 B. 2 : 3
C. 4 : 5 D. 7 : 9

55. 8 संख्याओं का औसत 45 है। यदि प्रथम 4 संख्याओं में से प्रत्येक में 5 की वृद्धि की जाए तथा अंतिम 4 संख्याओं में से प्रत्येक में 3 की कमी की जाए, तो नया औसत क्या होगा?

A. 45 B. 47
C. 46 D. 48

48. D **49.** A **50.** A **51.** B **52.** C **53.** A **54.** A **55.** C

56. $2^4 \times 3^2 \times 5^3 \times 7$ और $23 \times 5 \times 7 \times 11$ का HCF है :

A. 23 B. 5
C. 7 D. 35

57. एक कस्बे की जनसंख्या पहले वर्ष में 20% बढ़ती है, दूसरे वर्ष 10% घटती है और तीसरे वर्ष फिर 25% बढ़ जाती है। यदि शुरुआत में जनसंख्या 40,000 थी, तो 3 वर्ष बाद यह कितनी हो जाएगी?

A. 24,000 B. 43,200
C. 48,000 D. 54,000

58. एक चोर सुबह 10:00 बजे 20 किमी./घंटा की रफ्तार से बैंक से भाग जाता है। एक पुलिस कार सुबह 10:30 बजे 30 किमी./घंटा की रफ्तार से उसका पीछा करना शुरू करती है। पुलिस कार किस समय चोर को पकड़ लेगी?

A. 11:00 सुबह B. 11:30 सुबह
C. 12:00 शाम D. 12:30 शाम

59. A एक काम को 15 दिनों में और B 30 दिनों में कर सकता है। वे दोनों साथ मिलकर काम शुरू करते हैं, लेकिन A 5 दिन बाद काम छोड़ देता है। B शेष काम को कितने दिनों में पूरा करेगा?

A. 15 दिन B. 6 दिन
C. 7 दिन D. 8 दिन

60. एक जौहरी एक हार का अंकित मूल्य उसके क्रय मूल्य से 30% अधिक रखता है। वह अंकित मूल्य पर ₹ 150 की नकद छूट देता है। यदि हार ₹ 1800 में बेचा जाता है और उसे 20% का लाभ होता है, तो हार का क्रय मूल्य क्या है?

A. ₹ 1500 B. ₹ 1200
C. ₹ 1450 D. ₹ 1600

61. एक धनराशि साधारण ब्याज की एक निश्चित दर पर 8 वर्षों में दोगुनी हो जाती है। उसी दर पर कितने वर्षों में यह धनराशि अपनी पाँच गुनी हो जाएगी?

A. 16 वर्ष B. 24 वर्ष
C. 32 वर्ष D. 40 वर्ष

62. रोहन ₹ P की कुल राशि का एक भाग योजना A में 4 वर्षों के लिए और शेष राशि योजना B में 5 वर्षों के लिए निवेश करता है। योजना A पर $r\%$ प्रति वर्ष की साधारण ब्याज दर मिलती है, जबकि योजना B पर $(r+2)\%$ प्रति वर्ष की साधारण ब्याज दर मिलती है। योजना A में निवेश की गई राशि, योजना B में निवेश की गई राशि से 50% अधिक है। यदि दोनों योजनाओं से अर्जित कुल ब्याज ₹ 1,920 है और योजना A में निवेश की गई राशि ₹ 2,400 है, तो साधारण ब्याज दर (r) क्या है?

A. 10% B. 15%
C. 5% D. 12%

63. $a^2 + b^2 + c^2$ का मान क्या है यदि $a + b + c = 12$ और $ab + bc + ca = 40$?

A. 84 B. 64
C. 44 D. 144

64. निम्नलिखित में से कौन-सा संख्या संभवतः एक पूर्ण वर्ग हो सकता है?

A. 245982 B. 496838
C. 178343 D. 571536

65. एक दुकानदार 25% वसा वाले 4 लीटर दूध के घोल को 40% वसा वाले 6 लीटर अन्य दूध के घोल के साथ मिलाता है। अंतिम मिश्रण में वसा का प्रतिशत क्या है?

A. 30% B. 32%
C. 34% D. 35%

66. यदि किसी गोले की त्रिज्या 20 प्रतिशत बढ़ा दी जाए, तो उसका आयतन कितने प्रतिशत बढ़ जाएगा?

A. 76.6 B. 60.5
C. 72.8 D. 78.4

56. D	**57.** D	**58.** B	**59.** A	**60.** A	**61.** C
62. A	**63.** B	**64.** D	**65.** C	**66.** C	

67. एक ठोस अर्धगोले का कुल पृष्ठीय क्षेत्रफल 300π सेमी.^{2} है। इसका आयतन ज्ञात कीजिए।

A. 500π cm^3

B. 125π cm^3

C. $\frac{333}{2} \neq$ cm^3

D. $\frac{2000}{3} \neq$ cm^3

68. निम्नलिखित में से कौन-सा आरोही क्रम में है?

A. 1/2, 0.55, 3/5, 0.625

B. 1/2, 3/5, 0.55, 0.625

C. 0.55, 1/2, 0.625, 3/5

D. 1/2, 0.55, 0.625, 3/5

69. एक वृत्त का क्षेत्रफल 144π सेमी.^{2} है, वृत्त की परिधि की लंबाई क्या है?

A. 82.5 सेमी. B. 19.8 सेमी.

C. 22.5 सेमी. D. 75.4 सेमी.

70. यदि $27^3 \div 3^5 = 3^n$, तो n ज्ञात कीजिए।

A. 3 B. 6

C. 5 D. 4

71. यदि $x + y = 8$ और $xy = 5$, तो $x^3 - y^3 + 8(x + y)^2$ का मान क्या है?

A. 1256 B. 1304

C. 3456 D. 3245

72. सरल करें : $\frac{(\sin(x) + \cos(x))^2}{1 + \sin(x)\cos(x)}$

A. $\frac{6 + 5\sin(x)\cos(x)}{1 + \sin(x)\cos(x)}$ B. $\frac{7 + 8\sin(x)\cos(x)}{3 + \sin(x)\cos(x)}$

C. $\frac{9 + 2\sin(x)\cos(x)}{7 + \sin(x)\cos(x)}$ D. $\frac{1 + 2\sin(x)\cos(x)}{1 + \sin(x)\cos(x)}$

73. यदि $\sin A = \frac{5}{13}$, तो $\tan A$ ज्ञात कीजिए।

A. $\frac{7}{13}$ B. $\frac{5}{12}$

C. $\frac{8}{15}$ D. $\frac{9}{13}$

74. एक समकोण त्रिभुज ABC में, जिसका कोण B समकोण है, यदि $\tan A = \frac{1}{\sqrt{3}}$, तो $2 \sin A \cos A$ का मान क्या है?

A. $\frac{\sqrt{3}}{2}$ B. $\frac{\sqrt{3}}{5}$

C. $\frac{\sqrt{3}}{7}$ D. $\frac{\sqrt{3}}{8}$

75. एक रेखा का समीकरण $5x - 2y = 10$ है। इस रेखा के लंबवत रेखा का ढलान क्या है?

A. -8 B. $\frac{-2}{5}$

C. $\frac{6}{7}$ D. 7

सामान्य सचेतता

76. भारतीय पुरातत्व सर्वेक्षण की पहली महिला महानिदेशक कौन थी?

A. कमला दास B. देबाला मित्रा

C. अन्ना चांडी D. चित्रा रामकृष्ण

77. जून 2024 में आंध्र प्रदेश के मुख्यमंत्री के रूप में किसने शपथ ली थी?

A. रेवंत रेड्डी B. एन. चंद्रबाबू नायडू

C. मोहन यादव D. विष्णु देव साईं

67. D	**68.** A	**69.** D	**70.** D	**71.** B	**72.** D
73. B	**74.** A	**75.** B	**76.** B	**77.** B	

78. फरवरी 2025 में, किसने 'राज्यों और राज्य सार्वजनिक विश्वविद्यालयों के माध्यम से गुणवत्तापूर्ण उच्च शिक्षा का विस्तार' शीर्षक से एक नीति रिपोर्ट लॉन्च की?

A. नीति आयोग
B. शिक्षा मंत्रालय
C. एन.जी.ओ. प्रथम
D. आजाद फाउंडेशन

79. भारत में महिला उद्यमिता को बढ़ावा देने के लिए किस मंत्रालय ने मार्च 2025 में स्वावलंबिनी पहल शुरू की थी?

A. महिला एवं बाल विकास मंत्रालय
B. ग्रामीण विकास मंत्रालय
C. वाणिज्य और उद्योग मंत्रालय
D. कौशल विकास और उद्यमिता मंत्रालय

80. भारत में, निम्नलिखित में से कौन-सी रिपोर्ट मोएसपीआई (MoSPI) के तहत प्रकाशित की जाती है?

I. आवधिक श्रम बल सर्वेक्षण
II. मासिक अवसंरचना प्रदर्शन समीक्षा रिपोर्ट

A. केवल I
B. केवल II
C. I और II दोनों
D. न तो I और न ही II

81. सुदासरी ग्रेट इंडियन बस्टर्ड प्रजनन केंद्र निम्नलिखित में से किस राज्य में है?

A. राजस्थान
B. तमिलनाडु
C. केरल
D. कर्नाटक

82. थॉमस कुक ट्रेवल बुक अवार्ड जीतने वाली ट्रेवल पुस्तक 'फ्रॉम हेवन लेक : ट्रेवल्स थ्रू सिंकियांग एंड तिब्बत' के लेखक कौन है?

A. सारा जोसेफ
B. रोहित लाल
C. कंचना बनर्जी
D. विक्रम सेठ

83. तमिलनाडु का पारंपरिक वाद्य यंत्र 'वामसी' एक ______ है।

A. बांसुरी
B. ड्रम
C. सरोद
D. मंजिरा

84. 'स्वांग' नृत्य भारत के किस राज्य में किया जाता है?

A. गोवा
B. केरल
C. कर्नाटक
D. उत्तर प्रदेश

85. भारतीय उपग्रह के संदर्भ में, इन्सैट का उपयोग निम्नलिखित में से किस उद्देश्य के लिए किया जाता है?

I. टेलीविजन प्रसारण
II. मौसम पूर्वानूमान

A. केवल I
B. केवल II
C. I और II दोनों
D. न तो I और न ही II

86. न्यूटन के गति का तृतीय नियम कहता है कि ______

A. प्रत्येक क्रिया के लिए, ठीक उसके समान किंतु विपरीत दिशा में प्रतिक्रिया होती है
B. प्रत्येक क्रिया के लिए, प्रतिक्रिया विपरीत दिशा में होती है लेकिन परिमाण में अधिक होती है
C. किसी वस्तु के संवेग परिवर्तन की दर, उस पर लगाए गए असंतुलित बल की दिशा के समानुपाती होती है
D. गतिशील वस्तु तब तक गतिशील रहती है जब तक उस पर कोई बल न लगाया जाए

87. दाब का सूत्र क्या होता है?

A. दाब = बल / क्षेत्रफल
B. दाब = बल × क्षेत्रफल
C. दाब = क्षेत्रफल / बल
D. दाब = (बल × बल) / क्षेत्रफल

88. दिसंबर 2025 के लिए निर्धारित मानवरहित गगनयान-जी1 मिशन, मानव कार्यों और ऑनबोर्ड प्रणालियों का परीक्षण करने के लिए महिला जैसा दिखने वाला अर्ध-मानव रोबोट को ले जाएगा। इस रोबोट का नाम क्या है?

A. मानवी
B. व्योममित्र
C. भूमिका
D. रोकशक

78. A	**79.** D	**80.** C	**81.** A	**82.** D	**83.** A
84. D	**85.** C	**86.** A	**87.** A	**88.** B	

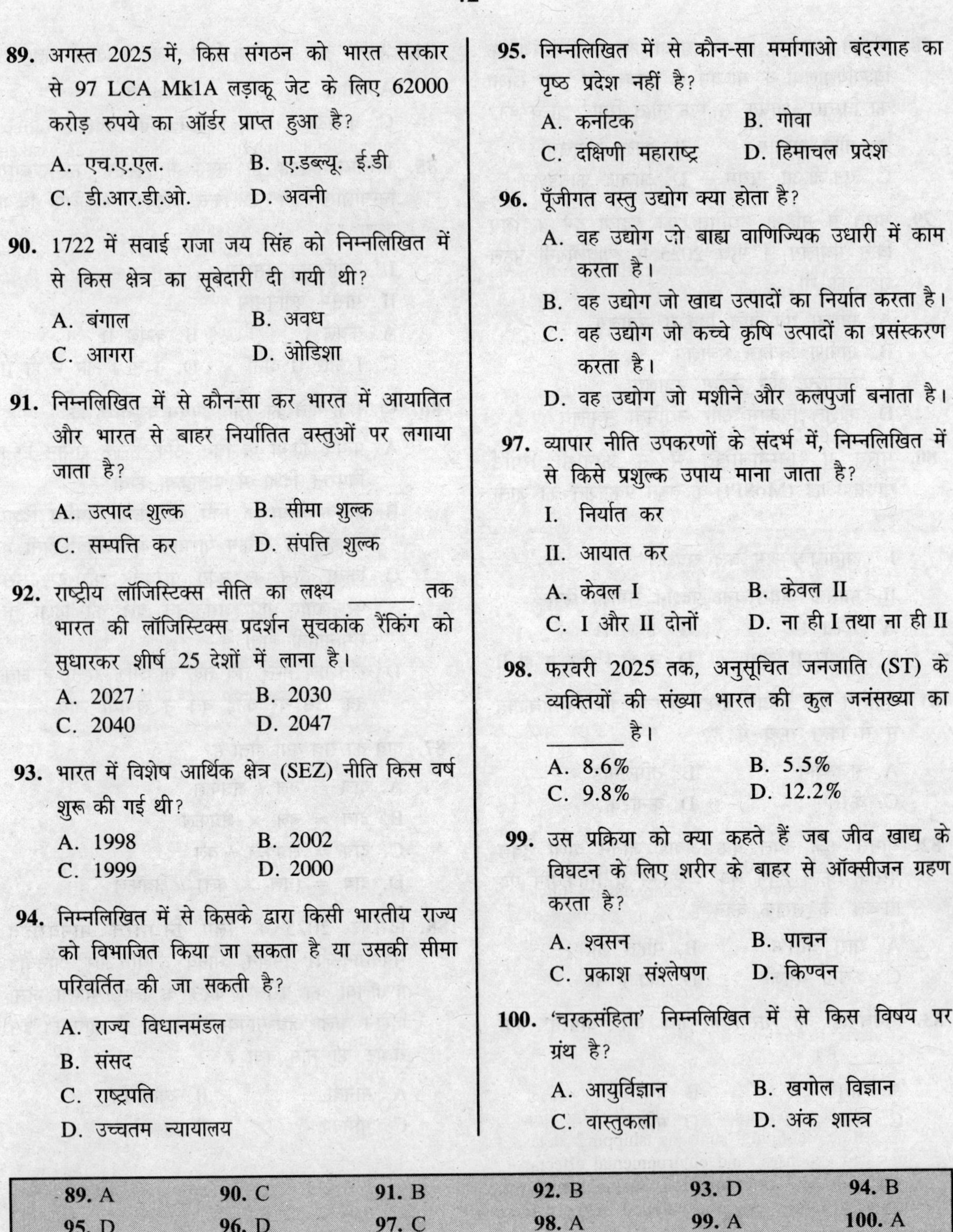

89. अगस्त 2025 में, किस संगठन को भारत सरकार से 97 LCA Mk1A लड़ाकू जेट के लिए 62000 करोड़ रुपये का ऑर्डर प्राप्त हुआ है?

A. एच.ए.एल. B. ए.डब्ल्यू. ई.डी
C. डी.आर.डी.ओ. D. अवनी

90. 1722 में सवाई राजा जय सिंह को निम्नलिखित में से किस क्षेत्र का सूबेदारी दी गयी थी?

A. बंगाल B. अवध
C. आगरा D. ओडिशा

91. निम्नलिखित में से कौन-सा कर भारत में आयातित और भारत से बाहर निर्यातित वस्तुओं पर लगाया जाता है?

A. उत्पाद शुल्क B. सीमा शुल्क
C. सम्पत्ति कर D. संपत्ति शुल्क

92. राष्ट्रीय लॉजिस्टिक्स नीति का लक्ष्य ______ तक भारत की लॉजिस्टिक्स प्रदर्शन सूचकांक रैंकिंग को सुधारकर शीर्ष 25 देशों में लाना है।

A. 2027 B. 2030
C. 2040 D. 2047

93. भारत में विशेष आर्थिक क्षेत्र (SEZ) नीति किस वर्ष शुरू की गई थी?

A. 1998 B. 2002
C. 1999 D. 2000

94. निम्नलिखित में से किसके द्वारा किसी भारतीय राज्य को विभाजित किया जा सकता है या उसकी सीमा परिवर्तित की जा सकती है?

A. राज्य विधानमंडल
B. संसद
C. राष्ट्रपति
D. उच्चतम न्यायालय

95. निम्नलिखित में से कौन-सा मर्मागाओ बंदरगाह का पृष्ठ प्रदेश नहीं है?

A. कर्नाटक B. गोवा
C. दक्षिणी महाराष्ट्र D. हिमाचल प्रदेश

96. पूँजीगत वस्तु उद्योग क्या होता है?

A. वह उद्योग जो बाह्य वाणिज्यिक उधारी में काम करता है।
B. वह उद्योग जो खाद्य उत्पादों का निर्यात करता है।
C. वह उद्योग जो कच्चे कृषि उत्पादों का प्रसंस्करण करता है।
D. वह उद्योग जो मशीने और कलपुर्जा बनाता है।

97. व्यापार नीति उपकरणों के संदर्भ में, निम्नलिखित में से किसे प्रशुल्क उपाय माना जाता है?

I. निर्यात कर
II. आयात कर

A. केवल I B. केवल II
C. I और II दोनों D. ना ही I तथा ना ही II

98. फरवरी 2025 तक, अनुसूचित जनजाति (ST) के व्यक्तियों की संख्या भारत की कुल जनसंख्या का ______ है।

A. 8.6% B. 5.5%
C. 9.8% D. 12.2%

99. उस प्रक्रिया को क्या कहते हैं जब जीव खाद्य के विघटन के लिए शरीर के बाहर से ऑक्सीजन ग्रहण करता है?

A. श्वसन B. पाचन
C. प्रकाश संश्लेषण D. किण्वन

100. 'चरकसंहिता' निम्नलिखित में से किस विषय पर ग्रंथ है?

A. आयुर्विज्ञान B. खगोल विज्ञान
C. वास्तुकला D. अंक शास्त्र

89. A	**90.** C	**91.** B	**92.** B	**93.** D	**94.** B
95. D	**96.** D	**97.** C	**98.** A	**99.** A	**100.** A

व्याख्यात्मक उत्तर

1. The error is the preposition used after "responsible." Standard usage is "responsible for" something, not "responsible of." So it should read: "The new manager is responsible for the entire marketing campaign."

2. The phrase "against the clock" means working with great urgency because time is limited. Since the sentence mentions that the deadline was approaching, it implies that the team was working quickly to finish before time ran out. The other options do not express urgency related to time pressure, so "against the clock" is the most appropriate choice.

3. "Hapless" means unfortunate, unlucky, or ill-fated. Among the options, Unlucky matches the meaning most accurately.

4. The idiom "take something in stride" means to accept criticism or difficulty calmly and handle it well. The sentence means she accepted the criticism positively and used it to improve.

5. In "He saw the car coming too late," "saw" means noticed/observed with the eyes. The matching usage is "I saw a beautiful sunset last night," where "saw" also means observed visually.

6. The passage clearly states that the main benefit of online purchasing is its accessibility, allowing customers to explore and buy products from almost anywhere at any time, often with a wider selection than physical stores.

7. The text explains that online retailers often have reduced overhead costs compared to physical stores, which enables them to offer competitive pricing, making this a key pricing-related advantage.

8. A major drawback highlighted in the passage is that customers cannot personally inspect products before buying them, which can lead to dissatisfaction related to delivery and product quality.

9. The passage mentions growing concerns linked to online shopping such as shipping delays, unstated expenses, and environmental effects of packaging and transportation, making shipping delays a valid concern mentioned in the text.

10. The passage notes that the absence of direct human interaction in online shopping can weaken the individualized customer service experience, making this the correct choice.

11. Among the given options, "Bureaucrat" is the only word spelled correctly. The others contain incorrect letter arrangements that do not conform to standard English spelling.

12. The correct spelling requires double *r* and double *s*, followed by -ible. All other options miss or misplace essential letters, making them incorrect.

13. The idiom "as thick as thieves" means that people share a very close bond, trust each other deeply, and are strongly loyal to one another. It does not primarily refer to secrecy, sneakiness, or silence.

14. An ornithologist is a specialist who studies birds. The other options refer to broader or different fields of biological study and therefore do not precisely match the definition.

15. Felicity means happiness or great joy. The most direct and accurate opposite among the given options is misery, which denotes extreme unhappiness.

16. The verb repudiate means to reject, deny, or refuse to accept something. Therefore, its most appropriate antonym is accept, which conveys the opposite sense of agreeing to or approving something.

17. An archive is specifically a place where historical records, documents, and official files are systematically stored and preserved. The other options are either broader or not precise one-word substitutes in this context.

18. The given sentence is in passive form using "Let ... be convened." Converting it into active voice requires a direct imperative form, which is correctly achieved by "Convene the emergency meeting at 10 AM without delay."

19. In indirect speech, future tense "will" changes to "would," "this quarter" changes to "that quarter," and present tense "is" changes to "was." Pronoun "us" changes to "them," and "next time" appropriately becomes "the next time." Option D correctly applies all these necessary changes.

20. The relative clause "who believes in rumours" refers to people, which is plural. Therefore, the verb must also be plural. Replacing the highlighted part with "believe" maintains grammatical agreement and correctness.

21. The noun "profit margin" in this context refers to the margins of organized sellers in general, so it should be in the plural form "profit margins." Option A corrects this by using the proper plural noun and keeps the verb structure grammatically correct. The other options contain verb form errors ("maintains," "improves") or incorrect usage ("abled"), making them grammatically unsuitable.

22. The active sentence is in the present continuous tense ("are completing"), so the correct passive transformation must also be in the present continuous form, which is accurately expressed by "are being completed."

23. In converting indirect to direct speech, past perfect continuous ("had been sailing") becomes present perfect continuous ("has been sailing"), and "the previous night" correctly changes to "last night." This option maintains correct tense and meaning.

24. The logical flow begins with the admiral's decision (Q), followed by the planned strategy (S). Then comes the unexpected storm (P), and finally the resulting struggle for survival (R), making this the most coherent sequence.

25. The paragraph logically starts with the Roman Empire at its height (Q), followed by its achievements and prosperity (S). Then the shift introduced by "However" signals rising pressures (P), concluding with the causes of its decline (R).

26. दिया गया है,

H	A	R	M	O	N	Y
+3↓	+3↓	+3↓	+3↓	+3↓	+3↓	+3↓
K	D	U	P	R	Q	B

इसी प्रकार,

B	A	L	A	N	C	E
+3↓	+3↓	+3↓	+3↓	+3↓	+3↓	+3↓
E	D	O	D	Q	F	H

अतः सही कोड EDODQFH होगा।

27. In ARCHAEOLOGICAL → BSDIBFPMPHJDBM में प्रत्येक अक्षर +1 से आगे बढ़ता है। (A→B, R→S, C→D, ..., L→M). यही +1 का नियम ANTHROPOLOGICAL → BOUISPQPMPHJDBM में मिलता है।

इसलिए, PSYCHOLOGICAL को +1 से कोडित करने पर यह P→Q, S→T, Y→Z, C→D, H→I, O→P, L→M, O→P, G→H, I→J, C→D, A→B, L→M = QTZDIPMPHJDBM हो जाएगा।

28. MATHEMATICS → NBUIFNBUJDT में प्रत्येक अक्षर +1 से आगे बढ़ता है। (M→N, A→B, T→U, ..., S→T). GEOGRAPHY → HFPHSBQUIZ भी इसी +1 पैटर्न को दर्शाता है (G→H, E→F, ..., Y→Z).

इसलिए CHEMISTRY भी इसी नियम का पालन करते हुए C→D, H→I, E→F, M→N, I→J, S→T, T→U, R→S, Y→Z = DIFNJTUSZ हो जाएगा।

29. कथन में स्पष्ट रूप से कहा गया है कि निगरानी सुरक्षा/अपराध की रोकथाम में सुधार करती है लेकिन गोपनीयता/नैतिक चिंताओं को भी बढ़ाती है, इसलिए मैं अनिवार्य रूप से इसका पालन करता हूँ (लाभ और जोखिम दोनों मौजूद हैं)। इसमें यह भी कहा गया है कि आलोचक पारदर्शी नीतियों और सार्वजनिक निरीक्षण की मांग करते हैं, इसलिए II अनिवार्य रूप से इसका पालन करता है (संतुलन के लिए निरीक्षण और स्पष्ट नियमों की आवश्यकता है)। III अनुसरण नहीं करता है क्योंकि परिच्छेद विनियमन और बहस पर चर्चा करता है, पूर्ण प्रतिबंध पर नहीं।

30. केवल 3 दिन बचे हैं और आधा पाठ्यक्रम लंबित है, सबसे उपयुक्त तरीका सब कुछ करने की कोशिश करने के बजाय स्मार्ट प्राथमिकता देना है। उच्च-वेटेज और परिचित क्षेत्र प्रति घंटे सर्वोत्तम स्कोर-रिटर्न देते हैं और घबराहट को कम करते हैं। इससे त्वरित पुनरीक्षण और अभ्यास के लिए भी कुछ समय मिल जाता है, जो परीक्षा के लिए महत्वपूर्ण है।

31. संकेतों को प्रश्नानुसार बदलने पर, % → –, * → +.

इसलिए, 13 % 9 * 12 % 14 = 13 – 9 + 12 – 14.

= 25 – 23

= 2

32. संकेतों को प्रश्नानुसार बदलने पर,

% → –, ? → +, $ → ×.

इसलिए, 4%13?9$14 = 4 – 13 + 9 × 14.

= 4 – 13 + 126

= 130 – 13 = 117

33. यह प्रतिक्रिया गपशप के बिना सहानुभूति दिखाती है, काम के प्रभाव को प्रबंधित करने के लिए व्यावहारिक समर्थन देती है, और उन्हें सही औपचारिक सहायता चैनल (एचआर/पर्यवेक्षक) के लिए मार्गदर्शन करती है क्योंकि आप उनके प्रबंधक नहीं हैं।

34. सीता प्रारंभ से 15वीं है। रीता अंत से 18वें स्थान पर है, इसलिए शुरुआत से रीता का स्थान है :

40 – 18 + 1 = 23.

उनके बीच बच्चे :

23 – 15 – 1 = 7.

35. कुल दीपक = 25.

बाएं से 9वां दीपक दाएं से होगा :

25 – 9 + 1 = 17.

36. बताई गई समस्या उचित सिग्नलिंग की कमी के कारण दुर्घटनाएं हैं। स्वचालित सिग्नलिंग स्थापित करना प्रत्यक्ष रूप से कारण का समाधान करता है और एक व्यावहारिक निवारक उपाय है, इसलिए कार्यवाही I तार्किक रूप से अनुसरण करता है। ट्रेन सेवाओं पर स्थायी रूप से प्रतिबंध लगाना एक चरम कदम है, जिसकी कथन में आवश्यकता नहीं है, और यह तार्किक रूप से आवश्यक कार्रवाई के रूप में पालन नहीं करता है जब समस्या को सुरक्षा उन्नयन के माध्यम से हल किया जा सकता है।

37. तर्क I मजबूत है क्योंकि अनिवार्य मतदान से भागीदारी बढ़ सकती है और चुनाव परिणामों में जनसंख्या का बेहतर प्रतिनिधित्व हो सकता है। तर्क II भी मजबूत है क्योंकि मतदान में व्यक्तिगत स्वतंत्रता शामिल है, और इसे मजबूर करने को पसंद की स्वतंत्रता का उल्लंघन करने के रूप में देखा जा सकता है। दोनों तर्क प्रासंगिक, तार्किक हैं और प्रत्यक्ष रूप से प्रश्न का समाधान करते हैं।

38. दिया गया है,

C G L R [Y]

+4 +5 +6 +7

अतः अगला पद Y है।

39. दिया गया है,

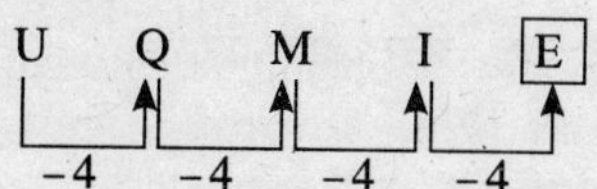

अतः अगला पद E है।

40. चूंकि शहर को हाल ही में पानी की कमी का सामना करना पड़ा है, इसलिए सबसे उचित बजट आवंटन वह है जो स्वास्थ्य और दैनिक जीवन को प्रभावित करने वाली तत्काल आवश्यक आवश्यकता को संबोधित करता है। जल आपूर्ति में सुधार सीधे तौर पर गंभीर कमी की समस्या का समाधान करता है, जिससे यह विकल्पों में से सबसे तार्किक और उचित विकल्प बन जाता है।

41. शब्द "MANAGEMENT" में अक्षरों की संख्या इस प्रकार है : M(2), A(2), N(2), G(1), E(2), T(1). इसमें अक्षर 'L' उपलब्ध नहीं है। इसलिए MANTLE शब्द नहीं बनया जा सकता क्योंकि इसके लिए 'L' की आवश्यकता है जो अनुपस्थित है। अन्य शब्द (AGENT, MEANT, MANGE) उपलब्ध अक्षरों से बनाये जा सकते हैं।

42. यह एक कार्यस्थल विवाद है जिसमें किसी विचार के क्रेडिट/स्वामित्व से जुड़ा मामला है, इसलिए एचआर को एक निष्पक्ष प्रक्रिया का पालन करना चाहिए : दोनों पक्षों को सुनें, ईमेल/बैठक नोट्स/गवाहों की जांच करें, और फिर उचित निर्णय लें। उपेक्षा करना, तुष्टीकरण के लिए प्रचार करना, या तुरंत बर्खास्त करना अनुचित है और इससे संघर्ष बिगड़ सकता है या अनुचितता पैदा हो सकती है।

43. UV → ST का अर्थ है प्रत्येक अक्षर 2 (U→S, V→T) द्वारा पीछे स्थानांतरित हो गया है। इसे QR पर लागू करने पर यह Q→O, R→P हो जाएगा। अतः आवश्यक युग्म OP है।

44. AE → EI प्रत्येक अक्षर (A→E, E→I) के लिए +4 की आगे की स्थिति दिखाता है। इसे IO पर लागू करने पर यह I→M और O→S, MS देता है। चूँकि MS मौजूद नहीं है, इसके बजाय स्वर-अनुक्रम संबंध की जांच करें : AE लगातार स्वर (A, E) हैं और अगले दो लगातार स्वर (E, I) बन जाते हैं। इसी प्रकार IO लगातार स्वर (I, O) हैं और अगले दो लगातार स्वर (O, U) बनने चाहिए। इसलिए OU इच्छित पैटर्न पर फिट बैठता है।

45. दिया गया क्रम : 56, 71, 88, 107.

क्रमागत पदों के बीच अंतर ज्ञात करें :

71 − 56 = 15

88 − 71 = 17

107 − 88 = 19

हर बार अंतर 2 से बढ़ रहा है (15, 17, 19).

तो, अगला अंतर 21 होगा।

∴ अगला पद = 107 + 21 = 128

अतः शृंखला में सही अगला तत्व 128 है।

46. पैटर्न है : $n^3 - 1$.

$1^3 - 1 = 0$, $2^3 - 1 = 7$,

$3^3 - 1 = 26$, $4^3 - 1 = 63$.

अतः अगली संख्या होगी :

$5^3 - 1 = 125 - 1 = 124$.

47. पैटर्न है :

2 → 14 → 38 → 86 → 182

(×2+10, ×2+10, ×2+10, ×2+10)

अतः अगली संख्या 182 होगी।

48. विकल्पों की जाँच करने पर,

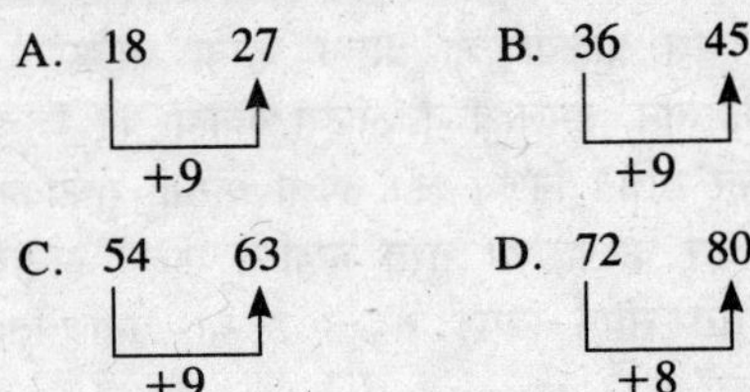

अतः विकल्प (D) इस पैटर्न का अनुसरण नहीं करता है।

49. सभी शब्दों की शुरुआत "Circu..." से होती है। "Circu" के बाद, अगले अंक्षरों की तुलना करें :

Circulation (1), Circum... (*m*) से पहले आता है, इसलिए 1 पहले आएगा।

"Circum..." के बीच : Circumference (*f*), Circums... (*s*) से पहले आती है, इसलिए अगला शब्द 2 होगा।

फिर Circums... के बीचः Circumscribed (*c*), Circumst... (*t*) से पहले आता है, इसलिए शब्द 3 होगा।

Circumstance और Circumstantial के बीच : छोटा आधार शब्द पहले आता है, इसलिए 4 फिर 5 आएगा।

50. बाएं से दाएं अक्षरों की तुलना करके शब्दों को अंग्रेजी वर्णमाला क्रम में व्यवस्थित करें।

- सभी शब्द M से शुरू होते हैं।
- अगला अक्षर तुलना : Memory (Me...), Method (Me...), Middle (Mi...), Modern (Mo...),
- Moment (Mo...), Monday (Mo...).
- Memory और Method के बीच : memo और meth की तुलना करें : → *m*, *t* से पहले आता है, इसलिए Memory पहले आती है, उसके बाद Method.
- Middle (Mi...) शब्द Me... शब्दों के बाद आता है।
- Modern (Mod...), Moment (Mom...), Monday (Mon...) के बीच : $d < m < n$ है, इसलिए क्रम इस प्रकार होगा : Modern, फिर Moment, फिर Monday.

इस प्रकार सही शब्दकोश क्रम है :

Memory, Method, Middle, Modern, Moment, Monday = 1, 2, 3, 4, 5, 6.

51. A का 12 महीने के लिए निवेश

= 80,000 × 12 = 9,60,000

B का निवेश

पहले 6 महीने :

60,000 × 6 = 3,60,000

अगले 6 महीने (25% वृद्धि):

60,000 + 60,000 का 25% = 75,000

75,000 × 6 = 4,50,000

B के लिए कुल निवेश = 3,60,000 + 4,50,000

= 8,10,000

C का निवेश

पहले 6 महीने :

40,000 × 6 = 2,40,000

अगले 6 महीने (10% कमी):

40,000 − 40,000 का 10% = 36,000

36,000 × 6 = 2,16,000

C के लिए कुल निवेश = 2,40,000 + 2,16,000

= 4,56,000

पूंजी अनुपात

9,60,000 : 8,10,000 : 4,56,000

= 160 : 135 : 76

कुल अनुपात = 160 + 135 + 76
= 371

C का हिस्सा = 1,20,000 × 76/371
= 24,582 (लगभग)

52. $\sin A = \frac{7}{25} \Rightarrow \cos A = \frac{24}{25}$

$\cos B = \frac{24}{25} \Rightarrow \sin B = \frac{7}{25}$

$$\sin A \cos B + \cos A \sin B = \frac{7}{25}\cdot\frac{24}{25}+\frac{24}{25}\cdot\frac{7}{25}$$

$$= 2\times\frac{168}{625}=\frac{336}{625}$$

53. क्रय मूल्य

50 × 50 = 2,500
30 × 60 = 1,800

कुल क्रय मूल्य = 2,500 + 1,800 = 4,300

कुल मात्रा

50 + 30 = 80 किग्रा.

विक्रय मूल्य

80 × 55 = 4,400

लाभ

4,400 – 4,300 = 100

54. माना कि तीसरी संख्या = x

प्रथम संख्या = x का 80% = $0.8x$

द्वितीय संख्या = x का 130% = $1.3x$

अनुपात $0.8x$: $1.3x$ = 0.8 : 1.3
= 8/10 : 13/10
= 8 : 13

55. वास्तविक योग = 8 × 45 = 360
प्रथम 4 अंकों में वृद्धि = 4 × 5 = 20
अंतिम 4 अंकों में कमी = 4 × 3 = 12
नया योग = 360 + 20 – 12 = 368
नया औसत = 368/8 = 46

56. **चरण 1:** अभाज्य गुणनखंड :

$24 = 2^3 \times 3$

अतः प्रथम संख्या :

$$24\times3^2\times5^3\times7 = (2^3\times3)\times3^2\times5^3\times7$$
$$= 2^3 \times 3^3 \times 5^3 \times 7$$

दूसरी संख्या : 23 × 5 × 7 × 11

(23 और 11 अभाज्य संख्याएं हैं)

चरण 2: उभयनिष्ठ अभाज्य गुणनखंड

तुलना : $2^3 \times 3^3 \times 5^3 \times 7$

$23 \times 5 \times 7 \times 11$

उभयनिष्ठ अभाज्य संख्याएँ 5 और 7 हैं।

चरण 3: न्यूनतम घात लें

$5^{\min(3,1)} = 5$

$7^{\min(1,1)} = 7$

महत्तम समापवर्तक = 5 × 7 = 35

57. 40,000 × 1.20 = 48,000
48,000 × 0.90 = 43,200
43,200 × 1.25 = 54,000

58. आरंभ का समय = 10:30 - 10:00 = 0.5 h

आरंभिक दूरी = 20 × 0.5 = 10 किमी.

सापेक्षिक चाल = 30 – 20 = 10 किमी./घं.

10:30 के बाद पकड़ने का समय

$\frac{10}{10}$ = 1 घं.

10:30 + 1 घं. = 11:30 AM

59. A की दर = $\frac{1}{15}$

B की दर = $\frac{1}{30}$

एक साथ मिलकर 5 दिनों में किया गया कार्य

$$5\left(\frac{1}{15}+\frac{1}{30}\right) = 5\left(\frac{2}{30}+\frac{1}{30}\right) = 5\left(\frac{3}{30}\right)$$

$$= 5\left(\frac{1}{10}\right) = \frac{1}{2}$$

शेष कार्य

$$1-\frac{1}{2} = \frac{1}{2}$$

B के लिए समय :

$$\frac{1/2}{1/30} = 15$$

60. 1800 = CP × 1.20

$$CP = \frac{1800}{1.20} = 1500$$

61. 8 वर्षों में SI = P (क्योंकि P + SI = 2P)
5P के लिए SI = 5P - P = 4P
8 वर्षों SI ⇒ 4P
जब SI, P है, तो समय = 8 वर्ष
अतः जब SI, 4P है,
समय = 8 × 4 = 32 वर्ष।

62. A = 2400, A = 1.5B
$\Rightarrow$ B = 2400/1.5=1600

$$SI_A = \frac{2400 \times r \times 4}{100} = 96r$$

$$SI_B = \frac{1600 \times (r+2) \times 5}{100}$$

$$= 80(r + 2) = 80r + 160$$

$$96r + (80r + 160) = 1920$$

$$176r + 160 = 1920$$

$$176r = 1760$$

$$r = 10$$

63. $(a + b + c)^2$

$$= a^2 + b^2 + c^2 + 2(ab + bc + ca)$$

$$12^2 = a^2 + b^2 + c^2 + 2(40)$$

$$144 = a^2 + b^2 + c^2 + 80$$

$$a^2 + b^2 + c^2 = 144 - 80 = 64$$

64. $756^2 = 756 \times 756$

$$= 756(700 + 50 + 6)$$

$$= 756 \cdot 700 + 756 \cdot 50 + 756 \cdot 6$$

$$= 529200 + 37800 + 4536$$

$$= 571536$$

65. वसा = 4 × 25% + 6 × 40%
= 4 × 0.25 + 6 × 0.40
= 1 + 2.4 = 3.4
कुल आयतन = 4 + 6 = 10

वसा % $= \frac{3.4}{10} \times 100 = 34\%$.

66. $V = \frac{4}{3}\pi r^3$

$$r' = r + 0.20r = 1.2r$$

$$\frac{V'}{V} = \frac{\frac{4}{3}\pi(1.2r)^3}{\frac{4}{3}\pi r^3} = (1.2)^3 = 1.728$$

% वृद्धि = (1.728 - 1) × 100 = 72.8%

67. ठोस अर्द्धगोले का कुल पृष्ठीय क्षेत्रफल

$$3\pi r^2 = 300\pi$$

$$r^2 = 100$$

$$\Rightarrow r = 10 \text{ cm}$$

अर्द्धगोले का आयतन

$$V = \frac{2}{3}\pi r^3$$

$$= \frac{2}{3}\pi(10^3) = \frac{2000}{3}\pi \text{ cm}^3$$

अतः अभीष्ठ आयतन $= \frac{2000}{3}\pi \text{ cm}^3$

68. उचित तुलना के लिए सभी संख्याओं को दशमलव रूप में बदलें

$$\frac{1}{2} = 0.50$$

$$0.55 = 0.55$$

$$\frac{3}{5} = 0.60$$

$$0.625 = 0.625$$

आरोही क्रम में व्यवस्थित करने पर,
0.50 < 0.55 < 0.60 < 0.625
इस प्रकार, सही आरोही क्रम है :
1/2, 0.55, 3/5, 0.625.

69. दिया गया है, वृत्त का क्षेत्रफल

$$\pi r^2 = 144\pi$$

$$r^2 = 144$$

$$r = 12 \text{ cm}$$

परिधि का सूत्र

$$C = 2\pi r$$

$$= 2\pi(12) = 24\pi$$

$\pi \approx 3.1416$ का प्रयोग करने पर,

$$C = 24 \times 3.1416$$

$$= 75.3984 \approx 75.4 \text{ cm}$$

अतः वृत्त की परिधि = 75.4 cm.

70. $27^3 \div 3^5 = 3^n$

$$27 = 3^3$$

$$(3^3)^3 \div 3^5 = 3^n$$

$$3^9 \div 3^5 = 3^n$$

$$3^{9-5} = 3^n$$

$$3^4 = 3^n$$

$$n = 4$$

71. दिया गया है, $x - y = 8$ और $xy = 5$.

$$(x + y)^2 = (x - y)^2 + 4xy$$
$$= 8^2 + 4(5)$$
$$= 64 + 20 = 84$$
$$x^2 + y^2 = (x + y)^2 - 2xy$$
$$= 84 - 10 = 74$$
$$x^2 + xy + y^2 = 74 + 5 = 79$$
$$x^3 - y^3 = (x-y)\ (x^2 + xy + y^2)$$
$$= 8 \times 79 = 632$$
$$8(x + y)^2 = 8 \times 84 = 672$$
$$x^3 - y^3 + 8(x + y)^2$$
$$= 632 + 672 = 1304.$$

72. $$\frac{(\sin x + \cos x)^2}{1 + \sin x \cos x} = \frac{\sin^2 x + \cos^2 x + 2\sin x \cos x}{1 + \sin x \cos x}$$
$$= \frac{1 + 2\sin x \cos x}{1 + \sin x \cos x}$$

73. $\sin A = \frac{5}{13}$

$$\cos A = \sqrt{1 - \sin^2 A} = \sqrt{1 - \left(\frac{5}{13}\right)^2}$$
$$= \sqrt{\frac{169 - 25}{169}} = \frac{12}{13}$$
$$\tan A = \frac{\sin A}{\cos A} = \frac{\frac{5}{13}}{\frac{12}{13}} = \frac{5}{12}$$

74. $\tan A = \frac{1}{\sqrt{3}} \Rightarrow A = 30°$

$$\sin A = \frac{1}{2},\ \cos A = \frac{\sqrt{3}}{2}$$
$$2\sin A \cos A = 2\left(\frac{1}{2}\right)\left(\frac{\sqrt{3}}{2}\right) = \frac{\sqrt{3}}{2}$$

75. $5x - 2y = 10$

$-2y = -5x + 10$

$$y = \frac{5}{2}x - 5 \Rightarrow m = \frac{5}{2}$$
$$m_{\perp} = -\frac{1}{m} = -\frac{1}{\frac{5}{2}} = -\frac{2}{5}$$

76. देबल मित्र भारतीय पुरातत्व सर्वेक्षण के महानिदेशक के रूप में सेवा करने वाली पहली महिला थीं। वह 1980 के दशक में इस पद पर रहीं और उन्हें भारतीय पुरातत्व और विरासत संरक्षण में उनके योगदान के लिए जाना जाता है।

77. राज्य विधानसभा चुनावों में तेलुगु देशम पार्टी की जीत के बाद जून 2024 में एन. चंद्रबाबू नायडू ने आंध्र प्रदेश के मुख्यमंत्री के रूप में शपथ ली।

78. नीति आयोग द्वारा फरवरी 2025 में "राज्यों और राज्य सार्वजनिक विश्वविद्यालयों के माध्यम से गुणवत्तापूर्ण उच्च शिक्षा का विस्तार" शीर्षक वाली नीति रिपोर्ट लॉन्च की गई थी, जो राज्य-स्तरीय उच्च शिक्षा प्रणालियों और सार्वजनिक विश्वविद्यालयों को मजबूत करने पर केंद्रित थी।

79. कौशल प्रशिक्षण, सलाह और उद्यम सहायता के माध्यम से महिला उद्यमिता को बढ़ावा देने के लिए कौशल विकास और उद्यमिता मंत्रालय द्वारा मार्च 2025 में शुरू की गई स्वावलंबिनी पहल शुरू की गई थी।

80. आवधिक श्रम बल सर्वेक्षण (PLFS) सांख्यिकी और कार्यक्रम कार्यान्वयन मंत्रालय (MoSPI) द्वारा प्रकाशित एक प्रमुख सांख्यिकीय रिपोर्ट है, जो भारत में रोजगार और बेरोजगारी संकेतकों पर नियमित अनुमान प्रदान करती है।

मासिक इन्फ्रास्ट्रक्चर प्रदर्शन समीक्षा रिपोर्ट (जिसे इन्फ्रास्ट्रक्चर इंडस्ट्रीज की समीक्षा भी कहा जाता है) भी MoSPI के तहत जारी की जाती है और कोयला, बिजली, इस्पात, सीमेंट और रिफाइनरी उत्पादों जैसे मुख्य बुनियादी ढांचा क्षेत्रों के प्रदर्शन और विकास के रुझान को ट्रैक करती है।

अतः, कथन I और II दोनों सही हैं।

81. सुदासारी ग्रेट इंडियन बस्टर्ड प्रजनन केंद्र राजस्थान में जैसलमेर जिले के डेजर्ट नेशनल पार्क के पास स्थित है, जो गंभीर रूप से लुप्तप्राय ग्रेट इंडियन बस्टर्ड का एक प्रमुख निवास स्थान है।

82. "ट्रैवेल्स थ्रु सिंकियांग एंड तिब्बत" विक्रम सेठ द्वारा लिखित एक प्रसिद्ध यात्रा पुस्तक है, और इसने प्रतिष्ठित थॉमस कुक ट्रैवल बुक अवार्ड जीता है।

83. वामसी एक पारंपरिक बांसुरी है, जो आमतौर पर तमिलनाडु और दक्षिण भारत के अन्य हिस्सों की संगीत परंपराओं से जुड़ी है।

84. स्वांग एक पारंपरिक लोक नृत्य-नाटक है जो मुख्य रूप से हरियाणा और पश्चिमी उत्तर प्रदेश से जुड़ा है। दिए गए विकल्पों में से उत्तर प्रदेश सही उत्तर है।

85. INSAT (भारतीय राष्ट्रीय उपग्रह प्रणाली) का उपयोग टेलीविजन प्रसारण और मौसम पूर्वानुमान सहित कई उद्देश्यों के लिए किया जाता है, जो दोनों कथनों को सही बनाता है।

86. न्यूटन की गति का तीसरा नियम कहता है कि प्रकृति में बल जोड़े (युग्म) में घटित होते हैं। जब एक वस्तु दूसरी वस्तु पर बल लगाती है, तो दूसरी वस्तु भी उसी परिमाण का बल पहली वस्तु पर विपरीत दिशा में लगाती है।

87. दबाव को प्रति इकाई क्षेत्र पर लगाए गए बल के रूप में परिभाषित किया जाता है। गणितीय रूप से, इसे $P = F/A$ के रूप में व्यक्त किया जाता है, जिसका अर्थ है कि समान बल के लिए, संपर्क का क्षेत्र घटने पर दबाव बढ़ता है।

88. इसरो (ISRO) द्वारा विकसित अर्ध-ह्यूमनॉइड रोबोट व्योममित्र को दिसंबर 2025 के लिए निर्धारित गगनयान-G1 मिशन सहित मानव रहित गगनयान मिशन के दौरान मानव कार्यों का अनुकरण करने और जीवन-समर्थन प्रणालियों का परीक्षण करने के लिए डिजाइन किया गया है।

89. 97 LCA Mk1A लड़ाकू विमानों के लिए ₹ 62,000 करोड़ रुपये का ऑर्डर हिंदुस्तान एयरोनॉटिक्स लिमिटेड (HAL) को दिया गया, जो भारत की प्रमुख एयरोस्पेस और रक्षा विनिर्माण कंपनी है और तेजस विमान के उत्पादन भी करती है।

90. 1722 में, जयपुर के शासक और एक प्रसिद्ध खगोलशास्त्री-प्रशासक सवाई राजा जय सिंह द्वितीय को मुगल सम्राट द्वारा आगरा का राज्यपाल नियुक्त किया गया था। इस पद से मुगल प्रशासन में उनका प्रभाव काफी बढ़ गया।

91. सीमा शुल्क वह कर है जो वस्तुओं पर तब लगाया जाता है जब उन्हें भारत में आयात या बाहर निर्यात किया जाता है। उत्पाद शुल्क देश के भीतर निर्मित वस्तुओं पर लागू होता है, जबकि संपत्ति कर और संपत्ति शुल्क संपत्ति और विरासत से संबंधित होते हैं, व्यापार से नहीं।

92. नेशनल लॉजिस्टिक्स पॉलिसी (NLP) का लक्ष्य लॉजिस्टिक्स लागत को कम करने और दक्षता में सुधार के साथ-साथ वर्ष 2030 तक भारत की लॉजिस्टिक्स परफॉर्मेंस इंडेक्स (एलपीआई) रैंकिंग को शीर्ष 25 देशों में सुधारना है।

93. भारत की विशेष आर्थिक क्षेत्र (SEZ) नीति निर्यात, निवेश और रोजगार को बढ़ावा देने के उद्देश्य से निर्यात-आयात (EXIM) नीति 2000–2001 के हिस्से के रूप में 2000 में शुरू की गई थी।

94. भारतीय संविधान के अनुच्छेद 3 के तहत, संसद को कुछ प्रक्रियात्मक आवश्यकताओं के अधीन नए राज्य बनाने, मौजूदा राज्यों की सीमाओं या नामों को बदलने या किसी राज्य को विभाजित करने की शक्ति है।

95. मार्मागाओ बंदरगाह के भीतरी इलाकों में गोवा, कर्नाटक और दक्षिणी महाराष्ट्र शामिल हैं। हिमाचल प्रदेश भौगोलिक रूप से दूर है और बंदरगाह के व्यापार प्रभाव से जुड़ा नहीं है, इसलिए यह इसके भीतरी इलाकों का हिस्सा नहीं है।

96. एक पूंजीगत वस्तु उद्योग मशीनों, औजारों, उपकरणों और संयंत्रों जैसे सामान का उत्पादन करता है जिनका उपयोग अन्य वस्तुओं के उत्पादन में किया जाता है। ये उद्योग औद्योगिक और आर्थिक विकास की रीढ़ हैं।

97. टैरिफ उपाय सीमा पार व्यापार पर लगाए गए कर हैं। निर्यात कर और आयात कर दोनों में वस्तुओं पर निर्यात या आयात किए जाने पर लगाए गए शुल्क शामिल होते हैं, इसलिए दोनों को टैरिफ उपाय माना जाता है।

98. आधिकारिक तौर पर इस्तेमाल किए गए (और 2023-25 तक संदर्भित) जनगणना-आधारित जनसांख्यिकीय डेटा के अनुसार, अनुसूचित जनजातियाँ भारत की कुल आबादी का लगभग 8.6% हैं।

99. श्वसन एक जैविक प्रक्रिया है जिसमें जीव बाहरी वातावरण से ऑक्सीजन लेते हैं और ऊर्जा मुक्त करने के लिए खाद्य पदार्थों के विघटन के लिए इसका उपयोग करते हैं।

100. चरक संहिता आयुर्वेद का एक मूलभूत प्राचीन भारतीय ग्रंथ है, जो मुख्य रूप से चिकित्सा से संबंधित है, जिसमें निदान, उपचार, औषध विज्ञान और स्वास्थ्य और रोग के सिद्धांत शामिल हैं।

पिछले प्रश्न-पत्र

SSC—संयुक्त हायर सेकेन्डरी लेवल (CHSL : 10 + 2)

डाटा एन्ट्री ऑपरेटर (DEO)/लोअर डिवीजन क्लर्क (LDC)/ जूनियर सेक्रेटेरियल असिस्टेंट (JSA)

Tier-I, भर्ती परीक्षा-2024

(Exam held on 10-07-2024)

English Language

1. The given sentence is divided into four segments. Select the option that has the segment with a grammatical error.

It was my niece / who was leaving college/ last year, and / not my son.

A. not my son.
B. It was my niece
C. who was leaving college
D. last year, and

2. Select the most appropriate option that can substitute the underlined segment in the given sentence.

UNICEF builds partnerships across the global community on accelerate gender equality.

A. global community with accelerate
B. global community till accelerate
C. global community in accelerate
D. global community to accelerate

3. Parts of the given sentence have been underlined. One of them contains an error. The underlined parts are given as options with some changes. Select the option that correctly rectifies the error.

Raveena's daughter Kavya is most intelligent student and she consistently achieves top grades.

A. she has consistently
B. an intelligent
C. Raveenas' daughter
D. topper grades

4. The given sentence is divided into three segments. Select the option that has the segment with a grammatical error. If there is no error, select 'No error'.

The volunteer gave on to / the food packets to the / children of the orphanage.

A. The volunteer gave on to
B. No error
C. children of the orphanage.
D. the food packets to the

Directions (Q.No. 5-9): *In the following passage, some words have been deleted. Select the most appropriate option for each blank.*

I was reading a book two days back. It was titled Charlie and the Chocolate Factory by Roland Dahl. It was fantastic. It has now become my

1. C	**2.** D	**3.** B	**4.** A

favourite ____(1)____. It is about a boy named Charlie who is ____(2)____ poor. He wins a golden ticket that ____(3)____ him to enter the most famous chocolate factory in the world. He ____(4)____it with his grandfather. But the other kids who accompany him are nasty. They are all spoilt. But you have to read the book to ____(5)____out more about them. The amazing part of the book is that it is like a dream come true.

5. Select the most appropriate option to fill in blank no. 1.

A. text B. guide
C. manual D. book

6. Select the most appropriate option to fill in blank no. 2.

A. very B. properly
C. finally D. nicely

7. Select the most appropriate option to fill in blank no. 3.

A. bears B. suffers
C. gets D. allows

8. Select the most appropriate option to fill in blank no. 4.

A. examines B. inspects
C. explores D. visits

9. Select the most appropriate option to fill in blank no. 5.

A. spot B. find
C. unlearn D. locate

10. Select the most appropriate ANTONYM of the given word.

Timid

A. Resolute B. Audacious
C. Assertive D. Blunt

11. Select the option that will improve the underlined part of the given sentence.

Allusive handwriting creates a poor impression.

A. Descriptive handwriting
B. Legal handwriting
C. Illegible handwriting
D. Eligible handwriting

12. Select the most appropriate option that can replace the bracketed word segment in the following sentence.

Classical buildings in ancient Greek and Roman times were (characteristically built) from marble or some other attractive, durable stone.

A. mainly having been built
B. fascinating to build
C. typically built
D. strange build

13. Select the most appropriate synonym of the given word.

Retract

A. Revoke B. Please
C. Disturb D. Implement

14. Select the most appropriate option to fill in the blank.

I find that students nowadays are not interested in ________ letters by hand.

A. writing B. righting
C. rioting D. rating

15. Select the option that will improve the underlined part of the given sentence. In case no improvement is needed, select No improvement required.

Although uncountable files stack up on the tables of government officials, they prefer doing their work at a more leisure pace.

A. No improvement needed
B. at a more leisure paced
C. at a more leisurely pace
D. at a more leisurely paced

5. D	**6.** A	**7.** D	**8.** D	**9.** B	**10.** B	**11.** C	**12.** C	**13.** A	**14.** A	**15.** C

16. Select the most appropriate ANTONYM of the given word.

Enormous

A. Monstrous B. Tremendous
C. Minute D. Strong

17. Select the sentence that brings out the most appropriate meaning of the idiom 'Dog in the manger'.

A. Rachit had some important work and so he cancelled the show tickets for everyone.
B. To prove this is not a trap, I want to check the credibility of your plan.
C. You are here just because you have recognised your hidden potential.
D. Mohit was so loyal and committed to his company that he rejected lucrative offers from different companies.

18. Select the INCORRECTLY spelt word in the given sentence.

The Chinese are believed to have a longer history than that of any other civilisation in the wolrd.

A. Civilisation
B. Wolrd
C. Believed
D. Chinese

19. Select the most appropriate option that can substitute the underlined segment in the given sentence.

The housing loan taken <u>by Ramesh effected</u> his daily expenses adversely.

A. by Ramesh affected
B. from Ramesh effected
C. for Ramesh effected
D. of Ramesh effected

20. Select the option that rectifies the spelling of the underlined word in the given sentence.

It was a <u>privvilege</u> to receive the award from the President.

A. privilege B. privillege
C. privilegge D. privileege

21. Select the most appropriate synonym of the underlined word.

For Rana, unable to see a thing, the <u>parade</u> seemed to last forever.

A. hiding B. procession
C. concealment D. darkness

22. Select the most appropriate synonym of the given word.

Alert

A. Inactive B. Smart
C. Dull D. Vigilant

23. Select the most appropriate ANTONYM of the given word.

Sluggish

A. Leisurely B. Lethargic
C. Rapid D. Hassled

24. Select the most appropriate option to correct the sentence by using the denotation of the underlined word.

Mr. Sen is <u>clever</u> enough to handle his professional hazards.

A. Bold B. Intelligent
C. Foolish D. Callous

25. Select the most appropriate meaning of the underlined idiom.

The technicians who were repairing the broken elevator <u>called it a day</u>.

A. Shouted with anger
B. Stopped work for the day
C. Stopped to take a short break
D. Felt unhappy

16. C	17. A	18. B	19. A	20. A	21. B	22. D	23. C	24. B	25. B

सामान्य बुद्धिमत्ता

26. दी गई श्रृंखला में प्रश्न चिह्न '?' के स्थान पर क्या आना चाहिए?

155 146 137 128 119 ?

A. 133　　B. 111
C. 122　　D. 110

27. दर्पण को MN पर रखे जाने पर दी गई आकृति का दर्पण में निर्मित सही प्रतिबिम्ब का चयन करें।

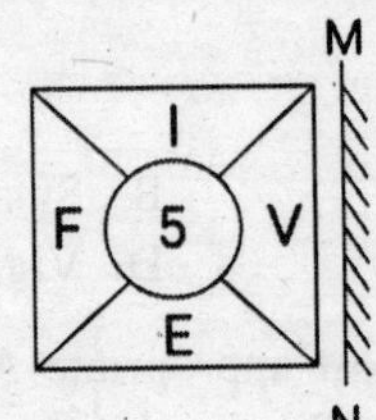

A. 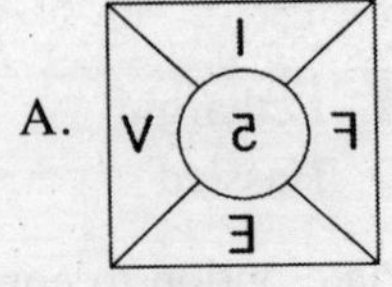

B. 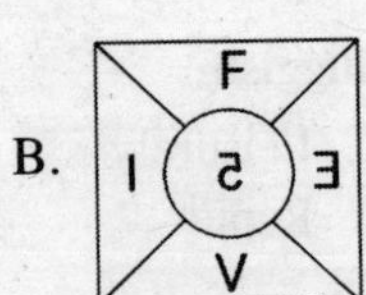

C. 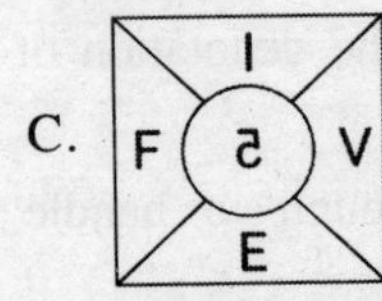

D. 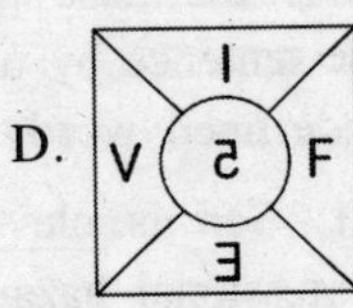

28. अंग्रेजी वर्णमाला क्रम के आधार पर दी गई श्रृंखला में '?' के स्थान पर क्या आना चाहिए?

BJR ? RTH MYC HDX

A. MOW　　B. WOM
C. OWM　　D. OMW

29. दी गई श्रृंखला को तार्किक रूप से पूरा करने के लिए निम्नलिखित में से कौन-सा अक्षर-समूह प्रश्न चिह्न '?' के स्थान पर आ सकता है?

AFK, ?, IXM, MTN, QPO

A. EBL　　B. EBC
C. FAE　　D. FAL

30. एक निश्चित कूट भाषा में 'strength to innovate' को '42 64 32' लिखा जाता है और 'strength to create' को '32 42 24' लिखा जाता है। तो उस कूट भाषा में 'create' को कैसे लिखा जाएगा?

A. 24　　B. 32
C. 64　　D. 42

31. यदि DOCUMENTARY शब्द के प्रत्येक अक्षर को बाएं से दाएं वर्णमाला क्रम में व्यवस्थित किया जाता है, तो कितने अक्षरों का स्थान परिवर्तित नहीं होगा?

A. तीन　　B. किसी का भी नहीं
C. एक　　D. दो

32. निम्नलिखित चार अक्षर-समूहों में से तीन अक्षर-समूह एक निश्चित प्रकार से समान हैं और इस प्रकार एक समूह बनाते हैं। वह कौन-सा अक्षर-समूह है जो उस समूह से संबंधित नहीं है?

(ध्यान दें : असंगत अक्षर-समूह, उस अक्षर-समूह में व्यंजनों/स्वरों की संख्या या उनके स्थान पर आधारित नहीं है।)

A. BCFKR　　B. JKNSZ
C. HIMQX　　D. EFINU

33. दी गई आकृति के उस सही दर्पण प्रतिबिम्ब को चुनिए, जो नीचे दर्शाए गए अनुसार दर्पण को MN पर रखने पर बनेगा।

M
T r d 4 2 b a |
N

A. ɐ b ꙅ 4 b ɿ T　　B. ɒ d 2 4 ρ ɿ T
C. ɒ d ꙅ 4 b ɿ T　　D. ɒ d ꙅ 4 ρ r T

26. D	27. A	28. B	29. A	30. A	31. D	32. C	33. C

34. एक निश्चित तर्क का अनुसरण करते हुए 92, 23 से संबंधित है। उसी तर्क का अनुसरण करते हुए, 136, 34 से संबंधित है। उसी तर्क का अनुसरण करते हुए, 224 निम्नलिखित में से किससे संबंधित है?

(ध्यान दें : संख्याओं को उनके घटक अंकों में अलग-अलग किए बिना पूर्ण संख्याओं पर संक्रियाएँ की जानी चाहिए। उदाहरण के लिए संख्या 13-संख्या 13 पर संक्रियाएँ जैसे 13 को जोड़ना/घटना/गुणा करना आदि किया जा सकता है। 13 को 1 और 3 में अलग-अलग करने की और फिर 1 और 3 पर गणितीय संक्रियाएँ करने की अनुमति नहीं है।)

A. 56 B. 54
C. 58 D. 52

35. उस अक्षर-समूह युग्म का चयन कीजिए जो नीचे दिए गए अक्षर-समूह युग्म में व्यक्त किए गए समान संबंध का सबसे अच्छा निरूपण करता है।

VPN : ZTR
SMK : WQO

A. KFD : OJK B. LFD : PJH
C. HDB : MIG D. PMK : TOL

36. उस समुच्चय का चयन कीजिए जिसमें संख्याएँ ठीक उसी प्रकार संबंधित हैं जिस प्रकार दिए गए समुच्चयों की संख्याएँ संबंधित हैं।

(ध्यान दें : संख्याओं को उनके घटक अंकों में अलग-अलग किए बिना पूर्ण संख्याओं पर संक्रियाएँ की जानी चाहिए। उदाहरण के लिए संख्या 13-संख्या 13 पर संक्रियाएँ जैसे 13 को जोड़ना/घटना/गुणा करना आदि किया जा सकता है। 13 को 1 और 3 में अलग-अलग करने की और फिर 1 और 3 पर गणितीय संक्रियाएँ करने की अनुमति नहीं है।)

(5, 4, 41)
(7, 2, 53)

A. (9, 3, 90) B. (11, 9, 204)
C. (13, 6, 208) D. (10, 5, 130)

37. एक निश्चित कूट भाषा में
$A + B$ का अर्थ A, B की माता है
$A - B$ का अर्थ A, B का भाई है
$A \times B$ का अर्थ A, B का पति है
$A \div B$ का अर्थ A, B का पिता है

उपरोक्त के आधार पर, यदि $K \times Q + R - S \div L$ है, तो K का L से क्या संबंध है?

A. पिता के पिता
B. पिता का भाई
C. पिता के पिता का भाई
D. पिता की माता के पिता

38. निम्नलिखित में से कौन-सी संख्या दी गई श्रृंखला में प्रश्न चिह्न (?) के स्थान पर आएगी?

612 571 535 504 478 ?

A. 457 B. 435
C. 444 D. 468

39. यदि 23 जून 2008 को सोमवार था, तो 23 जून 2020 को सप्ताह का कौन-सा दिन था?

A. बुधवार B. रविवार
C. मंगलवार D. शनिवार

40. यदि 'A' का अर्थ '÷', 'B' का अर्थ '×', 'C' का अर्थ '+' और 'D' का अर्थ '–' है, तो निम्नलिखित में प्रश्न चिह्न (?) के स्थान पर क्या आएगा?

14 B 11 D 22 C 328 A 8 = ?

A. 173 B. 153
C. 163 D. 133

41. दी गई आकृति में कितने चतुर्भुज हैं?

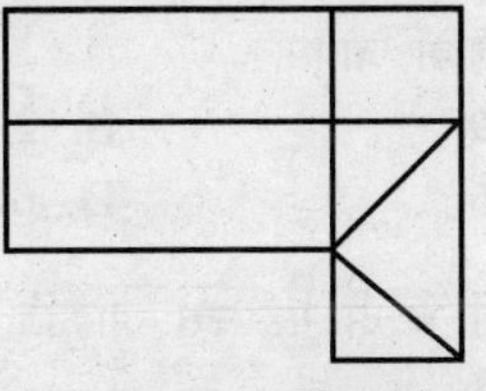

A. 12 B. 11
C. 7 D. 10

34. A **35.** B **36.** A **37.** A **38.** A **39.** C **40.** A **41.** B

42. यदि 'A' का अर्थ '÷', 'B' का अर्थ '×', 'C' का अर्थ '+' और 'D' का अर्थ '–' है, तो निम्नलिखित में से किसका परिणाम 218 होगा?

A. 32 C 8 D 160 A 2 B 42
B. 32 A 8 D 160 B 2 C 42
C. 32 B 8 D 160 C 2 A 42
D. 32 B 8 D 160 A 2 C 42

43. कागज की एक वर्गाकार शीट को दर्शाई गई दिशाओं में बिंदीदार रेखा पर अनुक्रमशः मोड़ा जाता है और आखिर में उसमें छेद किया जाता है। खोलने पर यह कागज कैसा दिखाई देगा?

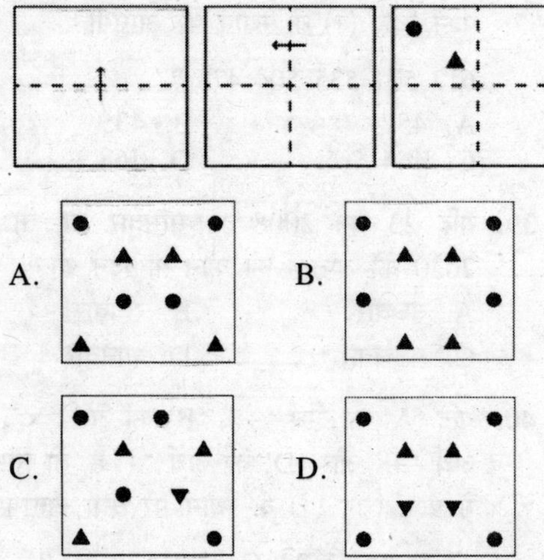

44. एक निश्चित कूट भाषा में, 'DIVERT' को '36' लिखा जाता है और 'DOLDRUMS' को '64' लिखा जाता है। उस कूट भाषा में 'DOGMA' को कैसे लिखा जाएगा?

A. 49 B. 25
C. 36 D. 64

45. विकल्पों में दी गई उस आकृति को पहचानिए जिसे प्रश्न चिह्न (?) के स्थान पर रखने पर शृंखला तार्किक रूप से पूरी हो जाएगी?

T = 9	O S T	T O S	9 ♡ T	?
R	=	V	O	
O S ♡	♡ R 9	9 ♡ R	R V S	

A.

T 9 ♡
2
S R V

B.

R V 9
2
S ♡ T

C.

T 9 ♡
2
V S R

D.

♡ T 9
2
S R V

46. दिए गए समीकरण को सही बनाने के लिए किन दो संख्याओं को आपस में बदला जाना चाहिए?

$15 \times 5 - 75 + (300 \div 6) + 3 \times 19 = 115$

(ध्यान दें : संख्याओं को आपस में बदला जाना चाहिए और घटक अंकों को नहीं बदला जाना चाहिए। उदाहरण यदि समीकरंण $43 \times 3 + 4 \div 2$ में 2 और 3 को आपस में बदलना है, तो बदला हुआ समीकरण $43 \times 2 + 4 \div 3$ होगा।)

A. 15 और 19 B. 6 और 3
C. 15 और 6 D. 6 और 5

47. उस शब्द-युग्म का चयन कीजिए जो नीचे दिए गए शब्दों के युग्म में व्यक्त किए गए समान संबंध का सबसे अच्छा निरूपण करता है।

(शब्दों को अर्थपूर्ण हिंदी शब्दों के रूप में माना जाना चाहिए और उन्हें शब्द में अक्षरों की संख्या/व्यंजन/स्वरों की संख्या के आधार पर एक-दूसरे से संबंधित नहीं किया जाना चाहिए।)

फूल-पंखुड़ी

A. घोड़ा-घोड़ी B. फल-बीज
C. छोटा-बड़ा D. स्पष्टीकरण-व्याख्या

42. D	**43.** D	**44.** B	**45.** A	**46.** A	**47.** B

48. दी गई आकृति के उस सही दर्पण प्रतिबिम्ब को चुनिए, जो नीचे दर्शाए गए अनुसार दर्पण को MN पर रखने पर बनेगा।

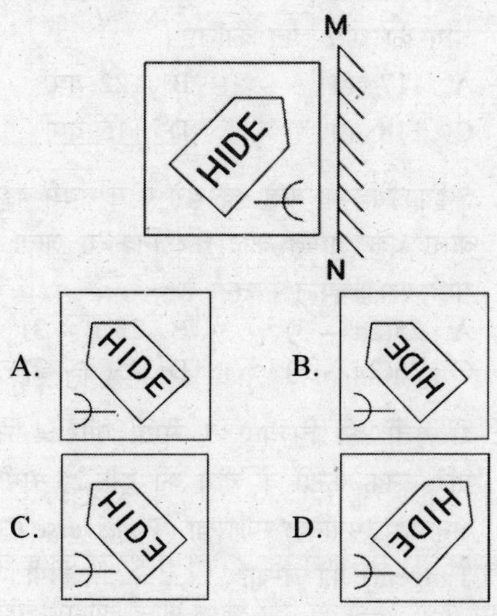

49. तीन कथनों के बाद I, II क्रमांकित निष्कर्ष दिए गए हैं। आपको इन कथनों को सत्य मानना होगा, चाहे वे सामान्यतः ज्ञात तथ्यों से अलग प्रतीत होते हों। आपको निश्चय करना है कि कौन-सा/से निष्कर्ष तार्किक रूप से दिए गए कथन/कथनों के अनुसार है/हैं।

कथन :
सभी घर, पेड़ हैं।
सभी पेड़, पत्थर हैं।
सभी पत्थर, चट्टानें हैं।

निष्कर्ष : I. कुछ पत्थर, पेड़ हैं।
II. सभी घर, चट्टानें हैं।

A. केवल निष्कर्ष I कथनों के अनुसार है
B. केवल निष्कर्ष II कथनों के अनुसार है
C. दोनों निष्कर्ष I और II कथनों के अनुसार हैं
D. न तो निष्कर्ष I और न ही II कथनों के अनुसार हैं

50. दी गई आकृति के उस सही दर्पण प्रतिबिम्ब को चुनिए, जो नीचे दर्शाए गए अनुसार दर्पण को MN पर रखने पर बनेगा।

A. TZႱHꓭᗡ
B. TJZHꓭᗡ
C. TZႱHBᗡ
D. TZႱBHᗡ

संख्यात्मक अभियोग्यता

51. दो उम्मीदवारों के बीच एक चुनाव में, A को कुल वैध मतों का 63% प्राप्त होता है। यदि डाले गए कुल मत 8,750 थे, यदि कुल मतों का 20% अवैध घोषित किया गया था तो अन्य उम्मीदवार B को मिले वैध मतों की संख्या क्या है?

A. 4,410 B. 2,590
C. 3,560 D. 6,450

52. राजू और रामू के पास सोनू से क्रमशः 15% और 25% अधिक भूमि है। राजू और रामू के स्वामित्व वाली भूमि का अनुपात कितना है?

A. 21 : 23 B. 15 : 25
C. 25 : 23 D. 23 : 25

53. एक साइकिल चालक 10 किमी. की दूरी 15 किमी/घं. की औसत चाल से तय करता है और फिर अगले 15 किमी की दूरी 10 किमी./घं. की औसत चाल से तय करता है। पूरी यात्रा की औसत चाल ज्ञात कीजिए।

A. 12.5 किमी./घं.
B. 11.54 किमी./घं.
C. 10 किमी./घं.
D. 20 किमी./घं.

48. B **49.** C **50.** A **51.** B **52.** D **53.** B

54. एक दर्पण को जमीन पर ऊपर की ओर मुख करके रखा गया है। एक व्यक्ति को दर्पण में एक मीनार का शीर्ष दिखाई देता है जो दर्पण से 105 मी. की दूरी पर है। व्यक्ति, दर्पण से 0.5 मी. की दूरी पर है, और उसकी ऊँचाई 1.5 मी. है। मीनार की ऊँचाई (मीटर में) ज्ञात कीजिए।

A. 315 B. 210
C. 115 D. 280

55. निम्नलिखित पाई चार्ट का अध्ययन कीजिए और नीचे दिए गए प्रश्नों के उत्तर दीजिए।

विदेशी पर्यटकों का वितरण

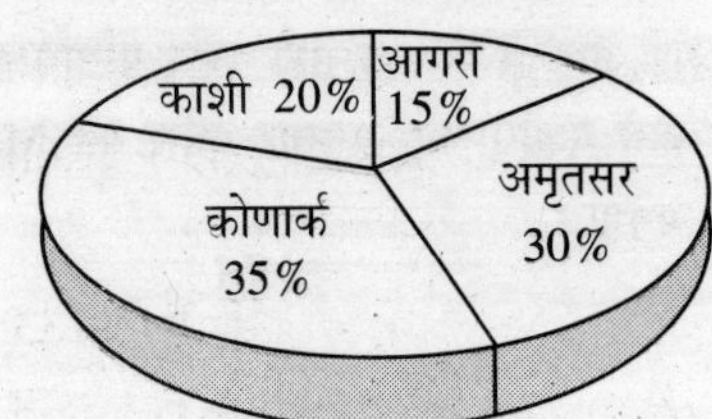

पर्यटकों की आयु

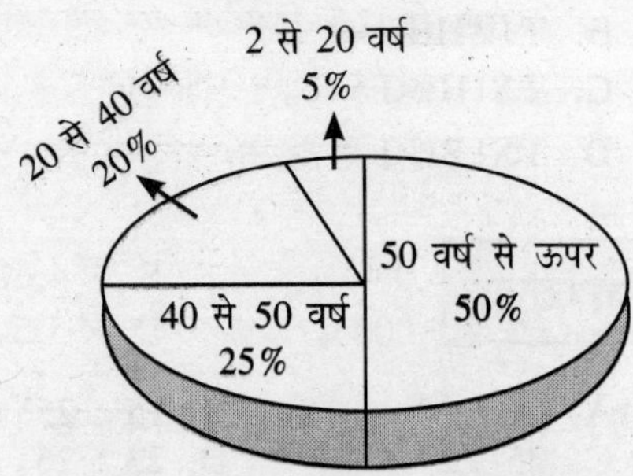

कितने प्रतिशत पर्यटक आगरा और काशी गए?

A. 15% B. 17.5%
C. 35% D. 20%

56. 55 श्रमिक एक काम को 16 दिनों में पूरा कर सकते हैं। उसी काम को 10 दिनों में पूरा करने के लिए कितने और श्रमिकों की आवश्यकता होगी?

A. 31 B. 68
C. 88 D. 33

57. चार वर्ष पूर्व, रवि की आयु, काव्या की आयु की चार गुनी थी। अब से सात वर्ष बाद, रवि की आयु, काव्या की आयु की तीन गुनी होगी। उनकी वर्तमान आयु का योग ज्ञात कीजिए।

A. 117 वर्ष B. 122 वर्ष
C. 118 वर्ष D. 115 वर्ष

58. 5 इकाई त्रिज्या वाले एक वृत्त में से सबसे बड़े क्षेत्रफल वाला एक आयत काट कर निकाला जाता है। शेष भाग का क्षेत्रफल कितना है?

A. $25(2\pi - 3)$ B. $25(\pi - 3)$
C. $25(2\pi - 5)$ D. $25(\pi - 2)$

59. दो वृत्तों की त्रिज्याएँ 7 सेमी. और 4 सेमी. हैं। यदि उनके केन्द्रों के बीच की दूरी 25 सेमी. है, तो अनुप्रस्थ उभयनिष्ठ स्पर्शरेखा (Transverse Common Tangent) की लम्बाई .... होगी।

A. $6\sqrt{12}$ सेमी.

B. $6\sqrt{11}$ सेमी.

C. $6\sqrt{14}$ सेमी.

D. $6\sqrt{13}$ सेमी.

60. ₹ 2,430 की धनराशि पर 3 वर्षों में ₹ 1,093.50 का साधारण ब्याज प्राप्त होता है। वार्षिक ब्याज दर कितनी है?

A. 15% B. 10%
C. 20% D. 25%

61. एक व्यक्ति 3 किमी./घं. की चाल से चलने पर अपने गंतव्य पर 30 मिनट देरी से पहुँचता है, और यदि उसकी चाल 4 किमी./घं. हो जाती है, तो वह समय से 30 मिनट पहले पहुँच जाता है। उसके आरंभिक बिंदु से उसके गंतव्य की दूरी ज्ञात कीजिए।

A. 14 किमी. B. 11 किमी.
C. 12 किमी. D. 13 किमी.

54. A	**55.** C	**56.** D	**57.** C	**58.** D	**59.** C	**60.** A	**61.** C

62. एक परिवार की एक महीने में विभिन्न मदों में की गई बचत और व्यय को दिए गए पाई चार्ट में दर्शाया गया है। यह परिवार प्रति माह ₹ 8,000 की बचत करता है।

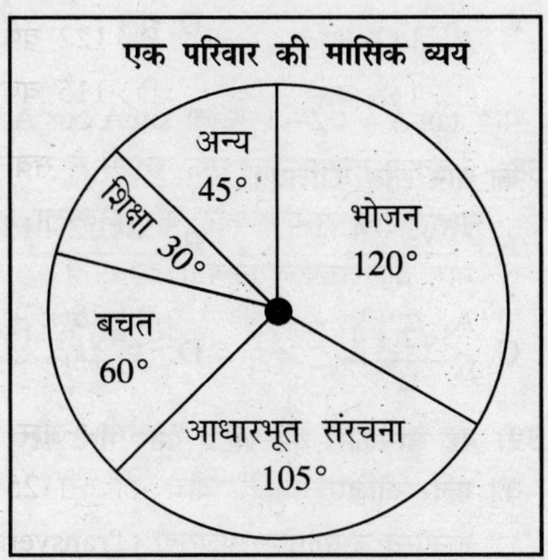

भोजन पर किए गए व्यय और बचत का अनुपात ज्ञात कीजिए।

A. 5 : 1 B. 3 : 1
C. 4 : 1 D. 2 : 1

63. एक महाविद्यालय के विभिन्न विषयों में छात्रों की कुल संख्या और बालिकाओं और बालकों का प्रतिशत नीचे दी गई तालिका में दिखाया गया है।

बालिका छात्राओं और बालक छात्रों ने एक से अधिक विषय नहीं लिए हैं।

विषय	**छात्रों की संख्या**	**बालिकाएँ %**	**बालक %**
गणित	840	40	60
रसायन विज्ञान	220	70	30
भौतिकी	450	30	70
जीव विज्ञान	200	80	20

महाविद्यालय में बालिका छात्राओं का प्रतिशत कितना है?

A. 45.9 B. 46.9
C. 42.9 D. 45.2

64. किसी अस्पताल में एक रोगी को प्रतिदिन 7 सेमी. व्यास वाले एक बेलनाकार कप में चाय दी जाती है। यदि कप को चाय से 4 सेमी. की ऊँचाई तक भरा जाता है, तो 180 रोगियों को चाय देने के लिए अस्पताल को प्रतिदिन कितनी चाय तैयार करनी होगी?

$\left(\pi = \frac{22}{7}\right.$ का प्रयोग करें$\left.\right)$

A. 22.77 लीटर B. 22.27 लीटर
C. 27.72 लीटर D. 27.27 लीटर

65. R, दो इकाई और तीन इकाई त्रिज्या वाले दो वृत्तों की उभयनिष्ठ आंतरिक स्पर्श रेखा के रूप में 6 इकाई लम्बाई की एक छड़ी का उपयोग करना चाहता है। वृत्त के केन्द्रों के बीच अधिकतम दूरी कितनी हो सकती है?

A. $\sqrt{61}$ B. $\sqrt{33}$
C. $\sqrt{67}$ D. $\sqrt{37}$

66. राम अपने वेतन का 30% भोजन पर, 10% घर के किराए पर, 7% मनोरंजन पर और 6% परिवहन पर खर्च करता है। यदि एक महीने के अंत में उसकी बचत ₹ 1,880 है, तो उसके मासिक वेतन की गणना करें।

A. ₹ 4,000 B. ₹ 4,500
C. ₹ 5,000 D. ₹ 5,500

67. $(8^6 + 1)$ को 7 से विभाजित करने पर शेषफल के रूप में .... प्राप्त होगा।

A. 6 B. 2
C. 1 D. 4

68. यदि एक वृत्त की त्रिज्या 48 सेमी. है और चाप की लम्बाई 15 सेमी. है, तो उस चाप के संगत त्रिज्यखंड (sector) का क्षेत्रफल ज्ञात कीजिए।

A. 7200 मी.^{2} B. 720 सेमी.^{2}
C. 360 सेमी.^{2} D. 360 मी.^{2}

62. D	**63.** A	**64.** C	**65.** A	**66.** A	**67.** B	**68.** C

69. दो अंकों की एक संख्या के अंकों का योग 9 है। यदि अंकों को उलट दिया जाए, तो संख्या 27 बढ़ जाती है। संख्या ज्ञात कीजिए।

A. 54 B. 63
C. 45 D. 36

70. किसी काम को पूरा करने के लिए, Q को जितने दिन चाहिए, P उससे आधे दिन लेता है। यदि वे एक साथ मिलकर काम को 36 दिनों में पूरा कर सकते हैं, तो Q को अकेले काम पूरा करने में कितने दिन का समय लगेगा?

A. 84 B. 60
C. 24 D. 108

71. एक घनाभ के आकार के वॉटर प्यूरिफायर में 10 लीटर पानी आ सकता है। इसकी चौड़ाई, इसकी ऊँचाई की $\frac{1}{5}$ है तथा लम्बाई, चौड़ाई और ऊँचाई के योग की $\frac{1}{3}$ है। टैंक की ऊँचाई कितनी है?

A. 50 सेमी. B. 80 सेमी.
C. 20 सेमी. D. 10 सेमी.

72. एक विक्रेता वास्तविक भार वाले बाट से 19% कम भार के बाट का उपयोग करके माल बेचता है और 35% का लाभ अर्जित करता है। उसका निवल लाभ प्रतिशत (दशमलव के 2 स्थानों तक सन्निकट) क्या है?

A. 66.33% B. 81.67%
C. 81.33% D. 66.67%

73. निम्नलिखित को सरल कीजिए :

$12 \div 4 \text{ of } 3 \times 6 + 8 \div 16 \text{ of } 4 \times 8 - 4 \div 6 \times 9$

A. –1 B. 1
C. $6\frac{1}{4}$ D. 13

74. यदि $\tan A = \sqrt{2} - 1$ है, तो $\sin A \cos A + \tan A$ का मान ज्ञात कीजिए।

A. $\frac{5\sqrt{2}-4}{4}$ B. $\frac{24\sqrt{2}+15}{4}$
C. $\frac{5\sqrt{2}+4}{4}$ D. $\frac{24\sqrt{2}-15}{4}$

75. दी गई जानकारी को पढ़िए और नीचे दिए गए प्रश्न का उत्तर दीजिए :

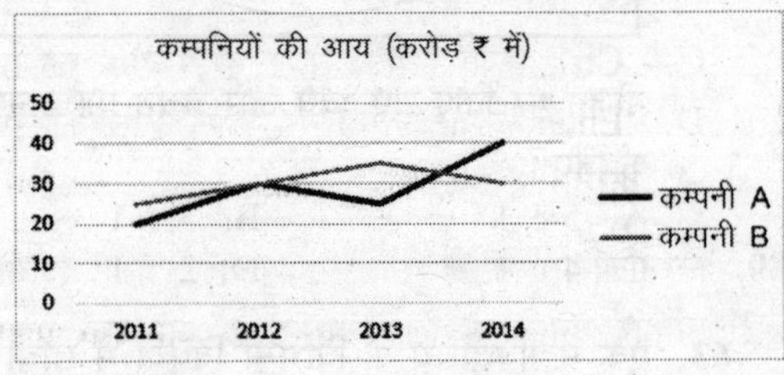

यदि कम्पनी A, 2014 में आय का 25% लाभ के रूप में अर्जित करती है, तो उस वर्ष में उसका व्यय क्या होगा?

A. ₹ 32 करोड़ B. ₹ 35 करोड़
C. ₹ 40 करोड़ D. ₹ 30 करोड़

सामान्य सचेतता

76. 1812 में, इस परिकल्पना का वर्णन किसने किया कि विभिन्न गैसों के समान आयतनों में समान संख्या में अणु होते हैं?

A. जॉन डाल्टन B. जेम्स वॉट
C. एमेडियो अवोगाद्रो D. अल्बर्ट आइंस्टीन

77. निम्नलिखित में से उस कार्बोहाइड्रेट की पहचान कीजिए जो कार्बोहाइड्रेट की परिभाषा के अनुरूप नहीं है।

A. रम्नोज (Rhamnose)
B. सुक्रोज (Sucrose)
C. फ्रक्टोज (Fructose)
D. माल्टोज (Maltose)

69. D **70.** D **71.** A **72.** D **73.** B **74.** A **75.** D **76.** C **77.** A

78. निम्नलिखित में से किस व्यक्ति को दूसरे राष्ट्रीय न्यायिक वेतन आयोग (Second National Judicial Pay Commission) का अध्यक्ष नियुक्त किया गया?

A. न्यायमूर्ति ए.एस. आनंद
B. न्यायमूर्ति पी.वी. रेड्डी
C. न्यायमूर्ति जे.एस. वर्मा
D. न्यायमूर्ति आर. बसंत

79. एरो कीज और माउस क्लिक का उपयोग करने के अलावा, माइक्रोसॉफ्ट वर्ड में किसी टेबल के चारों ओर मूव करने के लिए और किस विधि का उपयोग किया जा सकता है?

A. सेल पर राइट-क्लिक करना और 'Move to Next Cell' सेलेक्ट करना
B. 'Tab' कुंजी का उपयोग करना या सेल पर डबल-क्लिक करना
C. 'Ctrl' कुंजी दबाकर सेल पर क्लिक करना
D. 'Enter' कुंजी दबाना या स्क्रॉल व्हील का उपयोग करना

80. निम्नलिखित में से कौन-सा राज्य विजया दशमी का त्यौहार मनाने के लिए प्रसिद्ध है, जो दुर्गा पूजा की समाप्ति का प्रतीक है?

A. तेलंगाना B. पश्चिम बंगाल
C. छत्तीसगढ़ D. राजस्थान

81. निम्नलिखित में से किस संशोधन अधिनियम के द्वारा अनुच्छेद 21A को समाहित किया गया था?

A. 86वां संशोधन अधिनियम, 2002
B. 87वां संशोधन अधिनियम, 2003
C. 85वां संशोधन अधिनियम, 2002
D. 84वां संशोधन अधिनियम, 2002

82. विख्यात भातखंडे संगीत संस्थान (Bhatkhande Music Institute) कहाँ स्थित है?

A. चेन्नई B. मदुरै
C. लखनऊ D. सूरत

83. भारत में राष्ट्रीय मानवाधिकार आयोग की स्थापना किस वर्ष में हुई थी?

A. 1993 B. 2003
C. 1995 D. 2005

84. भोपाल गैस त्रासदी किस वर्ष में हुई थी?

A. 1988 B. 1984
C. 1982 D. 1985

85. निम्नलिखित में से किस राज्य में सांची स्तूप, UNESCO विश्व धरोहर स्थल स्थित है?

A. बिहार B. राजस्थान
C. मध्य प्रदेश D. पंजाब

86. 1928 में नई दिल्ली के फिरोज शाह कोटला में किस क्रांतिकारी संगठन की स्थापना की गई थी?

A. स्वदेश बंधब समिति
B. भारत नौजवान सभा
C. इंडियन होमरूल सोसायटी
D. हिंदुस्तान सोशलिस्ट रिपब्लिकन एसोसिएशन

87. निम्नलिखित में से किस टीम ने इंडियन सुपर लीग 2022-23 जीता?

A. बेंगलुरू एफ.सी.
B. हैदराबाद एफ.सी.
C. ए.के.टी. मोहन बागान
D. मुम्बई सिटी एफ.सी.

88. निम्नलिखित में से कौन-सा मौलिक अधिकार भारतीयों के साथ-साथ विदेशियों के लिए भी उपलब्ध है?

A. अल्पसंख्यकों की भाषा, लिपि और संस्कृति की सुरक्षा का अधिकार
B. सार्वजनिक रोजगार के मामलों में अवसर की समानता
C. शैक्षणिक संस्थानों की स्थापना और प्रशासन करने का अल्पसंख्यकों का अधिकार
D. प्रारंभिक शिक्षा का अधिकार

78. B	**79.** D	**80.** B	**81.** A	**82.** C	**83.** A
84. B	**85.** C	**86.** D	**87.** C	**88.** D	

89. पाँच चमकीले तारों के समूह द्वारा आसानी से पहचाना जाने वाला उत्तरी आकाश का एक तारामंडल, अनियमित 'W' आकार के रूप में दिखाई देता है, उसे क्या कहा जाता है?

A. कैसियोपिया (Cassiopeia)
B. ओरायन (Orion)
C. उर्सा मेजर (Ursa Major)
D. सिग्नस (Cygnus)

90. 2 मार्च 2023 को सर्वोच्च न्यायालय ने चुनाव आयोग की नियुक्तियों के मामले में एक आदेश जारी किया। इस आदेशानुसार, नियुक्तियाँ निम्नलिखित में से किन सदस्यों वाली समिति की सिफारिश के तहत की जाएंगी?

A. प्रधानमंत्री, भारत के मुख्य न्यायाधीश और लोकसभा अध्यक्ष
B. प्रधानमंत्री, विपक्ष के नेता और भारत के मुख्य न्यायाधीश
C. प्रधानमंत्री, विपक्ष के नेता और लोकसभा के अध्यक्ष
D. प्रधानमंत्री, विपक्ष के नेता और राज्यसभा के सभापति

91. राष्ट्रीय खेल दिवस .... के जन्मदिन पर मनाया जाता है।

A. मेजर ध्यानचंद
B. कपिल देव
C. एम.एस. धोनी
D. रूप सिंह

92. अंतर्राष्ट्रीय हॉकी मैच की अवधि क्या है?

A. 55 मिनट
B. 60 मिनट
C. 70 मिनट
D. 50 मिनट

93. निम्नलिखित में से कौन-सी भारत के राष्ट्रीय निवेश और विनिर्माण क्षेत्र (एनआईएमजेड) की विशेषता नहीं है?

A. राज्य सरकार बिजली आपूर्ति, पानी तथा अन्य विनिर्माण संबंधी सुविधाएँ प्रदान करेगी।
B. एन-आईएमजेड (NIMZs) के कामकाज की देख-रेख के लिए एक विशेष प्रयोजन वाहन का गठन किया जाएगा।
C. इसमें एनआईएमजेड (NIMZs) को स्थापित करने के लिए कम-से-कम 10000 हेक्टेयर का क्षेत्रफल उपलब्ध कराया जाता है।
D. एनआईएमजेड (NIMZs) के लिए प्रस्तावित क्षेत्र का कम-से-कम 30% क्षेत्र विनिर्माण इकाइयों के लिए उपयोग में लिया जाएगा।

94. हिमालय की सबसे बाहरी शृंखला (range) को .... कहा जाता है।

A. कंचनजंगा
B. धौलाधार
C. शिवालिक
D. पीर पंजाल

95. निम्नलिखित में से कौन-सा/से सार्वजनिक वस्तुओं का/के उदाहरण है/हैं?

(*a*) रक्षा
(*b*) घर

A. न तो (*a*) और न ही (*b*)
B. (*a*) और (*b*) दोनों
C. केवल (*a*)
D. केवल (*b*)

96. एमएस वर्ड (MS Word) में, मेनू बार के नीचे के आइकनों में से कौन-सा आइकन सामान्यतः मौजूदा डॉक्यूमेंट को सेव करने के लिए उपयोग किया जाता है?

A. एन्वेलप आइकन (The envelope icon)
B. फ्लॉपी डिस्क आइकन (The floppy disk icon)
C. प्रिंटर आइकन (The printer icon)
D. अनडू आइकन (The undo icon)

89. A **90.** B **91.** A **92.** B **93.** C **94.** C **95.** C **96.** B

97. निम्नलिखित में कौन-सा कथन भारत के संगीत के बारे में गलत है?

A. श्रुति एक ग्राम या स्केल के भीतर विभिन्न लगातार पिचों (Pitches) के बीच माप या छोटे अंतर की एक इकाई है

B. संगीत वाद्ययंत्र कामाइचा (Kamaicha) का उपयोग प्रमुख रूप से मणिपुर के 'मांगणियार' (Manganiar) समुदाय द्वारा उनके गीतों की एक लोकप्रिय संगत के रूप में किया जाता है

C. माना जाता है कि राग की शुरुआत आदिवासी या लोक धुन के रूप में हुई थी

D. ताल समय इकाइयों की एक चक्रीय व्यवस्था (Cyclic arrangement) है

98. निम्नलिखित पर विचार करें :

निम्नलिखित में से कौन-से कारण भारत में प्रवास के लिए आकर्षण कारक माने जा सकते हैं?

1. श्रम मांग
2. प्राकृतिक आपदा
3. मानव एवं नागरिक अधिकारों का संरक्षण
4. उच्च उपभोग और जीवन स्तर

A. केवल 1, 3 और 4

B. 1 और 4 दोनों

C. केवल 2

D. केवल 2, 3 और 4

99. अकबर के बारे में से कौन-सा कथन सत्य है?

1. उसने मनसबदारी प्रणाली की शुरुआत की।
2. उसने बीजापुर राज्य को पराजित कर अपने साम्राज्य में मिला लिया।
3. उसने फतेहपुर सीकरी को अपनी राजधानी बनाया।

A. केवल 2 और 3 B. केवल 1 और 3

C. सभी 1, 2, 3 D. केवल 1 और 2

100. रुक्मिणी देवी अरुंडेल (Rukmini Devi Arundale) का संबंध किस कला शैली से है?

A. चित्रकारी B. मुरल

C. नृत्य D. कलारिपयट्टू

व्याख्यात्मक उत्तर

1. (C): The error in the sentence "It was my niece/who was leaving college/last year, and/ not my son." lies in the segment "who was leaving college." The use of "was leaving" implies an ongoing action in the past, which contradicts the timeline indicated by "last year." To correct the grammar, "who left college" would be more appropriate, as it specifies a completed action in the specified past time.

2. (D): In the sentence "UNICEF builds partnerships across the (global community on accelerate) gender equality," the correct preposition to use with "accelerate" is "to," indicating the purpose or intention of the partnerships. Thus, "global community to accelerate" is grammatically correct and logically fits the context of building partnerships for a specific purpose.

4. (A): The segment "The volunteer gave on to" contains a grammatical error. The phrase "gave on to" is incorrect and does not convey a clear meaning. The correct phrase should be "The volunteer gave out," which would correctly describe the action of distributing something.

5. (D): In the context of the passage, "It has now become my favourite (book)" is the

97. B	**98.** A	**99.** B	**100.** C

most appropriate completion because the passage discusses a specific book, "Charlie and the Chocolate Factory," and uses the word "book" to refer to it directly.

6. **(A):** "Very" is the appropriate word to fill in the blank in "He is (2) ________ poor," as it serves as an adverb modifying the adjective "poor" to intensify the degree of poverty described.

7. **(D):** The phrase "allows him to enter" is the correct choice for the blank, as it indicates permission or capability provided to Charlie to enter the chocolate factory, aligning with the context of winning a golden ticket which grants him access.

8. **(D):** "Visits" is the appropriate term to fill the blank in "He (4) ________ it with his grandfather." This verb correctly describes the action of going to see or spend time at a place, which in this context is the chocolate factory.

9. **(B):** "Find out more about them" is the suitable phrase for the blank, as it suggests discovering additional information, which aligns with the context of encouraging the reader to learn more by reading the book.

10. **(B):** The antonym for "timid," which means showing fear or lack of confidence, is "audacious." "Audacious" describes someone who is very bold or daring, especially in a way that shows an unusual willingness to take risks, directly contrasting the cautious or fearful characteristics of someone who is timid.

11. **(C):** The term "allusive handwriting" is incorrect as "allusive" pertains to allusion, not clarity of text. The correct term is "illegible handwriting," which accurately describes handwriting that is difficult to read, thus creating a poor impression.

12. **(C):** The phrase "characteristically built" in the context of classical buildings might imply a generalization but lacks the specificity that "typically built" offers. "Typically built" conveys a more precise general practice or tendency, especially relevant when referring to construction materials used commonly in Greek and Roman architecture.

13. **(A):** "Retract" means to draw back or withdraw a statement or belief. The most appropriate synonym is "revoke," which also implies the withdrawal of a statement, decision, or offer, aligning closely in meaning with "retract."

14. **(A):** The appropriate word to fill the blank in "I find that students nowadays are not interested in ________ letters by hand" is "writing." This verb directly relates to the action of composing letters manually, which fits the context of the sentence.

15. **(C):** The phrase "at a more leisure pace" is grammatically incorrect because "leisure" is a noun and needs to be used as an adjective in this context. "At a more leisurely pace" correctly uses "leisurely" as an adverb, modifying "pace" to describe the manner in which work is preferred to be done.

16. **(C):** "Enormous" means very large in size, quantity, or extent. The best antonym for "enormous" is "minute," which means extremely small, thus directly opposing the concept of large size.

17. **(A):** The idiom "dog in the manger" refers to someone who prevents others from using something even though they do not need or cannot use it themselves. Option A captures this essence, as Rachit cancels the show tickets for everyone, thereby preventing others from enjoying the show, even though he himself cannot attend.

18. (B): In the sentence, "The Chinese are believed to have a longer history than that of any other civilisation in the wolrd," the word "wolrd" is incorrectly spelled. The correct spelling is "world."

19. (A): The correct phrase to replace "by Ramesh effected" is "by Ramesh affected." The word "affected" is correctly used here to indicate that Ramesh's financial situation had a negative impact on his daily expenses, while "effected" would imply causing something to happen, which does not fit the context.

21. (B): The word "parade" in the given sentence can be contextually synonymous with "procession," which refers to a series of people moving along in an orderly, often ceremonial way. This aligns with the general meaning of "parade," used here metaphorically to describe something that feels prolonged and drawn-out.

22. (D): "Alert" primarily means being quick to notice and respond to potential danger or unusual conditions. The synonym "vigilant" accurately captures this sense, as it describes being watchful and attentive, especially to avoid danger, closely aligning with the meaning of "alert."

23. (C): The word "sluggish" describes something slow-moving or lacking energy. The appropriate antonym is "rapid," which means occurring within a short time or happening at a fast pace. This is directly opposite to the slow and lethargic nature suggested by "sluggish."

24. (B): In the sentence "Mr. Sen is (clever) enough to handle his professional hazards," using "intelligent" instead of "clever" provides a clearer and more direct connotation of being capable and mentally sharp, which is crucial for handling complex professional situations. While "clever" can sometimes imply cunning or trickery, "intelligent" directly refers to cognitive ability and aptitude.

25. (B): The idiom "called it a day" is commonly used to mean ending one's activities for the day, especially work-related tasks. This matches with option B, "Stopped work for the day," providing a straightforward interpretation of the idiom as used in the context of technicians finishing their work.

26. (D):

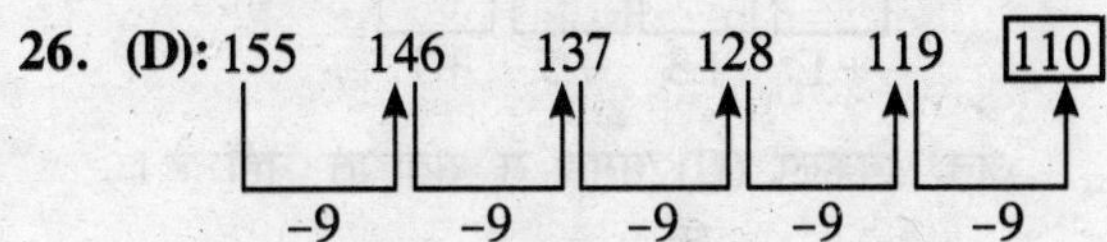

अतः प्रश्नचिह्न के स्थान पर 110 आएगा।

28. (B):

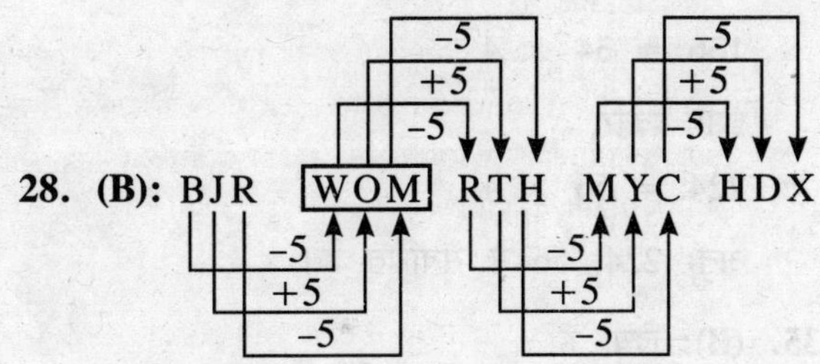

अतः प्रश्नचिह्न के स्थान पर WOM आएगा।

29. (A):

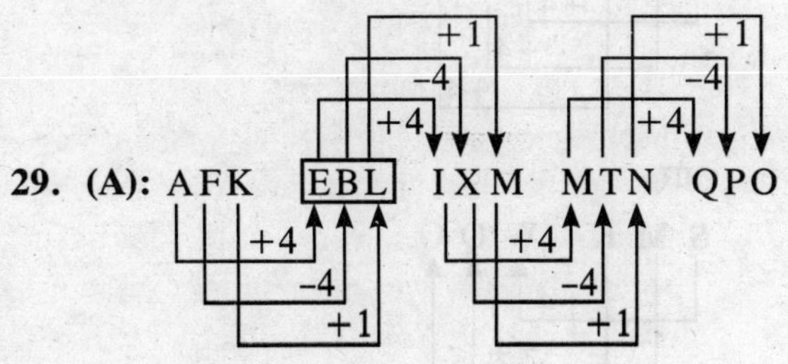

अतः प्रश्नचिह्न के स्थान पर EBL आएगा।

31. (D): दिया गया शब्द : DOCUMENTARY

वर्णमाला क्रम में : ACDEMNORTUY

अतः दो अक्षरों M और Y का स्थान परिवर्तित नहीं होगा।

32. (C): विकल्पों को जाँचने पर :

(A) B C F K R

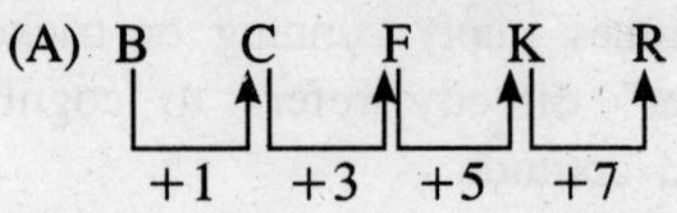

(B) J K N S Z

+1 +3 +5 +7

(C) H I M Q X

+1 +4 +4 +7

(D) E F I N U

+1 +3 +5 +7

अतः विकल्प (C) समूह से संबंधित नहीं है।

34. (A): दिया है,

$92 = 23 \times 4$

$136 = 34 \times 4$

इसी प्रकार,

$224 = 56 \times 4$

अतः 224, 56 से संबंधित है।

35. (B): दिया है,

VPN ZTR

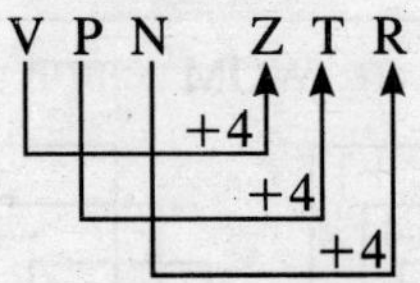

और

SMK WQO

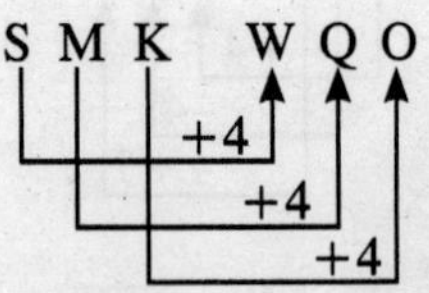

इसी प्रकार,

LFD PJH

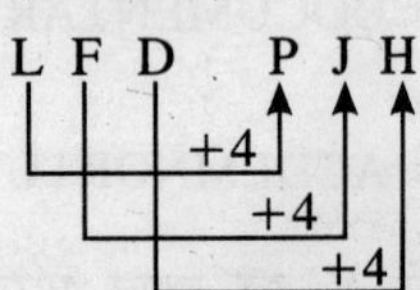

अतः LFD : PJH सबसे अच्छा निरूपण करता है।

36. (A): दिया है,

$(5, 4, 41) \Rightarrow 5^2 + 4^2 = 41$

$(7, 2, 53) \Rightarrow 7^2 + 2^2 = 53$

विकल्पों को जाँचने पर :

(A) (9, 3, 90)

$\Rightarrow 9^2 + 3^2 = 81 + 9 = 90$

(B) (11, 9, 204)

$\Rightarrow 11^2 + 9^2 = 121 + 81 = 202$

(C) (13, 6, 208)

$\Rightarrow 13^2 + 6^2 = 169 + 36 = 205$

(D) (10, 5, 130)

$\Rightarrow 10^2 + 5^2 = 100 + 25 = 125$

अतः विकल्प (A) सही है।

37. (A):

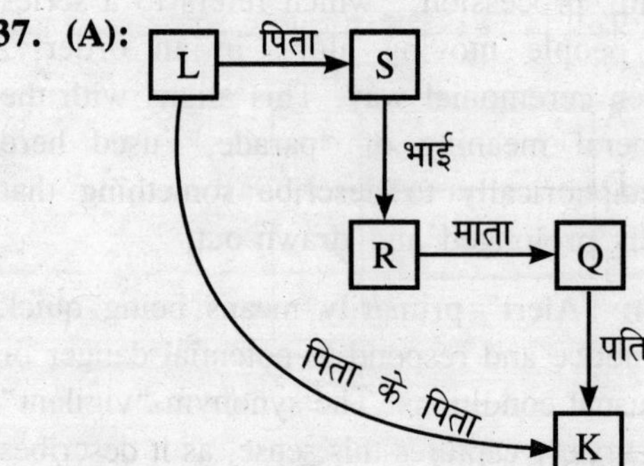

अतः K, L के पिता के पिता हैं।

38. (A): 612 571 535 504 478 457

−41 −36 −31 −26 −21

+5 +5 +5 +5

अतः प्रश्नचिह्न के स्थान पर 457 आएगा।

39. (C): दिया है, 23 जून 2008 को सोमवार था।

अब वर्ष 2009 से 2020 तक अतिरिक्त दिनों की संख्या

$= 1 + 1 + 1 + 2 + 1 + 1 + 1 + 2 + 1 + 1 + 1 + 2$

$= 15$ दिन $= 7 \times 2 + 1 = 1$

∴ अतिरिक्त दिनों की संख्या = 1

∴ 23 जून 2020 = सोमवार + 1 दिन

= मंगलवार

अतः 23 जून 2020 को मंगलवार था।

40. (A): दिया है,

14 B 11 D 22 C 328 A 8 = ?

प्रश्नानुसार,

$14 \times 11 - 22 + 328 \div 8 = ?$

$\Rightarrow 154 - 22 + 41 = ?$

$\Rightarrow 195 - 22 = ?$

$\Rightarrow ? = 173$

अतः प्रश्नचिह्न के स्थान पर 173 आएगा।

41. (B):

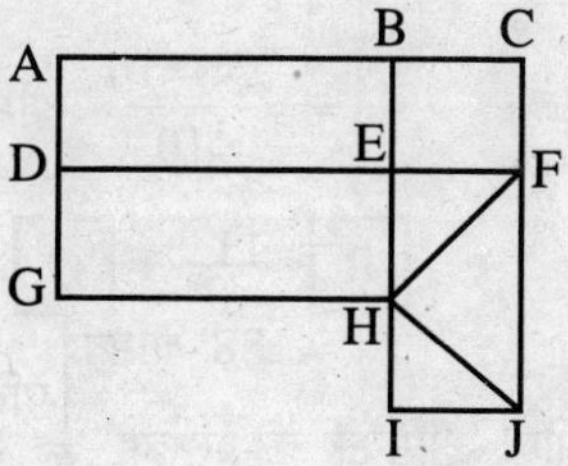

(1) □ ABED, (2) □ DEHG, (3) □ BEFC, (4) □ EFJI, (5) □ BCJI, (6) □ ABHG, (7) □ DFHG, (8) □ ACFD, (9) □ BCFH, (10) □ HFJI, (11) □ BCJH.

अतः दी गई आकृति में कुल 11 चतुर्भुज हैं।

42. (D): विकल्पों को जाँचने पर :

(A) $32 + 8 - 160 \div 2 \times 42$

$= 40 - 80 \times 42 \neq 218$

(B) $32 \div 8 - 160 \times 2 + 42$

$= 4 - 320 + 42 \neq 218$

(C) $32 \times 8 - 160 + 2 \div 42$

$= 256 - 160 + \frac{1}{21} \neq 218$

(D) $32 \times 8 - 160 \div 2 + 42$

$= 256 - 80 + 42$

$= 298 - 80$

$= 218$

अतः (D) का परिणाम 218 होगा।

44. (B): दिया है, DIVERT = 36

यहाँ, एक शब्द में अक्षरों की संख्या का वर्ग

अक्षरों की संख्या = 6

अक्षरों की संख्या का वर्ग = $6^2 = 36$

और DOLDRUMS = 64

अक्षरों की संख्या = 8

अक्षरों की संख्या का वर्ग = $8^2 = 64$

इसी प्रकार,

DOGMA

अक्षरों की संख्या = 5

अक्षरों की संख्या का वर्ग = $5^2 = 25$

46. (A): दिया है,

$15 \times 5 - 75 + (300 \div 6) + 3 \times 19 = 115$

दो संख्याओं को आपस में बदलने पर,

$19 \times 5 - 75 + (300 \div 6) + 3 \times 15 = 115$

$\Rightarrow 95 - 75 + 50 + 45 = 115$

$\Rightarrow 20 + 95 = 115$

$\Rightarrow 115 = 115$

अतः 15 और 19 को आपस में बदलने पर समीकरण सही हो जाएगा।

51. (B): 8750 का 20% = $8750 \times \frac{20}{100} = 1750$

वैध मतों की संख्या = 8750 − 1750 = 7000

अन्य उम्मीदवार B को मिले वैध मतों की संख्या

$= 7000$ का 37%

$$= 7000 \times \frac{37}{100}$$

$= 2590.$

52. (D): राजू और रामू के स्वामित्व वाली भूमि का अनुपात

$$= \frac{115}{100} : \frac{125}{100}$$

$$= \frac{115}{125}$$

$= 23 : 25.$

53. (B): $t_1 = \frac{10}{15} = \frac{2}{3}$ घंटे

$t_2 = \frac{15}{10} = \frac{3}{2}$ घंटे

$$t_1 + t_2 = \frac{2}{3} + \frac{3}{2}$$

$$= \frac{4+9}{6}$$

$= \frac{13}{6}$ घंटे

पूरी यात्रा की औसत चाल $= \frac{\text{कुल दूरी}}{\text{कुल समय}}$

$$= \frac{25}{\frac{13}{6}}$$

$$= \frac{25 \times 6}{13}$$

$$= \frac{150}{13}$$

$= 11.538$

$= 11.54$ किमी./घं.।

54. (A): मीनार की ऊँचाई $= \frac{1.5 \times 105}{0.5}$

$$= \frac{15 \times 105}{5}$$

$= 3 \times 105$ मी.

$= 315$ मी.

55. (C): आगरा जाने वाले पर्यटकों का प्रतिशत $= 15\%$

काशी जाने वाले पर्यटकों का प्रतिशत $= 20\%$

अतः अभीष्ट प्रतिशत $= 15\% + 20\% = 35\%$.

56. (D): $\because$ 55 श्रमिक 16 दिनों में एक काम पूरा करते हैं

$\therefore$ 1 दिन में काम पूरा करेंगे 55×16 श्रमिक

$\therefore$ 10 दिनों में काम पूरा करेंगे

$= \frac{55 \times 16}{10}$ श्रमिक

$= 11 \times 8$

$= 88$ श्रमिक

अतः अभीष्ट श्रमिकों की संख्या $= 88 - 55$

$= 33.$

57. (C): माना कि रवि की वर्तमान आयु $= x$ वर्ष तथा काव्या की वर्तमान आयु $= y$ वर्ष

प्रश्नानुसार,

$x - 4 = 4(y - 4)$

$\Rightarrow \quad x - 4y = -12 \quad \ldots(i)$

तथा $\quad x + 7 = 3(y + 7)$

$\Rightarrow \quad x - 3y = 14 \quad \ldots(ii)$

समीकरण (i) और (ii) को हल करने पर,

$x = 92$ और $y = 26$

अतः दोनों की वर्तमान आयु का योग

$= 92 + 26$ वर्ष

$= 118$ वर्ष।

58. (D): 5 इकाई त्रिज्या वाले वृत्त का क्षेत्रफल

= 25π वर्ग इकाई

सबसे बड़े आयात का क्षेत्रफल

= 10 × 5

= 50 वर्ग इकाई

अतः शेष भाग का क्षेत्रफल

= 25(π – 2) वर्ग इकाई

59. (C): दो वृत्तों की त्रिज्याएँ क्रमशः 7 सेमी. तथा 4 सेमी. हैं।

उनके केंद्रों की बीच की दूरी = 25 सेमी.

अनुप्रस्थ स्पर्श रेखा की लम्बाई

$= \sqrt{(d)^2 - (r_1 + r_2)^2}$

$= \sqrt{(25)^2 - (7+4)^2}$

$= \sqrt{625 - 121}$

$= \sqrt{504}$

$= 6\sqrt{14}$ सेमी.।

60. (A): वार्षिक ब्याज दर $= \frac{1093.50 \times 100}{2430 \times 3}$

$= \frac{10935}{243 \times 3}$

$= \frac{3645}{243}$

= 15%.

61. (C): माना कि उसके आरंभिक बिंदु से उसके गंतव्य की दूरी = x किमी.

समय का अन्तर = 30 – (–30)

= 60 मिनट

= 1 घंटा

$\frac{x}{3} - \frac{x}{4} = 1$

$\Rightarrow \frac{4x - 3}{12} = 1$

$\Rightarrow x = 12$

अतः अभीष्ट दूरी = 12 किमी.।

62. (D): भोजन का खर्च $= \frac{120}{360}$

$= \frac{1}{3}$

बचत $= 1 - \frac{1}{3}$

$= \frac{2}{3}$

अभीष्ट अनुपात $= \frac{2}{3} : \frac{1}{3}$

= 2 : 1.

63. (A): कुल बालिका छात्राओं की संख्या = 785

कुल छात्रों की संख्या = 1710

महाविद्यालय में बालिका छात्राओं का प्रतिशत

$= \frac{785}{1710} \times 100$

= 45.9%.

64. (C): बेलनाकार कप का आयतन = $\pi r^2 h$

$= \frac{22}{7} \times \frac{7}{2} \times \frac{7}{2} \times 4$ सेमी.^{3}

= 154 सेमी.^{3}

$= \frac{154}{1000}$ लीटर

अतः अस्पताल में 180 रोगियों के लिए

$$= \frac{154 \times 180}{1000}$$

= 27.72 लीटर।

65. (A): दो वृत्तों की त्रिज्याएँ क्रमशः 2 इकाई तथा 3 इकाई हैं।

माना कि उनके केंद्रों के बीच की दूरी = x इकाई

अनुप्रस्थ स्पर्श रेखा की लम्बाई = 6 इकाई

∴ अनुप्रस्थ स्पर्श रेखा की लम्बाई

$$= \sqrt{(d)^2 - (r_1 + r_2)^2}$$

$$\Rightarrow 6 = \sqrt{(x)^2 - (2+3)^2}$$

$$\Rightarrow 6 = \sqrt{x^2 - 25}$$

$$\Rightarrow 36 = x^2 - 25$$

$$\Rightarrow x^2 = 61$$

$$\Rightarrow x = \sqrt{61}$$

अतः वृत्त के केन्द्रों के बीच अधिकतम दूरी = $\sqrt{61}$

66. (A): माना कि राम का मासिक वेतन = ₹ 100

खर्च = (30 + 10 + 7 + 6)% × 100

$$= \frac{53}{100} \times 100$$

= ₹ 53

बचत = 100 − 53

= ₹ 47

जब बचत ₹ 47 है तब मासिक वेतन = ₹ 100

जब बचत ₹ 1880 है तब मासिक वेतन

$$= \frac{100}{47} \times 1880$$

= ₹ 4000.

67. (B): $8^6 + 1 = 262145$

```
      37449
  7)262145(
    21
    --
     52
     49
     --
      31
      28
      --
       34
       28
       --
        65
        63
        --
         2
```

अतः $8^6 + 1$ को 7 से भाग देने पर 2 शेष बचता है।

68. (C): $\because \theta = \frac{l}{r}$ रेडियन $\frac{15}{48} = \frac{5}{16}$ रेडियन

∵ π रेडियन = 180°

∵ $\frac{5}{16}$ रेडियन $= \frac{180°}{\pi} \times \frac{5}{16}$

$$= \frac{225°}{4\pi}$$

चाप के संगत त्रिज्यखंड का क्षेत्रफल

$$= \frac{\theta}{360} \pi r^2$$

$$= \frac{225}{4\pi \times 360} \times \pi \times 48 \times 48$$

= 360 सेमी.^{2}

69. (D): माना कि संख्या के दहाई का अंक x है तथा इकाई का अंक y है।

संख्या = $10x + y$

$$x + y = 9 \quad \ldots(i)$$

$$10x + y + 27 = 10y + x$$

$\Rightarrow 9x - 9y = -27$

$\Rightarrow 9(x - y) = -27$

$\Rightarrow x - y = -3$ ...(*ii*)

समीकरण (*i*) और (*ii*) को हल करने पर,

$x = 3,\ y = 6$

अतः संख्या $= 10x + y$

$= 10 \times 3 + 6$

$= 36.$

70. (D): माना कि Q अकेले x दिनों में काम पूरा करता है।

P अकेले उस कार्य को $\frac{x}{2}$ दिनों में पूरा करेगा

प्रश्नानुसार,

$$\frac{1}{x}+\frac{2}{x}=\frac{1}{36}$$

$\Rightarrow \frac{1+2}{x}=\frac{1}{36}$

$\Rightarrow x = 3 \times 36 = 108$

अतः Q अकेले उस काम को 108 दिनों में पूरा करेगा।

71. (A): माना कि ऊँचाई $= x$ सेमी., चौड़ाई $= \frac{x}{5}$ सेमी.

लम्बाई $= \left(x+\frac{x}{5}\right)\times\frac{1}{3}=\frac{2x}{5}$ सेमी.

$l \times b \times h = 10\ l$

$= 10 \times 1000$ सेमी.^{3}

$\Rightarrow \frac{2x}{5}\times\frac{x}{5}\times x = 10000$

$\Rightarrow x^3 = 5000 \times 25$

$= 125 \times 1000$

$\Rightarrow x = 5 \times 10$

$= 50$

अतः टैंक की ऊँचाई $= 50$ सेमी.

72. (D): माना कि माल का क्रय मूल्य = ₹ x

विक्रय मूल्य $= x(1 + 35\%)$

$= x\left(1+\frac{35}{100}\right)$

$= \frac{27x}{20}$

दोषपूर्ण वजन वास्तविक भार वाले की तुलना में 19% कम है।

वास्तविक वजन $= 1000 - 190 = 810$ ग्राम

$\because$ 810 ग्राम माल का विक्रय मूल्य $= \frac{27x}{20}$

$\therefore$ 1 ग्राम माल का विक्रय मूल्य $= \frac{27x}{20\times 810}$

$\therefore$ 1000 ग्राम माल का विक्रय मूल्य

$= \frac{27x}{20\times 810}\times 1000$

$= \frac{10x}{3\times 2}$

$= \frac{5x}{3}$

लाभ $= \frac{5x}{3} - x$

$= \frac{2x}{3}$

लाभ % $= \frac{2x}{3x}\times 100$

$= \frac{200}{3}$

$= 66.666\%$

$= 66.67\%$

73. (B): दिया है,

$12 \div 4$ of $3 \times 6 + 8 \div 16$ of $4 \times 8 - 4 \div 6 \times 9$

$\Rightarrow 12 \div 4 \times 3 \times 6 + 8 \div 16 \times 4 \times 8 - 4 \div 6 \times 9$

$= 1 \times 6 + 8 \div 16 \times 4 \times 8 - 4 \div 6 \times 9$

$= 6 + 1 - \frac{2}{3} \times 9$

$= 6 + 1 - 6$

$= 1.$

74. (A): $\because \tan A = \frac{\sqrt{2}-1}{1} = \frac{p}{b}$

$\therefore \quad h = \sqrt{\left(\sqrt{2}-1\right)^2 + (1)^2}$

$= \sqrt{2+1-2\sqrt{2}+1}$

$= \sqrt{4-2\sqrt{2}}$

sin A × cos A + tan A का मान

$= \frac{\sqrt{2}-1}{\sqrt{4-2\sqrt{2}}} \times \frac{1}{\sqrt{4-2\sqrt{2}}} + \frac{\sqrt{2}-1}{1}$

$= \frac{\sqrt{2}-1}{4-2\sqrt{2}} + \frac{\sqrt{2}-1}{1}$

$= \frac{\sqrt{2}-1}{2\sqrt{2}\left(\sqrt{2}-1\right)} + \frac{\sqrt{2}-1}{1}$

$= \frac{1}{2\sqrt{2}} + \frac{\sqrt{2}-1}{1}$

$= \frac{1+4-2\sqrt{2}}{2\sqrt{2}}$

$= \frac{5-2\sqrt{2}}{2\sqrt{2}} \times \frac{\sqrt{2}}{\sqrt{2}}$

$= \frac{5\sqrt{2}-4}{4}$

75. (D): कंपनी A की 2014 में आय = ₹ 40 करोड़

लाभ $= \frac{25}{100} \times 40$

= 10 करोड़

व्यय = आय – लाभ

= (40 – 10) करोड़

= 30 करोड़

अतः 2014 में कम्पनी A का व्यय = ₹ 30 करोड़ होगा।

76. (C): एमेडियो अवोगाद्रो ने 1812 में यह परिकल्पना दी थी कि सभी गैसों के समान आयतन में समान संख्या में अणु होते हैं, जिसे आज अवोगाद्रो का नियम कहा जाता है। यह परिकल्पना रासायनिक प्रतिक्रियाओं और मोल अवधारणा की समझ को गहराई से बढ़ाती है और मौलिक रूप से रसायन विज्ञान के कई नियमों का आधार बनती है।

77. (A): रम्नोज एक डिऑक्सी शुगर है जिसमें छह कार्बन की चेन नहीं होती है और इसे आमतौर पर कार्बोहाइड्रेट के सामान्य वर्गीकरण से अलग माना जाता है। यह कार्बोहाइड्रेट की परिभाषा से भिन्न होता है क्योंकि यह टिपिकल मोनोसैक्राइड संरचना से मेल नहीं खाता है।

78. (B): न्यायमूर्ति पी.वी. रेड्डी को दूसरे राष्ट्रीय न्यायिक वेतन आयोग का अध्यक्ष नियुक्त किया गया था। उन्होंने इस आयोग के माध्यम से भारत में न्यायिक सेवाओं के वेतनमान और सेवा शर्तों की समीक्षा और सुधार की दिशा में महत्वपूर्ण कार्य किया।

79. (D): माइक्रोसॉफ्ट वर्ड में टेबल के चारों ओर मूव करने के लिए 'Enter' कुंजी दबाना या स्क्रॉल व्हील का उपयोग करना एक प्रभावी विधि है। 'Enter' कुंजी विशेष रूप से नई पंक्ति में जाने के लिए उपयोगी होती है जबकि स्क्रॉल व्हील वर्टिकल नेविगेशन के लिए प्रयोग की जाती है।

80. (B): पश्चिम बंगाल विजया दशमी और दुर्गा पूजा के त्यौहार के लिए प्रसिद्ध है। यह त्यौहार दुर्गा पूजा की समाप्ति को दर्शाता है और इसे विशेष रूप से धूमधाम से मनाया जाता है, जिसमें पारंपरिक रीति-रिवाजों और सामूहिक उत्साह का विशेष स्थान होता है।

81. (A): अनुच्छेद 21A को 86वें संशोधन अधिनियम, 2002 के द्वारा भारतीय संविधान में समाहित किया गया था। यह संशोधन बालकों के लिए शिक्षा के अधिकार को मुफ्त और अनिवार्य बनाने का प्रावधान करता है, जो 6 से 14 वर्ष की आयु के बीच के बच्चों के लिए लागू होता है।

82. (C): विख्यात भातखंडे संगीत संस्थान भारत के लखनऊ शहर में स्थित है। यह संस्थान भारतीय संगीत शिक्षा के क्षेत्र में एक प्रमुख संस्थान है, जो विशेष रूप से हिन्दुस्तानी शास्त्रीय संगीत की पढ़ाई और प्रचार-प्रसार में सक्रिय है।

83. (A): भारत में राष्ट्रीय मानवाधिकार आयोग की स्थापना 1993 में की गई थी। इस आयोग का मुख्य उद्देश्य मानवाधिकारों की सुरक्षा करना और संबंधित उल्लंघनों पर कार्रवाई करना है, जिससे देश में मानवाधिकारों के संरक्षण को मजबूती मिली।

84. (B): भोपाल गैस त्रासदी, जिसे दुनिया की सबसे भीषण औद्योगिक दुर्घटना माना जाता है, 1984 में हुई थी। इस घटना में हजारों लोगों की मौत हो गई थी और कई लोग विकलांग हो गए थे, जब भोपाल में स्थित यूनियन कार्बाइड की कारखाने से मिथाइल आइसोसायनेट गैस का रिसाव हुआ था।

85. (C): सांची स्तूप, जो कि एक UNESCO विश्व धरोहर स्थल है, मध्य प्रदेश में स्थित है। यह स्तूप भारतीय वास्तुकला की प्राचीनतम और महत्वपूर्ण संरचनाओं में से एक है, जो बौद्ध धर्म के इतिहास और कला को दर्शाता है।

86. (D): हिंदुस्तान सोशलिस्ट रिपब्लिकन एसोसिएशन की स्थापना 1928 में नई दिल्ली के फिरोज शाह कोटला में की गई थी। यह संगठन भगत सिंह और अन्य क्रांतिकारियों द्वारा शुरू किया गया था, जो भारतीय स्वतंत्रता संग्राम में सशस्त्र क्रांति का समर्थन करते थे।

87. (C): ए.के.टी. मोहन बागान ने इंडियन सुपर लीग 2022-23 जीता था। यह टीम ने फाइनल मैच में प्रतिद्वंद्वी टीम को हराकर ट्रॉफी जीती, जिससे उनकी फुटबॉल में उत्कृष्टता का प्रमाण मिलता है।

88. (D): प्रारंभिक शिक्षा का अधिकार भारतीयों के साथ-साथ विदेशियों के लिए भी उपलब्ध है। यह मौलिक अधिकार अनुच्छेद 21A के तहत सभी बच्चों को 6 से 14 वर्ष की आयु के बीच मुफ्त और अनिवार्य शिक्षा प्रदान करता है।

89. (A): कैसियोपिया उत्तरी आकाश में एक तारामंडल है जो अनियमित 'W' आकार के रूप में दिखाई देता है। यह पाँच चमकीले तारों का समूह है जो इस विशिष्ट आकार के कारण आसानी से पहचाना जा सकता है।

90. (B): 2 मार्च 2023 को सर्वोच्च न्यायालय ने एक आदेश जारी किया, जिसके अनुसार चुनाव आयोग की नियुक्तियाँ प्रधानमंत्री, विपक्ष के नेता और भारत के मुख्य न्यायाधीश की सिफारिश के तहत की जाएंगी। यह आदेश चुनाव आयोग की स्वतंत्रता और पारदर्शिता को बढ़ाने के उद्देश्य से जारी किया गया था।

91. (A): राष्ट्रीय खेल दिवस मेजर ध्यानचंद के जन्मदिन पर मनाया जाता है, जो 29 अगस्त को पड़ता है। मेजर ध्यानचंद भारतीय हॉकी टीम के एक महान खिलाड़ी थे और उनकी उपलब्धियों को सम्मानित करने के लिए यह दिन चुना गया।

92. (B): अंतर्राष्ट्रीय हॉकी मैचों की अवधि 60 मिनट होती है। यह समय दो हाफ में विभाजित होता है, प्रत्येक हाफ 30 मिनट का होता है। यह नियम खेल के तेज और लगातार गति को बनाए रखने के लिए स्थापित किया गया है।

93. (C): एनआईएमजेड (NIMZs) के लिए 10000 हेक्टेयर का क्षेत्रफल उपलब्ध कराना उनकी विशेषता नहीं है। वास्तव में, NIMZs आम तौर पर छोटे क्षेत्रफल पर स्थापित किए जाते हैं और यह विवरण उनके मूल उद्देश्य और संचालन के ढांचे से मेल नहीं खाता।

94. (C): हिमालय की सबसे बाहरी श्रृंखला को शिवालिक कहा जाता है। ये पहाड़ियाँ हिमालय के तीन प्रमुख श्रेणियों में से सबसे निचली हैं और भारत के उत्तरी क्षेत्र में स्थित हैं, जो उनकी भौगोलिक विशेषताओं को दर्शाती हैं।

95. (C): रक्षा एक सार्वजनिक वस्तु का उदाहरण है क्योंकि यह ऐसी सेवा है जिसे देश के सभी नागरिक समान रूप से उपयोग कर सकते हैं और इसका उपभोग एक व्यक्ति द्वारा दूसरे के उपभोग को प्रभावित नहीं करता। घर को सार्वजनिक वस्तु नहीं माना जा सकता क्योंकि यह निजी स्वामित्व में होता है और इसके उपभोग से दूसरों का उपभोग प्रभावित होता है।

96. (B): MS Word में, मेनू बार के नीचे के आइकनों में से 'फ्लॉपी डिस्क आइकन' सामान्यतः मौजूदा डॉक्यूमेंट को सेव करने के लिए उपयोग किया जाता है। यह आइकन विश्वव्यापी रूप से डेटा सेव करने की क्रिया का प्रतीक है और इसका उपयोग दस्तावेजों को सहेजने के लिए किया जाता है।

97. (B): कामाइचा वाद्य यंत्र का उपयोग मुख्य रूप से राजस्थान के 'मांगणियार' समुदाय द्वारा किया जाता है, न कि मणिपुर के। यह गलत तथ्य है क्योंकि मणिपुर की संगीत शैली और वाद्य यंत्र उत्तरी भारतीय लोक और क्लासिकल संगीत से भिन्न होते हैं।

98. (A): भारत में प्रवास के लिए आकर्षण कारक श्रम मांग, मानव एवं नागरिक अधिकारों का संरक्षण, और उच्च उपभोग और जीवन स्तर हो सकते हैं। प्राकृतिक आपदा आमतौर पर पलायन का कारण बनती है, प्रवास का आकर्षण कारक नहीं।

99. (B): अकबर ने मनसबदारी प्रणाली की शुरुआत की और उसने फतेहपुर सीकरी को अपनी राजधानी बनाया। बीजापुर राज्य को पराजित करने का दावा गलत है क्योंकि बीजापुर का अधिग्रहण उसके बाद के मुगल सम्राटों के काल में हुआ था।

100. (C): रुक्मिणी देवी अरुंडेल का संबंध नृत्य कला से है। वह भारतीय क्लासिकल डांस फॉर्म भरतनाट्यम की प्रमुख प्रस्तोता और संवर्धक थीं। उन्होंने इस नृत्य शैली को नवीनीकृत किया और इसे अंतर्राष्ट्रीय मंच पर पहचान दिलाई।

पिछले प्रश्न-पत्र

SSC—संयुक्त हायर सेकेन्डरी लेवल (CHSL : 10 + 2)

डाटा एन्ट्री ऑपरेटर (DEO)/लोअर डिवीजन क्लर्क (LDC)/ जूनियर सेक्रेटेरियल असिस्टेंट (JSA)

Tier-I, भर्ती परीक्षा-2023

(Exam held on 14-08-2023)

English Language

1. Select the most appropriate option that can be used as a one-word substitute for the underlined segment in the following sentence.

After the scandal, the king was left with no choice but to announce his <u>act of renouncing the throne.</u>

A. exoneration
B. abdication
C. coronation
D. extradition

2. Select the option that expresses the given sentence in superlative degree of comparison.

It was probably the happy afternoon of her life.

A. It was an happier afternoon in their life before that.
B. No change needed
C. This afternoon of her life was the happy.
D. It was probably the happiest afternoon of her life.

3. Select the most appropriate option that can substitute the underlined words in the given sentence.

She's been <u>beating around the bush</u> all afternoon - I just wish she would come out and tell us what she really thinks.

A. denying to have her head in the clouds
B. there to give the cold shoulder
C. avoiding to talk directly about a topic or issue
D. trying to be overprotective

4. Parts of a sentence are given below in jumbled order. Select the option that arranges the parts in the correct order to form a meaningful sentence.

(*a*) Looks first to his own profit
(*b*) And then to the king's,
(*c*) Or destroys the king's gain altogether
(*d*) The chief collector of revenue

A. (*b*), (*d*), (*a*), (*c*)
B. (*d*), (*a*), (*b*), (*c*)
C. (*d*), (*c*), (*a*), (*b*)
D. (*a*), (*b*), (*c*), (*d*)

5. Select the most appropriate synonym of the given word.

Feasibility

A. Sustainability
B. Heavy
C. Impropriety
D. Probability

1. B	**2.** D	**3.** C	**4.** B	**5.** D

6. Select the most appropriate synonym of 'potential' in the given sentence.

I have seen Radhya growing in the last few years; she now has the capability to fight worse situations.

A. Growing B. Worse
C. Capability D. Situations

7. Select the most appropriate ANTONYM of the given word.

Ambivalent

A. Legitimate B. Unequivocal
C. Irresistible D. Unpredictable

8. Select the most appropriate synonym of the given word.

Elaborate

A. Complex B. Easy
C. Simple D. Plain

9. Select the option that can be used as a one-word substitute for the underlined segment.

The child was <u>not guilty of any wrongdoing and lacked knowledge or awareness of wrongdoing.</u>

A. innocent
B. inexperienced
C. cruel
D. ignorant

10. Select the most appropriate option that expresses the given sentence in active voice.

The package was delivered by the courier to the recipient's doorstep.

A. The package was being delivered by the courier to the recipient's doorstep.
B. The recipient received the package delivered by the courier.
C. The courier delivered the package to the recipient's doorstep.
D. The package was delivered to the recipient's doorstep by the courier.

11. Parts of the following sentence have been given as options. Select the option that contains an error.

The news is very good to be true.

A. The news B. is
C. to be true D. very good

12. Select the most appropriate synonym for the given word.

Strength

A. Recluse B. Power
C. Weakness D. Disability

13. The following sentence has been split into four segments. Identify the segment that contains a spelling error.

They need to / wave the participation / fees for people / with disabilities.

A. They need to
B. with disabilities.
C. wave the participation
D. fees for people

14. Select the most appropriate option to fill in the blank.

The ______ age for retirement is 65 years in India.

A. mendatory B. mandatory
C. mendetory D. mendaytory

15. Select the most appropriate option that can replace the underlined word in the following sentence.

The <u>incorrigible</u> optimism displayed by Aishwarya in difficult situations turned out her to be a favourite among her friends.

A. translucent
B. illustrious
C. unchanged
D. barefooted

6. C	7. B	8. A	9. A	10. C	11. D	12. B	13. C	14. B	15. C

16. Select the most appropriate option that can substitute the underlined words in the given sentence.

It's not polite to blow your own trumpet in front of others.

A. brag one's own accomplishment
B. give someone a compliment
C. criticise someone unfairly
D. play a musical instrument

17. Select the word which means the same as the group of words underlined in the given sentence.

I can't believe that I am doing this ordinary and dull task.

A. immoral B. tenacious
C. mundane D. destitute

18. Parts of a sentence are given below in jumbled order. Arrange the parts in the correct order to form a meaningful sentence.

P. but results in widespread hunger, death and social unrest
Q. some of the causes of famine in that region
R. drought, floods, war and economic instability are
S. which not only causes severe shortage of food

A. RSQP B. RQSP
C. QRSP D. QPSR

19. Select the option that expresses the given sentence in active voice.

Would pizza or burger rather be eaten by you?

A. Would you rather ate pizza or burger?
B. Would you rather eaten pizza or burger?
C. Would you rather eat pizza or burger?
D. Would you eat pizza or burger?

20. Select the most appropriate option that can substitute the underlined words in the given sentence.

One of them who were hidings at the back of a rock fired at the villagers.

A. one of them who was hiding behind a rock
B. one of them who hiding behind a rock
C. one of them who were hiding behind a rock
D. one of them who was hide behind a rock

Directions (Qs. No. 21-25): *In the following passage, some words have been deleted. Read the passage carefully and select the most appropriate option to fill in each blank.*

Climatic disasters are _____(1)_____ increasingly common due to the effects of climate change. These disasters include extreme weather events such as hurricanes, tornadoes, floods and droughts. To mitigate the effects of these disasters, it is essential to invest in disaster preparedness and _____(2)_____. The impact of climatic disasters is not limited to the loss of life and property damage. For example, hurricanes can disrupt the oil and gas industry, leading to higher fuel prices and _____(3)_____. Floods can damage crops and infrastructure, leading to food shortages and disruptions to transportation systems. Rising temperatures can lead to more frequent heat waves, while changes in precipitation patterns can lead to more _____(4)_____ droughts and floods. Climatic disasters disproportionately affect vulnerable populations. Collaboration among governments, communities and businesses is crucial for effective disaster preparedness and response. This involves investing in early warning systems, improving infrastructure and emergency services and planning for post-disaster recovery. By taking a _____(5)_____ approach to disaster management, we can reduce the impacts of climatic disasters and build more resilient communities.

16. A	**17.** C	**18.** B	**19.** C	**20.** A

21. Select the most appropriate option to fill in blank 1.

A. became B. become
C. becomes D. becoming

22. Select the most appropriate option to fill in blank 2.

A. response B. manifestation
C. regeneration D. evaluation

23. Select the most appropriate option to fill in blank 3.

A. failure B. fatigue
C. shortages D. drought

24. Select the most appropriate option to fill in blank 4.

A. fast B. speedy
C. rare D. frequent

25. Select the most appropriate option to fill in blank 5.

A. proactive B. bioactive
C. inactive D. productivity

सामान्य बुद्धिमत्ता

26. उस विकल्प को चुनिए जिसमें अक्षर-समूह वही संबंध साझा करता है, जो नीचे दिए गए अक्षर-समूहों के युग्म द्वारा साझा किया जाता है।

NEZ : UIV
BIL : IOH

A. PIL : IOP B. IUN : PAJ
C. TAP : AET D. AOR : JUM

27. दी गई आकृति के उस सही दर्पण प्रतिबिंब को चुनिए, जो नीचे दर्शाए गए अनुसार दर्पण को MN पर रखने पर बनेगा।

M
kDr27Fa |
N

A. ɒꟻ٢2ɿᗡꓘ B. ɘꟻ٢ꙅɿᗡꓘ
C. ɒꟻ٢ꙅɿᗡꓘ D. ɒꟻ٢ꙅɿᗡꓘ

28. नीचे दिए गए कथनों और निष्कर्षों को ध्यानपूर्वक पढ़िए। आपको मानना है कि दिए गए कथन सत्य हैं, चाहे वे सामान्यतः ज्ञात तथ्यों से अलग प्रतीत होते हों। आपको निश्चय करना है कि कौन-सा/कौन-से निष्कर्ष तार्किक रूप से दिए गए कथनों के अनुसार है/हैं?

कथन : कुछ नमक बाथ हैं।
सभी टब, ड्रम हैं।
कुछ बाथ, टब हैं।

निष्कर्ष : I. कुछ नमक, टब हैं।
II. कुछ ड्रम, बाँध हैं।

A. केवल निष्कर्ष I कथनों के अनुसार है।
B. न तो निष्कर्ष I और न ही II कथनों के अनुसार है।
C. केवल निष्कर्ष II कथनों के अनुसार है।
D. दोनों निष्कर्ष I और II कथनों के अनुसार हैं।

29. निम्नलिखित संख्या-त्रयों में से तीन किसी प्रकार से समान है और एक भिन्न है। उस संख्या-त्रय को चुनिए जो भिन्न है।

(ध्यान दें : दिए गए संख्या-त्रयों में युग्म की दूसरी और तीसरी संख्या पहली संख्या पर कुछ गणितीय संक्रिया करके प्राप्त की जाती है। केवल एक संख्या-त्रय को छोड़कर बाकी सभी संख्या-त्रयों पर समान संक्रिया की जाती है। उस भिन्न संख्या-त्रय को ज्ञात कीजिए।)

A. 15 : 225 : 210 B. 4 : 16 : 12
C. 11 : 121 : 110 D. 7 : 49 : 40

21. D **22.** A **23.** C **24.** D **25.** A **26.** B **27.** D **28.** C **29.** D

30. दी गई आकृति के उस सही दर्पण प्रतिबिंब को चुनिए, जो नीचे दर्शाए गए अनुसार दर्पण को MN पर रखने पर बनेगा।

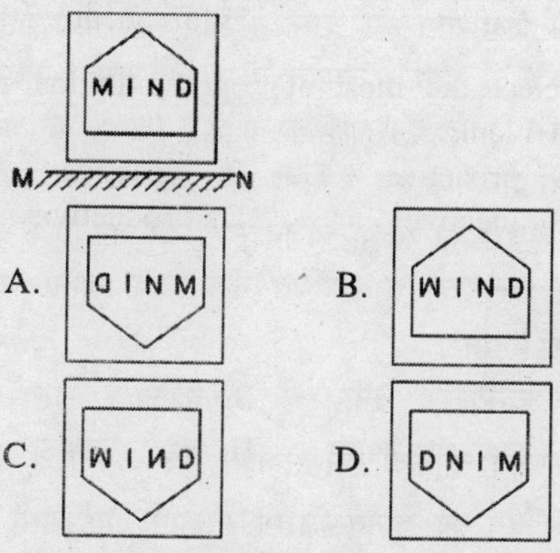

A. [figure] B. [figure]

C. [figure] D. [figure]

31. निम्नलिखित संख्या-त्रयों में से तीन किसी प्रकार से समान है और एक भिन्न है। उस संख्या-त्रय को चुनिए जो भिन्न है।

(ध्यान दें : दिए गए संख्या-त्रयों में युग्म की दूसरी और तीसरी संख्या पहली संख्या पर कुछ गणितीय संक्रिया करके प्राप्त की जाती है। केवल एक संख्या-त्रय को छोड़कर बाकी सभी संख्या-त्रयों पर समान संक्रिया की जाती है। उस भिन्न संख्या-त्रय को ज्ञात कीजिए।)

A. 3 : 21 : 147 B. 10 : 70 : 490

C. 1 : 7 : 49 D. 8 : 56 : 3100

32. अक्षरों के उस संयोजन को चुनिए जो दी गई शृंखला के रिक्त स्थानों में क्रमिक रूप से रखे जाने पर शृंखला को तार्किक रूप से पूरा कर देगा।

_TCUBH_VB_QWBJX_

A. BJVX B. ADCB

C. VJBX D. BOJY

33. दी गई शृंखला में प्रश्नचिह्न (?) के स्थान पर क्या आना चाहिए?

18, 72, ?, 1152, 4608

A. 274 B. 304

C. 218 D. 288

34. यदि '+' और '÷' को आपस में बदल दिया जाए तथा '–' और '×' को आपस में बदल दिया जाए तो निम्नलिखित समीकरण में (?) के स्थान पर क्या आएगा?

$14 \div 6 - 4 \times 15 + 5 = ?$

A. 25 B. 13

C. 35 D. 43

35. एक निश्चित कूट भाषा में, 'KARAN' को 'OCVCR' लिखा जाता है और 'STAPLE' को 'WVERPG' लिखा जाता है। कूट भाषा में 'JOYFUL' को कैसे लिखा जाएगा?

A. NQAHYN B. NQCHYN

C. NQCHWN D. NPCHYN

36. यदि 14 मार्च, 2007 को बुधवार है, तो 17 जून, 2013 को सप्ताह का कौन-सा दिन होगा?

A. सोमवार B. शुक्रवार

C. गुरुवार D. शनिवार

37. एक निश्चित कूट भाषा में,

A + B का अर्थ 'A, B की बहन है',

A – B का अर्थ 'A, B की माँ है',

A × B का अर्थ 'A, B का पति है', और

A ÷ B का अर्थ 'A, B का पिता है'।

उपरोक्त के आधार पर, यदि 'S + Q ÷ L × H – R' है, तो Q का R से क्या संबंध है?

A. पिता का बेटा B. भाई का पिता

C. माँ के पिता D. पिता के पिता

38. एक निश्चित कूट भाषा में, 'BROW' को '5064' लिखा जाता है और 'WORN' को '4705' लिखा जाता है। उस कूट भाषा में 'B' को कैसे लिखा जाएगा?

A. 0 B. 5

C. 6 D. 4

30. C **31.** D **32.** A **33.** D **34.** C **35.** B **36.** A **37.** D **38.** C

39. अंग्रेजी वर्णमाला क्रम के आधार पर DJM, BHK से एक निश्चित प्रकार से संबंधित है। उसी प्रकार, JNP, HLN से संबंधित है। समान तर्क का अनुसरण करते हुए, HFD निम्नलिखित में से किससे संबंधित है?

A. FDB B. JHF
C. DFH D. ECA

40. अंग्रेजी वर्णमाला क्रम के आधार पर, निम्नलिखित चार अक्षर-समूहों में से तीन किसी निश्चित प्रकार से समान हैं और इस प्रकार एक समूह बनाते हैं। निम्नलिखित में से कौन-सा अक्षर-समूह उस समूह से संबंधित नहीं है?

A. KML B. NQO
C. DGE D. SVT

41. दिए गए विकल्पों में से उस पद का चयन कीजिए, जो अंग्रेजी वर्णमाला क्रम के आधार पर निम्नलिखित शृंखला में प्रश्नचिह्न (?) के स्थान पर आ सकता है।

MVJ, OYN, QBR, SEV, ?

A. UGX B. TGY
C. UHZ D. THY

42. निम्नलिखित चार विकल्पों में से कौन-सा निम्नलिखित शृंखला में प्रश्नचिह्न (?) के स्थान पर आ सकता है?

66, 87, 110, ?, 162, 191

A. 125 B. 146
C. 120 D. 135

43. नीचे दिए गए कथनों और निष्कर्षों को ध्यानपूर्वक पढ़िए। आपको मानना है कि दिए गए कथन सत्य हैं, चाहे वे सामान्यतः ज्ञात तथ्यों से अलग प्रतीत होते हों। आपको निश्चय करना है कि कौन-सा/कौन-से निष्कर्ष तार्किक रूप से दिए गए कथनों के अनुसार है/हैं?

कथन : सभी जंगल, रेगिस्तान हैं।
कुछ रेगिस्तान, घाटियाँ हैं।
सभी घाटियाँ, पहाड़ियाँ हैं।

निष्कर्ष : I. कोई पहाड़ी, जंगल नहीं है।
II. कुछ रेगिस्तान, पहाड़ियाँ हैं।

A. दोनों निष्कर्ष I और II कथनों के अनुसार हैं।
B. केवल निष्कर्ष I कथनों के अनुसार है।
C. न तो निष्कर्ष I और न ही II कथनों के अनुसार है।
D. केवल निष्कर्ष II कथनों के अनुसार है।

44. उस शब्द-युग्म का चयन कीजिए, जो नीचे दिए गए शब्दों के युग्म में व्यक्त किए गए समान संबंध का सबसे अच्छा निरूपण करता है। (शब्दों को अर्थपूर्ण हिंदी शब्दों के रूप में माना जाना चाहिए और उन्हें शब्द में अक्षरों की संख्या/व्यंजन/स्वरों की संख्या के आधार पर एक-दूसरे से संबंधित नहीं किया जाना चाहिए।

बड़ा - छोटा

A. धनवान - धनी B. कौआ - काला
C. तोहफा - उपहार D. बूढ़ा - जवान

45. उस त्रय को चुनिए जिसमें संख्याएँ ठीक उसी प्रकार संबंधित हैं जिस प्रकार निम्नलिखित त्रयों की संख्याएँ संबंधित हैं।

3 - 4 - 24
4 - 7 - 56

(ध्यान दें : संख्याओं को उनके घटक अंकों में अलग-अलग किए बिना, पूर्ण संख्याओं पर संक्रियाएँ की जानी चाहिए। उदाहरण 13–संख्या 13 पर संक्रियाएँ जैसे 13 को जोड़ना/घटाना/गुणा करना आदि किया जा सकता है। 13 को 1 और 3 में अलग-अलग करने की और फिर 1 और 3 गणितीय संक्रियाएँ करने की अनुमति नहीं है।)

A. 5 - 8 - 80 B. 2 - 3 - 18
C. 8 - 7 - 53 D. 9 - 12 - 54

46. नीचे दी गई आकृति में कितने त्रिभुज हैं?

A. 15 B. 14
C. 12 D. 16

39. A **40.** A **41.** C **42.** D **43.** D **44.** D **45.** A **46.** D

47. F, G के पिता का पिता है। G, H से विवाहित है। H, I की माँ है। J, G की बहन है। K, J का पिता है। J, L से विवाहित है, M, I का भाई है और N से विवाहित है। J का I से क्या संबंध है?

A. बहन B. माँ की माँ
C. पिता का भाई D. पिता की बहन

48. यदि '+' और '–' को आपस में बदल दिया जाए तथा '×' और '÷' को आपस में बदल दिया जाए तो निम्नलिखित समीकरण में '?' के स्थान पर क्या आएगा?

$300 + 242 \times 11 - 15 \div 9 = ?$

A. 413 B. 341
C. 324 D. 143

49. यदि '+' और '–' को क्रमशः '÷' और '×' से बदल दिया जाए तो निम्नलिखित समीकरण में (?) के स्थान पर क्या आएगा?

$24 - 3 \div 4 \times 45 + 5 = ?$

A. 67 B. 63
C. 72 D. 70

50. विकल्पों में दी गई उस आकृति को पहचानिए जिसे प्रश्नचिह्न (?) के स्थान पर रखने पर शृंखला तार्किक रूप से पूरी हो जाएगी।

□ C ↑ D Z 8	8 □ Z ↑ D C	Z D ↑ 8 C □	□ Z C ↑ 8 D	?

A. ↑ D □ / C / Z 8
B. C D ↑ / □ / Z 8
C. D 8 Z / □ / C ↑
D. C 8 ↑ / □ / D Z

संख्यात्मक अभियोग्यता

51. यदि 3 cot A = 4 और A एक न्यूनकोण है, तो sec A का मान ज्ञात कीजिए।

A. $\frac{5}{3}$ B. $\frac{4}{5}$
C. $\frac{3}{4}$ D. $\frac{5}{4}$

52. एक वृत्त की त्रिज्या में 20% की वृद्धि की जाती है। वृत्त की परिधि में प्रतिशत वृद्धि ज्ञात कीजिए।

A. 30% B. 20%
C. 15% D. 40%

53. एक दुकानदार अपने माल पर 15% का लाभ कमाता है। वह माल का 10% मूल्य परिवहन में गंवा देता है। उसका कुल लाभ/हानि प्रतिशत क्या है?

A. हानि, 5% B. लाभ, 3.5%
C. हानि, 3.5% D. लाभ, 5%

54. सुहास, एक 3.15 मी. लंबा पेड़ और एक इमारत इस प्रकार अवस्थित (खड़े) हैं कि जमीन पर उनके आधार (feet) एक रेखस्थ हैं। तथा पेड़, इमारत और सुहास के बीच में स्थित है। पेड़, सुहास से 7.5 मी. की दूरी पर स्थित है। इसके अलावा, सुहास की आँखें, पेड़ का शीर्ष और इमारत का शीर्ष एक ही पंक्ति में हैं और सुहास की आँखें जमीन से 1.8 मी. की ऊँचाई पर हैं। इमारत की ऊँचाई (मी. में) ज्ञात कीजिए।

A. 11.50 B. 11.25
C. 10.25 D. 10.75

55. दो वृत्त एक-दूसरे को बाह्य रूप से बिंदु P पर स्पर्श करते हैं। AB दोनों वृत्तों पर एक सीधी उभयनिष्ठ स्पर्श रेखा है तथा A और B स्पर्श बिंदु हैं और ∠PAB = 22° है। ∠ABP की माप क्या है?

A. 68° B. 70°
C. 44° D. 72°

47. D **48.** A **49.** A **50.** D **51.** D **52.** B **53.** B **54.** B **55.** A

56. 6 सेमी. त्रिज्या और 8 सेमी. ऊँचाई वाले एक बेलन का कुल पृष्ठीय क्षेत्रफल ज्ञात कीजिए? (π = 22/7 का प्रयोग करें)

A. 575 सेमी.^{2} B. 528 सेमी.^{2}

C. 658 सेमी.^{2} D. 625 सेमी.^{2}

57. दो व्यक्ति A और B, 27 किमी./घं. की क्रमिक चाल के साथ 1200 मी. लंबे एक वृत्ताकार ट्रैक के चारों ओर दौड़ रहे हैं। वे एक ही समय पर एक ही बिंदु से शुरू करते हैं और एक ही दिशा में दौड़ रहे हैं। वे ट्रैक पर पहली बार (सेकंड में) कब मिलेंगे?

A. 480 B. 360

C. 420 D. 240

58. A से B की ओर जाने वाली एक कार की चाल 110 किमी./घं. है, जबकि वापस आते समय इसकी चाल 76 किमी./घं. है। पूरी यात्रा के दौरान कार की औसत चाल क्या है?

A. $87\frac{81}{99}$ किमी./घं. B. $82\frac{91}{97}$ किमी./घं.

C. $83\frac{89}{93}$ किमी./घं. D. $89\frac{83}{93}$ किमी./घं.

59. यदि $\sec\theta + \tan\theta = 4$, तो $\sec\theta - \tan\theta$ = ________।

A. $\frac{1}{4}$ B. 2

C. 4 D. $\frac{1}{2}$

60. वृत्त के केंद्र से एक 24 सेमी. लंबी जीवा पर 9 सेमी. लंबा लंब खींचा जाता है। वृत्त की त्रिज्या ज्ञात कीजिए।

A. 16 सेमी. B. 18 सेमी.

C. 15 सेमी. D. 17 सेमी.

61. निम्न आलेख में चार इकाई परीक्षाओं में चार छात्रों द्वारा गणित और अंग्रेजी में प्राप्त किए गए अंकों को दर्शाया गया है।

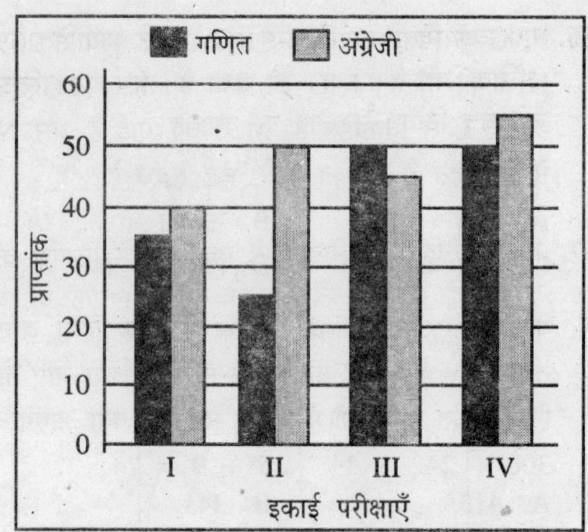

दोनों विषयों में सभी इकाई परीक्षाओं में प्राप्त किए गए औसत अंकों के बीच का अंतर क्या है?

A. 7.40 B. 7.75

C. 7.25 D. 7.50

62. एक फैंसी वस्तु पर अंकित मूल्य ₹ 250 है, लेकिन त्योहार के कारण 18% की छूट दी जाती है। छूट के बाद फैंसी वस्तु का मूल्य कितना है?

A. ₹ 208 B. ₹ 204

C. ₹ 202 D. ₹ 205

63. एक चुनाव में 73% मत प्राप्त करने वाला उम्मीदवार 1426 मतों के बहुमत से निर्वाचित होता है। यदि 20% मत अवैध हैं, तो डाले गए मतों की कुल संख्या ज्ञात कीजिए।

A. 1878 B. 4824

C. 3875 D. 2865

64. $2\sqrt{3}$ और $6\sqrt{5}$ का तृतीय समानुपाती क्या है?

A. $50\sqrt{6}$ B. $30\sqrt{3}$

C. $20\sqrt{6}$ D. $40\sqrt{3}$

65. सरल कीजिए : $\frac{(0.83)^3 - (0.1)^3}{(0.83)^2 + 0.083 + 0.01} = ?$

A. 0.93 B. 0.98

C. 0.27 D. 0.73

56. B **57.** A **58.** D **59.** A **60.** C **61.** D **62.** D **63.** C **64.** B **65.** D

66. एक व्यापारी ने अपनी वस्तुओं को क्रय मूल्य से 20% अधिक अंकित किया और 8% के लाभ पर वस्तुओं को बेच दिया। छूट की दर क्या है?

A. 12% B. 8%
C. 10% D. 15%

67. निम्नलिखित वृत्त आलेख में एक घर के निर्माण की लागत के विवरण को दर्शाया गया है। एक घर के निर्माण की कुल लागत ₹ 3,79,800 है।

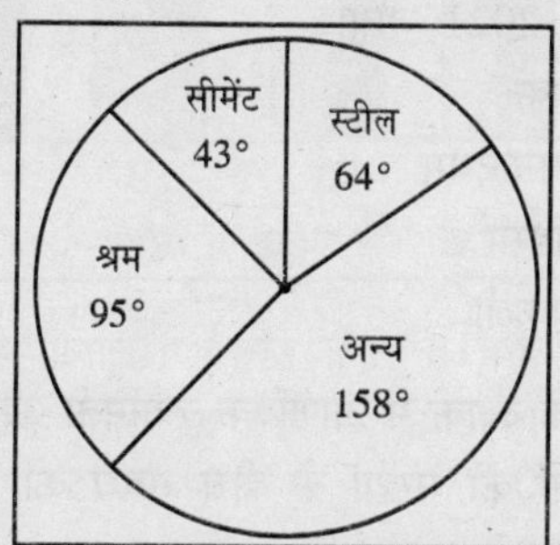

स्टील पर खर्च की गई धनराशि कितनी है?

A. ₹ 6,75,200 B. ₹ 67,520
C. ₹ 67,52,000 D. ₹ 1,36,728

68. संख्या 76050 निम्नलिखित संख्याओं में से किससे विभाज्य नहीं है?

A. 13 B. 3
C. 4 D. 9

69. यदि ₹ 20 प्रति किलोग्राम तथा ₹ 38 प्रति किलोग्राम वाले फल की दो गुणवत्ताओं को 5 : 4 के अनुपात में मिला दिया जाए, तो मिश्रण का प्रति किलोग्राम मूल्य (₹ में) ज्ञात कीजिए।

A. 31 B. 29
C. 28 D. 30

70. यदि $x + \frac{1}{x} = 2$, तो $x^5 + \frac{1}{x^5}$ का मान ज्ञात कीजिए।

A. 3 B. 4
C. 1 D. 2

71. नीचे दी गई तालिका में कुछ वर्षों में एक कंपनी द्वारा निर्मित वातित पेय–A, B, C, D–की संख्या को (हजारों में) दर्शाया गया है।

वर्ष	वातित पेय			
	A	B	C	D
2019	250	200	140	115
2020	200	230	170	120
2021	260	210	195	135
2022	275	175	190	155

2020 से 2022 तक किस वातित पेय की निर्माण संख्या में लगातार कमी देखी गई?

A. A B. D
C. C D. B

72. दिए गए व्यंजक को सरल कीजिए :

$$\frac{(4.2)^3 - 0.008}{(4.2)^2 + 0.84 + 0.04}$$

A. –4 B. 2
C. 4 D. –2

73. एक आदमी ने पहले तीन वर्षों के लिए 10% वार्षिक साधारण ब्याज की दर पर और तीन वर्षों से आगे की अवधि के लिए 15% वार्षिक साधारण ब्याज पर एक निश्चित धनराशि ऋण पर ली। यदि वह 7 वर्षों के अंत में ₹ 2,884.50 का कुल ब्याज चुकाता है, तो उसके द्वारा ऋण पर ली गई धनराशि (₹ में) कितनी है?

A. 3,090 B. 3,860
C. 4,550 D. 3,205

74. A एक काम को 25 दिनों में पूरा कर सकता है और B उसी काम को 15 दिनों में कर सकता है। B ने 10 दिनों तक काम करने के बाद काम छोड़ दिया। A अकेले शेष काम को कितने दिनों में पूरा कर सकता है?

A. $7\frac{1}{3}$ दिन B. $6\frac{1}{3}$ दिन
C. $5\frac{1}{3}$ दिन D. $8\frac{1}{3}$ दिन

75. sin 47° cos 33° – cos 43° sin 57° का मान ज्ञात कीजिए।

A. 1/2 B. –1
C. 1 D. 0

66. C **67.** B **68.** C **69.** C **70.** D **71.** D **72.** C **73.** D **74.** D **75.** D

सामान्य सचेतता

76. निम्नलिखित में से किस विश्वविद्यालय की स्थापना पाल शासकों ने की थी?

A. नालंदा B. विक्रमशिला
C. तक्षशिला D. वल्लभी

77. पढ़यनि (Padayani) किस राज्य का लोकनृत्य है?

A. कर्नाटक B. तमिलनाडु
C. केरल D. आंध्र प्रदेश

78. निम्न में से वह कौन-सा वंशानुगत रक्त विकार है, जो हीमोग्लोबिन जीन को प्रभावित करता है, और जिसके परिणामस्वरूप अप्रभावी रक्ताणु की उत्पत्ति होती है?

A. सोमेटोस्टेटिनोमा
B. वेनौस थ्राम्बोसिस
C. पॉलीसिथेमिया वेरा
D. थेलेसीमिया

79. निम्नलिखित लंबी कूद (long jump) खिलाड़ियों में से किसने कॉमनवेल्थ गेम्स 2022 में लंबी कूद में भारत के लिए पहला रजत पदक जीता?

A. सौरव घोषाल B. नीरज उपाध्याय
C. मुरली श्रीशंकर D. प्रश्रता साहू

80. गाद और धूल से बनी मिट्टी किस प्रकार की होती है?

A. लोएस (Loess) B. पॉडसॉल (Podsol)
C. मार्ल (Marl) D. लोम (Loam)

81. बल के आयाम ______ हैं।

A. $[ML^{-3}T^0]$ B. $[M^0LT^{-1}]$
C. $[MLT^{-2}]$ D. $[M^0L^3T^0]$

82. निम्नलिखित में से कौन-सा भारतीय संविधान में उल्लिखित एक मौलिक कर्तव्य नहीं है?

A. मानववाद का विकास करना
B. सद्भाव की भावना का विकास करना
C. ज्ञानार्जन की भावना का विकास करना
D. सुधार लाना

83. जयलक्ष्मी ईश्वर ने किस भारतीय शास्त्रीय नृत्य शैली में अपने योगदान के लिए संगीत नाटक अकादमी पुरस्कार 2021 जीता?

A. कथक
B. भरतनाट्यम
C. ओडिसी
D. कथकली

84. 1940 के दशक में आणविक ज्यामिती और संयोजकता इलेक्ट्रॉनों की संख्या के बीच संबंध का विचार सबसे पहले किसने प्रस्तुत किया था?

A. बेंट और न्योहोम (Bent and Nyholm)
B. हेंड्रिक्स और निकोल (Hendricus and Nicol)
C. हिटलर और गिलेस्पी (Heitler and Gillespie)
D. सिजविक और पॉवेल (Sidgwick and Powell)

85. टेबल टेनिस में टेबल की ऊपरी सतह की लंबाई ______ होती है।

A. 4.74 मी. B. 5.74 मी.
C. 3.74 मी. D. 2.74 मी.

86. दक्षिण-पश्चिम मानसून काल में जब एक दो या कई सप्ताह तक वर्षा न हो तो, इस परिघटना को क्या कहा जाता है?

A. मानसून में विच्छेद B. मानसून की वापसी
C. मानसून अवसाद D. एल-निनो

87. निम्नलिखित में से कौन 1876 में स्थापित इंडियन एसोसिएशन (Indian Association) के संस्थापकों में से एक थे?

A. शिशिर कुमार घोष B. दादाभाई नौरोजी
C. सुरेंद्रनाथ बनर्जी D. महादेव गोविन्द रानाडे

76. B **77.** C **78.** D **79.** C **80.** A **81.** C **82.** D **83.** B **84.** D **85.** D **86.** A **87.** C

88. भारत सरकार ने पहली बार अपने वक्तव्य में बजटीय आवंटन की लैंगिक संवेदनशीलता को कब शामिल किया?

A. 2004-05 B. 2005-06
C. 2007-08 D. 2006-07

89. भारतीय अंटार्कटिक अधिनियम, 2022 किस मंत्रालय के तहत आत्मनिर्भर और संबंधित पारिस्थितिक तंत्र के साथ-साथ अंटार्कटिक पर्यावरण की रक्षा के लिए भारत के अपने राष्ट्रीय उपाय करने का लक्ष्य रखता है और भारतीय अंटार्कटिका प्राधिकरण (IAA) स्थापित करने का प्रस्ताव करता है?

A. ऊर्जा मंत्रालय
B. विज्ञान और प्रौद्योगिकी मंत्रालय
C. पृथ्वी विज्ञान मंत्रालय
D. कपड़ा मंत्रालय

90. उस्ताद बिस्मिल्लाह खान का संबंध निम्नलिखित में से किस वाद्य यंत्र से है?

A. बांसुरी B. वायलिन
C. वीणा D. शहनाई

91. किस राज्य ने 2022 में रॉबिन उथप्पा को ब्रेन हेल्थ इनिशिएटिव (Brain Health Initiative) का ब्रांड एंबेसडर नियुक्त किया?

A. तमिलनाडु B. कर्नाटक
C. ओडिशा D. पश्चिम बंगाल

92. पाँच दिवसीय उत्सव गान-नगाई (Gaan-Ngai) मुख्य रूप से भारत के किस हिस्से में मनाया जाता है?

A. उत्तरी B. दक्षिणी
C. पश्चिमी D. उत्तर-पूर्वी

93. ________ वे पदार्थ हैं, जिसके लिए भारत में वस्तु एवं सेवा कर (GST) तथा केंद्रीय उत्पादन कर दोनों लगेंगे।

A. पेट्रोलियम पदार्थ
B. सभी कृषि पदार्थ
C. मानव उपयोग के लिए मादक पेय
D. तंबाकू तथा तंबाकू पदार्थ

94. भारत सरकार के विद्युत मंत्रालय के अनुसार, भारत का सबसे बड़ा ऊर्जा स्रोत कौन-सा है? (मार्च 2023 तक)

A. हाइड्रो पावर B. सौर ऊर्जा
C. ज्वारीय ऊर्जा D. कोयला

95. भारत में, वित्तीय वर्ष ________ से ________ तक चलता है।

A. 1 अप्रैल, 31 मार्च B. 1 जुलाई, 31 जून
C. 1 फरवरी, 31 जनवरी D. 1 जनवरी, 31 दिसंबर

96. भारतीय संविधान में उल्लेखित मौलिक अधिकारों का उद्देश्य क्या है?

A. राजनीतिक लोकतंत्र की स्थापना करना
B. संपूर्ण स्वतंत्रता प्राप्त करना
C. आर्थिक न्याय को बढ़ावा देना
D. कल्याणकारी राज्य की स्थापना करना

97. 2011 की जनगणना के अनुसार भारत के किस राज्य का लिंगानुपात सबसे कम था?

A. पंजाब B. राजस्थान
C. हरियाणा D. बिहार

98. जब ईस्ट इंडिया कंपनी द्वारा राजस्व संग्रहण के लिए बंगाल में स्थायी बंदोबस्त लागू किया गया था, तब निम्नलिखित में से भारत का गवर्नर जनरल कौन था?

A. लॉर्ड कैनिंग B. लॉर्ड वेलेजली
C. लॉर्ड डलहौजी D. लॉर्ड कॉर्नवालिस

99. मुद्रा की पूर्ति की इन मापों में से किसे समस्त मौद्रिक संसाधन कहा जाता है?

A. M1 B. M4
C. M3 D. M2

100. समाजशास्त्री जान ब्रेमन (Jan Breman) ने प्रबल वर्ग से संबंधित जमींदारों और निम्न जाति से संबंधित कृषि मजदूरों के बीच संबंधों की प्रकृति में बदलाव को ________ में बदलाव के रूप में वर्णित किया।

A. बंधुआ मजदूरी से मुफ्त मजदूरी
B. किराएदार से काश्तकार
C. संरक्षण से शोषण
D. शोषण से संरक्षण

88. B **89.** C **90.** D **91.** B **92.** D **93.** D **94.** D **95.** A **96.** A **97.** C **98.** D **99.** C **100.** C

व्याख्यात्मक उत्तर

1. **(B):** Abdication is the act of formally relinquishing a sovereign or high office, particularly by a monarch. In the context of the sentence, "abdication" precisely captures the king's act of renouncing the throne, making it the most appropriate choice.

2. **(D):** The superlative degree of comparison is used to describe the highest degree of a quality among three or more subjects or objects. "The happiest" is the superlative form of "happy," making the sentence express the highest degree of happiness in her life.

3. **(C):** "Beating around the bush" means to avoid talking directly about a topic or issue. Option C accurately substitutes this idiomatic expression, describing someone's evasion in addressing a matter directly.

4. **(B):** The correct sentence order presents a logical sequence: It introduces the subject "The chief collector of revenue," describes his prioritization of profit over the king's, and finally mentions the negative outcome for the king's gain.

5. **(D):** Feasibility refers to the practicality or possibility of something. "Probability" doesn't match this meaning exactly but is the closest option given. However, the correct synonym for "feasibility" in practical terms should be possibility or practicality, suggesting a mistake in the provided answers.

6. **(C):** In the context, "capability" refers to the potential or ability to do something. It directly substitutes "potential," reflecting Radhya's growing ability to handle adverse situations, making it the most appropriate synonym in this context.

7. **(B):** Ambivalent means having mixed or contradictory feelings about someone or something. "Unequivocal" means showing a clear, unambiguous position or attitude, making it an antonym as it signifies a lack of ambiguity or mixed feelings.

8. **(A):** Elaborate means involving many carefully arranged parts or details; detailed and complicated in design and planning. "Complex" is a synonym as it implies something composed of many interconnected parts, thereby being intricate and detailed.

9. **(A):** The description given matches the definition of "innocent," which means not guilty of a crime or offense and not aware of the existence or implications of wrongdoing. "Innocent" captures the essence of being free from guilt and unaware of wrongdoing.

10. **(C):** Active voice describes a sentence where the subject performs the action stated by the verb. Option C correctly shifts the sentence to active voice, with "the courier" (the subject) actively delivering (the verb) the package.

11. **(D):** The error is in "very good." The correct expression is "too good to be true," which means something is so good that it is hard to believe. The correct phrase uses "too," not "very."

12. **(B):** "Power" is the most appropriate synonym for "strength" as both words denote the capacity or ability to do something or act in a particular way.

13. **(C):** The spelling error is in "wave the participation." The correct spelling is "waive," which means to refrain from insisting on or using (a right or claim).

14. (B): "Mandatory" is the correct spelling for the word that means required by law or rules; compulsory. This is the correct option to fill in the blank regarding the retirement age.

15. (C): "Incorrigible" means not able to be corrected or changed. Among the given options, "unchanged" is the best fit as it conveys a similar sense of something that cannot be altered, though the precise nuance of incorrigibility is not captured.

16. (A): "Blow your own trumpet" is an idiomatic expression meaning to brag about one's own accomplishments. Option A, "brag one's own accomplishment," is a direct paraphrase of this idiom.

17. (C): "Mundane" means lacking interest or excitement; dull, which accurately describes something that is "ordinary and dull."

18. (B): The correct order to form a meaningful sentence discussing famine causes and effects is RQSP: "Drought, floods, war and economic instability are some of the causes of famine in that region, which not only causes severe shortage of food but results in widespread hunger, death and social unrest."

19. (C): The active voice for the given sentence is "Would you rather eat pizza or burger?" which correctly changes the structure from passive to active while maintaining the original meaning and grammatical correctness.

20. (A): The correct grammatical structure is "one of them who was hiding behind a rock," adjusting for singular subject agreement ("one") with the verb ("was hiding") and correcting the preposition to "behind" for clarity of location.

21. (D): "Becoming" is the correct option to fill in blank 1. The passage discusses an ongoing process, and "becoming" fits best to indicate that climatic disasters are increasingly becoming a common occurrence due to climate change.

22. (A): "Response" is the most appropriate option for blank 2, as it complements "disaster preparedness" in the context of actions taken to mitigate the effects of climatic disasters. "Response" implies the activities and measures that are planned and executed to deal with the aftermath of disasters.

23. (C): "Shortages" correctly fills in blank 3, referring to the consequences of disrupted industries and damaged infrastructure. It logically follows that hurricanes affecting the oil and gas industry would lead to "shortages," particularly of fuel.

24. (D): "Frequent" is the suitable choice for blank 4, emphasizing the increased occurrence of extreme weather events such as droughts and floods as a result of climate change. This word accurately reflects the passage's message about the changing patterns of such disasters.

25. (A): "Proactive" is the best fit for blank 5, indicating a forward-thinking and anticipatory approach to disaster management. This approach focuses on preparing and acting in advance to reduce the impacts of climatic disasters, aligning with the context of building more resilient communities.

26. (B): NEZ : UIV ⇒ N E Z

N —(+7)→ U, E → I, Z —(−4)→ V

U I V

BIL : IOH ⇒ B I Z

B —(+7)→ I, I → O, Z —(−4)→ V

I O V

[A → E → I → O → U → A]

इसी प्रकार,

(B) IUN : PAJ ⇒ I → (+7) → P, U → A, N → (−4) → J

अतः विकल्प (B) अभीष्ट उत्तर है।

28. (C): दिए गए कथन से :

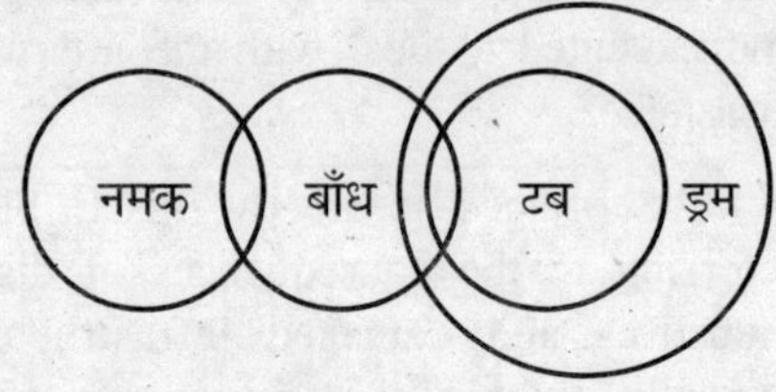

निष्कर्ष :

I. कुछ नमक, टब हैं। (असत्य)

II. कुछ ड्रम, बाँध हैं। (सत्य)

यहाँ केवल निष्कर्ष II कथनों के अनुसार है।

29. (D): (A) 15 : 225 : 210

⇒ $15^2 = 225$

$15 \times 14 = 210$

(B) 4 : 16 : 12

⇒ $4^2 = 16$

$4 \times 3 = 12$

(C) 11 : 121 : 110

⇒ $11^2 = 121$

$11 \times 10 = 110$

(D) 7 : 49 : 40

⇒ $7^2 = 49$

$7 \times 6 = \boxed{42}$

यहाँ, विकल्प (D) का संख्या-त्रय भिन्न है।

31. (D): (A) 3 : 21 : 147

$$\Rightarrow \left(\frac{21}{3}\right)^2 \times 3 = 49 \times 3 = 147$$

(B) 10 : 70 : 490

$$\Rightarrow \left(\frac{70}{10}\right)^2 \times 10 = 49 \times 10 = 490$$

(C) 1 : 7 : 49

$$\Rightarrow \left(\frac{7}{1}\right)^2 \times 1 = 49 \times 1 = 49$$

(D) 8 : 56 : 3100

$$\Rightarrow \left(\frac{56}{8}\right)^2 \times 8 = 49 \times 8 = \boxed{392}$$

यहाँ, विकल्प (D) का संख्या-त्रय भिन्न है।

33. (A): 18   72 $\boxed{288}$ 1152   4608

अंतर: +54, +216, +864, +3456 (प्रत्येक ×4)

अतः ? = लुप्त संख्या = 288.

34. (C): दिया है, + = ÷, − = ×

$\therefore 14 \div 6 - 4 \times 15 + 5$

$= 14 + 6 \times 4 - 15 \div 5$

$= 14 + 6 \times 4 - 3$

$= 14 + 24 - 3 = 38 - 3 = 35.$

35. (B): दिया है, K A R A N → (+4 +2 +4 +2 +4) → O C V C R

और S T A P L E → (+4 +2 +4 +2 +4 +2) → W V E R P G

इसी प्रकार, J O Y F U L → (+4 +2 +4 +2 +4 +2) → N Q C H Y N

अतः कूट भाषा में JOYFUL को NQCHYN लिखा जाएगा।

36. (A): दिया है, 14 मार्च, 2007 = बुधवार

अब 14 मार्च, 2007 से 14 मार्च, 2013 तक अतिरिक्त दिनों की संख्या

= (2 लीप वर्ष + 4 साधारण वर्ष)

= 4 + 4 = 8 = 1 अतिरिक्त दिन

∴ 14 मार्च, 2013 = बुधवार + 1 = गुरुवार

और 15 मार्च से 17 जून, 2013 तक दिनों की संख्या

= 17 + 30 + 31 + 17 = 95

= 13 सप्ताह + 4 दिन = 4 अतिरिक्त दिन

अतः 17 जून, 2013 = गुरुवार + 4 दिन

= सोमवार।

37. (D): S + Q ÷ L × H − R

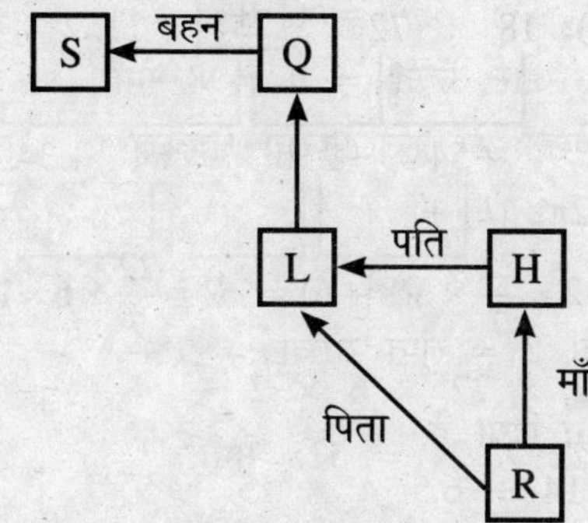

यहाँ Q, R के पिता का पिता है।

38. (C): दिया है,

BROW = 5064 ...(*i*)

और WORN = 4705 ...(*ii*)

(*i*) और (*ii*) से पाते हैं,

ROW = 504

B = 6 और N = 7

अतः उस कूट भाषा में B को 6 लिखा जाएगा।

39. (A): दिया है, D J M → (−2, −2, −2) → B H K

और J N P → (−2, −2, −2) → H L N

इसी प्रकार, H F D → (−2, −2, −2) → F D B

अतः HDF, FDB से सबंधित है।

40. (A):

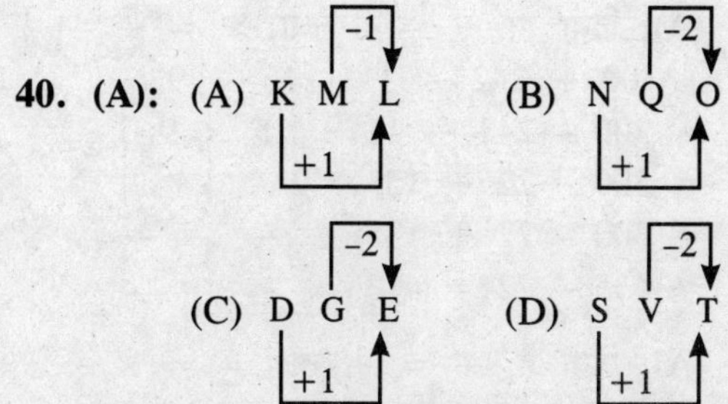

यहाँ विकल्प (A) समूह से संबंधित नहीं है।

41. (C):

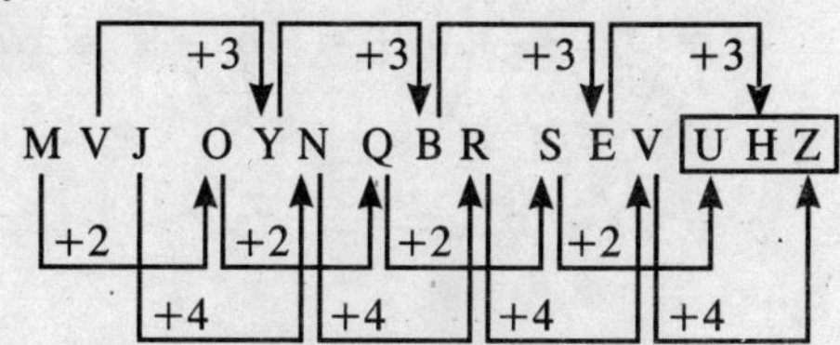

यहाँ, ? = अगला पद = UHZ.

42. (D):

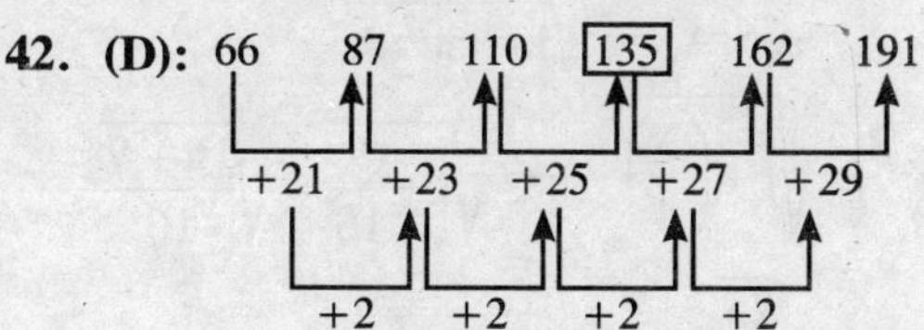

अतः, ? = लुप्त संख्या = 135.

45. (A): दिया है, त्रय :

3 − 4 − 24 ⇒ 3 × 4 × 2 = 4

4 − 7 − 56 ⇒ 4 × 7 × 2 = 56

इसी प्रकार,

(A) 5 − 8 − 80 ⇒ 5 × 8 × 2 = 80

अतः विकल्प (A) ठीक उसी प्रकार संबंधित है, जिस प्रकार दिए गए त्रयों की संख्याएँ संबंधित है।

47. (D):

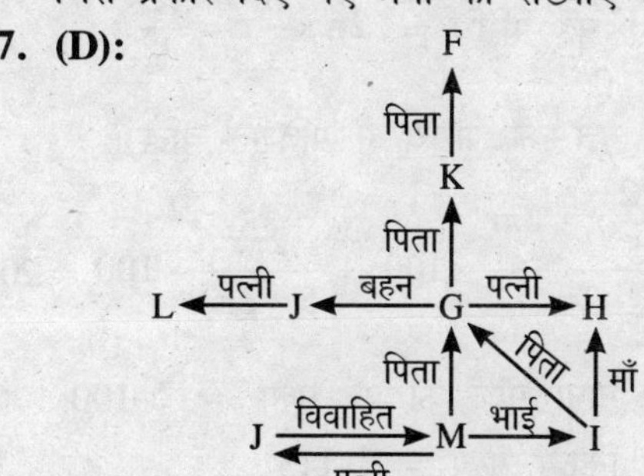

यहाँ, J, I के पिता की बहन है।

48. (A): दिया है, + = − तथा × = ÷
$\therefore$ 300 + 242 × 11 − 15 ÷ 9
= 300 − 242 ÷ 11 + 15 × 9
= 300 − 22 + 15 × 9
= 300 − 22 + 135
= 435 − 22 = 413.

49. (A): दिया है, + = ÷ तथा − = ×
$\therefore$ 24 − 3 ÷ 4 × 45 + 5
= 24 × 3 + 4 − 45 ÷ 5
= 24 × 3 + 4 − 9
= 72 + 4 − 9 = 76 − 9 = 67.

51. (D): दिया है,

$$3 \cot A = \frac{4}{3}$$

$$\Rightarrow \tan A = \frac{3}{4}$$

$$\therefore \sec A = \sqrt{1+\tan^2 A}$$

$$= \sqrt{1+\left(\frac{3}{4}\right)^2} = \sqrt{1+\frac{9}{16}} = \sqrt{\frac{16+9}{16}}$$

$$= \sqrt{\frac{25}{16}} = \frac{5}{4}$$

अतः $\sec A = \frac{5}{4}$.

52. (B): माना एक वृत्त की त्रिज्या = r
तब, परिधि = $2\pi r$

नई त्रिज्या = $r \times \frac{120}{100} = \frac{6}{5}r$

$\therefore$ नई परिधि = $2\pi \times \frac{6}{5}r = \frac{12}{5}\pi$

अतः वृत्त की परिधि में प्रतिशत वृद्धि

$$= \frac{\frac{12}{5}\pi - 2\pi r}{2\pi r} \times 100 = \frac{2\pi r}{5 \times 2\pi r} \times 100 = 20\%.$$

53. (B): माना माल का क्रय-मूल्य = ₹ 100
तब विक्रय मूल्य = ₹ 115
$\because$ माल का 10% मूल्य परिवहन में गंवा देता है।
$\therefore$ माल का शुद्ध विक्रय मूल्य

$$= 115 \times \frac{90}{100} = 23 \times \frac{9}{2} = \frac{207}{2} = 103.5$$

$\therefore$ लाभ = विक्रय मूल्य − क्रय मूल्य
= 103.5 − 100 = ₹ 3.5
अतः लाभ % = 3.5%.

56. (B): दिया है, एक बेलन की त्रिज्या = r
= 6 सेमी.
और ऊँचाई = h = 8 सेमी.
$\therefore$ बेलन का कुल पृष्ठीय क्षेत्रफल
$= 2\pi r\ (h + r)$

$$= 2 \times \frac{22}{7} \times 6(8+6) = 2 \times \frac{22}{7} \times 6 \times 14$$

= 2 × 22 × 6 × 2
= 22 × 24 = 528 सेमी.^{2}

57. (A): वृत्ताकार ट्रेक की परिधि = 1200 मी.
दो व्यक्ति A और B एक वृत्ताकार ट्रेक के चारों ओर एक ही दिशा में दौड़ रहे हैं।
$\therefore$ सापेक्षिक चाल = 36 − 27 = 9 किमी./घं.

$= 9 \times \frac{5}{18} = \frac{5}{2}$ मी./से.

$\because$ समय = $\frac{\text{दूरी}}{\text{चाल}} = \frac{1200}{5/2} = 480$ सेकंड

अतः वे ट्रेक पर पहली बार 480 सेकंड बाद मिलेंगे।

58. (D): औसत चाल = $\frac{2xy}{x+y}$

$$= \frac{2 \times 110 \times 76}{110 + 76} = \frac{2 \times 110 \times 76}{186}$$

$$= \frac{110 \times 76}{93} = \frac{8360}{93} = 89\frac{83}{93}$$ किमी./घं.

59. (A): दिया है, $\sec\theta + \tan\theta = 4$
$\because \sec^2\theta - \tan^2\theta = 1$
$\therefore (\sec\theta + \tan\theta)(\sec\theta - \tan\theta) = 1$
$\Rightarrow 4(\sec\theta - \tan\theta) = 1$
$\Rightarrow \sec\theta - \tan\theta = \frac{1}{4}$.

60. (C): माना एक वृत्त के केन्द्र O से एक 24 सेमी. लंबी जीवा AB पर 9 सेमी. लंबा, लंब OM खींचा।

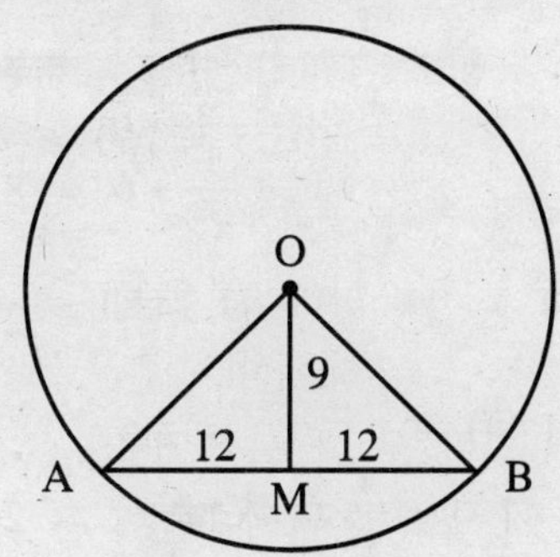

तब, $OA^2 = OM^2 + MA^2$

$= 9^2 + 12^2$

$= 81 + 144 = 225$

$\Rightarrow OA^2 = 15 \times 15 = 15^2$

$\Rightarrow$ OA = 15 सेमी.

अतः OA = वृत्त की त्रिज्या = 15 सेमी.।

61. (D): दिए गए आलेख से,

गणित में सभी इकाई परीक्षाओं में प्राप्त औसत अंक

$= \frac{35 + 25 + 50 + 50}{4} = \frac{160}{4} = 40$

तथा अंग्रेजी में सभी इकाई परीक्षाओं में प्राप्त औसत अंक

$= \frac{40 + 50 + 45 + 55}{4} = \frac{190}{4} = 47.50$

अतः अभीष्ट अंतर 47.50 – 40 = 7.50.

62. (D): दिया है, अंकित मूल्य = ₹ 250

छूट = 18%

$\therefore$ वस्तु का क्रय मूल्य = ₹ $250 \times \frac{100 - 18}{100}$

$= 250 \times \frac{82}{100} = \frac{5}{2} \times 82$

= 5 × 41 = ₹ 205.

63. (C): माना डाले गए मतों की संख्या x है।

तब, वैध मतों की संख्या $= x \times \frac{100 - 20}{100}$

$= x \times \frac{80}{100} = \frac{4}{5}x$

प्रश्नानुसार,

$\frac{4}{5}x\left[\frac{73}{100} - \frac{(100 - 73)}{100}\right] = 1426$

$\Rightarrow \frac{4}{5}x\left[\frac{73}{100} - \frac{27}{100}\right] = 1426$

$\Rightarrow \frac{4}{5}x\left[\frac{73 - 27}{100}\right] = 1426$

$\Rightarrow \frac{4}{5}x\left[\frac{46}{100}\right] = 1426$

$\Rightarrow x = \frac{1426 \times 5 \times 100}{4 \times 46} = \frac{1426}{46} \times 5 \times 25$

$= 31 \times 125 \Rightarrow x = 3875$

अतः डाले गए मतों की कुल संख्या

$= x = 3875.$

64. (B): माना तृतीय समानुपाती x है।

तब, $2\sqrt{3} : 6\sqrt{5} :: 6\sqrt{5} : x$

$\Rightarrow x = \frac{6\sqrt{5} \times 6\sqrt{5}}{2\sqrt{3}}$

$\Rightarrow x = \frac{36 \times 5}{2\sqrt{3}} = \frac{18 \times 5}{\sqrt{3}}$

$= 6\sqrt{3} \times 5 = 30\sqrt{3}$

अतः $x = 30\sqrt{3}$.

65. (D): $\frac{(0.83)^3 - (0.1)^3}{(0.83)^2 + 0.083 + 0.01}$

$[\because a^3 - b^3 = (a - b)(a^2 + ab + b^2)]$

$= \frac{(0.83 - 0.1)[(0.83)^2 + 0.083 + 0.01]}{[(0.83)^2 + 0.083 + 0.01]}$

$= (0.83 - 0.1) = 0.73.$

66. (C): माना वस्तु का क्र.मू. = ₹ 100

तब अंकित मूल्य = ₹ 120

माना छूट की दर x% है।

तब, $120 \times \frac{100 - x}{100} = 108$

$\Rightarrow \frac{6}{5}(100 - x) = 108$

$\Rightarrow \quad 100 - x = 108 \times \frac{5}{6}$

$= 18 \times 5 = 90$

$\Rightarrow \quad 100 - x = 90$

$\Rightarrow \quad x = 100 - 90$

$\Rightarrow \quad x = 10\%.$

67. (B): दिए गए वृत्त आलेख से :

एक घर के निर्माण की कुल लागत = ₹ 3,79,800

$\Rightarrow \quad 360° = 3,79,800$

$\Rightarrow \quad 1° = ₹\ \frac{379800}{360}$

$\Rightarrow \quad 64° = \frac{379800}{360} \times 64 = \frac{37980}{9} \times 16$

$= 4220 \times 16 = ₹\ 67520$

अतः स्टील पर खर्च की गई धनराशि ₹ 67520 है।

68. (C): $76050 = 2 \times 38025$

$= 2 \times 3 \times 12675$

$= 2 \times 3 \times 3 \times 4225$

$= 2 \times 3 \times 3 \times 13 \times 325$

$= 2 \times 9 \times 13 \times 325$

अतः संख्या 76050, 4 से विभाज्य नहीं है।

69. (C): मिश्रण का प्रति किलोग्राम मूल्य

$= ₹\ \frac{20 \times 5 + 38 \times 4}{5 + 4}$

$= \frac{100 + 152}{9} = \frac{252}{9} = ₹\ 28.$

70. (D): दिया है,

$x + \frac{1}{x} = 2$

$\Rightarrow \quad \left(x + \frac{1}{x}\right)^2 = 4$

$\Rightarrow \quad x^2 + \frac{1}{x^2} + 2 = 4$

$\Rightarrow \quad x^2 + \frac{1}{x^2} = 2 \quad \ldots(i)$

और $\quad \left(x + \frac{1}{x}\right)^3 = (2)^3$

$\Rightarrow \quad x^3 + 3x^2.\frac{1}{x} + 3x.\frac{1}{x^2} + \frac{1}{x^3} = 8$

$\Rightarrow \quad x^3 + \frac{1}{x^3} + 3\left(x + \frac{1}{x}\right) = 8$

$\Rightarrow \quad x^3 + \frac{1}{x^3} + 6 = 8$

$\Rightarrow \quad x^3 + \frac{1}{x^3} = 2 \quad \ldots(ii)$

(*i*) और (*ii*) से,

$\Rightarrow \quad \left(x^2 + \frac{1}{x^2}\right)\left(x^3 + \frac{1}{x^3}\right) = 2 \times 2$

$\Rightarrow \quad x^5 + \frac{1}{x} + x + \frac{1}{x^5} = 4$

$\Rightarrow \quad \left(x^5 + \frac{1}{x^5}\right) + \left(x + \frac{1}{x}\right) = 4$

$\Rightarrow \quad \left(x^5 + \frac{1}{x^5}\right) + 2 = 4$

$\Rightarrow \quad x^5 + \frac{1}{x^5} = 2.$

71. (D): दी गई तालिका से,

2020 से 2022 तक B वातित पेय की निर्माण संख्या में लगातार कमी देखी गई है।

$\Rightarrow 230 > 210 > 175.$

72. (C): $\because a^3 - b^3 = (a - b)(a^2 + ab + b^2)$

$= \frac{(4.2)^3 - 0.008}{(4.2)^2 + 0.84 + 0.04}$

$= \frac{(4.2)^3 - (0.2)^3}{(4.2)^2 + 4.2 \times 0.2 + (0.2)^2}$

$= \frac{(4.2 - 0.2)[(4.2)^2 + 4.2 \times 0.2 + (0.2)^2]}{(4.2)^2 + 4.2 \times 0.2 + (0.2)^2}$

$= (4.2 - 0.2) = 4.$

73. (D): माना ऋण पर ली गई धनराशि ₹ P है।

तब, $\frac{P \times 10 \times 3}{100} + \frac{P \times 15 \times 4}{100} = 2884.50$

$\Rightarrow \quad \frac{30\ P}{100} + \frac{60\ P}{100} = 2884.50$

$\Rightarrow \quad 90P = 2884.50 \times 100$
$\Rightarrow \quad 90P = 288450$
$\Rightarrow \quad P = \dfrac{28845}{9}$
$\Rightarrow \quad P = 3205$

अतः ऋण पर ली गई धनराशि = P = ₹ 5205.

74. (A): A का 1 दिन का काम $= \dfrac{1}{25}$

और B का 1 दिन का काम $= \dfrac{1}{15}$

$\therefore$ B का 10 दिनों का काम $= \dfrac{10}{15} = \dfrac{2}{3}$

शेष काम $= 1 - \dfrac{2}{3} = \dfrac{1}{3}$

$\because$ A, $\dfrac{1}{25}$ काम करता है 1 दिन में

$\therefore$ A, $\dfrac{1}{3}$ काम करता है, $25 \times \dfrac{1}{3}$ दिन में

$= \dfrac{25}{3} = 8\dfrac{1}{3}$ दिन।

75. (D): $\sin 47° \cos 33° - \cos 43° \sin 57°$
$= \sin (90 - 43°) \cos (90 - 57°) - \cos 43° \sin 57°$
$= \cos 43° \sin 57° - \cos 43° \sin 57°$
$= 0.$

76. (B): विक्रमशिला विश्वविद्यालय की स्थापना पाल शासकों ने की थी। यह विश्वविद्यालय बिहार में स्थित था और बौद्ध शिक्षा का एक महत्वपूर्ण केंद्र था।

77. (C): पढ़यनि केरल राज्य का एक पारंपरिक लोकनृत्य है। यह विशेष रूप से केरल के कुछ भागों में मनाया जाता है और इसमें दैवीय और भूतिया चरित्रों की प्रस्तुतियाँ शामिल होती हैं।

78. (D): थेलेसीमिया एक वंशानुगत रक्त विकार है जो हीमोग्लोबिन जीन को प्रभावित करता है। यह असामान्य हीमोग्लोबिन के निर्माण के कारण अप्रभावी रक्ताणु उत्पत्ति का कारण बनता है।

79. (C): मुरली श्रीशंकर ने कॉमनवेल्थ गेम्स 2022 में लंबी कूद में भारत के लिए पहला रजत पदक जीता। उनकी उपलब्धि ने लंबी कूद में भारत की प्रतिस्पर्धात्मक क्षमता को उजागर किया।

80. (A): लोएस गाद और धूल से बनी मिट्टी का एक प्रकार है। यह उपजाऊ होती है और आमतौर पर पवन द्वारा जमा की जाती है, विशेष रूप से नदी के किनारों और पहाड़ी क्षेत्रों में।

81. (C): बल के आयाम $[MLT^{-2}]$ हैं। यह न्यूटन (N) में मापा जाता हैं जो कि द्रव्यमान (M) को लंबाई (L) में गुणा करके समय (T) के वर्ग के साथ विभाजित करने पर मिलता है, जो न्यूटन के दूसरे नियम के अनुसार बल की परिभाषा को दर्शाता है।

82. (D): 'सुधार लाना' भारतीय संविधान में उल्लिखित एक मौलिक कर्तव्य नहीं है। मौलिक कर्तव्यों में ऐसे उद्देश्यों का वर्णन होता है जो नागरिकों को समाज के प्रति अपनी जिम्मेदारियों का एहसास दिलाते हैं।

83. (B): जयलक्ष्मी ईश्वर ने भरतनाट्यम शास्त्रीय नृत्य शैली में अपने योगदान के लिए संगीत नाटक अकादमी पुरस्कार 2021 जीता। भरतनाट्यम दक्षिण भारतीय नृत्य की एक प्राचीन शैली है।

84. (D): 1940 के दशक में आणविक ज्यामिति और संयोजकता इलेक्ट्रॉनों की संख्या के बीच संबंध का विचार सिजविक और पॉवेल ने सबसे पहले प्रस्तुत किया था। उनका कार्य रासायनिक बंधों और आणविक संरचना की समझ में महत्वपूर्ण था।

85. (D): टेबल टेनिस में टेबल की ऊपरी सतह की लंबाई 2.74 मीटर होती है। यह अंतरराष्ट्रीय टेबल टेनिस फेडरेशन (ITTF) द्वारा निर्धारित मानक आकार है, जो खेल के लिए आवश्यक शर्तें प्रदान करता है।

86. (A): मानसून में विच्छेद उस स्थिति को कहा जाता है जब दक्षिण-पश्चिम मानसून काल में एक, दो या कई सप्ताह तक वर्षा नहीं होती। इस दौरान, बारिश की अनुपस्थिति के कारण खेती और जल संसाधनों पर व्यापक प्रभाव पड़ता है, जिससे कृषि और जलापूर्ति में संकट उत्पन्न होता है।

87. (C): सुरेंद्रनाथ बनर्जी 1876 में स्थापित इंडियन एसोसिएशन के संस्थापकों में से एक थे। इस संगठन का उद्देश्य भारतीय नागरिकों के बीच जागरूकता बढ़ाना और ब्रिटिश सरकार के सामने उनकी मांगों को प्रस्तुत करना था।

88. (B): भारत सरकार ने पहली बार 2005-06 के बजट में बजटीय आवंटन की लैंगिक संवेदनशीलता को शामिल किया। इस पहल का उद्देश्य वित्तीय निर्णयों में लैंगिक समानता को बढ़ावा देना और सामाजिक-आर्थिक नीतियों में महिलाओं के हितों को संरक्षित करना था।

89. (C): भारतीय अंटार्कटिक अधिनियम, 2022 पृथ्वी विज्ञान मंत्रालय के तहत आता है। इसका लक्ष्य अंटार्कटिका के पर्यावरण और उसके संबंधित पारिस्थितिक तंत्र की रक्षा करना और भारतीय अंटार्कटिका प्राधिकरण की स्थापना करना है, जो इस क्षेत्र में भारत की गतिविधियों का संचालन करेगा।

90. (D): उस्ताद बिस्मिल्लाह खान शहनाई के महान वादक थे। उन्होंने शहनाई को एक शास्त्रीय वाद्य यंत्र के रूप में विश्व स्तर पर मान्यता दिलाई और इस वाद्य यंत्र के माध्यम से भारतीय संगीत की अमिट छाप छोड़ी।

91. (B): 2022 में कर्नाटक राज्य ने रॉबिन उथप्पा को ब्रेन हेल्थ इनिशिएटिव का ब्रांड एंबेसडर नियुक्त किया। यह पहल मस्तिष्क स्वास्थ्य और जागरूकता को बढ़ावा देने के लिए थी, जिसमें उथप्पा की लोकप्रियता और प्रभाव का उपयोग किया गया।

92. (D): गान-नगाई उत्सव मुख्य रूप से भारत के उत्तर-पूर्वी हिस्से में मनाया जाता है, विशेष रूप से मणिपुर में। यह उत्सव जानजातीय समुदायों द्वारा मनाया जाता है और यह उनकी सांस्कृतिक विरासत और परंपराओं को दर्शाता है।

93. (D): तंबाकू और तंबाकू पदार्थ वे पदार्थ हैं, जिनके लिए भारत में वस्तु एवं सेवा कर (GST)और केंद्रीय उत्पादन कर दोनों लगेंगे। इससे इन पदार्थों पर कराधान की दोहरी प्रणाली स्थापित होती है।

94. (D): भारत सरकार के विद्युत मंत्रालय के अनुसार, मार्च 2023 तक भारत का सबसे बड़ा ऊर्जा स्रोत कोयला है। कोयला बिजली उत्पादन में प्रमुख ईंधन के रूप में कार्य करता है और देश की ऊर्जा जरूरतों का एक बड़ा हिस्सा पूरा करता है।

95. (A): भारत में, वित्तीय वर्ष 1 अप्रैल से 31 मार्च तक चलता है। यह अवधि सरकारी खातों और वित्तीय लेनदेन के लिए मानक समय फ्रेम है, जिसके दौरान वार्षिक बजट प्रस्तुत और क्रियान्वित किया जाता है।

96. (A): भारतीय संविधान में उल्लेखित मौलिक अधिकारों का उद्देश्य राजनीतिक लोकतंत्र की स्थापना करना है। मौलिक अधिकार नागरिकों को व्यक्तिगत स्वतंत्रता, समानता, और धर्म की स्वतंत्रता सहित अन्य अधिकार प्रदान करते हैं, जिससे लोकतांत्रिक सिद्धांतों का संरक्षण और संवर्धन होता है।

97. (C): 2011 की जनगणना के अनुसार, हरियाणा राज्य का लिंगानुपात सबसे कम था। हरियाणा में प्रति 1000 पुरुषों पर महिलाओं की संख्या अत्यंत कम थी, जो लिंग आधारित असमानता की ओर इशारा करता है।

98. (D): स्थायी बंदोबस्त जब बंगाल में ईस्ट इंडिया कंपनी द्वारा राजस्व संग्रहण के लिए लागू किया गया था, तब भारत के गवर्नर जनरल लॉर्ड कॉर्नवालिस थे। यह प्रणाली जमीन के मालिकों को तयशुदा राजस्व ब्रिटिश सरकार को देने की व्यवस्था थी।

99. (C): मुद्रा की पूर्ति के इन मापों में से M3 को समस्त मौद्रिक संसाधन कहा जाता है। M3 में M1 (नकद, डिमांड डिपॉजिट, और अन्य तत्काल निकासी योग्य जमाएं) और समय जमाएं शामिल होती हैं, जो व्यापक मौद्रिक आपूर्ति का संकेत देती हैं।

100. (C): समाजशास्त्री जान ब्रेमन ने प्रबल वर्ग से संबंधित जमींदारों और निम्न जाति से संबंधित कृषि मजदूरों के बीच संबंधों की प्रकृति में बदलाव को संरक्षण से शोषण के रूप में वर्णित किया। यह वर्णन सामाजिक और आर्थिक संबंधों में हुए परिवर्तनों को दर्शाता है।

पिछले प्रश्न-पत्र (हल सहित)

SSC-संयुक्त हायर सेकेन्डरी स्तर–CHSL (10+2) Tier–1, ऑनलाइन भर्ती परीक्षा–2022

(Exam held on 20-03-2023)

ENGLISH LANGUAGE

1. Choose the option that is the correct direct form of the sentence.

She said, since it was evening, she had to go for a run.

A. She said, "It is evening I must ran."
B. She said, "It is evening I must go for a run."
C. She said, "It is evening I should go for a run."
D. She said, "It is evening I might go for a run."

2. Some parts of one or more sentences have been jumbled up, and labelled (*a*), (*b*), (*c*) and (*d*). Select the option that gives the correct sequence in which these parts can be rearranged to form a meaningful and grammatically correct sentence.

Their approach sensitized
(*a*) of it. Similarly, behind them, in the halls,
(*b*) flicked on when they came within ten feet
(*c*) a switch somewhere and the nursery light
(*d*) lights went on and off as they left them behind, with a soft automaticity.

A. (*d*), (*c*), (*b*), (*a*) B. (*b*), (*a*), (*d*), (*c*)
C. (*c*), (*b*), (*a*), (*d*) D. (*b*), (*c*), (*a*), (*d*)

3. Fill in the blank with an appropriate option.

______ threats to elephants requires public and political will to take action.

A. Stagnating B. Addressing
C. Perplexing D. Dignifying

4. Choose the word that can substitute the given group of words.

One who does not express oneself freely

A. Pessimist B. Erudite
C. Introvert D. Skeptic

5. Choose the incorrectly spelt word.

A. FITTER B. COURSE
C. COURIER D. WASSE

6. Select the most appropriate meaning of the given idiom.

Save your breath

A. To be resentful
B. To hold one's anger
C. To work hard
D. To make an effort that will be futile

7. Some parts of a few sentences have been jumbled up, and labelled (*a*), (*b*), (*c*) and (*d*). Select the option that gives the correct sequence in which these parts can be rearranged to form a meaningful and grammatically correct sentence.

My years in my father's house
(*a*) would have been unbearable had
(*b*) the feel of his hand clutching mine, his
(*c*) I not had my brother. I never forgot
(*d*) refusal to abandon me. Perhaps he and I would have been close even otherwise.

A. (*b*), (*c*), (*d*), (*a*) B. (*a*), (*c*), (*b*), (*d*)
C. (*d*), (*b*), (*c*), (*a*) D. (*c*), (*b*), (*d*), (*a*)

8. Choose the word that can substitute the given group of words.

A person who has given up their beliefs

A. Crusade B. Misanthrope
C. Apostate D. Versatile

9. Choose the correctly spelt word.

A. CAMOFLAGUE B. PSEUDONYM
C. TABBOO D. TEMPORERY

10. Select the word that is closest in meaning (SYNONYM) to the word given below.

DEPRESSED

A. NOISY B. STURDY
C. DYNAMIC D. DOLEFUL

11. Parts of the following sentence are given as options. Identify the part that contains a grammatical error. If there is no error, select 'No error'.

That will truly/been a milestone to/celebrate.

A. been a milestone to
B. No error
C. celebrate.
D. That will truly

12. Parts of the following sentence are given as options. Identify the part that contains a grammatical error. If there is no error, select 'No error'.

Shyam, so good with weapons, fail to find the words/to tell him that everything he'd done/ so far, all the compromises he'd made, had been for love.

A. to tell him that everything he'd done
B. No error
C. Shyam, so good with weapons, fail to find the words
D. so far, all the compromises he'd made, had been for love.

13. Choose the word that is opposite in meaning to the given word.

Abduct

A. Hijack B. Impress
C. Sociable D. Redeem

14. Fill in the blank with an appropriate option.

Participants were ______ a meal of steak and French fries under dim light.

A. served B. cured
C. calmed D. nerved

15. The given sentence is in active voice. Change the voice of the sentence. Select the correct option from the sentences given in options.

Vasant has delivered the speech.

A. Vasant delivers the speech on time.
B. The speech was timely delivered by Vasant.
C. The speech was delivered by Vasant.
D. The speech has been delivered by Vasant.

16. Select the word that is closest in meaning (SYNONYM) to the word given below.

THRIFTY

A. GENEROUS B. WASTEFUL
C. EXTRAVAGANT D. PRUDENT

17. Choose the word that means the same as the given word.

Faddish

A. Phony B. Barge
C. Unpopular D. Fashionable

18. Select the most appropriate option to fill in the blank.

In the early autumn fierce fighting took place, the ______ Serbians bearing a prominent part.

A. unabashed B. gallant
C. cowardly D. bore

19. Select the most appropriate meaning of the given idiom.

Burn your bridges

A. To disclose a secret
B. To eliminate the possibility of return or retreat
C. To be puzzled
D. To have a fight

20. Select the most appropriate 'one word' for the expression given below.

A person who can speak multiple languages.

A. Spire B. Polyglot
C. Intestate D. Minaret

Directions (Qs. No. 21-25): *In the following passage some words have been deleted. Fill in the blanks with the help of the alternatives given. Select the most appropriate option for each number.*

The man with the shotgun __(1)__ the guard to his knees. He handed up the shotgun to his partner and yanked the guard's wrists up behind his back and locked __(2)__ together with a pair of handcuffs. He __(3)__ him onto the floor with a kick between the shoulder blades. Then he took his shotgun back and __(4)__ to the security gate at the end of the counter. He was short and heavy and moved with peculiar slowness. "Buzz him __(5)__," his partner said.

21. Select the most appropriate option to fill in the blank No. 1.
A. motivated B. pushed
C. swayed D. steered

22. Select the most appropriate option to fill in the blank No. 2.
A. them B. it
C. these D. that

23. Select the most appropriate option to fill in the blank No. 3.
A. placed B. ascended
C. toppled D. straightened

24. Select the most appropriate option to fill in the blank No. 4.
A. went over B. went under
C. went along D. went besides

25. Select the most appropriate option to fill in the blank No. 5.
A. to B. in
C. with D. on

सामान्य बुद्धिमत्ता

26. निम्नलिखित प्रश्न में, दी गई श्रृंखला से लुप्त संख्या को चुनिए।
46, 93, 187, 375, ?
A. 750 B. 749
C. 761 D. 751

27. उस आकृति को चुनिए जो निम्नलिखित आकृति श्रृंखला में अगले स्थान पर आएगी।

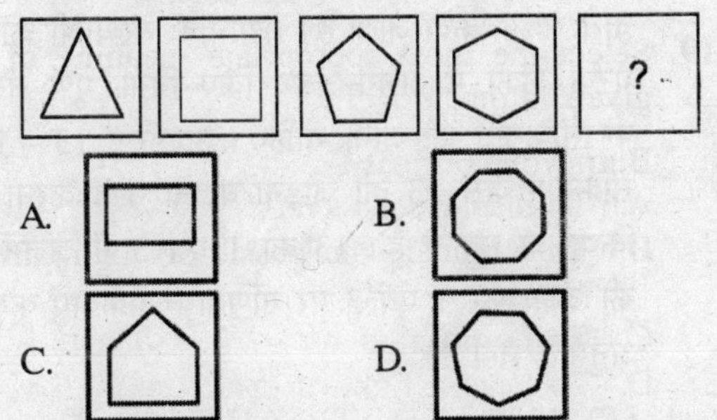

28. चार शब्द दिए गए हैं, जिनमें से तीन किसी प्रकार से समान हैं और एक अलग है। उस शब्द को चुनिए जो बाकियों से अलग है।
A. दार्जिलिंग
B. हिमाचल प्रदेश
C. मध्य प्रदेश
D. महाराष्ट्र

29. दिए गए कथनों और निष्कर्षों को ध्यानपूर्वक पढ़ें। यह मानते हुए कि कथनों में दी गई जानकारी सत्य है, चाहे वह ज्ञात तथ्यों से असंगत हो, निर्धारित करें कि कौन-सा/से निष्कर्ष कथनों का तर्किक रूप से अनुसरण करता/ते है/हैं?

I. सभी पुरुष स्त्री हैं।
II. कुछ स्त्रियाँ वृद्ध हैं।
I. सभी पुरुष वृद्ध हैं।
II. कुछ पुरुष वृद्ध हैं।

A. I और II दोनों अनुसरण करते हैं।
B. केवल I अनुसरण करता है।
C. न तो I न ही II अनुसरण करता है।
D. केवल II अनुसरण करता है।

30. निम्नलिखित प्रश्न में दिए गए विकल्पों में से संबंधित अक्षरों को चुनिए।

AGHL : CIJN :: DQMZ : ?

A. ESOB B. FSOB

C. FSBO D. XSOP

31. यदि एक दर्पण को रेखा AB पर रखा जाए, तो विकल्प आकृतियों में से कौन-सी आकृति प्रश्न आकृति का सही प्रतिबिंब होगी?

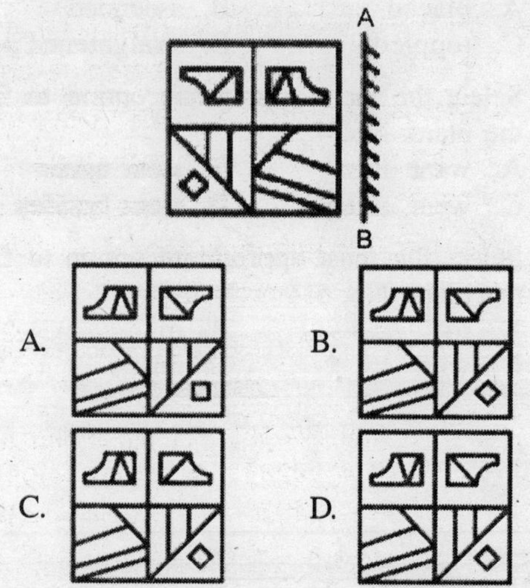

32. उस विकल्प का चयन करें जो चौथी संख्या से उसी प्रकार संबंधित है जैसे पहली संख्या दूसरी संख्या से संबंधित है और पांचवी संख्या छठी संख्या से संबंधित है।

432 : 111 :: ? : 320 :: 549 : 228

A. 591 B. 831

C. 641 D. 761

33. विकेटों की कुल संख्या कितनी है?

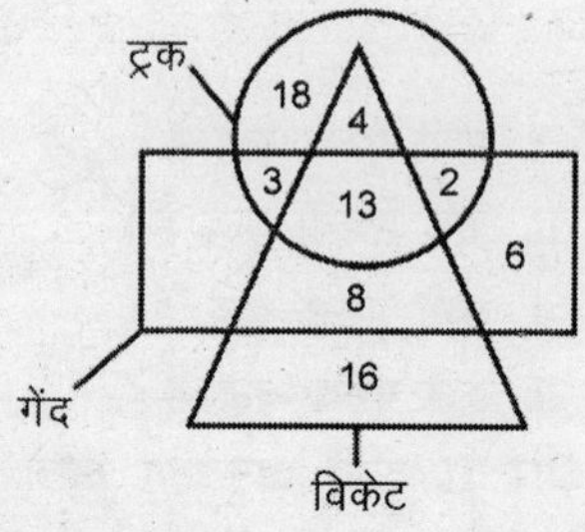

(Truck : ट्रक, Ball : गेंद, Wicket : विकेट)

A. 41 B. 17

C. 22 D. 21

34. यदि 12 @ 2 = 145 और 15 @ 2 = 226, तो 24 @ 2 = ?

A. 676 B. 577

C. 576 D. 575

35. एक खास कूट भाषा में, 'LANDS' को '10' और 'TRAM' को '13' लिखा जाता है। उस कूट भाषा में 'TASTE' को कैसे लिखा जाएगा?

A. 12 B. 15

C. 17 D. 13

36. दिए गए शब्दों को शब्दकोश के क्रमानुसार व्यवस्थित करें।

1. Flight 2. Fly
3. Fan 4. Finance
5. Fighter

A. 3, 5, 4, 2, 1

B. 3, 4, 5, 2, 1

C. 3, 4, 5, 1, 2

D. 3, 5, 4, 1, 2

37. (::) के बायीं ओर दिए गए शब्द आपस में किसी तर्क/नियम/संबंध द्वारा संबंधित हैं। समान तर्क/नियम/संबंध के आधार पर दिए गए विकल्पों में से (::) के दाईं ओर लुप्त शब्द/शब्द युग्म को चुनिए।

कार : वाहन :: ?

A. स्टेशनरी : कलम

B. पेशा : शिक्षक

C. टेबल : फर्नीचर

D. आकृति : त्रिभुज

38. उस विकल्प को चुनिए जिसमें समुच्चय की संख्याएँ वही संबंध साझा करती है जो दिए गए समुच्चय में संख्याओं द्वारा साझा किया जाता है। (ध्यान दें: संख्याओं को उनके घटक अंकों में अलग-अलग किए बिना, पूर्ण संख्याओं पर संक्रियाएँ की जानी चाहिए। उदाहरण 13 – 13 पर संक्रियाएँ जैसे 13 को जोड़ना/घटाना/गुणा करना आदि किया जा सकता है। 13 को 1 एवं 3 में अलग करने की और फिर 1 एवं 3 पर गणितीय संक्रियाएँ करने की अनुमति नहीं है)

(12, 28, 8)

(72, 48, 12)

A. (63, 36, 17) B. (97, 55, 24)

C. (119, 29, 55) D. (108, 58, 25)

39. दी गई आकृति में कितने चतुर्भुज हैं?

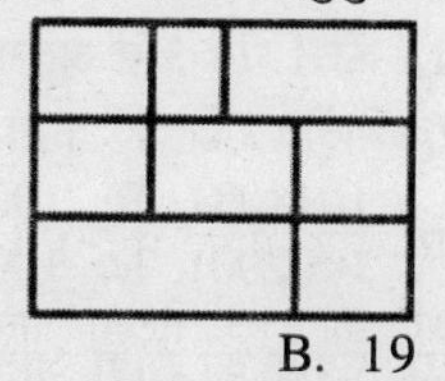

A. 18 B. 19
C. 22 D. 21

40. यदि T + U का अर्थ है T, U की माता है; T – U का अर्थ है T, U का पति है; T ÷ U का अर्थ है कि T, U का पुत्र है और T × U का अर्थ है T, U की बहन है।

तो M ÷ N + O – P, P के साथ N के किस संबंध को दर्शाता है?

A. ससुर B. बेटी
C. सास D. बहन

41. दी गई दो संख्याओं (अंकों को नहीं) को आपस में बदलने पर व्यंजक (I) और (II) के क्रमशः मान क्या होंगे?

6 और 9

I. $9 \div 3 \times 4 - 6 + 5$
II. $9 + 3 \div 2 \times 4 - 6$

A. 3 और 4 B. 9 और 10
C. 10 और 9 D. 4 और 3

42. यदि रेखा AB पर एक दर्पण रखा जाए, तो विकल्प आकृतियों में से कौन-सी आकृति प्रश्न आकृति का सही प्रतिबिंब होगी?

A. B.

C. D.

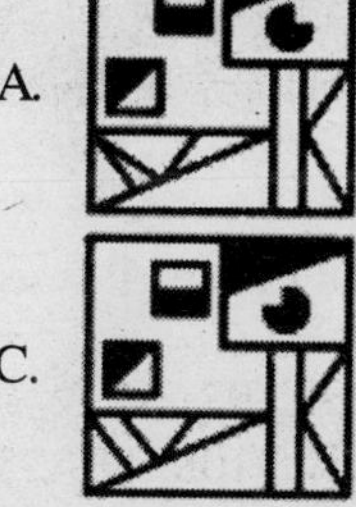

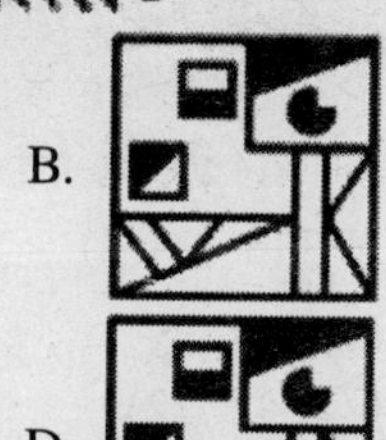

43. अक्षरों के उस संयोजन को चुनिए जिसे दी गई श्रृंखला के रिक्त स्थानों में क्रमिक रूप से रखने पर श्रृंखला पूरी हो जाएगी।

_ _ y x _ x x y _ z

A. xxzx B. xyzx
C. xyxy D. xxxy

44. निम्नलिखित प्रश्न में चार संख्या युग्म दिए गए हैं। प्रत्येक युग्म में (–) के बायीं ओर की संख्या (–) के दायीं ओर की संख्या से किसी तर्क/नियम/संबंध से संबंधित है। समान तर्क/नियम/संबंध के आधार पर तीन युग्म समान हैं। दिए गए विकल्पों में से अलग युग्म को चुनिए। (ध्यान दें: संख्याओं को उनके घटक अंकों में अलग-अलग किए बिना, पूर्ण संख्याओं पर संक्रियाएँ की जानी चाहिए। उदाहरण 13 – 13 पर संक्रियाएँ जैसे 13 को जोड़ना/घटाना/गुणा करना आदि किया जा सकता है। 13 को 1 एवं 3 में अलग करने की और फिर 1 एवं 3 पर गणितीय संक्रियाएँ करने की अनुमति नहीं है)

A. 58299 – 99285 B. 32859 – 98523
C. 63942 – 24936 D. 78434 – 43487

45. उस शब्द युग्म को चुनिए जिसमें शब्द ठीक उसी तरह संबंधित हैं जिस तरह नीचे दिए गए युग्म में शब्द एक-दूसरे से संबंधित हैं :

दही : दूध :: ?

A. फर्नीचर : लकड़ी B. लुगदी : कागज
C. बाल : काले D. अयस्क : धातु

46. दिए गए अक्षर-समूहों में से, तीन किसी प्रकार समान हैं। हालाँकि, एक अक्षर-समूह अन्य तीन के समान नहीं है। उस अक्षर-समूह को चुनिए जो बाकियों से अलग है।

A. AZ B. CX
C. MP D. FU

47. दी गई आकृति के सही दर्पण प्रतिबिंब को चुनिए जब दर्पण को उस आकृति के दाई ओर रखा जाता है।

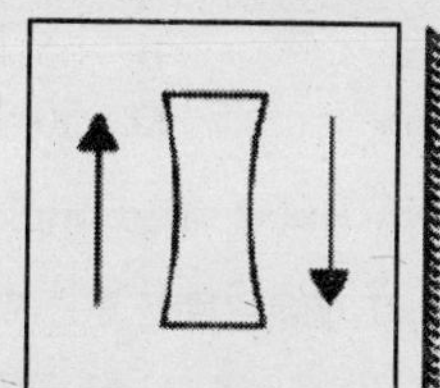

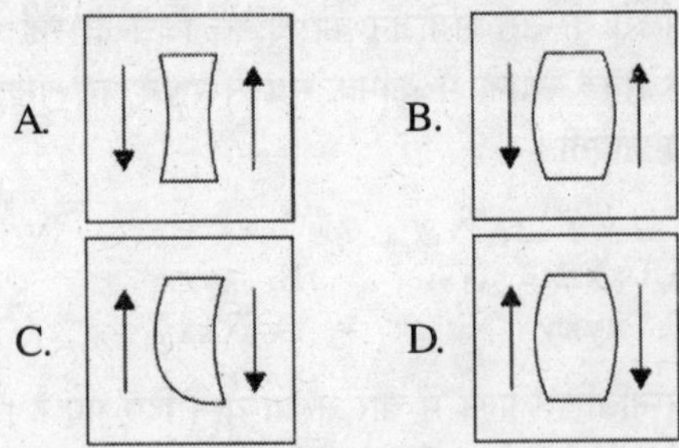

48. एक खास कूट भाषा में, 'LOVING' को 'HOJWPM' लिखा जाता है और 'EAGLE' को 'FMHBF' लिखा जाता है। उस भाषा में 'TRUTHFUL' को कैसे लिखा जाएगा?

A. SQTSGETK B. USVUIGVM
C. KTEGSTQS D. MVGIUVSU

49. निम्नलिखित प्रश्न में चार संख्यायुग्म दिए गए हैं। प्रत्येक युग्म में (–) के बायीं ओर की संख्या (–) के दायीं ओर की संख्या से कुछ तर्क/नियम/संबंध के आधार पर संबंधित है। इस समान तर्क/नियम/संबंध के आधार पर इनमें से तीन युग्म समान हैं। दिए गए विकल्पों में से अलग युग्म को चुनिए। (ध्यान दें: संख्याओं को उनके घटक अंकों में अलग-अलग किए बिना, पूर्ण संख्याओं पर संक्रियाएँ की जानी चाहिए। उदाहरण 13 – 13 पर संक्रियाएँ करना जैसे 13 को जोड़ना/घटाना/गुणा करना आदि किया जा सकता है। 13 को 1 एवं 3 में अलग करने की और फिर 1 एवं 3 पर गणितीय संक्रियाएँ करने की अनुमति नहीं है)

A. 1009 – 1018091 B. 1007 – 1014049
C. 1001 – 1002001 D. 1003 – 1006009

50. कागज के एक टुकड़े को मोड़ा जाता है और उसमें छेद किया जाता है, जैसा कि नीचे प्रश्न आकृतियों में दिखाया गया है। दी गई उत्तर आकृतियों में से बताइए कि खोले जाने के बाद वह किस उत्तर आकृति के समान दिखाई देगी?

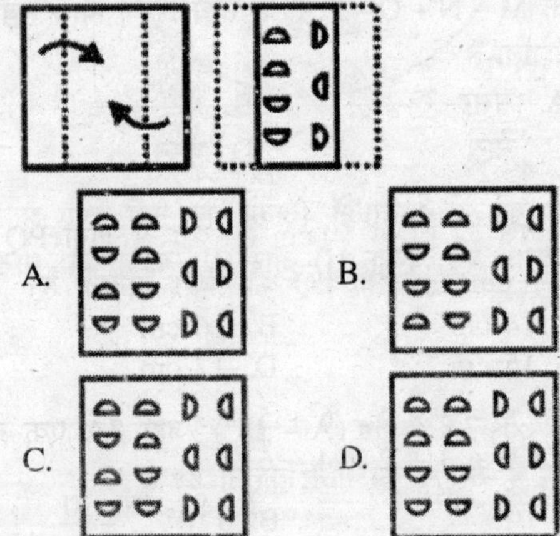

संख्यात्मक अभियोग्यता

51. यदि दो समरूप त्रिभुजों के क्षेत्रफल 36 : 121 के अनुपात में हैं, तो उनकी संगत भुजाओं का अनुपात क्या है?

A. 6 : 11 B. 6 : 5
C. 11 : 5 D. 5 : 12

52. दो कारों की चाल के बीच का अनुपात 5 : 7 है। यदि पहली कार 4 घंटे में 200 km गति करती है, तो दूसरी कार की चाल क्या है?

A. 70 kmph B. 65 kmph
C. 60 kmph D. 50 kmph

53. A, O केंद्र वाले वृत्त के बाहर एक बिंदु है। AP और AO वृत्त की दो स्पर्श रेखाएँ हैं। यदि AP = $a^2 + 14$ और AQ = 239 है, तो a का मान क्या है?

A. 13 B. 15
C. 22 D. 14

54. यदि $a - b = 8$ और $4ab = 84$, तो $3a^3 - 3b^3$ का मान क्या है?

A. 1018
B. 1016
C. 3048
D. 2032

55. ΔPQR एक समकोण त्रिभुज है। ∠Q = 90 डिग्री, PQ = 12 cm, QR = 5 cm है। cosec P + sec R का मान क्या है?

A. 26/5 B. 13/5
C. 18/5 D. 14/5

56. नीचे दिए गए वृत्त आलेख में राज्य के अनुसार किसी ऐप के उपयोगतर्काओं का प्रतिशत दर्शाया गया है। राजस्थान के लिए केंद्रीय कोण कितना है?

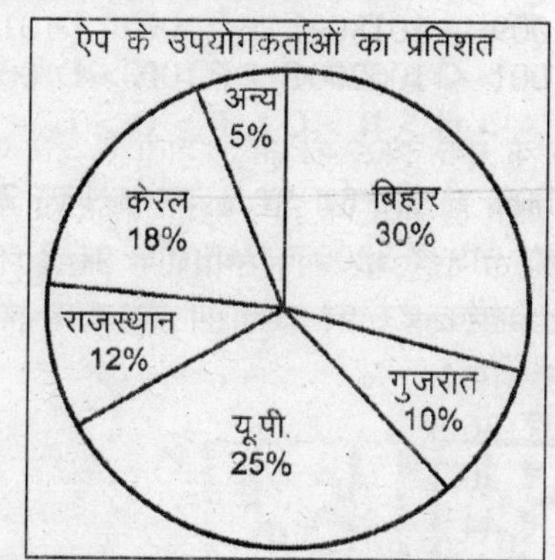

A. 53.2°
B. 63.5°
C. 43.2°
D. 44.2°

57. एक वृत्त की त्रिज्या 10 cm है। केंद्र से जीवा PQ की दूरी 8 cm है। जीवा PQ की लंबाई कितनी है?

A. 14 cm
B. 16 cm
C. 15 cm
D. 12 cm

58. यदि cos 3A = sin (A – 18°), जहाँ 3A एक न्यून कोण है, तो A का मान कितना है?

A. 108°
B. 110°
C. 27°
D. 54°

59. R, P और K का औसत भार 40 kg है। यदि P और K का औसत भार 45 kg है और R और K का औसत भार 35 kg है, तो K का भार कितना है?

A. 120 kg
B. 70 kg
C. 40 kg
D. 90 kg

60. दो संख्याओं का अनुपात 3 : 8 है और उनका योग 88 है। छोटी संख्या का मान क्या है?

A. 36
B. 24
C. 64
D. 11

61. $\left(2+\frac{1}{p}\right)^2$ का विस्तृत रूप क्या है?

A. $2+\frac{2}{p}+\frac{1}{p^2}$
B. $4+\frac{2}{p}+\frac{1}{p^2}$
C. $4+\frac{4}{p}+\frac{1}{p^2}$
D. $2+\frac{4}{p}+\frac{1}{p^2}$

62. यदि $\sec\theta + \tan\theta = 3$, तो $\sec\theta - \tan\theta$ का मान क्या है?

A. 1/5
B. 1/6
C. 1/3
D. 6

63. यदि $(a + b + c)/2 = 16$ और $2ab + 2bc + 2ca = 120$, तो $4a^2 + 4b^2 + 4c^2$ का मान क्या है?

A. 3056
B. 3368
C. 2828
D. 3616

64. यदि किसी उत्पाद की कीमत में पहले 15% की वृद्धि हो जाती है और फिर 20% की कमी की जाती है, तो कीमत में कितने प्रतिशत परिवर्तन होता है?

A. 5% की कमी
B. 8% की वृद्धि
C. 8% की कमी
D. 5% की वृद्धि

65. नीचे दिए गए वृत्त आलेख में छः स्कूलों में लड़कियों की संख्या को दर्शाया गया है। इन सभी छः स्कूलों में लड़कियों की कुल संख्या 9000 है। एक विशिष्ट स्कूल में लड़कियों की संख्या को इन सभी छः स्कूलों में लड़कियों की कुल संख्या के प्रतिशत के रूप में दर्शाया गया है।

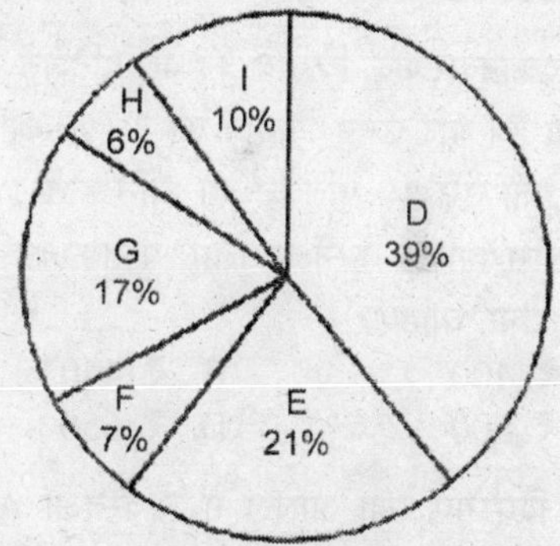

स्कूल D में लड़कियों की संख्या स्कूल I में लड़कियों की संख्या का कितना प्रतिशत है?

A. 39 प्रतिशत
B. 29 प्रतिशत
C. 390 प्रतिशत
D. 290 प्रतिशत

66. केंद्र O और व्यास 9.8 mm वाले एक वृत्त की परिधि की लंबाई कितनी है?

A. 4.9π mm
B. 8.8π mm
C. 9.8π mm
D. 4.8π mm

67. उस घनाभ का आयतन कितना है जिसकी भुजा की लंबाई 6 meter है?

A. 216 cubic meter
B. 36 cubic meter
C. 120 cubic meter
D. 208 cubic meter

68. एक कुर्सी का अंकित मूल्य ₹ 1600 है। 10 प्रतिशत और x प्रतिशत के दो क्रमागत बट्टे देने के पश्चात् कुर्सी ₹ 1368 में बेची जाती है। यहाँ x का मान क्या है?

A. 4 B. 8
C. 7 D. 5

69. यदि $\frac{1}{4}$ of $\frac{4}{5}+\frac{9}{2}$ of $\frac{17}{3}-\frac{3}{10}=p$, तो p का मान क्या है?

A. 255/2 B. 127/5
C. 177/5 D. 51/2

70. उन सभी तीन अंकों की संख्या का योग क्या है जो 20 से विभाज्य हैं?

A. 25800
B. 24300
C. 21400
D. 22500

71. एक दुकानदार एक किताब को 40 प्रतिशत की हानि पर बेचता है। यदि उसने किताब को ₹ 120 अधिक में बेचा होता, तो उसे 10 प्रतिशत की हानि होती। 10 प्रतिशत का लाभ अर्जित करने के लिए, पुस्तक का विक्रय मूल्य क्या होना चाहिए?

A. ₹ 400 B. ₹ 440
C. ₹ 500 D. ₹ 650

72. नीचे दिए गए रेखा आलेख में 7 वस्तुओं A, B, C, D, E, F और G के अंकित मूल्य (marked price) और बट्टे (discount) के मूल्य को दर्शाया गया है।

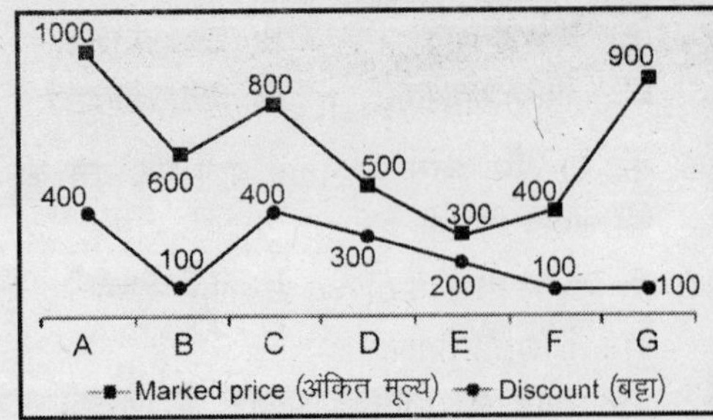

विक्रय मूल्य = अंकित मूल्य – बट्टा

वस्तु A, B, C, D, E, F और G के विक्रय मूल्य के संबंध में निम्नलिखित में से कौन-सा क्रम सही है?

A. G > A > B > C > F > D > E
B. G > A > B > C > F > E > D
C. A > G > B > C > F > E > D
D. A > G > B > C > F > D > E

73. ₹ 2000 की धनराशि पर 3 वर्ष के लिए 7% वार्षिक दर पर और ₹ 3200 की धनराशि पर 2 वर्ष के लिए 6% वार्षिक दर पर साधारण ब्याज के बीच कितना अंतर होगा?

A. ₹ 36
B. ₹ 30
C. ₹ 44
D. ₹ 40

74. एक निश्चित संख्या में कुछ व्यक्ति किसी कार्य को 90 दिनों में पूरा कर सकते हैं। यदि 10 व्यक्ति कम कर दिए जाएँ, तो कार्य पूरा होने में 10 दिन अधिक लगेंगे। शुरुआत में व्यक्तियों की कुल संख्या ज्ञात कीजिए।

A. 85
B. 100
C. 90
D. 110

75. एक चॉकलेट (Chocolate) कंपनी तीन अलग-अलग प्रकार की चॉकलेट (three different kind of chocolate) — X, Y और Z बनाती है। पाँच वर्षों (Years) की अवधि में X, Y और Z का उत्पादन (Production) दंड आलेख में दर्शाया गया है। वर्ष 2017 और 2018 में Z का कुल उत्पादन, वर्ष 2020 और 2021 में X के कुल उत्पादन का कितना प्रतिशत है?

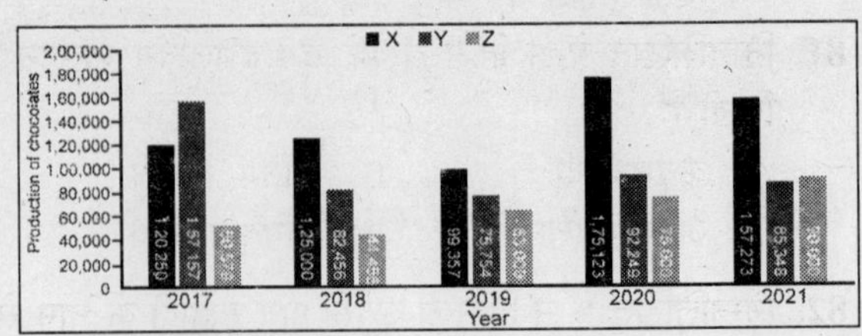

A. 32.82%
B. 45.68%
C. 28.59%
D. 86.67%

सामान्य सचेतता

76. निम्नलिखित में से किसने सर्वश्रेष्ठ ''डॉक्यूमेंट्री (फीचर)'' के लिए ऑस्कर 2022 जीता?

A. समर ऑफ सोल B. अट्टिका
C. राइटिंग विथ फायर D. फ्ली

77. फ्रेंच ओपन 2022 में पुरुष एकल का खिताब किसने जीता था?

A. राफेल नडाल B. नोवाक जोकोविच
C. स्टेन वावरिका D. कार्लोस अल्कराज

78. भारतीय नौसेना ने अक्टूबर 2022 में ______ की नौसेना के साथ जहाजों के बारे में जानकारी के आदान-प्रदान के लिए व्हाइट शिपिंग इंफार्मेशन एक्सचेंज (व्हाइट शिपिंग सूचना विनिमय) के अनुबंध पर हस्ताक्षर किए।

A. इंग्लैंड B. ब्राजील
C. फ्रांस D. न्यूजीलैंड

79. 2022 की स्थिति के अनुसार, निम्नलिखित में से कौन-सा महाराष्ट्र का आधिकारिक खेल है?

A. मलखंब (Mallakhamb)
B. रेत की मूर्तियां (Sand sculptures)
C. दही-हांडी (Dhai-handi)
D. कलरीपायट्टू (Kalaripayattu)

80. केंद्रीय युवा कार्यक्रम एवं खेल मंत्री, श्री अनुराग सिंह ठाकुर ने अक्टूबर, 2022 में _______ में एक वाटर स्पोर्ट्स सेंटर का उद्घाटन किया है।

A. हिमाचल प्रदेश B. राजस्थान
C. हरियाणा D. आंध्र प्रदेश

81. निम्नलिखित में से किस लेखक ने ''द लिविंग माउंटेन'' लिखी है?

A. कबीर बेदी B. नितिन गोखले
C. अनिंद्य दत्ता D. अमिताव घोष

82. निम्नलिखित में से किसका उत्तरी भाग सह्याद्री के नाम से भी जाना जाता है?

A. सतपुड़ा पर्वतमाला B. विंध्य पर्वतमाला
C. पश्चिमी घाट D. पूर्वी घाट

83. एक बैंक जिसकी प्रदत्त पूंजी _______ और उससे अधिक है, वह आरबीआई अधिनियम 1934 (RBI Act 1934) में सूचीबद्ध किए अनुसार अनुसूचित बैंक श्रेणी के लिए अर्हता प्राप्त करता है।

A. ₹ 4 लाख B. ₹ 5 लाख
C. ₹ 2 लाख D. ₹ 1 लाख

84. हाइड्रा, जंतु जगत के निम्नलिखित में से किस संघ का उदाहरण है?

A. पोरिफेरा B. सीलेन्टरेटा
C. निमेटोडा D. प्लेटीहेल्मिन्थीज

85. टीपू सुल्तान के शासन के दौरान निम्नलिखित विकल्पों में से राजधानी कौन-सी थी?

A. नजाराबाद (Nazarabad)
B. मैसूर (Mysore)
C. मंगलौर (Mangalore)
D. श्रीरंगपट्टणम् (Seringapatam)

86. _______ नृत्य भारत के अधिकांश अन्य नृत्यों की तुलना में अंतर्मुखी और संयमित है– कलाकार कभी भी दर्शकों से सीधे आँखें नहीं मिलाता है।

A. कुचिपुड़ी B. कथकली
C. भरतनाट्यम D. मणिपुरी

87. ''एक्सरसाइज पिच ब्लैक 22'' नामक एक बहुपक्षीय रक्षा अभ्यास की मेजबानी ______ ने की है।

A. दक्षिण कोरिया B. जापान
C. ऑस्ट्रेलिया D. भारत

88. 'शाही स्नान' नाम का विशेष पारंपरिक स्नान निम्नलिखित में से किस त्योहार का एक प्रमुख कार्यक्रम है?

A. तीज B. होली
C. दिवाली D. कुंभ मेला

89. अंतरिक्ष से प्रवेश करने पर उल्कापिंड वायुमंडल की किस परत में जल जाते हैं?

A. मध्यमंडल (Mesosphere)
B. बाह्य वायुमंडल (Thermosphere)

C. समताप मंडल (Stratosphere)
D. बहिर्मंडल (Exosphere)

90. निम्नलिखित में से कौन-सा वसा में घुलनशील विटामिन है?
A. विटामिन D B. विटामिन B2
C. विटामिन B4 D. विटामिन C

91. हिमालय की नदियों के ''प्रवाह के भाग– विशेषता'' का निम्नलिखित में से कौन-सा युग्म सही है?
I. ऊपरी भाग (Upper course) – विसर्प
II. निचला भाग (Lower course) – गोखुर झील
A. केवल I
B. केवल II
C. न तो I और न ही II
D. I और II दोनों

92. निम्नलिखित में से कौन-सा एक इनपुट डिवाइस है?
A. स्पीकर B. कीबोर्ड
C. प्लॉटर D. प्रिंटर

93. निम्नलिखित में से किसने सिंगापुर ओपन 2022 सुपर 500 ट्रॉफी जीती?
A. आया ओहोरी B. वांग जी यी
C. पी.वी. सिंधु D. साइना कावाकामी

94. ______ विजयनगर साम्राज्य की राजधानी थी।
A. हम्पी B. मगध
C. कांची D. कल्याणी

95. RPG का विस्तृत रूप (पूर्ण रूप) क्या है?
A. रिपोर्ट प्रोग्राम जनरेटर (Report Program Generator)
B. रैनडम प्रोग्राम जनरेटर (Random Program Generator)
C. रिपोर्ट प्रोसेस जनरेटर (Report Process Generator)
D. रैनडम प्रोसेस जनरेटर (Random Process Generator)

96. निम्नलिखित में से नदियों और सहायक नदियों का कौन-सा युग्म गलत है?
A. सिंधु – झेलम
B. गोदावरी – मंजीरा
C. यमुना – टोंस
D. चंबल – राप्ती

97. निम्नलिखित में से किस बैंक ने अक्टूबर, 2022 में भारत के छः राज्यों में ''ग्राम सेवा कार्यक्रम (Gram Seva Program)'' शुरू किया था?
A. भारतीय औद्योगिक ऋण और निवेश निगम
B. भारतीय रिजर्व बैंक
C. हाउसिंग डेवलपमेंट फाइनेंस कॉर्पोरेशन
D. भारतीय स्टेट बैंक

98. भारतीय संविधान के भाग V अध्याय II में निम्नलिखित में से कौन-से उपबंध शामिल नहीं है?
A. संसद में चर्चा पर निर्बन्धन
B. कुछ दशाओं में संसद के दोनों सदनों की संयुक्त बैठक
C. संसद में प्रयोग की जाने वाली भाषा
D. ससंद के विश्रांतिकाल के दौरान अध्यादेश प्रख्यापित करने की राष्ट्रपति की शक्ति

99. निम्नलिखित में से कौन एक सपाट अस्थि है?
A. श्रोणि की अस्थियाँ B. पसलियां
C. कलाई की अस्थियाँ D. टखने की अस्थियाँ

100. अनुच्छेद 371(क) निम्नलिखित में से किस राज्य के संबंध में विशेष उपबंध से संबंधित है?
A. सिक्किम B. नगालैंड
C. मणिपुर D. असम

उत्तरमाला

1. (B)	**2. (C)**	**3. (B)**	**10. (D)**	**11. (A)**	**12. (C)**
4. (C)	**5. (D)**	**6. (D)**	**13. (D)**	**14. (A)**	**15. (D)**
7. (B)	**8. (C)**	**9. (B)**	**16. (D)**	**17. (D)**	**18. (B)**

19. (B) **20. (B)** **21. (B)**

22. (A) **23. (C)** **24. (A)**

25. (B)

26. (D):

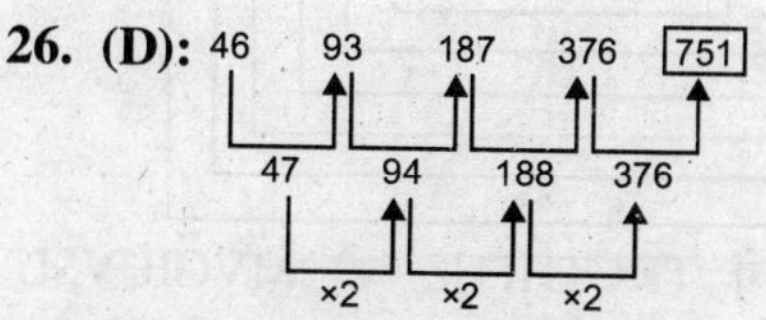

यहाँ, ? = श्रृंखला में लुप्त संख्या = 751.

27. (D) **28. (A)**

29. (C): दिए गए कथन के अनुसार

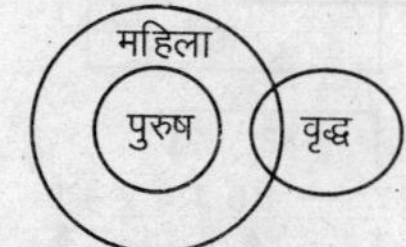

I. सभी पुरुष वृद्ध हैं।

II. कुछ पुरुष वृद्ध हैं।

यहाँ, न ही I और न ही II अनुसरण करता है।

30. (B): A G H L $\xrightarrow{+2}$ C I J N

इसी प्रकार, D Q M Z $\xrightarrow{+2}$ F S O B

$\therefore$ AGHL : CIJN :: DQMZ : $\boxed{\text{FSOB}}$.

31. (B)

32. (C): $432 - 111 = 321,$

$? - 320 = 321$

$\Rightarrow \quad ? = 321 + 320$

$\Rightarrow \quad ? = \boxed{641}$

$549 - 228 = 321$

$\therefore$ 432 : 111 :: $\boxed{641}$: 320 :: 549 : 228.

33. (A)

34. (B): दिया है, 12 @ 2 = 145

$\Rightarrow \quad (12)^2 + \frac{2}{2} = 144 + 1 = 145$

और, 15 @ 2 = 226

$\Rightarrow \quad (15)^2 + \frac{2}{2} = 225 + 1 = 226$

इसी प्रकार, $24 @ 2 = (24)^2 + \frac{2}{2}$

$= 576 + 1 = 577$

$\Rightarrow \quad 24 @ 2 = 577.$

35. (D)

36. (D): दिए गए शब्दों को शब्दकोष के अनुसार व्यवस्थित करने पर

Fan → Fighter → Finance → Flight → Fly.

37. (C)

38. (D): $(12, 28, 8) \Rightarrow \frac{28-12}{2} = \frac{16}{2} = 8$

$(72, 48, 12) \Rightarrow \frac{72-48}{2} = \frac{24}{2} = 12$

A. $(63, 36, 17) \Rightarrow \frac{63-36}{2} = \frac{27}{2}$

B. $(97, 55, 24) \Rightarrow \frac{97-55}{2} = \frac{42}{2} = 21$

C. $(119, 29, 55) \Rightarrow \frac{119-29}{2} = \frac{90}{2} = 45$

D. $(108, 58, 25) \Rightarrow \frac{108-58}{2} = \frac{50}{2} = \boxed{45}$

यहाँ, विकल्प (D) की संख्याएँ वहीं संबंध साझा करती हैं जो दिए गए सभुच्चय में संख्याओं द्वारा साझा किया जाता है।

39. (C)

40. (C): दी गई सूचना के अनुसार

M ÷ N + O – P

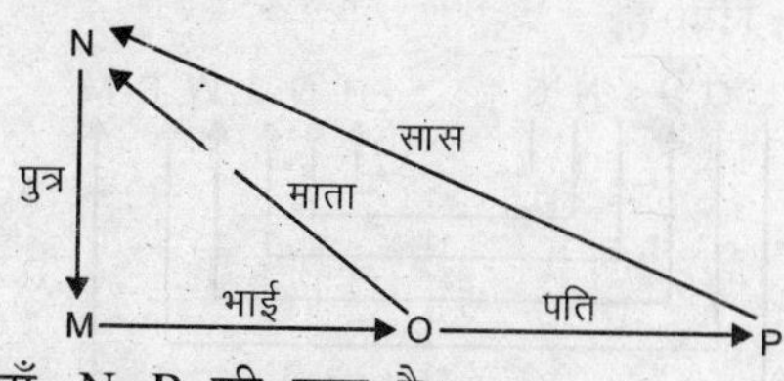

यहाँ, N, P की सास है।

41. (D): I. $9 \div 3 \times 4 - 6 + 5$

$= 6 \div 3 \times 4 - 9 + 5$

$= 2 \times 4 - 9 + 5$

$= 8 - 9 + 5$

$= 13 - 9 = 4$

II. $9 + 3 \div 2 \times 4 - 6$

$$= 6 + 3 \div 2 \times 4 - 9$$
$$= 6 + 3 \times \frac{1}{2} \times 4 - 9$$
$$= 6 + 3 \times 2 - 9$$
$$= 6 + 6 - 9$$
$$= 12 - 9 = 3.$$

∴ व्यंजक (I) और (II) का क्रमशः मान 4 और 3 होंगे।

42. (B)

43. (A): xxzx

∴ x̲ x̲ y x z̲ x x y x̲ z

शृंखला में खण्ड xxyxz का पुनरावृत्ति हो रहा है।

∴ विकल्प (A) शृंखला को पूरा कर रहा है।

44. (B): A. 58299 – 99285 →

दायीं ओर की संख्या, बायीं ओर की संख्या के अंकों का उल्टा है।

B. 32859 – 98523 → उल्टा नहीं

C. 63942 – 24936 → उल्टा है।

D. 78434 – 43487 → उल्टा है।

यहाँ विकल्प (B) गलत है।

45. (A)

46. (C): A. AZ ⇒ 1 + 26 = 27

B. CX ⇒ 3 + 24 = 27

C. MP ⇒ 13 + 16 = 29

D. FU ⇒ 6 + 21 = 27

यहाँ, विकल्प (C) बाकियों से अलग है।

47. (A)

48. (D): दिया है,

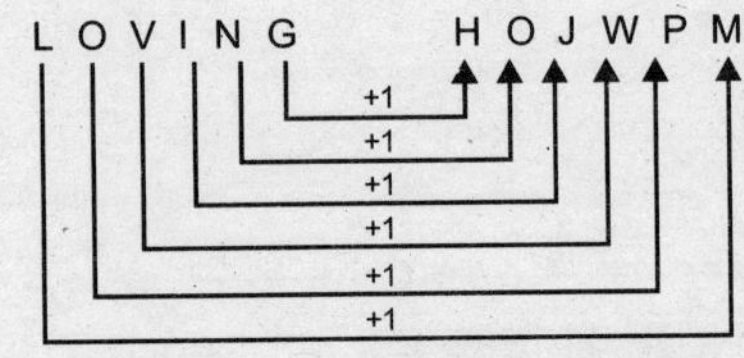

और

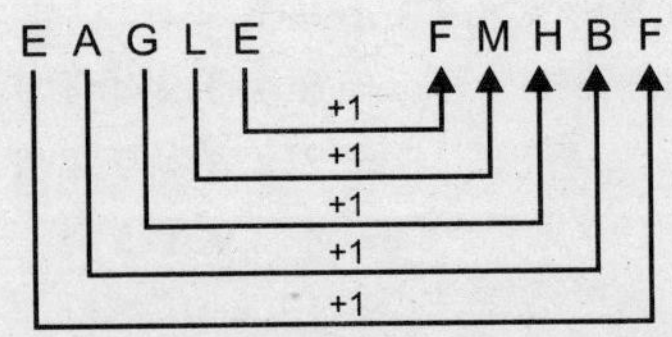

इसी प्रकार,

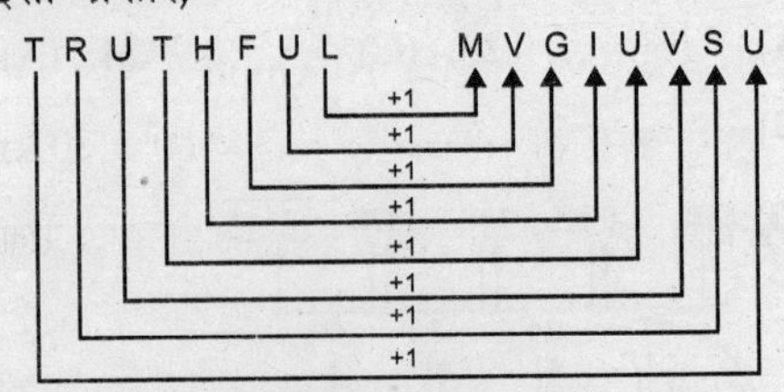

∴ उस भाषा में 'TRUTHFUL' को 'MVGIUVSU' लिखा जाएगा।

49. (A): A.

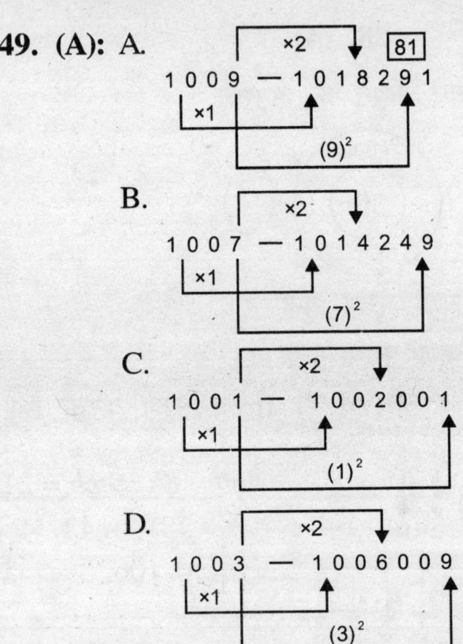

यहाँ, विकल्प (A) में 91 के स्थान पर 81 होना चाहिए।

विकल्प (A) सही नहीं है।

50. (D)

51. (A): हम जानते है कि दो समरूप त्रिभुजों के क्षेत्रफलों के मध्य अनुपात इनकी कोई भी दो संगत भुजाओं के वर्गों के अनुपात के बराबर होता है।

दिया है, दो समरूप त्रिभुज के क्षेत्रफल का अनुपात

$$= 36 : 121$$
$$= (6)^2 = (11)^2$$

∴ संगत भुजाओं का अनुपात = 6 : 11.

52. (A): माना दो कारो की चाल $5x$ kmph और 7 kmph है। तब पहली कार द्वारा तय की गई दूरी = 200 km

⇒ चाल × समय = 200

⇒ $5x \times 4 = 200$

$\Rightarrow \quad 20x = 200$

$\Rightarrow \quad x = 10$ kmph

$\therefore$ दूसरी कार की चाल $= 7x = 7 \times 10 = 70$ kmph.

53. (B): दिया है, AP और AQ वृत्त की दो स्पर्श रेखाएँ हैं।

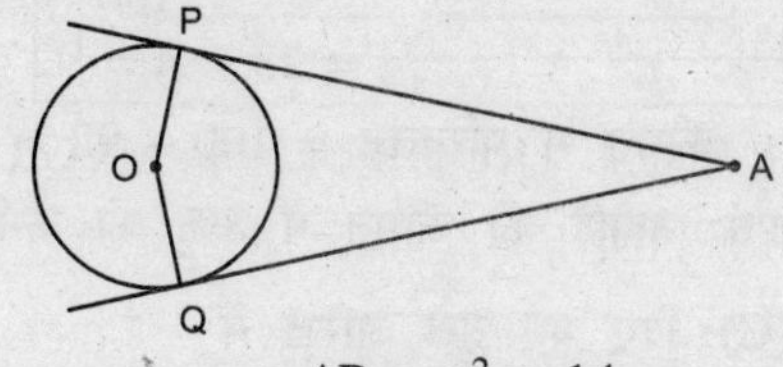

$AP = a^2 + 14$

और $AQ = 239$

प्रश्नानुसार,

$AP = AQ$

$\Rightarrow a^2 + 14 = 239$

$\Rightarrow a^2 = 239 - 14$

$\Rightarrow a^2 = 225$

$\Rightarrow a^2 = (15)^2$

$\Rightarrow a = 15.$

54. (C): दिया है, $a - b = 8$ और $4ab = 84 \Rightarrow ab = 21$

$\therefore a^2 + b^2 = (a - b)^2 + 2ab = (8)^2 + 42$

$= 64 + 42 = 106$

$\therefore \quad 3a^3 - 3b^3 = 3(a^3 - b^3)$

$= 3(a - b)(a^2 + b^2 + ab)$

$= 3(8) = (106 + 21)$

$= 24 \times 127 = 3048$

$\Rightarrow \quad 3a^3 - 3b^3 = 3048.$

55. (A): दिया है, समकोण त्रिभुज PQR में

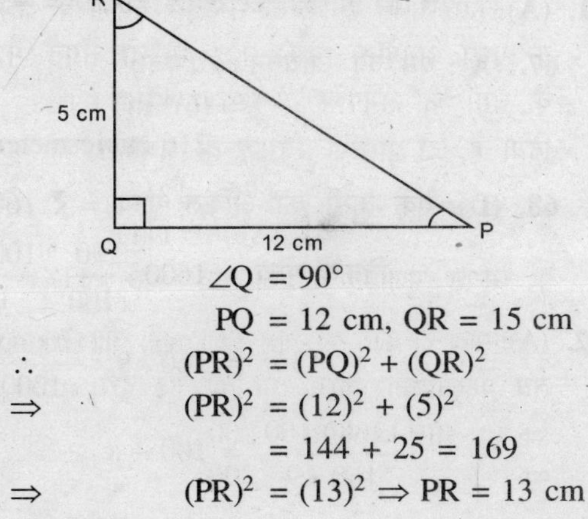

$\angle Q = 90°$

$PQ = 12$ cm, $QR = 15$ cm

$\therefore \quad (PR)^2 = (PQ)^2 + (QR)^2$

$\Rightarrow \quad (PR)^2 = (12)^2 + (5)^2$

$= 144 + 25 = 169$

$\Rightarrow \quad (PR)^2 = (13)^2 \Rightarrow PR = 13$ cm

$\therefore$ cosec P + sec R

$$= \frac{PR}{QR} + \frac{PR}{QR}$$

$$= 2\frac{PR}{QR} = 2 \times \frac{13}{5} = \frac{26}{5}.$$

56. (C): दिए गए वृत्त आरेख से

$$100 = 360° \Rightarrow 1 = \frac{360}{100} = \frac{18}{5}$$

$\therefore$ राजस्थान के लिए केन्द्रीय कोण

$$= 12\% = 12 \times \frac{18}{5}$$

$$= \frac{216}{5} = 43.2°.$$

57. (D): माना O केंद्र वाले वृत्त की जीवा PQ है, $OM \perp PQ$,

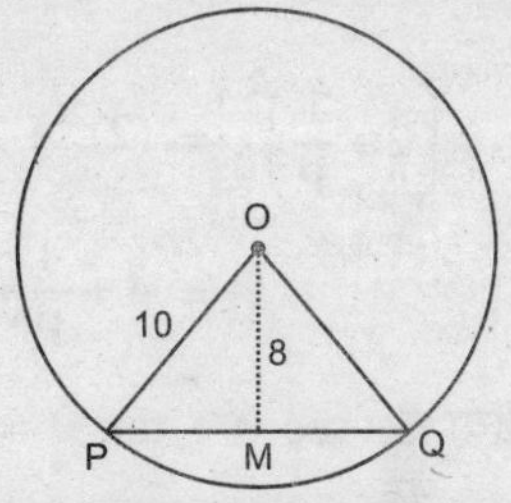

तब, त्रिज्या $= OP = OQ = 10$ cm

केन्द्र से जीवा की दूरी $= OM = 8$ cm

अब ΔOMP में

$OP^2 = OM^2 + MP^2$

$\Rightarrow (10)^2 = (8)^2 + (MP)^2$

$\Rightarrow 100 = 64 + (MP)^2$

$\Rightarrow (MP)^2 = 100 - 64 = 36 = (6)^2$

$\Rightarrow MP = 6$ cm

$\therefore \quad PQ = PM + MQ = 6 + 6$ [PM = MQ]

$= 12$ cm

$\therefore$ जीवा PQ की लंबाई = 12 cm.

58. (C): दिया है, $\cos 3A = \sin (A - 18°)$

$\Rightarrow \sin (90 - 3A) = \sin (A - 18°)$

$\Rightarrow 90 - 3A = A - 18°$

$\Rightarrow 90 + 18° = A + 3A$

$\Rightarrow 4A = 108°$

$\Rightarrow A = 27°.$

59. (C): R, P और K का कुलभार = $40 \times 3 = 120$ kg

$\Rightarrow \quad R + P + K = 120$ kg ...(*i*)

P और K का कुल भार = $45 \times 2 = 90$ kg

R और K का कुल भार = $35 \times 2 = 70$ kg

$\Rightarrow P + K + R + K = 90 + 70$

$\Rightarrow \quad P + R + 2K = 160$ kg ...(*ii*)

(*ii*) में से (*i*) को घटाने पर

$K = 160 - 120$

$\Rightarrow \quad K = 40$ kg

$\therefore$ K का भार 40 kg है।

60. (B): माना दो संख्याएँ $3x$ और $8x$ है।

तब, $3x + 8x = 88$

$\Rightarrow \quad 11x = 88$

$\Rightarrow \quad x = 8$

$\therefore \quad 3x = 3 \times 8 = 24$

$\Rightarrow$ छोटी संख्या का मान = $3x = 24$.

61. (C): $\left(2+\frac{1}{P}\right)^2 = (2)^2 + 2\cdot 2\cdot\frac{1}{P} + \left(\frac{1}{P}\right)^2$

$= 4 + \frac{4}{P} + \frac{1}{P^2}.$

62. (C): दिया है, $\sec\theta + \tan\theta = 3$

$\Rightarrow \frac{(\sec\theta+\tan\theta)(\sec\theta-\tan\theta)}{\sec\theta-\tan\theta} = 3$

$\Rightarrow \sec^2\theta - \tan^2\theta = 3(\sec\theta - \tan\theta)$

$\Rightarrow \quad 1 = 3(\sec\theta - \tan\theta)$

$\Rightarrow \quad \sec\theta - \tan\theta = \frac{1}{3}.$

63. (D): दिया है, $(a + b + c)/2 = 16$

$\Rightarrow \quad (a + b + c) = 32$

और $2ab + 2bc + 2ca = 120$

$\because \quad (a + b + c)^2 = a^2 + b^2 + c^2 + 2ab + 2bc + 2ca$

$\therefore \quad (32)^2 = a^2 + b^2 + c^2 + 120$

$\Rightarrow \quad 1024 = a^2 + b^2 + c^2 + 120$

$\Rightarrow \quad a^2 + b^2 + c^2 = 1024 - 120$

$\Rightarrow \quad a^2 + b^2 + c^2 = 904$

$\Rightarrow \quad 4(a^2 + b^2 + c^2) = 4 \times 904$

$\Rightarrow \quad 4a^2 + 4b^2 + 4c^2 = 3616.$

64. (C): माना उत्पाद की कीमत = ₹ 100

तब, नई कीमत = ₹ $100 \times \frac{115}{100} \times \frac{100-20}{100}$

$= 115 \times \frac{80}{100} = 115 \times \frac{4}{5}$

$= 23 \times 4 = 92$

$\therefore$ कीमत में परिवर्तन = $100 - 92$ = ₹ 8

अतः उत्पाद की कीमत में 8% की कमी होती है।

65. (C): दिए गए वृत्त आरेख में

सभी 6 स्कूलों में लड़कियों की कुल संख्या = 9000

$\Rightarrow \quad 100\% = 9000$

$\Rightarrow \quad 1\% = \frac{9000}{100}$

$\Rightarrow \quad 1\% = 90$

अब, $I = 10\% = 10 \times 90 = 900$

$D = 39\% = 39 \times 90 = 3510$

प्रश्नानुसार,

$I \times \frac{x}{100} = D$

$\Rightarrow \quad 900 \times \frac{x}{100} = 3510$

$\Rightarrow \quad x = \frac{3510}{9}$

$\Rightarrow \quad x = 390$

$\therefore$ अभीष्ट प्रतिशत = 390%.

66. (C): व्यास = $2r = 9.8$ mm

$\therefore$ वृत्त की परिधि की लंबाई = $2\pi r = 9.8\pi$ mm.

67. (A): घन का आयतन = (भुजा)^3

$= (6)^3$ m^3

= 216 cubic meter.

68. (D): एक कुर्सी का अंकित मूल्य = ₹ 1600

$\therefore$ विक्रय मूल्य = $1600 \times \frac{90}{100} \times \frac{100-x}{100}$

$\Rightarrow \quad 1368 = 160 \times 9 \times \frac{100-x}{100}$

$\Rightarrow \quad \frac{1368 \times 100}{160 \times 9} = 100 - x$

$\Rightarrow \quad 100 - x = \frac{136800}{1440}$

$\Rightarrow \quad 100 - x = 95$

$\Rightarrow \quad x = 100 - 95$

$\Rightarrow \quad x = 5.$

69. (B): $\frac{4}{5}$ का $\frac{1}{4} + \frac{17}{3}$ का $\frac{9}{2} - \frac{3}{10} = P$

$\Rightarrow \frac{4}{5} \times \frac{1}{4} + \frac{17}{3} \times \frac{9}{2} - \frac{3}{10} = P$

$\Rightarrow \frac{1}{5} + 17 \times \frac{3}{2} - \frac{3}{10} = P$

$\Rightarrow \quad \frac{1}{5} + \frac{51}{2} - \frac{3}{10} = P$

$\Rightarrow \quad P = \frac{2 + 255 - 3}{10}$

$\Rightarrow \quad P = \frac{257 - 3}{10} = \frac{254}{10}$

$\Rightarrow \quad P = \frac{127}{5}.$

70. (B): सभी 3 अंकों की संख्या जो 20 से विभाज्य है।

$= 20(5 + 6 + 7 + ... + 49)$

$= 20[1 + 2 + 3 + ... + 49 - (1 + 2 + 3 + 4)]$

$= 20\left[\frac{49(49+1)}{2} - \frac{4(4+1)}{2}\right]$

$= 20\left[49 \times \frac{50}{2} - 2 \times 5\right] = 20[49 \times 25 - 10]$

$= 20[1225 - 10] = 20 \times 1215 = 24300.$

71. (B): माना एक किताब का क्रय मूल्य ₹ x है।

तब, विक्रय मूल्य $= x \times \frac{60}{100} =$ ₹ $\frac{3}{5}x$

प्रश्नानुसार

$\frac{3}{5}x + 120 = x \times \frac{90}{100}$

$\Rightarrow \quad \frac{9}{10}x - \frac{3}{5}x = 120$

$\Rightarrow \quad \frac{9x - 6x}{10} = 120$

$\Rightarrow \quad 3x = 120 \times 10$

$\Rightarrow \quad x = \frac{120 \times 10}{3}$

$\Rightarrow \quad x = 40 \times 10$

$\Rightarrow \quad x = 400$

अब 10% का लाभ अर्जित करने के लिए पुस्तक का विक्रय मूल्य

$= 400 \times \frac{110}{100}$

= ₹ 440.

72. (A)

73. (A): साधारण ब्याज के बीच अंतर

$= \frac{P_1 r_1 t_1}{100} - \frac{P_2 r_2 t_2}{100}$

$=$ ₹ $\frac{2000 \times 3 \times 7}{100} -$ ₹ $\frac{3200 \times 2 \times 6}{100}$

$= 20 \times 21 - 32 \times 12$

$= 420 - 384$

= ₹ 36.

74. (B): माना शुरुआत में व्यक्तियों की कुल संख्या $= x$

तब, कम व्यक्ति ज्यादा दिन-विलोमानुपात

व्यक्ति दिन

$x : x - 10 :: (90 + 10) : 90$

$\Rightarrow x : x - 10 :: 100 : 90$

$\Rightarrow \quad x \times 90 = (x - 10) \times 100$

$\Rightarrow \quad 9x = 10(x - 10)$

$\Rightarrow \quad 9x = 10x - 100$

$\Rightarrow \quad x = 100.$

75. (C)	**76. (A)**	**77. (A)**
78. (D)	**79. (C)**	**80. (A)**
81. (D)	**82. (C)**	**83. (B)**
84. (B)	**85. (D)**	**86. (D)**
87. (C)	**88. (D)**	**89. (A)**
90. (A)	**91. (B)**	**92. (B)**
93. (C)	**94. (A)**	**95. (A)**
96. (D)	**97. (D)**	**98. (D)**
99. (B)	**100. (B)**	

पिछले प्रश्न-पत्र (हल सहित)

SSC-संयुक्त हायर सेकेन्डरी स्तर–CHSL (10+2) Tier–1, ऑनलाइन भर्ती परीक्षा–2021

(Exam held on 10-06-2022)

ENGLISH LANGUAGE

1. Select the option that will improve the underlined part of the given sentence.

Shanti heard the children <u>who were shouting outside</u>

A. who were screaming outdoors
B. who were playing outdoor
C. who were thrashing in the open air
D. who were flaying in the open air

2. From among the words given in bold, select the INCORRECTLY spelt word in the following sentence.

Reena, who **devoured** foreign **coloquialism** and **trivia**, **successfully** diverted the conversation.

A. devoured B. trivia
C. coloquialism D. successfully

3. Select the INCORRECTLY spelt word.

A. Kinetic B. Jocular
C. Harrass D. Inkling

4. The following sentence has been split into four segments. Identify the segment that contains an INCORRECTLY spelt word.

The management is not perturbed about appointing/someone who is knowledgeable but is more inclined/towards filling the position with a person/who will be obsequous and will dance to their tunes.

A. towards filling the position with a person
B. The management is not perturbed about appointing
C. someone who is knowledgeable but is more inclined
D. who will be obsequous and will dance to their tunes

5. Select the option that will improve the underlined part of the given sentence.

Though many of my family members can cook well, <u>I can cook more well than others</u>.

A. I can cook better than others
B. I can cook good than others
C. I can cook more good than others
D. I can cook best than others

6. Select the most appropriate ANTONYM of the word given in bold in the following sentence.

He does well, though he's sometimes **contemptuous**.

A. civilised B. humble
C. wealthy D. strong

7. In the following passage, some words have been deleted. Read the passage carefully and select the most appropriate option to fill in each blank.

Wise managers ______ opinions, get information, ask advice, act ______ and know the art of _______ responsibilities to the subordinates.

A. entrust, transiently, accelerating
B. solicit, transparently, delegating
C. condemn, transnationally, elevating
D. coerce, translucently, relegating

8. Select the most appropriate synonym of the given word.

Pugnacious

A. Succulent B. Sagacious
C. Germane D. Truculent

9. Select the sentence which has no spelling error.

A. Patience is a nesecessary quality for a teacher.
B. The soil is necessary for plantation.
C. Sharp observation is naicessary for a detective.
D. Water is a necesary element for life.

10. Select the most appropriate option that can substitute the underlined words in the given sentence.

A <u>strong dislike or fear of people from other countries</u> can never serve the goal of the country's friendly neighbourhood policy.

A. cynophobia B. arachnophobia
C. xenophobia D. xerophobia

11. Select the most appropriate meaning of the highlighted idiom.

I was like a **fish out of water** in the new firm.

A. Very adventurous
B. Being uncomfortable and restless
C. Always comfortable
D. Nosy yet firm

12. Select the option that can be used as a one-word substitute for the given group of words.

A short text written on tombstone

A. Epitaph B. Calligraphy
C. Celibacy D. Extempore

13. Select the INCORRECTLY spelt word.

A. Surreptious B. Deception
C. Argument D. Corporation

14. Sentences of a paragraph are given below in jumbled order. Arrange the sentences in the correct order to form a meaningful and coherent paragraph.

(*a*) Food blogs are often authored by food aficionados, sometimes known as 'foodies'.
(*b*) The blogger can benefit from it if he or she uses it professionally.
(*c*) Food blogging is food journalism that combines an interest in food, blog writing, and food photography.
(*d*) The greater the popularity of a food blogger, the more options for him/her to monetise his/her work.

A. (*c*), (*a*), (*b*), (*d*) B. (*d*), (*a*), (*b*), (*c*)
C. (*b*), (*d*), (*c*), (*a*) D. (*a*), (*c*), (*b*), (*d*)

15. Select the option that expresses the given sentence in active voice.

The problem will be solved by my friend.

A. My friend will be solving the problem.
B. My friend solves the problem.
C. My friend will solve the problem.
D. My friend was solved the problem.

16. Select the most appropriate meaning of the given idiom.

Hobson's choice

A. To choose the best option
B. To choose the worst option
C. A choice that is prejudiced
D. A choice forced upon someone

17. Select the option that expresses the given sentence in passive voice.

The vendor sold the vegetables in the market.

A. The vegetables are sold by the vendor in the market.
B. The vendor had sold the vegetables in the market.
C. The vegetables were sold by the vendor in the market.
D. The vegetables were being sold by the vendor in the market.

18. Select the most appropriate option to substitute the underline segment in the given sentence.

Though Mr. Swami <u>ran in</u> debt, he did not stop wasting money.

A. ran into B. ran to
C. ran over D. ran along

19. Select the most appropriate option to fill in the blank.

He ran ______ the field to catch the ball.

A. through B. over
C. besides D. across

20. Complete the sentence with an appropriate ANTONYM of the word mentioned in the bracket.

The old house was so ______ (sturdy) that it could be shattered into pieces with a single blow.

A. feeble B. wry
C. subdued D. competent

Directions (Qs. No. 21-25): *In the following passage, some words have been deleted. Fill in the blanks with the help of the options given. Select the most appropriate option for each blank.*

There are __(1)__ ways to empower women. Individual people and the administration must work __(2)__ to make this a __(3)__. Girl's education must be made mandatory so that they do not become __(4)__, uneducated, and unable to support themselves. Women must be __(5)__ equal rights and opportunities in all fields, regardless of their gender.

21. Select the most appropriate option to fill in blank No.1.

A. several B. chosen
C. counted D. selected

22. Select the most appropriate option to fill in blank No.2.

A. cooperatively
B. forcefully
C. anonymously
D. singlehandedly

23. Select the most appropriate option to fill in blank No.3.

A. fiction B. truth
C. dream D. reality

24. Select the most appropriate option to fill in blank No.4.

A. experienced B. ignorant
C. indifferent D. arrogant

25. Select the most appropriate option to fill in blank No.5.

A. satisfied with
B. accorded
C. accepted
D. taken

सामान्य बुद्धिमत्ता

26. एक निश्चित कूट भाषा में, 'FAMOUS' को '19 21 15 13 1 6' के रूप में कूटबद्ध किया जाता है और 'GARDEN' को '14 5 4 18 1 7' के रूप में कूटबद्ध किया जाता है। उसी भाषा में 'LEADER' को किस रूप में कूटबद्ध किया जाएगा?

A. 17 5 4 1 8 14
B. 16 4 5 1 2 15
C. 18 5 4 1 5 12
D. 18 4 5 1 6 12

27. निम्नलिखित में से कौन-सी संख्या दी गई संख्या श्रृंखला में प्रश्नवाचक चिह्न (?) को प्रतिस्थापित करेगी?

7350, 7345, 7345, ?, 7360, 7375

A. 7350 B. 7335
C. 7360 D. 7340

28. एक कागज को निम्नांकित आकृतियों के अनुसार मोड़ा और काटा जाता है। खोले जाने पर यह कैसा दिखाई देगा?

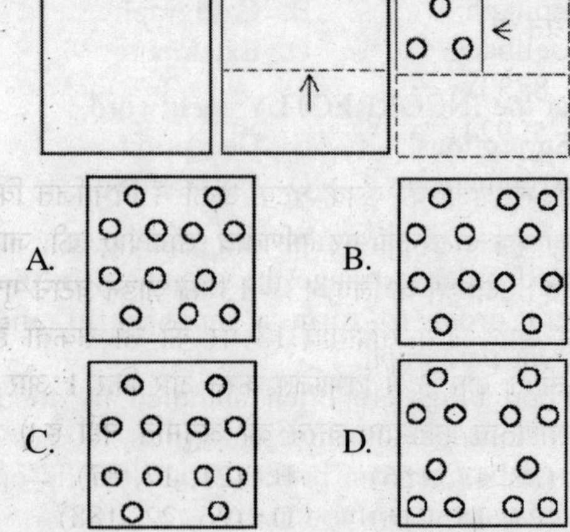

29. दर्पण को 'PQ' पर दिखाए गए अनुसार रखे जाने पर दिए गए संयोजन की सही दर्पण छवि का चयन कीजिए।

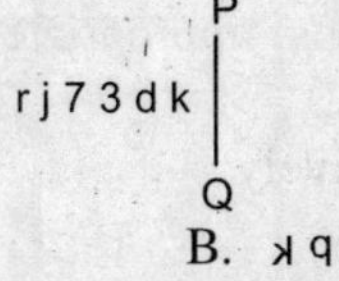

A. ꓘbƐ⌐ꞁɿ B. ꓘ9Ɛ⌐j˩
C. ꓘdƐ⌐ꞁ˩ D. ꓘbƐ⌐jɿ

30. विकल्पों में से कौन-सा अक्षर-समूह प्रश्नवाचक चिह्न (?) को प्रतिस्थापित करके दी गई श्रेणी को पूरा करेगा?

PUCH, QTDG, RSEF, SRFE, ?.

A. GTCA B. TQGC
C. TQGD D. GDQT

31. एक कागज को नीचे दिखाये गये अनुसार मोड़ा और काटा जाता है। खोले जाने पर यह कैसे दिखाई देगा?

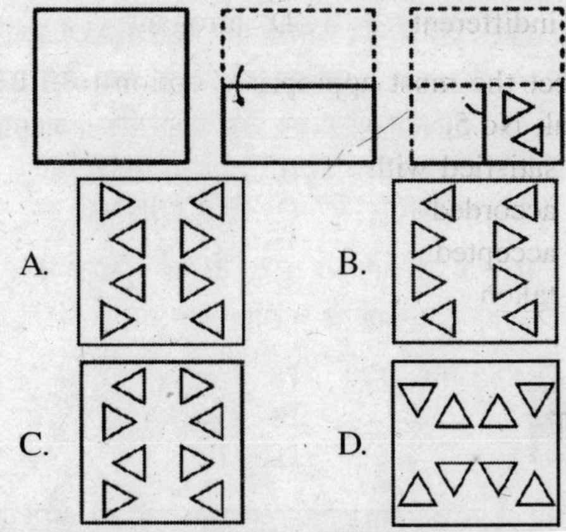

32. उस समुच्चय का चयन करें जिसमें संख्याएँ उसी प्रकार संबंधित हैं जिस प्रकार निम्नलिखित समुच्चय की संख्याएँ संबंधित हैं।

(11, 8, 33)
(33, 5, 924)

(नोटः संख्याओं को उनके घटक अंकों में विभाजित किए बिना, पूर्ण संख्याओं पर गणितीय संक्रियाएं की जानी चाहिए। उदाहरण के लिए, 13 – 13 को जोड़ने/घटाने/गुणा करने आदि जैसी संक्रियाएं 13 पर की जा सकती हैं। 13 को 1 और 3 में विभाजित करने और फिर 1 और 3 पर गणितीय संक्रियाएं करने की अनुमति नहीं है।)

A. (22, 17, 156) B. (21, 17, 87)
C. (24, 15, 216) D. (26, 22, 188)

33. निम्नलिखित में से कौन-सा अक्षर-समूह दी गई शृंखला को पूरा करने के लिए प्रश्न चिह्न (?) को प्रतिस्थापित करेगा?

TCID, YJRO, ?, IXJK, NESV

A. QUDS
B. ZKEW
C. ANRH
D. DQAZ

34. निम्नलिखित में से कौन-सी संख्या दी गई शृंखला में प्रश्न चिह्न (?) को प्रतिस्थापित करेगी?

558, 570, 555, ?, 552, 576

A. 572 B. 574
C. 573 D. 571

35. यहाँ तीन कथनों के बाद तीन निष्कर्ष I, II और III दिए गए हैं। कथनों को सत्य मानते हुए, भले ही वे सामान्यतः ज्ञात तथ्यों से भिन्न प्रतीत होते हों, यह तय कीजिए कि कौन-सा/से निष्कर्ष इन कथनों का तार्किक रूप से अनुसरण करता/करते है/हैं।

कथनः

सभी पत्थर, ईंटें हैं।

कोई सीमेंट, ईंट नहीं है।

कुछ मार्बल, पत्थर हैं।

निष्कर्षः

I. कुछ ईंटें, मार्बल हैं।
II. कुछ सीमेंट, पत्थर हैं।
III. कोई मार्बल, ईंट नहीं है।

A. केवल निष्कर्ष I अनुसरण करता है।
B. निष्कर्ष I और III दोनों अनुसरण करते हैं।
C. केवल निष्कर्ष II अनुसरण करता है।
D. निष्कर्ष I और II दोनों अनुसरण करते हैं।

36. उस विकल्प का चयन कीजिए, जो पाँचवें पद से उसी प्रकार संबंधित है, जिस प्रकार दूसरा पद पहले पद से और चौथा पद तीसरे पद से संबंधित है।

REASON : ROSAEN :: SOCIAL : SAICOL :: TRAVEL : ?

A. TERLAR B. TEVRAL
C. TEVALR D. TEVARL

37. यदि 30 जुलाई, 2015 को बृहस्पतिवार था तो 03 सितंबर, 2016 को सप्ताह का कौन-सा दिन था?

A. रविवार B. शनिवार
C. बृहस्पतिवार D. शुक्रवार

38. यदि M का अर्थ '–' है, N का अर्थ '÷' है, O का अर्थ '×' है और P का अर्थ '+' है, तो निम्नलिखित समीकरण में '?' के स्थान पर क्या आएगा?

(72 N 9) O 4 M 26 P 97 M (36 N 2) = ?

A. 80 B. 75
C. 85 D. 90

39. यदि 15 अगस्त, 1947 को शुक्रवार था, तो 26 जनवरी, 1950 को सप्ताह का कौन-सा दिन था?

A. बृहस्पतिवार B. शुक्रवार
C. रविवार D. शनिवार

40. एक निश्चित कूट भाषा में, 'SCREEN' को '14e5r3s' लिखा जाता है और 'SHOT' को '20o8s' लिखा जाता है। उस भाषा में 'CODE' को कैसे लिखा जाएगा?

A. 5e15c B. 5d19c
C. 5d15c D. 5d156

41. नीचे दिए गए समीकरण में * चिह्नों को बदलने और समीकरण को संतुलित करने के लिए गणितीय चिह्नों के सही संयोजन का चयन कीजिए।

46 * 16 * 4 * 21 * 72 * 4 * 57

A. =, ×, +, +, ÷, – B. ÷, =, –, ×, –, +
C. +, =, –, ×, –, + D. –, +, ×, =, –, +

42. उस विकल्प का चयन कीजिए जो पांचवें पद से उसी प्रकार संबंधित है जिस प्रकार दूसरा पद पहले पद से और चौथा पद तीसरे पद से संबंधित है।

27 : 196 :: 19 : 100 :: 17 : ?

A. 89 B. 96
C. 57 D. 81

43. एक कागज को निम्न चित्र के अनुसार मोड़ा और काटा जाता है। इसे खोले जाने पर यह कैसा दिखाई देगा?

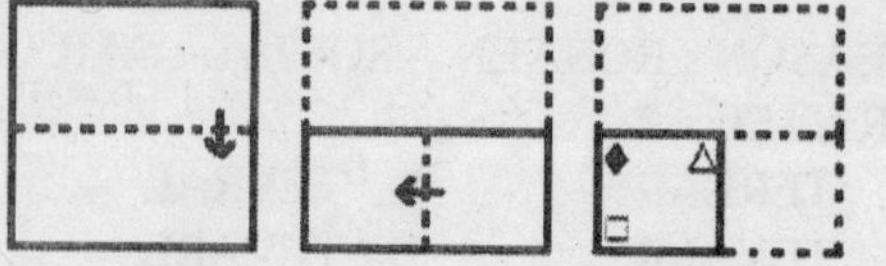

A. 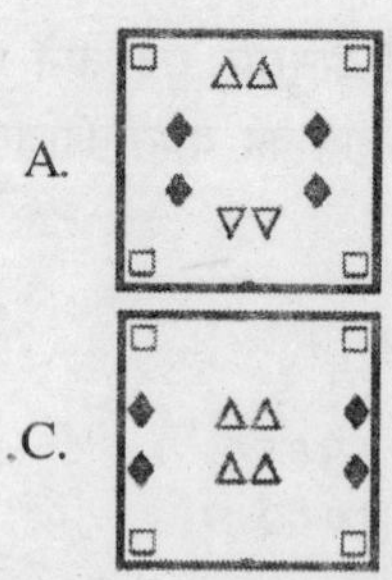

B. 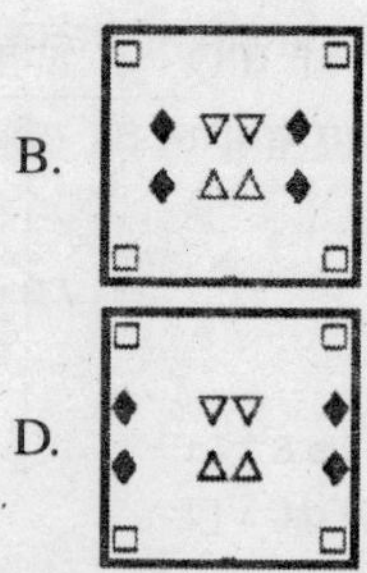

C.

D.

44. गणितीय चिह्नों के उस सही संयोजन का चयन करें जिससे * चिह्नों को प्रतिस्थापित करने पर दिया गया समीकरण संतुलित हो जाएगा।

3 * 4 * 2 * 10 * 17 * 2

A. +, +, +, =, – B. +, +, =, ×, –
C. ×, +, =, –, – D. ×, ×, +, =, ×

45. किसी निश्चित कोड भाषा में, "CAUTIOUS" को "CUAITUOS" के रूप में लिखा गया है, "DEADLINE" को "DAELDNIE" के रूप में लिखा गया है। उसी भाषा में "ECONOMIC" को किस प्रकार लिखा जाएगा?

A. EOCONIMC B. EOOCNIMC
C. ECOONIMC D. EOCOINMC

46. निम्नलिखित में से कौन-सी संख्या दी गई शृंखला में प्रश्न चिह्न (?) को प्रतिस्थापित करेगी?

14, 18, 54, 58, 174, 178, ?

A. 522 B. 534
C. 634 D. 712

47. दिए गए पैटर्न का ध्यानपूर्वक अध्ययन कीजिए और उस संख्या का चयन कीजिए जो उसमें प्रश्नवाचक चिह्न (?) को प्रतिस्थापित कर सके।

पहली पंक्ति: 8, 13, 25
दूसरी पंक्ति: 12, 7, 25
तीसरी पंक्ति: 9, 15, ?

(नोट: संख्याओं को उनके घटक अंकों में विभाजित किए बिना, पूर्ण संख्याओं पर गणितीय संक्रियाएं की जानी चाहिए। उदाहरण के लिए, 13 – 13 को जोड़ने/घटाने/गुणा करने आदि जैसी संक्रियाएं 13 पर की जा सकती हैं। 13 को 1 और 3 में विभाजित करने और फिर 1 और 3 पर गणितीय संक्रियाएं करने की अनुमति नहीं है।)

A. 36 B. 49
C. 30 D. 16

48. दी गई आकृति में कितने त्रिभुज हैं?

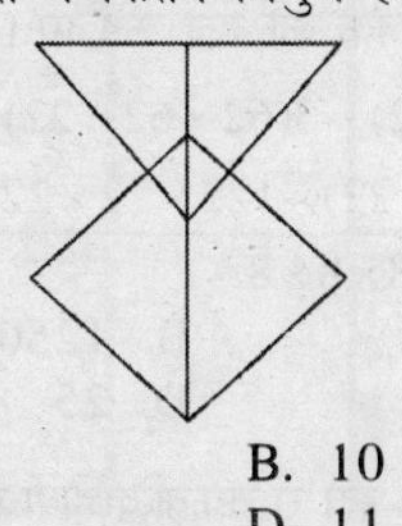

A. 7 B. 10
C. 8 D. 11

49. दिए गए पैटर्न का ध्यानपूर्वक अध्ययन कीजिए और उस संख्या का चयन कीजिए जो उसमें प्रश्नवाचक चिह्न (?) को प्रतिस्थापित कर सके।

पहली पंक्तिः 162, 91, 71
दूसरी पंक्तिः 218, 126, 92
तीसरी पंक्तिः 194, 79, ?

(नोटः संख्याओं को उनके घटक अंकों में विभाजित किए बिना, पूर्ण संख्याओं पर गणितीय संक्रियाएं की जानी चाहिए। उदाहरण के लिए, 13 – 13 को जोड़ने/घटाने/गुणा करने आदि जैसी संक्रियाएं 13 पर की जा सकती हैं। 13 को 1 और 3 में विभाजित करने और फिर 1 और 3 पर गणितीय संक्रियाएं करने की अनुमति नहीं है।)

A. 109 B. 125
C. 115 D. 122

50. एक ही पासे की दो अलग-अलग स्थितियों को दिखाया गया है, जिसके छह फलक Red, Green, Blue, Yellow, Black, White रंग के हैं। उस रंग का चयन करें, जो Black रंग के फलक के विपरीत फलक पर होगा।

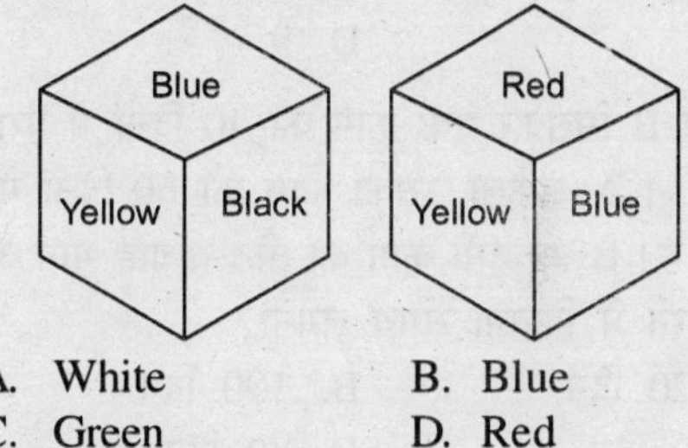

A. White B. Blue
C. Green D. Red

संख्यात्मक अभियोग्यता

51. एक दुकानदार ₹ 50 प्रति किग्रा., ₹ 60 प्रति किग्रा. और ₹ 75 प्रति किग्रा. मूल्य के तीन प्रकार के चावल 3 : 1 : 2 के अनुपात में मिलाता है। प्रति किग्रा. मिश्रण का औसत मूल्य कितना होगा?

A. ₹ 65 B. ₹ 60
C. ₹ 75 D. ₹ 50

52. k के किस मान/किन मानों के लिए व्यंजक $p+\frac{1}{9}\sqrt{p}+k^2$ एक पूर्ण वर्ग होगा?

A. $k=\pm\frac{1}{18}$ B. $k=\pm\frac{1}{8}$
C. $k=\pm\frac{1}{21}$ D. $k=\pm\frac{1}{9}$

53. 20%, 10% और 5% की तीन क्रमागत छूटें, निम्न में से किस एकल छूट के बराबर होगी?

A. 31.60%
B. 30.60%
C. 32.80%
D. 32.60%

54. एक गृहस्वामी ने अपना मासिक वेतन ₹ 7,200 विभिन्न मदों पर खर्च किया। यदि उसने भोजन पर ₹ 4,000 और शिक्षा पर ₹ 400 खर्च किए, तो क्रमशः केंद्रीय कोण कितने-कितने होंगे?

A. 50°, 200° B. 200°, 60°
C. 200°, 20° D. 30°, 60°

55. एक परिवार का औसत मासिक खर्च पहले चार महीनों के लिए ₹ 13,750 है, अगले तीन महीनों के लिए ₹ 11,750 है और अंतिम पांच महीनों के लिए ₹ 31,750 है। यदि परिवार पूरे वर्ष के दौरान ₹ 15,550 की बचत करता है, तो वर्ष के दौरान परिवार की औसत मासिक आय ज्ञात करें। (निकटतम पूर्णांक में)

A. ₹ 22,000 B. ₹ 21,055
C. ₹ 22,045 D. ₹ 23,040

56. $12-8\div2-\{16 \text{ of } -2+3\times5-4\}$ का मान क्या है?

A. 29 B. 0
C. 1 D. 45

57. P ने Q को 20% लाभ पर एक वस्तु बेची और Q ने उसे R को 10% की हानि पर बेच दिया। यदि R ने उस वस्तु को ₹ 1,080 में खरीदा, तो P ने उसे किस मूल्य पर खरीदा था?

A. ₹ 800 B. ₹ 5000
C. ₹ 1000 D. ₹ 3000

58. 15 सेमी. त्रिज्या वाली मिट्टी को गोलाकार गेंद को गलाकर 5 सेमी. त्रिज्या की कितनी गोलाकार गेंदें बनाई जा सकती हैं?

A. 27 B. 18
C. 3 D. 9

59. A और B मिलकर एक काम को 40 दिनों में पूरा कर सकते हैं। A अकेला उसकी काम को 60 दिनों में कर सकता है। B को उसी काम का तीन-चौथाई भाग अकेले पूरा करने में कितना समय लगेगा?

A. 120 दिन B. 100 दिन
C. 90 दिन D. 80 दिन

60. 30 सेमी. व्यास वाले एक गोले का पृष्ठीय क्षेत्रफल क्या होगा? ($\pi = 3.14$ लें।)

A. 2826 B. 1130
C. 1134 D. 1413

61. एक पर्स की खरीद पर 10% और 20% की क्रमिक छूट दी जाती है। यदि पर्स का अंकित मूल्य ₹ 2,250 है, तो विक्रय मूल्य ज्ञात कीजिए।

A. ₹ 1,290 B. ₹ 1,320
C. ₹ 1,620 D. ₹ 1,520

62. यदि $\cot\theta = \cot 30° \cot 60°$ और θ कोई न्यून कोण है, तो 2θ _______ के बराबर है।

A. 30° B. 90°
C. 45° D. 60°

63. दो स्टेशनों 'A' और 'B' के बीच की दूरी 494 किमी. है। एक ट्रेन स्टेशन 'A' से 3 p.m. पर चलना शुरू करती है और स्टेशन 'B' की ओर 83 किमी./घंटे की चाल से बढ़ती है। एक अन्य ट्रेन स्टेशन 'B' से 4 p.m. पर चलना शुरू करती है और स्टेशन 'A' की ओर 54 किमी/घंटे की चाल से बढ़ती है। वे किस समय मिलेंगी?

A. 9 a.m. B. 7 a.m.
C. 8 p.m. D. 7 p.m.

64. निम्नलिखित व्यंजक को हल कीजिए।

$$\frac{(62\times62\times62)-3(62\times62\times22)+3(62\times22\times22)-(22\times22\times22)}{8\times8\times8}$$

A. 225 B. 1250
C. 125 D. 25

65. यदि ब्याज वार्षिक रूप से चक्रवृद्धि होता है, तो ₹ 5,50,000 की राशि पर 7% की वार्षिक दर से 2 वर्षों में प्राप्त होने वाला चक्रवृद्धि ब्याज ज्ञात कीजिए।

A. ₹ 79,695 B. ₹ 62,695
C. ₹ 79,690 D. ₹ 80,605

66. वह छोटी से छोटी प्राकृतिक संख्या कौन-सी है, जिसे 54321 में जोड़े जाने पर योगफल 6 से विभाज्य होगा?

A. 3 B. 5
C. 1 D. 7

67. एक समांतर चतुर्भुज का आधार इसकी संगत ऊंचाई का दोगुना है। यदि समांतर चतुर्भुज का क्षेत्रफल 144 सेमी.^{2} है, तो इसकी ऊँचाई ज्ञात कीजिए।

A. $6\sqrt{2}$ सेमी. B. $8\sqrt{2}$ सेमी.
C. $3\sqrt{2}$ सेमी. D. $2\sqrt{2}$ सेमी.

68. निम्न बार ग्राफ 2000 और 2001 में एक प्रकाशन कंपनी की छह अलग-अलग शाखाओं में पुस्तकों की बिक्री (हजार में) दर्शाता है।

2000 तथा 2001 में 6 प्रकाशकों द्वारा पुस्तकों की बिक्री

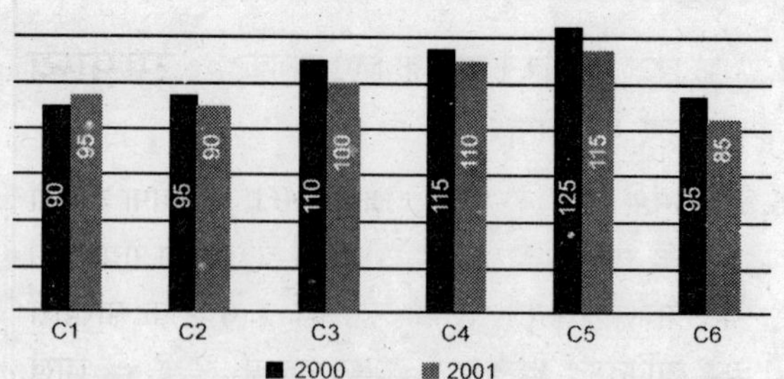

बार ग्राफ के आधार पर निम्नलिखित का उत्तर दीजिए:

दोनों वर्षों में C3 की कुल बिक्री और दोनों वर्षों में C4 की कुल बिक्री का अनुपात क्या है?

A. 13 : 14 B. 15 : 14
C. 14 : 15 D. 12 : 13

69. एक पंचायत चुनाव में एक उम्मीदवार A को 30% मत मिले और वह 6 मतों से अर्हता प्राप्त नहीं कर सका। एक अन्य उम्मीदवार B ने 40% मत प्राप्त किए और अर्हता प्राप्त करने के लिए आवश्यक न्यूनतम मतों से 6 मत अधिक प्राप्त किए। अधिकतम मत _______ हैं।

A. 160 B. 140
C. 100 D. 120

70. दिए गए बार-चार्ट का अध्ययन कीजिये और नीचे दिए गए प्रश्न का उत्तर दीजिए।

बार-चार्ट 2011 से 2015 के दौरान कारों के उत्पादन (production) और ब्रिकी (sales) (हजारों में) को दर्शाता है।

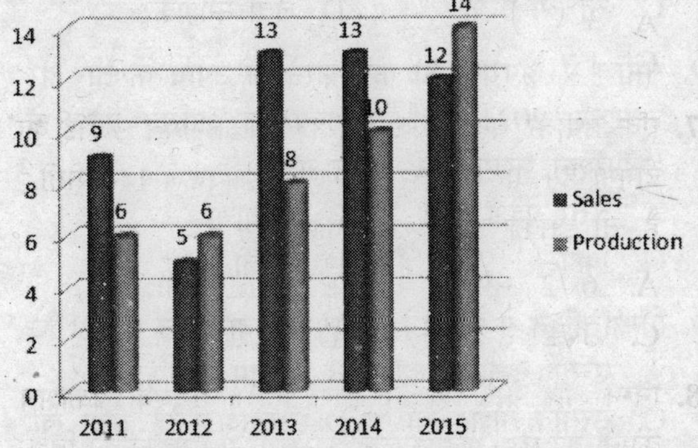

2015 में बिक्री का प्रतिशत उत्पादन से कितना अधिक है?

A. 25 B. 35
C. 30 D. 20

71. ₹ 96 प्रति किग्रा. और ₹ 104 प्रति किग्रा. के चावल को 1 : 1 : 2 के अनुपात में तीसरी किस्म के चावल के साथ मिलाया जाता है। यदि मिश्रण का मूल्य ₹ 113 प्रति किग्रा. है, तो चावल की तीसरी किस्म का प्रति किग्रा. मूल्य क्या होगा?

A. ₹ 117 B. ₹ 126
C. ₹ 109 D. ₹ 128

72. ₹ 5000 की राशि 10% की वार्षिक ब्याज दर पर 3 वर्षों के लिए जमा की गई है, ब्याज वार्षिक रूप से चक्रवृद्धि होता है। 2 वर्षों और 3 वर्षों के ब्याज का अंतर कितना होगा?

A. ₹ 650 B. ₹ 605
C. ₹ 506 D. ₹ 560

73. 64 और 4096 के बीच मध्यानुपाती क्या है?

A. 8 B. 512
C. 192 D. 128

74. यदि $x + 2y = 10$ और $2xy = 9$ है, तो $x - 2y$ के मानों में से एक मान _______ है।

A. 8 B. 10
C. 6 D. 12

75. त्रिभुज का एक कोण 108° है और अन्य दो कोण बराबर हैं। इन बराबर कोणों में से प्रत्येक का मान ज्ञात कीजिए।

A. 72° B. 78°
C. 39° D. 36°

सामान्य सचेतता

76. प्रधानमंत्री गरीब कल्याण पैकेज (PMGKP) बीमा योजना को केंद्र सरकार द्वारा जून, 2021 में बढ़ा दिया गया था। यह प्रावधान करती है कि स्वास्थ्य कर्मियों के परिवारों को व्यक्तिगत दुर्घटनाओं के मामले में _______ लाख मुआवजा मिलेगा।

A. ₹ 30 B. ₹ 50
C. ₹ 25 D. ₹ 45

77. निम्नलिखित में से किस देश ने कभी भी ओलंपिक खेलों का आयोजन नहीं किया?

A. चीन B. ऑस्ट्रेलिया
C. दक्षिण अफ्रीका D. जापान

78. मेंडलीफ की आवर्त सारणी के अनुसार, समूह III के किस अज्ञात तत्व का परमाणु द्रव्यमान 68 था, जिसे बाद में गैलियम द्वारा प्रतिस्थापित कर दिया गया था?

A. एका-मैंगनीज
B. एका-बोरॉन
C. एका-सिलिकॉन
D. एका-एल्यूमीनियम

79. निम्नलिखित में से किस व्यक्ति को ग्रैमी पुरस्कार के लिए नामांकित नहीं किया गया है?
A. पंडित विश्व मोहन भट्ट
B. टी.एच. विनायकराम
C. लता मंगेशकर
D. ए.आर. रहमान

80. पैरामीशियम, अमीबा, यूग्लीना जैसे प्रोटोजोआ संघ के जंतुओं का शरीर ______ स्तरीय संगठन दिखाता है।
A. कोशिका-ऊतक B. ऊतक-अंग
C. प्रोटोप्लाज्मिक D. कोशिकीय

81. भारत के भरतनाट्यम और ओडिसी नृत्य शैलियों के मलेशियाई कोरियोग्राफर, रमाली बिन इब्राहिम को निम्नलिखित में से किस वर्ष में पद्म श्री से सम्मानित किया गया?
A. 2014 B. 2020
C. 2018 D. 2008

82. 1674 में, निम्नलिखित में से किसने तालाब के पानी की जांच के लिए एकल-लेंस सूक्ष्मदर्शी का उपयोग किया और दर्जनों प्रोटिस्ट देखें, जिन्हें उन्होंने 'एनिमलक्यूल्स' कहा, साथ ही स्पाइरोगोरा या हरे शैवाल भी देखे?
A. रॉबर्ट हुक B. एंटोन वान ल्यूवेनहॉक
C. रॉबर्ट ब्राउन D. रूडोल्फ विरचो

83. निम्नलिखित में से कौन-से युग्म सही है?
A. एल के आडवाणी – मैटर्स ऑफ डिस्क्रेशन
B. के नटवर सिंह – स्ट्रेट फ्रॉम द हार्ट
C. खुशवंत सिंह – लिविंग शेडोज
D. विजय कुमार सिंह – करेज एंड कन्विक्शन

84. निम्नलिखित में से कौन-सा उपकरण फेंकने वाले खेलों के आयोजनों में प्रयोग किया जाता है?
A. शॉट B. इंडियन क्लब
C. आयरन रिंग D. आयरन रॉड

85. निम्नलिखित में से कौन कर्नाटक से हिंदुस्तानी शास्त्रीय संगीत की ख्याल शैली के/की एक भारतीय गायक थे/थीं?
A. गंगूबाई हंगल B. पंडित रवि शंकर
C. दुर्गा जसराज D. बेगम अख्तर

86. यामिनी कृष्णमूर्ति को 1977 में ______ से सम्मानित किया गया था।
A. कालिदास सम्मान
B. संगीत नाटक अकादमी पुरस्कार
C. कबीर सम्मान
D. पद्म श्री

87. निम्नलिखित में से कौन-सा खनिज नदियों (जलोढ़ प्लेसर) और तट पर, विशेष रूप से समुद्र तटों (बीच प्लेसर) में नहीं पाया जाता है?
A. टिन B. बॉक्साइट
C. प्लैटिनम D. सोना

88. कलकत्ता के निम्नलिखित में से कौन-से गायक नवंबर, 1902 में ग्रामोफोन पर व्यावसायिक रूप से रिकॉर्ड करने वाले उपमहाद्वीप के प्रथम कलाकार थे?
A. गौहर जान B. संध्या मुखोपाध्याय
C. सुचित्रा मित्रा D. लता मंगेशकर

89. समाज में अपराध को कम करने के उपाय के तौर पर अक्टूबर, 2021 में किस राज्य/केंद्र शासित प्रदेश में 'ऑपरेशन सजग' शुरू किया गया?
A. उत्तर प्रदेश B. हरियाणा
C. बिहार D. दिल्ली

90. निम्नलिखित में से कौन रामपुर-सहसवां घराने से नहीं है?
A. उस्ताद इनायत खाँ B. गुलाम मुस्तफा खाँ
C. उस्ताद राशिद खाँ D. उस्ताद फतेह अली खाँ

91. इनमें से कौन 'ए मूवेबल फीस्ट' ('A Movable Feast') के/की लेखक/लेखिका हैं?
A. अर्नेस्ट हेमिंग्वे B. जॉर्ज ऑरवेल
C. रूअल डहल D. विलियम फॉल्कनर

92. भारतीय संविधान का कौन-सा अनुच्छेद उपराष्ट्रपति के चुनाव से संबंधित है?
A. अनुच्छेद 68 B. अनुच्छेद 66
C. अनुच्छेद 62 D. अनुच्छेद 64

93. 1976 में विश्व प्रसिद्ध कुचिपुड़ी नृत्य जोड़ी ______ द्वारा राष्ट्रीय राजधानी क्षेत्र में नाट्य तरंगिनी की स्थापना की गई थी।
A. जयराम राव और वनश्री राव
B. सीता नागाजोथी और पी. नागाजोथी
C. राजा राधा रेड्डी
D. पसुमार्थी विट्ठल और भारती

94. मई, 2021 में, जनजातीय मामलों के मंत्रालय (MTA) ने जनजातीय स्कूलों के डिजिटल परिवर्तन को सहयोग प्रदान करने के लिए किस संगठन के साथ समझौता ज्ञापन पर हस्ताक्षर किए?

A. इंफोसिस
B. विप्रो
C. टाटा कंसल्टेंसी सर्विसेज (TCS)
D. माइक्रोसॉफ्ट

95. नीचे बाघ अभयारण्य/राष्ट्रीय उद्यान और उन राज्यों के नाम दिये गये हैं जहाँ वे स्थित हैं। निम्नलिखित में से कौन-सा विकल्प सुमेलित नहीं है?

A. बांधवगढ़ राष्ट्रीय उद्यान – मध्य प्रदेश
B. मानस बाघ अभयारण्य – असम
C. कॉर्बेट राष्ट्रीय उद्यान – उत्तराखंड
D. सुंदरवन राष्ट्रीय उद्यान – ओडिशा

96. 1879 में, सैलामैंडर के भ्रूण में कोशिका विभाजन का अवलोकन किसने किया, जहां कोशिकाएं निश्चित अंतराल पर विभाजित होती हैं?

A. वाल्थर फ्लेमिंग
B. एडविन गॉर्टर
C. अल्बर्ट वॉन कोलिकेर
D. गर्थ एल निकोलसन

97. निम्नलिखित में से कौन "मृगनयनी" उपन्यास के लेखक है?

A. वृंदावन लाल वर्मा B. सुमित्रा नंदन पंत
C. चतुरसेन-शास्त्री D. रांगेय राघव

98. सरकारी बजट का निम्नलिखित में से क्या उद्देश्य होता है?

(*a*) GDP विकास
(*b*) संसाधनों का पुनः आवंटन
(*c*) संतुलित क्षेत्रीय विकास

A. (*a*) और (*b*) B. (*a*), (*b*) और (*c*)
C. केवल (*a*) D. (*a*) और (*c*)

99. समूह में नीचे बढ़ने पर संयोजी इलेक्ट्रॉनों द्वारा अनुभव किया जाने वाला प्रभावी नाभिकीय आवेश क्यों घटता है?

A. सबसे बाहरी इलेक्ट्रॉन नाभिक के सबसे निकट होते हैं
B. तत्व निष्क्रिय होते हैं
C. सबसे भीतरी इलेक्ट्रॉन नाभिक से बहुत दूर होते हैं
D. सबसे बाहरी इलेक्ट्रॉन नाभिक से बहुत दूर होते हैं

100. संगीत नाटक अकादमी पुरस्कार विजेता एल बिनो देवी को निम्नलिखित में से किस नृत्य शैली में उनके योगदान के लिए पुरस्कृत किया गया?

A. ओडिसी B. सत्रीया
C. कुचिपुड़ी D. मणिपुरी

उत्तरमाला

1. (A)	**2. (C)**	**3. (C)**
4. (D)	**5. (A)**	**6. (B)**
7. (B)	**8. (D)**	**9. (B)**
10. (C)	**11. (B)**	**12. (A)**
13. (A)	**14. (A)**	**15. (C)**
16. (D)	**17. (C)**	**18. (A)**
19. (D)	**20. (A)**	**21. (A)**
22. (A)	**23. (D)**	**24. (B)**
25. (B)		

26. (C): दिया है,

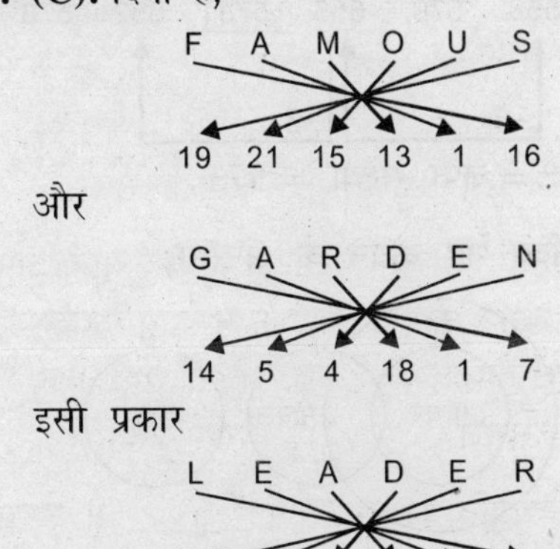

अतः LEADER को 18 5 4 1 5 12 के रूप में कूटबद्ध किया जाएगा।

27. (A) **28. (C)** **29. (A)**

30. (C):

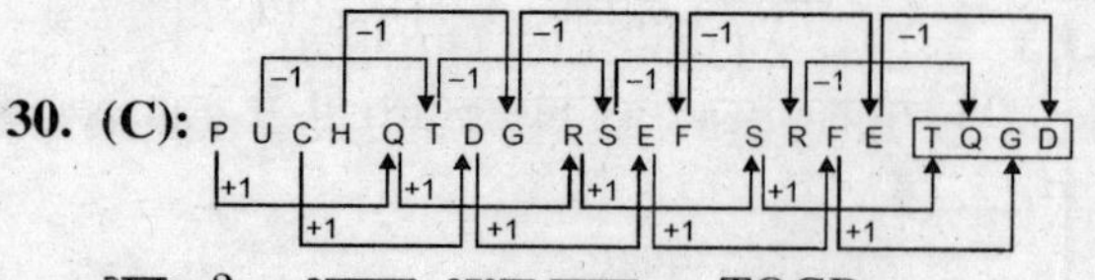

अतः ? = अगला अक्षर-समूह = TQGD.

31. (A)

32. (C): (11, 8, 33) ⇒ 11 × (11 − 8) = 11 × 3 = 33,
(33, 5, 924) ⇒ 33 × (33 − 5) = 33 × 28 = 924

(A) (22, 17, 156) ⇒ 22 × (22 − 17)
= 22 × 5 = 110

(B) (21, 17, 87) ⇒ 21 × (21 − 17)
= 21 × 4 = 84

(C) (24, 15, 216) ⇒ 24 × (24 − 15)
= 24 × 9 = 216

(D) (26, 22, 188) ⇒ 26 × (26 − 22)
= 26 × 4 = 104

अतः विकल्प (C) समुच्चय की संख्याएँ सही संबंधित है।

33. (D):

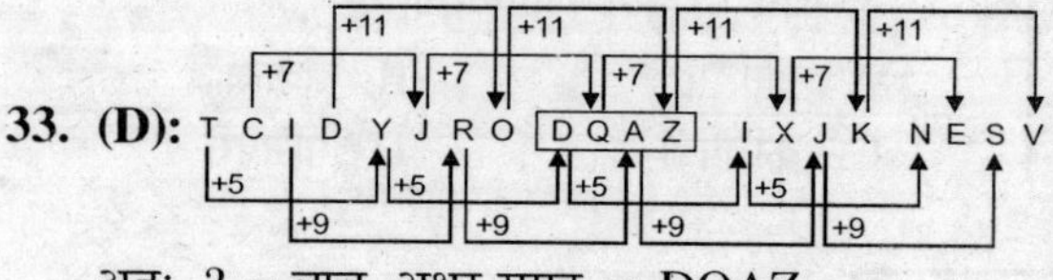

अतः ? = लुप्त अक्षर-समूह = DQAZ.

34. (C):

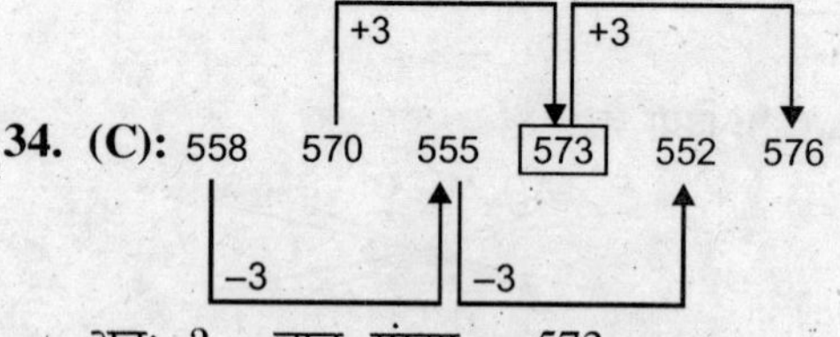

अतः ? = लुप्त संख्या = 573

35. (A): दिए गए कथन के अनुसार,

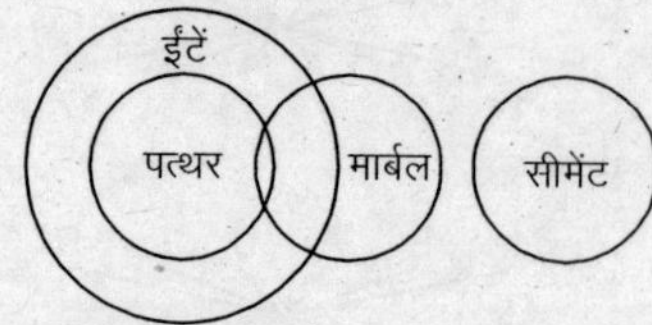

निष्कर्षः I कुछ ईंटें, मार्बल हैं।

36. (D):

R	E	A	S	O	N	:	R	O	S	A	E	N
1	2	3	4	5	6		1	5	4	3	2	6
S	O	C	I	A	L	:	S	A	I	C	O	L
1	2	3	4	5	6		1	5	4	3	2	6
T	R	A	V	E	L	:	T	E	V	A	R	L
1	2	3	4	5	6		1	5	4	3	2	6

अतः REASON : ROSAEN :: SOCIAL : SAICOL :: TRAVEL : TEVARL.

37. (B): दिया है, 30 जुलाई, 2015 को बृहस्पतिवार था।
∵ 2016 एक लीप वर्ष है।
∴ अतिरिक्त दिनों की संख्या = 2
अतः 30 जुलाई, 2016 को सप्ताह का दिन, बृहस्पतिवार के बाद दूसरा दिन होगा।
अतः 30 जुलाई, 2016 को शनिवार होगा।
अब, 3 सितम्बर, 2016
= 30 जुलाई, 2016 + 1 + 31 + 3
= शनिवार + 35 = शनिवार + 7 × 5
= शनिवार
अतः 3 सितंबर, 2016 को सप्ताह का शनिवार होगा।

38. (C): दिया है, M = −,
N = ÷,
O = ×,
P = +

∴ (72 N 9) O 4 M 26 P 97 M (36 N 2)
= (72 ÷ 9) × 4 − 26 + 97 − (36 ÷ 2)
= 8 × 4 − 26 + 97 − 18
= 32 − 26 + 97 − 18
= 32 + 97 − 26 − 18
= 129 − 44 = 85.

39. (A): दिया है, 15 अगस्त, 1947 को शुक्रवार था।
16 अगस्त, 1947 − 26 जनवरी, 1950
= (16 अगस्त, 1947 − 15 अगस्त, 1948)
+ (16 अगस्त, 1948 − 15 अगस्त, 1949)
+ (16 अगस्त, 1949 − 26 जनवरी, 1950)
= (2 अतिरिक्त दिन) + (1 अतिरिक्त दिन)
+ (अगस्त 16 दिन + सितंबर 30 दिन
+ अक्टूबर 31 दिन + नवंबर 30 दिन
+ दिसंबर 31 दिन + जनवरी 26 दिन)

= 3 अतिरिक्त दिन + 164 दिन
= शुक्रवार के बाद तीसरा दिन + 164 दिन
= सोमवार + 164 दिन
= सोमवार + 7 × 23 + 3 दिन
= सोमवार + 3 दिन = बृहस्पतिवार।

40. (C): दिया है,

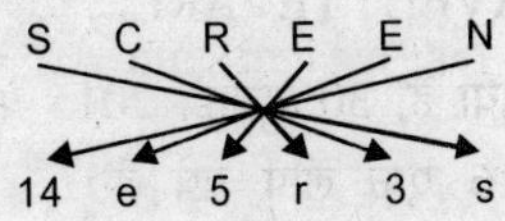

और

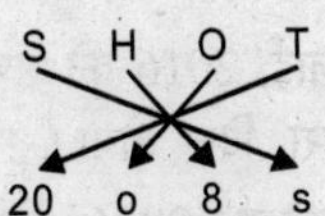

इसी प्रकार,

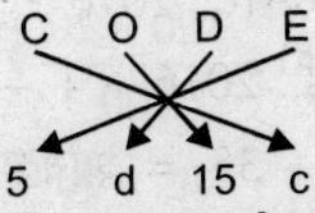

अतः कूट भाषा में CODE को 5d15c लिखा जाएगा।

41. (A): 46 * 16 * 4 * 21 * 72 * 4 * 57

(A) =, ×, +, +, ÷, –

$\therefore$ 46 = 16 × 4 + 21 + 72 ÷ 4 – 57
$\Rightarrow$ 46 = 16 × 4 + 21 + 18 – 57
$\Rightarrow$ 46 = 64 + 21 + 18 – 57
$\Rightarrow$ 46 = 103 – 57
$\Rightarrow$ 46 = 46 (संतुलित)

(B) ÷, =, –, ×, –, +

$\therefore$ 46 ÷ 16 = 4 – 21 × 72 – 4 + 57
$\Rightarrow \frac{23}{8} = 4 - 1512 - 4 + 57$
$\Rightarrow \frac{23}{8} = 57 - 1512$
$\Rightarrow \frac{23}{8} = -1455$ (असंतुलित)

(C) +, =, –, ×, –, +

$\therefore$ 46 + 16 = 4 – 21 × 72 – 4 + 57
$\Rightarrow$ 62 = 4 – 1512 – 4 + 57
$\Rightarrow$ 62 = 57 – 1512
$\Rightarrow$ 62 = –1455 (असंतुलित)

(D) –, +, ×, =, –, +

$\therefore$ 46 – 16 + 4 × 21 = 72 – 4 + 57
$\Rightarrow$ 46 – 16 + 84 = 68 + 57
$\Rightarrow$ 30 + 84 = 125
$\Rightarrow$ 114 = 125 (असंतुलित)

अतः विकल्प (A) के गणितीय चिह्नों का सही संयोजन है।

42. (D): 27 : 196

$$\Rightarrow \left(\frac{27+1}{2}\right)^2 = \left(\frac{28}{2}\right)^2 = (14)^2 = 196$$

19 : 10

$$\Rightarrow \left(\frac{19+1}{2}\right)^2 = \left(\frac{20}{2}\right)^2 = (10)^2 = 100$$

17 : ?

$$\Rightarrow \left(\frac{17+1}{2}\right)^2 = \left(\frac{18}{2}\right)^2 = (9)^2 = 81$$

अतः 27 : 196 :: 19 : 100 :: 17 : $\boxed{81}$

अतः ? = लुप्त पद = 81.

43. (D)

44. (D): 3 * 4 * 2 * 10 * 17 * 2

(A) +, +, +, =, –

$\therefore$ 3 + 4 + 2 + 10 = 17 – 2
$\Rightarrow$ 19 = 15 (असंतुलित)

(B) +, +, =, ×, –

$\therefore$ 3 + 4 + 2 = 10 × 17 – 2
$\Rightarrow$ 9 = 170 – 2
$\Rightarrow$ 9 = 168 (असंतुलित)

(C) ×, +, =, –, –

$\therefore$ 3 × 4 + 2 = 10 – 17 – 2
$\Rightarrow$ 12 + 2 = 10 – 19
$\Rightarrow$ 14 = –9 (असंतुलित)

(D) ×, ×, +, = , ×

$\therefore$ 3 × 4 × 2 + 10 = 17 × 2
$\Rightarrow$ 24 + 10 = 34
$\Rightarrow$ 34 = 34 (संतुलित)

अतः विकल्प (D) के गणितीय चिह्नों का सही संयोजन है।

45. (A): दिया है,

C A U T I O U S ⇒ C U A I T U O S
1 2 3 4 5 6 7 8   1 3 2 5 4 7 6 8

और

D E A D L I N E ⇒ D A E L D N I E
1 2 3 4 5 6 7 8   1 3 2 5 4 7 6 8

इसी प्रकार,

E C O N O M I C ⇒ E O C O N I M C
1 2 3 4 5 6 7 8   1 3 2 5 4 7 6 8

अतः उसी भाषा में ECONOMIC को EOCONIMC लिखा जाएगा।

46. (B): 14 →(+4) 18 →(×3) 54 →(+4) 58 →(×3) 174 →(+4) 178 →(×3) **534**

अतः ? = अगली संख्या = 534.

47. (A): दिए गए पैटर्न :

पहली पंक्ति : 8, 13, 25 ⇒ $(8-13)^2 = (-5)^2 = 25$

दूसरी पंक्ति : 12, 7, 25 ⇒ $(12-7)^2 = (5)^2 = 25$

तीसरी पंक्ति : 9, 15, ? ⇒ $(9-15)^2 = (-6)^2 = \boxed{36}$

अतः ? = पैटर्न में लुप्त संख्या = 36.

48. (A)

49. (C): दिए गए पैटर्न :

पहली पंक्ति : 162, 91, 71 ⇒ 162 − 91 = 71

दूसरी पंक्ति : 218, 126, 92 ⇒ 218 − 126 = 92

तीसरी पंक्ति : 194, 79, ? ⇒ 194 − 79 = 115

अतः ? = पैटर्न में लुप्त संख्या = 115.

50. (D)

51. (B): माना दुकानदार ₹ 50 प्रति किग्रा., ₹ 60 प्रति किग्रा., और ₹ 75 प्रति किग्रा. मूल्य के तीन प्रकार के चावल $3x$ किग्रा., x किग्रा. और $2x$ किग्रा. की मात्रा में मिलाया

अतः कुल मूल्य = ₹ 50 × $3x$ + ₹ 60 × x + ₹ 75 × 2

= ₹ $150x$ + ₹ $60x$ + ₹ 150 = ₹ $360x$

अतः औसत मूल्य $= \dfrac{360x}{3x+x+2x}$

$= \dfrac{360x}{6x}$ = ₹ 60.

52. (A): व्यंजक $= p + \frac{1}{9}\sqrt{p} + k^2$

$$= \left(\sqrt{p}\right)^2 + 2\cdot\sqrt{p}\cdot\frac{1}{18} + \left(\frac{1}{18}\right)^2 + k^2 - \left(\frac{1}{18}\right)^2$$

$$= \left(\sqrt{p} + \frac{1}{18}\right)^2 + k^2 - \left(\frac{1}{18}\right)^2$$

व्यंजक एक पूर्ण वर्ग होगा,

जब, $k^2 - \left(\frac{1}{18}\right)^2 = 0$

$\Rightarrow \quad k^2 = \left(\frac{1}{18}\right)^2 \Rightarrow k = \pm\frac{1}{18}.$

53. (A): दिए गए तीन क्रमागत छूट का एकल छूट

$$= 100 - 100 \times \frac{100-20}{100} \times \frac{100-10}{100} \times \frac{100-5}{100}.$$

$$= 100 - 100 \times \frac{80}{100} \times \frac{90}{100} \times \frac{95}{100} = 100 - \frac{72 \times 95}{100}$$

$$= 100 - \frac{18 \times 95}{25} = 100 - \frac{18 \times 19}{5} = 100 - \frac{342}{5}$$

= 100 − 68.4 = 31.60%

अतः एकल छूट = 31.60%.

54. (C): वृत्त आरेख में केंद्रीय कोण

₹ 7200 = 360°

⇒ ₹ 100 = $\frac{360°}{72} = 5°$

⇒ ₹ 100 = 5°

अब, भोजन पर ₹ 4000 = 40 × ₹ 100

= 40 × 5° = 200°

और शिक्षा पर ₹ 400 = 4 × ₹ 100

= 4 × 5° = 20°

अतः अभीष्ट केन्द्रीय कोण क्रमशः 200° और 20° होगा।

55. (C): एक परिवार का पहले 4 महीनों का कुल खर्च

= ₹ 13,750 × 4 = ₹ 55,000

अगले 3 महीनों का कुल खर्च

= ₹ 11,750 × 3 = ₹ 35, 250

और अंतिम 5 महीनों का कुल खर्च -

$= ₹\ 31,750 \times 5 = ₹\ 1,58,750$

और पूरे वर्ष के दौरान बचत = ₹ 15,550

अतः वर्ष के दौरान परिवार की कुल आय

$= ₹\ 55,000 + ₹\ 35,250 + ₹\ 1,58,750 + ₹\ 15,550$

$= ₹\ 264550$

अतः वर्ष के दौरान परिवार की औसत मासिक आय

$= \frac{264550}{12}$

$= ₹\ 22045.83333$

$= ₹\ 22,046.$

56. (A): $12 - 8 \div 2 - \{16 \text{ of } -2 + 3 \times 5 - 4\}$

$= 12 - 8 \div 2 - \{(16 \times -2) + 3 \times 5 - 4\}$

$= 12 - 8 \div 2 - \{-32 + 3 \times 5 - 4\}$

$= 12 - 8 \div 2 - \{-32 + 15 - 4\}$

$= 12 - 8 \div 2 - \{15 - 36\}$

$= 12 - 8 \div 2 - \{-21\}$

$= 12 - 8 \div 2 + 21$

$= 12 - 4 + 21 = 33 - 4 = 29.$

57. (C): माना P के लिए वस्तु का क्रय मूल्य ₹ x

तब, P के लिए वस्तु का विक्रय मूल्य

$= ₹\ x \times \frac{120}{100} = ₹\ \frac{6}{5}x$

$\therefore$ Q के लिए वस्तु का क्रय मूल्य $= ₹\ \frac{6}{5}x$

$\therefore$ Q के लिए वस्तु का विक्रय मूल्य

$= ₹\ \frac{6}{5}x \times \frac{90}{100} = ₹\ \frac{54}{50}x$

$= ₹\ \frac{27}{25}x$

अतः R के लिए वस्तु का क्रय मूल्य $= ₹\ \frac{27}{25}$

$\Rightarrow \quad ₹\ 1080 = \frac{27}{25}x$

$\Rightarrow \quad x = 1080 \times \frac{25}{27}$

$= 40 \times 25 = ₹\ 1000$

अतः P ने उस वस्तु को ₹ 1000 में खरीदा था।

58. (A): ठोस गोले का आयतन $= \frac{4}{3}\pi r^3$

$\therefore$ 15 सेमी त्रिज्या वाली मिट्टी की गोलाकार गेंद का आयतन

$= \frac{4}{3}\pi(15)^3$ सेमी^{3}

और 5 सेमी त्रिज्या की गेंद का आयतन

$= \frac{4}{3}\pi(5)^3$ सेमी^{3}

अतः 5 सेमी त्रिज्या वाले गेंदों की संख्या

$= \frac{\frac{4}{3}\pi(15)^3}{\frac{4}{3}\pi(5)^3} = \left(\frac{15}{5}\right)^3$

$= (3)^3 = 27.$

59. (C): (A + B) का 1 दिन का काम $= \frac{1}{40}$

A का 1 दिन का काम $= \frac{1}{60}$

अतः B का 1 दिन का काम $= \frac{1}{40} - \frac{1}{60}$

$= \frac{3-2}{120} = \frac{1}{120}$

$\Rightarrow$ B, 1 काम को 120 दिनों में करता है।

$\therefore$ B, $\frac{3}{4}$ काम को $120 \times \frac{3}{4}$ दिनों में करता है।

अतः B को उसी काम का तीन-चौथाई भाग अकेले पूरा करने में 90 दिन लगेगा।

60. (A): यहाँ, गोले का व्यास = 30 सेमी

$\Rightarrow 2r = 30$ सेमी $\Rightarrow r = 15$ सेमी

अतः गोले का पृष्ठीय क्षेत्रफल $= 4\pi r^2$

$= 4 \times 3.14 \times (15)^2$

$= 4 \times 3.14 \times 225$

$= 900 \times 3.14 = 2826$ सेमी^{2}।

61. (C): दिया है, पर्स का अंकित मूल्य = ₹ 2250

अतः पर्स का विक्रय मूल्य

$= 2250 \times \frac{100-10}{100} \times \frac{100-20}{100}$

$= 2250 \times \frac{90}{100} \times \frac{80}{100}$

$= 2250 \times \frac{9}{10} \times \frac{4}{5} = 225 \times \frac{36}{5}$

$= 45 \times 36 =$ ₹ 1620.

62. (B): दिया है, $\cot\theta = \cot 30° \cot 60°$

$= \cot 30° \cot(90 - 30°)$

$= \cot 30° \tan 30°$

$= \cot 30 \times \frac{1}{\cot 30°}$

$\cot\theta = 1$

$\Rightarrow \cot\theta = 1 = \cot 45°$

$\Rightarrow \theta = 45°$ (एक न्यून कोण है।)

अतः $2\theta = 2 \times 45° = 90°$.

63. (D): दिया है, दो स्टेशनों 'A' और 'B' के बीच की दूरी = 494 किलोमीटर

5 p.m. तक दोनों ट्रेनों द्वारा तय दूरी

= 83 × 2 + 54 × 1

= 166 + 54 = 220 किलोमीटर

6 p.m. तक दोनों ट्रेनों द्वारा तय दूरी

= 220 किलोमीटर + 83 किलोमीटर + 54 किलोमीटर

= 357 किलोमीटर

7 p.m. तक दोनों ट्रेनों द्वारा तय दूरी

= 357 किलोमीटर + 83 किलोमीटर + 54 किलोमीटर

= 494 किलोमीटर

अतः दोनों ट्रेन 7 p.m. पर मिलेगी।

64. (C): $\because a^3 - 3a^2b + 3ab^2 - b^3 = (a-b)^3$

$\therefore$ व्यंजक $= \frac{(62\times62\times62) - 3(62\times62\times22) + 3(62\times22\times22) - (22\times22\times22)}{8\times8\times8}$

$= \frac{(62)^3 - 3(62)^2(22) + 3(62)(22)^2 - (22)^3}{8^3}$

$= \frac{(62-22)^3}{8^3} = \frac{(40)^3}{8^3}$

$= \left(\frac{40}{8}\right)^3 = (5)^3 = 125.$

65. (A): दिया है, P = ₹ 5,50,000, $r = 7\%$, $n = 2$ वर्ष की वार्षिक

$\because$ चक्रवृद्धि ब्याज $= P\left[\left(1+\frac{r}{100}\right)^n - 1\right]$

$= 5,50,000\left[\left(1+\frac{7}{100}\right)^2 - 1\right]$

$= 5,50,000\left[\left(\frac{107}{100}\right)^2 - 1\right]$

$= 5,50,000\left[\frac{11449-10000}{10000}\right]$

$= 5,50,000\left[\frac{1449}{10000}\right]$

= 55[1449] = ₹ 79695.

66. (A): 54321 = 54324 – 3

$\Rightarrow$ 54321 = 6 × 9054 – 3

$\Rightarrow$ 54321 + 3 = 6 × 9054

अतः अभीष्ट छोटी-से-छोटी प्राकृतिक संख्या = 3.

67. (A): माना समांतर चतुर्भुज की ऊँचाई = x सेमी

तब, आधार = $2x$ सेमी

दिया है,

समांतर चतुर्भुज का क्षेत्रफल = 144 सेमी^{2}

$\Rightarrow$ आधार × ऊँचाई = 144

$\Rightarrow 2x \times x = 144$

$\Rightarrow x^2 = 72$ सेमी^{2}

$\Rightarrow x^2 = 36 \times 2$ सेमी^{2}

$\Rightarrow x = 6\sqrt{2}$ सेमी

अतः इसकी ऊँचाई $= x = 6\sqrt{2}$ सेमी।

68. (C): दिए गए बार ग्राफ से :

दोनों वर्षों में C3 की कुल बिक्री

= 110 + 100 = 210

और दोनों वर्षों में C4 की कुल बिक्री

= 115 + 110 = 225

अतः अभीष्ट अनुपात = 210 : 225

= 42 : 45 = 14 : 15.

69. (D) **70. (C)** **71. (B)**

72. (B): दिया है, P = ₹ 5000, r = 10% वार्षिक, n = 3 वर्ष

∴ 3 वर्षों का चक्रवृद्धि ब्याज

$$= P\left[\left(1+\frac{r}{100}\right)^n - 1\right]$$

$$= 5000\left[\left(1+\frac{10}{100}\right)^3 - 1\right]$$

$$= 5000\left[\left(1+\frac{1}{10}\right)^3 - 1\right]$$

$$= 5000\left[\left(\frac{11}{10}\right)^3 - 1\right]$$

$$= 5000\left[\frac{1331}{1000} - 1\right]$$

$$= 5000\left[\frac{331}{1000}\right]$$

= 5 × 331 = ₹ 1655

2 वर्षों का चक्रवृद्धि ब्याज

$$= 5000\left[\left(1+\frac{10}{1000}\right)^2 - 1\right]$$

$$= 5000\left[\left(\frac{11}{10}\right)^2 - 1\right]$$

$$= 5000\left[\frac{121}{100} - 1\right]$$

$$= 5000\left[\frac{21}{100}\right]$$

= 50 × 21 = ₹ 1050

अतः 2 वर्षों और 3 वर्षों के ब्याज का अंतर
= ₹ 1655 – ₹ 1050 = ₹ 605.

73. (B): 64 और 4096 के बीच मध्यानुपाती
$= \sqrt{64 \times 4096} = 8 \times 64 = 512.$

74. (A): दिया है, $x + 2y = 10$ ...(*i*)

$2xy = 9$ ...(*ii*)

(*i*) और (*ii*) से

$$x(10 - x) = 9$$
$$\Rightarrow 10x - x^2 = 9$$
$$\Rightarrow 10x - x^2 - 9 = 0$$
$$\Rightarrow x^2 - 10x + 9 = 0$$
$$\Rightarrow x^2 - 9x - x + 9 = 0$$
$$\Rightarrow x(x-9) - 1(x-9) = 0$$
$$\Rightarrow (x-1)(x-9) = 0$$
$$\Rightarrow x = 1, 9$$

(*ii*) से, $y = \frac{9}{2}, \frac{1}{2}$

अतः $x - 2y = 1 - 2 \times \frac{9}{2}$
$= 1 - 9 = -8$

या $x - 2y = 9 - 2 \times \frac{1}{2}$
$= 9 - 1 = 8.$

75. (D): माना दो बराबर कोण $x°$ और $x°$ है।

तब, $108° + x + x = 180°$
$$\Rightarrow 108° + 2x = 180°$$
$$\Rightarrow 2x = 180 - 108°$$
$$\Rightarrow 2x = 72°$$
$$\Rightarrow x = 36°$$

अतः इन बराबर कोणों में से प्रत्येक मान = 36°.

76. (B) **77. (C)** **78. (D)**
79. (C) **80. (C)** **81. (C)**
82. (B) **83. (D)** **84. (A)**
85. (A) **86. (B)** **87. (B)**
88. (A) **89. (D)** **90. (D)**
91. (A) **92. (B)** **93. (C)**
94. (D) **95. (D)** **96. (A)**
97. (A) **98. (B)** **99. (D)**
100. (D)

YOUR SPACE

पिछले प्रश्न-पत्र (हल सहित)

SSC-संयुक्त हायर सेकेन्डरी स्तर–CHSL (10+2) Tier–1, ऑनलाइन भर्ती परीक्षा–2020

(Exam held on 12-04-2021)

ENGLISH LANGUAGE

1. Select the correct indirect form of the given sentence.

The gardener said to the children, "Please do not pluck any flowers."

A. The gardener ordered the children to not pluck any flowers.
B. The gardener requested the children not to pluck any flowers.
C. The gardener told to the children to kindly not pluck any flowers.
D. The gardener requested to the children please do not pluck any flowers.

2. Select the INCORRECTLY spelt word.

A. install B. inspire
C. instanse D. instead

3. Select the most appropriate meaning of the given idiom.

Living in a fool's paradise

A. To be fooled by someone
B. To live in a world of imagination
C. To believe wrongly that your situation is good
D. To live in luxuriously after fooling someone

4. Select the most appropriate one-word substitution for the given words.

speed greater than that of sound

A. subsonic B. harmonic
C. cacophonic D. supersonic

5. Select the most appropriate option to fill in the blank.

I should have stopped them then and there. But it never even ______ to me that I should.

A. occurred B. reminded
C. suggested D. happened

6. Select the most appropriate synonym of the given word.

STRETCH

A. extend B. compress
C. close D. cease

7. Select the most appropriate meaning of the underlined idiom in the given sentence.

The eradication of corona virus is still <u>a far cry</u>.

A. very distant B. very easy
C. very near D. very fast

8. Select the correct passive form of the given sentence.

The prisoners of this jail have woven these carpets.

A. These carpets were woven by the prisoners of this jail.
B. These carpets wove the prisoners of this jail.
C. The prisoners have been woven by these carpets of this jail.
D. These carpets have been woven by the prisoners of this jail.

9. Select the most appropriate option to substitute the underlined segment in the given sentence. If there is no need to substitute it, select 'No substitution'.

The house has been auction before we reached there.

A. was auctioning
B. had been auctioned
C. No substitution
D. has been auctioned

10. Fill in the blank with most appropriate word.

______ of adulterated food stuff being sold in the market.

A. Cautious B. Wary
C. Beware D. Aware

11. Select the most appropriate ANTONYM of the given word.

RESOLVE

A. decide B. agree
C. refuse D. analyse

12. In the given sentence, identify the segment which contains the grammatical error.

Electric heaters were providing to all the officers at the guest house.

A. Electric heaters B. to all the officers
C. were providing D. at the guest house

13. Select the option which means the same as the group of words given.

A place where Buddhist monks live

A. monastery B. stupa
C. pagoda D. temple

14. Select the most appropriate synonym of the given word.

PRUDENT

A. cautious B. hasty
C. reckless D. rude

15. In the given sentence, identify the segment which contains a grammatical error.

Why didn't you submitted your project on time?

A. you submitted B. on time
C. Why didn't D. your project

16. Given below are four sentences in jumbled order. Select the option that gives their correct order.

(*a*) This flight takes place on a hot summer day.
(*b*) It has a pair of wings but bites them off after its 'wedding' flight.
(*c*) In the heat, the queen leaves the nest and goes out to meet a drone, high up in the air.
(*d*) The queen is the mother of the entire population of a colony of ants.

A. (*d*)(*b*)(*a*)(*c*) B. (*c*)(*a*)(*b*)(*d*)
C. (*b*)(*a*)(*c*)(*d*) D. (*a*)(*c*)(*b*)(*d*)

17. Select the misspelt word.

A. tarriff B. partner
C. parachute D. sergeant

18. Select the most appropriate antonym of the given word.

PRECIOUS

A. costly B. simple
C. rare D. cheap

19. Given below are four jumbled sentences. Out of the given options, pick the one that gives their correct order.

(*a*) There he brought them up as his own children.
(*b*) He took them away to his hut.
(*c*) He found the two children and the basket.
(*d*) One day an old man came to the jungle.

A. (*b*)(*a*)(*c*)(*d*) B. (*d*)(*c*)(*b*)(*a*)
C. (*b*)(*d*)(*a*)(*c*) D. (*d*)(*b*)(*a*)(*c*)

20. Select the most appropriate option to substitute the underlined segment in the given sentence. If there is no need to substitute it, select 'No substitution'.

Supriya as well as her friends have gone of a trekking expedition.

A. has gone on
B. are going at
C. have gone on
D. No substitution

Directions (Qs. No. 21-25): *In the following passage some words have been deleted. Fill in the blanks with the help of the alternatives given. Select the most appropriate option for each blank.*

Before the giant waves slammed into the coast in India and Sri Lanka, wild and domestic animals (1) ______ to know what was about to happen. (2) ______ fled to safety. According to eyewitness (3) ______, elephants screamed and ran for (4) ______ grounds, dogs refused to go outdoors, flamingoes abandoned (5) ______ low-lying breeding areas and zoo animals rushed into their shelters.

21. Select the most appropriate option for blank no. 1.
A. were seemed B. seemed
C. seeming D. seem

22. Select the most appropriate option for blank no. 2.
A. We B. Them
C. They D. Us

23. Select the most appropriate option for blank no. 3.
A. narrations B. accounts
C. statement D. explanations

24. Select the most appropriate option for blank no. 4.
A. highest B. more high
C. higher D. high

25. Select the most appropriate option for blank no. 5.
A. their B. her
C. theirs D. our

सामान्य बुद्धिमत्ता

26. चार शब्द दिए गए हैं, जिनमें से तीन किसी प्रकार समान हैं और एक भिन्न है। भिन्न शब्द का चयन करें।
A. अस्पष्टार्थ B. संशयग्रस्त
C. निश्चित D. उभयभावी

27. कागज के एक टुकड़े को मोड़ने का क्रम और मुड़े हुए कागज को काटने का प्रकार, निम्न आकृति में दर्शाया गया है। खोलने पर यह कागज कैसा दिखाई देगा?

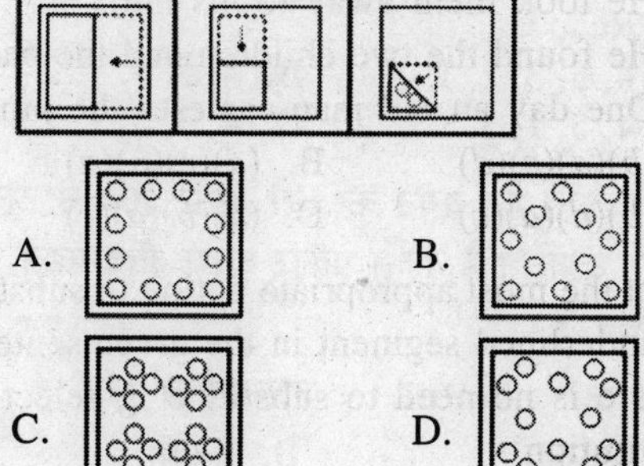

28. विजय, अमित से 8 वर्ष छोटा है। विजय और अमित की वर्तमान आयु का योगफल 42 वर्ष है। विजय की वर्तमान आयु ज्ञात करें।
A. 25 वर्ष B. 21 वर्ष
C. 17 वर्ष D. 15 वर्ष

29. उस विकल्प का चयन करें, जिसमें संख्याएँ ठीक उसी प्रकार संबंधित हैं जिस प्रकार दिए गए समुच्चय की संख्याएँ संबंधित हैं।
(8, 44, 224)
A. (11, 59, 299) B. (9, 80, 312)
C. (15, 75, 301) D. (7, 39, 190)

30. उस विकल्प का चयन करें, जिसमें संख्याएँ ठीक उसी प्रकार संबंधित हैं, जिस प्रकार निम्न सेट की संख्याएँ संबंधित हैं।
(57, 126, 199)
A. (29, 96, 168) B. (43, 112, 178)
C. (63, 132, 205) D. (75, 148, 217)

31. उस आकृति का चयन करें, जो निम्न आकृति श्रेणी में (प्रश्नवाचक चिह्न [?] के स्थान पर) आएगी।

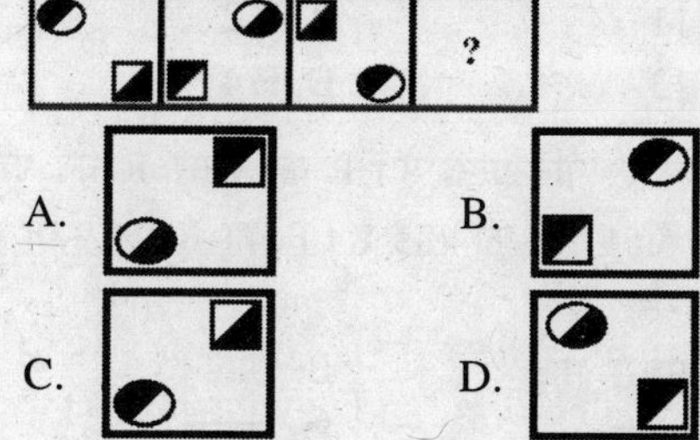

32. निम्नलिखित चार अक्षर-समूहों में से तीन किसी प्रकार से समान हैं, और एक भिन्न है। भिन्न का चयन करें।

A. QUY B. LPT
C. GKO D. HLQ

33. उस गणितीय चिह्नों के सही संयोजन का चयन करें, जो * चिह्नों को क्रमिक रूप से प्रतिस्थापित करते हुए, दिया गया समीकरण संतुलित कर सकता है।

14 * 11 * 552 * 23 * 29 = 159

A. ×, +, ÷, – B. ×, –, ÷, +
C. ×, ÷, –, + D. +. –, ÷, ×

34. उस शब्द-युग्म का चयन करें जिसमें दोनों शब्द ठीक उसी प्रकार संबंधित हैं, जिस प्रकार निम्न शब्द-युग्म में दोनों शब्द संबंधित हैं।

चम्मच : बर्तन

A. घर : व्यय
B. स्कूटर : वाहन
C. बस : यात्री
D. रसोईघर : खाना बनाना

35. निम्नलिखित में से कौन-सा शब्द संयोजन नीचे दिए गए वेन आरेख को उचित रूप से निरूपित करता है?

A. पिता, डॉक्टर, पुरुष B. महिला, पुरुष, चाची
C. माँ, बहन, भाई D. महिला, पुत्री, बहन

36. नीचे दी गई आकृति में कितने त्रिभुज हैं?

A. 11 B. 12
C. 13 D. 14

37. P और Q पति-पत्नी हैं। P का ससुर R की पत्नी का पिता है। Q, T का भाई है। P का R की पत्नी से क्या संबंध है?

A. ममेरा भाई B. भाई
C. भाभी D. चाची

38. उस विकल्प का चयन करें, जिसमें दी गई आकृति सन्निहित है। (घुमाने की अनुमति नहीं है)

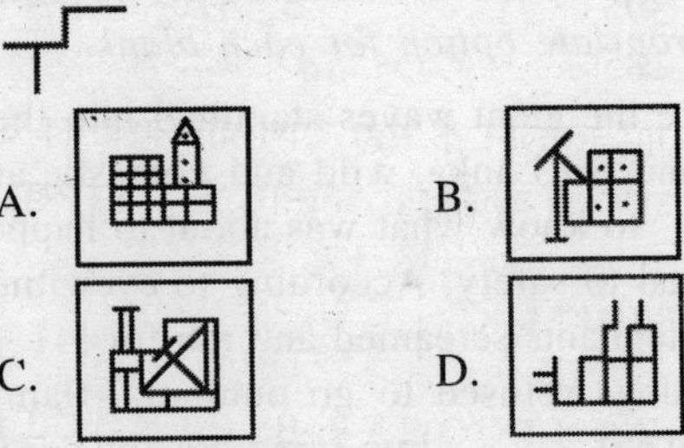

39. उस अक्षर संयोजन का चयन करें, जिसे दी गई अक्षर श्रेणी के रिक्त स्थान में क्रमिक रूप से रखने पर श्रेणी पूर्ण हो जाएगी।

a _ _ gb _ _ acegb _ _ aceg _ _ _

A. dfdfbcedf B. cedfdfbdf
C. cefbdfdfd D. fdfbdfced

40. उस विकल्प का चयन करें, जो तीसरी संख्या से ठीक उसी प्रकार संबंधित है, जिस प्रकार दूसरी संख्या पहली संख्या से संबंधित है।

25 : 750 : : 30 : ?

A. 1625 B. 1110
C. 1050 D. 1275

41. उस विकल्प का चयन करें, जो दिए गए शब्दों का अंग्रेजी शब्दकोश में सही क्रम निरूपित करता है।

1. Rubric 2. Ruminate
3. Rose 4. Reader
5. Reap

A. 4, 5, 3, 2, 1 B. 4, 5, 3, 1, 2
C. 4, 5, 1, 3, 2 D. 4, 3, 5, 1, 2

42. उस विकल्प का चयन करें, जो तीसरे शब्द से ठीक उसी प्रकार संबंधित है, जिस प्रकार दूसरा शब्द पहले शब्द से संबंधित है।

ओममीटर : प्रतिरोध : : जाईमोमीटर : ?

A. श्यानता B. घनत्व
C. किण्वन D. विकिरण

43. किसी निश्चित कूट भाषा में, BEYOND को BDFNPY लिखा जाता है। उसी कूट भाषा में PROMISE को किस प्रकार लिखा जाएगा?

A. EIMOPRS B. ESIMORP
C. FJNPQSR D. FJMPPRS

44. किसी निश्चित कूट भाषा में, SEND को 168 लिखा जाता है। उसी कूट भाषा में PURSE को किस प्रकार लिखा जाएगा?

A. 395 B. 415
C. 185 D. 225

45. दिए गए संयोजन के सही दर्पण प्रतिबिम्ब का चयन करें, जब दर्पण को दर्शाए गए अनुसार, 'PQ' पर रखा जाता है।

STRUCTURE | (दर्पण: P ऊपर, Q नीचे)

A. ƎЯUTUƆЯTƧ B. ƨꓕʁՈCꓕՈʁE
C. ƎЯUTƆUЯTƧ D. ƨꓕʁCՈꓕՈʁE

46. दिए गए कथनों और निष्कर्षों को ध्यानपूर्वक पढ़ें। यह मानते हुए कि कथनों में दी गई जानकारी सत्य है, चाहे वह ज्ञात तथ्यों से असंगत हो, निर्धारित करें कि कौन-सा/से निष्कर्ष कथनों का तार्किक रूप से अनुसरण करता/ते है/हैं?

कथन : सभी ऊँट, कबूतर हैं।
कुछ कबूतर, बाज हैं।

निष्कर्ष : I. सभी ऊँट, बाज हैं।
II. कुछ ऊँट, बाज हैं।
III. कुछ बाज, कबूतर हैं।
IV. कुछ कबूतर, ऊँट हैं।

A. निष्कर्ष I और II दोनों अनुसरण करते हैं।
B. निष्कर्ष II और III दोनों अनुसरण करते हैं।
C. निष्कर्ष I और IV दोनों अनुसरण करते हैं।
D. निष्कर्ष III और IV दोनों अनुसरण करते हैं।

47. उस विकल्प का चयन करें, जो तीसरे पद से ठीक उसी प्रकार संबंधित है, जिस प्रकार दूसरा पद पहले पद से संबंधित है।

SLIM : MHQO : : COLD : ?

A. GPKZ B. GPZK
C. GZPK D. GKPZ

48. दिए गए विकल्पों में से उस संख्या का चयन करें, जो निम्न श्रेणी में प्रश्नवाचक चिह्न (?) के स्थान पर आ सकती है।

2, 4, 5, 19, 71, ?

A. 261 B. 361
C. 316 D. 216

49. चार संख्या-युग्म दिए गए हैं, जिनमें से तीन किसी प्रकार समान हैं, और एक भिन्न है। उस संख्या-युग्म का चयन करें, जो अन्य से भिन्न है।

A. 8 : 104 B. 5 : 65
C. 11 : 143 D. 12 : 146

50. दी गई शीट को जब घन बनाने के लिए मोड़ा जाएगा, तो कौन-सा अक्षर 'N' वाले फलक के विपरीत फलक पर होगा?

		B	E	H
Z	N	W		

A. Z B. E
C. B D. H

संख्यात्मक अभियोग्यता

51. जब किसी वृत्त की जीवा AB और व्यास CD को बढ़ाया जाता है, तो वे वृत्त के बाहर बिंदु P पर मिलती हैं। यदि PB = 8 सेमी., AB = 12 सेमी. और वृत्त के केंद्र से P की दूरी 18 सेमी. है, तो वृत्त की त्रिज्या (सेमी. में) ज्ञात करें (निकटतम)।

A. 12.8 B. 12.4
C. 12 D. 13

52. ΔABC में, AD, एक माध्यिका है। यदि बिंदु E, F और G क्रमशः AD, AE और DE के मध्य बिंदु हैं, तो ΔBFG का क्षेत्रफल कितना होगा?

A. (ΔABC के क्षेत्रफल) का $\frac{1}{2}$

B. (ΔABC के क्षेत्रफल) का $\frac{1}{4}$

C. (ΔBGC के क्षेत्रफल) का $\frac{1}{2}$

D. (ΔABC के क्षेत्रफल) का $\frac{1}{8}$

53. गीता ने 30% अंक प्राप्त किए और 50 अंकों से अनुत्तीर्ण हो गई, जबकि 45% अंक प्राप्त करने वाले संदीप को, परीक्षा उत्तीर्ण करने के लिए आवश्यक न्यूनतम अंक से 25 अंक ज्यादा मिले। 64% अंक प्राप्त करने वाले विमल को कितने अंक मिले?

A. 436 B. 320
C. 500 D. 256

54. दिए गए ग्राफ का अध्ययन कीजिए और उससे संबंधित प्रश्न का उत्तर दीजिए।

एक वर्ष के दौरान विभिन्न मदों के अंतर्गत कंपनी के कुल व्यय का प्रतिशत बंटन

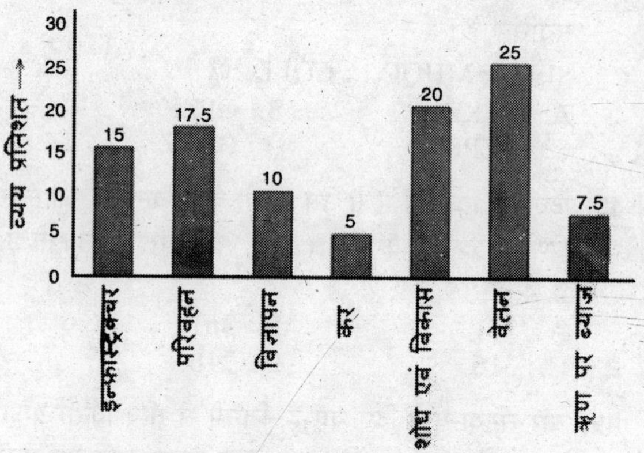

ऋण पर ब्याज के रूप में हुआ व्यय, करों पर किए गए व्यय से कितना प्रतिशत अधिक है?

A. 25% B. 50%
C. 40% D. 30%

55. O केंद्र वाले वृत्त में, 6 सेमी. लंबी जीवा केंद्र से 4 सेमी. की दूरी पर स्थित है। व्यास की लंबाई ज्ञात करें।

A. 7 सेमी. B. 14 सेमी.
C. 5 सेमी. D. 10 सेमी.

56. समूह A के 30 व्यक्तियों का औसत वजन, समूह B के 25 व्यक्तियों के औसत वजन से 3 किग्रा. अधिक है। समूह B के 25 व्यक्तियों का औसत वजन, समूह C के 20 व्यक्तियों के औसत वजन से 2.5 किग्रा. अधिक है। यदि समूह A के 30 व्यक्तियों का कुल वजन 1725 किग्रा. है, तो समूह A और समूह C के व्यक्तियों का कुल औसत वजन (किग्रा. में) कितना होगा?

A. 55 B. 55.4
C. 55.3 D. 55.1

57. ΔABC में, $\angle A = 135°$, $CA = 5\sqrt{2}$ सेमी. और $AB = 7$ सेमी. है। E और F, क्रमशः भुजा AC और AB के मध्य बिंदु हैं। EF की लंबाई (सेमी. में) ज्ञात करें।

A. 5.5 B. 5
C. 6 D. 6.5

58. अनामिका ने ₹ 15,000 के ऋण पर वार्षिक रूप से चक्रवृद्धि होने वाली चक्रवृद्धि ब्याज दर से 3 वर्ष बाद चक्रवृद्धि ब्याज के रूप में ₹ 4,965 का भुगतान किया। सुमन ने उसी दर से ₹ 10,000 का ऋण साधारण ब्याज पर लिया। 3 वर्ष बाद, सुमन को कितने ब्याज का भुगतान करना होगा?

A. ₹ 4,000 B. ₹ 3,500
C. ₹ 4,500 D. ₹ 3,000

59. किसी वस्तु के सूची मूल्य (list price) पर 30% और 16% के दो क्रमागत छूट देने के बाद, वस्तु को ₹ 1,176 में बेचा जाता है। वस्तु के सूची मूल्य और विक्रय मूल्य के बीच (₹ में) अंतर ज्ञात करें।

A. 840 B. 820
C. 824 D. 740

60. m के सबसे बड़े और सबसे छोटे संभावित मान का गुणनफल ज्ञात करें, जिसके लिए संख्या 5m83m4m1, 9 से विभाज्य है?

A. 10 B. 16
C. 80 D. 40

61. A और B किसी कार्य को क्रमशः 24 दिन और 40 दिन में पूरा कर सकते हैं। वे एक साथ 8 दिन तक कार्य करते हैं। C, शेष कार्य को 14 दिन में पूरा करता है। एक साथ कार्य करते हुए A और C, समान कार्य का 75% भाग कितने दिन में पूरा करेंगे?

A. 9 दिन
B. 15 दिन
C. 12 दिन
D. 10 दिन

62. यदि $x^4 + 4y + x^2y^2 = 117$ और $x^2 + y^2 - xy = 3\left(4+\sqrt{3}\right)$ है, तो $(x^2 + y^2)$ का मान ज्ञात करें।

A. $6\sqrt{3}$ B. 12
C. 9 D. $13\sqrt{3}$

63. रेखा आरेख (line graph), किसी कंपनी का उत्पादन (टन में) और बिक्री (टन में) दर्शाता है।

सभी वर्षों में कंपनी की कुल बिक्री, कंपनी के कुल उत्पादन का कितना प्रतिशत (लगभग) है? (2 दशमलव स्थान तक सही)

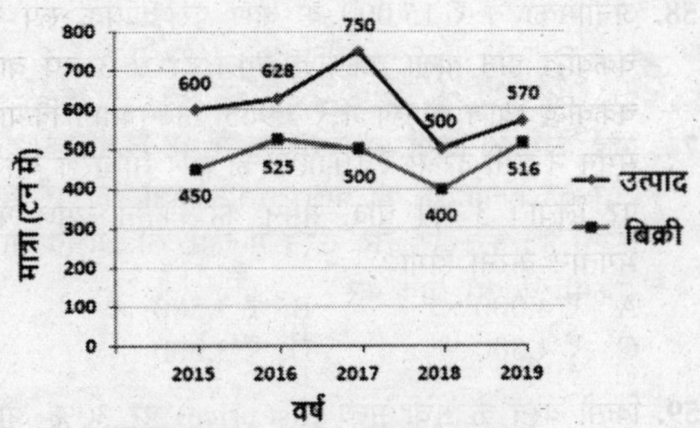

A. 68.12 B. 78.44
C. 75 D. 72.55

64. दिए गए आरेख का अध्ययन करें और प्रश्न का उत्तर दें।

2013 से 2018 के दौरान XYZ देश का आयात और निर्यात (₹ करोड़ में)

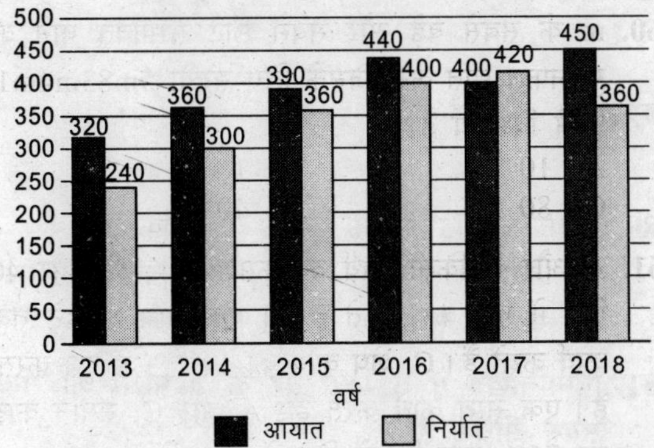

2014 और 2017 में हुए कुल निर्यात और 2015 और 2018 में हुए कुल आयात का अनुपात ज्ञात करें।

A. 5 : 6 B. 14 : 15
C. 6 : 7 D. 3 : 2

65. त्रिभुज ABC की ऊँचाई AD, 9 सेमी. है। यदि AB = $6\sqrt{3}$ सेमी. और CD = $3\sqrt{3}$ सेमी. है, तो ∠A की माप ज्ञात करें।

A. 60° B. 45°
C. 90° D. 30°

66. यदि $8\sin^2\theta + 2\cos\theta = 5$ है, $0° < \theta < 90°$ है, तो $\tan^2\theta + \sec^2\theta - \sin^2\theta$ का मान ज्ञात करें।

A. $\frac{305}{144}$ B. $\frac{153}{72}$
C. $\frac{431}{144}$ D. $\frac{23}{9}$

67. किसी समचतुर्भुज का एक विकर्ण $8\sqrt{3}$ सेमी. है। यदि दूसरा विकर्ण, इसकी भुजा के बराबर है, तो समचतुर्भुज का क्षेत्रफल (सेमी.^{2} में) ज्ञात करें।

A. $32\sqrt{3}$ B. $24\sqrt{3}$
C. $12\sqrt{3}$ D. $16\sqrt{3}$

68. निम्नांकित आरेख का अध्ययन करें और उसके बाद दिए गए प्रश्न का उत्तर दें।

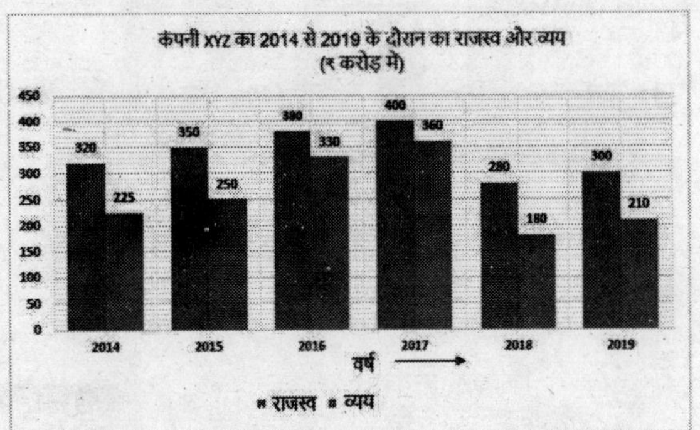

किसी वर्ष राजस्व में प्रतिशत वृद्धि उसके पिछले वर्ष की तुलना में 6% से कम थी?

A. 2016 B. 2019
C. 2015 D. 2017

69. यदि $x^2 - 6\sqrt{3}x + 1 = 0$ है, तो $x^3 + \frac{1}{x^3}$ का मान ज्ञात करें।

A. $630\sqrt{3}$ B. $216\sqrt{3}$
C. $666\sqrt{3}$ D. $234\sqrt{3}$

70. निम्न व्यंजक का मान ज्ञात करें :
$(2x - 3y)^3 - 18xy(2x - 3y)$

A. $8x^3 - 72x^2y + 108xy^2 - 27y^3$
B. $8x^3 - 27y^3 - 36x^2y - 54xy^2$
C. $8x^3 + 108xy^2 - 72x^2y$
D. $8x^3 - 27y^3$

71. किसी धनराशि को A, B और C के बीच क्रमशः 2 : 3 : 7 के अनुपात में विभाजित किया गया। यदि B का हिस्सा ₹ 15,000 है, तो B और C के हिस्सों में अंतर ज्ञात करें।

A. ₹ 20,000 B. ₹ 50,000
C. ₹ 15,000 D. ₹ 18,000

72. $\left(2\frac{1}{2} \div 1\frac{7}{8}\right) \div \left(9\frac{4}{9} \div 11\frac{1}{3} \text{ of } \frac{1}{8}\right)$ of $\frac{4}{3} \times 5\frac{1}{3} - \frac{9}{8} \div \frac{3}{4}$ का मान ज्ञात करें।

A. $-\frac{7}{10}$ B. $\frac{1}{5}$

C. $\frac{23}{10}$ D. $-\frac{4}{5}$

73. यदि $\operatorname{cosec}\theta = \frac{\sqrt{5}}{2}$ है, तो (sec θ + tan θ – cot θ sin θ) का मान ज्ञात करें।

A. $2+\frac{\sqrt{5}}{2}$ B. $2+\frac{4\sqrt{5}}{5}$

C. $2+\sqrt{5}$ D. $2+\frac{2\sqrt{5}}{5}$

74. कोई कार 40 किमी./घं. की चाल से 48 किमी. की दूरी और 65 किमी./घं. की चाल से 52 किमी. की दूरी तय करती है। कुल दूरी तय करने में कार की औसत चाल (किमी./घं. में) ज्ञात करें।

A. 53 B. 52.5
C. 50 D. 52

75. सुलेखा ₹ 1040 में 36 किग्रा. चीनी खरीदती है। वह चीनी को 10 किग्रा. चीनी के विक्रय मूल्य के बराबर लाभ पर बेचती है। 5 किग्रा. चीनी का विक्रय मूल्य (₹ में) ज्ञात करें।

A. 220 B. 200
C. 235 D. 215

सामान्य सचेतता

76. तमिलनाडु के निम्नलिखित त्योहारों में से कौन-सा भगवान मुरुगन को समर्पित है?

A. ओणम B. आड़ी पेरुकु
C. पोंगल D. थाई पूसम

77. 'बर्डी, ईगल और अल्बाट्रॉस' शब्दों का उपयोग ______ में किया जाता है।

A. गोल्फ B. पोलो
C. बेसबॉल D. फुटबॉल

78. निम्नलिखित में से किस बैंक ने दिसंबर 2020 में, NPCI (नेशनल पेमेंट कॉर्पोरेशन ऑफ इंडिया) के साथ मिलकर संपर्क रहित 'रूपे सिलेक्ट (RuPay Select)' डेबिट कार्ड लॉन्च किया है?

A. एच.डी.एफ.सी. (HDFC)
B. भारतीय स्टेट बैंक
C. आई.सी.आई.सी.आई. (ICICI)
D. सेंट्रल बैंक ऑफ इंडिया

79. केंद्रीय मंत्रिमंडल ने 2021 में कितने देशों में इंडियन मिशन खोलने की मंजूरी दी है?

A. 9 B. 5
C. 6 D. 3

80. 'पाथवे टू गॉड' नामक पुस्तक के लेखक कौन हैं?

A. जवाहरलाल नेहरू B. सरदार वल्लभभाई पटेल
C. महात्मा गांधी D. श्री अरबिंदो

81. निम्नलिखित में से किस ग्रह के चंद्रमाओं की संख्या सबसे अधिक है?

A. शनि B. बृहस्पति
C. वरुण (नेप्चून) D. अरुण (यूरेनस)

82. ______ को आमतौर पर मिल्क शुगर (दुग्ध शर्करा) भी कहा जाता है क्योंकि यह दूध में पाया जाता है।

A. लैक्टोज B. ग्लूकोज
C. फ्रक्टोज D. माल्टोज

83. ए.एम.आर. (AMR) की स्थिति तब आती है, जब जीवाणु, विषाणु, कवक और परजीवी समय के साथ बदलते हैं और दवाओं के प्रति कोई प्रतिक्रिया नहीं देते हैं, इससे संक्रमण का इलाज मुश्किल हो जाता है और बीमारी फैलने, गंभीर बीमारी और मृत्यु के जोखिम में बढ़ोतरी हो जाती है। AMR का पूर्ण रूप क्या है?

A. एंटीमीजल्स रजिस्टेंस (Antimeasles Resistance)
B. एंटीमलेरियल रजिस्टेंस (Antimalarial Resistance)

C. एंटीमाइक्रोबियल रजिस्टेंस (Antimicrobial Resistance)
D. एक्यूटमाइक्रोबियल रजिस्टेंस (Acutemicrobial Resistance)

84. निम्नलिखित में से कौन-सा एक मुक्त स्रोत (ओपन-सोर्स) ऑपरेटिंग सिस्टम नहीं है?
A. Windows B. Drupal
C. Linux D. Ubuntu

85. काजू उगाने के लिए किस प्रकार की मृदा सबसे उपयुक्त होती है?
A. काली मृदा B. जलोढ़ मृदा
C. लाल लैटराइट मृदा D. लाल और पीली मृदा

86. सितंबर 2020 में, सामाजिक न्याय और अधिकारिता मंत्रालय ने किस हेल्पलाइन की शुरुआत की है?
A. किरण (KIRAN) B. उम्मीद (UMMID)
C. आशा (ASHA) D. सुबह (SUBAH)

87. 2011 की जनगणना के अनुसार, भारत में सबसे अधिक साक्षरता वाला जिला कौन-सा है?
A. एर्नाकुलम B. सेरछिप
C. कोट्टायम D. चम्फाई

88. निम्नलिखित में से कौन-सा टेम्परेरी फाइल का एक्सटेंशन है?
A. .tnt B. .tar
C. .txt D. .tmp

89. भारतीय पर्यटन सांख्यिकी (आई.टी.एस.) 2020 के अनुसार, किस राज्य ने 2019 में देश में सबसे अधिक घरेलू पर्यटकों को अपनी ओर आकर्षित किया है?
A. तमिलनाडु B. गोवा
C. उत्तर प्रदेश D. मेघालय

90. 'इंडियाज 71-इयर टेस्ट : द जर्नी टु ट्रायम्फ इन ऑस्ट्रेलिया (India's 71-Year Test : The Journey to Triumph in Australia)' नामक पुस्तक किसने लिखी है?
A. राहुल भट्टाचार्य B. आर. कौशिक
C. सचिन तेंदुलकर D. पीटर हेटर

91. चम्पारण सत्याग्रह निम्नलिखित में से किस वर्ष में शुरू किया गया था?
A. 1935 B. 1917
C. 1945 D. 1928

92. निम्नलिखित में से कौन तेलंगाना की पहली महिला मुख्य न्यायाधीश हैं?
A. रूमा पाल B. जे.के. माहेश्वरी
C. आर. बानुमथी D. हिमा कोहली

93. स्वामी विवेकानंद ने वर्ष ____ में रामकृष्ण मिशन की स्थापना की थी।
A. 1897 B. 1899
C. 1882 D. 1876

94. जनवरी 2021 की स्थिति के अनुसार, निम्नलिखित में से कौन केंद्रीय ग्रामीण विकास मंत्री हैं?
A. नरेंद्र सिंह तोमर B. राजनाथ सिंह
C. एस. जयशंकर D. अमित शाह

95. निम्नलिखित में से किसे भारतीय निर्वाचन आयोग में, उप-चुनाव आयुक्त नियुक्त किया गया है?
A. राजन दत्ता B. अशोक लवासा
C. उमेश सिन्हा D. राजीव कुमार

96. 'हक्की, पिक्की और सिद्दी' कर्नाटक के/की ____ हैं।
A. भाषाएँ B. संगीत प्रकार
C. नृत्य शैली D. रंगमंच शैली

97. 2020 में, भारत ने सुरक्षा परिषद के उस प्रस्ताव को सह-प्रायोजित किया जो शांति अभियानों में_____ कर्मियों की पूर्ण, प्रभावी और सार्थक भागीदारी की माँग करता है।
A. महिला B. नर्सिंग
C. पुलिस D. चिकित्सा

98. नवम्बर 2020 में, महाराष्ट्र की निम्नलिखित झीलों में से किसे रामसर साइट की सूची में शामिल किया गया है?
A. वेन्ना B. विहार
C. लोनार D. रंकला

99. दिसम्बर 2020 की स्थिति के अनुसार, सर्वाधिक टेस्ट मैचों में कप्तानी का भारतीय रिकॉर्ड _____ के नाम पर दर्ज है।
A. मोहम्मद अजहरुद्दीन B. विराट कोहली
C. एम.एस. धोनी D. कपिल देव

100. निम्नलिखित में से कौन-सा शहर सरयू नदी के तट पर स्थित है?
A. हैदराबाद B. अहमदाबाद
C. जयपुर D. अयोध्या

उत्तरमाला

1	2	3	4	5	6	7	8	9	10
B	C	C	D	A	A	A	D	B	C
11	**12**	**13**	**14**	**15**	**16**	**17**	**18**	**19**	**20**
C	C	A	A	A	A	A	D	B	A
21	**22**	**23**	**24**	**25**	**26**	**27**	**28**	**29**	**30**
B	C	B	C	A	C	C	C	A	C
31	**32**	**33**	**34**	**35**	**36**	**37**	**38**	**39**	**40**
A	D	B	B	D	B	C	C	B	C
41	**42**	**43**	**44**	**45**	**46**	**47**	**48**	**49**	**50**
B	C	D	A	C	D	C	B	D	B
51	**52**	**53**	**54**	**55**	**56**	**57**	**58**	**59**	**60**
A	B	B	B	D	C	D	D	C	B
61	**62**	**63**	**64**	**65**	**66**	**67**	**68**	**69**	**70**
D	B	B	C	A	A	A	D	A	A
71	**72**	**73**	**74**	**75**	**76**	**77**	**78**	**79**	**80**
A	A	B	C	B	D	A	D	D	C
81	**82**	**83**	**84**	**85**	**86**	**87**	**88**	**89**	**90**
A	A	C	A	C	A	B	D	C	B
91	**92**	**93**	**94**	**95**	**96**	**97**	**98**	**99**	**100**
B	D	A	A	C	A	A	C	C	D

व्याख्यात्मक उत्तर

28. माना विजय और अमित की वर्तमान आयु x वर्ष और y वर्ष है

तब, $x + y = 42$ ...(*i*)

और $y - x = 8$ ...(*ii*)

(*i*) और (*ii*) को जोड़ने पर,

$2y = 50$

$\Rightarrow y = 25$

y का मान (*i*) में रखने पर,

$x = 42 - 25$

$\Rightarrow x = 17$

अतः विजय की वर्तमान आयु

$= x$ वर्ष $= 17$ वर्ष।

29. दिया है, 8 44 224 (×5 + 4, ×5 + 4)

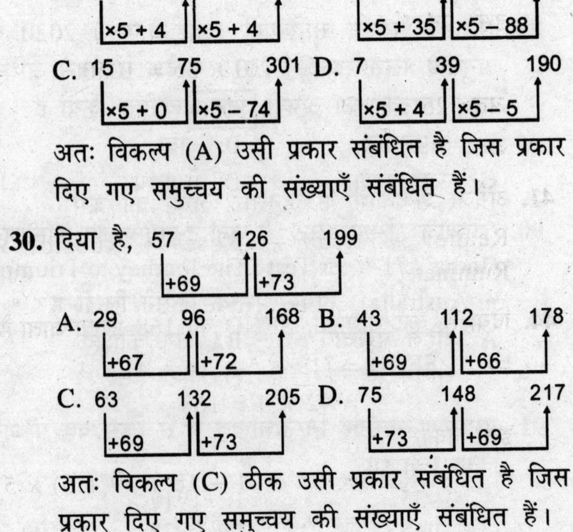

अतः विकल्प (A) उसी प्रकार संबंधित है जिस प्रकार दिए गए समुच्चय की संख्याएँ संबंधित हैं।

30. दिया है, 57 126 199 (+69, +73)

अतः विकल्प (C) ठीक उसी प्रकार संबंधित है जिस प्रकार दिए गए समुच्चय की संख्याएँ संबंधित हैं।

32. 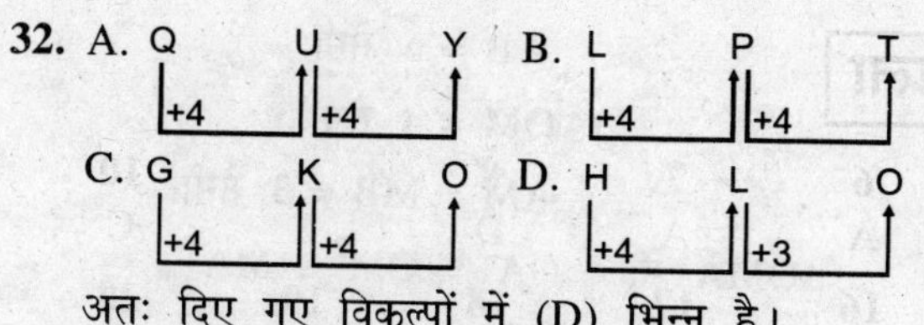

अतः दिए गए विकल्पों में (D) भिन्न है।

37. 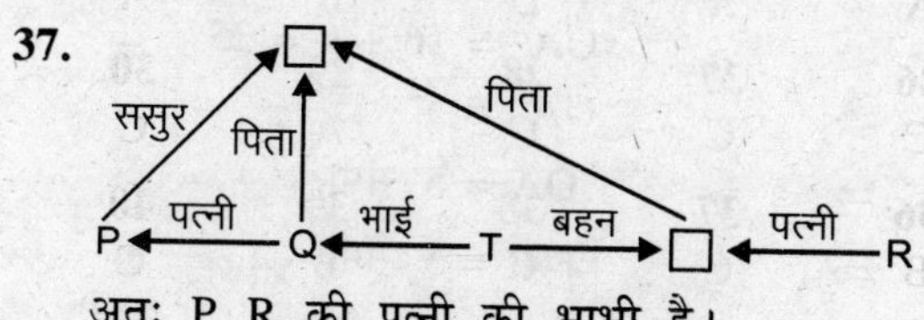

अतः P, R की पत्नी की भाभी है।

39. a _ _ gb _ _ a c e g b _ _ a c e g _ _ _

A. d f d f b c e d f

∴ a d f g b d f a c e g b b c a c e g e d f

B. c e d f d f b d f

∴ a c e g b d f a c e g b d f a c e g b d f

C. c e f b d f d f d

∴ a c e g b f b a c e g b d f a c e g d f d

D. f d f b d f c e d

∴ a f d g b f b a c e g b d f a c e g c e d

अतः विकल्प (B) को रिक्त स्थान में रखने पर श्रेणी पूर्ण हो जाएगी।

श्रेणी में खंड acegbdf की पुनरावृत्ति हो रही है।

40. $25 \times (25 + 5) = 25 \times 30 = 750$

इसी प्रकार,

$30 \times (30 + 5) = 30 \times 35 = 1050$

अतः 25 : 750 : : 30 : $\boxed{1050}$

अतः ? = 1050.

41. अंग्रेजी शब्दकोष के अनुसार, शब्दों का क्रम

Reader → Reap → Rose → Rubric → Ruminate.

44. दिया है, कूट भाषा में, SEND को 168 लिखा जाता है

⇒ SEND = (19 + 5 + 14 + 4) × 4
= 42 × 4 = 168

इसी प्रकार,

PURSE = (16 + 21 + 18 + 19 + 5) × 5
= 79 × 5 = 395

⇒ PURSE = 395

अतः उसी कूट भाषा में PURSE को 395 लिखा जाएगा।

46. दिए गए कथन के अनुसार,

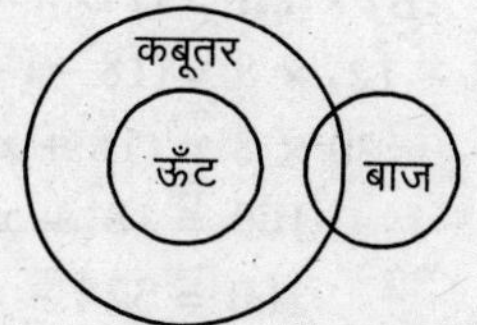

सही निष्कर्ष : III. कुछ बाज, कबूतर हैं।
IV. कुछ कबूतर, ऊँट है।

48. 2, 4, 5, 19, 71, ?

यहाँ, $(2 + 4) \times 1 - 1 = 6 - 1 = 5$

$(4 + 5) \times 2 + 1 = 18 + 1 = 19$

$(5 + 19) \times 3 - 1 = 72 - 1 = 71$

$(19 + 71) \times 4 + 1 = 360 + 1 = 361$

अतः ? = अगला पद = 361.

49. A. 8 : 104 ⇒ $\frac{104}{8} = 13$

B. 5 : 65 ⇒ $\frac{65}{5} = 13$

C. 11 : 143 ⇒ $\frac{143}{11} = 13$

D. 12 : 146 ⇒ $\frac{146}{12} = \frac{73}{6}$

अतः विकल्प (D) अन्य से भिन्न हैं।

51. दिया है,

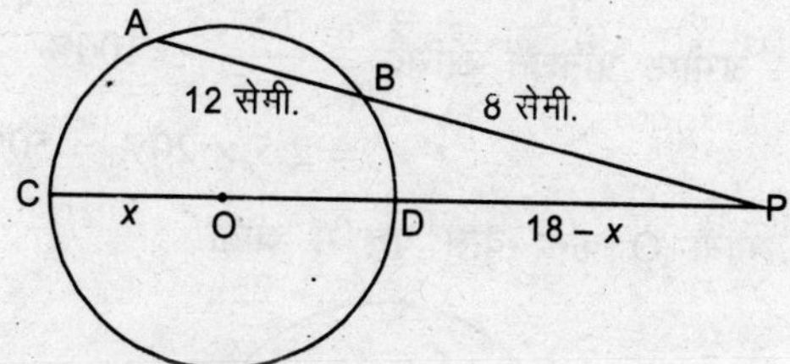

PB = 8 सेमी., AB = 12 सेमी.,

OP = 18 सेमी.

माना वृत्त की त्रिज्या,

CO = OD = x सेमी.

∵ चित्र में दिए अनुसार AB और CD वृत्त की दो जीवाएँ हैं जो कि दूसरे को आगे बढ़ाने पर बिन्दु P पर काटती हैं।

$\therefore$ $PA \times PB = PC \times PD$

$\Rightarrow (PB + AB) \times PB = (PD + CD) \times PD$

$\Rightarrow (8 + 12) \times 8 = (18 - x + 2x) \times (18 - x)$

$\Rightarrow 20 \times 8 = (18 + x)(18 - x)$

$\Rightarrow 160 = 18^2 - x^2$

$\Rightarrow 160 = 324 - x^2$

$\Rightarrow x^2 = 324 - 160$

$\Rightarrow x^2 = 164 \Rightarrow x = \sqrt{164}$

$\Rightarrow x = 12.8$ सेमी.

अतः वृत्त की त्रिज्या = 12.8 सेमी.।

53. माना अधिकतम अंक = x

तब, $x \times \frac{30}{100} + 50 = x \times \frac{45}{100} - 25$

$\Rightarrow \frac{45x}{100} - \frac{30x}{100} = 50 + 25$

$\Rightarrow \frac{45x - 30x}{100} = 75$

$\Rightarrow 15x = 7500 \Rightarrow x = 500$

अतः विमल का प्राप्तांक $= 500 \times \frac{64}{100}$

$= 5 \times 64 = 320.$

54. दिए गए ग्राफ से,

ऋण पर ब्याज के रूप में हुआ व्यय = 7.5

तथा करों पर किए गए व्यय = 5

अभीष्ट प्रतिशत अधिक $= \frac{7.5 - 5}{5} \times 100\%$

$= 2.5 \times 20\% = 50\%.$

55. माना O केन्द्र वाले वृत्त में जीवा,

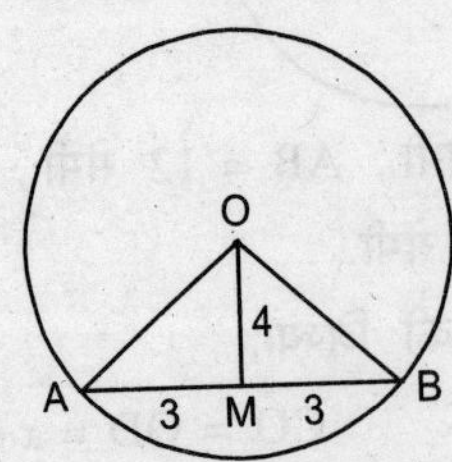

AB = 6 सेमी.

OM = 4 सेमी.

$\therefore$ AM = MB = 3 सेमी.

ΔOMA में, $OA^2 = OM^2 + MA^2$

$\Rightarrow OA^2 = 4^2 + 3^2$

$\Rightarrow OA^2 = 16 + 9 = 25$

$\Rightarrow OA^2 = 5^2$

$\Rightarrow OA = 5$ सेमी.

$\Rightarrow$ त्रिज्या = 5 सेमी.

अतः व्यास = 2 × त्रिज्या

= 2 × 5 = 10 सेमी.।

56. दिया है, समूह A के 30 व्यक्तियों का कुल वजन = 1725 किग्रा.

$\therefore$ समूह A के 30 व्यक्तियों का औसत वजन

$= \frac{1725}{30} = 57.5$ किग्रा.

समूह A के 30 व्यक्तियों का औसत वजन – B के 25 व्यक्तियों के औसत वजन = 3 किग्रा.

$\Rightarrow$ 57.5 किग्रा. – B के 25 व्यक्तियों का औसत वजन = 3 किग्रा.

$\Rightarrow$ B के 25 व्यक्तियों का औसत वजन

= 57.5 – 3 = 54.5 किग्रा.

समूह B के 25 व्यक्तियों का औसत वजन – समूह C के 20 व्यक्तियों के औसत वजन = 2.5 किग्रा.

$\Rightarrow$ 54.5 किग्रा. – समूह C के 20 व्यक्तियों के औसत वजन = 2.5 किग्रा.

$\Rightarrow$ समूह C के 20 व्यक्तियों के औसत वजन

= 54.5 – 2.5 = 52 किग्रा.

$\Rightarrow$ समूह C के 20 व्यक्तियों का कुल वजन

= 20 × 52 = 1040 किग्रा.

अतः समूह A और समूह C के व्यक्तियों का कुल औसत वजन

$= \frac{1725 + 1040}{30 + 20} = \frac{2765}{50}$

= 55.3 किग्रा.।

58. $\because$ चक्रवृद्धि ब्याज = $P\left(1+\frac{r}{100}\right)^n - P$

$\therefore$ ₹ 4965 = ₹ 15000 $\left[\left(1+\frac{r}{100}\right)^3 - 1\right]$

$\Rightarrow \frac{4965}{15000} = \left(1+\frac{r}{100}\right)^3 - 1$

$\Rightarrow \frac{331}{1000} = \left(1+\frac{r}{100}\right)^3 - 1$

$\Rightarrow \frac{331}{1000}+1 = \left(1+\frac{r}{100}\right)^3$

$\Rightarrow \frac{1331}{1000} = \left(1+\frac{r}{100}\right)^3$

$\Rightarrow \left(\frac{11}{10}\right)^3 = \left(1+\frac{r}{100}\right)^3$

$\frac{11}{10} = 1+\frac{r}{100}$

$\Rightarrow \frac{r}{100} = \frac{11}{10}-1$

$\Rightarrow \frac{r}{100} = \frac{1}{10}$

$\Rightarrow r = 10\%$

अब, P = मूलधन = ₹ 10000

$t = 3$ वर्ष

$r = 10\%$

अतः साधारण ब्याज = $\frac{P \times r \times t}{100}$

$= \frac{10000 \times 10 \times 3}{100}$

= ₹ 3000.

59. सूची मूल्य $\times \frac{100-30}{100} \times \frac{100-16}{100}$ = विक्रय मूल्य

$\Rightarrow$ सूची मूल्य $\times \frac{70}{100} \times \frac{84}{100} = 1176$

$\Rightarrow$ सूची मूल्य $\times \frac{7}{10} \times \frac{21}{25} = 1176$

$\Rightarrow$ सूची मूल्य $= 1176 \times \frac{10 \times 25}{7 \times 21}$

$= \frac{168 \times 10 \times 25}{21}$

$= 8 \times 10 \times 25 = 2000$

$\Rightarrow$ सूची मूल्य = ₹ 2000

अतः वस्तु के सूची मूल्य और विक्रय मूल्य के बीच का अंतर = ₹ 2000 − ₹ 1176 = ₹ 824.

61. (A + B) का 8 दिन का कार्य

$= 8\left(\frac{1}{24}+\frac{1}{40}\right)$

$= 8\left(\frac{5+3}{120}\right) = \frac{8}{15}$

शेष कार्य $= 1-\frac{8}{15} = \frac{7}{15}$

$\because$ 14 दिन में C शेष कार्य $\frac{7}{15}$ करता है

$\therefore$ 1 दिन में C $\frac{7}{15} \times \frac{1}{14} = \frac{1}{30}$ कार्य करता है

$\therefore$ (A + C) का 1 दिन का कार्य

$= \frac{1}{24}+\frac{1}{30} = \frac{5+4}{120} = \frac{9}{120} = \frac{3}{40}$

अतः (A + C), समान कार्य का 75%

$= \frac{3}{4}$ भाग $= \frac{3/4}{3/40}$

$= \frac{3}{4} \times \frac{40}{3} = 10$ दिन में पूरा करेंगे।

62. दिया है :

$x^4 + y^4 + x^2y^2 = 117$ ...(*i*)

और $x^2 + y^2 - xy = 3\left(4+\sqrt{3}\right)$ ...(*ii*)

$\because x^4 + y^4 + x^2y^2 = 117$

$\therefore (x^2 + y^2)^2 - x^2y^2 = 117$

$\Rightarrow (x^2 + y^2 - xy)(x^2 + y^2 + xy) = 117$

$\Rightarrow 3\left(4+\sqrt{3}\right)(x^2 + y^2 + xy) = 117$

$\Rightarrow x^2 + y^2 + xy = \frac{117}{3\left(4+\sqrt{3}\right)}$ ...(*iii*)

(*ii*) और (*iii*) को जोड़ने पर,

$$2(x^2 + y^2) = 3\left(4+\sqrt{3}\right)+\frac{117}{3\left(4+\sqrt{3}\right)}$$

$$= \frac{9\left(4+\sqrt{3}\right)^2+117}{3\left(4+\sqrt{3}\right)}$$

$$= \frac{3\left(4+\sqrt{3}\right)^2+39}{4+\sqrt{3}}$$

$$= \frac{3\left(16+3+8\sqrt{3}\right)+39}{4+\sqrt{3}}$$

$$= \frac{57+24\sqrt{3}+39}{4+\sqrt{3}}$$

$$= \frac{96+24\sqrt{3}}{4+\sqrt{3}}$$

$$\Rightarrow \quad 2(x^2 + y^2) = \frac{24\left(4+\sqrt{3}\right)}{\left(4+\sqrt{3}\right)} = 24$$

$$\Rightarrow \quad x^2 + y^2 = 12.$$

63. दिए गए रेखा आरेख से,

कुल उत्पादन = 600 + 628 + 750 + 500 + 570
= 3048

कुल बिक्री = 450 + 525 + 500 + 400 + 516
= 2391

अतः $3048 \times \frac{x}{100} = 2391$

$$\Rightarrow \quad x = \frac{239100}{3048}\%$$

$$\Rightarrow \quad x = 78.44\%$$

अतः अभीष्ट प्रतिशत = 78.44%.

64. दिए गए आरेख से,

2014 और 2017 में हुए कुल निर्यात
= 300 + 420 = 720

और 2015 और 2018 में हुए कुल आयात
= 390 + 450 = 840

अतः अभीष्ट अनुपात $= \frac{720}{840} = \frac{6}{7}$
= 6 : 7.

65. दिया है, Δ ABC में, ऊँचाई = AD = 9 सेमी.

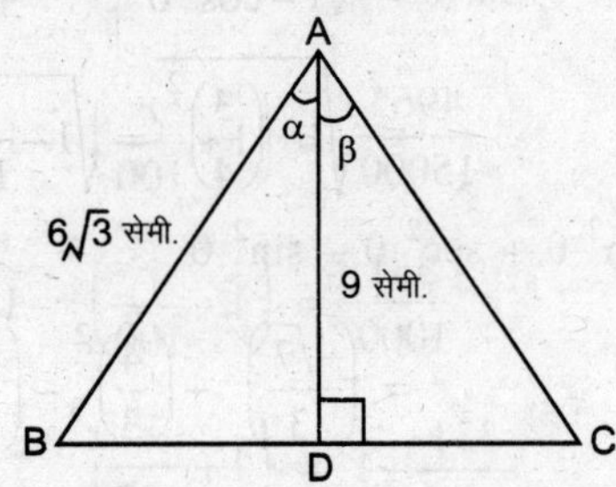

AB = $6\sqrt{3}$ सेमी., CD = $3\sqrt{3}$ सेमी.

Δ CDA में, $\tan\beta = \frac{CD}{DA}$

$$\Rightarrow \quad \tan\beta = \frac{3\sqrt{3}}{9} = \frac{\sqrt{3}}{3} = \frac{1}{\sqrt{3}}$$

$$\Rightarrow \quad \tan\beta = \frac{1}{\sqrt{3}}$$

$$\Rightarrow \quad \beta = 30°$$

और Δ BDA में,

$$\cos\alpha = \frac{DA}{BA}$$

$$\Rightarrow \quad \cos\alpha = \frac{9}{6\sqrt{3}} = \frac{3}{2\sqrt{3}} = \frac{\sqrt{3}}{2}$$

$$\Rightarrow \quad \cos\alpha = \frac{\sqrt{3}}{2}$$

$$\Rightarrow \quad \alpha = 30°$$

अतः $\angle A = \angle\alpha + \angle\beta$
$= 30° + 30°$

$$\Rightarrow \quad \angle A = 60°.$$

66. दिया है, $8\sin^2\theta + 2\cos\theta = 5$

$$\Rightarrow \quad 8(1 - \cos^2\theta) + 2\cos\theta = 5$$

$$\Rightarrow \quad 8 - 8\cos^2\theta + 2\cos\theta = 5$$

$$\Rightarrow \quad 8\cos^2\theta - 2\cos\theta - 3 = 0$$

$$\Rightarrow \quad 8\cos^2\theta - 6\cos\theta + 4\cos\theta - 3 = 0$$

$$\Rightarrow \quad 2\cos\theta(4\cos\theta - 3) + 1(4\cos\theta - 3) = 0$$

$$\Rightarrow \quad (4\cos\theta - 3)(2\cos\theta + 1) = 0$$

$\Rightarrow 4\cos\theta - 3 = 0$ और $2\cos\theta + 1 = 0$

$\Rightarrow \quad \cos\theta = \frac{3}{4}$ और $\cos\theta = \frac{-1}{2}$

$\therefore \quad \sin\theta = \sqrt{1-\cos^2\theta}$

$= \sqrt{1-\left(\frac{3}{4}\right)^2} = \sqrt{1-\frac{9}{16}} = \frac{\sqrt{7}}{4}$

$\therefore \tan^2\theta + \sec^2\theta - \sin^2\theta$

$= \left(\frac{\sqrt{7}}{3}\right)^2 + \left(\frac{4}{3}\right)^2 - \left(\frac{\sqrt{7}}{4}\right)^2$

$= \frac{7}{9} + \frac{16}{9} - \frac{7}{16} = \frac{23}{9} - \frac{7}{16}$

$= \frac{368-63}{144} = \frac{305}{144}.$

67. माना ABCD एक समचतुर्भुज है, जिसमें एक विकर्ण BD = $8\sqrt{3}$ सेमी. तथा दूसरा विकर्ण, AC = x

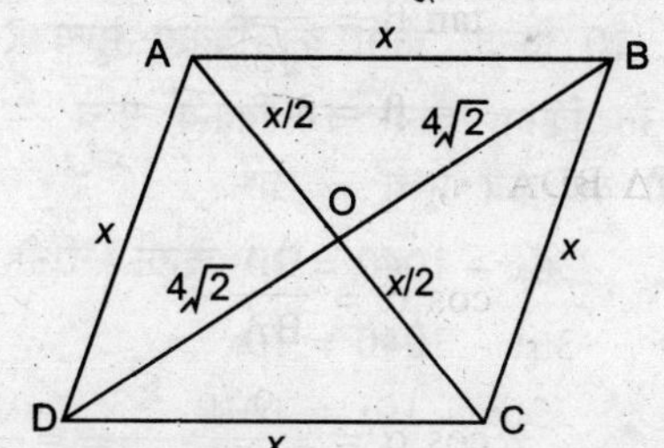

भुजा AB = BC = CD = AD = x सेमी.
(दूसरा विकर्ण = भुजा)
अब समकोण त्रिभुज AOB में,

$AO^2 + OB^2 = AB^2$

$\Rightarrow \left(\frac{x}{2}\right)^2 + \left(4\sqrt{3}\right)^2 = x^2$

$\Rightarrow \quad x^2 - \frac{x^2}{4} = 48$

$\Rightarrow \quad \frac{3x^2}{4} = 48$

$\Rightarrow \quad x^2 = \frac{48\times 4}{3} = 64 = 8^2$

$\Rightarrow \quad x^2 = 8^2 \Rightarrow x = 8$ सेमी.

$\therefore$ दूसरा विकर्ण = AC = x = 8 सेमी.

अतः समचतुर्भुज का क्षेत्रफल

$= \frac{1}{2} \times$ विकर्णों का गुणनफल

$= \frac{1}{2} \times 8\sqrt{3} \times 8$

$= 32\sqrt{3}$ सेमी.^{2}।

70. $(2x-3y)^3 - 18xy(2x-3y)$
$= 8x^3 - 3.4x^2 . 3y + 3.2x . 9y^2 - 27y^3 - 36x^2y + 54xy^2$
$= 8x^3 - 36x^2y + 54xy^2 - 27y^3 - 36x^2y + 54xy^2$
$= 8x^3 - 72x^2y + 108xy^2 - 27y^3.$

71. माना धनराशि = ₹ x

तब, B का हिस्सा = ₹ 15000

$\Rightarrow \quad x \times \frac{3}{2+3+7} = 15000$

$\Rightarrow \quad x \times \frac{3}{12} = 15000$

$\Rightarrow \quad x \times \frac{1}{4} = 15000$

$\Rightarrow \quad x = 60000$

और C का हिस्सा = $x \times \frac{7}{2+3+7}$

$= 60000 \times \frac{7}{12}$

$= 5000 \times 7 = 35000$

अतः B और C के हिस्सों में अंतर

= ₹ 35,000 – ₹ 15,000
= ₹ 20,000.

72. $\left(2\frac{1}{2} \div 1\frac{7}{8}\right) \div \left(9\frac{4}{9} \div 11\frac{1}{3} \text{ of } \frac{1}{8}\right) \text{ of } \frac{4}{3} \times 5\frac{1}{3} - \frac{9}{8} \div \frac{3}{4}$

$= \left(\frac{5}{2} \div \frac{15}{8}\right) \div \left(\frac{85}{9} \div \frac{34}{8} \text{ of } \frac{1}{8}\right) \text{ of } \frac{4}{3} \times \frac{16}{3} - \frac{9}{8} \times \frac{4}{3}$

$= \left(\frac{5}{2} \times \frac{8}{15}\right) \div \left(\frac{85}{9} \div \frac{34}{24}\right) \text{ of } \frac{4}{3} \times \frac{16}{3} - \frac{3}{2}$

$= \frac{4}{3} \div \left(\frac{85}{9} \times \frac{24}{34}\right) \text{of} \frac{4}{3} \times \frac{16}{3} - \frac{3}{2}$

$= \frac{4}{3} \div \left(\frac{5}{3} \times \frac{8}{2}\right) \text{of} \frac{4}{3} \times \frac{16}{3} - \frac{3}{2}$

$= \frac{4}{3} \div \frac{20}{3} \text{of} \frac{4}{3} \times \frac{16}{3} - \frac{3}{2}$

$= \frac{4}{3} \div \frac{80}{9} \times \frac{16}{3} - \frac{3}{2}$

$= \frac{4}{3} \times \frac{9}{80} \times \frac{16}{3} - \frac{3}{2}$

$= \frac{4}{5} - \frac{3}{2} = \frac{8-15}{10} = \frac{-7}{10}.$

73. दिया है, $\quad \text{cosec}\,\theta = \frac{\sqrt{5}}{2}$

$\therefore \quad \sin\theta = \frac{2}{\sqrt{5}}$

$\therefore \quad \cos\theta = \sqrt{1-\sin^2\theta}$

$= \sqrt{1-\frac{4}{5}} = \frac{1}{\sqrt{5}}$

$\therefore \quad \sec\theta = \sqrt{5}$

$\tan\theta = \frac{\sin\theta}{\cos\theta} = \frac{2/\sqrt{5}}{1/\sqrt{5}}$

$\Rightarrow \quad \tan\theta = 2$

$\therefore \quad \cot\theta = \frac{1}{2}$

अब, $\sec\theta + \tan\theta - \cot\theta \sin\theta$

$= \sqrt{5} + 2 - \frac{1}{2} \times \frac{2}{\sqrt{5}}$

$= \sqrt{5} + 2 - \frac{1}{\sqrt{5}}$

$= 2 + \sqrt{5} - \frac{1}{\sqrt{5}}$

$= 2 + \frac{5-1}{\sqrt{5}}$

$= 2 + \frac{4}{\sqrt{5}} \times \frac{\sqrt{5}}{\sqrt{5}}$

$= 2 + \frac{4\sqrt{5}}{5}.$

74. $\text{औसत चाल} = \frac{\text{कुल दूरी}}{\text{कुल समय}}$

$= \frac{48+52}{\frac{48}{40}+\frac{52}{65}} = \frac{100}{\frac{6}{5}+\frac{4}{5}} = \frac{100}{\frac{10}{5}}$

$= \frac{100}{10} \times 5 = 50.$

75. माना 1 किग्रा. चीनी का विक्रय मूल्य ₹ x है

तब, 10 किग्रा. चीनी का विक्रय मूल्य ₹ $10x$ है

$\because$ 36 किग्रा. चीनी का विक्रय मूल्य – 36 किग्रा. चीनी का क्रय मूल्य = लाभ

$\therefore \quad 36x - 1040 = 10$ किग्रा. चीनी का वि.मू.

$\Rightarrow \quad 36x - 1040 = 10x$

$\Rightarrow \quad 36x - 10x = 1040$

$\Rightarrow \quad 26x = 1040$

$\Rightarrow \quad x = \frac{1040}{26} = \frac{80}{4} = 40$

$\Rightarrow \quad x = ₹\ 40$

अतः 5 किग्रा. चीनी का विक्रय मूल्य

$= 5x$

$= ₹\ 5 \times 40$

$= ₹\ 200.$

पिछले प्रश्न-पत्र (हल सहित)

SSC-संयुक्त हायर सेकेन्डरी स्तर–CHSL (10+2) Tier–1, ऑनलाइन भर्ती परीक्षा–2019*

1. Select the most appropriate synonym of the given word:

Fraudulent

A. Prevalent B. Deceitful
C. Genuine D. Repellent

2. Select the word which means the same as the group of words given:

Satisfied, with no desire to change or improve

A. Adolescent B. Beneficent
C. Innocent D. Complacent

3. Select the most appropriate meaning of the given idiom:

Sleep on it

A. To make a wrong decision
B. To wait before making a decision
C. To prefer to sleep than take action
D. To make a decision immediately

4. Select the most appropriate word(s) to fill in the blank:

My family is my priority but there were times when I had to ______ because of work pressures.

A. sit in B. look into
C. pull away D. put off

Directions (Qs. No. 5 to 9): *In the following passage some words have been deleted. Fill in the blanks with the help of the alternatives given. Select the most appropriate option for each blank.*

One day Willy stumbled upon a novel in a __(1)__ bookshop—a Perry Mason book written by Erle Stanley Gardner. He __(2)__ the book simply because the title of the book cover looked __(3)__. Although it was an unabridged book Willy was able __(4)__ it with sufficient comprehension. This was partly because the novel contained __(5)__ written in simple, conversational language.

5. Select the most appropriate option for blank No. 1.

A. localize B. locals
C. local D. location

6. Select the most appropriate option for blank No. 2.

A. picked in B. picked up
C. picked at D. picked on

7. Select the most appropriate option for blank No. 3.

A. attract B. attracted
C. attraction D. attractive

8. Select the most appropriate option for blank No. 4.

A. to reading B. read
C. reading D. to read

9. Select the most appropriate option for blank No.5.

A. monologues B. epilogue
C. dialogues D. prologue

10. In the sentence identify the segment which contains the grammatical error.

According to a recent study, drinking green tea thrice a week is associated with a longest and healthy life.

A. is associated with
B. According to a recent study
C. a longest and healthy life
D. drinking green tea thrice a week

11. Select the most appropriate meaning of the given idiom:

Keep your shirt on

A. To keep busy B. To work hard
C. To remain cool D. To celebrate

---

* *Online exam held on 21/10/2020.*

12. In the sentence identify the segment which contains the grammatical error.

People with full time sedentary jobs who commuting long distances, may have sleep problems due to lack of exercise.

A. may have sleep problems
B. due to lack of exercise
C. People with full time sedentary jobs
D. who commuting long distances

13. Select the most appropriate antonym of the given word:

BUOYANT

A. Cheerful B. Gloomy
C. Bouncy D. Neutral

14. Select the wrongly spelt word.

A. Courteous B. Circueteous
C. Delicious D. Momentous

15. Given below are four jumbled sentences. Pick the option that gives their correct order.

(*a*) Since then, Pathak has performed in several plays and films.
(*b*) While studying there, he saw 'Equus,' a play that changed his life forever.
(*c*) Vinay Pathak was pursuing MBA in New York.
(*d*) He decided to change tracks and study drama.

A. (*c*), (*b*), (*d*), (*a*) B. (*b*), (*a*), (*c*), (*d*)
C. (*c*), (*a*), (*d*), (*b*) D. (*d*), (*c*), (*a*), (*b*)

16. Given below are four jumbled sentences. Pick the option that gives their correct order.

(*a*) It is played by turning around while reciting a rhyme.
(*b*) The circling motion is like that of a Sufi dervish.
(*c*) Fahim Irshad has made a film called 'Aani Maani'.
(*d*) The movie title is based on a game popular among little children in Uttar Pradesh.

A. (*a*), (*c*), (*d*), (*b*) B. (*c*), (*d*), (*a*), (*b*)
C. (*c*), (*b*), (*a*), (*d*) D. (*b*), (*d*), (*c*), (*a*)

17. Select the most appropriate antonym of the given word:

CAUSTIC

A. Sarcastic B. Scary
C. Bitter D. Kind

18. Select the word which means the same as the group of words given:

To make perfect or complete

A. Attainment B. Complement
C. Impediment D. Deportment

19. Select the most appropriate word to fill in the blank.

Shivangini, the 12 year old archer who ______ an injury has been successfully operated by a team of doctors at A.I.I.M.S.

A. maintained B. sustained
C. ordained D. pertained

20. Select the correct Indirect form of the given sentence.

"It is a fact that kids model parental behaviour," said the researcher.

A. The researcher said that it is a fact that kids model parental behaviour.
B. The researcher says that it is a fact that kids model parental behaviour.
C. The researcher has said that it is a fact that kids have modeled parental behaviour.
D. The researcher has been saying that kids model parental behaviour.

21. Select the most appropriate synonym of the given word:

Indomitable

A. Justifiable B. Accessible
C. Changeable D. Invincible

22. Select the wrongly spelt word.

A. Different B. Transparent
C. Irreverent D. Deterent

23. Select the most appropriate option to substitute the underlined segment in the given sentence. If there is no need to substitute it, select No improvement.

I like the place <u>which</u> I live but it would be wonderful to live in the mountains.

A. No Improvement B. who
C. where D. when

24. Select the correct passive form of the given sentence.

Dr. Verma advised patients to try out a new medicine for migraine.

A. Patients have been advised to try out a new medicine for migraine by Dr. Verma.
B. The old patients had been advised to try out a new medicine for migraine by Dr. Verma.
C. Patients were advised to try out a new medicine for migraine by Dr. Verma.
D. The patients were being advised to try out a new medicine for migraine by Dr. Verma.

25. Select the most appropriate option to substitute the underlined segment in the given sentence. If there is no need to substitute it, select No improvement.

The film by itself was good but <u>the bit long</u> than I had expected.

A. the bit longer B. No Improvement
C. a bit longer D. a bit long

26. दिए गए चार शब्दों में से तीन किसी न किसी प्रकार संगत हैं और एक असंगत है। उस असंगत शब्द का चयन करें।

A. फारेनहाइट B. केल्विन
C. सेल्सियस D. पास्कल

27. नीचे दी गई आकृति में आयतों की संख्या बताएं।

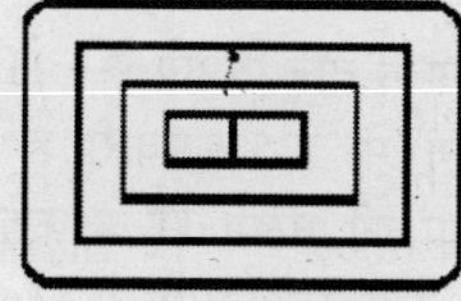

A. 5 B. 3
C. 6 D. 4

28. दिए गए पैटर्न का ध्यानपूर्वक अध्यन करें और उस संख्या का चयन करें जो इसमें प्रश्न चिन्ह (?) के स्थान पर रखी जा सकती है।

2	10	18
3	30	84
4	68	?

A. 512 B. 264
C. 260 D. 256

29. दिए गए चार अक्षर-समूहों में से तीन किसी न किसी प्रकार संगत हैं और एक असंगत है। उस असंगत अक्षर-समूह का चयन करें।

A. DHLN B. EIMQ
C. BFJN D. CGKO

30. उस संख्या का चयन करें जिसे निम्नलिखित श्रेणी में प्रश्न चिन्ह (?) के स्थान पर रखा जा सकता है।

0, 2, 10, 30, ?, 130, 222

A. 72 B. 64
C. 68 D. 60

31. दिए गए पैटर्न का ध्यानपूर्वक अध्ययन करें और उस संख्या का चयन करें जो इसमें प्रश्न-चिन्ह (?) के स्थान पर रखी जा सकती है।

9	12	48
17	20	80
33	36	?

A. 118 B. 110
C. 144 D. 120

32. उन अक्षरों का चयन करें जो निम्नलिखित श्रेणी में आए प्रश्न-चिन्हों (?) के स्थान पर क्रमशः आएँगे।

AG, GL, MQ, S?, ?A

A. T और Y B. V और Z
C. V और Y D. U और Y

33. दिए गए कथनों और निष्कर्षों को ध्यान से पढ़ें। यह मानते हुए कि कथनों में दी गई जानकारी सही है, भले ही वह आमतौर पर स्थापित तथ्यों से भिन्न दिखाई देती है, तय कीजिए कि कौन-सा/से निष्कर्ष तर्कसंगत रूप से इन कथनों का अनुसरण करता/करते है/हैं।

कथनः

I. सभी कीबोर्ड माउस हैं।
II. कुछ माउस प्रिंटर हैं।

निष्कर्षः

1. कोई प्रिंटर कीबोर्ड नहीं है।
2. कुछ प्रिंटर माउस हैं।
3. सभी प्रिंटर माउस हैं।
4. कोई कीबोर्ड प्रिंटर नहीं है।

A. केवल निष्कर्ष 3 अनुसरण करता है।
B. केवल निष्कर्ष 2 अनुसरण करता है।

C. केवल निष्कर्ष 1 अनुसरण करता है।
D. केवल निष्कर्ष 4 अनुसरण करता है।

34. नीचे चार शब्द दिए गए हैं, जिनमें से तीन किसी न किसी प्रकार संगत हैं और एक असंगत है। उस असंगत शब्द का चयन करें।

A. आलू B. गाजर
C. मूली D. मटर

35. उस सही विकल्प का चयन करें जो निम्नलिखित शब्दों को एक तार्किक और अर्थपूर्ण क्रम में व्यवस्थित करता है।

1. गेहूँ का पौधा 2. रोटी
3. बीज 4. आटा

A. 3, 1, 4, 2 B. 2, 1, 3, 4
C. 1, 2, 4, 3 D. 1, 3, 4, 2

36. एक ही पासे की तीन अलग-अलग स्थितियाँ दर्शाई गई हैं। उस अक्षर का चयन करें जो 'f' वाले फलक के विपरीत फलक पर होगा।

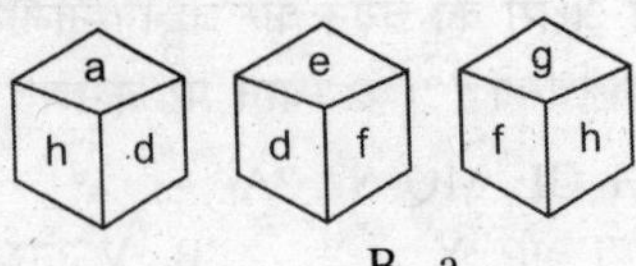

A. d B. a
C. g D. h

37. जय, उस गीतांजली के पति हैं जो दीपाली की बहन हैं। दीपाली, विजय की पुत्री है। सरिता, रोहित की सास हैं। हरीश चंदर, जय के पिता है और सरिता, विजय की पत्नी हैं। विजय और सरिता की केवल दो पुत्रियाँ हैं। रोहित का विजय से क्या संबंध है?

A. भाई B. पिता
C. पुत्र D. दामाद

38. निम्नलिखित समीकरण को संतुलित करने के लिए किन दो चिन्हों को आपस में बदलना होगा?

$5 \times 4 + 12 - 3 \div 6 = 18$

A. + और − B. ÷ और ×
C. × और + D. ÷ और −

39. चार संख्या-युग्म दिए गए हैं जिनमें से तीन किसी न किसी प्रकार संगत हैं और एक असंगत है। उस असंगत संख्या-युग्म का चयन करें।

A. 182 : 13 B. 156 : 12
C. 309 : 17 D. 132 : 11

40. उस विकल्प का चयन करें जिसका तीसरी संख्या से वही संबंध है जो दूसरी संख्या का पहली संख्या से है।

6 : 252 :: 5 : ?

A. 100 B. 25
C. 150 D. 125

41. उस विकल्प का चयन करें जो दिए गए चित्र में अंतर्निहित है।
(घुमाने की अनुमति नहीं)

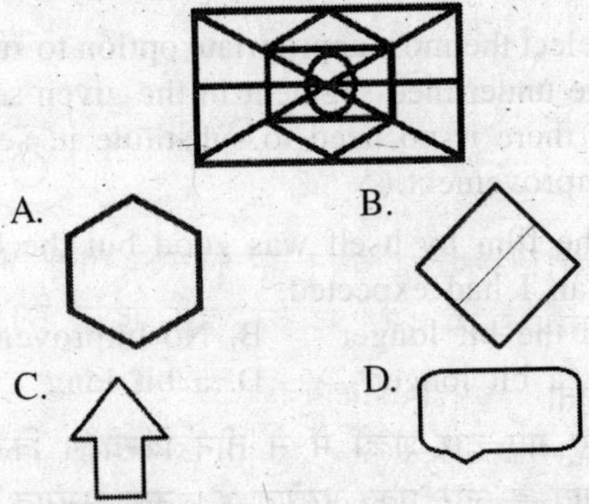

42. निम्नलिखित श्रेणी में अगले क्रम पर आने वाले पद का चयन करें।

EB, HC, KD, NE, QF, ?

A. VH B. SG
C. UH D. TG

43. एक कंपनी में तीन विभाग हैं– IT, HR और हेल्पडेस्क। IT विभाग में 125 कर्मचारी हैं और HR विभाग में कर्मचारियों की संख्या IT के कुल कर्मचारियों का 1/5 भाग है। हेल्पडेस्क विभाग में IT और HR से काम कर रहे कुल कर्मचारियों से 20 कर्मचारी कम हैं। तीनों विभागों में काम करने वाले कर्मचारियों की कुल संख्या क्या है?

A. 150 B. 170
C. 280 D. 180

44. दी गई आकृति की उस सही दर्पण-छवि का चुनाव करें जो आकृति के दाईं ओर दर्पण रखे जाने पर बनेगी?

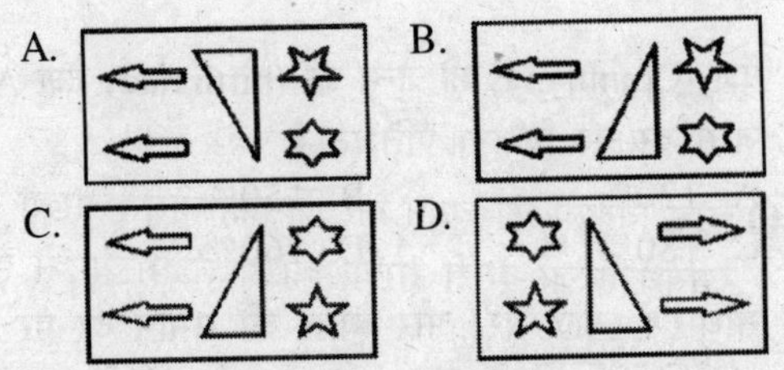

45. उस वेन आरेख का चयन करें जो दिए गए वर्गों के बीच संबंधों को सर्वोत्तम ढंग से दर्शाता है।

देवनागरी, हिंदी, संस्कृत

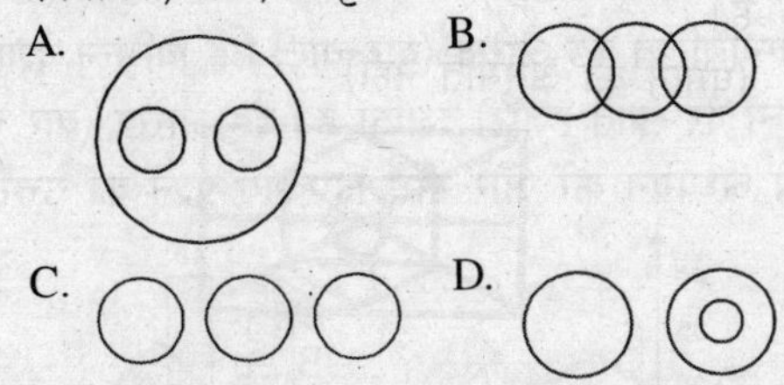

46. उस विकल्प का चयन करें जिसका तीसरे पद से वही सबंध है जो दूसरे पद का पहले पद से है।

जूता : चमड़ा :: कागज : ?

A. मुद्रक
B. प्लास्टिक
C. पुस्तक
D. लकड़ी

47. दी गई आकृतियों में कागज को मोड़ने और मोड़े गए कागज को काटने का तरीका दर्शाया गया है। कागज को खोलने पर यह कैसा दिखाई देगा?

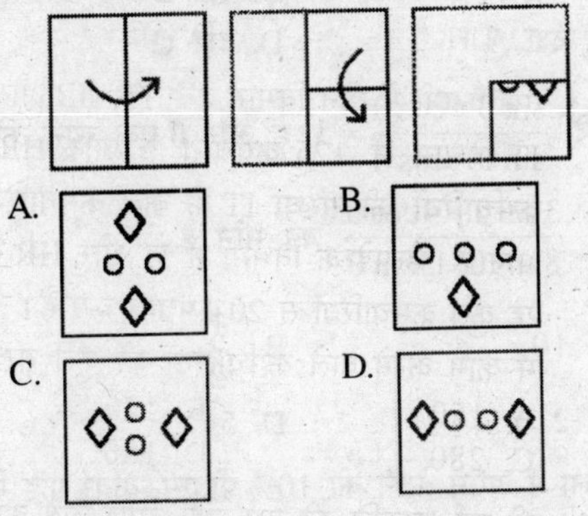

48. उस संख्या का चयन करें जो निम्नलिखित श्रेणी में अगले क्रम पर आएगी।

386, 401, 417, 434, ?

A. 552
B. 452
C. 351
D. 451

49. उस पद का चयन करें जिसे निम्नलिखित श्रेणी में प्रश्न-चिन्ह (?) के स्थान पर रखा जा सकता है।

BK, FJ, JI, NH, ?, VF

A. RE
B. SE
C. SG
D. RG

50. उस विकल्प-आकृति का चयन करें जो दी गई आकृति-शृंखला में रिक्त स्थान पर रखने पर उसे पूरा करेगी।

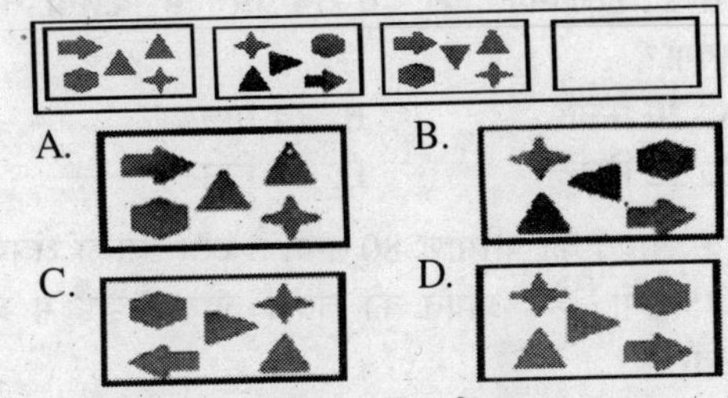

51. A, किसी काम को 15 दिन में पूरा कर सकता है और B उसी काम को 10 दिन में पूरा कर सकता है। यदि वे 4 दिन तक एक साथ मिलकर काम करते हैं, तो काम का कितना भाग बचा हुआ है?

A. $\frac{3}{4}$
B. $\frac{2}{3}$
C. $\frac{1}{4}$
D. $\frac{1}{3}$

52. $\dfrac{\frac{1}{5} \div \frac{1}{5} \times \frac{1}{5}}{\frac{1}{5} \text{ का } \frac{1}{5} \div \frac{1}{5}} - 4\frac{1}{5} \div 105$ का मान निम्नलिखित में से कितना होगा?

A. 2
B. 0
C. 5
D. 10

53. यदि 8-अंकीय संख्या 4432A43B, 9 और 5 से विभाज्य है, तो A और B का योग है :

A. 7
B. 5
C. 8
D. 12

54. एक पुस्तक के अंकित मूल्य पर 30% की छूट मिलने से अरुण को ₹ 60 मूल्य का एक पेन मुफ्त मिलता है। पुस्तक के लिए अरुण ने कितना भुगतान किया?

A. ₹ 140
B. ₹ 130
C. ₹ 160
D. ₹ 150

55. A और B की वर्तमान आयु में 1 : 3 का अनुपात है। 10 वर्ष के बाद, उनकी आयु में 2 : 5 का अनुपात होगा। B की वर्तमान आयु है :

A. 80 वर्ष B. 85 वर्ष
C. 70 वर्ष D. 90 वर्ष

56. एक ट्रेन 12 मिनट में 12 किलोमीटर की दूरी तय करती है। यदि इसकी गति 5 किलोमीटर/घंटा कम हो जाए, तो इसे 22 किलोमीटर की दूरी तय करने में कितना समय लगेगा?

A. 20 मिनट B. 24 मिनट
C. 22 मिनट D. 18 मिनट

57. एक आयत का परिमाण 80 सेमी. है और इसका क्षेत्रफल 375 सेमी.^{2} है। आयत की लंबाई और चौड़ाई में क्या अंतर है?

A. 12 सेमी. B. 10 सेमी.
C. 16 सेमी. D. 20 सेमी.

58. यदि $x\left(5-\frac{2}{x}\right)=\frac{5}{x}$ है, तो $x^2+\frac{1}{x^2}$ का मान है :

A. $2\frac{3}{25}$ B. $\frac{4}{25}$
C. $2\frac{4}{25}$ D. $2\frac{1}{25}$

59. यदि $a^2+\frac{1}{a^2}=98, a>0$ है, तो $a^3+\frac{1}{a^3}$ का मान है :

A. 950 B. 960
C. 870 D. 970

60. निम्नलिखित दंड आरेख (बार चार्ट) छह विभिन्न देशों की जन्म दर (प्रति हजार) दर्शाता है। दंड आरेख (बार चार्ट) का अध्ययन करें और नीचे दिए गए प्रश्न का उत्तर दें।

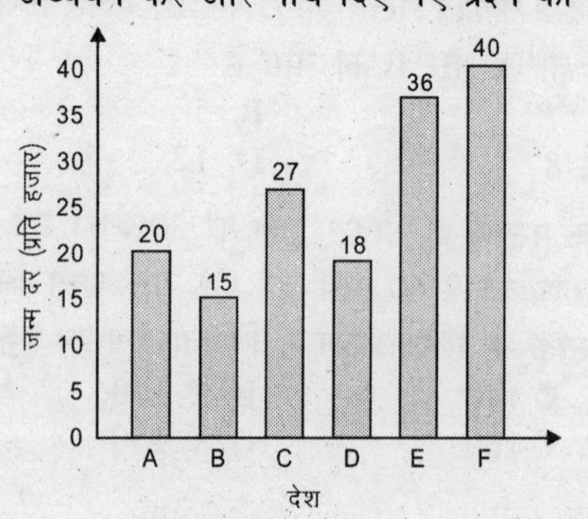

देश (Country) E की जन्म दर (birth rate), देश A की जन्म दर का कितना प्रतिशत है?

A. 120% B. 150%
C. 180% D. 160%

61. साधारण ब्याज पर, और ब्याज की समान दर पर एक धनराशि 5 वर्षों में ₹ 7,500 और 7 वर्षों में ₹ 8,500 हो जाती है। ब्याज की वार्षिक दर है :

A. 9% B. 12%
C. 8% D. 10%

62. निम्नलिखित दंड आरेख (बार चार्ट) छह विभिन्न देशों की जन्म दर (प्रति हजार) दर्शाता है। दंड आरेख (बार चार्ट) का अध्ययन करें और नीचे दिए गए प्रश्न का उत्तर दें।

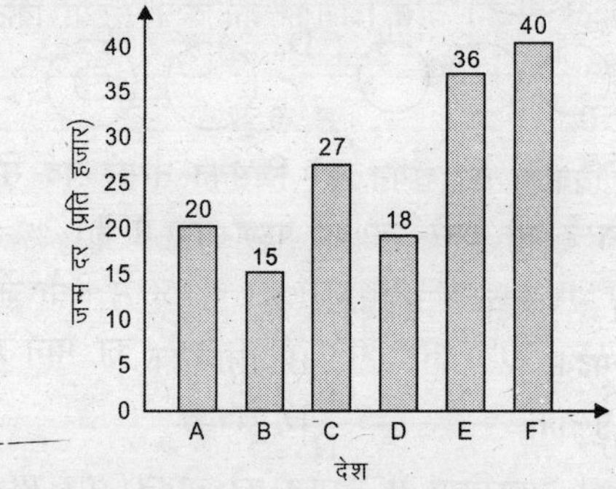

किस देश की जन्म दर (birth rate) देश (Country) D की तुलना से ठीक 50% अधिक है?

A. देश F B. देश E
C. देश A D. देश C

63. यदि $\frac{\sin\theta+\cos\theta}{\sin\theta-\cos\theta}=3$ है और θ एक न्यून कोण है, तो $\frac{3\sin\theta+4\cos\theta}{8\cos\theta-3\sin\theta}$ का मान है :

A. 10 B. $\frac{1}{2}$
C. 2 D. 5

64. बाला ने अपने वेतन का 10% पी.एम. केयर फंड में दान देने का निर्णय लिया। जिस दिन दान देना था उसने उस दिन अपना विचार बदल दिया और ₹ 1,800 का दान दिया, जो कि उसके द्वारा पहले तय की गई दान राशि का 60% था। उसका वेतन कितना है?

A. ₹ 36,000 B. ₹ 40,000
C. ₹ 32,000 D. ₹ 30,000

65. निम्न पाई-चार्ट छह अलग-अलग विषयों को पढ़ाने वाले शिक्षकों के प्रतिशत के अनुसार वितरण को दर्शाता है। पाई-चार्ट का अध्ययन करें और प्रश्न का उत्तर दें।

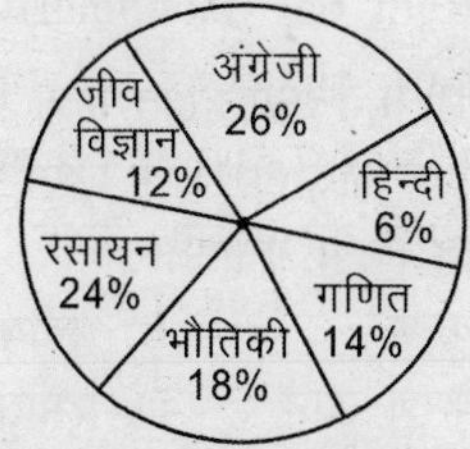

शिक्षकों की कुल संख्या = 1650

अंग्रेजी (English), गणित (Maths) और भौतिकी (Physics) पढ़ाने वाले शिक्षकों की कुल संख्या कितनी है?

A. 950 B. 957
C. 857 D. 975

66. जब किसी वस्तु को ₹ 720 में बेचा जाता है तो $x\%$ लाभ प्राप्त होता है। जब उसी वस्तु को ₹ 750 में बेचा जाता है तो $(x-5)\%$ लाभ प्राप्त होता है। x का मान है :

A. 15 B. 18
C. 20 D. 25

67. आकृति में TB एक जीवा है जो वृत्त के केन्द्र O से गुजरती है। वृत्त के बिंदु T पर PT एक स्पर्श रेखा है। यदि PT = 10 सेमी., PA = 5 सेमी. और AB = x सेमी. है, तो वृत्त की त्रिज्या है :

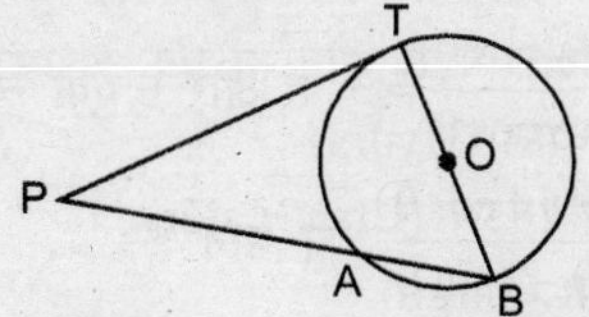

A. $5\sqrt{3}$ सेमी. B. $6\sqrt{5}$ सेमी.
C. $10\sqrt{3}$ सेमी. D. $3\sqrt{5}$ सेमी.

68. ΔABC में $\angle ABC = 6\angle ACB$ और $\angle BAC = 5\angle ACB$ है, यदि AB = 7 सेमी. और AC = 25 सेमी. है, तो BC की लंबाई है :

A. 26 सेमी. B. 12 सेमी
C. 32 सेमी. D. 24 सेमी

69. यदि $\sin 7x = \cos 11x$, $0° < x < 90°$ है, तो $\tan 9x$ का मान है :

A. $\frac{1}{\sqrt{3}}$ B. $\sqrt{3}$
C. 1 D. $\frac{\sqrt{3}}{2}$

70. निम्न पाई-चार्ट छह अलग-अलग विषयों को पढ़ाने वाले शिक्षकों के प्रतिशत के अनुसार वितरण को दर्शाता है। पाई-चार्ट का अध्ययन करें और प्रश्न का उत्तर दें।

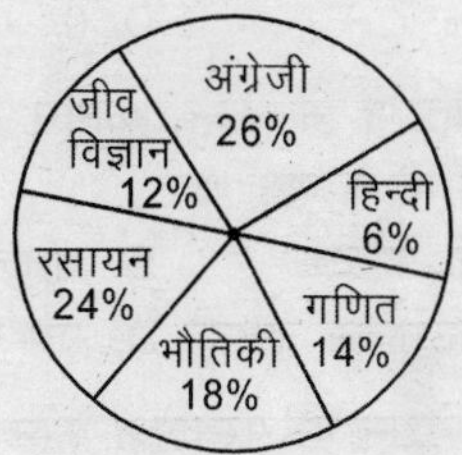

शिक्षकों की कुल संख्या = 1650

भौतिकी (Physics) और गणित (Maths) पढ़ाने वाले शिक्षकों की कुल संख्या तथा रसायन विज्ञान (Chemistry) और जीव विज्ञान (Biology) पढ़ाने वाले शिक्षकों की कुल संख्या में अंतर है :

A. 66 B. 68
C. 76 D. 60

71. ΔABC एक समद्विबाहु त्रिभुज है जिसमें AB = AC = 13 सेमी. है। AD, A से BC पर इस प्रकार खींची गई माध्यिका है कि AD = 12 सेमी है। BC की लंबाई है :

A. 5 सेमी. B. 6 सेमी.
C. 10 सेमी. D. 7.5 सेमी.

72. A, B और C का औसत 18 है तथा C, D और E का औसत 12 तथा E और F का औसत 6.5 तथा E और C का औसत 3.5 है। A, B, C, D, E और F का औसत क्या है?

A. 18 B. 22
C. 24 D. 16

73. AB एक वृत्त का व्यास है। A पर खींची गई एक स्पर्श रेखा पर C बिंदु है। यदि AB = 24 सेमी. और AC = 7 सेमी. है, तो BC की लंबाई है :

A. 25 सेमी. B. 50 सेमी.
C. 26 सेमी. D. 15 सेमी.

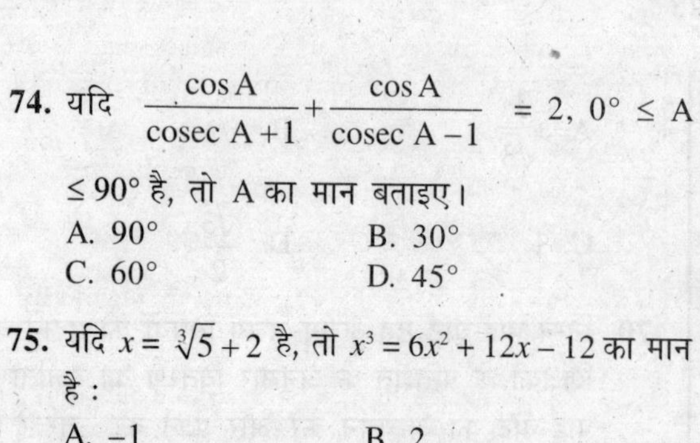

74. यदि $\frac{\cos A}{\operatorname{cosec} A+1}+\frac{\cos A}{\operatorname{cosec} A-1} = 2,\ 0° \le A \le 90°$ है, तो A का मान बताइए।

A. 90° B. 30°
C. 60° D. 45°

75. यदि $x = \sqrt[3]{5}+2$ है, तो $x^3 = 6x^2 + 12x - 12$ का मान है :

A. −1 B. 2
C. 1 D. 0

76. निम्नलिखित में से कौन, कांग्रेस सोशलिस्ट पार्टी के संस्थापकों में से एक था?

A. एस.के. पाटिल B. अतुल्य घोष
C. सी. नटराजन अनादुरै D. राम मनोहर लोहिया

77. रामकृष्ण मिशन के संस्थापक कौन थे?

A. आत्माराम पांडुरंग B. स्वामी विवेकानंद
C. स्वामी दयानंद D. देबेंद्रनाथ टैगोर

78. निम्नलिखित में से किसे वर्ष 2019 के प्रतिष्ठित 27वें एकलव्य पुरस्कार से सम्मानित किया गया था?

A. स्नेहा सोरेन (Sneha Soren)
B. सरस्वती राउत (Saraswati Rout)
C. पूर्णिमा हेम्ब्रम (Purnima Hembram)
D. झिल्ली दलाबेहरा (Jhilli Dalabehera)

79. भारत में जन्में किस व्यवसायी ने फॉर्च्यून्स बिजनेसपर्सन ऑफ द ईयर, 2019 सूची में शीर्ष स्थान प्राप्त किया है?

A. सत्य नडेला B. चंदा कोचर
C. इंद्रा नूई D. सुंदर पिचाई

80. 'लूर नृत्य' एक पारंपरिक लोक नृत्य है, जिसे ______ राज्य में केवल महिलाओं द्वारा प्रदर्शित किया जाता है।

A. हरियाणा B. पंजाब
C. मध्य प्रदेश D. राजस्थान

81. निम्नलिखित में से कौन-सा एककोशिकीय नहीं है?

A. स्पाइरोगाइरा B. प्लाज्मोडियम
C. पैरामीशियम D. अमीबा

82. एक उभयनिष्ठ केंद्र से समान यात्रा समय पर स्थित स्थानों को जोड़ने वाली रेखाओं को किस नाम से जाना जाता है?

A. समलवण रेखा (isohalines)
B. समकालिक रेखा (isochrones)
C. समतड़ित झंझा रेखा (isobronts)
D. समविसंगति रेखा (isonomal)

83. नवंबर 2019 में, निम्नलिखित में से किसे उनके उपन्यास 'स्वप्नपाश' के लिए 2018 के लिए 28वें बिहारी पुरस्कार से सम्मानित किया गया था?

A. सुरेश कृष्ण B. मनीषा कुलश्रेष्ठ
C. उषा किरण खान D. प्रभात रंजन

84. पहला इलेक्ट्रॉनिक न्यूमेरिकल इंटीग्रेटर एंड कंप्यूटर, पहला प्रोग्रामेबल जनरल पर्पज इलेक्ट्रॉनिक डिजिटल कंप्यूटर, निम्नलिखित में से किस देश में विकसित किया गया था?

A. चीन B. यूनाइटेड किंगडम
C. जापान D. संयुक्त राज्य अमेरिका

85. निम्नलिखित में से कौन-सा/सी क्रिकेटर अंतर्राष्ट्रीय क्रिकेट के अर्धशतक बनाने वाला/वाली सबसे कम उम्र का/की भारतीय क्रिकेटर बन गया/गई है?

A. शेफाली वर्मा B. विराट कोहली
C. अमिता शर्मा D. हार्दिक पांडया

86. नवंबर 2019 में, इंडिया-इंटरनेशनल चेरी ब्लॉसम फेस्टिवल, 2019 का चौथा संस्करण निम्नलिखित में से किस शहर में आयोजित किया गया था?

A. शिलॉन्ग (शिलांग) B. इंफाल
C. धर्मशाला D. दार्जिलिंग

87. निम्नलिखित में से कौन-सा एक तारामंडल नहीं है?

A. जलव्याल (Hydra)
B. सप्तर्षिमंडल (Ursa Major)
C. कन्या (Virgo)
D. रोमन गृह-देवी (Vesta)

88. बाबर ने वर्ष 1528 में चंदेरी में निम्नलिखित में से किसे पराजित किया था?

A. मुहम्मद लोधी B. मेदिनी राय
C. बप्पा रावल D. इब्राहिम लोदी

89. कंप्यूटिंग के क्षेत्र में HLL (एच.एल.एल) का क्या अर्थ होता है?

A. High Level Language (हाई लेवल लैंगुएज)
B. High Level List (हाई लेवल लिस्ट)

C. Hyper Level Language (हाइपर लेवल लैंगुएज)
D. High Low Language (हाई लो लैंगुएज)

90. निम्नलिखित में से किस पहलवान ने 2019 में बुडापेस्ट में आयोजित यू.डब्ल्यू.डब्ल्यू. (UWW) अंडर-23 विश्व चैंपियनशिप के फाइनल में जापान के हारुना ओकुनो से पराजित होकर भारत के लिए दूसरा रजत पदक जीता था?
A. कविता देवी B. विनेश फोगाट
C. साक्षी मलिक D. पूजा गहलोत

91. निम्नलिखित में से किस भारतीय प्रौद्योगिकी संस्थान ने फीनिक्स मेडिकल सिस्टम्स के सहयोग से देश की पहली स्वदेशी तौर पर अभिकल्पित व्हीलचेयर लॉन्च की थी?
A. आई.आई.टी., दिल्ली B. आई.आई.टी., बॉम्बे
C. आई.आई.टी., मद्रास D. आई.आई.टी., खड़गपुर

92. पृथ्वी की प्राकृतिक विशेषताएं जैसे कि पहाड़, पठार, नदियाँ, मैदान, महासागर इत्यादि को दर्शाने वाले मानचित्रों को _______ के नाम से जाना जाता है।
A. राजनीतिक मानचित्र B. उच्चावच-मानचित्र
C. विषयगत मानचित्र D. स्थलाकृतिक मानचित्र

93. 14 जनवरी 2020 को, दक्षिण-मध्य रेलवे ने किस भारतीय बैंक के साथ 585 रेलवे स्टेशनों पर डोर-स्टेप बैंकिंग लागू करने के लिए एक समझौता ज्ञापन (MoU) पर हस्ताक्षर किए हैं?
A. सिंडीकेट बैंक B. पंजाब नेशनल बैंक
C. एच.डी.एफ.सी. D. भारतीय स्टेट बैंक

94. निम्नलिखित में से कौन-सा एक अदिश राशि नहीं है?
A. तापमान B. आयतन
C. बलापूर्ण D. समय

95. निम्नलिखित में से किस विषाणु से इंफ्लुएंजा रोग होता है?
A. पोलियोवायरस B. रुबेला वायरस
C. वेरिसेला वायरस D. मिक्सोवायरस

96. निम्नलिखित में से किसे, इतालवी गोल्डन सैंड आर्ट अवॉर्ड, 2019 से सम्मानित किया गया था?
A. नितीश भारती B. सुदर्शन पटनायक
C. सर्वम पटेल D. विनय शेट्टी

97. 'कॉमेडी' की विषय-वस्तु पर आधारित 5वें अंतर्राष्ट्रीय फिल्म महोत्सव का आयोजन संस्कृति और पर्यटन विभाग द्वारा प्रयास प्रोडक्शन (मुंबई) के सहयोग से किस शहर में किया था?'
A. गुरुग्राम B. पुरी
C. खजुराहो D. मुबंई

98. राष्ट्रीय राजमार्ग 18 निम्नलिखित में से किस राज्य से होकर नहीं गुजरता है?
A. ओडिशा B. बिहार
C. पश्चिम बंगाल D. झारखंड

99. निम्नलिखित में से किस राज्य ने स्वच्छ सर्वेक्षण ग्रामीण पुरस्कार, 2019 में शीर्ष स्थान प्राप्त किया है?
A. उत्तर प्रदेश B. सिक्किम
C. मध्य प्रदेश D. तमिलनाडु

100. भारतीय संविधान के किस अनुच्छेद के तहत भारतीय नागरिकों को छह मौलिक स्वतंत्रताओं के अधिकार की गारंटी प्रदान की गई है?
A. अनुच्छेद 1 B. अनुच्छेद 26
C. अनुच्छेद 31 D. अनुच्छेद 19

उत्तरमाला

1	2	3	4	5	6	7	8	9	10
B	D	B	C	C	B	D	D	C	C
11	**12**	**13**	**14**	**15**	**16**	**17**	**18**	**19**	**20**
C	D	B	B	A	B	D	B	B	A
21	**22**	**23**	**24**	**25**	**26**	**27**	**28**	**29**	**30**
D	D	C	C	C	D	A	C	A	C
31	**32**	**33**	**34**	**35**	**36**	**37**	**38**	**39**	**40**
C	C	B	D	A	B	D	D	C	C

41	42	43	44	45	46	47	48	49	50
A	D	C	C	A	D	D	B	D	B
51	**52**	**53**	**54**	**55**	**56**	**57**	**58**	**59**	**60**
D	B	A	A	D	B	B	C	D	C
61	**62**	**63**	**64**	**65**	**66**	**67**	**68**	**69**	**70**
D	D	D	D	B	C	A	D	C	A
71	**72**	**73**	**74**	**75**	**76**	**77**	**78**	**79**	**80**
C	D	A	D	C	D	B	D	A	A
81	**82**	**83**	**84**	**85**	**86**	**87**	**88**	**89**	**90**
A	B	B	D	A	A	D	B	A	D
91	**92**	**93**	**94**	**95**	**96**	**97**	**98**	**99**	**100**
C	B	D	C	D	B	C	B	D	D

व्याख्यात्मक उत्तर

28. 2 10 18
3 30 84
4 68 ?

प्रत्येक पंक्ति में

$2 \times 10 - 2 \times 1 = 20 - 2 = 18$,

$3 \times 30 - 3 \times 2 = 90 - 6 = 84$

तथा $4 \times 68 - 4 \times 3 = 272 - 12 = 260$

अतः ? = 260

29. 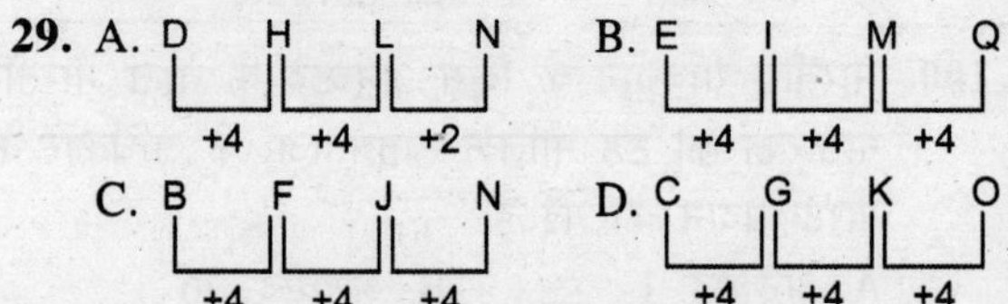

30. 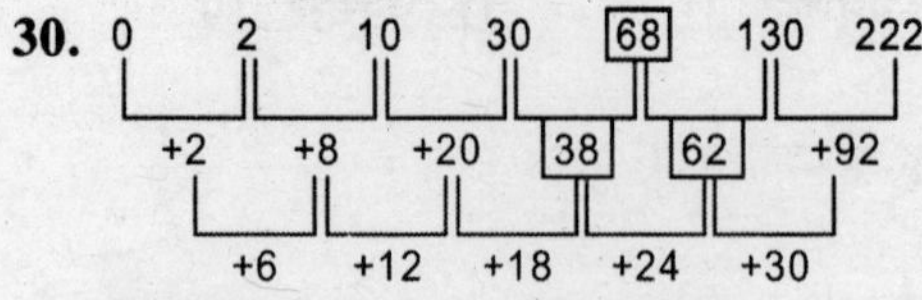

श्रेणी III में, 6, 12, 18, 24, 30

श्रेणी II में, 2, 8, 20, 38, 62, 92

यहाँ, $20 + 18 = 38, 38 + 24 = 62,$
$62 + 30 = 92$

श्रेणी I में, 0, 2, 10, 30, 68, 130, 222

यहाँ, $30 + 38 = 68$

अतः ? = 68

31. 9 12 48
17 20 80
33 36 ?

यहाँ प्रत्येक पंक्ति में, $(9 + 3) \times 4 = 12 \times 4 = 48$,
$(17 + 3) \times 4 = 20 \times 4 = 80$

तथा $(33 + 3) \times 4 = 36 \times 4 = 144$

अतः ? = 144

32. 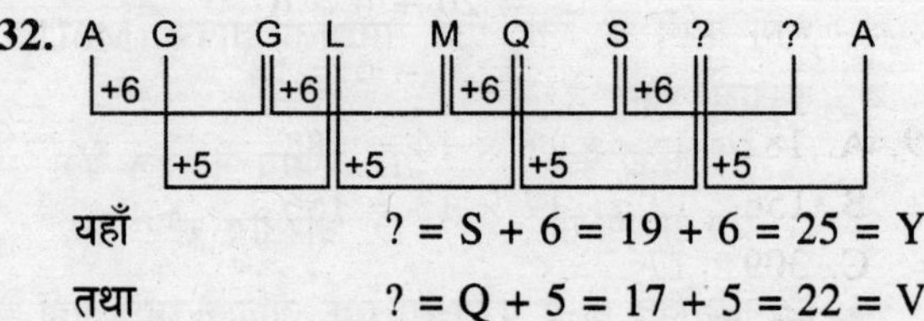

यहाँ ? = S + 6 = 19 + 6 = 25 = Y

तथा ? = Q + 5 = 17 + 5 = 22 = V

33. कथनः

I. सभी कीबोर्ड माउस हैं।

II. कुछ माउस प्रिंटर है।

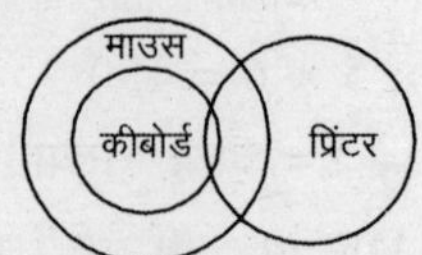

निष्कर्षः 2. कुछ प्रिंटर माउस हैं।

अतः केवल निष्कर्ष 2 अनुसरण करता है।

35. बीज → गेहूँ का पौधा → आटा → रोटी

36. दिए गए पासे की दूसरे और तीसरे स्थिति में अक्षर f से दक्षिणावर्त लेने से

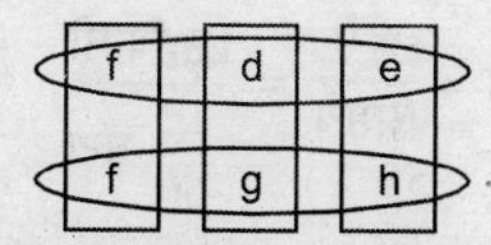

d वाले फलक के विपरीत फलक पर g होगा,

e वाले फलक के विपरीत फलक पर h होगा

अतः f वाले फलक के विपरीत फलक पर a होगा।

37.

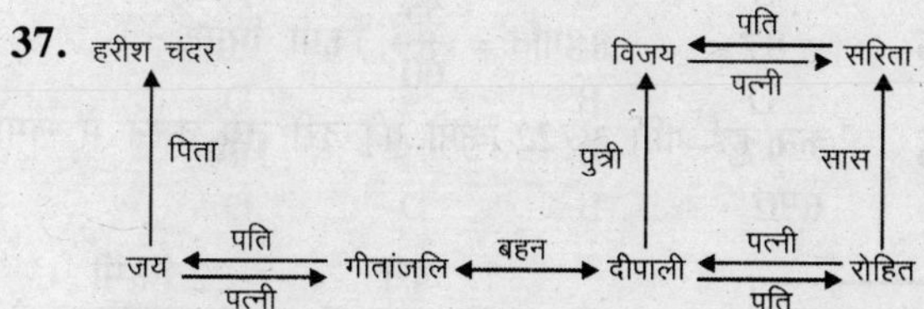

अतः उपरोक्त चित्र सेः रोहित विजय का दामाद है।

38. $5 \times 4 + 12 - 3 \div 6 = 18$

सभी विकल्पों को जाँचने के बाद

सही विकल्प (D) ÷ और − होगा

$\therefore 5 \times 4 + 12 - 3 \div 6$

$= 5 \times 4 + 12 \div 3 - 6$

$= 5 \times 4 + 12 \times \frac{1}{3} - 6$

$= 5 \times 4 + 4 - 6$

$= 20 + 4 - 6$

$= 24 - 6 = 18$

39. A. $182 : 13 \Rightarrow 13 \times 14 = 182$

B. $156 : 12 \Rightarrow 12 \times 13 = 156$

C. $309 : 17$

जो कि 17 और 18 से विभाज्य नहीं है।

D. $132 : 11 \Rightarrow 11 \times 12 = 132$

40. $6 : 252 : 5 : ?$

यहाँ, $6 \times 6 \times 7 = 252$

इसी प्रकार, $5 \times 5 \times 6 = 150$

अतः ? = चौथी संख्या = 150

42. E B H C K D N E Q F ?

(+3: E→H→K→N→Q; +1: B→C→D→E→F)

यहाँ, अगला पद = Q + 3, F + 1 = TG

43. कर्मचारियों की संख्या

IT = 125,

$HR = \frac{1}{5} \times 125 = 25$

तथा (IT + HR) − हेल्पडेस्क = 20

$\Rightarrow$ (125 + 25) − हेल्पडेस्क = 20

$\Rightarrow$ हेल्पडेस्क = 150 − 20 = 130

अतः कर्मचारियों की कुल संख्या

= IT + HR + हेल्पडेस्क

= 125 + 25 + 130

= 150 + 130 = 280

48. 386 401 417 434 ?

(+15, +16, +17, +18)

अतः अगली संख्या = 434 + 18 = 452

49. B K F J J I N H R G V F

(+4: B→F→J→N→R→V; −1: K→J→I→H→G→F)

यहाँ, ? = लुप्त पद = RG

51. $\because$ A का 1 दिन का काम $= \frac{1}{15}$

तथा B का 1 दिन का काम $= \frac{1}{10}$

$\therefore$ (A + B) का 4 दिन का काम

$= 4\left(\frac{1}{15} + \frac{1}{10}\right)$

$= 4\left(\frac{2+3}{30}\right)$

$= 4\left(\frac{5}{30}\right) = \frac{4}{6} = \frac{2}{3}$

अतः काम का बचा हुआ भाग $= 1 - \frac{2}{3} = \frac{1}{3}$

52. $\dfrac{\frac{1}{5} \div \frac{1}{5} \times \frac{1}{5}}{\frac{1}{5} \text{ का } \frac{1}{5} \div \frac{1}{5}} - 4\frac{1}{5} \div 105$

$= \dfrac{\frac{1}{5} \times 5 \times \frac{1}{5}}{\frac{1}{5} \div \frac{1}{25}} - \frac{21}{5} \times \frac{1}{105}$

$$= \frac{\frac{1}{5}}{\frac{1}{5}\times 25} - \frac{1}{5}\times\frac{1}{5}$$

$$= \frac{1}{5}\times\frac{5}{25} - \frac{1}{25}$$

$$= \frac{1}{25} - \frac{1}{25} = 0$$

53. संख्या 4432A43B के अंकों का योग = 4 + 4 + 3 + 2 + A + 4 + 3 + B = 20 + A + B

संख्या 9 से विभाज्य – अंकों का योग 9 से विभाज्य हो तथा संख्या 5 से विभाज्य – संख्या का इकाई अंक 0 अथवा 5 से विभाज्य हो

$\therefore$ A = 7 तथा B = 0

$\therefore$ संख्या के अंकों का योग = 20 + 7 + 0

= 27 जोकि 9 से विभाज्य है।

अतः संख्या 44327430, 9 और 5 से विभाज्य है।

अतः A + B = 7 + 0 = 7

54. माना अंकित मूल्य = ₹ x

तब, $x\times\frac{30}{100} = 60$

$\Rightarrow$ $x = \frac{60\times 100}{30}$

= 2 × 100 = ₹ 200

पुस्तक के लिए भुगतान किया गया मूल्य

$= 200\times\frac{100-30}{100}$

$= 200\times\frac{70}{100}$ = ₹ 140

55. माना A और B की वर्तमान आयु x वर्ष तथा $3x$ वर्ष है।

तब, 10 वर्ष बाद उनकी आयु का अनुपात

$$\frac{x+10}{3x+10} = \frac{2}{5}$$

$\Rightarrow$ $5x + 50 = 6x + 20$

$\Rightarrow$ $6x - 5x = 50 - 20$

$\Rightarrow$ $x = 30$

अतः B की वर्तमान आयु = $3x$ वर्ष

= 3 × 30 = 90 वर्ष

56. ट्रेन की चाल = $\frac{\text{दूरी}}{\text{समय}} = \frac{12 \text{ किमी.}}{\frac{12}{60}\text{ घंटा}} = \frac{12}{\frac{1}{5}}$ किमी./घंटा

= 60 किमी./घंटा

इसकी गति 5 किमी./घंटा कम करने पर इसकी गति

= 60 – 5 = 55 किमी./घंटा

$\therefore$ गति = $\frac{55}{60}$ किमी./मिनट

कम हुई गति से 22 किमी. की दूरी तय करने में लगा समय

$= \frac{\text{दूरी}}{\text{गति}} = \frac{22 \text{ किमी.}}{\frac{55}{60}\text{ किमी./मिनट}}$

$= \frac{22}{55}\times 60$ मिनट

$= \frac{2}{5}\times 60$ = 24 मिनट

57. माना लंबाई = l और चौड़ाई = b

तब, परिमाप = $2(l + b)$

80 सेमी. = $2(l + b)$

$\Rightarrow$ $l + b$ = 40 सेमी. ...(*i*)

तथा क्षेत्रफल = $l \times b$

375 = lb

$\Rightarrow$ lb = 375 सेमी.^{2} (*ii*)

$\because (l - b)^2 = (l + b)^2 - 4lb = (40)^2 = 4(375)$

= 1600 – 1500 = 100 = 102

$\Rightarrow$ $l - b = 10$ ...(*iii*)

(*i*) और (*iii*) को जोड़ने से हम पाते हैं

$2l = 50 \Rightarrow l$ = 25 सेमी.

तथा (*i*) से

$b = 40 - l = 40 - 25$ = 15 सेमी.

अतः आयत की लंबाई और चौड़ाई में अंतर

= $l - b$ = 25 सेमी. – 15 सेमी.

= 10 सेमी.

59. दिया है, $a^2 + \frac{1}{a^2} = 98$

$\because$ $\left(a+\frac{1}{a}\right)^2 = a^2 + \frac{1}{a^2} + 2\times a\times\frac{1}{a}$

$$\Rightarrow \quad \left(a+\frac{1}{a}\right)^2 = 98 + 2 = 100$$

$$\Rightarrow \quad \left(a+\frac{1}{a}\right)^2 = 100 = 10^2$$

$$\Rightarrow \quad a+\frac{1}{a} = 10$$

$$\therefore \quad a^3+\frac{1}{a^3} = \left(a+\frac{1}{a}\right)\left(a^2 - a\times\frac{1}{a}+\frac{1}{a^2}\right)$$

$$= (10)\left(a^2+\frac{1}{a^2}-1\right)$$

$$= (10)(98 - 1)$$

$$= (10)(97) = 970$$

60. देश E की जन्म दर = 36

तथा देश A की जन्म दर = 20

$$\therefore \quad 20\times\frac{x}{100} = 36$$

$$\Rightarrow \quad x = \frac{36\times100}{20}$$

$$= 5 \times 36 = 180\%$$

अतः अभीष्ट प्रतिशत = 180%

61. ∵ एक धन राशि 5 वर्षों में ₹ 7500 हो जाती है।

तथा 7 वर्षों में ₹ 8500 हो जाती है।

∴ 2 वर्षों का ब्याज = ₹ 8500 – ₹ 7500 = ₹ 1000

∴ 1 वर्ष का ब्याज = ₹ 500

∴ 5 वर्षों का ब्याज = ₹ 500 × 5 = ₹ 2500

अतः 5 वर्षों का मूलधन

= ₹ 7500 – ₹ 2500 = ₹ 5000

$$\text{अतः ब्याज की वार्षिक दर} = \frac{\text{ब्याज}\times100}{\text{मूलधन}\times\text{समय}}\%$$

$$= \frac{2500\times100}{5000\times5}\%$$

$$= \frac{1\times100}{2\times5}\% = 10\%$$

62. ∵ देश D की जन्म दर = 18

$$\because \text{इसका 50\% अधिक} = 18\times\frac{150}{100}$$

$$= 18\times\frac{3}{2} = 27$$

अतः बार चार्ट से

अतः देश C की जन्म दर देश D की तुलना में ठीक 50% अधिक है।

63. दिया गया है,

$$\frac{\sin\theta+\cos\theta}{\sin\theta-\cos\theta} = 3$$

$$\Rightarrow \sin\theta + \cos\theta = 3\sin\theta - 3\cos\theta$$

$$\Rightarrow \cos\theta + 3\cos\theta = 3\sin\theta - \sin\theta$$

$$\Rightarrow \quad 4\cos\theta = 2\sin\theta$$

$$\Rightarrow \quad \sin\theta = 2\cos\theta$$

$$= \frac{3\sin\theta+4\cos\theta}{8\cos\theta-3\sin\theta}$$

$$= \frac{3(2\cos\theta)4\cos\theta}{8\cos\theta-3(2\cos\theta)}$$

$$= \frac{6\cos\theta+4\cos\theta}{8\cos\theta-6\cos\theta}$$

$$= \frac{10\cos\theta}{2\cos\theta} = 5$$

64. ∵ 60% = ₹ 1800

$$\therefore \quad 100\% = ₹\ \frac{1800}{60}\times100 = ₹\ 3000$$

पुनः ∵ 10% = ₹ 3000

∴ 100% = ₹ 3000 × 10 = ₹ 30,000

अतः उसका वेतन = ₹ 30,000

65. शिक्षकों की कुल संख्या = 1650,

अंग्रेजी + गणित + भौतिकी

= 26% + 14% + 18% = 58%

अतः अंग्रेजी, गणित और भौतिकी पढ़ाने वाले शिक्षकों की कुल संख्या

$$= 1650\times\frac{58}{100} = \frac{33\times58}{2}$$

$$= 33 \times 29 = 957$$

66. वस्तु का क्रय मूल्य $= ₹\ 720\times\frac{100}{100+x}$

पुनः वस्तु का क्रय मूल्य $= ₹\ 750\times\frac{100}{100+x+5}$

$$= ₹\ 750 \times \frac{100}{105+x}$$

अतः $₹\ 720 \times \frac{100}{100+x} = ₹\ 750 \times \frac{100}{105+x}$

$\Rightarrow \quad \frac{72}{100+x} = \frac{75}{105+x}$

$\Rightarrow \quad 72(105 + x) = 75(100 + x)$

$\Rightarrow \quad 7560 + 72x = 7500 + 75x$

$\Rightarrow \quad 7560 - 7500 = 75x - 72x$

$\Rightarrow \quad 3x = 60 \Rightarrow x = 20$

68. माना $\angle ABC = x°$

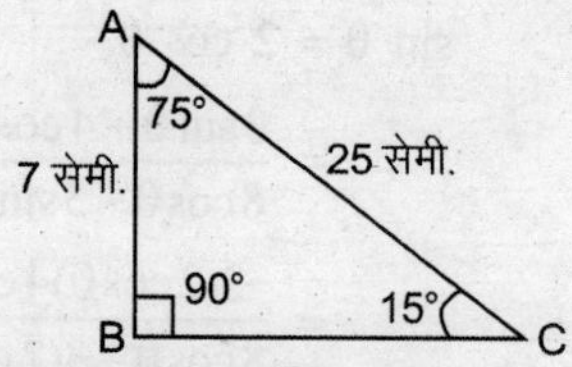

तब, $\angle ABC = 6x$ और $\angle BAC = 5x°$

$\because \angle ABC + \angle ACB + \angle BAC = 180°$

$6x + x + 5x = 180°$

$\Rightarrow \quad 12x = 180°$

$\Rightarrow \quad x = 15°$

$\therefore \quad \angle ACB = x° = 15°,$

$\angle ABC = 6x = 90°$

और $\quad \angle BAC = 5x = 75°$

तथा ΔABC में दिया गया है,

AB = 7 सेमी. और AC = 25 सेमी.

समकोण ΔABC में

$AC^2 = AB^2 + BC^2$

$\Rightarrow \quad 25^2 = 7^2 + BC^2$

$\Rightarrow \quad 625 = 49 + BC^2$

$\Rightarrow \quad BC^2 = 625 - 49 = 576$

$\Rightarrow \quad BC^2 = 576 = (24)^2$

$\Rightarrow \quad BC = 24$ सेमी.

अतः BC की लंबाई = 24 सेमी.

69. दिया गया है

$\sin 7x = \cos 11x$

$\Rightarrow \quad \sin 7x = \sin (90 - 11x)$

$\Rightarrow \quad 7x = 90 - 11x$

$\Rightarrow \quad 7x + 11x = 90°$

$\Rightarrow \quad 18x = 90°$

$\Rightarrow \quad x = 5°$

$\Rightarrow \quad 9x = 45°$

$\therefore \quad \tan 9x = \tan 45° = 1$

70. दिया है, शिक्षकों की कुल संख्या = 1650

भौतिकी + गणित = 18% + 14% = 32%

और रसायन विज्ञान + जीव विज्ञान

= 24 + 12 = 36%

अतः भौतिकी और गणित पढ़ाने वाले शिक्षकों की कुल संख्या

$= 1650 \times \frac{32}{100} = 33 \times \frac{32}{2}$

$= 33 \times 16 = 528$

तथा रसायन विज्ञान और जीव विज्ञान पढ़ाने वाले शिक्षकों की कुल संख्या

$= 1650 \times \frac{36}{100} = 33 \times \frac{36}{2}$

$= 33 \times 18 = 594$

अतः अभीष्ट अंतर = 594 − 528 = 66

71. दिया गया है,

एक समबाहु ΔABC में

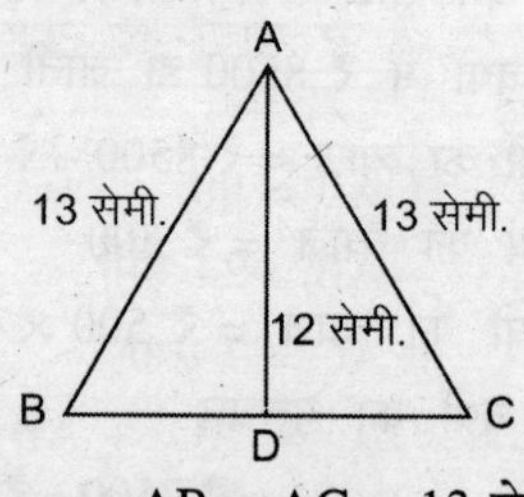

AB = AC = 13 सेमी.

और माध्यिका AD = 12 सेमी.

$\therefore \quad BD = CD$

$\therefore \Delta ABD$ में

$AB^2 = AD^2 + BD^2$

$\Rightarrow \quad 13^2 = 12^2 + BD^2$

$\Rightarrow \quad BD^2 = 13^2 - 12^2$

$= 169 - 144 = 25$

$\Rightarrow \quad BD^2 = 25 = 5^2$

$\Rightarrow \quad BD = 5$ सेमी.

अतः BC की लंबाई = BD + CD = BD + BD

= 2BD = 2 × 5 = 10 सेमी.

72. A, B और C का योग = 3 × 18 = 54 ...(*i*)

C, D और E का योग = 3 × 12 = 36 ...(*ii*)

E और F का योग = 2 × 6.5 = 13 ...(*iii*)

तथा E और C का योग = 2 × 3.5 = 7 ...(*iv*)

अतः (*iii*) और (*iv*) से, हम पाते हैं,

D = 36 − 7 = 29 ...(*v*)

(*i*), (*iii*) तथा (*v*) से हम पाते हैं

अतः A, B, C, D, E और F का औसत

$$= \frac{54+29+13}{6} = \frac{96}{6} = 16$$

73.

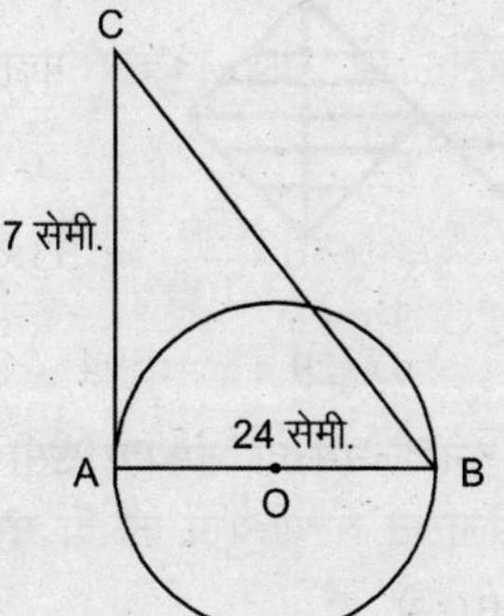

दिया गया है। A पर खीची गई स्पर्श रेखा पर C एक बिंदु है।

$\therefore$ $\angle CAB = 90°$

व्यास AB = 24 सेमी.

AC = 7 सेमी.

$\because$ $BC^2 = AC^2 + AB^2$

$\therefore$ $BC^2 = 7^2 + 24^2$

= 49 + 576 = 625

$\Rightarrow$ $BC^2 = 25^2$

$\Rightarrow$ BC = 25 सेमी.

अतः BC की लंबाई = 25 सेमी.

74. दिया है,

$$\frac{\cos A}{\operatorname{cosec} A+1} + \frac{\cos A}{\operatorname{cosec} A-1} = 2$$

$$\Rightarrow \cos A\left[\frac{1}{\operatorname{cosec} A+1} + \frac{1}{\operatorname{cosec} A-1}\right] = 2$$

$$\Rightarrow \cos A\left[\frac{1}{\frac{1}{\sin A}+1} + \frac{1}{\frac{1}{\sin A}-1}\right] = 2$$

$$\Rightarrow \cos A\left[\frac{1}{\frac{1+\sin A}{\sin A}} + \frac{1}{\frac{1-\sin A}{\sin A}}\right] = 2$$

$$\Rightarrow \cos A\left[\frac{\sin A}{1+\sin A} + \frac{\sin A}{1-\sin A}\right] = 2$$

$$\Rightarrow \cos A \sin A\left[\frac{1}{1+\sin A} + \frac{1}{1-\sin A}\right] = 2$$

$$\Rightarrow \cos A \sin A\left[\frac{1-\sin A+1+\sin A}{(1+\sin A)(1-\sin A)}\right] = 2$$

$$\Rightarrow \frac{\cos A \sin A(2)}{1-\sin^2 A} = 2$$

$$\Rightarrow \frac{\sin A \cos A}{\cos^2 A} = 1$$

$$\Rightarrow \tan A = 1 = \tan 45°$$

$$\Rightarrow A = 45°$$

पिछले प्रश्न-पत्र (हल सहित)

SSC-संयुक्त हायर सेकेन्डरी स्तर–CHSL (10+2) Tier–1, ऑनलाइन भर्ती परीक्षा–2018*

1. एक टूर्नामेंट में चौदह टीमें खेल रही हैं। अगर हर टीम हर दूसरी टीम के साथ एक मैच खेलती है, तो टूर्नामेंट में कितने मैच खेले जाएंगे?

A. 78 B. 101
C. 66 D. 91

2. उस विकल्प को चुनें जो तीसरे अक्षर-समूह से उसी तरह संबंधित है जैसे दूसरा अक्षर-समूह पहले अक्षर समूह से संबंधित है।

CQHL : FTEI :: OPAR : ?

A. RTYO B. RSXO
C. RSXP D. YTXO

3. वो विकल्प चुनें जो दिखाता है कि अगर कागज की पारदर्शी शीट को दी गई बिन्दीदार रेखा पर मोड़ा जाता है, तो वह कैसी दिखाई देगी?

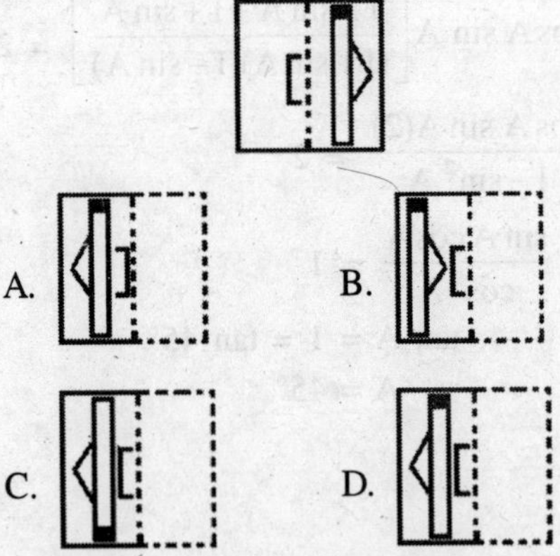

4. निम्नलिखित चार अक्षर-समूहों में से तीन अक्षर समूह एक निश्चित तरीके से एक जैसे हैं और एक अलग है। उस अलग अक्षर समूह को चुनें।

A. BCEH B. KLNQ
C. TUWZ D. LMPS

5. अगर दर्पण को दिए गए संयोजन के दाईं ओर रखा जाए, तो संयोजन की सही दर्पण छवि को चुनें।

UKR4edm8

A. 8mbe4RKU B. 8mbe4RKU
C. 8mbe4RKU D. 8mbe4RKU

6. नीचे दी गई आकृति में कितने त्रिभुज मौजूद हैं?

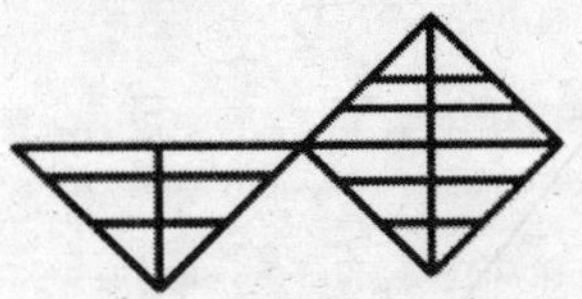

A. 31 B. 27
C. 30 D. 29

7. उस संख्या-युग्म को चुनें जिसमें दो संख्याएँ उसी तरह संबंधित हैं जैसे निम्नलिखित संख्या-युग्म की दो संख्याएँ संबंधित हैं।

7 : 729

A. 6 : 343 B. 4 : 64
C. 5 : 125 D. 8 : 1000

8. निम्नलिखित चार शब्दों में से तीन शब्द एक निश्चित तरीके से एक जैसे हैं और एक अलग है। उस अलग शब्द को चुनें।

A. मिमियाहट B. भौंकना
C. टर्राना D. लार्वा

9. दो कथन दिए गए हैं, जिनके बाद तीन निष्कर्ष I, II और III दिए गए हैं। कथनों को सत्य मानते हुए, भले ही वे आम तौर पर ज्ञात तथ्यों से अलग लगते हों, यह निर्णय लीजिए कि कौन-सा/से निष्कर्ष कथनों का तार्किक रूप से अनुसरण करता है/करते हैं।

कथन : सभी ब्रेड केक हैं।
सभी अंडे केक हैं।

* *Online exam held on 03 July, 2019.*

निष्कर्ष : I. कुछ केक ब्रेड हैं।
II. कुछ ब्रेड अंडे हैं।
II. कोई ब्रेड अंडा नहीं है।

A. केवल निष्कर्ष I और II अनुसरण करते हैं।
B. निष्कर्ष I और या तो निष्कर्ष II या III अनुसरण करते हैं।
C. केवल निष्कर्ष I और III अनुसरण करते हैं।
D. सभी निष्कर्ष अनुसरण करते हैं।

10. निम्नलिखित समीकरण को सही बनाने के लिए किन दो चिह्नों को आपस में बदल देना चाहिए?
$20 + 5 \times 3 \div 3 - 1 = 14$

A. × और – B. ÷ और +
C. ÷ और × D. × और +

11. 'A + B' का मतलब है 'A, भाई है B' का।
'A – B' का मतलब है 'A, पति है B' का।
'A × B' का मतलब है 'A, माता है B' की।
'A ÷ B' का मतलब है 'A, बहन है B' की।
अगर P + R ÷ T – K × O × C है, तो P का O से क्या संबंध है?

A. भाई B. पिता
C. दादा D. चाचा

12. उस विकल्प को चुनें जिसमें दी गई आकृति (X) अंतर्निहित है (आकृति को घुमाने की अनुमति नहीं है)।

A. 
B. 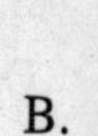 
C. 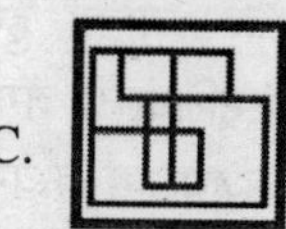
D. 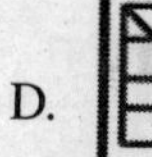

13. 'ग्लूकोमा' का 'आँखों' से वैसा ही संबंध है जैसे 'गठिया' का संबंध '.............' से है।

A. धमनियाँ B. जोड़
C. कान D. जिगर

14. निम्नलिखित शृंखला में अगले स्थान पर आने वाले अक्षर-समूह का चयन कीजिए।
DOP, FPN, HQL, JRJ, ?

A. KTI B. LSH
C. LSI D. KSH

15. उस वेन आरेख का चयन करें जो निम्नलिखित वर्गों के बीच के संबंध को सबसे अच्छा दर्शाता है।
औरतें, बहनें, माताएँ

A. 
B. 
C. 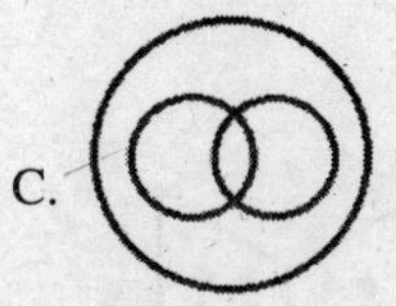
D. 

16. एक माता और उसके बेटे की कुल आयु 60 वर्ष है। उनकी आयु में 30 वर्ष का अंतर है। माता की आयु ज्ञात कीजिए।

A. 50 वर्ष B. 40 वर्ष
C. 35 वर्ष D. 45 वर्ष

17. निम्नलिखित शब्दों को तार्किक और सार्थक क्रम में व्यवस्थित करें।
1. विश्व कप सेमीफाइनल मैच
2. विश्व कप फाइनल मैच
3. विश्व कप का आयोजन
4. भाग लेने वाली टीमों का चयन
5. विश्व कप विजेता

A. 4, 3, 1, 2, 5 B. 4, 1, 2, 3, 5
C. 5, 2, 3, 1, 4 D. 4, 1, 3, 2, 5

18. निम्नलिखित चार संख्याओं में से तीन संख्याएं एक निश्चित तरीके से एक जैसी हैं और एक संख्या अलग है। वह संख्या चुनें जो अन्य संख्याओं से अलग है।

A. 173 B. 179
C. 181 D. 183

19. उस शब्द-युग्म को चुनें जिसमें दो शब्द उसी तरह संबंधित हैं जैसे निम्नलिखित शब्द-युग्म में दो शब्द संबंधित हैं।

पंखा : बिजली

A. वाहन : डीजल B. बाइक : किक
C. पेट्रोल : ईंधन D. कूलर : पानी

20. किसी कोड भाषा में, ELECTION को DKDBSHNM लिखा जाता है। उसी कोड भाषा में EXAMPLE को क्या लिखा जाएगा?

A. DWZLOKF B. DYZLOKD
C. FWZLOKD D. DWZLOKD

21. एक ही पासे की दो अलग-अलग स्थितियाँ दिखाई गई हैं। अगर नीचे चार बिंदु हैं, तो ऊपर कितने बिंदु होंगे?

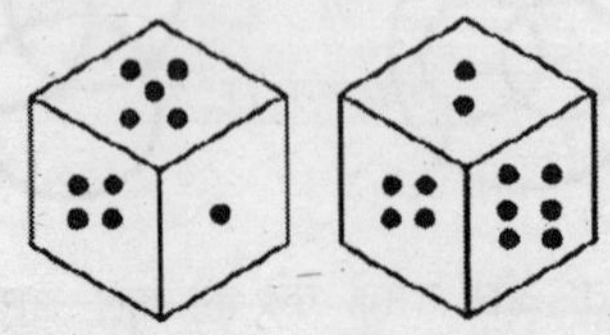

A. 1 B. 5
C. 3 D. 2

22. एक कोड भाषा में, ELASTIC को DOHVFLW लिखा जाता है। तो उसी भाषा में SMARTER को कैसे लिखा जाएगा?

A. EQVUUHW B. DPVTUGW
C. DPVUUHW D. DOTUUHX

23. अगर MAGENTA को 1317514201 के रूप में कोडबद्ध किया गया है, तो VISCOUS को कैसे कोडबद्ध किया जाएगा?

A. 239203152219 B. 229193152119
C. 228193142118 D. 218193162018

24. अक्षरों के उस संयोजन को चुनें जो दी गई अक्षर शृंखला के रिक्त स्थानों में क्रमानुसार भरे जाने पर शृंखला को पूरा करेगा।

H _ _ E P C K _ _ C D E P _ K F H C _ E P C _ F

A. CCFHKDK B. DCFHFDD
C. CDFHCDK D. CDHHDCK

25. नीचे दी गई आकृति शृंखला में अगले स्थान पर आने वाली आकृति को चुनें।

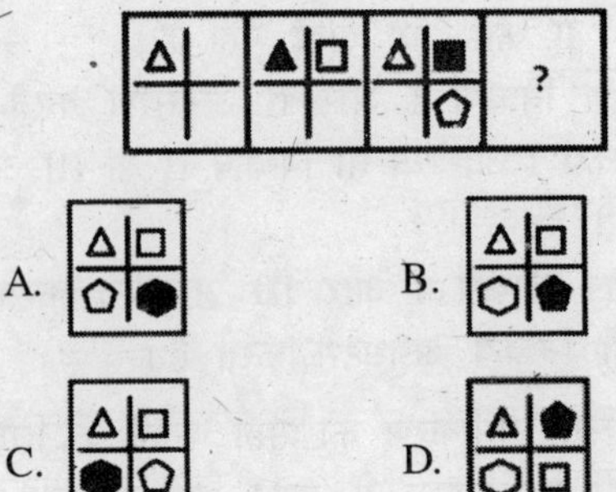

26. वर्ष 1774 में प्रसिद्ध रोहिल्ला युद्ध में, रोहिल्ला को अवध के किस नवाब ने हराया था?

A. शुजा-उद-दौला
B. यामिन-उद-दौला
C. आसफ-उद-दौला
D. आसिफ जहां मिर्जा

27. हाल ही में इंडोनेशिया के राष्ट्रपति के रूप में दूसरे कार्यकाल के लिए किसे चुना गया?

A. जोको विडोडो
B. सुसीलो बंबांग युधोयोनो.
C. मेगावती सुकर्णोपुत्री
D. अब्दुर्रहमान वाहिद

28. .... एक प्रकार की रूपांतरित चट्टान होती है, जिसकी विशेषता विभिन्न प्रकार की चट्टानों के अलग-अलग हो जाने के कारण आमतौर पर हल्की और गहरी सिलिकेट की पट्टरचना (बैंडिंग) होती है।

A. शैल B. संगमरमर
C. क्वार्टजाइट D. स्लेट

29. किस देश ने '2019 सुल्तान अजलान शाह कप हॉकी' खिताब जीता?

A. दक्षिण कोरिया B. ऑस्ट्रेलिया
C. भारत D. मलेशिया

30. निम्नलिखित में से सामान्यतः किस पोषक तत्व की कमी के कारण घेंघा रोग हो जाता है?

A. आयरन B. कैल्शियम
C. आयोडीन D. विटामिन C

31. राष्ट्रपति के चुनाव में उत्पन्न सभी संदेहों और विवादों की जाँच करने और निर्णय करने की शक्ति निहित है :
A. राज्यसभा के सभापति
B. सर्वोच्च न्यायालय
C. भारत के प्रधानमंत्री
D. चुनाव आयोग

32. दूसरी पीढ़ी के कम्प्यूटर को .... के उपयोग द्वारा बड़े पैमाने पर विशेषता दी जा सकती है।
A. माइक्रोप्रोसेसर B. वैक्यूम ट्यूब
C. ट्रांजिस्टर D. इंटीग्रेटेड सर्किट

33. मानव विकास सूचकांक 2018 में भारत का रैंक क्या है?
A. 210 B. 130
C. 21 D. 181

34. निम्नलिखित में से कौन-सा भारत में सैन्य सेवाओं के लिए सर्वोच्च पुरस्कार (प्रथमता के क्रम में) है?
A. परम वीर चक्र B. कीर्ति चक्र
C. अशोक चक्र D. वीर चक्र

35. संयुक्त राष्ट्र संघ द्वारा जैव विविधता मुद्दों की समझ और जागरूकता बढ़ाने के लिए किस दिन को अंतर्राष्ट्रीय जैव विविधता दिवस (IDB) के रूप में घोषित किया गया है?
A. 18 अक्टूबर B. 10 नवम्बर
C. 24 अप्रैल D. 22 मई

36. आंध्र प्रदेश सरकार द्वारा जून 2018 में किस पक्षी को राज्य पक्षी का दर्जा दिया गया?
A. ग्रेट हार्नबिल
B. रोज-रिंग पेरोट
C. ब्लैक क्रेस्टेड बुलबुल
D. सारस क्रेन

37. तत्कालीन बड़ौदा शासक सयाजीराव गायकवाड़ III की स्मृति में स्थापित किए गए तीसरे सयाजी रत्न पुरस्कार से नवंबर 2018 में किसे सम्मानित किया गया था?
A. शिव नाडार B. मोहनलाल
C. अमिताभ बच्चन D. अजीम प्रेमजी

38. निम्नलिखित में से कौन-सा एक मौद्रिक सिद्धांत है जिसमें कहा गया है कि "बुरा पैसा अच्छे पैसे को प्रचलन से निकाल बाहर करता है"।
A. परेटो दक्षता (Pareto Efficiency)
B. ग्रेशम का नियम (Gresham's Law)
C. गुणक प्रभाव (The Multiplier Effect)
D. मार्शल का कैंची विश्लेषण (Marshall's Scissors Analysis

39. मई 2019 तक, किस खिलाड़ी ने क्रिकेट के तीनों प्रारूपों (टेस्ट मैच, एक दिवसीय मैच, टी-20 मैच) में विश्व में सबसे अधिक अंतर्राष्ट्रीय रन बनाए हैं।
A. विराट कोहली B. डॉन ब्रेडमैन
C. सचिन तेंडुलकर D. रिकी पोंटिंग

40. मार्च 2019 में, दक्षिण एशियाई फुटबॉल महासंघ (SAFF) की महिला चैम्पियनशिप भारत ने लगातार कौन-सी बार जीती है?
A. तीसरी B. छठी
C. चौथी D. पाँचवीं

41. निम्नलिखित में से कौन-सा स्थान चिकनकारी कढ़ाई के लिए प्रसिद्ध है?
A. चेन्नई B. इंदौर
C. लखनऊ D. हैदराबाद

42. निम्नलिखित में से कम्प्यूटर भाषा, COBOL का आविष्कार किसने किया था?
A. जॉन मैकार्थी B. गुइडो वैन रोसुम
C. ब्रेंडन ईच D. ग्रेस मुरे होपर

43. पोलावरम सिंचाई परियोजना किस नदी पर बनाई जा रही है?
A. कावेरी B. तुंगभद्रा
C. सोन D. गोदावरी

44. जनगणना 2011 के अनुसार, किस राज्य में जनसंख्या का घनत्व सबसे अधिक है?
A. बिहार B. महाराष्ट्र
C. उत्तर प्रदेश D. पश्चिम बंगाल

45. ओमान के लेखक जोका अलहरथी ने निम्नलिखित में से किस उपन्यास के लिए '2019 मैन बुकर इंटरनेशनल पुरस्कार' जीता?
A. द पाइन आइलैंड्स B. सेलिस्टिल बॉडी
C. द इयर्ज D. मिल्कमैन

46. भारतीय संविधान के अनुसार, मध्यवर्ती स्तर पर पंचायतों का गठन एक ऐसे राज्य में नहीं किया जा सकता है जिसकी जनसंख्या निम्नलिखित में से किस से अधिक न हो?

A. दस लाख B. तीन लाख
C. चालीस लाख D. बीस लाख

47. हल्दीघाटी के युद्ध में किस सम्राट की सेना ने महाराणा प्रताप से युद्ध किया था?

A. अकबर B. महमूद शाह
C. इब्राहिम लोदी D. हुमायूं

48. भारत की सबसे बड़ी मीठे पानी की झील 'कोलेरू झील' किस राज्य में स्थित है?

A. राजस्थान B. मणिपुर
C. आंध्र प्रदेश D. जम्मू और कश्मीर

49. पारंपरिक लोक नृत्य 'गोटीपुआ' किस राज्य से संबंधित है?

A. बिहार B. ओडिशा
C. छत्तीसगढ़ D. पश्चिम बंगाल

50. तैराकों को पानी में तैरने में कौन-सा बल मदद करता है?

A. चुंबकीय बल B. घर्षण बल
C. उत्प्लावक बल D. मांसपेशीये बल

51. अगर $9a^2 + 16b^2 + c^2 + 25 = 24(a + b)$ है, तो $(3a + 4b + 5c)$ का मान है :

A. 7 B. 6
C. 9 D. 10

52. ΔABC में, भुजा AB और BC पर क्रमशः D और E दो बिंदु इस प्रकार हैं कि AD : DB = 2 : 3 और DE $\parallel$ AC है। यदि ΔADE का क्षेत्रफल 18 cm^2 है, तो ΔABC का क्षेत्रफल (cm^2 में) क्या है?

A. 40.5 B. 75
C. 54 D. 45

53. एक वस्तु ₹ x में बेची जाती है। यदि इस कीमत के $33\frac{1}{3}\%$ पर इसे बेचा जाए, तो 20% की हानि होती है। जब इसे ₹ x पर बेचा जाता है तो प्रतिशत लाभ क्या है?

A. 125 B. 120
C. 130 D. 140

54. एक वस्तु की कीमत हर वर्ष 20% बढ़ जाती है। यदि तीसरे और चौथे वर्ष के अंत में कीमतों का अंतर ₹ 259.20 है, तो दूसरे वर्ष के अंत में कीमत का 40% (₹ में) होगा :

A. 432 B. 384
C. 484 D. 472

55. $$\frac{4\tan^2 30° + \frac{1}{4}\sin^2 90° + \frac{1}{8}\cot^2 60° + \sin^2 30°\cos^2 45°}{\sin 60°\cos 30° - \cos 60°\sin 30°}$$

का मान है :

A. 4 B. $3\frac{1}{2}$
C. $1\frac{3}{4}$ D. $2\frac{1}{2}$

56. ΔABC में, $\angle BAC$ का समद्विभाजक AD है, जो BC से D पर मिलता है। अगर AC = 21 सेमी., BC = 12 सेमी. और BD की लंबाई DC से 2 सेमी. कम है, तो भुजा AB की लंबाई है :

A. 15 सेमी. B. 10 सेमी.
C. 14 सेमी. D. 18 सेमी.

57. किसी निश्चित राशि पर 15% प्रति वर्ष चक्रवृद्धि ब्याज की दर से 3 वर्ष के लिए वार्षिक आधार पर संयोजित चक्रवृद्धि ब्याज ₹ 4167 है। उसी राशि पर, उसी दर से, $4\frac{4}{5}$ वर्ष में साधारण ब्याज क्या होगा?

A. ₹ 5760 B. ₹ 6144
C. ₹ 4800 D. ₹ 6000

58. दिया गया दंड आरेख (बार ग्राफ) पांच वर्षों, 2014 से 2018 के दौरान किसी कंपनी की आय और व्यय (करोड़ रुपये में) को दर्शाता है।

5 वर्षों में कंपनी की आय एवं व्यय (₹ करोड़ में)

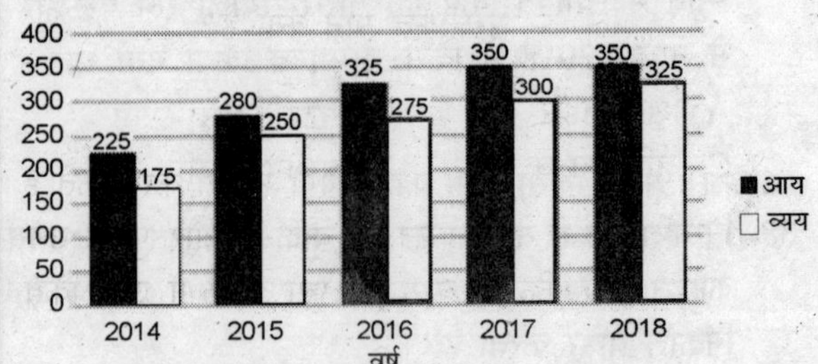

2015, 2017 और 2018 में कंपनी की कुल आय, पाँच वर्षों में कुल व्यय से लगभग कितने प्रतिशत कम है?

A. 24　　B. 21
C. 26　　D. 22

59. यदि $\tan x = \cot (60° + 6x)$ है, तो x का मान क्या होगा?

A. $\frac{15°}{2}$　　B. 10°
C. 12°　　D. $\frac{30°}{7}$

60. केंद्र O वाले किसी वृत्त में, व्यास AB और जीवा CD एक-दूसरे को E पर काटते हैं, AC और AD को जोड़ा जाता है। अगर $\angle BOC = 48°$ और $\angle AOD = 100°$ है, तो $\angle CEB$ की माप क्या है?

A. 78°　　B. 82°
C. 72°　　D. 74°

61. किसी वस्तु के अंकित मूल्य पर 20% की छूट देने के बाद इसे ₹ 360 में बेचा जाता है। अगर उस वस्तु पर छूट नहीं दी गई होती, तो 50% का लाभ होता। वस्तु का क्रय मूल्य है?

A. ₹ 300　　B. ₹ 320
C. ₹ 360　　D. ₹ 350

62. अगर $\left(\frac{1}{1+\text{cosec}\theta}-\frac{1}{1-\text{cosec}\theta}\right)\cos\theta = 2, 0° < \theta < 90$ है, तो $\sin^2\theta + \cos^2\theta + \sec^2\theta$ का मान है :

A. $3\frac{1}{2}$　　B. 2
C. $2\frac{1}{2}$　　D. 1

63. $5 \div 10$ का $10 \times 4 + 4 \div 4$ का $4 \times 10 - (10 - 4) \div 16 \times 4$ का सरलीकृत मान क्या है?

A. 2,5　　B. 1.2
C. 58.5　　D. 21

64. 18 पुरुष किसी काम को 9 दिनों में पूरा कर सकते हैं। 5 दिनों तक काम करने के बाद, 6 और पुरुष उनसे जुड़ते हैं। बचे हुए काम को पूरा करने में उन्हें कितने दिन लगेंगे?

A. 2　　B. $2\frac{1}{2}$
C. 3　　D. $3\frac{1}{2}$

65. दिया गया दंड आरेख (बार ग्राफ) पांच वर्षों, 2014 से 2018 के दौरान किसी कंपनी की आय और व्यय (करोड़ रुपये में) को दर्शाता है।

5 वर्षों में कंपनी की आय एवं व्यय (₹ करोड़ में)

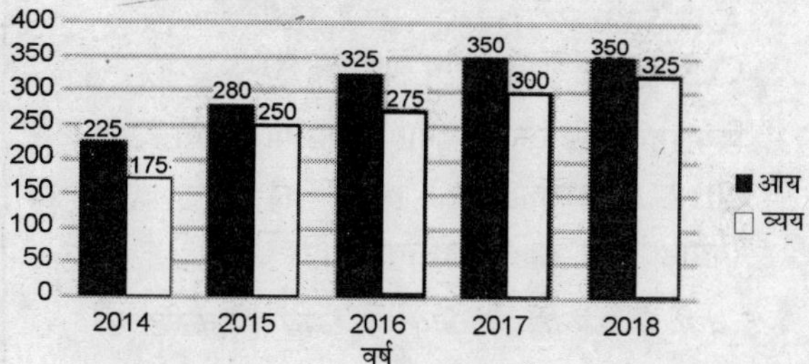

पिछले वर्ष के व्यय की तुलना में किस वर्ष में व्यय 40% से अधिक है?

A. 2016　　B. 2018
C. 2017　　D. 2015

66. अगर $8(x + y)^3 - (x - y)^3 = (x + 3y)(Ax^2 + Bxy + Cy^2)$ है, तो (A – B – C) का मान है :

A. 14　　B. –6
C. 10　　D. –2

67. 80 विद्यार्थियों की एक कक्षा में, ग्रामीण और शहरी विद्यार्थियों का अनुपात 5 : 3 है। किसी परीक्षा में, ग्रामीण विद्यार्थियों का औसत प्राप्तांक शहरी विद्यार्थियों की तुलना में 40% अधिक है। यदि सभी विद्यार्थियों का औसत प्राप्तांक 69 है, तो विद्यार्थियों का औसत प्राप्तांक क्या है?

A. 92　　B. 80
C. 76　　D. 84

68. 10 अंकों की एक संख्या 46789x531y यदि 72 से विभाज्य है तो x के सबसे बड़े मान के लिए $(2x + 5y)$ का मान है :

A. 28　　B. 10
C. 38　　D. 16

69. एक आयताकार पार्क की लंबाई इसकी चौड़ाई से 20 मी. अधिक है। यदि ₹ 53 प्रति मीटर की दर से पार्क की चारदीवारी कराने का खर्च ₹ 21,200 है तो पार्क का क्षेत्रफल (मी.^{2} में) क्या है?

A. 9504 B. 8925
C. 9240 D. 9900

70. एक व्यक्ति अपने भोजन के ₹ 1,250 के बिल पर 30% और फिर 20% की छूट प्राप्त करता है। उसे कितना भुगतान करना होगा?

A. ₹ 500 B. ₹ 550
C. ₹ 700 D. ₹ 350

71. दिया गया दंड आरेख (बार ग्राफ) पांच वर्षों, 2014 से 2018 के दौरान किसी कंपनी की आय और व्यय (करोड़ रुपये में) को दर्शाता है।

5 वर्षों में कंपनी की आय एवं व्यय (₹ करोड़ में)

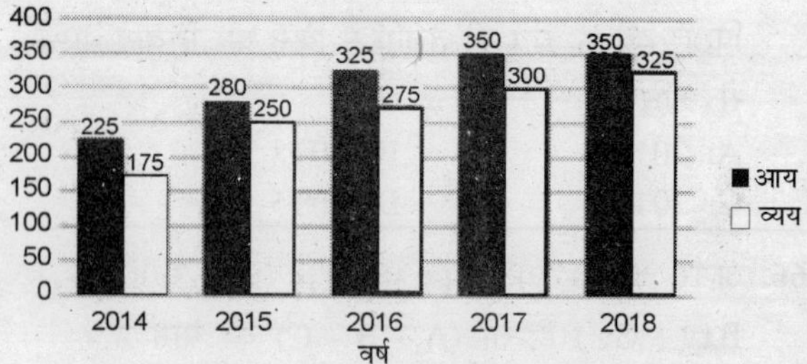

पाँच वर्षों में कंपनी की (प्रति वर्ष) औसत आय 2015 में उसके व्यय से कितने प्रतिशत अधिक है?

A. 24.6 B. 20.8
C. 24.2 D. 22.4

72. 72 किमी./घं. और 108 किमी./घं. की गति से विपरीत दिशाओं से आ रही समान लंबाई की दो रेलगाड़ियाँ एक-दूसरे को 10 सेकंड में पार कर जाती हैं। 350 मी. लंबे प्लेटफॉर्म को पहली रेलगाड़ी कितने समय (सेकंड) में पार करेगी?

A. 36 B. 32
C. 24 D. 30

73. दिया गया दंड आरेख (बार ग्राफ) पांच वर्षों, 2014 से 2018 के दौरान किसी कंपनी की आय और व्यय (करोड़ रुपये में) को दर्शाता है।

5 वर्षों में कंपनी की आय एवं व्यय (₹ करोड़ में)

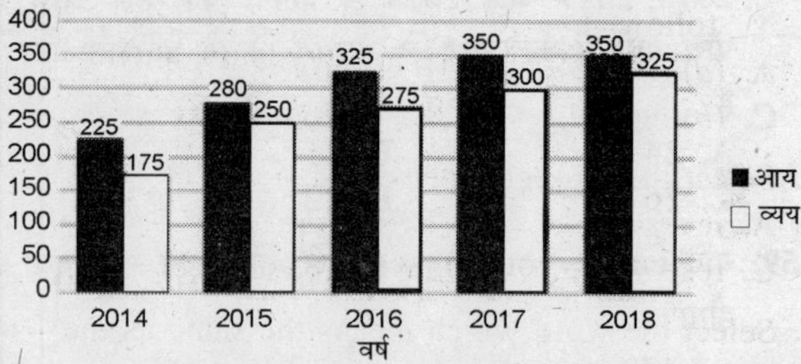

2014, 2016 और 2017 में कंपनी के कुल व्यय और कुल आय का अनुपात क्या है?

A. 5 : 6 B. 3 : 4
C. 13 : 18 D. 15 : 16

74. अगर $x + y + z = 19$, $x^2 + y^2 + z^2 = 133$ है, तो $x^3 + y^3 + z^3 - 3xyz$ का मान है:

A. 342 B. 380
C. 361 D. 352

75. माना कि $\Delta ABC \sim \Delta QPR$ और $\frac{ar(\Delta ABC)}{ar(\Delta PQR)} = \frac{9}{4}$ है। यदि AB = 12 सेमी., BC = 6 सेमी. और AC = 9 सेमी है, तो QR बराबर है:

A. 9 सेमी. B. 12 सेमी.
C. 15 सेमी. D. 6 सेमी.

76. In the sentence identify the segment which contains the grammatical error.

I expect to return from Singapore during about a week's time.

A. I expect to return
B. a week's time
C. from Singapore
D. during about

77. Given below are four jumbled sentences. Out of the given options pick the one that gives their correct order.

(*a*) The subjects taught in the Gurukul varied from Sanskrit to Mathematics.
(*b*) Indian education has its roots in the ancient ages.
(*c*) However this system changed when the British came to India.

(*d*) In those days the Gurukul system was followed.

A. (*d*)(*c*)(*a*)(*b*) B. (*b*)(*d*)(*a*)(*c*)
C. (*b*)(*c*)(*a*)(*d*) D. (*c*)(*b*)(*a*)(*d*)

78. Select the wrongly spelt word.
A. reverse B. require
C. resembel D. reproduce

79. Select the word which means the same as the group of words given.

An instrument used for measuring atmospheric pressure

A. thermometer B. voltmeter
C. altimeter D. barometer

80. Select the wrongly spelt word.
A. nerve B. nerveous
C. negative D. neglect

81. Select the most appropriate synonym of the given word.

HANDY

A. clumsy B. convenient
C. hard D. useless

82. Select the most appropriate word to fill in the blank.

In view of his transfer to a far off place, he had to ______ his promotion.

A. claim B. resign
C. assert D. forgo

83. Select the word which means the same as the group of words given.

The study of human history and prehistory through the excavation of sites

A. psephology B. geology
C. archaeology D. anthropology

84. In the sentence identify the segment which contains the grammatical error.

Mrs. Sangeeta Malik is one of the favourite teacher of most children in our school.

A. Mrs. Sangeeta Malik is
B. in our school
C. of most children
D. one of the favourite teacher

Directions (Qs. No. 85-89): *In the following passage some words have been deleted. Fill in the blanks with the help of the alternatives given. Select the most appropriate option for each blank.*

Every morning, nine-year old Khushi becomes guardian to her five-year old sister Ankita as (1) ______ hold hands and cross the railway tracks to (2) ______ the school. The sisters leave home (3) ______ 7 am with school bags larger (4) ______ their torsos. The 2 km route they walk on foot to reach school (5) ______ includes walking past a railway crossing and through the lanes of an industrial area used by mini trucks and carrier vehicles.

85. Select the most appropriate option for blank No. 1.
A. we B. she
C. them D. they

86. Select the most appropriate option for blank No. 2.
A. go B. arrive
C. come D. reach

87. Select the most appropriate option for blank No. 3.
A. from B. in
C. on D. at

88. Select the most appropriate option for blank No. 4.
A. to B. than
C. from D. with

89. Select the most appropriate option for blank No. 5.
A. hardly B. daily
C. widely D. evenly

90. Select the most appropriate antonym of the given word.

RESERVED

A. modest
B. communicative
C. quiet
D. placid

91. Select the most appropriate option to substitute the underlined segment in the given sentence. If there is no need to substitute it, select No improvement.

The civic bodies in the capital have formed teams to crack down on coaching centres found violated a law.

A. found to violated a law
B. finding to violate the law
C. No improvement
D. found violating the law

92. Given below are four jumbled sentences. Out of the given options pick the one that gives their correct order.

(*a*) At this speed the rocket soon attained the height of 190 miles above the earth.

(*b*) At 9 am the great rocket lifted in the air with a mighty roar.

(*c*) It rose smoothly at first, then quickened to a speed of 17,500 miles an hour.

(*d*) Gagarin now pulled himself towards the window to look down.

A. (*b*)(*a*)(*d*)(*c*) B. (*b*)(*c*)(*a*)(*d*)
C. (*a*)(*d*)(*b*)(*c*) D. (*c*)(*b*)(*a*)(*d*)

93. Select the most appropriate meaning of the given idiom.

Mad as a hatter

A. superstitious B. very upset
C. old fashioned D. eccentric

94. Select the most appropriate word to fill in the blank.

The prisoner held up his fist in a defiant ______ as he was led out of the courtroom.

A. gesture B. token
C. wave D. salute

95. Select the most appropriate antonym of the given word.

INSTANT

A. delayed B. quick
C. immediate D. current

96. Select the most appropriate synonym of the given word.

THWART

A. face B. support
C. impede D. aid

97. Select the most appropriate meaning of the given idiom.

Going over one's head

A. unable to take a decision
B. something one didn't expect
C. unable to function as one used to
D. beyond one's capacity to understand

98. Select the correct passive form of the given sentence.

The new gardener looks after the plants well.

A. The plants were looked after well by the new gardener.
B. The new gardener is looked after well by the plants.
C. The plants are looked after well by the new gardener.
D. The plants looked after well by the new gardener.

99. Select the most appropriate option to substitute the underlined segment in the given sentence. If there is no need to substitute it, select No improvement.

The Urban Art Commission has suggested that the landscape be developing by adding water fountains around the sculpture.

A. be developed by
B. to be developed by
C. No improvement
D. be developed with

100. Select the correct indirect form of the given sentence.

Father said to me, "Are you going to keep me waiting all night?"

A. Father told me that you are going to keep him waiting all night.
B. Father asked me are you going to keep me waiting all night.
C. Father asked me if you were going to keep him waiting all night.
D. Father asked me if I was going to keep him waiting all night.

उत्तरमाला

1	2	3	4	5	6	7	8	9	10
D	B	D	D	B	D	D	D	B	B
11	**12**	**13**	**14**	**15**	**16**	**17**	**18**	**19**	**20**
D	B	B	B	C	D	A	D	A	D
21	**22**	**23**	**24**	**25**	**26**	**27**	**28**	**29**	**30**
C	C	B	C	B	A	A	A	A	C
31	**32**	**33**	**34**	**35**	**36**	**37**	**38**	**39**	**40**
B	C	B	A	D	B	C	B	C	D
41	**42**	**43**	**44**	**45**	**46**	**47**	**48**	**49**	**50**
C	D	D	A	B	D	A	C	B	C
51	**52**	**53**	**54**	**55**	**56**	**57**	**58**	**59**	**60**
A	B	D	A	B	A	A	C	D	D
61	**62**	**63**	**64**	**65**	**66**	**67**	**68**	**69**	**70**
A	A	B	C	D	D	D	A	D	C
71	**72**	**73**	**74**	**75**	**76**	**77**	**78**	**79**	**80**
D	D	A	C	D	D	B	C	D	B
81	**82**	**83**	**84**	**85**	**86**	**87**	**88**	**89**	**90**
B	D	C	D	D	D	D	B	B	B
91	**92**	**93**	**94**	**95**	**96**	**97**	**98**	**99**	**100**
D	B	D	A	A	C	D	C	A	D

व्याख्यात्मक उत्तर

1. कुल मैचों की अभीष्ट संख्या

$= \frac{14(14-1)}{2}$

$= 7 \times 13$

$= 91$

2. C Q H L : F T E I :: Q P A R : R S X O

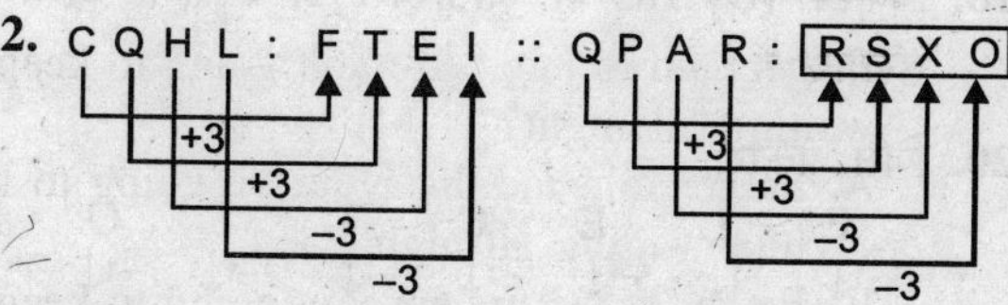

4. (A) B C E H (+1, +2, +3)

(B) K L N O (+1, +2, +3)

(C) T U W Z (+1, +2, +3)

(D) L M P S (+1, +3, +3)

अतः विकल्प (D) अक्षर समूह अन्य सभी से अलग है।

6.

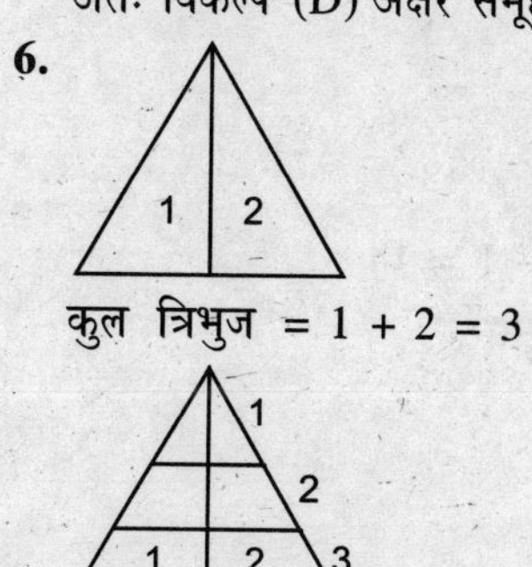

कुल त्रिभुज = 3 × 3 = 9

दी गई आकृति में इस तरह की तीन आकृति हैं।

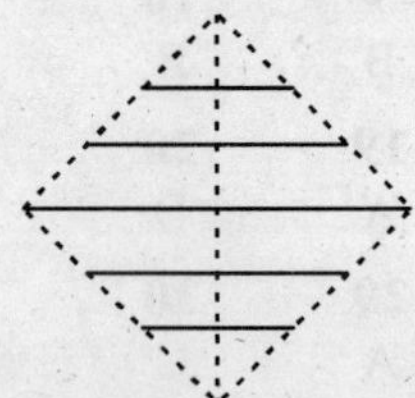

अतः त्रिभुजों की अभीष्ट संख्या

= 3 × 9 + 2

= 27 + 2

= 29.

7. जिस प्रकार

7 : 729

$= (7 + 2)^3$

उसी प्रकार,

8 : 1000

$= (8 + 2)^3$

9.

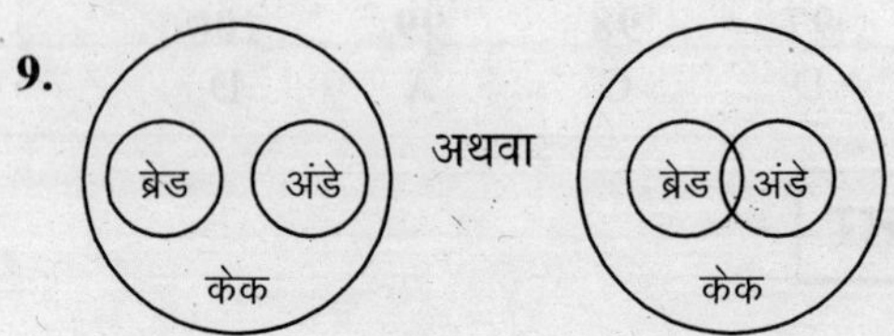

वेन आरेख से स्पष्ट है—कुछ केक ब्रेड हैं।

और या तो कुछ ब्रेड अंडे हैं या फिर कोई ब्रेड अंडा नहीं है।

अतः निष्कर्ष I और या तो निष्कर्ष II या III अनुसरण करते हैं।

10. विकल्प चुनने पर

÷ और +

20 ÷ 5 × 3 + 3 − 1 = 14

BODMAS नियमानुसार,

= 4 × 3 + 3 − 1

= 12 + 3 − 1

= 15 − 1

= 14 (RHS)

11.

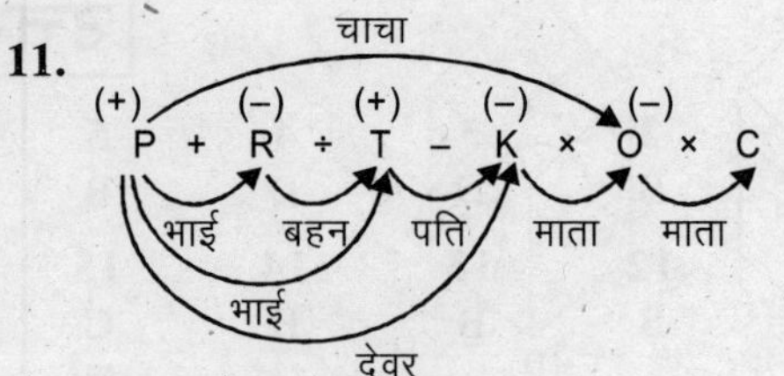

P, O का चाचा है।

13. जिस प्रकार 'ग्लूकामा' आँखों से संबंधित रोग है उसी प्रकार 'गठिया' जोड़ों से संबंधित रोग है।

14.

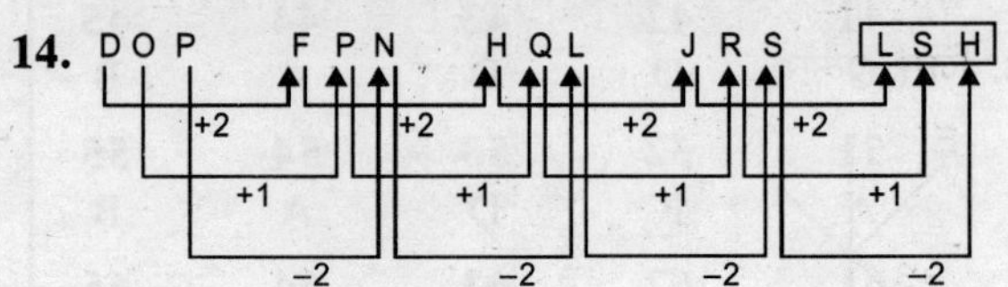

15.

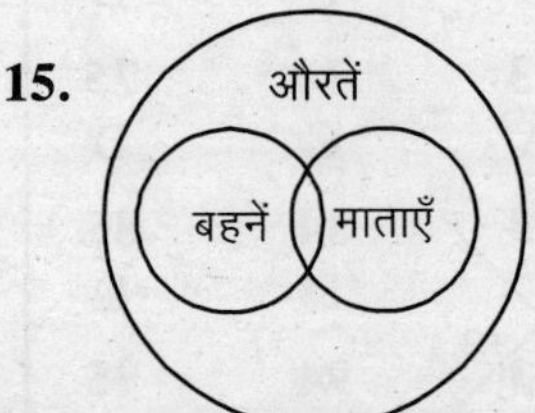

16. माना माता और उसके बेटे की आयु क्रमशः x वर्ष और y वर्ष है।

$$x + y = 60 \quad ...(i)$$

$$x - y = 30 \quad ...(ii)$$

समीकरण (i) + समीकरण (ii) से,

$$2x = 90$$

$$x = 45$$

अतः माता की आयु 45 वर्ष है।

18. विकल्प (D) 183 के अतिरिक्त अन्य सभी अभाज्य संख्याएँ हैं।

20. जिस प्रकार,

E	L	E	C	T	I	O	N
−1↓	−1↓	−1↓	−1↓	−1↓	−1↓	−1↓	−1↓
D	K	D	B	S	H	N	M

उसी प्रकार,

E	X	A	M	P	L	E
−1↓	−1↓	−1↓	−1↓	−1↓	−1↓	−1↓
D	W	Z	L	O	K	D

21.

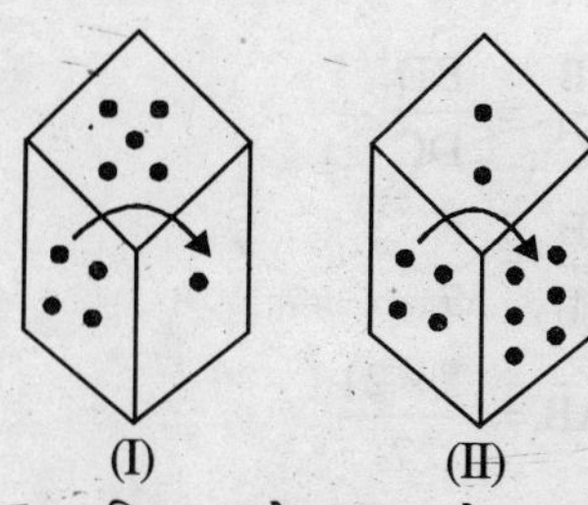

चार बिन्दु वाले फलक से वामावर्त दिशा में घूमने पर

पासा I, 4 बिन्दु 5 बिन्दु 1 बिन्दु

पासा II, 3 बिन्दु 2 बिन्दु 6 बिन्दु

अतः चार बिन्दु के ऊपर तीन बिन्दु होंगे।

22. जिस प्रकार,

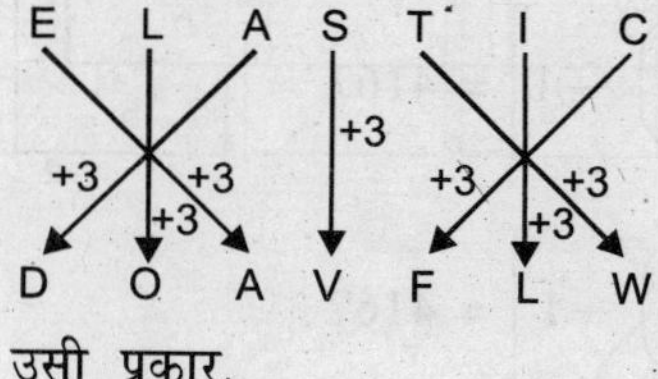

उसी प्रकार,

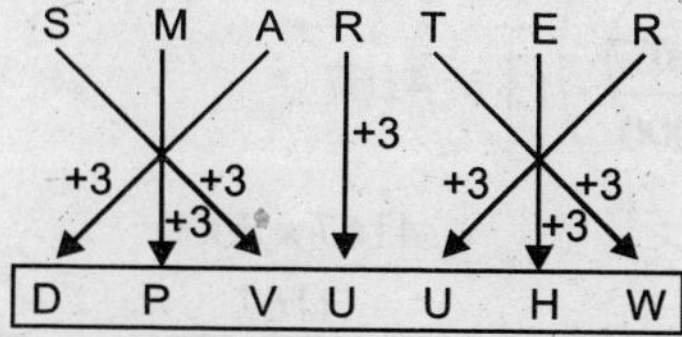

23. जिस प्रकार,

M	A	G	E	N	T	A
↓	↓	↓	↓	↓	↓	↓
13	1	7	5	14	20	1

अंग्रेजी वर्णमाला में अक्षरों का स्थान संख्या

उसी प्रकार,

V	I	S	C	O	U	S
↓	↓	↓	↓	↓	↓	↓
22	9	19	3	15	21	19

51. $9a^2 + 16b^2 + c^2 + 25 = 24(a + b)$

$9a^2 + 16b^2 + c^2 + 25 - 24a - 24b = 0$

$(3a)^2 + (4)^2 - 24a + (4b)^2 + (3)^2 - 24b + c^2 = 0$

$(3a - 4)^2 + (4b - 3)^2 + c^2 = 0$

$\downarrow \qquad \downarrow \qquad \downarrow$

$0 \qquad 0 \qquad 0$

$\therefore 3a - 4 = 0 \quad \Rightarrow a = \dfrac{4}{3}$

$4b - 3 = 0 \quad \Rightarrow b = \dfrac{3}{4}$

$c = 0$

$$\therefore (3a + 4b + 5c) = 3 \times \frac{4}{3} + 4 \times \frac{3}{4} + 5 \times 0$$

$$= 4 + 3 + 0 = 7.$$

53. वस्तु का विक्रय मूल्य $= x \times 33\frac{1}{3}\% = ₹\,\dfrac{x}{3}$

$$\because \text{क्रय मूल्य} = \frac{100}{100 - \text{हानि}\,\%} \times \text{विक्रय मूल्य}$$

$$= \frac{100}{100 - 20} \times \frac{x}{3}$$

$$= \frac{100}{80} \times \frac{x}{3}$$

$$= ₹\,\frac{5x}{12}$$

$$\text{अतः लाभ प्रतिशत} = \frac{\text{विक्रय मूल्य} - \text{क्रय मूल्य}}{\text{क्रय मूल्य}} \times 100$$

$$= \frac{x - \frac{5x}{12}}{\left(\frac{5x}{12}\right)} \times 100 = \frac{7x}{5x} \times 100 = 140\%.$$

54. माना वस्तु की कीमत ₹ x है।

प्रश्नानुसार,

$$x\left(1 + \frac{20\%}{100}\right)^4 - x\left(1 + \frac{20\%}{100}\right)^3 = ₹\,259.20$$

$$x\left(\frac{6}{5}\right)^4 - x\left(\frac{6}{5}\right)^3 = ₹\,259.20$$

$$x\left(\frac{6}{5}\right)^3\left[\frac{6}{5} - 1\right] = ₹\,259.20$$

$$x \times \left(\frac{6}{5}\right)^3 \times \frac{1}{5} = ₹\,259.20$$

$$x \times \frac{216}{625} = ₹\,259.20$$

$$x = \frac{259.20 \times 625}{216}$$

$$= ₹\,750$$

दूसरे वर्ष के अन्त में कीमत = $x\left(1+\frac{20\%}{100}\right)^2$

$= 750\times\left(\frac{6}{5}\right)^2 = 750\times\frac{36}{25} = 1080$

दूसरे वर्ष के अन्त में कीमत का 40%
= 1080 × 40% = ₹ 432.

55. $\frac{4\tan^2 30^\circ+\frac{1}{4}\sin^2 90^\circ+\frac{1}{8}\cot^2 60^\circ+\sin^2 30^\circ\cos^2 45^\circ}{\sin 60^\circ\cos 30^\circ-\cos 60^\circ\sin 30^\circ}$

$= \frac{4\times\left(\frac{1}{\sqrt{3}}\right)^2+\frac{1}{4}(1)^2+\frac{1}{8}\times\left(\frac{1}{\sqrt{3}}\right)^2+\left(\frac{1}{2}\right)^2\times\left(\frac{1}{\sqrt{2}}\right)^2}{\frac{\sqrt{3}}{2}\times\frac{\sqrt{3}}{2}-\frac{1}{2}\times\frac{1}{2}}$

$= \frac{\frac{4}{3}+\frac{1}{4}+\frac{1}{24}+\frac{1}{8}}{\frac{3}{4}-\frac{1}{4}} = \frac{\frac{32+6+1+3}{24}}{\frac{2}{4}}$

$= \frac{42\times 4}{24\times 2} = \frac{14}{4} = \frac{7}{2} = 3\frac{1}{2}.$

56.

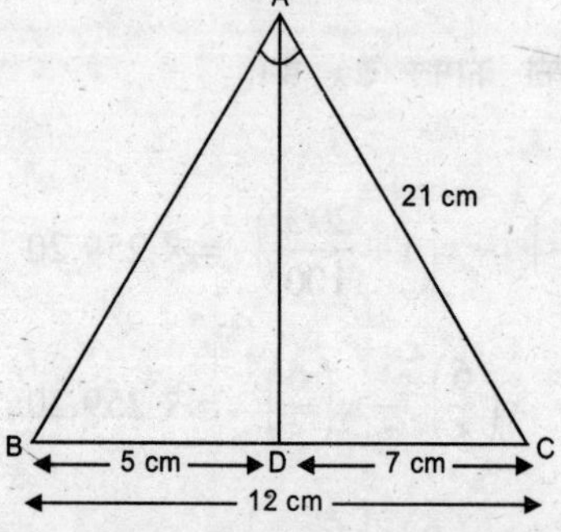

माना भुजा DC की लम्बाई x सेमी. है
तब,

$BD = x - 2$

∵ BD + DC = 12 सेमी.

$(x - 2) + x = 12$

$2x = 14$

$x = 7$

∴ DC = 7 सेमी. और BD = 7 − 2 = 5 सेमी.

∴ AD, < A का समद्विभाजक है।

अतः $\frac{AB}{AC} = \frac{BD}{DC}$

$\frac{AB}{21} = \frac{5}{7}$

∴ $AB = \frac{5\times 21}{7}$

AB = 15 सेमी.

57. माना राशि ₹ x है

तब, चक्रवृद्धि ब्याज = राशि $\left[\left(1+\frac{\text{दर}\%}{100}\right)^{\text{समय}}-1\right]$

$x\left[\left(1+\frac{15}{100}\right)^3-1\right] = 4167$

$x\left[\left(\frac{23}{20}\right)^3-1\right] = 4167$

$\left[\frac{12167}{8000}-1\right] = 4167$

$x = \frac{4167\times 8000}{4167}$

∴ x = ₹ 8000

∵ साधारण ब्याज = $\frac{p\times r\times t}{100}$

$= \frac{8000\times 15\times 24}{100\times 5}$

= ₹ 5760.

58. वर्ष 2015, 2017 और 2018 में कंपनी की कुल आय
= 280 + 350 + 350 = ₹ 980 करोड़

पाँच वर्षों में कंपनी का कुल व्यय
= 175 + 250 + 275 + 300 + 325
= ₹ 1325 करोड़

अभीष्ट प्रतिशत = $\frac{1325-980}{1325}\times 100$

$= \frac{345}{1325}\times 100$

= 26.04%

≅ 26%.

59.
$$\tan x^\circ = \cot(60^\circ + 6x)$$
$$\cot(90^\circ - x) = \cot(60^\circ + 6x)$$
$$[\because \tan x = \cot(90 - x)]$$
$$90^\circ - x = 60^\circ + 6x$$
$$7x = 30^\circ$$
$$x = \frac{30^\circ}{7}.$$

60.

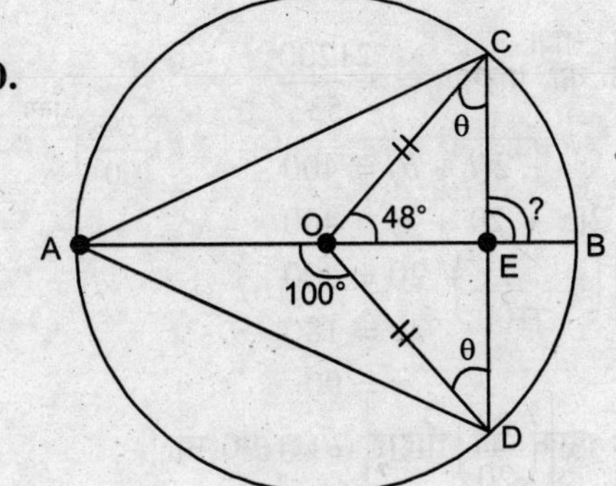

$$\angle DOB = 180^\circ - 100^\circ = 80^\circ$$
$$\angle COD = 48^\circ + 80^\circ = 128^\circ$$
$\because$ $OC = OD = r$ (वृत्त की त्रिज्या)

$\therefore$ $\angle OCD = \angle ODC = \theta$

$\Delta\, COD$ में,
$$128^\circ + \theta^\circ + \theta^\circ = 180^\circ$$
$$2\theta^\circ = 52^\circ$$
$$\theta = 26^\circ$$
$\Delta\, COE$ में, $\angle CEB$ बाह्य कोण
$$\angle CEB = \angle COE + \theta$$
$$= 48^\circ + 26^\circ$$
$$= 74^\circ$$

61. वस्तु का अंकित मूल्य $= \dfrac{\text{विक्रय मूल्य}}{\left(1 - \dfrac{\%d}{100}\right)}$
$$= \frac{360}{1 - \dfrac{20}{100}}$$
$$= \frac{360 \times 5}{4}$$
$$= ₹\,450$$

$\because$ वस्तु पर छूट दी गई।

$\therefore$ अब, वस्तु का विक्रय मूल्य = वस्तु का अंकित मूल्य
$$= ₹\,450$$

$\because$ क्रय मूल्य $= \dfrac{100}{100 + \text{लाभ}\%} \times$ विक्रय मूल्य
$$= \frac{100}{100 + 50} \times 450$$
$$= \frac{100}{150} \times 450$$
$$= ₹\,300$$
अतः वस्तु का क्रय मूल्य ₹ 300 है।

62. दिया है,
$$\left(\frac{1}{1 + \text{cosec}\theta} - \frac{1}{1 - \text{cosec}\theta}\right)\cos\theta = 2$$
$$\left[\left(\frac{(1 - \text{cosec}\theta) - (1 - \text{cosec}\theta)}{(1 + \text{cosec}\theta)(1 - \text{cosec}\theta)}\right)\right]\cos\theta = 2$$
$$\left[\frac{-2\text{cosec}\theta}{1 - \text{cosec}^2\theta}\right]\cos\theta = 2$$
$$\left[\frac{-2\text{cosec}\theta}{-(\text{cosec}^2\theta - 1)}\right]\cos\theta = 2$$
$$\left[\frac{2\text{cosec}\theta}{\cot^2\theta}\right] \times \cos\theta = 2$$
$$\left[\frac{\dfrac{1}{\sin\theta}}{\dfrac{\cos^2\theta}{\sin^2\theta}}\right] \times \cos\theta = 1$$
$$\frac{\sin\theta}{\cos\theta} = 1$$
$$\tan\theta = 1$$
$$\theta = 45^\circ$$
$$[0^\circ < \theta < 90^\circ]$$
$$\therefore \sin^2\theta + \cot^2\theta + \sec^2\theta$$
$$= \sin^2 45^\circ + \cot^2 45^\circ + \sec^2 45^\circ$$
$$= \left(\frac{1}{\sqrt{2}}\right)^2 + (1)^2 + \left(\sqrt{2}\right)^2 = \frac{1}{2} + 1 + 2 = 3\frac{1}{2}$$

63. 5 ÷ 10 का 10 × 4 + 4 ÷ 4 का 4 × 10 − (10 − 4) ÷ 16 × 4

BODMAS नियमानुसार,

$= 5 \div 100 \times 4 + 4 \div 16 \times 10 - 6 \div 16 \times 4$

$= \frac{5}{100} \times 4 + \frac{4}{16} \times 10 - \frac{6}{16} \times 4$

$= \frac{1}{5} + \frac{5}{2} - \frac{3}{2}$

$= 0.2 + 2.5 - 1.5$

$= 1.2.$

64. $\because$ $M_1 \times D_1 = M_2 \times D_2$

$18 \times 9 = 18 \times 5 + (18 + 6) \times x$

$162 = 90 + 24x$

$24x = 72$

$x = 3$

अतः बचे हुए काम को पूरा करने में उन्हें 3 दिन लगेंगे।

65. 2014 से 2015 तक व्यय में वृद्धि

$= \frac{250 - 175}{175} \times 100$

$= \frac{75}{175} \times 100$

$= 42.85\% \; (> 40\%)$

अतः वर्ष 2015 में, पिछले वर्ष (2014) की तुलना में व्यय 40% अधिक है।

68. एक संख्या 72 से तभी विभाजित होगी जब वह 8 और 9 दोनों संख्या से विभाज्य हो।

यदि किसी संख्या के अन्तिम तीन अंक 8 से विभाज्य हो तो संख्या 8 से विभाज्य होगी।

यदि किसी संख्या के अंकों का योग 9 से विभाज्य हो तो संख्या 9 से विभाज्य होगी।

$46789x531y$

$\Rightarrow \frac{31y}{8}$ अतः y का संभव मान = 2

अतः $46789x5312$

$= \frac{4+6+7+8+9+x+5+3+1+2}{9} = \frac{45+x}{9}$

अतः x के संभव मान = 0, 9

x का सबसे बड़ा मान = 9

$\therefore \quad 2x + 5y = 2 \times 9 + 5 \times 2$

$= 18 + 10$

$= 28.$

69. माना पार्क की चौड़ाई = x मी.

पार्क की लम्बाई $(l) = x + 20$ मी.

पार्क का परिमाप = $\frac{21200}{53}$

$2(l + b) = 400$

$2(x + 20 + x) = 400$

$2x + 20 = 200$

$2x = 180$

$x = 90$

अतः पार्क की चौड़ाई (b) = 90 मी.

पार्क की लम्बाई $(l) = x + 20$

$= 90 + 20$

= 110 मी.

पार्क का क्षेत्रफल = $l \times b$

$= 90 \times 110$

= 9900 मी.^{2}।

70. व्यक्ति को बिल का अभीष्ट भुगतान करना पड़ेगा

$= 1250\left(1 - \frac{30}{100}\right)\left(1 - \frac{20}{100}\right)$

$= 1250 \times \frac{70}{100} \times \frac{80}{100}$

= ₹ 700.

71. पाँच वर्षों में कंपनी की औसत आय

$= \frac{225 + 280 + 325 + 350 + 350}{5}$

$= \frac{1530}{5}$

= ₹ 306 करोड़

वर्ष 2015 में कंपनी का व्यय = ₹ 250 करोड़

अभीष्ट प्रतिशत = $\frac{306 - 250}{250} \times 100$

$= \frac{56}{250} \times 100$

$= 22.4\%$.

72. माना प्रत्येक रेलगाड़ी की लम्बाई = l मी.

तब रेलगाडियों द्वारा एक-दूसरे को पार करने में तय की गई दूरी = $l + l = 2l$ मी.

दोनों रेलगाडियों की सापेक्ष चाल

$= 72 \times \frac{5}{18}$ मी./से. + $108 \times \frac{5}{18}$ मी./से.

$= 20 + 30$

$= 50$ मी./से.

$\therefore$ समय = $\frac{\text{दूरी}}{\text{चाल}}$

$\frac{2l}{50} = 10$

$l = 250$ मी.

प्लेटफॉर्म को पार करने में रेलगाड़ी द्वारां तय की गई दूरी

$= 250 + 350$

$= 600$ मी.

$\because$ समय = $\frac{\text{दूरी}}{\text{चाल}}$

$= \frac{600}{72 \times \frac{5}{18}}$

$= \frac{600}{20}$

= 30 सेकेंड।

73. 2014, 2016 और 2017 में कंपनी का कुल व्यय

= 175 + 275 + 300

= ₹ 750 करोड़

2014, 2016 और 2017 में कंपनी की कुल आय

= 225 + 325 + 350

= ₹ 900 करोड़

अतः अभीष्ट अनुपात = 750 : 900 = 5 : 6

74. दिया है,

$x + y + z = 19$

$x^2 + y^2 + z^2 = 133$

$\because \quad (x+y+z)^2 = x^2+y^2+z^2+2(xy+yz+zx)$

$(19)^2 = 133 + 2(xy+yz+zx)$

$\therefore \quad (xy+yz+zx) = \frac{361-133}{2} = 114$

$\therefore \quad x^3 + y^3 + z^3 \quad 3xyz$

$= (x+y+z)(x^2+y^2+z^2-xy-yz-zx)$

$= 19(133 - 144)$

$= 19 \times 19$

$= 361$.

75. $\Delta ABC \sim \Delta QPR$

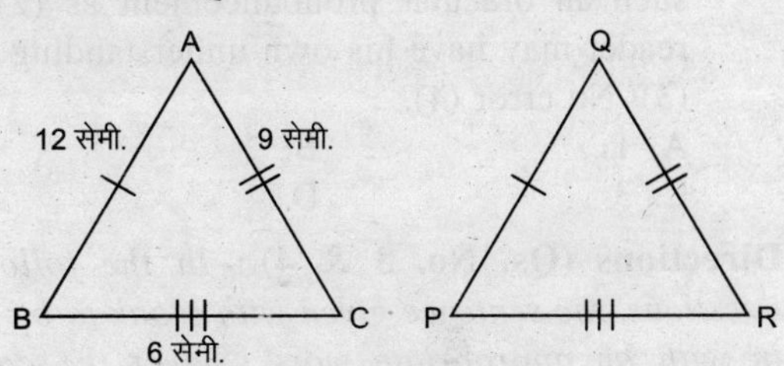

$\frac{Ar(ABC)}{Ar(PQR)} = \frac{AC^2}{QR^2}$

$\frac{(9)^2}{QR^2} = \frac{9}{4}$

$QR^2 = \frac{81 \times 4}{9}$

$QR^2 = 9 \times 4$

$QR^2 = 36$

$QR = 6$ सेमी.।

पिछले प्रश्न-पत्र (हल सहित)

SSC-संयुक्त हायर सेकेन्डरी स्तर–CHSL (10+2) Tier–1, ऑनलाइन भर्ती परीक्षा–2017*

Directions (Qs. No. 1 & 2): *In the following questions, some part of the sentence may have errors. Find out which part of the sentence has an error and select the appropriate option. If a sentence is free from error, select 'No Error'.*

1. We are what our thoughts (1)/ have made us; (2)/ so took care about what you think. (3)/ No error (4).

A. 1 B. 2
C. 3 D. 4

2. One hesitate to offer an inter-pretation of (1)/ such an oracular pronouncement as (2)/ the reader may have his own understanding of it. (3)/ No error (4).

A. 1 B. 2
C. 3 D. 4

Directions (Qs. No. 3 & 4).: *In the following questions, the sentence given with blank to be filled in with an appropriate word. Select the correct alternative out of the four and indicate it by selecting the appropriate option.*

3. He is ________ to Meera for his actions.

A. accountable B. careful
C. faithful D. liable

4. With her ____ the gate, you cannot ignore the issue any further.

A. at B. nearby
C. into D. towards

Directions (Qs. No. 5 & 6): *In the following questions, out of the given four alternatives, select the one which best expresses the meaning of the given word.*

5. Penchant

A. Indifference B. Revulsion
C. Disgust D. Fondness

6. Hearsay

A. Realise B. Testimony
C. Buzz D. Declare

Directions (Qs. No. 7 & 8): *In the following questions, out of the given four alternatives, select the one which is opposite in meaning of the given word.*

7. Orthodox

A. Routine B. Unconventional
C. Formal D. Correct

8. Bigot

A. Intolerant B. Extremist
C. Racist D. Liberal

9. Rearrange the parts of the sentence in correct order.

Echolocating bats

P : emit sounds in patterns that
Q : and constant-frequency (CF) signals
R : contain both frequency modulated (FM)

A. RPQ B. PRQ
C. RQP D. QRP

10. A sentence has been given in Active/Passive Voice. Out of the four given alternatives, select the one which best expresses the same sentence in Passive/Active Voice.

She dislikes my hobby.

A. My hobby is disliked by her.
B. My hobby was disliked by her.
C. Disliked by her was my hobby.
D. My hobby will be disliked by her.

11. A sentence has been given in Direct/Indirect Speech. Out of the four given alternatives, select the one which best expresses the same sentence in Indirect/Direct Speech.

She said to me, "I like your smartphone ."

A. She told me that she liked my smartphone.

---
* ***Online exam held on 27 March, 2018.***

B. She liked my smartphone.
C. She said that she like my smartphone.
D. My smartphone was liked by her.

12. In the following question, a word has been written in four different ways out of which only one is correctly spelt. Select the correctly spelt word.

A. Gorrilla B. Guerrilla
C. Geurial D. Guirilaa

Directions (Qs. No. 13 to 17): *In the following passage, some of the words have been left out. Read the passage carefully and select the correct answer for the given blank out of the four alternatives.*

Many persons of good education unconsciously circumscribe themselves ______ a small vocabulary. They have a knowledge of hundreds of desirable words which they do not put ______ practical use in their speech or writing. Many, too, are conscious ______ a poverty of language, which engenders in them a sense of timidity and self-______. The method used for building a large vocabulary has ______ been confined to the study of single words.

13. circumscribe themselves _____ a small vocabulary.

A. without B. within
C. withheld D. withdrew

14. do not put _________ practical use in their

A. inside B. inner
C. onto D. into

15. too, are conscious __________ a poverty of language,

A. for B. as
C. of D. form

16. timidity and self-___________. The method used

A. depreciate
B. depreciated
C. depreciates
D. depreciation

17. large vocabulary has _______ been confined

A. usual B. usuals
C. usually D. usualness

Directions (Qs. No. 18 & 19): *In the following questions, out of the four alternatives, select the alternative which best expresses the meaning of the idiom/phrase.*

18. Tongue in cheek

A. In an ironic or insincere way.
B. Being practical.
C. Stop yourself from saying something hurtful.
D. Be gutsy and speak the unpleasant truth.

19. Pedal to the metal

A. Build something big by yourself.
B. Add more protection to an already strong shield.
C. To drive very fast.
D. Push a person to perform to its extreme.

Directions (Qs. No. 20 & 21): *In the following questions, out of the four alternatives, select the alternative which is the best substitute of the words/ sentence.*

20. Writing or drawings scribbled, scratched, or sprayed illicitly on a wall or other surface in a public place

A. Splotch B. Smudge
C. Graffiti D. Streak

21. A person or thing that brings bad luck

A. Felicitous B. Adventitious
C. Jinx D. Providential

Directions (Qs. No. 22 & 23): *In the following questions, out of the four alternatives, select the alternative which will improve the bracketed part of the sentence. In case no improvement is needed, select "no improvement".*

22. He had had a short illness, there (had been) a brief time of acute suffering, then all was over.

A. have been B. have being
C. had being D. no improvement

23. I cook almost every day, but even the thought of producing that quantum of food (daunt) for me.

A. is daunting B. was daunted
C. has daunting D. no improvement

24. The question below consists of a set of labelled sentences. Out of the four options given, select the most logical order of the sentences to form a coherent paragraph.

It was winter, and on

A. cup of coffee was what
B. that cold day a hot
C. I needed desperately

A. ACB B. ABC
C. CBA D. BAC

25. In the following question, four words are given out of which one word is correctly spelt. Select the correctly spelt word.

A. indisposition B. indesposition
C. indispossition D. indespossition

26. निम्नलिखित प्रश्न में दिए गए विकल्पों में से संबंधित शब्द युग्म को चुनिए।

मंगलवार : बुधवार : : ? : ?

A. रविवार : सोमवार B. बृहस्पतिवार : शनिवार
C. सोमवार : शनिवार D. शुक्रवार : रविवार

27. निम्नलिखित प्रश्न में दिए गए विकल्पों में से संबंधित संख्या को चुनिए।

596 : 965 : : 453 : ?

A. 362 B. 378
C. 534 D. 452

28. निम्नलिखित प्रश्न में दिए गए विकल्पों में से संबंधित अक्षर युग्म को चुनिए।

ZEM : XCK : : ? : ?

A. SRV : RPT B. RUX : PSV
C. KNT : JLR D. NRT : LPS

29. निम्नलिखित प्रश्न में दिए गए विकल्पों में से विषम शब्द युग्म को चुनिए।

A. माता – बहन B. पिता – पुत्र
C. पुत्र – पुत्री D. मित्र – बहन

30. नीचे दिए गए प्रश्न में, चार संख्या युग्म दिए गए हैं। (–) के बायीं ओर दी संख्या (–) के दायीं ओर दी गई संख्या से तर्क/नियम से संबंधित है। तीन उसी एक तर्क/नियम के आधार पर समान हैं। दिए गए विकल्पों में से भिन्न को चुनिए।

A. 2 – 4 B. 4 – 16
C. 6 – 36 D. 8 – 66

31. निम्नलिखित प्रश्न में दिए गए विकल्पों में से विषम अक्षर/अक्षरों को चुनिए।

A. HNS B. MSY
C. KQW D. DJP

32. निम्नलिखित शब्दों को शब्दकोश में आने वाले क्रम के अनुसार लिखें।

1. Simulate
2. Simple
3. Similar
4. Silent
5. Signal

A. 12354 B. 54321
C. 52143 D. 24513

33. निम्नलिखित प्रश्न में दिए गए विकल्पों में से लुप्त अंक ज्ञात कीजिए।

23, 23, 46, 138, 552, ?

A. 2760 B. 3040
C. 2560 D. 2420

34. एक अनुक्रम दिया गया है, जिसमें से एक पद लुप्त है। दिए गए विकल्पों में से वह सही विकल्प चुनिए, जो अनुक्रम को पूरा करे।

GHXT, JKUQ, MNRN, PQOK, ?

A. RTHL B. SAPL
C. VTHF D. STLH

35. राकेश की वर्तमान आयु 36 वर्ष है। यदि 12 वर्ष पूर्व, दीपक की आयु राकेश की आयु की एक-चौथाई थी, तो 27 वर्ष पश्चात दीपक की आयु (वर्षों में) क्या होगी?

A. 47 B. 52
C. 45 D. 46

36. दिए गए विकल्पों में से वह शब्द चुनिए जो दिए गए शब्द के अक्षरों का प्रयोग करके नहीं बनाया जा सकता है।

Unwarranted

A. Warn B. Ran
C. Want D. Until

37. एक विशिष्ट कोड भाषा में, "MAKERS" को "KAMSRE" लिखा जाता है तथा "SINGER" को "NISREG" लिखा जाता है। इस कोड भाषा में "TRADER" को किस प्रकार लिखा जाएगा?

A. RATEDR
B. ARTRED
C. TSRNGP
D. TRARED

38. किसी निश्चित कोड भाषा में '–', '+' को प्रदर्शित करता है, '+', '×' को प्रदर्शित करता है, '×' '÷' को प्रदर्शित करता है और '÷', '–' को प्रदर्शित करता है। निम्नलिखित प्रश्न का उत्तर ज्ञात करें।

$3 - 10 + 40 \times 80 \div 6 = ?$

A. 20 B. 34
C. 2 D. 46

39. निम्नलिखित समीकरण गलत है। इस समीकरण को सही करने के लिए किन दो चिन्हों को आपस में अदला-बदली करना चाहिए?

$24 \div 8 \times 25 + 8 - 3 = 2$

A. ÷ और – B. × और –
C. + और ÷ D. – और +

40. यदि 80 &10 = –8, 50 & 2 = –25 और 80 & 16 = –5, तो 20 & 5 का मान ज्ञात करें।

A. 50 B. –40
C. –4 D. 4

41. निम्नलिखित में से कौन-सा पद दी गयी सूची के क्रम के अनुसार है?

XYXYZXYXY, XYXYXYZXY, XYXYXYXYZ, ZXYXYXYXY, XYZXYXYXY, _________.

A. XYXYZX YXY B. XYZXYXYXY
C. XYXYXZYXY D. XYXYXYZXY

42. दो कार्यकर्ता X और Y एक ही स्थान से चलता शुरू करते हैं। X पश्चिम दिशा में 65 मी. चलता है, फिर बाएं मुड़ता है और आगे 25 मी. की दूरी तक चलता है। इस बीच Y उत्तर दिशा में 20 मी. चलता है, फिर अपने दाहिनी ओर मुड़ जाता है और आगे 35 मी. की दूरी तक चलता है, फिर वह दक्षिण दिशा में मुड़ जाता है और आगे 45 मी. की दूरी तक चलता है। X के संबंध में Y कहाँ है?

A. 30 मी. पूर्व B. 100 मी. पश्चिम
C. 100 मी. पूर्व D. 30 मी. पश्चिम

43. प्रश्न में दो कथन दिये गये हैं जिसके आगे दो निष्कर्ष I और II निकाले गये हैं। आपको मानना है कि दोनों कथन सत्य हैं चाहे वह सामान्यतः ज्ञात तथ्यों से भिन्न प्रतीत होते हों। आपको निर्णय करना है कि दिए गए निष्कर्षों में से कौन-सा/कौन-से निश्चित रूप से कथन द्वारा सही निकाला जा सकता है/सकते हैं, यदि कोई हो।

कथन I: कोई भी पॉकेट्स वालेट्स नहीं होते हैं।
कथन II: सभी पर्सेस पाकेट्स होते हैं।
निष्कर्ष I: कुछ वॉलेट्स पर्सेस होती हैं।
निष्कर्ष II: कोई भी पर्सेस वालेट्स नहीं होती हैं।

A. केवल निष्कर्ष I सही है
B. केवल निष्कर्ष II सही है
C. दोनों निष्कर्ष I और II सही हैं
D. न तो निष्कर्ष I सही है न ही निष्कर्ष II

44. निम्नलिखित आकृति में, आयत डॉक्टरों को प्रदर्शित करता है, वृत्त बाइकर्ज को प्रदर्शित करता है, त्रिभुज ट्रेकर्स को प्रदर्शित करता है और वर्ग फुटबॉल खिलाड़ियों को प्रदर्शित करता है। अक्षरों को कौन-सा समूह उन डॉक्टरों कोप्रदर्शित करता है जो या तो बाइकर्ज हैं या फुटबॉल खिलाड़ी हैं?

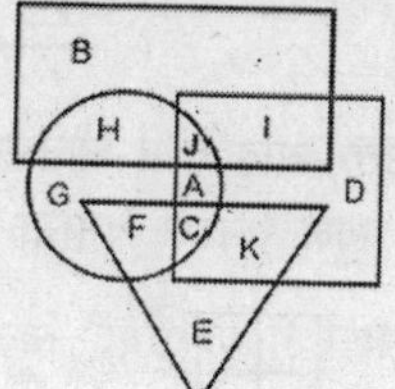

A. JA B. JAC
C. HJI D. JH

45. एक अनुक्रम दिया गया है, जिसमें से पद लुप्त है। दिए गए विकल्पों में से वह सही विकल्प चुनिए, जो अनुक्रम को पूरा करे।

PMO, LIK, HEG, DAC, ?

A. YWX B. ZWY
C. YVX D. ZVY

46. निम्नलिखित प्रश्न में दिए गए विकल्पों में से लुप्त अंक ज्ञात कीजिए।

57, 54, 48, 39, ?, 12

A. 27 B. 30
C. 25 D. 22

47. नीचे दिए गए प्रश्न में, तीन संख्याओं के चार समूह दिए गए हैं। प्रत्येक समूह में दूसरी तथा तीसरी संख्या पहली संख्या से किसी एक तर्क/नियम से संबंधित है। तीन उसी एक तर्क/नियम के आधार पर समान हैं। दिए गए विकल्पों में से भिन्न को चुनिए।

A. (6, 31, 19) B. (9, 46, 29)
C. (18, 91, 55) D. (13, 66, 40)

48. यदि एक दर्पण को MN रेखा पर रखा जाए तो दी गयी उत्तर आकृतियों में से कौन-सी आकृति प्रश्न आकृति का सही प्रतिबिम्ब होगी?

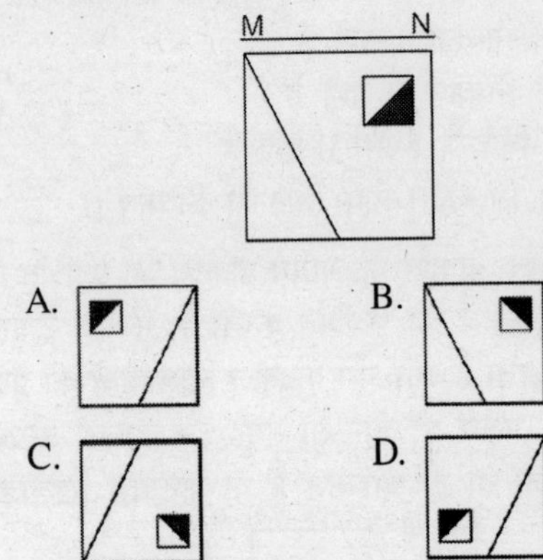

49. निम्नलिखित उत्तर आकृति में कौन-सा घन दिए गए प्रश्न आकृति में से खुले घन से बनाया नहीं जा सकता?

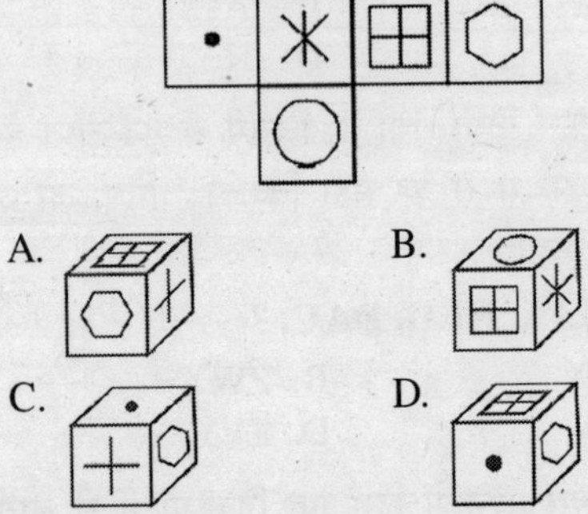

50. एक शब्द केवल एक संख्या-समूह द्वारा दर्शाया गया है, जैसा कि विकल्पों में से किसी एक में दिया गया है। विकल्पों में दिए गए संख्या-समूह अक्षरों के दो वर्गों द्वारा दर्शाए गए हैं, जैसा कि दिए गए दो आव्यूहों में है। आव्यूह-I के स्तम्भ और पंक्ति की संख्या 0 से 4 और आव्यूह-II की 5 से 9 है। इन आव्यूहों से एक अक्षर को पहले उसकी पंक्ति और बाद में स्तम्भ संख्या द्वारा दर्शाया जा सकता है। उदाहरण के लिए 'B' को 42, 34 आदि द्वारा दर्शाया जा सकता है तथा 'Z' को 57, 96 आदि द्वारा दर्शाया जा सकता है। इसी तरह से आपको प्रश्न में दिए शब्द 'FAZE' के लिए समूह को पहचानना है।

आव्यूह-I

	0	1	2	3	4
0	D	H	K	G	E
1	D	A	C	C	C
2	I	A	H	H	E
3	C	K	D	H	B
4	H	F	B	H	I

आव्यूह-II

	5	6	7	8	9
5	X	U	Z	V	X
6	S	P	O	P	Y
7	X	Q	O	Q	Q
8	R	P	R	N	P
9	W	Z	T	O	O

A. 30, 55, 32, 86 B. 31, 87, 23, 88
C. 33, 67, 14, 85 D. 41, 21, 96, 24

51. $\frac{1}{64}$ के मान ___ के वर्ग के बराबर है।

A. 0.125 B. 0.135
C. 0.145 D. 0.225

52. व्यंजक का इकाई अंक ज्ञात करें:
$31^2 + 32^2 + 33^2 + 34^2 + 35^2 + 36^2 + 37^2 + 38^2 + 39^2$.

A. 1 B. 4
C. 5 D. 9

53. यदि $\frac{ab-1}{b} = \frac{cb-1}{c} = \frac{ac-1}{a}$ है, तो $\left(\frac{a}{c} + \frac{b}{a} + \frac{c}{b}\right)$ का मान ज्ञात करें।

A. 1 B. 2
C. 3 D. 4

54. 'a' का मान ज्ञात करें जिसके लिए $x + \sqrt{3x} + \frac{a^2}{4}$ एक आदर्श वर्ग है।

A. $\sqrt{3}$ B. $2\sqrt{3}$
C. $3\sqrt{3}$ D. $4\sqrt{3}$

55. त्रिभुज ABC के समतल में कुल बिन्दुओं की संख्या कितनी है जो त्रिभुज के कोने से समान दूरी पर है?

A. 0 B. 1
C. 2 D. 3

56. एक त्रिभुज ABC में O एक लम्बकेन्द्र है और कोण BOC 120° है। कोण BAC का मान ज्ञात करें।

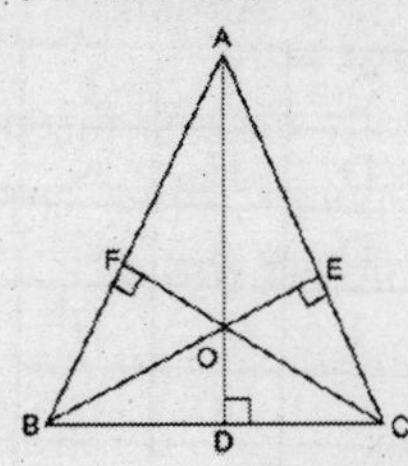

A. 30° B. 40°
C. 60° D. 80°

57. यदि X के 40% का 30%, 240 है, तो X का मान क्या है?
A. 441 B. 2000
C. 1200 D. 1800

58. यदि A : B = 2 : 3 तथा B : C = 4 : 5 है, तो (A + C) : B क्या है?
A. 8 : 5 B. 7 : 3
C. 23 : 12 D. 25 : 14

59. X तथा Y ने क्रमशः ₹ 12000 तथा ₹ 9000 निवेश करके एक व्यापार शुरू किया। 4 महीने पश्चात्, X व्यापार छोड़कर चला गया तथा Z, ₹ 18000 निवेश करके व्यापार से जुड़ गया। वर्ष के अंत में ₹ 12500 का लाभ हुआ। लाभ में Z का हिस्सा (₹ में) कितना है?
A. 6000 B. 4500
C. 7200 D. 7500

60. दो संख्याएँ इस प्रकार हैं कि पहली संख्या, दूसरी संख्या की आधी है। यदि उनका औसत 57 है, तो पहली संख्या क्या है?
A. 19 B. 38
C. 21 D. 29

61. एक राशि पर 12% की वार्षिक दर से 2 वर्षों के चक्रवृद्धि ब्याज (वार्षिक संयोजन से) तथा साधारण ब्याज का अंतर ₹ 360 है। राशि (₹ में) क्या है?
A. 27000 B. 32000
C. 30000 D. 25000

62. एक व्यक्ति दो वस्तुएँ बेचता है। पहली वस्तु का क्रय मूल्य, दूसरी वस्तु के विक्रय मूल्य के बराबर है। पहली वस्तु को 20% के लाभ पर बेचा जाता है तथा दूसरी वस्तु को 20% की हानि पर बेचा जाता है। पहली वस्तु के विक्रय मूल्य तथा दूसरी वस्तु के क्रय मूल्य से क्या अनुपात है?
A. 24 : 25 B. 25 : 24
C. 29 : 27 D. 27 : 29

63. एक कमीज का अंकित मूल्य क्रय मूल्य का दोगुना है। 25% का लाभ प्राप्त करने के लिए, छूट प्रतिशत क्या होना चाहिए?
A. 37.5 B. 50
C. 75 D. 52.5

64. निम्नलिखित में से कौन-सा/से कथन सत्य है/हैं?

I. $\sqrt{64}+\sqrt{.64}+\sqrt{0.0064}=8.88$

II. $\sqrt{81}+\sqrt{.81}+\sqrt{0.0081}=9.09$

A. केवल I B. केवल II
C. न तो I न ही II D. I और II दोनों

65. सुमित, अमित से 28% कम कार्यकुशल है। यदि अमित एक दीवार को 54 दिन में बना सकता है, तो सुमित उसी कार्य को कितने दिनों में पूरा कर सकता है?
A. 75 B. 70
C. 72 D. 76

66. एक रेलगाड़ी अपने निर्धारित समय से 1 घंटे की देरी से निकलती है लेकिन 200 कि.मी. दूर अपने गंतव्य स्थान पर समय से पहुँचने के लिए उसे अपनी सामान्य गति में 10 कि.मी./घंटा की वृद्धि करनी पड़ेगी। रेलगाड़ी की सामान्य गति (कि.मी./घंटा में) क्या है?
A. 38 B. 42
C. 45 D. 40

निर्देश (प्र. सं. 67 से 70 तक) : *यह बार ग्राफ विभिन्न देशों के ऋण को दर्शाता है। इस आरेख का अध्ययन करें और निम्नलिखित प्रश्नों के उत्तर-दें।*

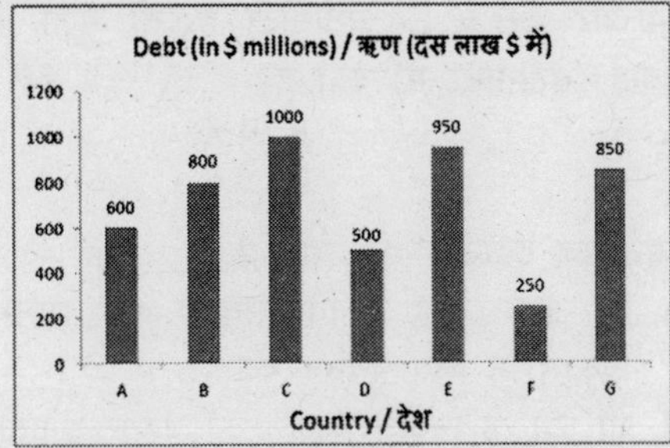

67. किस देश का ऋण दूसरा सबसे कम है?
A. D B. A
C. B D. E

68. देश A और देश F के ऋण का अनुपात क्या है?
A. 12 : 5　　B. 5 : 12
C. 6 : 5　　D. 5 : 6

69. देश A का ऋण देश B की तुलना में ______ से कम है।
A. 20%　　B. 25%
C. 33.33%　　D. 30%

70. अगर देश F प्रति वर्ष अपने ऋण पर ब्याज के रूप में 3% का भुगतान कर रहा है, तो प्रति वर्ष यह कितना ब्याज देता है (डॉलर में)?
A. 750000　　B. 7500000
C. 1200000　　D. 120000

71. एक वर्गाकार के विकर्ण की लम्बाई 12 सेंटीमीटर है। इसका क्षेत्रफल (वर्ग सेंटीमीटर में) ज्ञात करें।
A. 36　　B. 72
C. 144　　D. 48

72. यदि एक नियमित बहुभुज के बाहरी कोण का माप 72 डिग्री है, तो उसमें कितनी भुजाएँ हैं?
A. 6　　B. 8
C. 9　　D. 5

73. 7 सेंटीमीटर व्यास और 6 सेंटीमीटर ऊँचाई वाले एक लम्ब वृत्तीय बेलन के वक्र सतह का क्षेत्रफल (वर्ग सेंटीमीटर में) ज्ञात करें।
A. 132　　B. 110
C. 92　　D. 154

74. ΔXYZ में Y पर समकोण है। यदि $m\angle X = 30°$, तो $(\sin Z + \sqrt{3})$ का मान ज्ञात करें।
A. $4/\sqrt{3}$　　B. $5/\sqrt{3}$
C. $4/3$　　D. $3\sqrt{3}/2$

75. ΔABC में कोण B का माप 90° है। यदि $\cot A = 7/24$ और $AB = 1.4$ सेंटीमीटर है, तो भुजा AC की लंबाई (सेंटीमीटर में) क्या है?
A. 5　　B. 4.8
C. 4　　D. 5.6

76. "सनराइज इंडस्ट्रीज" वे उद्योग हैं, _____।
A. जो अच्छी तरह से विकसित हैं और जिनमें आगे विकास के लिए पर्याप्त गुंजाइश है
B. जो देश के निर्यात प्रदर्शन को बेहतर बनाता है
C. जो छोटे पैमाने के उद्योग हैं
D. जो उच्च विकास की क्षमता रखते हैं और अर्थव्यवस्था की अन्य आवश्यकताओं को पूरा करते हैं

77. कृषि बाजार के बारे में नवीनतम सूचना संग्रहण और प्रकाशन ______ द्वारा की जाती है।
A. भारतीय खाद्य निगम
B. अर्थशास्त्र और सांख्यिकी निदेशालय
C. राष्ट्रीय अनुप्रयुक्त आर्थिक अनुसंधान परिषद
D. भारतीय सांख्यिकी संस्थान

78. मेघ गर्जन वायुमंडल की किस परत में होता है?
A. आयन मंडल　　B. ओजोन मंडल
C. क्षोभ मंडल　　D. समताप मंडल

79. निम्नलिखित में से कौन-सी नदी अमरकंटक के पठार या उसके आसपास से नहीं निकलती है?
A. गोदावरी　　B. नर्मदा
C. तवा　　D. सोन

80. बगदाद निवासी अल-मसूदी किसके शासनकाल में भारत आया था?
A. महेन्द्रपाल　　B. महीपाल
C. मिहिर भोज　　D. रामभद्र

81. निम्नलिखित में से किस नेता ने 'इंडिया होमरूल सोसायटी' का गठन किया था?
A. श्यामजी कृष्ण वर्मा　　B. एनी बेसेंट
C. लाला हरदयाल　　D. बाल गंगाधर तिलक

82. विश्व प्रसिद्ध पेंटिंग 'द लास्ट जजमेंट' निम्नलिखित चित्रकारों में से किसने बनाई थी?
A. लियोनार्डो-दा-विंची　　B. माइकल एंजेलो
C. राफेल　　D. वॉन गाग

83. 2018 में किस संगठन के साथ भारत ने अपने राजनयिक संबंधों की स्थापना की 25वीं वर्षगांठ मनाई थी?
A. सार्क　　B. आसियान
C. डब्ल्यूईएफ　　D. विश्व बैंक

84. निम्नलिखित में से कौन सामाजिक न्याय के लिए मदर टेरेसा स्मृति पुरस्कार-2017 का प्राप्तकर्ता है?
A. कंगना रणौत
B. प्रियंका चोपड़ा
C. दीपिका पादुकोण
D. दिया मिर्जा

85. बांग्लादेश का राष्ट्रीय फल क्या है?
A. कटहल　　B. आम
C. लीची　　D. शरीफा

86. निम्नलिखित में से कौन-सा एक सही कथन है?
A. केवल यौगिक शुद्ध पदार्थ होते हैं।
B. यौगिक अशुद्ध पदार्थ होते हैं।
C. केवल तत्व शुद्ध पदार्थ होते हैं।
D. यौगिक तथा तत्व दोनों शुद्ध होते हैं।

87. इलेक्ट्रॉन निम्नलिखित में से किसके द्वारा विचलित हो सकते हैं?
A. केवल चुम्बकीय क्षेत्र
B. केवल विद्युत क्षेत्र
C. चुम्बकीय क्षेत्र तथा विद्युत क्षेत्र दोनों
D. कोई विकल्प सही नहीं है।

88. भारत में कितने स्तरों की सरकार होती हैं?
A. 1 B. 2
C. 3 D. 4

89. पंचायत समितियों की सहायता से कौन सभी ग्राम पंचायतों में राशि के वितरण की व्यवस्था करता है?
A. जिला परिषद् B. सरपंच
C. ग्राम सभा D. सचिव

90. निम्नलिखित में से कौन-सा जनन के समान नहीं है?
A. पुनरुद्भवन B. मुकुलन
C. कायिक प्रवर्धन D. बीजाणु समासंघ

91. किस प्रक्रिया द्वारा विभज्योतक ऊतक की कोशिकाएँ एक स्थायी रूप, आकार तथा विशिष्ट क्रिया ले लेती हैं?
A. सीमांकन B. संगठन
C. सरलीकरण D. विभेदीकरण

92. विश्व बैंक भारत सरकार द्वारा लोकार्पित 'संकल्प' (एसएएनकेएएलपी) परियोजना को कितनी धनराशि की वित्तीय सहायता दे रहा है?
A. ₹ 2500 करोड़ B. ₹ 3300 करोड़
C. ₹ 4000 करोड़ D. ₹ 4455 करोड़

93. एबिलीफाई माइसाइट संयुक्त राज्य अमेरिका में खाद्य एवं औषधि प्रशासन द्वारा अनुमोदित _______ प्रणाली वाली, पहली दवा है।
A. हड्डी घनत्व मार्गन
B. रक्त दाब मार्गन
C. तंत्रिका प्रोत्तेजना मार्गन
D. डिजिटल अंतर्ग्रहण मार्गन

94. जून, 2017 में कौन लगभग डेढ़ दशक में 'नगरपालिका बॉंड' जारी करने वाला देश का पहला स्थानीय निकाय बन गया है?
A. मुम्बई नगर निगम B. पुणे नगर निगम
C. दिल्ली नगर निगम D. कोलकाता नगर निगम

95. 24 जनवरी, 2018 को, महिलाओं तथा बाल विकास मंत्रालय ने ______ के लिए एक वेब आधारित रैपिड रिपोर्टिंग सिस्टम लोकार्पित किया।
A. किशोर लड़कियों की योजना
B. विधवा महिलाओं की योजना
C. एसिड हमले के शिकार लोगों की योजना
D. तलाकशुदा महिलाओं की योजना

96. किसी जहाज का सोनार 1500 मीटर/ सेकंड के वेग से ध्वनि तरंगें भेजता है। ये तरंगें समुद्र तल पर 5 सेकंड बाद लौटकर आती हैं। समुद्र तल की गहराई (मीटर में) ज्ञात करें।
A. 3750 B. 7500
C. 1875 D. 5000

97. ध्वनि ___ का एक रूप है जो हमारे कानों में श्रवण का संवेदन उत्पन्न करती है।
A. शक्ति B. ऊर्जा
C. बल D. संवेग

98. सजीव _________ के जैविक घटक को बनाते हैं।
A. मध्यमंडल B. जीवमंडल
C. तापमंडल D. हेलियोस्फीयर

99. निम्नलिखित में से कौन-सा कथन सत्य है?
1. एलेक्जेंडर ज्वेरेव ने टेनिस 2017 इटालियन ओपन मेन्स सिंगल्स जीती।
2. 2017 की प्रो. कबड्डी लीग में के. सेल्वामणि पुणेरी पलटन के लिए खेलें।
3. संयुक्त राज्य ने टेनिस 2017 हॉपमैन कप की मेजबानी की।
A. सिर्फ 1 B. सिर्फ 2
C. 1 और 2 दोनों D. 1 और 3 दोनों

100. HTML में, _________ युग्म टेबल की पंक्ति बनाने के लिए है।
A. <table> </table> B. <tr></tr>
C. <td></td> D. <th></th>

उत्तरमाला

1	2	3	4	5	6	7	8	9	10
C	A	A	A	D	C	B	D	B	A
11	**12**	**13**	**14**	**15**	**16**	**17**	**18**	**19**	**20**
A	B	B	D	C	D	C	A	C	C
21	**22**	**23**	**24**	**25**	**26**	**27**	**28**	**29**	**30**
C	D	A	D	A	A	C	B	D	D
31	**32**	**33**	**34**	**35**	**36**	**37**	**38**	**39**	**40**
A	B	A	D	C	D	B	C	B	C
41	**42**	**43**	**44**	**45**	**46**	**47**	**48**	**49**	**50**
A	C	B	C	B	A	B	C	D	D
51	**52**	**53**	**54**	**55**	**56**	**57**	**58**	**59**	**60**
A	C	C	A	B	C	B	C	A	B
61	**62**	**63**	**64**	**65**	**66**	**67**	**68**	**69**	**70**
D	A	A	A	A	D	A	A	B	B
71	**72**	**73**	**74**	**75**	**76**	**77**	**78**	**79**	**80**
B	D	A	D	A	D	B	C	A	B
81	**82**	**83**	**84**	**85**	**86**	**87**	**88**	**89**	**90**
A	B	B	B	A	D	C	C	A	A
91	**92**	**93**	**94**	**95**	**96**	**97**	**98**	**99**	**100**
D	B	D	B	A	A	B	B	A	B

व्याख्यात्मक उत्तर

26. 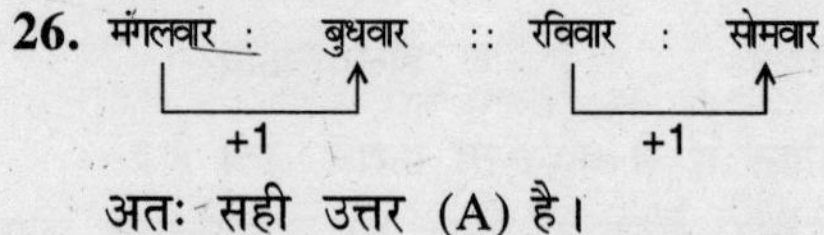

अतः सही उत्तर (A) है।

27. 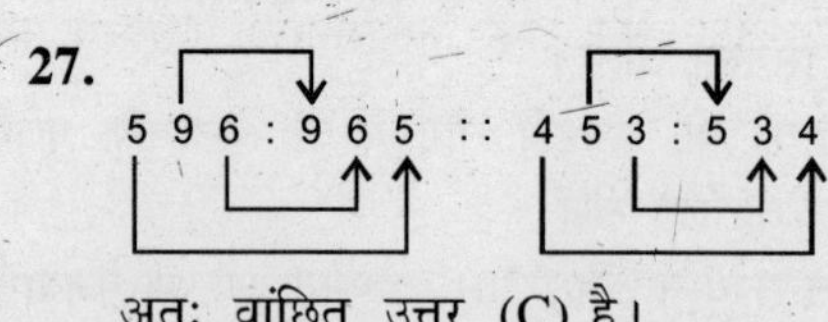

अतः वांछित उत्तर (C) है।

28. 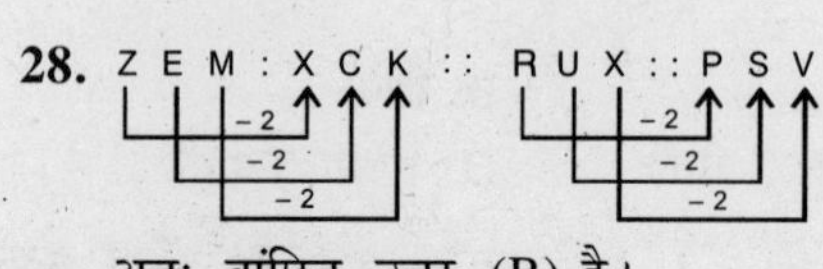

अतः वांछित उत्तर (B) है।

29. विकल्प A, B, C में सभी एक परिवार में रिश्तों के नाम हैं, किन्तु विकल्प (D) भिन्न है।

30. विकल्प A, B, C में दूसरी संख्या, पहली संख्या का वर्ग है, किन्तु विकल्प (D) भिन्न है।

31. शेष सभी अक्षर समूहों में +6 पैटर्न का अनुपालन होता है, किन्तु विकल्प (A) सही है।

33. 23 → 23 → 46 → 138 → 552 → [2760]

×1, ×2, ×3, ×4, ×5

34. G H X T   J K U Q   M N R N

+1, −4   +1, −4   +1, −4

P Q O K   [S T L H]

+1, −4   +1, −4

35. दिया है राकेश की वर्तमान आयु = 36 वर्ष

12 वर्ष पहले, राकेश की आयु

= 36 − 12 = 24 वर्ष

12 वर्ष पहले, दीपक की आयु

$= \frac{1}{4} \times$ राकेश की आयु

$= \frac{1}{4} \times 24 = 6$ वर्ष

दीपक की वर्तमान आयु = 6 + 12 = 18 वर्ष

27 वर्ष बाद दीपक की आयु = 18 + 27 = 45 वर्ष

36. Until, दिए गए शब्द में अक्षर '*i*' नहीं है।

37.

```
1 2 3 4 5 6    3 2 1 6 5 4
↓ ↓ ↓ ↓ ↓ ↓    ↓ ↓ ↓ ↓ ↓ ↓
M A K E R S    K A M S R E
```

पहले अक्षर को तीसरे अक्षर से तथा चौथे अक्षर को छठे अक्षर से पुनर्स्थापित करने पर,

```
1 2 3 4 5 6    3 2 1 6 5 4
T R A D E R    A R T R E D
```

38. $3 + 10 \times 40 \div 80 - 6$

BODMAS नियमानुसार,

$= 3 + 10 \times 0.5 - 6$

$= 3 + 5 - 6 = 8 - 6 = 2$

39. × और −1

LHS $24 \div 8 \times 25 + 8 - 3 = 2$

$24 \div 8 - 25 + 8 \times 3 = 2$

BODMAS नियमानुसार,

$3 - 25 + 8 \times 3$

$3 - 25 + 24 = 3 - 1 = 2$

40. पहली संख्या को दूसरी संख्या से भाग देने पर भागफल को नकारात्मक संख्या लिखा है। विकल्प (C) सही है।

41. दी गई सूची में '*z*' के स्थान को XY से +1 की शृंखला में आगे बढ़ाया गया है।

42.

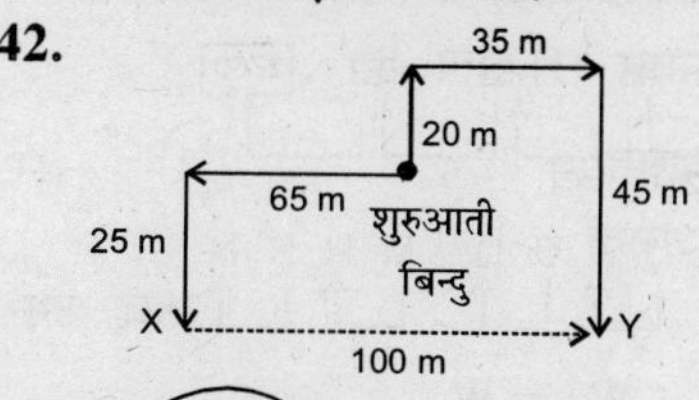

43.

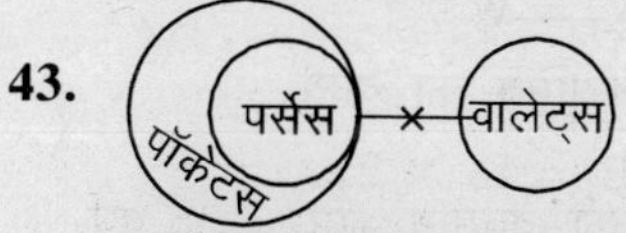

∵ कोई भी पॉकेट्स, वालेट्स नहीं है तथा सभी पर्सेस, पॉकेट्स हैं। इसलिए कोई भी पर्सेस वालेट्स नहीं होती है।

∴ केवल निष्कर्ष II सही है।

45.

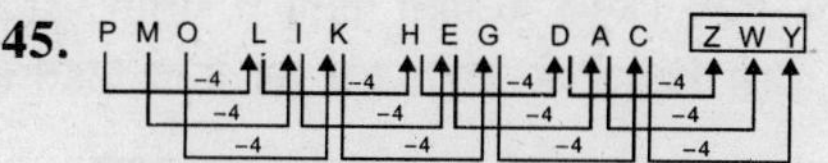

शृंखला में प्रत्येक अक्षर अपने पूर्ववर्ती अक्षर से −4 के पहले घटते क्रम में है।

46. 57 → 54 → 48 → 39 → [27] → 12

(−3, −6, −9, −12, −15)

47. प्रत्येक समूह में दूसरी संख्या व तीसरी संख्या, पहली संख्या के गुणज से 1 ज्यादा है।

(a) $6 \times 3 + 1 = 19$

$6 \times 5 + 1 = 31$

(b) $9 \times 5 + 1 = 46$

$9 \times 3 + 2 = 29$

(c) $18 \times 3 + 1 = 55$

$18 \times 5 + 1 = 91$

(d) $13 \times 3 + 1 = 40$

$13 \times 5 + 1 = 66$

अतः विकल्प (B) भिन्न है।

50. F A Z E = 41, 21, 96, 24

51. माना संख्या x के वर्ग के बराबर है।

$\Rightarrow \frac{1}{64} = x^2 \qquad \Rightarrow \frac{1}{8} = x$

$x = 0.125$

52. $31^2 + 32^2 + 33^2 + 34^2 + 35^2 +$

$\downarrow \quad \downarrow \quad \downarrow \quad \downarrow \quad \downarrow$

$1 + 4 + 9 + 6 + 5 +$

$36^2 + 37^2 + 38^2 + 39^2$

$\downarrow \quad \downarrow \quad \downarrow \quad \downarrow$

$6 + 9 + 4 + 1$

(∵ हमें इकाई का अंक निकालना है इसलिए संख्या के वर्ग का इकाई का अंक लिया है।)

अतः इकाई का अंक '5' होगा।

54. $x + \sqrt{3}x + \frac{9^2}{4}$

$(\sqrt{x})^2 + 2 \times \frac{\sqrt{3}}{2}.\sqrt{x} + \left(\frac{a}{2}\right)^2$

$a^2 + 2 \times a \times b + b^2$ से तुलना करने पर

$b = \frac{\sqrt{3}}{2},\ a = \sqrt{x} = \left(\sqrt{x} + \frac{\sqrt{3}}{2}\right)^2$

अतः $a = \sqrt{3}$ होगा।

55. केवल एक बिन्दु त्रिभुज के तीनों कोनों से समान दूरी पर होता है, जिसे त्रिभुज के बाह्य वृत्त का केन्द्र कहते हैं।

56. $\angle BOC = \angle EOF = 120°$ (शीर्षाभिमुख कोण)

अतः □ AEOF में,

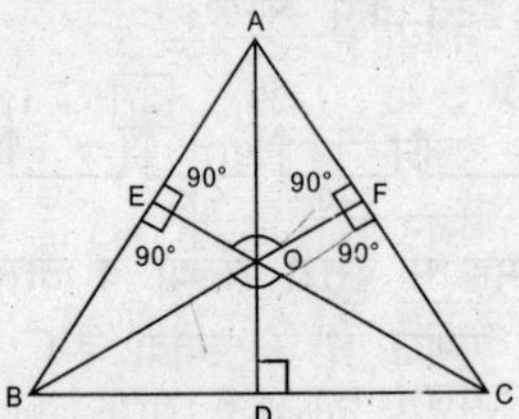

$\angle A + \angle E + \angle O + \angle F = 360°$

$\angle A + 90° + 120° + \angle 90° = 360°$

$\angle A = 360° - 300° = 60°$

57. x के 40% का 30% = 240

$$\frac{30}{100} \times \frac{40}{100} \times x = 240$$

$$\frac{12}{100} \times x = 240$$

$$x = \frac{240 \times 100}{12}$$

$$x = 2000$$

58. यदि $A : B = 2 : 3$

$B : C = 4 : 5$

$A : B : C = 8 : 12 : 15$

$$\frac{A+C}{B} = \frac{8+15}{12} \Rightarrow \frac{A+C}{B} = \frac{23}{12}$$

$A + C : B = 23 : 12$

59. लाभ, पूँजी निवेश के अनुपात में बँटेगा।

$X_{लाभ} : Y_{लाभ} : Z_{लाभ}$

$= 12000 \times 4 : 9000 \times 12 : 18000 \times 8$

$= 48000 : 108000 : 144000$

$= 4 : 9 : 12$

कुल लाभ में 'Z' का हिस्सा

$$= 12500 \times \frac{12}{25} = 6000$$

60. माना पहली संख्या = x

तब, दूसरी संख्या = $2x$

$\because$ औसत, $\frac{x+2x}{2} = 57$

$3x = 114$ $\therefore$ पहली संख्या $x = 38$.

61. हम जानते हैं कि दो वर्ष के चक्रवृद्धि ब्याज व साधारण ब्याज का अन्तर

$$= \text{मूलधन}\left(\frac{r}{100}\right)^2$$

$$360 = \text{मूलधन}\left(\frac{12}{100}\right)^2$$

$$\text{मूलधन} = \frac{360 \times 100 \times 100}{12 \times 12}$$

$$= ₹\ 25000$$

63. माना क्रय मूल्य x है।

अंकित मूल्य = 2 × क्रय मूल्य = $2x$

25% लाभ प्राप्त करने के लिए कमीज का विक्रय मूल्य

$$= \frac{\text{क्रय मूल्य } (100 + \text{लाभ}\%)}{100}$$

$$= \frac{2x\,(100 + 25)}{100} = \frac{5x}{4}$$

$$\text{छूट } \% = \frac{\text{अंकित मूल्य} - \text{विक्रय मूल्य}}{\text{अंकित मूल्य}} \times 100$$

$$= \frac{2x - \frac{5x}{4}}{2x} \times 100 = \frac{3x}{8x} \times 100$$

$= 37.5\%$

64. (I) $\sqrt{64} + \sqrt{.64} + \sqrt{0.0064}$

$= 8 + 0.8 + 0.08 = 8.88$

(II) $\sqrt{81} + \sqrt{.81} + \sqrt{0.0081}$

$= 9 + 0.9 + 0.09 = 9.99$

अतः केवल कथन (I) सत्य है।

65. सुमित की कुशलता = $72\,x$

अमित की कुशलता = $100\,x$

(28% कम है)

$$W_1 = W_2$$

अमित का कार्य = सुमित का कार्य

$$D_1 \times E_1 = D_2 \times E_2$$

$$54 \times 100\,x = D_2 \times 72\,x$$

$$D_2 = \frac{54 \times 100\,x}{72\,x} = 75 \text{ दिन}$$

66. माना रेलगाड़ी की सामान्य गति = x किमी/घंटा

t_1 = सामान्य गति से चलने पर लिया गया समय

t_2 = गति बढ़ाने पर लिया गया समय

$t_1 - t_2$ = 1 घंटा

$$\frac{200}{x}-\frac{200}{x+10}=1 \Rightarrow 200\left[\frac{x+10-x}{x(x+10)}\right]=1$$

$$\frac{2000}{x^2+10x}=\frac{1}{1}$$

$\Rightarrow x^2 + 10x - 2000 = 0$

$= x^2 + 50x - 40x - 2000$

$= x(x + 50) - 40(x + 50)$

$= (x - 40)(x + 50)$

समीकरण को हल करने पर,

हम पाते हैं, x = 40 किमी/घंटा

$x \neq -50$ क्योंकि गति नगेटिव में नहीं है।

67. D देश का ऋण दूसरा सबसे कम है।

देशों को ऋणों के अनुसार आरोही क्रम में लिखने पर,

F < D < A < B < G < E < C

250 500 600 800 850 950 1000

68. देश A तथा देश B के ऋणों का अनुपात

$$= \frac{600}{250} = 12:5$$

69. देश A का ऋण = \$ 600 मिलियन

देश B का ऋण = \$ 800 मिलियन

$$\% \text{ कम} = \frac{800-600}{800}\times 100 = \frac{200}{8} = 25\%.$$

70. देश F के ऋण पर 3% ब्याज

$$= \$\ \frac{250\times 3\times 1}{100} \text{ मिलियन} = \$\ \frac{750\times 10,00,000}{100}$$

[1 मिलियन = 10,00,000]

= \$ 75,00,000

71. वर्ग का विकर्ण = भुजा$\sqrt{2}$

भुजा$\sqrt{2} = 12$

$$\text{भुजा} = \frac{12}{\sqrt{2}} = 6\sqrt{2} \text{ सेमी}$$

वर्ग का क्षेत्रफल = (भुजा)^2 = $(6\sqrt{2})^2$ = 72 सेमी^{2}

72. बहुभुज का बाहरी कोण

$$72° = \frac{360°}{\text{भुजाओं की संख्या}}$$

$$\text{भुजाओं की संख्या} = \frac{360°}{72} = 5$$

73. लम्ब वृत्तीय बेलन का व्यास = 7 सेमी.

लम्ब वृत्तीय बेलन की त्रिज्या (r) = 3.5 सेमी.

लम्ब वृत्तीय बेलन की ऊँचाई (h) = 6 सेमी.

लम्ब वृत्तीय बेलन का वक्र सतह का क्षेत्रफल

$= 2 \times \pi \times r \times h$

$$= 2\times\frac{22}{7}\times 3.5\times 6 = 132 \text{ वर्ग सेमी.}$$

74. $\angle X = 30°$, $\angle Z = 60°$

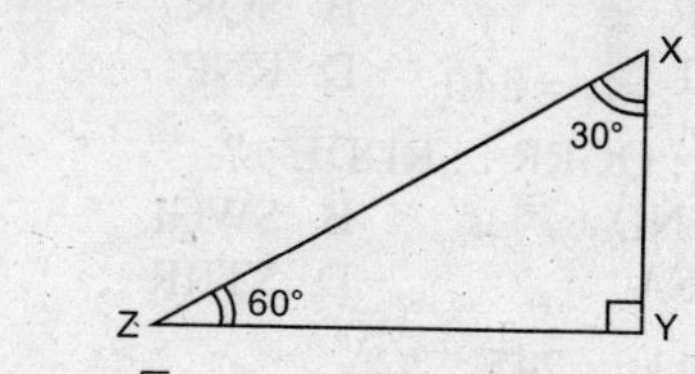

$\sin z + \sqrt{3}$

$$\sin 60° + \sqrt{3} = \frac{\sqrt{3}}{2} + \sqrt{3} = \frac{3\sqrt{3}}{2}$$

75. $$\text{Cot A} = \frac{7}{24} = \frac{\text{आधार}}{\text{लम्बाई}}$$

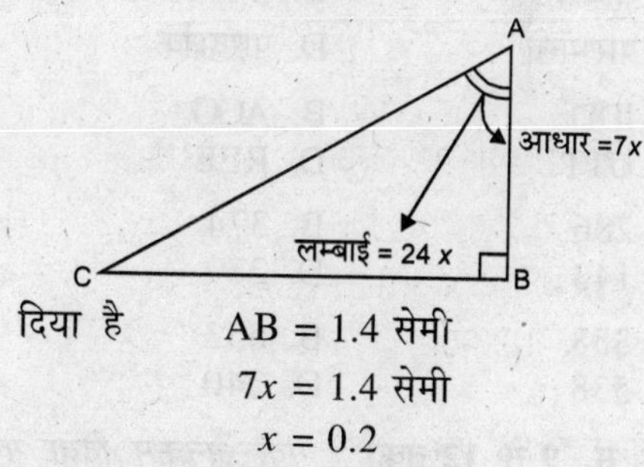

दिया है AB = 1.4 सेमी

$7x$ = 1.4 सेमी

$x = 0.2$

$\therefore$ $24x \times 0.2$ = BC = 4.8 सेमी

पाइथागोरस प्रमेय से,

$AC^2 = BC^2 + AB^2$

$AC^2 = (1.4)^2 + (4.8)^2$

$AC^2 = 23.04 + 1.96$

$AC^2 = 25 \Rightarrow AC$ = 5 सेमी.

पिछले प्रश्न-पत्र (हल सहित)

SSC-संयुक्त हायर सेकेन्डरी स्तर–CHSL (10+2) Tier–1, ऑनलाइन भर्ती परीक्षा–2016*

निर्देश (प्र. सं. 1 से 4 तक) : *दिए गए विकल्पों में से संबंधित शब्द/अक्षर/संख्या को चुनिए।*

1. राजीव गाँधी हवाई अड्डा : हैदराबाद :: इंदिरा गाँधी हवाई अड्डा : ?

A. मुम्बई B. बैंगलोर
C. दिल्ली D. कोलकाता

2. TEW : PAS : : IVX : ?

A. ETR B. SQR
C. ERT D. RNP

3. PEON : QGRR : : RUDE : ?

A. MLNO B. SWGI
C. TVSA D. STRR

4. 167 : 43 : : 245 : ?

A. 75 B. 22
C. 72 D. 91

निर्देश (प्र. सं. 5 से 8 तक) : *दिए गए विकल्पों में से विषम शब्द/अक्षर/संख्या/संख्या युग्म को चुनिए।*

5. A. धुंधला B. मेघाच्छादित
C. पारभासी D. पारदर्शक

6. A. IDD B. AGG
C. UTT D. REE

7. A. 286 B. 374
C. 143 D. 279

8. A. 358 B. 853
C. 538 D. 240

निर्देश (प्र. सं. 9 से 12 तक) : *एक अनुक्रम दिया गया है, जिसमें से एक पद लुप्त है। दिए गए विकल्पों में से वह सही विकल्प चुनिए जो अनुक्रम को पूरा करे।*

9. हजार, दस हजार, लाख, दस लाख, ?

A. इकाई B. सैकड़ा
C. दस करोड़ D. करोड़

10. ABC, BDF, DHL, ?

A. RST B. HPX
C. CDE D. EGF

11. IJ, PQ, XY, ?

A. DE B. OP
C. GH D. WV

12. 15, 32, 99, 400, ?

A. 2001 B. 2004
C. 2005 D. 1994

13. निम्नलिखित प्रश्न में, दो कथन दिए गए हैं, जिनके आगे दो निष्कर्ष I और II निकाले गए हैं। आपको मानना है कि कथन सत्य है चाहे वे सामान्यतः ज्ञात तथ्यों से भिन्न प्रतीत होते हैं। आपको निर्णय करना है कि दिए गए निष्कर्षों में से कौन-सा/कौन से निश्चित रूप से कथनों द्वारा सही निकाला जा सकता है/सकते हैं, यदि कोई हो।

कथन : I. सभी घोड़े, बैलगाड़ियाँ हैं।
II. सभी बैलगाड़ियाँ, बकरियाँ हैं।

निष्कर्ष : I. सभी घोड़े, बकरियाँ हैं।
II. सभी बकरियाँ, घोड़े हैं।

A. निष्कर्ष I सही है।
B. निष्कर्ष II सही है।
C. न तो I और न ही II सही है।
D. I और II दोनों सही हैं।

14. एक जंगल में, एक दौड़ आयोजित की गई। दौड़ में कुत्ता, हाथी से तेज दौड़ा, किन्तु बाघ से धीरे दौड़ा। हिरण सबसे तेज दौड़ा। शेर, बाघ से तेज दौड़ा। दौड़ में दूसरे स्थान पर कौन रहा?

A. कुत्ता B. हिरण
C. हाथी D. शेर

**** Online exam held on 15 January, 2017.***

15. निम्नलिखित शब्दों को शब्दकोश में आने वाले क्रम के अनुसार लिखें।
(*i*) Cover
(*ii*) Clandestine
(*iii*) Coward
(*iv*) Cajole
A. (*i*), (*iv*), (*iii*), (*ii*)
B. (*i*), (*ii*), (*iii*), (*iv*)
C. (*iv*), (*ii*), (*i*), (*iii*)
D. (*i*), (*iii*), (*iv*), (*ii*)

16. एक विशिष्ट कोड भाषा में 'NIGERIA' को '@#^$?#*' लिखा जाता है। इस कोड भाषा में 'GINGER' को किस प्रकार लिखा जाएगा?
A. ^#$@^?
B. ^#@^$?
C. ^#@$^?
D. #$@$^?

17. निम्नलिखित प्रश्न में दिए गए विकल्पों में से लुप्त अंक ज्ञात कीजिए।

45	55	26
50	51	65
60	49	?

A. 19
B. 43
C. 64
D. 23

18. यदि "–" का अर्थ "जोड़" है, "×" का अर्थ "भाग" है, "÷" का अर्थ "गुणा" है और "+" का अर्थ "घटाना" है, तो 26 + 400 × 20 – 21 ÷ 12 = ?
A. 258
B. 219
C. 216
D. 230

19. अक्षरों का कौन-सा समूह खाली स्थानों पर क्रमवार रखने से दी गई अक्षर शृंखला को पूरा करेगा?
_BA_BBA_AB_B
A. ABAB
B. AAAB
C. BBAB
D. BBBA

20. एक बिल्ली, एक चूहे का पीछा कर रही है। बिल्ली उत्तर दिशा में 25 मी. चलती है, फिर दाएँ मुड़कर 100 मी. चलती है, फिर दक्षिण दिशा में मुड़कर 25 मी. और चलती है। अंत में, वह बाएँ मुड़कर 55 मी. चलती है। बिल्ली की प्रारंभिक और अंतिम स्थान के बीच की दूरी क्या है?
A. 185 मी.
B. 155 मी.
C. 190 मी.
D. 135 मी.

21. एक शब्द केवल एक संख्या-समूह द्वारा दर्शाया गया है, जैसा कि विकल्पों में से किसी एक में दिया गया है। विकल्पों में दिए गए संख्या-समूह अक्षरों के दो वर्गों द्वारा दर्शाए गए हैं, जैसा कि दिए गए दो आव्यूहों में है। आव्यूह-I के स्तम्भ और पंक्ति की संख्या 0 से 4 और आव्यूह-II की 5 से 9 है। इन आव्यूहों से एक अक्षर को पहले उसकी पंक्ति और बाद में स्तम्भ संख्या द्वारा दर्शाया जा सकता है। उदाहरण के लिए 'N' को 23, 77 आदि द्वारा दर्शाया जा सकता है तथा 'R' को 14, 95 आदि द्वारा दर्शाया जा सकता है। इसी तरह से आपको प्रश्न में दिए शब्द 'FIRED' के लिए समूह को पहचानना है।

आव्यूह-I

	0	1	2	3	4
0	F	D	P	R	B
1	G	E	R	A	R
2	H	R	O	N	E
3	R	C	T	E	G
4	S	I	E	T	Q

आव्यूह-II

	5	6	7	8	9
5	S	H	U	H	G
6	D	L	H	F	F
7	E	H	N	I	D
8	Q	S	I	X	A
9	R	I	F	B	S

A. 00, 78, 12, 00, 01
B. 97, 87, 95, 88, 65
C. 68, 96, 14, 24, 01
D. 67, 41, 55, 11, 31

22. एक लड़की का परिचय कराते हुए पूनम कहती है, "वह मेरी माँ के बेटे की इकलौती बहन की बेटी है।" वह लड़की पूनम से कैसे संबंधित है?
A. चचेरी बहन
B. भांजी
C. भाभी
D. बेटी

23. यदि एक दर्पण को MN रेखा पर रखा जाए, तो दी गई उत्तर आकृतियों में से कौन-सी आकृति प्रश्न आकृति का सही प्रतिबिम्ब होगी?

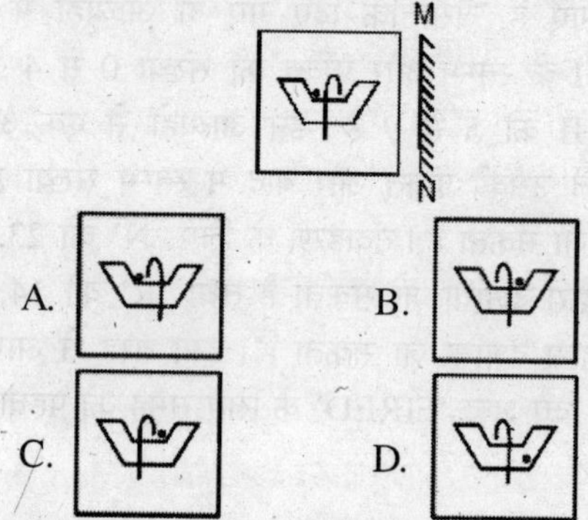

24. वह आरेख चुनिए जो नीचे दिए गए वर्गों के बीच के संबंध का सही निरूपण करता है।

पशु, शेर, बाघ

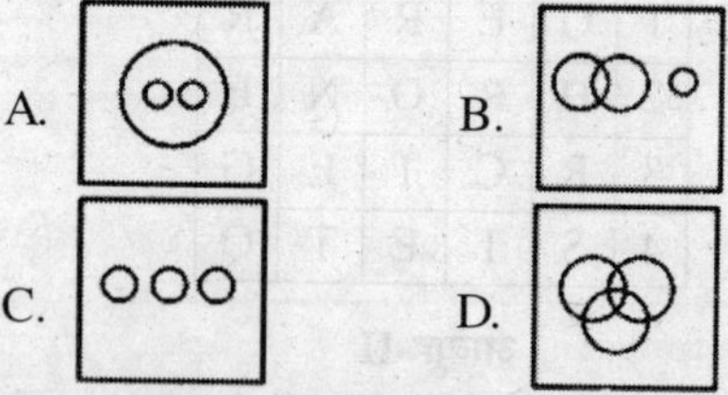

25. नीचे प्रश्न आकृतियों में दर्शाये अनुसार कागज को मोड़कर छेदने तथा खोलने के बाद वह किस उत्तर आकृति जैसा दिखाई देगा?

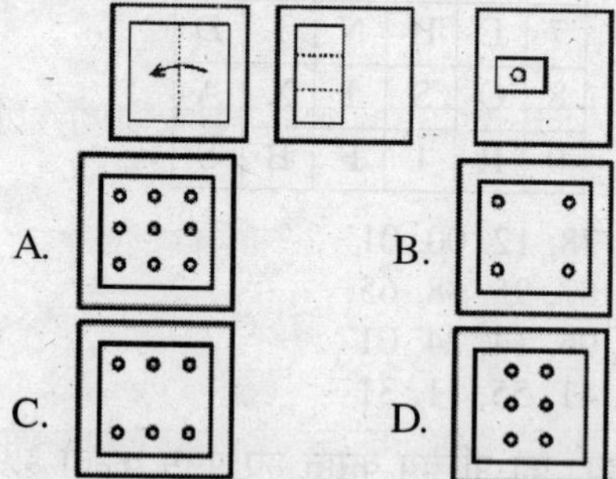

26. एक कम्प्यूटर प्रणाली में डेटा के एक एप्लीकेशन से दूसरे एप्लीकेशन में हस्तांतरण को____के रूप में जाना जाता है।

A. डायनामिक डेटा एक्सचेंज

B. डॉजी डेटा एक्सचेंज

C. डोग्मेटिक डेटा एक्सचेंज

D. डायनामिक डिस्क एक्सचेंज

27. सामान्य संवेदनाहारी का आविष्कार किसने किया था?

A. अल्फ्रेड पी. साउथविक

B. आइजेक सिंगर

C. मुरासाकी शिकुबू

D. हनाओका सीशू

28. निमोनिया मानव शरीर के निम्नलिखित में से किस अंग को प्रभावित करता है?

A. गुर्दे B. फेफड़े

C. गला D. यकृत

29. मेंडल को _______ के रूप में जाना जाता है।

A. शरीरक्रियाशास्त्र के जनक

B. भूगर्भशास्त्र के जनक

C. जेनेटिक्स के जनक

D. जीवशास्त्र के जनक

30. निम्नलिखित में से किसे आत्महत्या करने वाली कोशिकाओं का बैग कहा जाता है?

A. लायसोसोम B. लायकोसोम

C. नाभिक D. क्रोमोसोम

31. वायुमंडल की किस परत में ओजोन परत होती है?

A. जीनोस्फीयर B. जोनोस्फीयर

C. स्ट्रेटोस्फीयर D. आयनोस्फीयर

32. बुलेटप्रूफ जैकेट बनाने के लिए ______ तंतुओं का उपयोग किया जाता है।

A. नायलोन-66 B. टेरीलीन

C. केवलर D. लेक्सन

33. इंडिया गेट का डिजाइन _______ ने तैयार किया था।

A. फ्रैंक लॉयड राइट B. सर एडविन ल्यूटीएंस

C. फ्रैंक गेहरी D. जाहा हदीद

34. भारत का राष्ट्रीय फूल क्या है?

A. लिली B. गुलाब

C. कमल D. सूरजमुखी

35. यदि औसत कुल लागत ₹ 54 है, औसत परिवर्तनीय लागत ₹ 36 है और उत्पादन की मात्रा 2500 यूनिट हैं, उस फर्म की कुल निर्धारित लागत (₹ में) ज्ञात करें।

A. ₹ 30000 B. ₹ 15000

C. ₹ 45000 D. ₹ 60000

36. जब किसी व्यावसायिक गतिविधि में एक सामान्य मंदी होती है, तब जो बेरोजगारी बढ़ती है, उसे _____ के रूप में जाना जाता है।
A. संरचनात्मक बेरोजगारी B. प्रतिरोधात्मक बेरोजगारी
C. चक्रीय बेरोजगारी D. प्रच्छन्न बेरोजगारी

37. मिजोथैलेमिया कैंसर का एक प्रकार है। इससे प्रभावित होनेवाला सबसे सामान्य क्षेत्र _____ का अस्तर है।
A. हृदय B. मस्तिष्क
C. आमाशय D. फेफड़े

38. मैग्नेटाइट _____ का एक अयस्क/खनिज है।
A. बेरिलियम B. क्रोमियम
C. मैंगनीज D. कॉपर

39. अंतर्राष्ट्रीय योग दिवस को किस दिन मनाया जाता है?
A. 15 जून B. 21 जून
C. 28 जून D. 1 जून

40. सौरमंडल के बाहर ''सीरियस'' नामक चमकीले तारे को _____ भी कहते हैं।
A. कैट स्टार B. डॉग स्टार
C. फॉक्स स्टार D. लॉयन स्टार

41. आकार के संदर्भ में, बृहस्पति का हमारे सौर मंडल में _____ स्थान है।
A. पहला B. दूसरा
C. तीसरा D. चौथा

42. भारत की तरफ आने वाले समुद्री मार्ग की खोज किसने की थी?
A. बाबर B. वास्को-डी-गामा
C. गैलिलियो D. फेरोंडोज

43. सुभाषचंद्र बोस का जन्म वर्ष _____ में हुआ था।
A. 1797 B. 1847
C. 1897 D. 1947

44. इनमें से किसे भारत रत्न से सम्मानित नहीं किया गया है?
A. सचिन तेंदुलकर B. लता मंगेशकर
C. ध्यानचंद D. सत्यजित रे

45. निम्नलिखित में से कौन-सी एक सदिश राशि है?
A. ऊष्मा B. कोणीय गति
C. कार्य D. समय

46. पानी का घनत्व _____ पर सर्वाधिक होता है।
A. 12 डिग्री सेल्सियस
B. 8 डिग्री सेल्सियस
C. 4 डिग्री सेल्सियस
D. 0 डिग्री सेल्सियस

47. राज्यसभा के सदस्यों का निर्वाचन कौन करता है?
A. विधान परिषद के निर्वाचित सदस्य
B. जनता
C. विधानसभा के निर्वाचित सदस्य
D. लोकसभा

48. भारतीय संविधान में MLA का पूरा रूप क्या है?
A. मेम्बर ऑफ लेजिस्लेटिव असेंबली (Member of Legislative Assembly)
B. मास्टर ऑफ लेजिस्लेटिव असेंबली (Master of Legislative Assembly)
C. मेम्बर ऑफ लेफ्ट असेंबली (Member of Left Assembly)
D. मास्टर ऑफ लेफ्ट असेंबली (Master of Left Assembly)

49. रियो ओलंपिक्स 2016 पदक सूची में भारत की रैंकिंग क्या थी?
A. 11 B. 33
C. 67 D. 96

50. 'द सीक्रेट ऑफ द नागास' पुस्तक के लेखक कौन हैं?
A. झुम्पा लाहिरी B. अमिश त्रिपाठी
C. रविंदर सिंह D. सलमान रूश्दी

51. _____ में कम-से-कम एक विकर्ण दूसरे को दो भागों में बाँटता है।
A. समलम्ब B. समद्विबाहु समलम्ब
C. पतंग D. चक्रीय चतुर्भुज

52. एक वस्तु पर 25% छूट की पेशकश की गई है। एक प्रोमो कोड लागू करके ग्राहक 4% नकद वापस जीतता है। उसको मिली प्रभावी छूट क्या है?
A. 28 प्रतिशत B. 29.12 प्रतिशत
C. 29 प्रतिशत D. 5 प्रतिशत

53. 133 और 112 का महत्तम समापवर्तक क्या होगा?
A. 15 B. 7
C. 19 D. 16

54. $\frac{(4a^2+12ab+9b^2)}{2a+3b}$ का मान क्या है?

A. $2a - 3b$ B. $2a + 3b$
C. $2a$ D. $3b$

55. उस रेखा का समीकरण क्या होगा जिसकी ढलान $-\frac{1}{2}$ है और जो रेखा $x - y = -1$ और $3x - 2y = 0$ के प्रतिच्छेदन बिंदु से होकर गुजरती है।

A. $x + 2y = 8$ B. $3x + y = 7$
C. $x + 2y = -8$ D. $3x + y = -7$

56. एक सिलेंडर के वक्र सतह का क्षेत्रफल 1232 वर्ग से.मी. है। यदि इसके आधार की परिधि 154 से.मी. है, तो उस सिलेंडर की ऊँचाई कितनी होगी? (π = 22/7 लीजिए)

A. 16 से.मी. B. 4 से.मी.
C. 8 से.मी. D. 12 से.मी.

57. एक छात्र ने एक संख्या का गुणा $\frac{10}{3}$ के बजाय $\frac{3}{10}$ से कर दिया। इस गणना में प्रतिशत त्रुटि कितनी होगी?

A. 1011.11 प्रतिशत
B. 45.5 प्रतिशत
C. 91 प्रतिशत
D. 505.56 प्रतिशत

58. उस सेक्टर का क्षेत्रफल क्या होगा जिसका केंद्रीय कोण 90° है और वृत्त की त्रिज्या 14 से.मी. है?

A. 308 वर्ग से.मी. B. 77 वर्ग से.मी.
C. 154 वर्ग से.मी. D. 231 वर्ग से.मी.

59. $(x + 9)(6 - 4x)(4x - 7)$ में x^2 का गुणांक क्या है?

A. 216 B. –4
C. –92 D. 108

60. यदि $5x - 3(2x - 7) > 3x - 1 < 7 + 4x$; फिर x का निम्न मानों में से क्या मान होगा?

A. 6 B. 9
C. –6 D. –9

61. एक मिसाइल 1422 कि.मी./घंटा की गति से चलती है। एक सेकंड में वह कितने मीटर की दूरी तय करती है?

A. 395 मीटर B. 400 मीटर
C. 364 मीटर D. 319 मीटर

62. दो शहरों के बीच का बस का भाड़ा 17 : 20 के अनुपात में बढ़ाया गया है। भाड़े में हुई वृद्धि का पता लगाएँ, यदि मूल भाड़ा ₹ 425 है।

A. ₹ 500 B. ₹ 100
C. ₹ 200 D. ₹ 75

63. $\frac{(\sec A - 1)}{(\sec A + 1)}$ किसके बराबर है?

A. $\frac{(1-\sin A)}{(1+\sin A)}$ B. $\frac{(1+\cos A)}{(1-\cos A)}$
C. $\frac{(1+\sin A)}{(1-\sin A)}$ D. $\frac{(1-\cos A)}{(1+\cos A)}$

64. यदि cos 3 A = X तो X का मान क्या है?

A. $4\cos^3 A - 3\cos A$ B. $4\cos^3 A + 3\cos A$
C. $3\cos A - 4\cos^3 A$ D. $\cos A + 4\cos^3 A$

65. 66 छात्रों की एक कक्षा में 33 लड़कियाँ हैं। इन लड़कियों का औसत वजन 61 किलो है और पूर्ण कक्षा का औसत वजन 66 किलो है। कक्षा के लड़कों का औसत वजन क्या है?

A. 72 B. 73
C. 69 D. 71

66. A एक काम 20 दिन में और B, 10 दिन में करता है। यदि वे दोनों 5 दिन साथ मिलकर काम करें, तो काम का कितना भाग बाकी रह जाएगा।

A. $\frac{4}{9}$ B. $\frac{1}{4}$
C. $\frac{1}{5}$ D. $\frac{2}{9}$

67. एक 2 अंकों की संख्या के अंकों का गुणनफल 15 है। यदि हम उस संख्या में 18 जोड़ दें, तो प्राप्त की गई नई संख्या वह संख्या होती है जिसमें अंकों की अदला-बदली हुई है। उस संख्या का पता लगाएँ।

A. 35 B. 15
C. 51 D. 21

68. $\tan\frac{7\pi}{6}$ का मान क्या है?

A. $\frac{1}{\sqrt{3}}$ B. $-\frac{1}{\sqrt{3}}$
C. $\sqrt{3}$ D. $-\sqrt{3}$

69. जब एक जैकेट पर 20% की छूट दी जाती है, तो 28% का लाभ होता है। यदि छूट 13% हो, तो लाभ कितना होगा?

A. 39.2 प्रतिशत B. 41 प्रतिशत

C. 42.8 प्रतिशत D. 37.4 प्रतिशत

70. बिंदु R (a, b) मूल पर प्रथम R_1 पर परावर्तित होता है। R_1 X-अक्ष पर (–5, 1) पर परावर्तित होता है। बिंदु R के निर्देशांक क्या हैं?

A. (5, –1) B. (–1, 5)

C. (1, –5) D. (5,1)

71. दीपिंदर ने जयराज को 16 वर्षों के लिए ₹ 8200 उधार दिए और कर्ण को उसी दर पर 15 वर्षों के लिए ₹ 4900 उधार दिए और दोनों से ब्याज के रूप में कुल ₹ 19446.5 प्राप्त किए। वार्षिक ब्याज दर कितनी होगी?

A. 10 प्रतिशत B. 10.5 प्रतिशत

C. 9.5 प्रतिशत D. 11 प्रतिशत

72. नीचे दिए गए डेटा तालिका के आधार पर निम्नलिखित प्रश्न का उत्तर दें।

श्रेणी/कक्षा	लड़के	लड़कियाँ
श्रेणी A / कक्षा 5	30	40
श्रेणी B / कक्षा 5	10	20
श्रेणी C / कक्षा 5	40	10
श्रेणी A / कक्षा 6	30	10
श्रेणी B / कक्षा 6	15	15
श्रेणी C / कक्षा 6	20	20

लड़कियों पर लड़कों का अनुपात क्या है?

A. 23 : 29 B. 31 : 25

C. 25 : 31 D. 29 : 23

73. नीचे दिए गए डेटा तालिका के आधार पर निम्नलिखित प्रश्न का उत्तर दें।

अंक	छात्रों की संख्या
40 और उससे ऊपर	11
30 और उससे ऊपर	32
20 और उससे ऊपर	48
10 और उससे ऊपर	69
0 और उससे ऊपर	87

कितने छात्रों ने 20 या उससे अधिक लेकिन 40 से कम अंक स्कोर किए हैं?

A. 48 B. 37

C. 32 D. 80

74. नीचे दिए गए डेटा तालिका के आधार पर निम्नलिखित प्रश्न का उत्तर दें।

वर्ष	वर्ष में सकल घरेलू उत्पाद (जीडीपी) की वृद्धि का दर (प्रतिशत में)
2011	–7
2012	7
2013	–6
2014	5
2015	–4

यदि देश का सकल घरेलू उत्पाद (जीडीपी) 2011 के अंत तक $3 ट्रिलियन था, तो वह 2013 की शुरूआत में कितना था?

A. $1.07 ट्रिलियन

B. $0.94 ट्रिलियन

C. $0.93 ट्रिलियन

D. $1.01 ट्रिलियन

75. नीचे दिए गए डेटा तालिका के आधार पर निम्नलिखित प्रश्न का उत्तर दें।

विषय	प्राप्त अंक
अंग्रेजी	70
हिंदी	55
गणित	30
विज्ञान	35
कला	60

किसी छात्र की अपर्याप्त उपस्थिति की वजह से उसके प्राप्त अंकों के औसत से पांच अंक घटाए जाने हैं। इस छात्र के प्राप्त कुल औसत अंक कितने होंगे?

A. 35 B. 40

C. 45 D. 50

76. In the following question, a sentence has been given in Direct/Indirect speech. Out of the four alternatives suggested, select the one which best express the same sentence in Indirect/Direct speech.

Pinky said, "What a beautiful vase!"

A. Pinky exclaimed that it is a very beautiful vase.

B. Pinky said that it is a very beautiful vase indeed.

C. Pinky exclaimed that it was a very beautiful vase.

D. Pinky reported that it was an indeed a beautiful vase.

77. Select the word with the correct spelling.

A. blamefull B. procsimal
C. hilocky D. miracles

78. Select the synonym of **bristle** :

A. thorn B. tranquil
C. friction D. sleek

79. In the following question, out of the four alternatives, select the alternative which is the best substitute of the phrase.

The lower jawbone in mammals and fishes

A. trunk B. snout
C. beak D. mandible

80. Rearrange the parts of the sentence in correct order.

A saint or a satyagrahi

P : freezing her acts of goodness

Q : is often put on a pedestal

R : in time

A. PQR B. PRQ
C. QPR D. RQP

81. Select the antonym of **castigated:**

A. approve B. rate
C. flay D. drub

82. Select the antonym of **deliberate:**

A. judge B. imprudent
C. cogitate D. argue

83. Improve the bracketed part of the sentence.
I couldn't help but **(had to cry)** at his sad story.

A. cry B. cried
C. was crying D. no improvement

84. In the following question, out of the four alternatives, select the alternative which best expresses the meaning of the idiom/phrase.

Rise and shine

A. Work hard and succeed in life

B. An expression used when waking someone up

C. Try harder to overcome life's problems

D. Be of spotless character

85. In the following question, the sentence given with blank to be filled in with an appropriate word. Select the correct alternative out of the four and indicate it by selecting the appropriate option.

With his political __________ , the Party President deftly handled the rebellion.

A. temperament

B. sagacity

C. attitude

D. inexperience

86. In the following question, out of the four alternatives, select the alternative which is the best substitute of the phrase.

urge someone to act in a violent or unlawful way.

A. taunt B. solicit
C. incite D. psych

87. Rearrange the parts of the sentence in correct order.

Gandhi often

P : was unnecessary violence

Q : withdrew from an act of Satyagraha if he

R : felt there

A. PRQ B. PQR
C. RQP D. QRP

88. In the following question, the sentence given with blank to be filled in with an appropriate word. Select the correct alternative out of the four and indicate it by selecting the appropriate option.

The High Court judge _______ the orders passed by the district court.

A. quashed B. squashed
C. killed D. rented

89. In the following question, out of the four alternatives, select the alternative which best expresses the meaning of the idiom/Phrase.
Raining cats and dogs
A. It is raining unusually hard
B. To win a big lottery
C. To get wealth beyond what one deserves
D. To become filthy rich by honest means

90. Select the synonym of **confuse :**
A. explicate B. perplex
C. mix D. divert

91. Select the word with the correct spelling.
A. unweded B. informmer
C. mongrels D. powderred

92. Improve the bracketed part of the sentence.
The thief escaped **(from burning)** as the noble King pardoned him.
A. of being burnt
B. from being burnt
C. from having being burnt
D. no improvement

93. In the following question, a sentence has been given in Active/Passive voice. Out of four alternatives suggested, select the one which best expresses the same sentence in Passive/ Active voice.
The painting had not been painted by the famous painter.
A. The painting had never been painted by the painter who was famous.
B. The painter who was famous not had painted the painting.
C. The famous painter had not painted the painting.
D. The famous painter could not have painted the painting.

94. In the following question, some part of the sentence may have errors. Find out which part of the sentence has an error and select the appropriate option. If a sentence is free from error, select 'No Error'.
Was it him, that the teacher *(a)* / punished for not submitting *(b)* / his project on time *(c)* / No error *(d)*.
A. *(a)* B. *(b)*
C. *(c)* D. *(d)*

95. In the following question, some part of the sentence may have errors. Find out which part of the sentence has an error and select the appropriate option. If a sentence is free from error, select 'No Error'.
Entrance exams for the *(a)* / posts of associate professors *(b)* / will begin from Tuesday. *(c)* / No error *(d)*.
A. *(a)* B. *(b)*
C. *(c)* D. *(d)*

Directions (Qs. No. 96-100) : *In the following passage some of the words have been left out. Read the passage carefully and select the correct answer for the given blank out of the four alternatives.*

Targeting inflation comes from a belief that policy should be ________ and transparent, so that the private sector can factor this ______ their decision-making. The question that this _______ is: are there more "complicated" policies which _______ better? I just note that one such policy is called "nominal income targeting". ________ it is more complicated and the private sector is deemed to be intellectually challenged.

96. policy should be ________ and transparent,
A. elaborate B. detailed
C. easy D. simple

97. private sector can factor this ________ their decision-making.
A. into B. in
C. within D. onto

98. The question that this _______ is
A. shows B. poses
C. brings along D. ask

99. are there more "complicated" policies which _________ better?
A. have been
B. will be
C. were
D. are

100. ____________ it is more complicated
A. But
B. Hence
C. So
D. Because

उत्तरमाला

1	2	3	4	5	6	7	8	9	10
C	C	B	B	D	D	D	D	D	B
11	12	13	14	15	16	17	18	19	20
C	C	A	D	C	B	C	A	B	B
21	22	23	24	25	26	27	28	29	30
C	D	B	A	D	A	D	B	C	A
31	32	33	34	35	36	37	38	39	40
C	C	B	C	C	C	D	C	B	B
41	42	43	44	45	46	47	48	49	50
A	B	C	C	B	C	C	A	C	B
51	52	53	54	55	56	57	58	59	60
C	A	B	B	A	C	C	C	C	C
61	62	63	64	65	66	67	68	69	70
A	D	D	A	D	B	A	A	A	D
71	72	73	74	75	76	77	78	79	80
C	D	B	A	C	C	D	A	D	C
81	82	83	84	85	86	87	88	89	90
A	B	A	B	B	C	D	A	A	B
91	92	93	94	95	96	97	98	99	100
C	B	C	A	B	D	A	B	D	A

व्याख्यात्मक उत्तर

1. राजीव गाँधी हवाई अड्डा हैदराबाद में स्थित है तथा इन्दिरा गाँधी हवाई अड्डा दिल्ली में स्थित है।

2. चूँकि

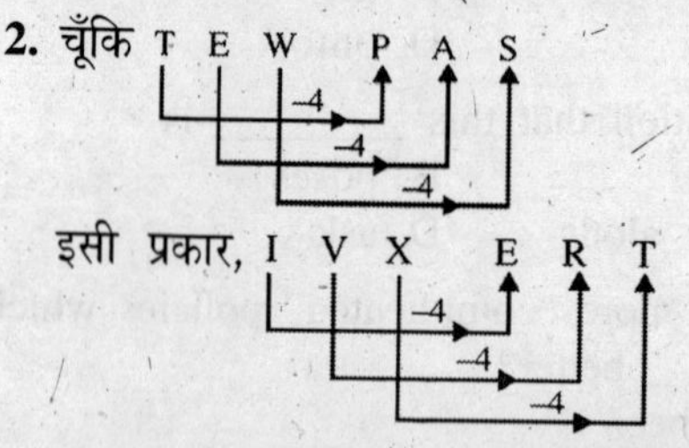

3. P E O N : Q G R R :: R U D E : SWGI

+1 +1 +1 +2 +2

अतः SWGI प्रश्नचिह्न के स्थान पर होगा।

4. 167 : 43 :: 245 : ?

$7 \times 6 + 1 = 43$

इसी प्रकार, $5 \times 4 + 2 = 22$

अतः प्रश्नचिह्न के स्थान पर 22 होगा।

7. $286 \Rightarrow 2 + 6 = 8$

$374 \Rightarrow 3 + 4 = 7$

$143 \Rightarrow 1 + 3 = 4$

$279 \Rightarrow 2 + 9 = 11 \neq 7$

अतः 279 विषम है।

8. $358 = 3 + 5 8 + 16$

$853 = 8 + 5 + 3 = 16$

$538 = 5 + 3 + 8 = 16$

लेकिन, $240 = 2 + 4 + 0 = 6.$

9. हजार, दस हजार, लाख, दस लाख, ?

अतः प्रश्नचिह्न के स्थान पर करोड़ होगा।

10.

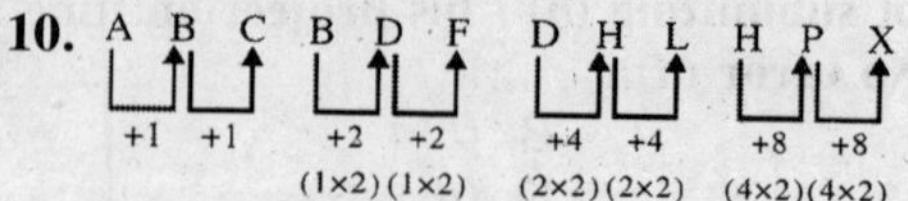

12. 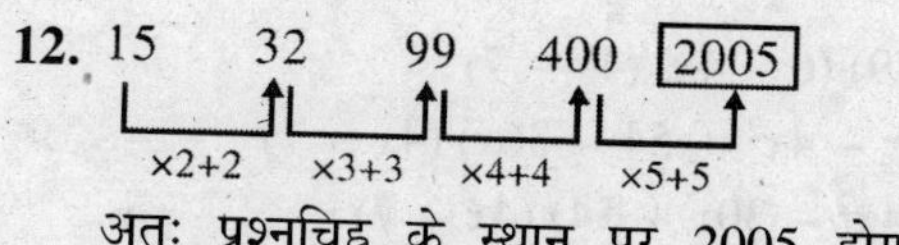

अतः प्रश्नचिह्न के स्थान पर 2005 होगा।

13. 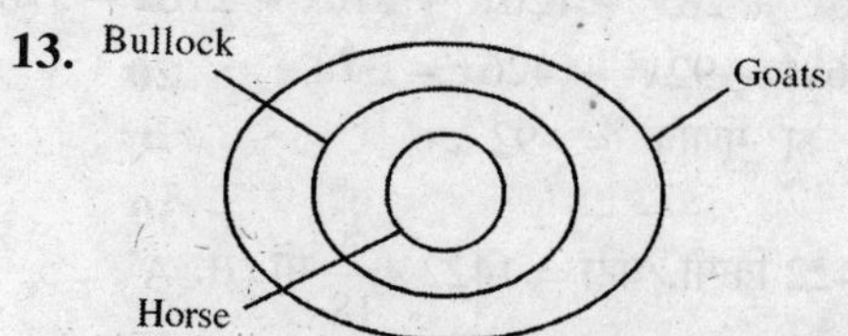

दी गई आकृति से स्पष्ट है कि सभी घोड़े बकरी हैं।

14. हाथी → कुत्ता → बाघ → शेर → हिरण

∵ हिरण सबसे तेज दौड़ा। शेर बाघ से तेज दौड़ा।

अतः दौड़ में दूसरे स्थान पर शेर रहा।

15. Cajole, Clandestine, Cover, Coward

अतः विकल्प C सही है।

16. दिया गया है : N I G E R I A

↓ ↓ ↓ ↓ ↓ ↓ ↓

@ # ^ $? # *

इसी प्रकार, G I N G E R

↓ ↓ ↓ ↓ ↓ ↓

^ # @ ^ $?

अतः विकल्प B सही है।

17.

45	55	26
50	51	65
60	49	?

45 + 50 + 60 = 155

55 + 51 + 49 = 155

26 + 65 + 64 = 155

अतः प्रश्नचिह्न के स्थान पर 64 होगा।

18. '–' का अर्थ '+'; '×' का अर्थ '÷'

'÷' का अर्थ '×'; '+' का अर्थ '–'

$26 - 400 \div 20 + 21 \times 12$

$= 26 - 20 + 252$

$= 278 - 20$

$= 258.$

19. <u>A</u>BA<u>A</u>BBA<u>A</u>AB<u>B</u>B

अतः AAAB सही विकल्प है।

20. 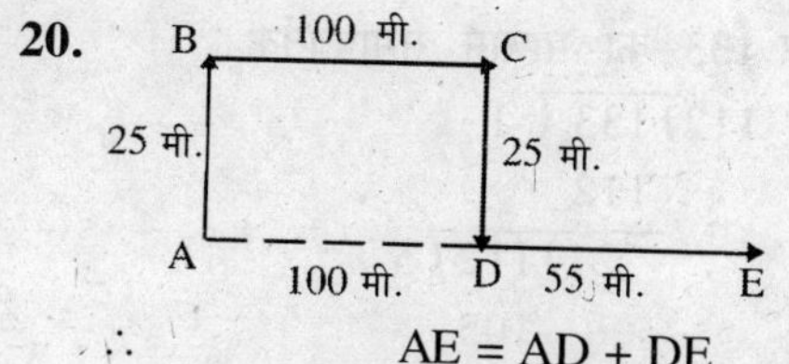

∴ AE = AD + DE

= 100 मी. + 55 मी. = 155 मी.

अतः बिल्ली की प्रारम्भिक तथा अन्तिम स्थान के बीच की दूरी 155 मी. है।

21.

आव्यूह-I

	0	1	2	3	4
0	F	D	P	R	B
1	G	E	R	A	R
2	H	R	O	N	E
3	R	C	T	E	G
4	S	I	E	T	Q

आव्यूह-II

	5	6	7	8	9
5	S	H	U	H	G
6	D	L	H	F	F
7	E	H	N	I	D
8	Q	S	I	X	A
9	R	I	F	B	S

अक्षर है : F I R E D

↓ ↓ ↓ ↓ ↓

68 96 14 24 01

अतः विकल्प C सही है।

22. 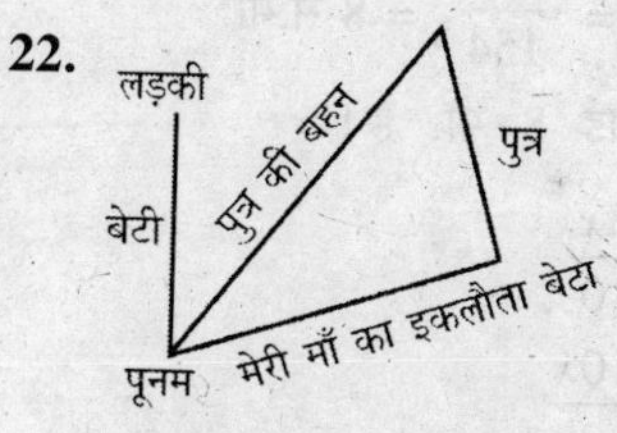

लड़की पूनम की बेटी है।

23. 

सही उत्तर की आकृति B है।

अतः विकल्प B सही है।

26. एक कम्प्यूटर प्रणाली में डेटा के एक एप्लीकेशन से दूसरे एप्लीकेशन में हस्तांतरण को डायनामिक डेटा एक्सचेंज कहते हैं।

53. 112 और 133 का महत्तम समापवर्तक

$$\begin{array}{r} 112\overline{)133(}\ 1 \\ 112 \\ \hline 21\overline{)112(}\ 5 \\ 105 \\ \hline 7\overline{)21(}\ 3 \\ 21 \\ \hline \end{array}$$

∴ महत्तम समापवर्तक = 7.

54. $\frac{(4a^2+12ab+9b^2)}{2a+3b}$

$= \frac{(2a)^2+2(2a)(3b)+(3b)^2}{2a+3b} = \frac{(2a+3b)^2}{2a+3b}$

$= \frac{(2a+3b)(2a+3b)}{(2a+3b)} = 2a + 3b.$

56. बेलन का वक्रपृष्ठ का क्षेत्रफल

$= 2\pi rh = 1232$ वर्ग से.मी.

$C = 2\pi r = 154$

∴ $h = \frac{1232}{154} = 8$ से.मी.

अतः बेलन की ऊँचाई 8 मी. है।

57. $x \times \frac{3}{10} = \frac{3x}{10}$

तथा $x \times \frac{10}{3} = \frac{10x}{3}$

अन्तर $= \frac{10x}{3} - \frac{3x}{10}$

$= \frac{100x-9x}{30} = \frac{91x}{30}$

अभीष्ट प्रतिशत $= \frac{\frac{91x}{30}}{\frac{10x}{3}} \times 100 = \frac{91x}{30} \times \frac{3}{10x} \times 100$

$= 91\%.$

58. वृत्तखंड का क्षेत्रफल

$= \frac{\theta}{360} \times \pi r^2 = \frac{90}{360} \times \frac{22}{7} \times 14 \times 14$

$= 22 \times 7 = 154$ वर्ग सेमी.

59. $(x + 9)(6 - 4x)(4x - 7)$

$= (6x - 4x^2 + 54 - 36x)(4x - 7)$

$= (-4x^2 - 30x + 54)(4x - 7)$

$= -16x^3 + 28x^2 - 120x^2 + 210x + 216x - 378$

$= -16x^3 - 92x^2 + 426x - 378$

∴ x^2 का गुणांक $= -92$.

61. 1422 किमी./घंटा $= 1422 \times \frac{5}{18}$ मी./से.

$= 79 \times 5 = 395$ मी./से.

अतः मिसाइल 395 मी. की दूरी एक सेकेण्ड में तय करेगी।

62. प्रश्नानुसार, $\frac{425}{x} = \frac{17}{20} \Rightarrow 17x = 425 \times 20$

$\Rightarrow \quad x = \frac{425 \times 20}{17} = 25 \times 20 = 500$

अतः भाड़े में वृद्धि = 500 − 425 = ₹ 75.

63. $\frac{\sec A - 1}{\sec A + 1} = \frac{\frac{1}{\cos A} - 1}{\frac{1}{\cos A} + 1}$

$= \frac{\frac{1-\cos A}{\cos A}}{\frac{1+\cos A}{\cos A}} = \frac{1-\cos A}{1+\cos A}.$

64. ∵ $\cos 3A = x$

$\Rightarrow \cos(2A + A) = x$

$\Rightarrow \cos 2A \cdot \cos A - \sin 2A \cdot \sin A = x$

$\Rightarrow (2\cos^2 A - 1)\cos A - 2\sin A \cdot \cos A \cdot \sin A = x$

$\Rightarrow 2\cos^3 A - \cos A - 2\cos A(\sin^2 A) = x$

$\Rightarrow 2\cos^3 A - \cos A - 2\cos A(1 - \cos^2 A) = x$

$\Rightarrow 2\cos^3 A - \cos A - 2\cos A + 2\cos^3 A = x$

$\Rightarrow 4\cos^3 A - 3\cos A = x$

अतः x का मान $= 4\cos^3 A - 3\cos A$.

65. 66 छात्रों का कुल वजन = 66 × 66 = 4356 कि.ग्रा.

33 लड़कियों का कुल वजन

= 33 × 61 = 2013 कि.ग्रा.

33 लड़कों का कुल वजन

= 4356 − 2013 = 2343 कि.ग्रा.

$\therefore$ लड़कों का औसत वजन = $\frac{2343}{33}$ = 71 कि.ग्रा.

66. A का 1 दिन का कार्य = $\frac{1}{20}$

B का 1 दिन का कार्य = $\frac{1}{10}$

(A + B) का 1 दिन का कार्य = $\frac{1}{20}+\frac{1}{10}$

$= \frac{1+2}{20} = \frac{3}{20}$

(A + B) का 5 दिन का कार्य = $\frac{3\times 5}{20} = \frac{3}{4}$

शेष कार्य = $1-\frac{3}{4}=\frac{1}{4}$.

67. माना कि दहाई का अंक = x

तथा इकाई का अंक = y

$\therefore$ संख्या = $10x + y$

$xy = 15$

$10x + y + 18 = 10y + x$

$\Rightarrow \quad 9x - 9y = -18 \Rightarrow x - y = -2$

अब, $(x + y)^2 = (x - y)^2 + 4xy$

$= (-2)^2 + 4 \times 15$

$= 4 + 60 = 64$

$\therefore \quad x + y = 8$

$\because \quad x + y = 8$

$x - y = -2$

$- \quad + \quad +$

$2y = 10 \quad \Rightarrow y = 5$

$x = 8 - 5 = 3$

$\therefore$ संख्या = 35.

68. $\tan\frac{7\pi}{6} = \tan 7\times\frac{180}{6} = \tan 210°$

$= \tan (180° + 30°)$

$= \tan 30° = \frac{1}{\sqrt{3}}$

$\therefore \quad \tan\frac{7\pi}{6}$ का मान = $\frac{1}{\sqrt{3}}$.

69. माना कि अंकित मूल्य = ₹ 100

छूट = $\frac{20}{100}\times 100$ = ₹ 20

विक्रय मूल्य = 100 − 20 = ₹ 80

100 + 28 = 128

जब विक्रय मूल्य ₹ 128 तब क्रय मूल्य = ₹ 100

जब विक्रय मूल्य ₹ 80 तब क्रय मूल्य = $\frac{100}{128}\times 80$

क्रय मूल्य = ₹ $\frac{125}{2}$

अब, अंकित मूल्य = ₹ 100

छूट = $\frac{13}{100}\times 100$ = ₹ 13

विक्रय मूल्य = 100 − 13 = ₹ 87

लाभ = $87-\frac{125}{2} = \frac{174-125}{2} = \frac{49}{2}$

लाभ प्रतिशत = $\frac{\frac{49}{2}}{\frac{125}{2}}\times 100 = \frac{49}{125}\times 100 = \frac{49\times 4}{5}$

$= \frac{196}{5} = 39.2\%$.

71. $\frac{8200\times r\times 16}{100}+\frac{4900\times r\times 15}{100} = 19446.5$

$\Rightarrow 82 \times 16r + 49 \times 15r = 19446.5$

$\Rightarrow \quad 2047r = 19446.5$

$\Rightarrow \quad r = \frac{194465}{20470} = \frac{38893}{4094}$

$\Rightarrow \quad r = 9.5$ प्रतिशत

अतः ब्याज की दर = 9.5 प्रतिशत.

72. कुल लड़कों की संख्या

= 30 + 10 + 40 + 30 + 15 + 20 = 145

कुल लड़कियों की संख्या

= 40 + 20 + 10 + 10 + 15 + 20 = 115

लड़के : लड़कियाँ = $\frac{145}{115}$ = 29 : 23.

YOUR SPACE

पिछले प्रश्न-पत्र (हल सहित)

SSC–संयुक्त हायर सेकेन्डरी स्तर–CHSL (10+2) भर्ती परीक्षा–2015

भाग – I: सामान्य बुद्धिमत्ता

निर्देश (प्रश्न संख्या 1 से 4 तक): *दिए गए विकल्पों में से लुप्त अंक ज्ञात कीजिए।*

1.

5	6	7	8
10	18	21	40
7	9	10	?

A. 20 B. 13
C. 11 D. 15

2.

	25	
16	22	36
	49	

	64	
9	16	1
	×	

	9	
4	15	1
	81	

A. 32 B. 4
C. 2 D. 16

3.

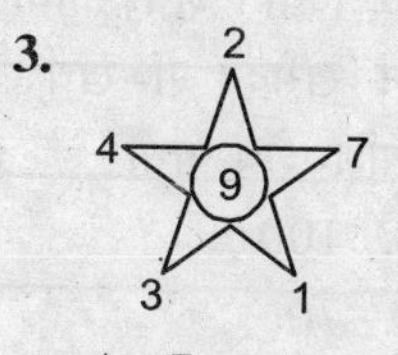

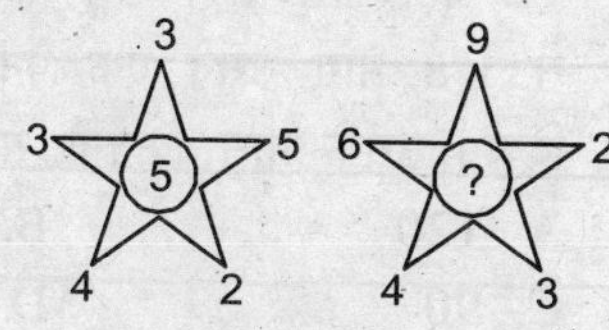

A. 7 B. 10
C. 11 D. 4

4.

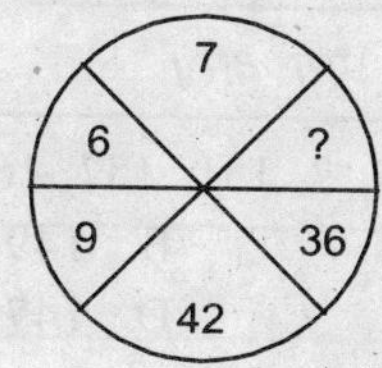

A. 54 B. 34
C. 78 D. 24

निर्देश (प्रश्न संख्या 5 से 13 तक): *दिए गए विकल्पों में से सम्बन्धित शब्द/अक्षरों/संख्या को चुनिए।*

5. 414 : 636 :: 325 : ?
A. 222 B. 547
C. 636 D. 414

6. 32 : 28 :: 160 : ?
A. 110 B. 80
C. 140 D. 120

7. √AFI : 13 :: √DDA : ?
A. 12 B. 21
C. 24 D. 22

8. FE : HG :: ML : ?
A. JI B. QP
C. PO D. ON

9. अवकाश : छुट्टी :: व्यवसाय : ?
A. पूंजी B. पेशा
C. डिग्री D. हर्ष

10. SNAKE : VQDNH :: CRADLE :: ?
A. EVFGOF B. FVDGPH
C. FUDGOH D. EUDGOH

11. कवई : मीठा पानी :: ? : खारा पानी
A. स्नेह मीन B. मेढक
C. मगरमच्छ D. सांप

12. 196 : 256 :: ? : 400
A. 324 B. 144
C. 204 D. 452

13. आँखें : आँसू :: ____ : ____
A. हृदय : धमनी B. भूख : रोटी
C. ज्वालामुखी : लावा D. समुद्र : जल

14. दी गई उत्तर आकृतियों में से उस उत्तर आकृति को चुनिए जिसमें प्रश्न आकृति निहित है।

प्रश्न आकृति

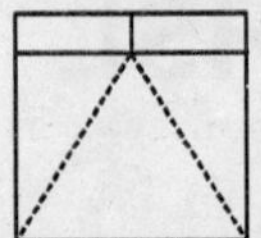

उत्तर आकृतियाँ

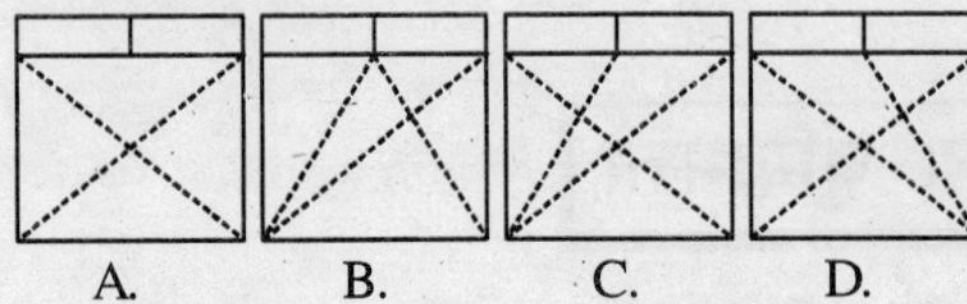

A. B. C. D.

15. यदि 'Stress' को Rtress लिखा जाए तो 'Pulse' को कैसे कोडित किया जाएगा?

A. Qulse B. Rulse
C. Fulse D. Qulse

निर्देश (प्रश्न संख्या 16): *दिए गए कथनों के सम्बन्ध में कौन-सा निष्कर्ष सही है।*

16. कथन :

1. सभी वर्ग आयत हैं।
2. सभी आयत बहुभुज हैं।

निष्कर्ष :

A. वर्ग बहुभुज है।
B. वर्ग आयत और बहुभुज है।
C. वर्ग बहुभुज नहीं है।
D. वर्ग आयत नहीं है।

निर्देश (प्रश्न संख्या 17 व 18): *निम्नलिखित विकल्पों में से वह शब्द चुनिए, जो दिए गए शब्द के अक्षरों का प्रयोग करके नहीं बनाया जा सकता।*

17. Calculate

A. Team B. Tea
C. Late D. Cat

18. Correspondence

A. Respond B. Condense
C. Respondent D. Correspond

निर्देश (प्रश्न संख्या 19 से 21): *अक्षरों का कौन-सा समूह खाली स्थानों पर क्रमवार रखने से दी गई अक्षर श्रृंखला को पूरा करेगा?*

19. oopqop _ qoo _ qo _ oqo _ pq

A. poop B. oppo
C. opop D. popo

20. _ _ babbba _ a _ _

A. ababb B. bbaba
C. babbb D. baaab

21. a _ baa _ baa _ ba

A. bba B. bab
C. bbb D. aab

22. नीचे प्रश्न आकृतियों में दिखाए अनुसार कागज को मोड़कर काटने तथा खोलने के बाद वह किस उत्तर आकृति जैसा दिखाई देगा?

प्रश्न आकृतियाँ

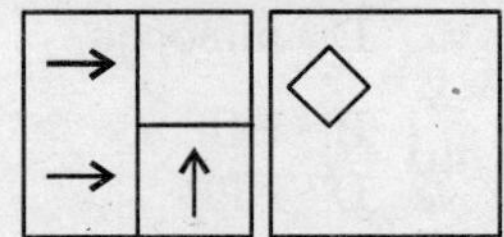

उत्तर आकृतियाँ

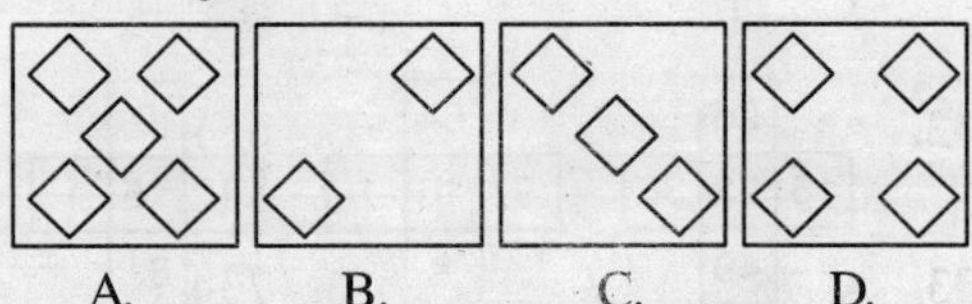

A. B. C. D.

23. अली के पास ₹ 320 थे। उसने उसका 3/4 भाग एक घड़ी खरीदने में खर्च कर दिया। शेष रुपयों में से 1/8 भाग उसने एक पेन खरीदने में खर्च कर दिया। उसके पास कितनी राशि शेष बची?

A. 120 B. 100
C. 90 D. 70

निर्देश (प्रश्न संख्या 24 से 26): *एक अनुक्रम दिया है, जिसमें एक पद लुप्त है। दिए गए विकल्पों में से वह सही विकल्प चुनिए जो अनुक्रम को पूरा करे।*

24. 127, 131, 139, ?, 151, 157, 163, 167

A. 141 B. 149
C. 143 D. 147

25. 1, 1, 2, 3, 5, ?, 13, 21

A. 8 B. 7
C. 6 D. 9

26. 361, ?, 169, 121, 49, 25

A. 324 B. 256
C. 196 D. 289

27. निम्नलिखित सांख्यिकीय अंकों में अंकगणितीय संक्रियाएँ लगाइए–

4 _ 3 _ 4 = 48

A. × ×　　B. + –
C. × +　　D. + +

निर्देश (प्रश्न संख्या 28 व 36): *दिए गए विकल्पों में से विषम शब्द/अक्षर/संख्या चुनिए।*

28. A. थाह　　B. मोटा
C. गोल-मटोल　　D. ठोस

29. A. aacdff　　B. qqstuu
C. ggijkk　　D. mmopqq

30. A. DCB　　B. HGF
C. RQP　　D. NPR

31. A. विशिष्टता　　B. सनक
C. दुर्बलता　　D. मौज

32. A. 3463　　B. 6514
C. 8948　　D. 5725

33. A. 751　　B. 734
C. 532　　D. 853

34. A. PONM　　B. DCBA
C. HGFE　　D. IJKL

35. A. FUEV　　B. QPSR
C. VUXW　　D. YXWV

36. A. 17　　B. 6
C. 15　　D. 12

37. निम्नलिखित शब्दों को शब्दकोश में विपरीत क्रम में व्यवस्थित कीजिए।

1. multitude　　2. multinational
3. multiplier　　4. multinomial
5. multilingual

A. 1 3 2 4 5　　B. 1 3 4 2 5
C. 4 5 3 2 1　　D. 5 4 3 2 1

38. यदि + भाग के लिए है; × जमा के लिए है; – गुणा के लिए है; ÷ घटाने के लिए है तो निम्नलिखित में से क्या सही है?

1. 25 × 3 – 7 ÷ 8 + 12 = 18
2. 25 + 3 × 7 – 8 ÷ 12 = 10.89
3. 25 – 3 ÷ 7 × 8 + 12 = 132
4. 25 ÷ 3 × 7 – 8 + 12 = 19.3

A. 1　　B. 3
C. 2　　D. 4

निर्देश (प्रश्न संख्या 39): *प्रश्न में दो कथन दिए हैं जिसके आगे दो निष्कर्ष I और II निकाले गए हैं। दिए गए कथन/कथनों को सत्य मानकर चाहे वह/वे ज्ञात तथ्यों से भिन्न प्रतीत होता हो/होते हों। आपको निर्णय करना है कि दिए गए निष्कर्ष में कौन-सा/कौन-से निश्चित रूप से कथन/कथनों द्वारा सही निकाला जा सकता/सकते हैं, यदि कोई हो।*

39. **कथन :**

1. कुछ लिपिक गरीब है;
2. A गरीब है।

निष्कर्ष :

I. A लिपिक है।
II. A के पास बड़ा परिवार है।

A. I और II दोनों निष्कर्ष निकलते हैं।
B. केवल निष्कर्ष I निकलता है।
C. केवल निष्कर्ष II निकलता है।
D. न तो I और न ही II निकलता है।

40. करन का एक भाई 'प्रेम' और एक बहन 'नीशा' है। करन की पत्नी 'नाज' है और पुत्री 'नक्षा' है। नक्षा की शादी निशा के पुत्र अकबर से हुई और उसकी एक पुत्री 'रिया' है। 'नक्षा' और 'नीशा' के बीच क्या संबंध है?

A. मां और पौत्री　　B. मां एवं पुत्री
C. भतीजी और बुआ　　D. बहिनें

41. पांसे के छह फलक हैं, A, B, C, D, E और F। A B के नजदीक है। B, D के नजदीक है किंतु C के नहीं। E D और F के नजदीक है। A के सामने का फलक कौन-सा है?

A. C　　B. F
C. E　　D. D

42. लक्ष्मी मेरे घर से 10 किमी पश्चिम की ओर गई, तब बाएं मुड़कर 20 किमी चली। फिर वह पूर्व में मुड़ी और 25 किमी. चली और अंत में बाएं मुड़कर 20 किमी. गई। वह मेरे घर से कितनी दूरी पर थी?

A. 15 किमी.　　B. 10 किमी.
C. 5 किमी.　　D. 40 किमी.

43. निम्नलिखित शब्दों को शब्दकोश में दिए गए क्रम के अनुसार लिखें।

1. Silt　　2. Silicon
3. Silicate　　4. Silken

A. 2 1 4 3　　B. 4 1 3 2
C. 3 2 4 1　　D. 1 4 3 2

44. एक शब्द केवल एक संख्या-समूह द्वारा दर्शाया गया है, जैसा कि विकल्पों में से किसी एक में दिया गया हैं। विकल्पों में दिए गए संख्या-समूह अक्षरों के दो वर्गों द्वारा दर्शाए गए हैं, जैसा कि नीचे दिए गए दो आव्यूहों में है। आव्यूह-I के स्तम्भ और पंक्ति की संख्या 0 से 4 में दी गई है और आव्यूह-2 की 5 से 9। इन आव्यूहों से एक अक्षर को पहले उसकी पंक्ति और बाद में स्तम्भ संख्या द्वारा दर्शाया जा सकता है। उदाहरण के लिए 'M' को 01, 10 आदि द्वारा दर्शाया जा सकता है तथा 'R' को 58,85 आदि द्वारा दर्शाया जा सकता है। इसी तरह से आपको प्रश्न में दिए शब्द 'NOW' के लिए समूह को पहचानना है।

आव्यूह-I

	0	1	2	3	4
0	I	M	W	S	Q
1	M	W	S	Q	I
2	W	S	Q	I	M
3	S	Q	I	M	W
4	Q	I	M	W	S

आव्यूह-II

	5	6	7	8	9
5	O	A	D	R	N
6	A	D	R	N	O
7	D	R	N	O	A
8	R	N	O	A	D
9	N	O	A	D	R

A. 95, 67, 02　　B. 95, 55, 34
C. 55, 78, 11　　D. 86, 58, 11

45. यदि ARMS 1234 के बराबर है तो MARS किसके बराबर होगा?

A. 3124　　B. 4321
C. 1243　　D. 4213

46. कौन-सी उत्तर आकृति प्रश्न आकृति के प्रतिरूप को पूरा करेगी?

प्रश्न आकृति

उत्तर आकृतियाँ

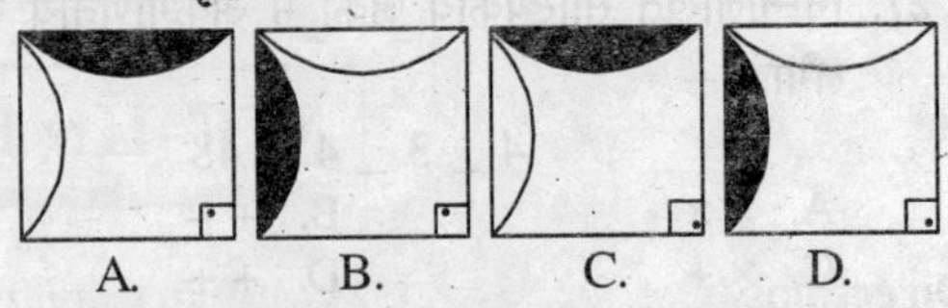

A.　B.　C.　D.

47. वह आरेख चुनिए जो नीचे दिए गए वर्गों के बीच संबंध का सही निरूपण करता है।

सामाजिक विज्ञान, इतिहास और भूगोल

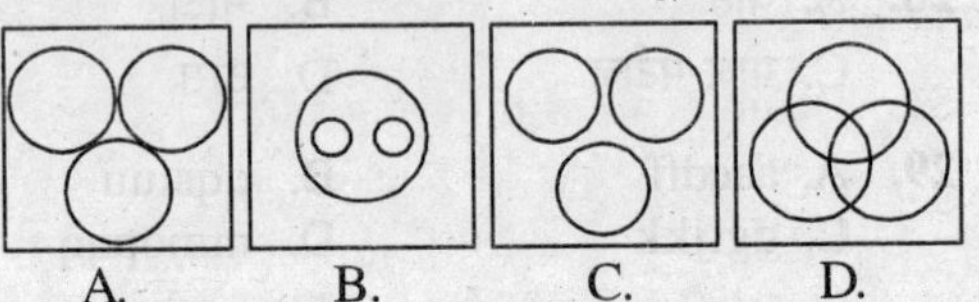

A.　B.　C.　D.

48. यदि सीता पश्चिमी की ओर 10 किमी चलती है, फिर दक्षिण की ओर मुड़कर 10 किमी चलती है, तब पूर्व की ओर मुडकर 10 किमी. चलती है और फिर उत्तर की ओर मुड़कर 10 किमी. चलती है। वह प्रारंभिक स्थल से कितनी दूर है?

A. 40 किमी.　　B. 10 किमी.
C. 0 किमी.　　D. 20 किमी.

49. यदि एक दर्पण को RS रेखा पर रखा जाये तो दी गई उत्तर आकृतियों में से कौन-सी आकृति प्रश्न आकृति की सही प्रतिबिम्ब होगी?

प्रश्न आकृति

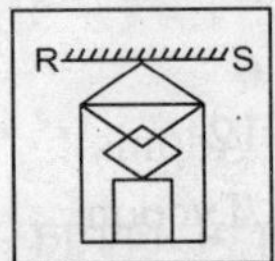

उत्तर आकृतियाँ

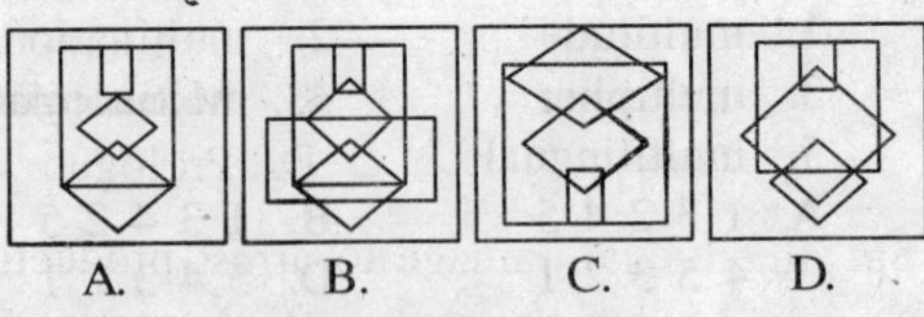

A.　B.　C.　D.

50. निम्न विकल्पों में से कौन-सा विकल्प नीचे दिए हुए शब्दों का आरोही क्रम में सार्थक क्रम दर्शाता है?

1. परमाणु　　2. पदार्थ
3. अणु　　4. इलेक्ट्रॉन

A. 4, 1, 3, 2　　B. 3, 1, 4, 2
C. 1, 2, 3, 4　　D. 3, 4, 1, 2

भाग–II: English Language

Directions (Qs. Nos. 51 & 52): *A sentence has been given in Active/Passive Voice. Out of the four alternatives suggested, select the one which best expresses the same sentence in Passive/Active Voice and mark your answer in the Answer Sheet.*

51. I cannot trust him any more.
A. He cannot be trusted by me any more.
B. He cannot trust by me any more.
C. He may not be trusted by me any more.
D. He could not be trusted by me any more

52. Take the medicine.
A. The medicine is to be taken by you.
B. The medicine must take you.
C. You are requested to take the medicine.
D. Let the medicine be taken.

Directions (Qs. Nos. 53 to 56): *Out of the four alternatives, Choose the one which can be substituted for the given words/sentences.*

53. A cinema show held in the afternoon.
A. Premiere B. Play
C. Entertainment D. Matinee

54. A handsome man
A. Cavalier B. Adonis
C. Debonair D. Tycoon

55. Introductory part or lines to a discourse or play
A. Epilogue B. Monologue
C. Blurb D. Prologue

56. Intentional damage to arrest production
A. Modus operandi B. Nemesis
C. Sabotage D. Sangfroid

Directions (Qs. Nos. 57 to 60): *Choose the word opposite in meaning to the given word and mark it in the Answer Sheet.*

57. Sterile
A. dense B. fertile
C. barren D. infertile

58. Desist
A. request B. continue
C. assign D. hope

59. Prudent
A. careless B. miserly
C. strange D. foolish

60. Defile
A. repair B. purify
C. yield D. describe

Directions (Qs. Nos. 61 to 64): *Some parts of the sentences have errors and some are correct. Find out which part of a sentence has an error. If a sentence is free from error, mark "No Error" option in the Answer Sheet.*

61. The people gathered at the funeral to pay respect.
A. The people gathered
B. To pay respect
C. At the funeral
D. No error

62. Iodine deficiency is an easy and inexpensive nutrient disorder to prevent.
A. Nutrient disorder to prevent
B. Is an easy and inexpensive
C. Iodine deficiency
D. No error

63. When the workers threatened to go on a strike, the mill owner declared a lay off on his mill.
A. When the workers threatened to
B. Go on a strike, the mill owner
C. No error
D. Declared a lay off on his mill

64. Whoever assumes his statement true is foolish.
A. No error
B. is foolish
C. his statement true
D. Whoever assumes

Directions (Qs. Nos. 65 to 74): *In the following passage some of the words have been left out. Read the passage carefully and choose the correct answer to each question out of the four alternatives and fill in the blanks.*

PASSAGE

Past __(65)__ us in understanding our present world in a __(66)__ better way. If we know __(67)__ our ancestors lived or __(68)__ the wars were waged, we can understand the today's world __(69)__ and get ideas for a __(70)__ future. What appears to __(71)__ as wrong today could have been right __(72)__. It is also interesting to know how __(73)__ in the past __(74)__ the life of humans.

65. A. helped B. help C. helps D. is helping

66. A. most B. just C. much D. more

67. A. why B. how C. when D. where

68. A. how B. when C. which D. why

69. A. betterment B. well C. better D. best

70. A. fairest B. fair C. fairy D. fairer

71. A. us B. they C. them D. him

72. A. early B. earliest C. earlier D. later

73. A. adventures B. inventing C. inventions D. inventors

74. A. improvement B. improves C. improved D. improve

Directions (Qs. Nos. 75 to 78): *Out of the four alternatives, choose the one which best expresses the meaning of the given word and mark it in the Answer Sheet.*

75. Desultory
A. Forsake B. Diminish C. Random D. Frugal

76. Jealous
A. Lustful B. Envious C. Proud D. Greedy

77. Diligent
A. Industrious B. Modest C. Intelligent D. Energetic

78. Quest
A. Search B. Trial C. Test D. Decision

Directions (Qs. Nos. 79 to 82): *Four alternatives are given for the Idiom/Phrase underlined. Choose the alternative which best expresses the meaning of the Idiom/Phrase and mark it in the Answer Sheet.*

79. Have a finger in every pie
A. to be meddlesome
B. to be greedy
C. to be quarrelsome
D. to be efficient

80. To take after
A. to remove
B. to resemble
C. to cheat
D. to write down

81. The jury is out
A. A jury member is absent
B. They jury has taken a break between hearings.
C. No decision has been reached.
D. The entire jury decides to stay out of the proceedings.

82. She paid a flying visit to Mumbai to see her ailing father.
A. a very short visit
B. went by aeroplane
C. a surprise visit
D. a very long visit

Directions (Qs. Nos. 83 to 86): *Sentences are given with blanks to be filled in with an appropriate word(s). Four alternatives are suggested for each question. Choose the correct alternative out the four.*

83. We can ____ right and wrong.
A. distinguish from
B. distinguish by
C. distinguish between
D. distinguished for

84. He is a man of ______ simplicity.
A. childless B. child
C. childish D. childlike

85. The cold breath of autumn had ____ the ivy leaves from the vine and the branches remained almost bare.
A. strike B. strucked
C. stricken D. striking

86. You take a decision. The ball is in ____ now.
A. your garden B. your court
C. your pocket D. your net

Directions (Qs. Nos. 87 to 90): *A sentence/a part of the sentence is underlined. Below are given alternatives to the underlined part which may improve the sentence. Choose the correct alternative. In case no improvement is needed choose "No Improvement".*

87. Both of them are good, but this is the best of the two.
A. No improvement B. better
C. much better D. good

88. He said, 'Let the show begins.'
A. 'Let the show begin'
B. No improvement.
C. 'Let's the show begin'
D. 'Let the show to begin'

89. I'm really sorry but I haven't got much money myself.
A. I'm really sorry I have lesser money myself.
B. I'm really sorry but I not have much money myself.
C. No improvement.
D. I'm really sorry but I have very few money myself.

90. The museum's collection includes artefacts dated back to prehistoric times.
A. date back to
B. date backs to
C. dating back to
D. No improvement

Directions (Qs. Nos. 91 to 94): *Four words are given in each question, out of which only one word is correctly spelt. Find the correctly spelt word and mark your answer in the Answer Sheet.*

91. A. Purritaniccal B. Puritanical
C. Puritannical D. Purritanical

92. A. Acomodation
B. Accomodation
C. Accommodation
D. Acommodation

93. A. Plagiarist B. Plagrait
C. Plegiarist D. Plagearist

94. A. Ingenius B. Ingeneous
C. Ingenous D. Ingenious

Directions (Qs. Nos. 95 to 98): *The first and the last part of the sentence/passage are numbered 1 and 6. The rest of the sentence/passage is split into four parts and named P, Q, R and S. These four parts are not given in their proper order. Read the sentence/passage and find out which of the four combinations is correct.*

95. 1. Glorious tributes were paid
P. who, after fighting a battle with cancer,
Q. the original superstar of Bollywood
R. passed away last month
S. to the legendary Rajesh Khanna
6. at his residence in Mumbai.
A. QSPR B. SQRP
C. SQPR D. SRPQ

96. 1. Though the government
P. the growth of population
Q. has undertaken a series of plans
R. and for raising the standard of living of the people
S. for economic development
6. has upset all the plans.
A. QPRS B. QSRP
C. SPQR D. SRPQ

97. 1. A volcano is an opening or rupture in a planet's surface.

P. Erupting volcanoes can pose many hazards.

Q. This opening allows magma, ash and gases to escape from below the surface.

R. Volcanic ash can be a threat to aircraft.

S. Volcanoes are generally found where tectonic plates are diverging or converging.

6. Historically, so-called, volcanic winters have caused catastrophic famines.

A. QSPR B. RSPQ

C. SPQR D. SQRP

98. 1. What gives some persons

P. torturing physical pain

Q. after experiencing

R. after the loss of a precious loved one

S. the power to fight on

6. day after day?

A. SRQP B. PQSR

C. PSQR D. PQRS

Directions (Qs. Nos. 99 and 100): *A sentence has been given in Direct/Indirect. Out of the four alternatives suggested, select the one which best expresses the same sentence in Indirect/Direct and mark your answer in the Answer Sheet.*

99. My brother told me that he would buy me a notepad the next day.

A. My brother "I am going to buy you a notepad tomorrow."

B. My brother said to me, "I will be buying you a notepad tomorrow."

C. My brother said to me, "I shall buy you a notepad tomorrow."

D. My brother said to me, "I would buy you a notepad tomorrow."

100. The peon said to his officer, "Please forgive me".

A. The peon requested his officer that he forgive him.

B. The peon requested his officer to forgive him.

C. The peon said to his officer that he should forgive him.

D. The peon told his officer please forgive him.

भाग – III: संख्यात्मक अभियोग्यता

101. 120 और 300 के बीच के पूर्ण वर्गों का योग है–

A. 1296 B. 1024

C. 1204 D. 1400

102. एक विद्यार्थी 2½ प्रति घंटा की गति से स्कूल जाता है और 6 मिनट विलंब से स्कूल पहुँचता है। यदि वह 3 किमी. प्रति घंटा की गति से यात्रा करता है तो 10 मिनट पहले स्कूल पहुँच जाता है। विद्यार्थी के घर से स्कूल की दूरी कितनी है?

A. 3¼ किमी. B. 3½ किमी.

C. 1 किमी. D. 4 किमी.

103. एक पाइप एक टैंक को 24 घंटे में भर सकता है। तल में रिसाव के कारण यह 36 घंटे में भरता है। यदि टैंक आधा भरा हुआ है तो उस रिसाव से टैंक कितने समय में खाली होगा?

A. 24 घंटे B. 36 घंटे

C. 72 घंटे D. 48 घंटे

104. दो संख्याओं का अनुपात 3 : 4 है और उनका लघुत्तम समापवर्त्य 120 है। उन संख्याओं का योग है–

A. 70 B. 140

C. 35 D. 105

105. यदि $\sqrt{33} = 5.745$, तो निम्नलिखित का मान लगभग कितना है?

$$\sqrt{\frac{3}{11}}$$

A. 2.035 B. 0.5223

C. 1 D. 6.32

106. एक घन के प्रत्येक पार्श्व को 25% घटा दिया जाता है। मूल घन और परिणामी घन के आयतन का अनुपात ज्ञात करें।

A. 64 : 1 B. 8 : 1
C. 64 : 27 D. 27 : 64

107. TF एक मीनार है जिसका बिन्दु F भूमि पर है। A से T का उन्नयन कोण इस प्रकार x^0 है कि tan $x^0 = 2/5$ और AF = 200 मीटर है। समीपस्थ बिंदु B से T का उन्नयन कोण y^0 है। जिसमें BF = 80 मीटर है। y^0 का मान है–

A. 60^0 B. 45^0
C. 75^0 D. 30^0

निर्देश (प्रश्न संख्या 108 से 112 तक): *इस पाई चार्ट में दर्शाया गया है कि एक स्कूल में विभिन्न शीर्षों के अंतर्गत स्कूल की निधियों को कैसे खर्च किया जाता है। पाई चार्ट का प्रयोग करते हुए प्रश्नों का उत्तर दें?*

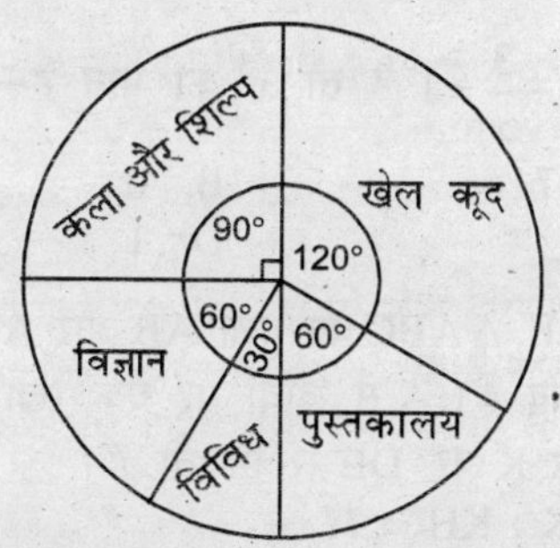

108. किन शीर्षों के खर्च की राशि समान है–

A. विविध और पुस्तकालय
B. विज्ञान और विविध
C. खेलकूद और विज्ञान
D. पुस्तकालय और विज्ञान

109. किस शीर्ष पर 25% निधियों को खर्च किया गया है?

A. विविध B. खेलकूद
C. कला और शिल्प D. पुस्तकालय

110. किस शीर्ष का खर्च अधिकतम है?

A. विज्ञान B. पुस्तकालय
C. खेलकूद D. कला और शिल्प

111. कुल खर्च का कितना प्रतिशत पुस्तकालय पर खर्च किया गया है?

A. 24 B. 16.6
C. 20 D. 24.3

112. खेलकूद और कला व शिल्प के खर्च का अनुपात क्या है?

A. 1 : 1 B. 2 : 1
C. 4 : 3 D. 1 : 4

113. सायमन ने एक साइकिल ₹ 6810 में खरीदी। उसने 13.5% वैट अदा किया। साइकिल की अंकित मूल्य कितनी थी?

A. ₹ 6000 B. ₹ 6140
C. ₹ 5970.50 D. ₹ 6696.50

114. एक लंब प्रिज्म का आधार एक ट्रैपीजियम है जिसके दो समांतर पार्श्वों की लम्बाई 10 सेमी. और 6 सेमी. है और उनके बीच की दूरी 5 सेमी है। यदि प्रिज्म की ऊँचाई 8 सेमी. है तो इसका आयतन है–

A. 300 सेमी.^{3} B. 320 सेमी.^{3}
C. 310 सेमी.^{3} D. 300.5 सेमी.^{3}

115. एक गोलार्ध कटोरे की त्रिज्या 6 सेमी. है। कटोरे की धारिता है–$\left(\text{मान लें } \pi = \frac{22}{7}\right)$

A. 495.51 सेमी.^{3} B. 345.53 सेमी.^{3}
C. 452 सेमी.^{3} D. 452.57 सेमी.^{3}

116. एक अधिकोणीय त्रिभुज के परिकेन्द्र की अवस्थिति क्या है?

A. यह त्रिभुज के अंदर होता है।
B. यह सबसे लम्बे पार्श्व का मध्य बिंदु है।
C. यह सबसे बड़े पार्श्व के विपरीत शीर्ष है।
D. यह त्रिभुज के बाहर होता है।

117. एक व्यक्ति ₹ 16000 की कीमत वाला एक टी.वी. खरीदता है। वह ₹ 4000 तुरंत दे देता है और शेष 15 महीनों के बाद देता है जिस पर उसे 12% प्रतिवर्ष की दर से साधारण ब्याज लिया जाता है। वह टी.वी. के लिए कुल कितनी राशि अदा करता है?

A. ₹ 18,200 B. ₹ 16,800
C. ₹ 17,800 D. ₹ 17,200

118. एक कारोबार में A और C ने 2 : 1 के अनुपात में राशि निवेश की जबकि A और B ने 3 : 2 के अनुपात में राशि निवेश की। यदि वार्षिक लाभ ₹ 157300 है तो लाभ में B का हिस्सा है–

A. ₹ 24200 B. ₹ 48000
C. ₹ 36300 D. ₹ 48400

119. एक गांव में महामारी फैली जिससे 5% जनसंख्या की मृत्यु हो गई शेष में से 20% आतंकित हो कर भाग गए। यदि वर्तमान जनसंख्या 4655 है तो गांव की मूलरूप से जनसंख्या कितनी थी?

A. 5955 B. 6000
C. 5995 D. 6125

120. किसी संख्या के 50% को 50 में जोड़ने पर वह उसी संख्या के बराबर हो जाता है। वह संख्या है–

A. 75 B. 150
C. 50 D. 100

121. 5% प्रतिवर्ष के साधारण ब्याज पर अब से 4 वर्षों में देय ₹ 2400 के साधारण ब्याज और वास्तविक छूट में अंतर है–

A. ₹ 50 B. ₹ 80
C. ₹ 70 D. ₹ 30

122. निम्नलिखित का मान है–

$$\frac{(\tan 20°)^2}{(\text{cosec } 70°)^2}+\frac{(\cot 20°)^2}{(\sec 70°)^2}+2\tan 15°.\tan 45°.\tan 75°$$

A. 2 B. 3
C. 4 D. 1

निर्देश (प्रश्न संख्या 123 से 126): *निम्नलिखित तालिका में विश्व में इस्पात का उत्पादन दर्शाया गया है 1920-1927 तक। तालिका का अध्ययन करें और प्रश्नों का उत्तर दें।*

वर्ष	1920	1921	1922	1923	1924	1925	1926	1927
उत्पादन (मिलियन टनों में)	71.30	43.51	67.66	76.23	77.23	88.93	91.75	100.17

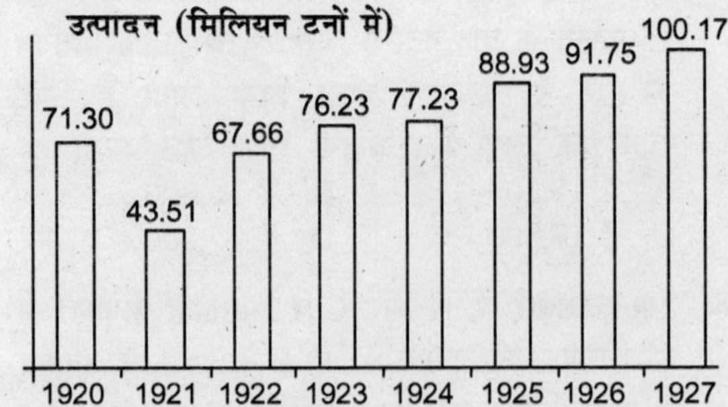

123. इस्पात का औसत उत्पादन है–

A. 77.10 B. 76.09
C. 74.07 D. 75.13

124. वर्ष 1924 और 1925 में इस्पात के उत्पादन का वर्ष 1923 और 1927 के उत्पादन से अनुपात कितना है?

A. 2077 : 2205 B. 2005 : 2077
C. 2205: 2077 D. 2205 : 2007

125. वर्ष 1923 और 1924 में इस्पात के उत्पादन का अंतर 1927 का x% है। x का मान लगभग कितना है–

A. 1 B. .001
C. .01 D. .1

126. उन वर्षों की संख्या लगभग कितनी है जिनके दौरान कम्पनी का उत्पादन वर्ष 1920-1927 के औसत उत्पादन से कम है?

A. 2 B. 3
C. 6 D. 4

127. यदि $\frac{x}{3}+\frac{3}{x}=1$ है तो x^3 का मान है–

A. –27 B. 0
C. 27 D. 1

128. D और E, Δ ABC की भुजा AB और AC के क्रमशः मध्य बिंदु हैं। A से खींची गई एक रेखा H पर BC से; और K पर DE से मिलती है।

AK : KH = ??

A. 1 : 3 B. 1 : 2
C. 2 : 1 D. 1 : 1

129. यदि A, B व C, ΔABC के कोण हैं तो निम्नलिखित किसके बराबर है–

$$\sin\left(\frac{B+C}{2}\right)$$

A. $\sec\frac{B}{2}$ B. $\cos\frac{A}{2}$
C. $\sec\frac{A}{2}$ D. $\text{cosec}\frac{A}{2}$

130. मान लें कि ABC एक समबाहु त्रिभुज है और AD, BC के लंब है तो $AB^2 + BC^2 + CA^2 = ?$

A. $4AD^2$ B. $3AD^2$
C. $5AD^2$ D. $2AD^2$

131. एक गोलार्ध और शंकु का समान आधार है। यदि उनकी ऊँचाई भी समान है तो उनके वक्र पृष्ठ का अनुपात होगा–

A. 2 : 1
B. $\sqrt{2}:1$
C. $1:\sqrt{2}$
D. 1 : 2

132. चार अंकों की सबसे बड़ी संख्या जो 12, 18, 21 और 28 प्रत्येक संख्याओं से पूर्णतया विभाज्य हो।
A. 9828
B. 9288
C. 9928
D. 9882

133. A और B एक कार्य को 15 दिनों में कर सकते हैं। B और C उसी कार्य को 10 दिनों में और A और C उसी कार्य को 12 दिनों में कर सकते हैं। उस कार्य को A, B और C मिलकर कितने समय में करेंगे?
A. 5 दिन
B. 4 दिन
C. 8 दिन
D. 9 दिन

134. यदि $x + y = 2a$ है, तो $\frac{a}{x-a}+\frac{a}{y-a}$ का मान है–
A. –1
B. 2
C. 0
D. 1

135. $9x^2 + 25 - 30x$ को किसके वर्ग के रूप में अभिव्यक्त किया जा सकता है?
A. $3x^2 - 25$
B. $-3x - 5$
C. $3x + 5$
D. $3x - 5$

136. यदि $p^3 - q^3 = (p-q)\{(p-q)^2 - xpq\}$ है तो x का मान है–
A. 1
B. 3
C. –1
D. –3

137. एक वृत्त चतुर्भुज ABCD की चार भुजाओं को स्पर्श करता है। $\frac{(AB+CD)}{(CB+DA)}$ का कामन किसके बराबर है?
A. $\frac{1}{2}$
B. 1
C. $\frac{1}{4}$
D. $\frac{1}{3}$

138. AB एक वृत्त का व्यास है जिसका केंद्र O है और इस पर P एक बिंदु है। यदि $\angle POA = 120°$ है तो $\angle PBO = ?$
A. 120°
B. 50°
C. 60°
D. 45°

139. यदि $\sin\theta + \cos\theta = \sqrt{2}\sin(90° - \theta)$ तो $\cot\theta$ किसके बराबर है–
A. $\sqrt{2}+1$
B. 0
C. $\sqrt{2}-1$
D. $\sqrt{2}$

140. वास्तविक a, b, c के लिए यदि $a^2 + b^2 + c^2 = ab + bc + ca$ है तो $\frac{a+c}{b}$ का मान है :
A. 0
B. 3
C. 2
D. 1

141. एक रेलगाड़ी किसी बिजली के खंभे को 20 सेकेंड में पार करती है और 250 मी. लम्बे प्लेटफार्म से 45 सेकेंड में गुजरती है। रेलगाड़ी की लंबाई ज्ञात करें?
A. 400 मी.
B. 200 मी.
C. 250 मी.
D. 300 मी.

142. एक सप्ताह के पहले चार दिनों का औसत उच्च तापमान 25°C है जबकि अंतिम चार दिनों का औसत 25.5° C है। यदि पूरे सप्ताह का औसत 25.2° है तो चौथे दिन का तापमान है–
A. 25° c
B. 25.2° c
C. 25.5° c
D. 25.6° c

143. AB और AC एक वृत्त की स्पर्श रेखाएँ हैं, जिसमें O वृत्त का केन्द्र है। A वृत्त का बाहरी बिंदु है। AO रेखा जीवा BC को D पर काटती है। $\angle BDO$ का माप है–
A. 45°
B. 90°
C. 60°
D. 75°

144. धनात्मक पूर्णाकों के ऐसे युग्मों की संख्या जिनका योग 99 है और महत्तम समापवर्तक 9 है–
A. 4
B. 5
C. 2
D. 3

145. किसी निश्चित समय के बाद ₹ 1860 पर 5% की दर से मिलने वाली कुल छूट ₹ 60 है। ज्ञात करें कि यह छूट कितने समय के बाद मिलेगी?
A. 10 महीने
B. 9 महीने
C. 7 महीने
D. 8 महीने

146. 3 से आरंभ होने वाली और 5 से समाप्त होने वाली 4 अंकों की महत्तम और लघुत्तम संख्याओं के बीच का अंतर है–
A. 900
B. 990
C. 999
D. 909

147. इलेक्ट्रॉनिक सामान की एक दुकान सोमवार को बंद रहती है। सप्ताह के शेष 6 दिनों की औसत प्रतिदिन बिक्री ₹ 15640 है और मंगलवार से शनिवार की औसत बिक्री ₹ 14124 है। रविवार की बिक्री है–

A. ₹ 21704 B. आँकड़े अपर्याप्त
C. ₹ 23220 D. ₹ 20188

148. निम्नलिखित का मान है–

$$\left(\frac{\sin 47^0}{\cos 43^0}\right)^2+\left(\frac{\cos 43^0}{\sin 47^0}\right)^2-4\cos^2 45°$$

A. 0 B. 1
C. $\frac{1}{2}$ D. –1

149. यदि एक वस्तु को ₹ 270 में बेचा जाता है तो 10% की हानि होती है, तो उस वस्तु का लागत मूल्य है–

A. ₹ 320 B. ₹ 270
C. ₹ 300 D. ₹ 250

150. कितनी राशि पर 5% प्रति वर्ष की दर पर दो वर्ष के साधारण ब्याज और चक्रवृद्धि ब्याज के बीच अंतर ₹ 63 के बराबर होगा?

A. ₹ 25,500 B. ₹ 25,200
C. ₹ 24,600 D. ₹ 24,800

भाग – IV: सामान्य सचेतता

151. प्रथम विश्व पर्यावरण दिवस किस वर्ष मनाया गया था?

A. 1974 B. 1973
C. 1972 D. 1980

152. भारत संघ में कितने राज्य है?

A. 30 B. 29
C. 27 D. 28

153. प्लासी की लड़ाई किसके बीच लड़ी गई थी?

A. मीर जफर और रॉबर्ट क्लाइव
B. मीर कासिम और रॉबर्ट क्लाइव
C. दिए गए विकल्पों में से कोई नहीं
D. सिराजुद्दौला और रॉबर्ट क्लाइव

154. 'रेड डाटा बुक' में किसका विवरण दिया गया है?

A. केवल संकटापन्न पादप
B. केवल विलुप्त जीव-जंतु
C. संकटापन्न पादप और जीव-जंतु
D. जीवाश्म पादप

155. मालदीव का गंभीर पर्यावरण निम्नकोटिकरण अनिवार्यतः किसके कारण माना जाता है?

A. उच्च जनसंख्या घनत्व
B. जल और वायु का औद्योगिक प्रदूषण
C. निरंतर मृदा अपरदन
D. दिए गए विकल्पों में से कोई नहीं

156. निम्नलिखित में से किस मेमोरी को प्रति सेंकड कई मदों को नवीनीकृत करना चाहिए?

A. EPROM B. ROM
C. Dynamic RAM D. Static RAM

157. प्रथम मानव हृदय का प्रत्यारोपण किस वर्ष किया गया था?

A. 1972 B. 1955
C. 1959 D. 1967

158. न्यू एज एल्बम श्रेणी में किस भारतीय ने ग्रैमी पुरस्कार 2015 जीता?

A. संगीतज्ञ रिकी केज
B. लेखक नीला वासवानी
C. संगीतज्ञ ए.आर. रहमान
D. गायिका कविता कृष्ण मूर्ति

159. वस्तु x की 9 यूनिटों से कुल उपयोगिता 20 है और 10 यूनिटों से 15 है। 10वीं यूनिट से सीमांत उपयोगिता का परिकलन कीजिए।

A. 5 B. –5
C. –0.5 D. 0.5

160. जब किसी बंद कमरे में कोयला जलाया जाता है तो कौन-सी गैस घुटन और मृत्यु का कारण बनती है?

A. मीथेन B. कार्बन डाई-ऑक्साइड
C. ईथेन D. कार्बन मोनो-ऑक्साइड

161. अकबर का प्रसिद्ध राजस्व मंत्री कौन था?

A. हुमायूँ B. राणा प्रताप सिंह
C. टोडरमल D. तानसेन

162. जब किसी कुंडली में कुण्डलों की संख्या कुंडली की लंबाई में कोई परिवर्तन किए बिना तिगुनी कर दी जाती है तो उसका प्रेरकत्व कितना हो जाता है?

A. एक-तिहाई
B. नौ गुना
C. छह गुना
D. तीन गुना

163. असहयोग आंदोलन को किसके कारण स्थगित किया गया था?

A. चौरी चौरा घटना
B. जलियां वाला बाग त्रासदी
C. पूना समझौता
D. गांधी इर्विन समझौता

164. भारत में बनी प्रथम बोलने वाली फिल्म कौन-सी थी?

A. आलम आरा
B. मदर इंडिया
C. राजा हरिश्चंद्र
D. किसान कन्या

165. भारतीय संविधान में शामिल नीति निर्देशक सिद्धांत किसके संविधान से प्रेरित है?

A. ऑस्ट्रेलिया
B. आयरलैंड
C. अमेरिका
D. कनाडा

166. पृथ्वी घंटे (Earth hour) की अवधारणा कब और कहां शुरू हुई?

A. मई 2009 में, कोलंबो, श्रीलंका में
B. जून, 2007 में, क्राइस्टचर्च, न्यूजीलैंड में
C. अप्रैल, 2008 में, टोक्यो, जापान में
D. मार्च, 2007 में, सिडनी, ऑस्ट्रेलिया में

167. लोकतांत्रिक संस्थाओं के विकास के लिए कौन-सा कारक आवश्यक है?

A. व्यक्तिगत अधिकारों के प्रति सम्मान
B. एक दलीय व्यवस्था
C. सशक्त सैन्य बल
D. कृषि अर्थव्यवस्था

168. तरंगों की तीव्रता (Intensity) का अनुपात 25 : 9 है। उनके विस्तार (Amplitude) का अनुपात क्या होगा?

A. 5 : 3
B. 3 : 5
C. 25 : 9
D. 50 : 18

169. विश्व का सबसे बड़ा कॉफी उत्पादक देश कौन-सा है?

A. ब्राजील
B. पेरु
C. अर्जेंटीना
D. भारत

170. मृदारहित कृषि को क्या कहते हैं?

A. अंतराल फसलन
B. आर्द्रता संवर्धन
C. रेशम उत्पादन
D. जल संवर्धन

171. मंगल की परिक्रमा कक्षा में जाने वाले प्रथम एशियाई देश का नाम बताइए?

A. पाकिस्तान
B. चीन
C. भारत
D. जापान

172. वायु के तापमान में परिवर्तन से ध्वनी का निम्नलिखित में से कौन-सा गुण प्रभावित होता है?

A. विस्तार
B. तीव्रता
C. आवृत्ति
D. तरंगदैर्ध्य

173. वस्तु-विनिमय संव्यवहार का क्या अर्थ है?

A. वस्तुओं के बदले सिक्कों का विनिमय किया जाता है।
B. वस्तुओं का विनिमय सोने के साथ किया जाता है।
C. वस्तुओं का विनिमय वस्तुओं के साथ किया जाता है।
D. मुद्रा विनिमय के माध्यम के रूप में कार्य करती है।

174. "सर्वोदय" की अवधारणा के संस्थापक कौन थे?

A. महात्मा गाँधी
B. विनोबा भावे
C. जय प्रकाश नारायण
D. के.जी. मुशरुवाला

175. सरकार के संसदीय रूप का विचार कहां से लिया गया है?

A. अमेरिका
B. ब्रिटेन
C. आयरलैंड
D. रूस

176. एडी रेडमेन ने किस फिल्म के लिए सर्वश्रेष्ठ अभिनेता का ऑस्कर (2015) जीता?

A. द थ्योरी ऑफ एवरीथिंग
B. बर्डमेन
C. दिए गए विकल्पों में से कोई नहीं
D. स्टिल एलाइस

177. दाब के मापन के लिए किस यंत्र का प्रयोग किया जाता है?

A. हाइग्रोमीटर
B. थर्मोमीटर
C. एनरॉयड बैरोमीटर
D. एनिमोमीटर

178. 'बादल फटने' का क्या अर्थ है?

A. आकाश में बादलों के बिखरे हुए टुकड़ों की मौजूदगी।

B. भारी तूफान के साथ असाधारण रूप से भारी बरसात।
C. मेघाच्छादित मौसम में फसल के बीजों का बोना।
D. कृत्रिम वर्षा का निर्माण।

179. निम्नलिखित में से विषम क्या है?
A. POP B. SNMP
C. IMAP D. SMTP

180. ₹ 500 और ₹ 1000 के 2005 से पहले के करंसी नोट बदलने की भारतीय रिजर्व बैंक की अंतिम समय सीमा क्या है?
A. 31 मार्च, 2015 B. 1 जनवरी, 2015
C. 1 अप्रैल, 2015 D. 31 दिसम्बर, 2015

181. राष्ट्रीय नवीकरण निधि (एनआरएफ) किस प्रयोजन से संस्थापित की गई थी?
A. उद्योगों का पुनर्निर्माण एवं आधुनिकीकरण
B. सामाजिक सुरक्षा
C. सेवानिवृत कर्मचारियों को पेंशन देना
D. ग्रामीण पुनर्निर्माण

182. निम्नलिखित में से किस शासक ने जज़िया समाप्त किया था?
A. अकबर B. बलबन
C. औरंगजेब D. जहांगीर

183. 'जीन' शब्द को गढ़ने से संबद्ध व्यक्ति का नाम बताइये?
A. मेंडेल B. वालडेयर
C. मॉर्गन D. जोहानसेन

184. प्रसिद्ध उपन्यास 'द गाइड' किसने लिखा था?
A. आर.के. नारायण B. चेतन भगत
C. सत्यजित रे D. अरुंधती रॉय

185. 'विश्व एड्स दिवस' कब मनाया जाता है?
A. 1 दिसम्बर B. 20 दिसम्बर
C. 20 मार्च D. 1 मार्च

186. विश्व कोयला भंडार का प्रायः 50% किसके पास है?
A. अमेरिका, रूस और चीन
B. चीन, भारत और अमेरिका
C. भारत, रूस और अमेरिका
D. चीन, भारत और रूस

187. सेफ्टी रेजर का आविष्कार किसने किया?
A. स्टीव चेर B. जिलेट
C. लार स्ट्रॉस D. स्टीव जोब

188. भारत में अंतिम टेलिग्राम कब भेजा गया?
A. जुलाई 14, 2013 B. जुलाई 30, 2013
C. अगस्त 1, 2013 D. जून 14, 2013

189. यदि $MgCl_2$ में एक मिलियन Mg^{2+} आयन हैं तो उसमें क्लोराइड आयन कितने हैं?
A. दस मिलियन B. आधा मिलियन
C. एक मिलियन D. दो मिलियन

190. महामंदी के परिणाम स्वरूप आर्थिक प्रतिलब्धि के लिए "नई व्यवस्था" की घोषणा किस अमेरिकी राष्ट्रपति ने की थी?
A. बेंजामिन फ्रेंकलिन B. अब्राहम लिंकन
C. जे.एफ. केनेडी D. रूजवेल्ट

191. प्रतिवर्ष कितने नोबल प्राइज पुरस्कार प्रदान किए जाते हैं?
A. 6 B. 8
C. 5 D. 10

192. भारतीय औद्योगिक विकास बैंक (IDBI) की स्थापना कब की गई थी?
A. जुलाई, 1964 B. जुलाई, 1966
C. जुलाई, 1962 D. जुलाई, 1968

193. शैवाल विज्ञान किसका अध्ययन है?
A. कवक B. लाइकेन
C. जीवाणु D. शैवाल

194. सोडियम बाइ कार्बोनेट का सामान्य नाम क्या है?
A. बेकिंग सोडा B. सोडा लाइम
C. बेकिंग पाउडर D. सोडा ऐश

195. द्रव्यमान '*m*' और वेग '*a*' की एक गोली द्रव्यमान 'M' के लकड़ी के बड़े ब्लॉक में दागी जाती है। सिस्टम का अंतिम वेग क्या होगा?
A. $\frac{m+M}{M}a$ B. $\frac{m}{m+M}a$
C. $\frac{m+M}{m}a$ D. $\frac{M}{m+M}a$

196. क्रिकेट के बल्ले बनाने के लिए निम्नलिखित में से किस लकड़ी का प्रयोग किया जाता है?
A. सेड्रस देवदार B. लिनन यूंसीटेटिसोइमम
C. मोरस एल्बा D. सैलिक्स परप्युरिया

197. निम्नलिखित में से कौन-सी कोयले की किस्म नहीं है?
A. लिग्नाइट B. पीट
C. बिटुमनी D. डोलोमाइट

198. वह प्रथम भारतीय कौन था जो ब्रिटिश संसद का सदस्य बना?
A. डी.एन. वाचा B. डी. दादाभाई नौरोजी
C. सुरेन्द्रनाथ बनर्जी D. फिरोजशाह मेहता

199. सूखी बर्फ (Dry Ice) किसका ठोस रूप है?
A. पानी B. कार्बन-डाइ-ऑक्साइड
C. वायु D. नाइट्रोजन

200. तालचेर किसके लिए महत्वपूर्ण है?
A. एटोमिक रिएक्टर B. केबल उद्योग
C. जल विद्युत उत्पादन D. भारी जल संयंत्र

उत्तरमाला

1	2	3	4	5	6	7	8	9	10
B	D	B	A	B	C	B	D	B	C
11	12	13	14	15	16	17	18	19	20
A	A	C	B	D	B	A	C	B	C
21	22	23	24	25	26	27	28	29	30
C	D	D	B	A	D	A	A	A	D
31	32	33	34	35	36	37	38	39	40
A	B	A	D	A	A	B	D	D	C
41	42	43	44	45	46	47	48	49	50
C	A	C	B	A	C	B	C	A	A
51	52	53	54	55	56	57	58	59	60
A	A	D	B	D	C	B	B	A	B
61	62	63	64	65	66	67	68	69	70
B	D	D	C	C	C	B	D	C	D
71	72	73	74	75	76	77	78	79	80
A	C	C	C	C	B	A	A	A	B
81	82	83	84	85	86	87	88	89	90
C	A	C	D	C	B	B	A	C	C
91	92	93	94	95	96	97	98	99	100
B	C	A	D	C	B	A	A	C	B
101	102	103	104	105	106	107	108	109	110
D	D	B	A	B	C	B	D	C	C
111	112	113	114	115	116	117	118	119	120
B	C	A	B	D	D	C	D	D	D
121	122	123	124	125	126	127	128	129	130
B	B	A	A	A	D	A	D	B	A
131	132	133	134	135	136	137	138	139	140
B	A	C	C	D	D	B	C	A	C
141	142	143	144	145	146	147	148	149	150
B	D	B	B	D	A	C	A	C	B
151	152	153	154	155	156	157	158	159	160
B	B	D	C	C	C	D	A	C	D

161	**162**	**163**	**164**	**165**	**166**	**167**	**168**	**169**	**170**
C	D	A	A	B	D	A	A	A	D
171	**172**	**173**	**174**	**175**	**176**	**177**	**178**	**179**	**180**
C	D	C	B	B	A	C	B	B	D
181	**182**	**183**	**184**	**185**	**186**	**187**	**188**	**189**	**190**
A	A	D	A	A	A	B	A	D	D
191	**192**	**193**	**194**	**195**	**196**	**197**	**198**	**199**	**200**
A	A	D	A	B	D	D	B	B	D

व्याख्यात्मक उत्तर

1.

5	6	7	8
10	18	21	40
7	9	10	13
↓	↓	↓	↓
$5\times2=10$	$6\times3=18$	$7\times3=21$	$8\times5=40$
$5+2=7$	$6+3=9$	$7+3=10$	$8+5=13$

अतः, वांछित उत्तर 13 है।

2.

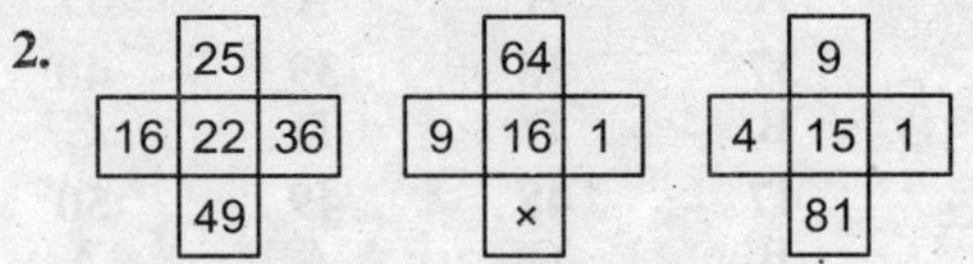

5+6+7+4=22   3+8+1+4 =16   2+3+1+9=15

अतः, वांछित उत्तर 16 है।

3.

(4+2+7)−(3+1) =13−4=9   (3+3+5)−(4+2) =11−6=5   (6+9+2)−(4+3) =17−7=10

अतः, वांछित उत्तर 10 है।

4.

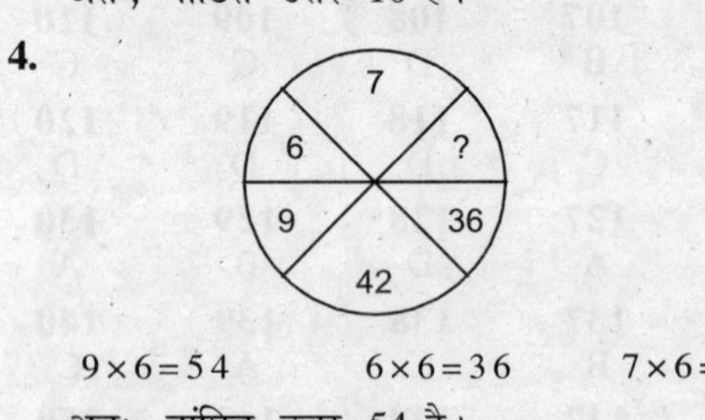

$9\times6=54$ $6\times6=36$ $7\times6=42$

अतः, वांछित उत्तर 54 है।

5. $414 : 636 :: 325 : x$

$414 + x = 636 + 325$

$x = 636 + 325 - 414$

$x = 547$

अतः, वांछित उत्तर 547 है।

6. $32 : 28 :: 160 : \boxed{x}$

$32 \times x = 28 \times 160$

$$x = \frac{28\times160}{32} = 28 \times 5 = 140$$

अतः, वांछित उत्तर 140 है।

12. $196 : 256 :: x^2 : 400$

वर्गमूल निकालने पर,

$14 : 16 :: x : 20$

$16 + x = 14 + 20$

$x = 14 + 20 - 16$

$x = 18$

$\therefore\ x^2 = (18)^2 = 324$

अतः, वांछित उत्तर 324 है।

20. शृंखला इस प्रकार है : bababb, bababb.

23. $320 - \frac{3}{4}\times320 = 320 - 240 = ₹\ 80$

अब, $80 - \frac{1}{8}\times 80 = 80 - 10 = ₹\ 70$

अतः, शेष राशि ₹ 70 है।

25. 1 1 2 3 5 $\boxed{8}$ 13 21

$1 + 1 = 2$
$1 + 2 = 3$
$2 + 3 = 5$
$3 + 5 = 8$
$5 + 8 = 13$
$8 + 13 = 21$

अतः, प्रश्न चिह्न के स्थान पर 8 होगा।

26. 361 289 169 121 49 25

↓ ↓ ↓ ↓ ↓ ↓

19^2 17^2 13^2 11^2 7^2 5^2

अतः, प्रश्न चिह्न (?) के स्थान पर 289 होगा।

27. $4 \times 3 \times 4 = 48$

अतः विकल्प (A) सही है।

32. 3463 [6514] 8948 5725

इनमें से भिन्न संख्या 6514 है, क्योंकि अन्य संख्याओं में पहला व अंतिम अंक समान है।

33. [751] 734 532 853

वांछित संख्या 751 है क्योंकि इनके सभी अंक विषम हैं।

42.

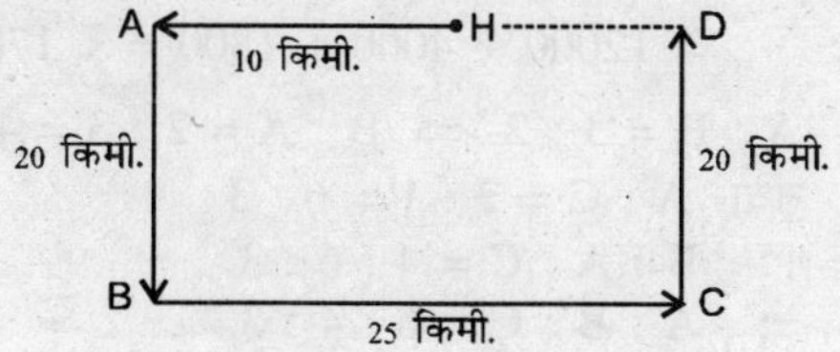

A ← H ---- D; AH = 10 किमी.; AB = 20 किमी.; DC = 20 किमी.; BC = 25 किमी.

25 किमी. – 10 किमी. = 15 किमी.

∴ अतः, लक्ष्मी मेरे घर से 15 किमी. दूर थी।

44. N : 59 68 77 86 (95)

O : (55) 69 78 87 96

W : 02 11 20 (34) 43

अतः सही विकल्प (B) है।

45. ∵ A R M S तब M A R S

↓ ↓ ↓ ↓ ↓ ↓ ↓ ↓

1 2 3 4 3 1 2 4

अतः सही विकल्प (A) है।

48.

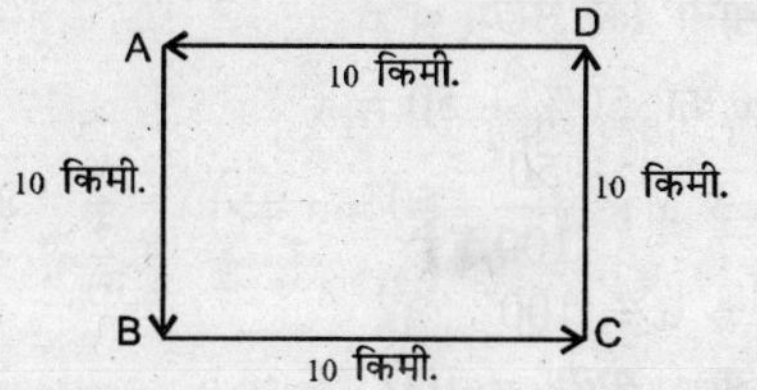

A, D, B, C; AD = 10 किमी.; AB = 10 किमी.; DC = 10 किमी.; BC = 10 किमी.

सीता प्रारंभिक बिंदु से 0 किमी. दूरी पर है।

अतः विकल्प (C) सही है।

101. 120 तथा 300 के बीच पूर्ण वर्ग हैं :

121, 144, 169, 196, 225, 256, 289.

∴ इनका योग = 121 + 144 + 169 + 196 + 225 + 256 + 289 = 1400

102. माना कि दूरी = x किमी.

$$\frac{x \times 2}{5} - \frac{6}{60} = \frac{x}{3} + \frac{10}{60}$$

$$\Rightarrow \frac{2x}{5} - \frac{x}{3} = \frac{1}{6} + \frac{1}{10}$$

$$\Rightarrow \frac{6x - 5x}{15} = \frac{5+3}{30} = \frac{8}{30} = \frac{4}{15} \Rightarrow \frac{x}{15} = \frac{4}{15}$$

$\Rightarrow x = 4$ ∴ अभीष्ट दूरी = 4 किमी.

103. $\frac{1}{24} - \frac{1}{36} = \frac{3-2}{72} = \frac{1}{72}$

रिसाव से टैंक 72 घंटे में खाली होता है।

∴ आधा भरा हुआ टैंक रिसाव से 36 घंटे में खाली हो जाएगा।

104. माना कि संख्याएँ $3x$ तथा $4x$ हैं।

$3x$ तथा $4x$ का लघुत्तम समापवर्त्य = $12x$

प्रश्नानुसार,

$12x = 120 \Rightarrow x = 10$

∴ संख्याएँ 30 तथा 40 हैं।

संख्याओं का योग = 30 + 40 = 70

105. $\because \sqrt{33} = 5.745$

$$\therefore \sqrt{\frac{3}{11}} = \frac{\sqrt{3 \times 11}}{\sqrt{11 \times 11}} = \frac{\sqrt{33}}{11}$$

$$= \frac{5.745}{11} = 0.5223 \text{ (लगभग)}$$

106. माना कि घन का किनारा या भुजा = x

घन का आयतन = x^3

अब, $x - x$ का $\frac{25}{100} = \frac{75x}{100} = \frac{3x}{4}$

नये घन का आयतन = $\left(\frac{3x}{4}\right)^3 = \frac{27x^3}{64}$

अभीष्ट अनुपात = $\frac{x^3 \times 64}{27x^3} = 64 : 27$

107. $\tan x° = \frac{h}{200}$

$$\Rightarrow \frac{2}{5} = \frac{h}{200}$$

$\Rightarrow \quad h = 80$ मी.

$\tan y° = \frac{h}{80}$

$\Rightarrow \quad \tan y = \frac{80}{80}$

$= 1 = \tan 45°$

$\therefore \quad y = 45°$

T, h, A, x°, F, y°, B, 200 m, 80 m

108. पुस्तकालय और विज्ञान पर खर्च की राशि समान है।

109. $\frac{90}{360} \times 100 = 25\%$

कला और शिल्प पर 25% निधियों को खर्च किया गया है।

110. $\frac{120}{360} \times 100 = \frac{100}{3} = 33\frac{1}{3}\%$

खेलकूद पर खर्च अधिकतम किया गया है।

111. पुस्तकालय पर किया गया खर्च

$= \frac{60}{360} \times 100 = \frac{100}{6} = 16.6\%$

112. खेलकूद पर किया गया खर्च $= \frac{120}{360} \times 100 = \frac{100}{3}\%$

कला और शिल्प पर खर्च $= \frac{90}{360} \times 100 = 25\%$

अभीष्ट अनुपात $= \frac{100}{3} : \frac{25}{1} = \frac{100}{3} \times \frac{1}{25} = 4 : 3$

113. 100 + 13.5 = 113.5

जब क्रयमूल्य ₹ 113.5 तब अंकित मूल्य = ₹ 100

जब क्रयमूल्य ₹ 6810 तब अंकित मूल्य

$= \frac{100}{113.5} \times 6810$

$= \frac{100 \times 10 \times 6810}{1135}$

$= \frac{100 \times 2 \times 6810}{227}$

$= 100 \times 2 \times 30 =$ ₹ 6000

114. अभीष्ट आयतन $= \frac{1}{2} \times 5(10+6) \times 8$

$= 5 \times 16 \times 4 = 320$ घन सेमी.

115. एक गोलार्ध कटोरे की धारिता

$= \frac{2}{3}\pi r^3$

$= \frac{2}{3} \times \frac{22}{7} \times 6 \times 6 \times 6$

$= \frac{144 \times 22}{7} = \frac{3168}{7} = 452.57$ घन सेमी.

116. एक अधिकोणीय त्रिभुज के परिकेन्द्र त्रिभुज के बाहर होता है।

117. ₹ 16000 – 4000 = ₹ 12000

साधारण ब्याज $= \frac{12000 \times 15 \times 12}{12 \times 100} =$ ₹ 1800

टी.वी. के लिए दी गई कुल राशि

= 12000 + 4000 + 1800 = ₹ 17800

118. $A : B = 3 : 2 \Rightarrow B : A = 2 : 3 = 4 : 6$

तथा $A : C = 2 : 1 = 6 : 3$

$\therefore \quad B : A : C = 4 : 6 : 3$

$\Rightarrow \quad A : B : C = 6 : 4 : 3$

$\therefore$ B का हिस्सा $= 157300 \times \frac{4}{13} =$ ₹ 48400

119. माना कि गाँव की जनसंख्या = 100

$100 - \frac{5}{100} \times 100 = 95$

$95 - \frac{20}{100} \times 95 = 95 - 19 = 76$

जब वर्तमान जनसंख्या 76 है तब मूल जनसंख्या = 100

जब वर्तमान जनसंख्या 4655 है तब मूल जनसंख्या

$= \frac{100}{76} \times 4655 = \frac{465500}{76} = 6125$

120. माना कि संख्या = x

x का 50% + 50 = x

$\Rightarrow x \times \frac{50}{100} + 50 = x \Rightarrow x - \frac{x}{2} = 50$

$\Rightarrow x = 100$

अतः संख्या = 100

122. $\frac{\tan^2 20°}{\text{cosec}^2 70°} + \frac{\cot^2 20°}{\sec^2 70°} + 2\tan 15°.\tan 45°.\tan 75°$

$= \frac{\tan^2 20°}{\sec^2 20°} + \frac{\cot^2 20°}{\text{cosec}^2 20°} + 2\tan 15° \cdot \cot 15° \times 1$

[tan 45°= 1]

$= \frac{\sin^2 20}{\cos^2 20°} \times \cos^2 20° + \frac{\cos^2 20°}{\sin^2 20°} \times \sin^2 20° + 2 \times 1$

$= (\sin^2 20° + \cos^2 20°) + 2$

$= 1 + 2 = 3$

123. इस्पात का कुल उत्पादन

= 71.30 + 43.51 + 67.65 + 76.23 + 77.23 + 88.93 + 91.75 + 100.17

= 616.77

इस्पात का औसत उत्पादन $= \frac{616.77}{8}$

= 77.096 = 77.10

124. वर्ष 1924 तथा 1925 में इस्पात का उत्पादन

= 77.23 + 88.93 = 166.16

वर्ष 1923 तथा 1927 में इस्पात का उत्पादन

= 76.23 + 100.17 = 176.40

अभीष्ट अनुपात $= \frac{166.16}{176.40} = \frac{16616}{17640} = \frac{2077}{2205}$

= 2077 : 2205

125. वर्ष 1923 तथा 1924 में इस्पात का उत्पादन

= 76.23 तथा 77.23

अन्तर = 1.00

वर्ष 1927 में इस्पात का उत्पादन = 100.17

प्रश्नानुसार,

1 = 100.17 का $x\%$

$\Rightarrow 1 = \frac{10017}{100} \times \frac{x}{100} \quad \Rightarrow x = \frac{10000}{10017} \approx 1$

126. $\because$ इस्पात का औसत उत्पादन = 77.10

उन वर्षों की संख्या जिनका उत्पादन औसत से कम है = 1920, 1921, 1922, 1923

वर्षों की संख्या = 4

129. $\because$ A + B + C = 180°

$\frac{A}{2} + \frac{B}{2} + \frac{C}{2} = \frac{180°}{2} = 90°$

$\frac{B}{2} + \frac{C}{2} = 90° - \frac{A}{2}$

$\sin\left(\frac{B+C}{2}\right) = \sin\left(90° - \frac{A}{2}\right) = \cos\frac{A}{2}$

131. अभीष्ट अनुपात $= \frac{2\pi r^2}{\pi rl} = \frac{2r}{l}$

$= \frac{2r}{\sqrt{r^2+h^2}} = \frac{2r}{\sqrt{2r^2}}$

$= \frac{2r}{\sqrt{2}r} = \frac{2}{\sqrt{2}} = \frac{\sqrt{2}}{1} = \sqrt{2} : 1$

132. 4 अंकों की सबसे बड़ी संख्या = 9999

12, 18, 21 तथा 28 का लघुत्तम समापवर्त्य = 252

जब 9999 को 252 से भाग दिया जाता है तो शेषफल = 171 मिलता है।

$\therefore$ अभीष्ट संख्या = 9999 – 171 = 9828

133. (A + B) का 1 दिन का काम $= \frac{1}{15}$

(B + C) का 1 दिन का काम $= \frac{1}{10}$

(A + C) का 1 दिन का काम $= \frac{1}{12}$

$[(A+B)+(B+C)+(A+C)]$ का 1 दिन का काम

$= \frac{1}{15} + \frac{1}{10} + \frac{1}{12}$

2(A + B + C) का 1 दिन का काम $= \frac{4+6+5}{60}$

$= \frac{15}{60} = \frac{1}{4}$

$\therefore$ (A + B + C) का 1 दिन का काम $= \frac{1}{8}$

अतः (A + B + C) पूरा काम 8 दिनों में करेंगे।

134. $\because x + y = 2a$

$\therefore \quad \frac{a}{x-a} + \frac{a}{y-a} = a\left[\frac{1}{x-a} + \frac{1}{y-a}\right]$

$= a\left[\frac{y-a+x-a}{(x-a)(y-a)}\right]$

$= a\left[\frac{x+y-2a}{(x-a)(y-a)}\right]$

$= \frac{a[2a-2a]}{(x-a)(y-a)} = 0$

135. $9x^2 - 30x + 25$
$= (3x)^2 - 2(3x)(5) + (5)^2$
$= (3x - 5)^2$
अतः $9x^2 + 25 - 30x$ को $(3x - 5)$ के वर्ग के रूप में अभिव्यक्त किया जा सकता है।

136. $p^3 - q^3 = (p - q)\{(p - q)^2 - xpq\}$
$= (p - q)\{p^2 - 2pq + q^2 - xpq\}$
$= (p - q)(p^2 - 2pq + q^2 + 3pq)$
$= (p - q)(p^2 + q^2 + pq)$
अतः x का मान -3 होगा।

139. $\because \sin\theta + \cos\theta = \sqrt{2}\sin(90° - \theta)$
$\Rightarrow \sin\theta + \cos\theta = \sqrt{2}\cos\theta$
$\Rightarrow \sin\theta = \sqrt{2}\cos\theta - \cos\theta$
$\Rightarrow \sin\theta = \cos\theta\left(\sqrt{2}-1\right)$
$\Rightarrow \dfrac{\cos\theta}{\sin\theta} = \dfrac{1}{\sqrt{2}-1} \times \dfrac{\sqrt{2}+1}{\sqrt{2}+1} = \dfrac{\sqrt{2}+1}{2-1}$
$\Rightarrow \cot\theta = \sqrt{2}+1$

141. समय = 20 सेकेण्ड
माना कि रेलगाड़ी की लम्बाई = x मी. है।
रेलगाड़ी की गति $= \dfrac{x}{20}$ मी./से.
अब, $\left(\dfrac{x+250}{45}\right) = \dfrac{x}{20}$
$\Rightarrow 45x = 20x + 5000$
$\Rightarrow 25x = 5000 \quad \Rightarrow x = 200$ मी.
अतः रेलगाड़ी की लम्बाई = 200 मी.

142. सप्ताह के प्रथम-चार दिनों का तापक्रम
$= 25 \times 4 = 100°$ C
सप्ताह के अन्तिम-चार दिनों का तापक्रम
$= 25.5 \times 4 = 102°$ C
7 दिनों का कुल तापक्रम $= 25.2 \times 7 = 176.4°$ C
$\therefore$ चौथे दिन का तापक्रम $= 202 - 176.4 = 25.6°$ C

144.
$\begin{matrix} 18 & 27 & 36 & 45 & 09 \\ \dfrac{81}{99}, & \dfrac{72}{99}, & \dfrac{63}{99}, & \dfrac{54}{99}, & \dfrac{90}{99} \end{matrix}$

अतः ऐसे 5 धनात्मक संख्याओं के युग्म हैं जिनका योग 99 तथा महत्तम समापवर्तक 9 है।

145. $1860 - 60 = 1800$
अभीष्ट समय $= \dfrac{60 \times 100 \times 12}{1800 \times 5} = 8$ महीने

147. 6 दिनों में कुल बिक्री = ₹ 15640 × 6 = ₹ 93840
मंगलवार से शनिवार तक की कुल बिक्री
= 5 × 14124 = ₹ 70620
अतः रविवार की बिक्री = ₹ 93840 − ₹ 70620
= ₹ 23220

148. $\left(\dfrac{\sin 47°}{\cos 43°}\right)^2 + \left(\dfrac{\cos 43°}{\sin 47°}\right)^2 - 4\cos^2 45°$
$= \left(\dfrac{\sin 47°}{\sin 47°}\right)^2 + \left(\dfrac{\cos 43°}{\cos 43°}\right)^2 - 4 \times \left(\dfrac{1}{\sqrt{2}}\right)^2$
$= 1 + 1 - 4 \times \dfrac{1}{2} = 2 - 2 = 0$

149. माना कि क्रयमूल्य = ₹ 100
100 − 10 = ₹ 90
जब विक्रयमूल्य ₹ 90 है तब क्रयमूल्य = ₹ 100
जब विक्रयमूल्य ₹ 270 है तब विक्रयमूल्य $= \dfrac{100}{90} \times 270$
$= 300$
अतः वस्तु का क्रयमूल्य = ₹ 300

150. माना कि मूलधन = ₹ 100
साधारण ब्याज $= \dfrac{\text{मूलधन} \times \text{दर} \times \text{समय}}{100} = \dfrac{100 \times 5 \times 2}{100}$
= ₹ 10
मिश्रधन $= \text{मूलधन}\left(1 + \dfrac{\text{दर}}{100}\right)^{\text{समय}} = 100\left(1 + \dfrac{5}{100}\right)^2$
$= 100 \times \dfrac{21}{20} \times \dfrac{21}{20} = \dfrac{441}{4}$
$\therefore$ चक्रवृद्धि ब्याज $= \dfrac{441}{4} - 100 = \dfrac{41}{4}$
ब्याज में अन्तर $= \dfrac{41}{4} - 10 = \dfrac{1}{4}$
जब अन्तर $\dfrac{1}{4}$ है तब मूलधन = ₹ 100
जब अन्तर ₹ 63 है तब मूलधन = 100 × 4 × 63
= ₹ 25200

पिछले प्रश्न-पत्र (हल सहित)

SSC–संयुक्त हायर सेकेन्डरी स्तर–CHSL (10+2) भर्ती परीक्षा–2014

भाग – I: सामान्य बुद्धिमत्ता

निर्देश (प्रश्न सं. 1 से 9): *दिए गए विकल्पों में से सम्बन्धित शब्द/अक्षरों/संख्या को चुनिए।*

1. ABCXYZ : DEFUVW : : GHIRST : ?
A. JKLOPQ B. JOKPLN
C. JNOPKL D. MNOLKJ

2. ACE : BDF : : MOQ : ?
A. MZU B. MVT
C. NPR D. NZV

3. 8 : 23 : : 48 : ?
A. 168 B. 112
C. 90 D. 138

4. 5 : 28 : : 8 : ?
A. 25 B. 67
C. 40 D. 64

5. CAT : 3120 : : MAT : ?
A. 13120 B. 12120
C. 1312 D. 10120

6. डॉक्टर : अस्पताल : : शिक्षक : ?
A. स्कूल B. उद्योग
C. फील्ड D. प्रयोगशाला

7. भारत के प्रथम प्रधानमंत्री : पं. जवाहरलाल नेहरू : : भारत के प्रथम राष्ट्रपति : ?
A. डॉ. जाकिर हुसैन
B. डॉ. ए.पी.जे. अब्दुल कलाम
C. डॉ. एस. राधाकृष्णन
D. डॉ. राजेन्द्र प्रसाद

8. अन्तर्राष्ट्रीय साक्षरता दिवस : 8 सितम्बर : : अन्तर्राष्ट्रीय महिला दिवस : ?
A. 22 अप्रैल B. 4 नवम्बर
C. 8 मार्च D. 26 जून

9. ZX : AC : : VT : ?
A. AB B. AE
C. EG D. DF

निर्देश (प्रश्न सं. 10 से 17): *दिए गए विकल्पों में से विषम शब्द/अक्षरों/संख्या को चुनिए।*

10. A. 2, 3 B. 20, 21
C. 9, 10 D. 24, 25

11. A. 56 B. 98
C. 83 D. 64

12. A. तालाब B. नदी
C. महासागर D. जलप्रपात

13. A. यूरोप B. अफ्रीका
C. एशिया D. कनाडा

14. A. बाँसुरी B. पियानो
C. वायलिन D. सितार

15. A. लीटर B. यार्ड
C. मीटर D. इंच

16. A. QRS B. XYZ
C. STU D. MLN

17. A. 3, 2, 4, 8 B. 4, 2, 3, 9
C. 1, 2, 4, 7 D. 2, 3, 4, 9

18. निम्नलिखित को आरोही क्रम में व्यवस्थित कीजिए:

1. सेंटीमीटर 2. किलोमीटर
3. डेसीमीटर 4. मीटर

A. 3, 1, 2, 4 B. 4, 2, 1, 3
C. 1, 3, 4, 2 D. 2, 4, 3, 1

19. निम्नलिखित विकल्पों में से कौन-सा विकल्प नीचे दिए हुए शब्दों का सार्थक क्रम दर्शाता है?

1. मकान 2. महल
3. बँगला 4. झोंपड़ी

A. 3, 2, 1, 4 B. 4, 1, 3, 2
C. 1, 2, 3, 4 D. 2, 3, 1, 4

निर्देश (प्रश्न सं. 20 और 21): *निम्न प्रश्नों में अक्षरों का कौन-सा समूह खाली स्थानों पर क्रमवार रखने से दी गई अक्षर शृंखला को पूरा करेगा?*

20. a_ba_b_b_a_b

A. bbabb B. abbab
C. abaab D. aabba

21. m_m_am_a_

A. amaa B. mama
C. amam D. ammm

निर्देश (प्रश्न सं. 22 से 27): *निम्न प्रश्नों में एक अनुक्रम दिया है, जिसमें एक पद लुप्त है। दिए गए विकल्पों में से वह सही विकल्प चुनिए जो अनुक्रम को पूरा करे।*

22. 1, 6, 13, 22, 33, __?__

A. 46 B. 44
C. 47 D. 43

23. ICE, JDF, KEG, LFH, __?__

A. MGI B. HHI
C. MIG D. MHG

24. EFGH, MNOP, QRST, __?__

A. UVWX B. JIKH
C. QRTS D. VLMN

25. BY, GT, LO, __?__ , VE

A. QK B. QP
C. PJ D. QJ

26. 1, 8, 17, 30, __?__, 76

A. 59 B. 69
C. 39 D. 49

27. 12, 8, 14, 6, 16, __?__

A. 5 B. 4
C. 18 D. 32

28. एक कूट भाषा में, 'FORGE' को 'FPTJI' लिखा जाता है, तो उसी कूट भाषा में 'CULPRIT' को किस प्रकार लिखा जाएगा?

A. CVMQSTU B. CXOSULW
C. CVNSVNZ D. CSJNPGR

29. ऐन, वरुण से 300 दिन बड़ी है और संदीप, ऐन से 50 सप्ताह बड़ा है। यदि संदीप मंगलवार को पैदा हुआ था, तो वरुण किस दिन पैदा हुआ था?

A. मंगलवार B. शुक्रवार
C. सोमवार D. गुरुवार

30. दस वर्ष पूर्व हेमा, गीता से आयु में दुगुनी बड़ी थी। यदि अब से दस वर्ष बाद हेमा की आयु 40 वर्ष होगी, तो आज गीता की आयु क्या है?

A. 15 वर्ष B. 35 वर्ष
C. 25 वर्ष D. 20 वर्ष

31. दिए गए विकल्पों में से उस शब्द को चुनिए जिसे दिए गए शब्द के अक्षरों के प्रयोग द्वारा बनाया जा सकता है।
IMMEASURABLE

A. MEAT B. BIBLE
C. BAILABLE D. BLUE

32. यदि $2 \times 16 = 8$; $8 \times 8 = 1$; $6 \times 12 = 12$, तो $12 \times 144 =$ __?__

A. 16 B. 24
C. 11 D. 12

33. कुछ समीकरण किसी विशेष प्रणाली के आधार पर हल किए गए हैं। अनुत्तरित समीकरण को उसी प्रणाली का प्रयोग करके हल कीजिए।
यदि $10 - 3 = 12$, $12 - 4 = 13$, $14 - 5 = 14$, तो $16 - 6 =$ __?__

A. 16 B. 18
C. 10 D. 15

34. निम्नलिखित प्रश्न निम्नलिखित कोड सेट पर आधारित हैं :

अंक	:	1	3	5	4	6	0	8	7	2
कोड	:	A	O	Z	L	D	T	N	H	Q

21500 के लिए कोड बताइए।

A. SLOPH
B. QAZTT
C. SLPHO
D. SHLPO

निर्देश (प्रश्न सं. 35 से 37): *दिए गए विकल्पों में से लुप्त संख्या ज्ञात कीजिए।*

35.

13	9	24
11	?	6
16	20	10

A. 19
B. 16
C. 11
D. 20

36.

2	4
256	16

3	1
1	81

5	4
256	?

A. 625
B. 1225
C. 125
D. 25

37.

1	3	7
2	4	4
4	5	9
3	2	3
50	70	?

A. 118
B. 220
C. 23
D. 115

38. सीता और गीता ने A बिन्दु से चलना शुरू किया। सीता उत्तर की ओर 6 किमी. चली और तब दाएँ मुड़कर 3 किमी. चली। उसके बाद वह दाएँ मुड़कर दक्षिण की ओर 6 किमी. चली। वह फिर से बाएँ मुड़कर 3 किमी. चलकर B बिन्दु पर पहुँच गई। गीता पश्चिम की ओर 3 किमी. चली और बाएँ मुड़कर 6 किमी. चली; वह फिर से बाएँ मुड़कर 9 किमी. चली और C बिन्दु पर पहुँच गई। B बिन्दु, C बिन्दु से कितनी दूर है?

A. 9 किमी.
B. 6 किमी.
C. 3 किमी.
D. 4 किमी.

39. श्रीमान् दास ने अपने घर से 12 किमी. की दूरी पर अपने मित्र के घर के लिए सीधे यात्रा शुरू की। वह वापसी पर उसी मार्ग पर 8 किमी. चले और दाएँ मुड़कर 4 किमी. चले, फिर वह अपने बाएँ मुड़े और 4 किमी. चले। अंत में वह अपने बाएँ मुड़े और 2 किमी. चले। वह अपने घर से कितनी दूरी पर थे?

A. 6 किमी.
B. 2 किमी.
C. 8 किमी.
D. 4 किमी.

40. A, B की बहन है। C, B की माता है। D, C का पिता है। E, D की माता है। तो A का D से क्या सम्बन्ध है?

A. पुत्री
B. पोती
C. नानी
D. नाना

41. दिए गए कथनों के सम्बन्धों में कौन-सा निष्कर्ष सही है?

कथन :

आनन्द एक कलाकार है।

कलाकार सुन्दर होते हैं।

निष्कर्ष :

A. आनन्द सुन्दर नहीं है।
B. सुन्दर लोग कलाकार नहीं होते हैं।
C. सभी सुन्दर लोग कलाकार होते हैं।
D. आनन्द सुन्दर है।

42. कौन-सा रंग बैंगनी का विपरीत रंग है?

प्रश्न आकृतियाँ :

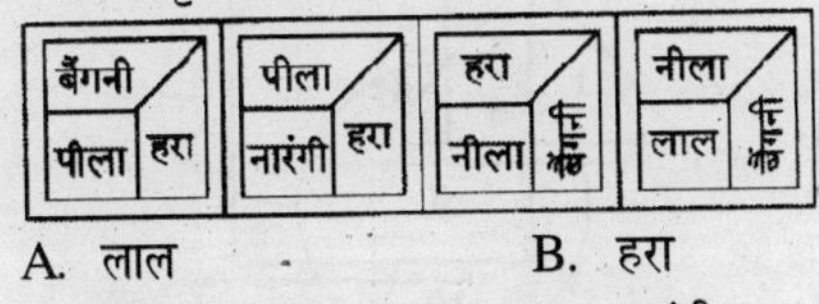

A. लाल
B. हरा
C. नीला
D. नारंगी

43. ऐसी उपयुक्त उत्तर आकृति चुनिए जिससे प्रश्न आकृति बनाई गई है।

प्रश्न आकृति :

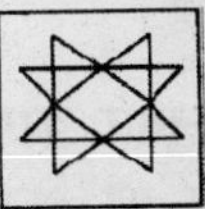

उत्तर आकृतियाँ :

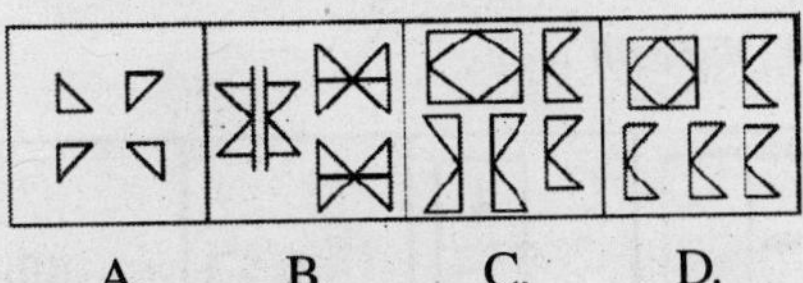

A. B. C. D.

44. कौन-सी उत्तर आकृति प्रश्न आकृति के प्रतिरूप को पूरा करेगी?

प्रश्न आकृतिः

उत्तर आकृतियाँ:

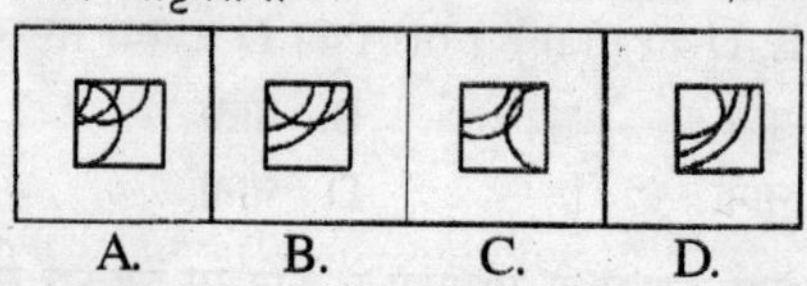

A. B. C. D.

45. वह आरेख चुनिए जो नीचे दिए गए वर्गों के बीच सम्बन्ध का सही निरूपण करता है।

ऑक्सीजन, कार्बन डाइऑक्साइड और वातावरण

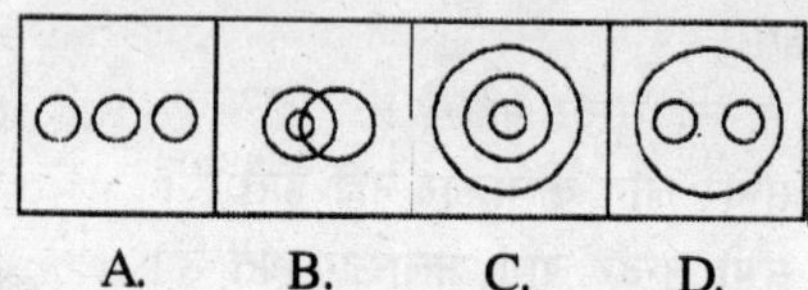

A. B. C. D.

46. वेन आरेख के सम्बन्ध में कौन-सा कथन सही है?

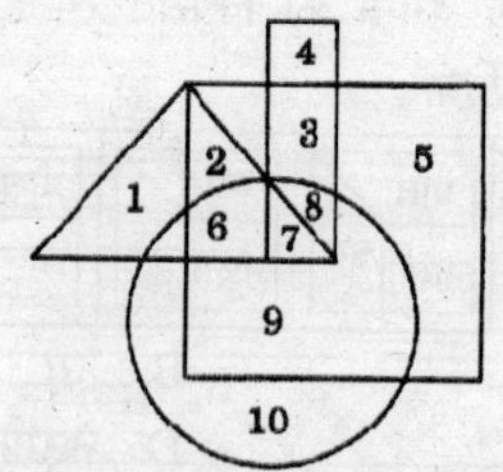

A. 1, 9 और 10 सभी आकृतियों में हैं।

B. 1, 2 और 6 त्रिभुज में हैं।

C. 6, 7 और 8 सभी आकृतियों में हैं।

D. 1, 5 और 9 सभी आकृतियों में हैं।

47. नीचे प्रश्न आकृतियों में दिखाए अनुसार कागज को मोड़कर काटने तथा खोलने के बाद वह किस उत्तर आकृति जैसा दिखाई देगा?

प्रश्न आकृतियाँ :

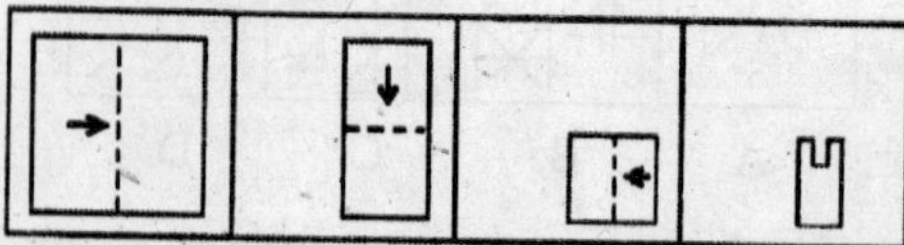

उत्तर आकृतियाँ :

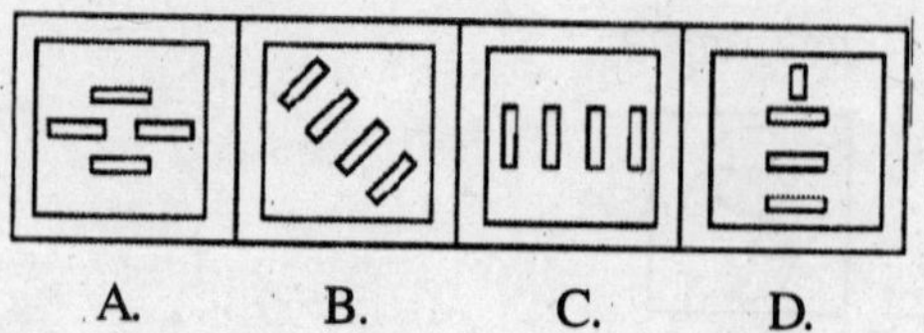

A. B. C. D.

48. *दी गई उत्तर आकृतियों में से कौन-सी प्रश्न आकृति में निहित है?*

प्रश्न आकृति :

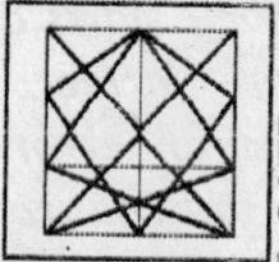

उत्तर आकृतियाँ :

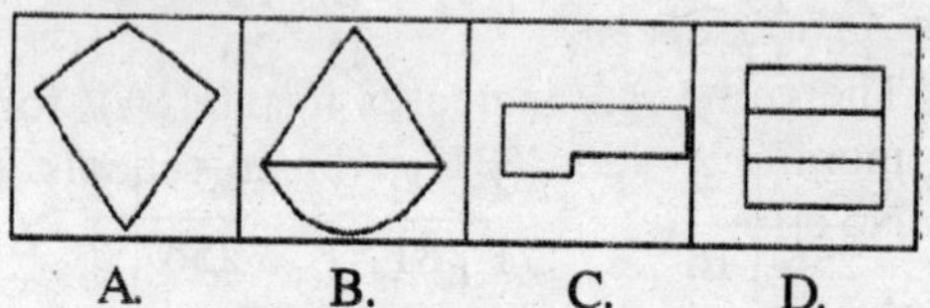

A. B. C. D.

49. एक शब्द केवल एक संख्या-समूह द्वारा दर्शाया गया है, जैसा कि विकल्पों में से किसी एक में दिया गया है। विकल्पों में दिए गए संख्या-समूह अक्षरों के दो वर्गों द्वारा दर्शाए गए हैं, जैसा कि नीचे दिए गए दो आव्यूहों में हैं। आव्यूह I के स्तम्भ और पंक्ति की संख्या 1 से 5 में दी गई है और आव्यूह II की 6 से 10 में। इन आव्यूहों से एक अक्षर को *पहले उसकी पंक्ति* और *बाद में स्तम्भ* संख्या द्वारा दर्शाया जा सकता है, उदाहरण के लिए 'A' को 11, 23 आदि द्वारा दर्शाया जा सकता है तथा 'G' को 67, 78 आदि द्वारा दर्शाया जा सकता है। इसी तरह से, आपको नीचे दिए गए शब्द के लिए समूह को पहचानना है :

BEE

आव्यूह I

	1	2	3	4	5
1	A	B	C	D	E
2	E	D	A	B	C
3	B	C	D	E	A
4	D	A	E	C	D
5	C	E	B	A	B

आव्यूह II

	6	7	8	9	10
6	F	G	H	I	J
7	J	I	G	H	F
8	F	H	I	J	G
9	G	J	F	G	I
10	H	E	J	F	E

A. 12, 15, 33 B. 21, 12, 22

C. 12, 15, 41 D. 12, 21, 15

50. वह विकल्प चुनिए जो दिए गए शब्द का दर्पण प्रतिबिम्ब जैसे है।

DL9Q3574

A. ᔭΓ5ƐϘeLᗡ B. ᔭΓꙅƐϘe⅃ᗡ

C. ᔭΓꙅƐQ9⅃ᗡ D. ᔭΓꙅ3ϘeLᗡ

भाग – II: English Language

Directions (Qs. Nos. 51 to 55): *Some parts of the sentences have errors and some are correct. Find out which part of a sentence has an error and blacken the oval (●) corresponding to the appropriate letter (A, B, C). If a sentence is free from errors, blacken the oval corresponding to (D) in the Answer Sheet.*

51. The crime rate increases inspite (A)/ formal moral education (B)/ given in schools. (C)/ No error. (D)

52. As soon as they (A)/entered the temple (B)/ they prayed to the gods on bent knees. (C)/ No error. (D)

53. Three-fourths of the men (A)/ has gone (B)/ to war. (C) /No error (D)

54. The conversation (A)/ we are having is completely (B)/ out of the main topic. (C)/No error. (D)

55. A five-men (A)/ enquiry committee was appointed (B)/ to look into the matter. (C)/ No error. (D)

Directions (Qs. Nos. 56 to 60): *Sentences are given with blanks to be filled in with an appropriate word(s). Four alternatives are suggested for each question. Choose the correct alternative out of the four and indicate it by blackening the appropriate oval (●) in the Answer Sheet.*

56. If left unattended, even a small cut can turn into a ....

A. sore B. ore
C. soar D. sour

57. My neighbour is very .... for he believes that nothing good will happen to him.

A. pessimistic B. optimistic
C. reasonable D. forward-looking

58. She was aware of what was going .... her father's mind.

A. in B. by
C. through D. on

59. Most parents .... love and affection on their children.

A. poor B. pool
C. pour D. pore

60. Then railway trains .... the most popular and the cheapest means of transport.

A. becomes B. becoming
C. become D. became

Directions (Qs. Nos. 61 to 65): *Out of the four alternatives, choose the one which best expresses the meaning of the given word and mark it in the Answer Sheet.*

61. Spurious

A. Particular B. Fake
C. Fictional D. True

62. Latent

A. Obstruct B. Confuse
C. Hidden D. Expose

63. Dwindle

A. Increase B. Decrease
C. Flourish D. Grow

64. Ameliorate

A. To humiliate B. To make excuse
C. To appease D. To improve

65. Ossify

A. Turn into plasma
B. Turn into iron
C. Make or become like a stone
D. Make or become like a bone

Directions (Qs. Nos. 66 to 70): *Choose the word opposite in meaning to the given word and mark it in the Answer Sheet.*

66. Discrimination

A. Motivation B. Replenishment
C. Bias D. Equality

67. Endangered

A. Abundant B. Blissful
C. Protected D. Livening up

68. Maverick

A. Redundant B. Old

C. Dependable D. Conventional

69. Release

A. Close B. Confine

C. Hide D. Bury

70. Clear

A. Nebulous/opaque B. Lucid

C. Implicit D. Effulgent

Directions (Qs. Nos. 71 to 75): *Four alternatives are given for the Idiom/Phrase underlined in the sentence. Choose the alternative, which best expresses the meaning of the Idiom/Phrase and mark it in the Answer Sheet.*

71. Despite the doctor's advice he still eats like a horse.

A. does not like to eat

B. swallows his food

C. eats slowly

D. eats a lot of food

72. The two friends are now at daggers drawn over a petty issue.

A. enemies B. competitors

C. angry D. frustrated

73. His work seems to be a Penelope's web.

A. declining B. in his best form

C. endless D. difficult

74. Goods will be delivered if you pay on the nail.

A. pay promptly in cash

B. pay promptly

C. pay within the given time

D. pay the full amount

75. If people do not mend their ways, they are sure to go to the dogs.

A. to be united B. to be rough

C. to fight D. to be ruined

Directions (Qs. Nos. 76 to 80): *A part of the sentence is underlined. Below are given alternatives to the underlined part at (A), (B), (C), which may improve the sentence. Choose the correct alternative. In case no improvement is needed your answer is (D). Mark your answer in the Answer Sheet.*

76. Walk carefully lest you do not fall.

A. lest you fall

B. lest you should not fall

C. lest you might not fall

D. No improvement

77. Please tell the story in a nutshell.

A. in the nutshell B. in nutshells

C. in nutshell D. No improvement

78. The housing problem in Mumbai becomes more serious.

A. has become B. become

C. is becoming D. No improvement

79. If he would have tried he would have succeeded.

A. is tried B. was tried

C. had tried D. No improvement

80. The girl filled the pitcher for water.

A. of B. with

C. in D. No improvement

Directions (Qs. Nos. 81 to 85): *Out of the four alternatives, choose the one which can be substituted for the given words/sentence.*

81. The schedule of travel

A. Travelbook B. Guidebook

C. Itinerary D. Time-table

82. Poem in short stanzas narrating a popular story

A. Ballad B. Sonnet

C. Ballet D. Epic

83. Design made by putting together coloured pieces of glass or stones

A. Relief B. Oleograph

C. Tracery D. Mosaic

84. A policy that segregates people on the basis of race

A. Apartheid B. Partisan

C. Chauvinism D. Theism

85. Something which lasts forever

A. Mortal B. Infallible

C. Eternal D. Youthful

Directions (Qs. Nos. 86 to 90): *Four words are given in each question, out of which only one word is correctly spelt. Find the correctly spelt word and mark your answer in the Answer Sheet.*

86. A. Machiavelian B. Machaivelian C. Machiavilian D. Machiavellian

87. A. veretinary B. veratinary C. vetarinary D. veterinary

88. A. ekcessive B. exsessive C. excesive D. excessive

89. A. retrieve B. exasperrate C. coreograph D. erradicate

90. A. acommodate B. accommodat C. accomodate D. accommodate

Directions (Qs. Nos. 91 to 100): *In the following passage, some of the words have been left out. Read the passage carefully and choose the correct answer to each question out of the four alternatives and fill in the blanks.*

Superstition is a **91** in **92**, which **93** be explained by the **94** of nature and also not by religion. For **95** a superstitious person believes that a black cat **96** his path will bring him **97**. In Brazil, for instance, many people believe that a person can be harmed or even killed by **98** needles in a puppet which **99** the person to be harmed. This is called 'voodoo-magic'. People who do not believe in **100** things consider them superstition.

91. A. believer B. believes C. belief D. believe

92. A. nothing B. everything C. anything D. something

93. A. can B. cannot C. will D. will not

94. A. laws B. means C. methods D. ways

95. A. instance B. insistence C. instant D. insistent

96. A. crosses B. crossed C. crossing D. cross

97. A. luck B. properties C. fortune D. misfortune

98. A. sticking B. pulling C. pushing D. drawing

99. A. points B. pointing C. represents D. represent

100. A. this B. just C. such D. thus

भाग – III: संख्यात्मक अभियोग्यता

101. एक वृत्त की परिधि और व्यास के बीच अंतर 150 मी. है। उस वृत्त की त्रिज्या कितनी होगी? $\left(\pi = \frac{22}{7}\right.$ लीजिए$\left.\right)$

A. 30 मी. B. 40 मी. C. 25 मी. D. 35 मी.

102. यदि एक गोले की त्रिज्या दुगुनी कर दी जाए, तो आयतन में वृद्धि का प्रतिशत कितना होगा?

A. 600%
B. 800%
C. 500%
D. 700%

103. एक व्यापारी अपने सभी सामान पर 8% की छूट देता है और फिर भी 15% का लाभ कमाता है। यदि एक वस्तु पर ₹ 250 अंकित है, तो उसका लागत मूल्य क्या होगा?

A. ₹ 230 B. ₹ 187 C. ₹ 180 D. ₹ 200

104. यदि किसी सेल में, साड़ी पर दी गई छूट अंकित मूल्य के एक-चौथाई मूल्य के बराबर है और इस छूट के कारण होने वाली हानि 15% है, तो लागत मूल्य और बिक्री मूल्य का अनुपात क्या होगा?

A. 10 : 17 B. 20 : 17 C. 3 : 4 D. 4 : 3

105. दो संख्याएँ 2 : 3 के अनुपात में हैं। यदि उनका योगफल 125 है, तो संख्याएँ ज्ञात कीजिए।

A. 20, 30 B. 32, 78
C. 50, 75 D. 24, 36

106. एक बॉक्स में एक-रुपए, 50-पैसे और 25-पैसे के 280 सिक्के हैं। प्रत्येक प्रकार के सिक्के 8 : 4 : 3 के अनुपात में हैं। तो 50-पैसे के सिक्कों की संख्या बताइए।

A. 80 B. 90
C. 70 D. 60

107. P, Q और R की औसत आयु R की आयु से 5 वर्ष अधिक है। यदि P और Q की आयु मिलाकर 39 वर्ष है, तो R की आयु कितनी है?

A. 16 वर्ष B. 14 वर्ष
C. 12 वर्ष D. 24 वर्ष

108. n का वह सबसे कम मान बताइए, जिससे $(1 + 3 + 3^2 + ... + 3^n)$ का मान 2000 से अधिक हो जाए।

A. 7 B. 8
C. 5 D. 6

109. $(0.2)^3 \times 200 \div 2000$ of $(0.2)^2$ का सरलीकृत मान क्या होगा?

A. $\frac{1}{10}$ B. 1
C. $\frac{1}{100}$ D. $\frac{1}{50}$

110. 19, 23, 29, 37, 43, 46, 47 अनुक्रम की संख्याओं में से जो विषम (भिन्न) हो, वह बताइए।

A. 37 B. 19
C. 23 D. 46

111. $\frac{1}{2}, \frac{3}{4}, \frac{5}{8}, \frac{7}{16}, ...$ अनुक्रम में अगली संख्या क्या होगी?

A. $\frac{9}{24}$ B. $\frac{9}{32}$
C. $\frac{10}{24}$ D. $\frac{11}{32}$

112. वह छोटी-से-छोटी संख्या जिससे 20184 को गुणा करने पर गुणनफल एक पूर्ण वर्ग प्राप्त हो, निम्न है:

A. 5 B. 6
C. 2 D. 3

113. किसी कार्य को एक पुरुष या दो स्त्रियाँ या तीन लड़के 88 दिन में कर सकते हैं। एक पुरुष, एक स्त्री और एक लड़का उस कार्य को कितने दिन में करेंगे?

A. 48 दिन B. 20 दिन
C. 44 दिन D. 24 दिन

114. A और B दो पाइप अलग-अलग एक टैंक को क्रमशः 2 घंटे और 3 घंटे में भर सकते हैं। यदि दोनों पाइपों को एक साथ खाली टैंक में खोल दिया जाए, तो टैंक कितने समय में भरेगा?

A. 1 घंटा 15 मिनट B. 1 घंटा 20 मिनट
C. 1 घंटा 12 मिनट D. 2 घंटे 30 मिनट

115. एक त्रिभुज का परिमाप 54 मी. है और उसकी भुजाएँ 5 : 6 : 7 के अनुपात में हैं। त्रिभुज का क्षेत्रफल क्या है?

A. $27\sqrt{2}$ वर्ग मी. B. 25 वर्ग मी.
C. 18 वर्ग मी. D. $54\sqrt{6}$ वर्ग मी.

116. एक समलम्ब की दो समान्तर भुजाओं की लम्बाइयाँ 6 सेमी और 8 सेमी हैं। यदि समलम्ब की ऊँचाई 4 सेमी है, तो उसका क्षेत्रफल कितना होगा?

A. 30 वर्ग सेमी. B. 30 सेमी.
C. 28 सेमी. D. 28 वर्ग सेमी.

117. यदि एक सम बहुभुज के बहिष्कोण और अंतःकोण का अनुपात 1 : 17 है, तो सम बहुभुज की भुजाओं की संख्य क्या होगी?

A. 36 B. 12
C. 20 D. 18

118. एक साइकिल के पहिए का व्यास (टायर सहित) 56 सेमी है। पहिया 2.2 किमी. की दूरी तय करने में कितनी बार घूमेगा? $\left(\text{माना कि } \pi = \frac{22}{7}\right)$

A. 1875 B. 2500
C. 625 D. 1250

119. 'h' मीटर ऊँचा एक वृक्ष आँधी के कारण इस प्रकार टूट जाता है कि उसका शीर्ष उसकी जड़ से 'x' मीटर की दूरी पर जमीन को छूता है। ज्ञात कीजिए कि वृक्ष कितनी ऊँचाई पर टूटा है। (यहाँ $h > x$)

A. $\frac{h^2 + x^2}{4h}$ मीटर B. $\frac{h^2 - x^2}{4h}$ मीटर
C. $\frac{h^2 + x^2}{2h}$ मीटर D. $\frac{h^2 - x^2}{2h}$ मीटर

120. यदि $x^2 + ax + b$ पूर्ण वर्ग है, तो a और b के बीच निम्नलिखित में से कौन-सा सम्बन्ध सही है?

A. $b^2 = 4a$ B. $b^2 = a$
C. $a^2 = b$ D. $a^2 = 4b$

121. दो संख्याओं का औसत 8 है और अन्य तीन संख्याओं का औसत 3 है। इन पाँचों संख्याओं का औसत क्या है?

A. 6 B. 5
C. 7 D. 5.5

122. एक व्यापारी को एक वस्तु बेचने पर 10% की हानि होती है। यदि वस्तु का लागत मूल्य ₹ 15 है, तो वस्तु का बिक्री मूल्र क्या होगा?

A. ₹ 12.30 B. ₹ 13.50
C. ₹ 13.20 D. ₹ 16.50

123. योगिता ने श्यामला को 20% के अभिलाभ पर एक प्लाज्मा टीवी बेचा। श्यामला ने उसे दीपा को 10% के लाभ पर बेच दिया। यदि दीपा को प्लाज्मा टीवी के लिए ₹ 33,000 का भुगतान करना पड़ा, तो योगिता के लिए प्लाज्मा टीवी का लागत मूल्य ज्ञात कीजिए।

A. ₹ 35,000 B. ₹ 40,000
C. ₹ 30,000 D. ₹ 25,000

124. यदि x का 8% = y का 4%, तो x का 20% कितना होगा?

A. y का 40% B. y का 80%
C. y का 10% D. y का 16%

125. एक चुनाव में दो उम्मीदवार थे। एक उम्मीदवार को 38% मत मिले और उसे 7200 मतों का नुकसान हुआ। वैध मतों की कुल संख्या कितनी थी?

A. 16200 B. 30000
C. 13000 D. 13800

126. एक कार 60 किमी/घंटा की गति से चलती है और एक विशेष दूरी एक घंटे में तय कर लेती है। 40 किमी./घंटा की गति पर इतनी ही दूरी तय करने वाली दूसरी कार को कितना समय लगेगा?

A. $\frac{3}{2}$ घंटे B. 1 घंटा

C. $\frac{5}{2}$ घंटे D. 2 घंटे

127. किसी धनराशि पर 2 वर्ष का चक्रवृद्धि ब्याज ₹ 615 है और उतनी ही अवधि का साधारण ब्याज ₹ 600 है। मूल धनराशि ज्ञात कीजिए।

A. ₹ 8,000 B. ₹ 9,500
C. ₹ 6,500 D. ₹ 6,000

128. Δ ABC में, $\angle A = \angle B = 60°$, AC = $\sqrt{13}$ सेमी। AD और BD रेखाएँ $\angle D = 90°$ के साथ D पर काटती हैं। यदि DB = 2 सेमी, तो AD की लम्बाई कितनी होगी?

A. 4 सेमी B. 4.7 सेमी
C. 3 सेमी D. 3.5 सेमी

129. ΔABC में, माध्यिकाएँ AD, BE और CF एक-दूसरे को G बिन्दु पर काटती हैं। यदि Δ ABC का क्षेत्रफल 36 वर्ग सेमी है, तो चतुर्भुज BDGF का क्षेत्रफल (वर्ग सेमी में) कितना होगा?

A. 18 B. 24
C. 6 D. 12

130. Δ ABC में, D, BC का मध्य-बिन्दु है। AD की लम्बाई 27 सेमी है। N, AD पर ऐसा बिन्दु है कि DN की लम्बाई 12 सेमी है। Δ ABC के केन्द्रक से N की दूरी कितनी होगी?

A. 9 सेमी B. 15 सेमी
C. 3 सेमी D. 6 सेमी

131. यदि $\tan(A + B) = \sqrt{3}$ और $\tan(A - B) = \frac{1}{\sqrt{3}}$, $\angle(A + B) < 90°$, $A \geq B$, तो $\angle A$ कितना होगा?

A. 45° B. 60°
C. 90° D. 30°

132. $\frac{\sin\theta - 2\sin^3\theta}{2\cos^3\theta - \cos\theta}$ का मान कितना होगा?

A. $\tan\theta$ B. $\cot\theta$
C. $\sin\theta$ D. $\cos\theta$

133. यदि $r\sin\theta = \frac{7}{2}$ और $r\cos\theta = \frac{7\sqrt{3}}{2}$, तो r का मान क्या होगा?

A. 5 B. 7
C. 4 D. 3

134. यदि $\theta + \phi = \frac{\pi}{2}$ और $\sin\theta = \frac{1}{2}$, तो $\sin\phi$ का मान क्या होगा?

A. $\frac{1}{2}$ B. $\frac{\sqrt{3}}{2}$

C. 1 D. $\frac{1}{\sqrt{2}}$

135. यदि $a + b + c + d = 4$, तो

$$\frac{1}{(1-a)(1-b)(1-c)} + \frac{1}{(1-b)(1-c)(1-d)} + \frac{1}{(1-c)(1-d)(1-a)} + \frac{1}{(1-d)(1-a)(1-b)}$$

का मान क्या होगा?

A. 1 B. 4
C. 0 D. 5

136. यदि $t^2 - 4t + 1 = 0$, तो $t^3 + \frac{1}{t^3}$ का मान क्या होगा?

A. 52 B. 64
C. 44 D. 48

137. यदि $a^{1/3} + b^{1/3} + c^{1/3} = 0$, तो a, b, c के बीच क्या सम्बन्ध होगा?

A. $a + b + c = 3abc$
B. $a^3 + b^3 + c^3 = 0$
C. $a + b + c = 0$
D. $(a + b + c)^3 = 27abc$

138. यदि $\sqrt[3]{a} + \sqrt[3]{b} = \sqrt[3]{c}$, तो $(a + b - c)^3 + 27abc$ का सरलतम मान क्या होगा?

A. –3 B. 0
C. –1 D. 3

139. त्रिभुज ABC की भुजा BC को D तक बढ़ा दिया जाता है। यदि $\angle$ ACD = 120° और $\angle$ ABC = $\frac{1}{2}$ $\angle$ CAB, तो $\angle$ ABC का मान क्या होगा?

A. 60° B. 20°
C. 80° D. 40°

140. त्रिज्या r यूनिट वाले दो वृत्त एक-दूसरे को इस प्रकार काटते हैं कि उनमें से प्रत्येक दूसरे के मध्य (केन्द्र) से गुजरता है। तो उनकी उभयनिष्ठ जीवा की लम्बाई कितनी होगी?

A. $r\sqrt{5}$ यूनिट B. r यूनिट
C. $r\sqrt{2}$ यूनिट D. $r\sqrt{3}$ यूनिट

141. एक मीनार के शीर्ष का उन्नयन कोण जमीन के बिन्दु से 30° है और मीनार की ओर 70 मीटर चलने पर यह 60° हो जाता है। मीनार की ऊँचाई कितनी है?

A. $10\sqrt{3}$ मीटर B. $35\sqrt{3}$ मीटर
C. 10 मीटर D. $\frac{10}{\sqrt{3}}$ मीटर

निर्देश (प्रश्न सं. 142 से 145): *नीचे दिया गया प्रविभाजित दंड-आरेख एक कॉलेज के बी.कॉम (B. Com.) के छात्रों के 3 वर्ष के परिणाम दर्शाता है। ग्राफ का अध्ययन कीजिए और उत्तर दीजिए।*

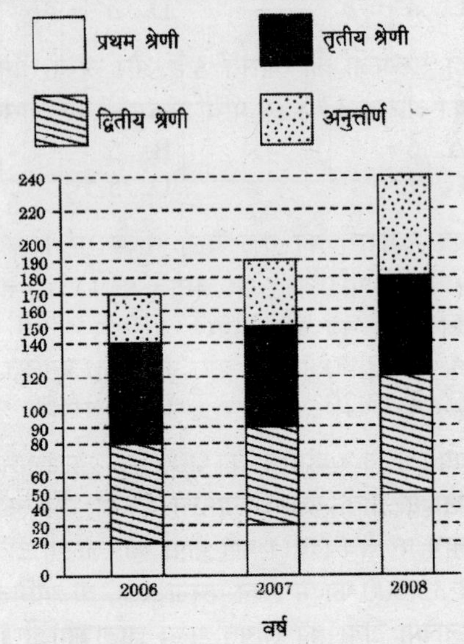

142. 2008 में उत्तीर्ण छात्रों का प्रतिशत क्या था?

A. 75% B. 78%
C. $33\frac{1}{3}\%$ D. $82\frac{6}{17}\%$

143. 2006 में तृतीय श्रेणी में उत्तीर्ण छात्रों की संख्या कितनी थी?

A. 59 B. 120
C. 60 D. 140

144. किस वर्ष में, बी.कॉम. का कॉलेज का परिणाम सर्वश्रेष्ठ रहा?

A. 2007 B. 2006
C. 2007 और 2008 D. 2008

145. कितने प्रतिशत छात्र 2007 में प्रथम श्रेणी में उत्तीर्ण हुए?

A. $16\frac{2}{3}\%$ B. $12\frac{1}{2}\%$
C. $15\frac{15}{19}\%$ D. $11\frac{13}{17}\%$

निर्देश (प्रश्न सं. 146 से 150): *नीचे दिए गए दंड-आरेख में वर्ष 2013 में कम्पनी के विभिन्न व्यय शीर्ष के अंतर्गत कुल व्यय के वितरण का प्रतिशत दर्शाया गया है। ग्राफ का अध्ययन कीजिए और उत्तर दीजिए।*

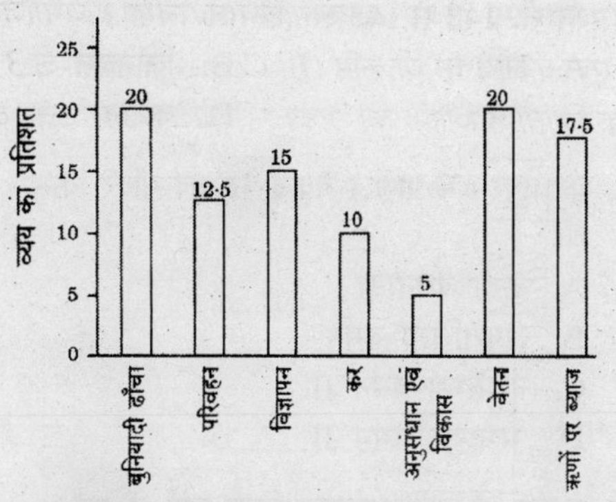

146. बुनियादी ढाँचा और परिवहन पर कुल व्यय तथा कर एवं ऋणों पर ब्याज पर कुल व्यय का अनुपात क्या है?
A. 9 : 7 B. 13 : 11
C. 5 : 4 D. 8 : 7

147. यदि विज्ञापन पर व्यय ₹ 2.10 करोड़ है, तो परिवहन एवं कर पर व्यय के बीच कितना अंतर है?
A. ₹ 65 लाख B. ₹ 95 लाख
C. ₹ 25 लाख D. ₹ 35 लाख

148. यदि कम्पनी के व्यय की कुल राशि अनुसंधान एवं विकास पर व्यय से N गुणा है, तो N का मान क्या है?
A. 20 B. 27
C. 5 D. 18

149. यदि ऋणों पर ब्याज की राशि ₹ 2.45 करोड़ है, तो विज्ञापन, कर और अनुसंधान एवं विकास पर व्यय की कुल राशि कितनी होगी?
A. ₹ 5.4 करोड़ B. ₹ 7 करोड़
C. ₹ 2.4 करोड़ D. ₹ 4.2 करोड़

150. ऋणों पर ब्याज पर व्यय परिवहन पर व्यय से कितने प्रतिशत अधिक है?
A. 20% B. 40%
C. 5% D. 10%

भाग – IV: सामान्य सचेतता

151. सर्वजनीन (सार्वभौमिक) वयस्क मताधिकार दर्शाता है कि भारत एक ऐसा देश है, जो है
A. लोकतांत्रिक B. प्रभुत्व-संपन्न
C. धर्मनिरपेक्ष D. समाजवादी

152. हमारे भारतीय संविधान में कितने मूल कर्तव्य हैं?
A. 12 B. 8
C. 11 D. 9

153. भारतीय संसद द्वारा दल-बदल विरोधी विधेयक किस वर्ष में पारित किया गया था?
A. 1990 B. 1995
C. 1980 D. 1985

154. विश्व व्यापार संगठन (डब्ल्यू.टी.ओ.) किस वर्ष में कार्यान्वित हुआ?
A. 1995 B. 1997
C. 1990 D. 1993

155. संविधान का कौन-सा अनुच्छेद राज्य को ग्राम पंचायत स्थापित करने का आदेश देता है?
A. अनुच्छेद 44 B. अनुच्छेद 57
C. अनुच्छेद 32 D. अनुच्छेद 40

156. 'बुद्ध' शब्द का अर्थ है
A. एक प्रबुद्ध व्यक्ति B. एक पर्यटक (पथिक)
C. एक विजेता D. एक विमोचक

157. वर्ष 1917 किसके लिए जाना जाता है?
A. प्रथम विश्व युद्ध की समाप्ति
B. रूसी क्रांति
C. ट्रैफेल्गर का युद्ध
D. वॉटरलू का युद्ध

158. 'पूँजीगत लाभ' से क्या अभिप्राय है?
A. परिसंपत्तियों के मुद्रा मूल्य में वृद्धि
B. किसी व्यापार में निवेशित पूँजी में परिवर्धन
C. पूँजी में वर्धित लाभों का हिस्सा
D. इनमें से कोई नहीं

159. निम्नलिखित सूची में से जैविक खेती की एक विशेषता कौन-सी **नहीं** है?
A. संश्लिष्ट उर्वरकों का प्रयोग
B. बहुत कम ऊर्जा उपभोग
C. रासायनिक उर्वरकों और कीटनाशियों का अप्रयोग (प्रयोग न करना)
D. सूक्ष्म-जीवों को बनाए रखकर भविष्य में प्रयोग के लिए मृदा को पोषित किया जाता है

160. भारत सरकार की कौन-सी योजना भारतीय शहरों को गन्दी (स्लम) बस्तियों से मुक्त बनाती है?
A. राजीव आवास योजना
B. अंत्योदय
C. इन्दिरा आवास योजना
D. केन्द्रीय ग्राम स्वच्छता कार्यक्रम

161. भारतीय अर्थव्यवस्था किस प्रकार की अर्थव्यवस्था है?
A. पूँजीवादी अर्थव्यवस्था
B. केंद्रीकृत अर्थव्यवस्था
C. मिश्रित अर्थव्यवस्था
D. साम्यवादपरक अर्थव्यवस्था

162. 'अर्थशास्त्र का जनक (प्रवर्तक)' किसे कहा जाता है?
A. एडम स्मिथ B. अल्फ्रेड मार्शल
C. मैक्स मूलर D. कार्ल मार्क्स

163. विश्व की सबसे लम्बी नदी कौन-सी है?
A. ब्रह्मपुत्र B. अमेजन
C. गंगा D. नील

164. पत्ती में खंभ मृदूतक का मुख्य प्रकार्य है
A. श्वसन B. प्रकाश-संश्लेषण
C. वाष्पोत्सर्जन D. चालन

165. रोगाणुओं द्वारा उत्पन्न किए जाने वाले हानिकारक पदार्थ क्या हैं?
A. हॉर्मोन
B. आविष (टॉक्सिन)
C. प्रतिजैविक (एन्टीबायोटिक)
D. प्रदूषक

166. कोशिकाओं में तुरंत ऊर्जा उत्पादन के लिए, हमको क्या लेना चाहिए?
A. विटामिन सी B. सुक्रोस (इक्षु शर्करा)
C. ग्लूकोस D. प्रोटीन

167. मानव शरीर में, स्नायु किसके बने होते हैं?
A. केवल पीत रेशे
B. पीत रेशे और पेशी रेशे
C. श्वेत रेशे और कुछ पीत प्रत्यास्थ रेशे
D. केवल श्वेत रेशे (तंतु)

168. निम्नलिखित प्रकार के मलेरिया में से कौन-सा प्रणाशी मलेरिया है?
A. तृतीयक B. दुर्दम
C. वाइवैक्स D. पुनरावर्तन

169. 'सिस्टेमा नेचुरे' पुस्तक किसने लिखी?
A. डार्विन B. लिनियस
C. लैमार्क D. बूफॉन

170. काँचीपुरम में प्रसिद्ध बैकुंठ पेरूमल मंदिर किसने बनवाया था?
A. नन्दी वर्मन II
B. अपराजिता वर्मन
C. नरसिम्हा वर्मन II
D. परमेश्वर वर्मन II

171. यू.एन.ओ. की स्थापना किस वर्ष में हुई?
A. 1950 B. 1953
C. 1945 D. 1946

172. भारत पर सबसे पहले आक्रमण करने वाले कौन थे?
A. फारसी B. अरबी
C. आर्य D. यूनानी

173. नियामगिरि पहाड़ी किस राज्य के कालाहांडी जिले में स्थित है?
A. पंजाब B. केरल
C. उड़ीसा D. पश्चिम बंगाल

174. चक्रवात कब होता है?
A. जब केन्द्र में निम्न दाब और चारों ओर उच्च दाब होता है
B. जब केन्द्र में दाब और चारों ओर का दाब बराबर होता है
C. जब चारों ओर निम्न दाब होता है
D. जब केन्द्र में उच्च दाब और चारों ओर निम्न दाब होता है

175. जायरे का पुराना नाम था
A. कॉन्गो B. सिएरा लिओन
C. बेनिन D. लाइबेरिया

176. भारत में अलवण जल की सबसे बड़ी झील कौन-सी है?
A. वुलर झील B. नैनीताल झील
C. डल झील D. भीमताल झील

177. सी.आर.एल., पुणे द्वारा बनाया गया भारतीय सुपरकम्प्यूटर जो विश्व में चौथा सबसे तीव्र और एशिया में सर्वाधिक शक्तिशाली है, कौन-सा है?
A. एका B. सागा
C. वर्गो D. परम

178. घोल है
A. जल में घोला गया ठोस
B. दो द्रवों का मिश्रण
C. दो या अधिक पदार्थों का समांगी मिश्रण
D. द्रव में घोला गया ठोस

179. प्रयोगशाला में संश्लेषित किया गया पहला कार्बनिक यौगिक था
A. लैक्टिक एसिड B. ग्लूकोस
C. यूरिया D. यूरिक एसिड (मूत्राम्ल)

180. रक्त की उभय-प्रतिरोध क्रिया (बफर क्रिया) किसकी उपस्थिति के कारण होती है?
A. Cl^- और HCO_3^- B. HCO_3^- और H_2CO_3
C. HCl और NaCl D. Cl^- और CO_3^{2-}

181. निम्नलिखित में से किसमें कार्बन का अधिकतम प्रतिशत अंतर्विष्ट होता है?
A. पिटवाँ लोहा (ताड्य लोहा)
B. उच्च वेग इस्पात
C. ढलवाँ लोहा
D. जंगरोधी इस्पात (स्टेनलेस स्टील)

182. निम्नलिखित में से कौन-सा खाद्य-शृंखलाओं द्वारा संचयन के लिए महत्वपूर्ण शक्य सहित (संभावना युक्त) प्रतीत होता है?
A. लिन्डेन B. कारबेरिल
C. डी.डी.टी. D. पैराथायॉन

183. एक समान संहति वाली एक धातु की गेंद और एक रबड़ की गेंद दोनों एक ही वेग से सामान्य रूप से एक भित्ति पर प्रहार करती हैं। रबड़ की गेंद तो प्रतिक्षिप्त होती है और धातु की गेंद प्रतिक्षिप्त नहीं होती। इससे क्या निष्कर्ष निकाला जा सकता है?
A. दोनों ही संवेग में एक-सा परिवर्तन सहती हैं
B. रबड़ की गेंद का प्रारंभिक संवेग धातु की गेंद की अपेक्षा अधिक होता है
C. रबड़ की गेंद संवेग में अधिक परिवर्तन सहती है
D. धातु की गेंद संवेग में अधिक परिवर्तन सहती है

184. यदि 360 m/s के वेग और 500 Hz आवृत्ति वाली तरंग के लिए, दो बिन्दुओं के बीच कलांतर 120° है, तो दो बिन्दुओं के बीच पथांतर है
A. 12 सेमी B. 24 सेमी
C. 1 सेमी D. 6 सेमी

185. यदि कोई वस्तु (पिंड) एक वृत्त में एकसमान चाल से घूमती है, तो
A. इस पर कोई त्वरण उत्पन्न नहीं होता
B. इसका वेग एकसमान रहता है
C. इस पर कोई कार्य नहीं किया जाता
D. इस पर कोई बल कार्य नहीं करता

186. सोनोग्राफी में प्रयुक्त तरंगें हैं
A. ध्वनि तरंगें B. पराश्रव्य तरंगें
C. सूक्ष्म तरंगें D. अवरक्त तरंगें

187. फिफ्थ जेनरेशन (पाँचवीं पीढ़ी) कम्प्यूटर हैं
A. डेटा इंटरप्रेटर्स B. डेटा कंट्रोलर्स
C. डेटा प्रोसेसर्स D. नॉलेज प्रोसेसर्स

188. प्राचीनतम भारतीय सभ्यता का नाम बताइए।
A. मेसोपोटामियाई सभ्यता B. मिस्री सभ्यता
C. सिंधु घाटी सभ्यता D. इनमें से कोई नहीं

189. 'ए सुटेबिल बॉय' पुस्तक के लेखक कौन हैं?
A. अरुंधती रॉय B. खुशवंत सिंह
C. विक्रम सेठ D. इनमें से कोई नहीं

190. प्रथम राजीव गाँधी राष्ट्रीय सद्भावना पुरस्कार किसको प्राप्त हुआ था?
A. मदर टेरेसा B. मोरारजी देसाई
C. जे.आर.डी. टाटा D. इनमें से कोई नहीं

191. अंतर्राष्ट्रीय साहित्य दिवस प्रति वर्ष निम्नलिखित में से किस दिन मनाया जाता है?
A. 28 मार्च B. 18 सितम्बर
C. 8 सितम्बर D. 18 मार्च

192. निम्नलिखित में से किस मुगल शासक को 'निर्माताओं (भवन) का राजकुमार' कहा गया है?
A. शाहजहाँ B. बाबर
C. अकबर D. जहाँगीर

193. उस अमरीकी फिल्म कार्टूनिस्ट का नाम बताइए जिसने मिकी माउस और डोनाल्ड डक की रचना की।
A. स्टीवन स्पीलबर्ग B. हान्ना बारबरा
C. वार्नर ब्रदर्स D. वॉल्ट डिज़्नी

194. भूकम्प को यह भी कहा जाता है
A. कंपन (ट्रेमर) B. टेंपर
C. टीचर D. इनमें से कोई नहीं

195. हमारा वायुमंडल कितनी परतों में बँटा हुआ है?

A. चार B. पाँच

C. दो D. तीन

196. पादप के फेफड़े हैं

A. पुष्प B. जड़ (मूल)

C. पत्तियाँ D. स्तंभ (तना)

197. 'नरेन्द्र मोदी : ए पॉलिटिकल बायोग्राफी' नामक पुस्तक के लेखक कौन हैं?

A. जेफरी डैल B. किंग्सले एमिस

C. ऐन्डी मेरीनो D. डेविड इरविंग

198. बिजली के बल्ब का आविष्कार किसने किया था?

A. थॉमस अल्वा एडीसन

B. जेम्स वॉट

C. थॉमस मोर

D. इनमें से कोई नहीं

199. हवाई जहाज का आविष्कार किसने किया था?

A. हॉफमैन B. राइट ब्रदर्स

C. एडिसन D. स्टीवेन्सन

200. रावलपिंडी एक्सप्रेस कौन कहलाता है?

A. राहुल द्रविड़ B. इमरान खान

C. सचिन तेंदुलकर D. शोएब अख्तर

उत्तरमाला

1	2	3	4	5	6	7	8	9	10
A	C	D	B	A	A	D	C	C	A
11	12	13	14	15	16	17	18	19	20
C	A	D	A	A	D	A	C	B	A
21	22	23	24	25	26	27	28	29	30
D	A	A	A	D	D	B	C	C	D
31	32	33	34	35	36	37	38	39	40
A	D	D	B	C	A	D	B	B	B
41	42	43	44	45	46	47	48	49	50
D	D	D	A	D	C	C	A	D	B
51	52	53	54	55	56	57	58	59	60
A	C	B	C	A	A	A	C	C	D
61	62	63	64	65	66	67	68	69	70
B	C	B	D	D	D	C	D	B	A
71	72	73	74	75	76	77	78	79	80
D	A	C	A	D	A	D	C	C	B
81	82	83	84	85	86	87	88	89	90
C	A	D	A	C	D	D	D	A	A
91	92	93	94	95	96	97	98	99	100
C	D	B	A	A	C	D	A	C	C
101	102	103	104	105	106	107	108	109	110
D	D	D	B	C	A	C	A	D	D
111	112	113	114	115	116	117	118	119	120
B	B	A	C	D	D	A	D	D	D
121	122	123	124	125	126	127	128	129	130
B	B	D	C	B	A	D	C	D	C
131	132	133	134	135	136	137	138	139	140
A	A	B	B	C	A	D	B	D	D
141	142	143	144	145	146	147	148	149	150
B	A	C	B	C	B	D	A	D	B

151	152	153	154	155	156	157	158	159	160
A	C	D	A	D	A	B	A	A	A
161	**162**	**163**	**164**	**165**	**166**	**167**	**168**	**169**	**170**
C	A	D	B	B	C	C	B	B	A
171	**172**	**173**	**174**	**175**	**176**	**177**	**178**	**179**	**180**
C	C	C	D	A	A	A	C	C	B
181	**182**	**183**	**184**	**185**	**186**	**187**	**188**	**189**	**190**
C	C	C	A	C	B	D	C	C	A
191	**192**	**193**	**194**	**195**	**196**	**197**	**198**	**199**	**200**
C	A	D	A	B	C	C	A	B	D

कुछ चुने हुए प्रश्नों के व्याख्यात्मक उत्तर

1. ABC → XYZ ← : DEF → UVW ← :: GHI → RST ← : JKL → OPQ ←

2. ACE : BDF : : MOQ : NPR

3. 8 : 23 :: 48 : 138
$8 \times 138 = 1104$
$23 \times 48 = 1104$

4. 5 : 28 :: 8 : [67]
$5^2 + 3$ $8^2 + 3$

5. C A T : 3 1 20 :: M A T : 13 1 20
C → 3, A → 1, T → 20; M → 13, A → 1, T → 20

10. 2, 3 दोनों अभाज्य संख्याएँ हैं।

11. 83 एक अभाज्य संख्या है।

22. 1   6   13   22   33   [46]
+5   +7   +9   +11   +13

अनुक्रम का लुप्त पद 46 है।

26. 1   8   17   30   [49]   76
+7   +9   +13   +19   +27
+2   +4   +6   +8

27. 12   8   14   6   16   [4]

यहाँ पर दो प्रकार की श्रेणियाँ हैं:

(*i*) 12   14   16   18 ....
(*ii*) 8   6   4   2 ....

30. माना कि गीता की वर्तमान आयु x वर्ष तथा हेमा की आयु y वर्ष है।

10 वर्ष पहले,
गीता की आयु = $(x - 10)$ वर्ष
तथा हेमा की आयु = $(y - 10)$ वर्ष
$2(x - 10) = y - 10$
$\Rightarrow \quad 2x - y = 10 \quad ...(i)$
10 वर्ष बाद, हेमा की आयु = 40 वर्ष
$\Rightarrow \quad y + 10 = 40 \quad \Rightarrow y = 30$
y का मान समीकरण (*i*) में रखने पर,
$2x - 30 = 10$
$\Rightarrow \quad 2x = 40 \quad \Rightarrow x = 20$
अतः गीता की वर्तमान आयु = 20 वर्ष

33. $10 - 3 = 12$
$(10 + 3) - (1 + 0) = 13 - 1 = 12$
$12 - 4 = 13$
$(12 + 4) - (1 + 2) = 16 - 3 = 13$
$14 - 5 = 14$
$(14 + 5) - (1 + 4) = 19 - 5 = 14$
अतः $16 - 6 = (16 + 6) - (1 + 6)$
$= 22 - 7 = 15.$

34. 1 3 5 4 6 0 8 7 2
↓ ↓ ↓ ↓ ↓ ↓ ↓ ↓ ↓
A O Z L D T N H Q

अतः
2 1 5 0 0 के लिए कोड
↓ ↓ ↓ ↓ ↓
Q A Z T T होगा।

35.

13	9	24
11	□	6
16	20	10

$13 + 11 + 16 = 40$
$24 + 6 + 10 = 40$
$9 + 11 + 20 = 40$
अतः लुप्त संख्या 11 है।

36. $\frac{2 \mid 4}{256 \mid 16}$ $\frac{3 \mid 1}{1 \mid 81}$ $\frac{5 \mid 4}{256 \mid ?}$

$2^4 = 16$ $3^4 = 81$ $5^4 = 625$

$4^4 = 256$ $1^4 = 1$ $4^4 = 256$

अतः लुप्त संख्या 625 है।

37. $1 + 2 + 4 + 3 = 10 \times 5 = 50$

$3 + 4 + 5 + 2 = 14 \times 5 = 70$

$7 + 4 + 9 + 3 = 23 \times 5 = 115$

अतः लुप्त संख्या = 115.

38.

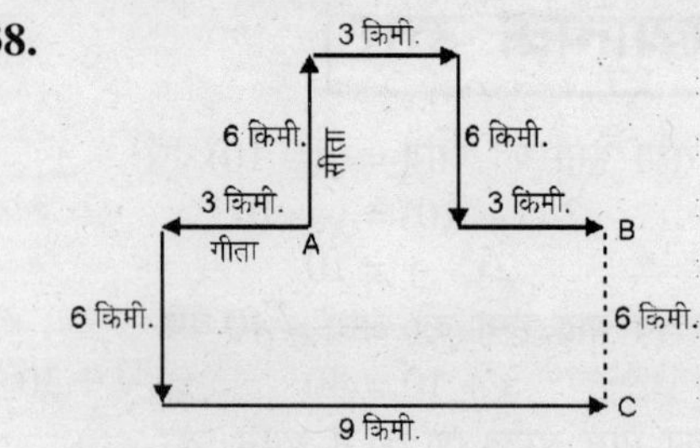

C से B की दूरी 6 किमी. है।

39.

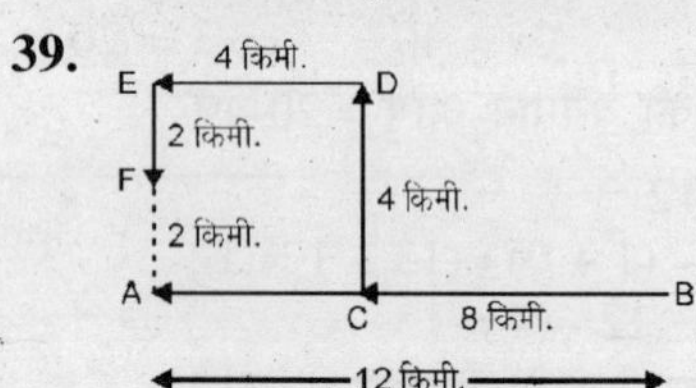

AF = 4 – 2 = 2 किमी.

अतः श्रीमान् दास अपने घर से 2 किमी. की दूरी पर थे।

101. वृत्त की परिधि = $2\pi r$

वृत्त का व्यास = $d = 2r$

प्रश्नानुसार, $2\pi r - 2r = 150 \Rightarrow 2r(\pi - 1) = 150$

$$\Rightarrow \quad r\left(\frac{22}{7} - 1\right) = \frac{150}{2} = 75$$

$$\Rightarrow \quad r = \frac{75 \times 7}{15} = 35 \text{ मी.}$$

अतः वृत्त की त्रिज्या = 35 मी.

102. गोले का आयतन = $\frac{4}{3}\pi r^3$

गोले की त्रिज्या दुगुनी होने पर

गोले का आयतन

$$= \frac{4}{3}\pi(2r)^3 = \frac{4}{3} \times 8\pi r^3$$

आयतन में वृद्धि

$$= \frac{32\pi r^3}{3} - \frac{4}{3}\pi r^3 = \frac{28\pi r^3}{3}$$

आयतन में वृद्धि का प्रतिशत

$$= \frac{\frac{28}{3}\pi r^3}{\frac{4}{3}\pi r^3} \times 100 = 700\%.$$

103. अंकित मूल्य = ₹ 250

$$\text{छूट} = \frac{8}{100} \times 250 = ₹\ 20$$

विक्रय मूल्य = 250 – 20 = ₹ 230

100 + 15 = 115

जब विक्रय मूल्य ₹ 115 है, तो क्रय मूल्य = ₹ 100 है

जब विक्रय मूल्य ₹ 230 है, तो क्रय मूल्य

$$= \frac{100}{115} \times 230 = ₹\ 200$$

अतः लागत मूल्य = ₹ 200 होगा।

104. माना कि साड़ी का अंकित मूल्य = ₹ x

$$\text{छूट} = \frac{1}{4}x = \frac{x}{4}$$

$$\text{विक्रय मूल्य} = x - \frac{x}{4} = \frac{3x}{4}$$

100 – 15 = 85

जब विक्रय मूल्य ₹ 85 है, तब क्रय मूल्य = ₹ 100

जब विक्रय मूल्य ₹ $\frac{3x}{4}$ है, तब क्रय मूल्य

$$= \frac{100}{85} \times \frac{3x}{4} = \frac{15x}{17}$$

$$\text{अतः अभीष्ट अनुपात} = \frac{\frac{15x}{17}}{\frac{3x}{4}} = 20 : 17.$$

105. माना कि संख्याएँ $2x$ तथा $3x$ हैं।

प्रश्नानुसार,

$$2x + 3x = 125$$

$$\Rightarrow \quad 5x = 125$$

$$\Rightarrow \quad x = 25$$

अतः संख्याएँ 50 तथा 75 हैं।

107. P, Q तथा R के आयु का योग = 3(R + 5)

$\Rightarrow \quad P + Q + R = 3R + 15$

$\Rightarrow \quad 39 + R = 3R + 15$

$\Rightarrow \quad 2R = 24 \Rightarrow R = 12$

अतः R की आयु = 12 वर्ष।

108. $1 + 3 + 3^2 + ... + 3^n$ गुणोतर श्रेणी में है।

यहाँ पर, प्रथम पद = a = 1 तथा सार्वअनुपात = r = 3

$$s_{n+1} = \frac{a(r^{n+1} - 1)}{r - 1} = \frac{1(3^{n+1} - 1)}{3 - 1}$$

अब $\frac{1}{2}\left[3^{n+1} - 1\right] > 2000$

$\Rightarrow \quad 3^{n+1} - 1 > 4000$

$\Rightarrow \quad 3^{n+1} > 4001$

$\Rightarrow \quad 3^{6+1} = 2187 \not> 4001$

$\Rightarrow \quad 3^{7+1} = 6561 > 4001$

अतः n का अभीष्ट मान = 8.

109. $(0.2)^3 \times 200 \div 2000\ (0.2)^2$

$= \frac{0.2}{10} = \frac{2}{100} = \frac{1}{50}.$

110. 19, 23, 29, 37, 43, 47 ये सभी अभाज्य संख्याएँ हैं जबकि 46 सम संख्या है।

अतः अभीष्ट संख्या = 46.

111. $\frac{1}{2}, \frac{3}{4}, \frac{5}{8}, \frac{7}{16}, ...$

अनुक्रम का अगला पद $\frac{9}{32}$ होगा।

112. 20184 × 6 = 121104 एक पूर्ण वर्ग है।

20184 = 2 × 2 × 2 × 3 × 29 × 29

अतः अभीष्ट संख्या = 6.

113. 1 पुरुष = 3 लड़के, 1 स्त्री = $\frac{3}{2}$ लड़के

अतः 1 पुरुष, 1 स्त्री तथा 1 लड़का = $\frac{11}{2}$ लड़के

3 लड़के किसी काम को 88 दिनों में पूरा करते हैं।

1 लड़का उसी काम को 88 × 3 दिनों में पूरा करेगा।

$\frac{11}{2}$ लड़के उसी काम को $\frac{88 \times 3 \times 2}{11}$

= 48 दिनों में पूरा करेंगे।

114. पाइप A द्वारा 1 घंटे में टैंक का भरा भाग = $\frac{1}{2}$

पाइप B द्वारा 1 घंटे में टैंक का भरा भाग = $\frac{1}{3}$

पाइप (A + B) द्वारा 1 घंटे में भरा भाग

$= \frac{1}{2} + \frac{1}{3} = \frac{3+2}{6} = \frac{5}{6}$

अतः दोनों पाइप खाली टैंक को $\frac{6}{5}$ घंटे में भर देंगे।

अर्थात् 1 घंटा 12 मिनट में टैंक भर जाएगा।

115.

A, B, C

माना कि ABC त्रिभुज है जिसकी भुजाएँ

AB = $5x$ मी., BC = $6x$ मी. तथा AC = $7x$ मी.

प्रश्नानुसार,

$5x + 6x + 7x = 54 \Rightarrow 18x = 54 \Rightarrow x = 3$

$\therefore$ AB = 15 मी., BC = 18 मी., AC = 21 मी.

$$S = \frac{a+b+c}{2} = \frac{54}{2} = 27$$

Δ का क्षेत्रफल = $\sqrt{s(s-a)(s-b)(s-c)}$

$= \sqrt{27(27-15)(27-18)(27-21)}$

$= \sqrt{27 \times 12 \times 9 \times 6}$

$= \sqrt{9 \times 3 \times 3 \times 4 \times 9 \times 3 \times 2}$

$= 9 \times 3 \times 2 \times \sqrt{6} = 54\sqrt{6}$ वर्ग मी.

116. समलम्ब चतुर्भुज का क्षेत्रफल

$= \frac{1}{2} \times$ ऊँचाई (समान्तर भुजाओं का योग)

$= \frac{1}{2} \times h(a_1 + b_2) = \frac{1}{2} \times 4(6+8)$

= 2 × 14 = 28 वर्ग सेमी.

117. $\because \quad \frac{\text{बहिष्कोण}}{\text{अन्तःकोण}} = \frac{1}{17}$

$$\Rightarrow \quad \frac{\frac{360°}{n}}{180° - \frac{360°}{n}} = \frac{1}{17}$$

$$\Rightarrow \quad \frac{360°}{180°n - 360°} = \frac{1}{17}$$

$$\frac{360°}{180(n-2)} = \frac{1}{17}$$

$$\Rightarrow \quad n - 2 = 34 \Rightarrow n = 36$$

अतः भुजाओं की संख्या = 36.

118. वृत्त की परिधि = π × व्यास = $\frac{22}{7} \times 56 = 176$ सेमी.

दूरी = 2.2 किमी. = $\frac{22}{10} \times 1000 \times 100$ सेमी.

= 220000 सेमी.

$\therefore$ 176 सेमी. = 1 चक्कर

$\therefore$ 220000 सेमी. = $\frac{1}{176} \times 220000 = 1250$

अतः अभीष्ट चक्करों की संख्या = 1250.

119.

B, $h-y$, C, $h-y$, y, A, x, D

त्रिभुज ACD में, $(h-y)^2 = y^2 + x^2$

$\Rightarrow \quad h^2 - 2hy + y^2 = y^2 + x^2$

$\Rightarrow \quad 2hy = h^2 - x^2$

$\Rightarrow \quad y = \frac{h^2 - x^2}{2h}$

अतः वृक्ष $\frac{h^2 - x^2}{2h}$ मी. की ऊँचाई पर टूटा है।

121. दो संख्याओं का योग = 8 × 2 = 16

तथा तीन संख्याओं का योग = 3 × 3 = 9

पाँच संख्याओं का औसत = $\frac{16+9}{5} = \frac{25}{5} = 5$.

122. वस्तु का क्रय मूल्य = ₹ 15

100 − 10 = 90

जब क्रय मूल्य ₹ 100 है, तब विक्रय मूल्य ₹ 90 है

जब क्रय मूल्य ₹ 15 है, तब विक्रय मूल्य = $\frac{90}{100} \times 15$

= ₹ $\frac{135}{10}$ = ₹ 13.50.

123. माना कि योगिता ने टीवी को ₹ x में खरीदा था

विक्रय मूल्य = $x + \frac{20}{100} \times x = \frac{6x}{5}$

दीपा ने उस टीवी को खरीदा

$$= \frac{6x}{5} + \frac{10}{100} \times \frac{6x}{5}$$

$$= \frac{120x + 12x}{100} = \frac{132x}{100}$$

प्रश्नानुसार, $\frac{132x}{100} = 33000$

$\Rightarrow \quad x = \frac{33000 \times 100}{132} = 25000$

अतः योगिता ने प्लाज्मा टीवी को ₹ 25000 में खरीदा था।

124. $\because$ x का 8% = y का 4%

$\therefore$ x का 20% = y का $\frac{4}{8} \times 20\%$

अतः x का 20% = y का 10%

125. माना कि वैध मतों की कुल संख्या = x

प्रश्नानुसार,

x का 62% − x का 38% = 7200

$\Rightarrow$ x का 24% = 7200

$\Rightarrow \quad x \times \frac{24}{100} = 7200$

$\Rightarrow \quad x = \frac{7200 \times 100}{24} = 30000$

अतः वैध मतों की कुल संख्या = 30000.

127. साधारण ब्याज = $\frac{\text{मूलधन} \times \text{दर} \times \text{समय}}{100}$

$\Rightarrow \quad 600 = \frac{P \times r \times 2}{100} \Rightarrow Pr = 30000$

P का मान 6000 रखने पर,

$\therefore \quad r = \frac{30000}{6000} = 5\%$

मिश्रधन = मूलधन $\left(1 + \frac{\text{दर}}{100}\right)^{\text{समय}}$

$$A = P\left(1 + \frac{r}{100}\right)^2$$

$$= 6000\left(1+\frac{5}{100}\right)^2$$

$$= 6000\times\frac{21\times21}{20\times20} = 6615$$

अतः चक्रवृद्धि ब्याज = मिश्रधन – मूलधन

$$= 6615 - 6000 = 615$$

अतः मूलधन = ₹ 6000 सही विकल्प है।

128.

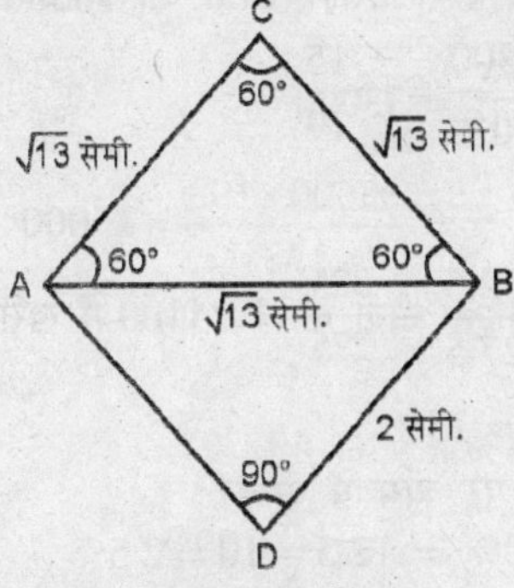

समकोण त्रिभुज ABD में,

$$(AD)^2 = \left(\sqrt{13}\right)^2 - (2)^2 = 13 - 4 = 9$$

∴ AD = 3 सेमी.

131. $\tan(A+B) = \sqrt{3} = \tan 60°$

$\Rightarrow\quad A + B = 60°$ ...(*i*)

$\tan(A-B) = \frac{1}{\sqrt{3}} = \tan 30°$

$\Rightarrow\quad A - B = 30°$ ....(*ii*)

समीकरण (*i*) तथा (*ii*) को हल करने पर,

A = 45° तथा B = 15°

अतः $\angle A = 45°$.

132. $$\frac{\sin\theta - 2\sin^3\theta}{2\cos^3\theta - \cos\theta} = \frac{\sin\theta(1-2\sin^2\theta)}{\cos\theta(2\cos^2\theta-1)}$$

$$= \frac{\sin\theta(\cos2\theta)}{\cos\theta(\cos2\theta)} = \tan\theta.$$

133. ∵ $r\sin\theta = \frac{7}{2}$ ...(*i*)

$r\cos\theta = \frac{7\sqrt{3}}{2}$ ...(*ii*)

$$\frac{r\sin\theta}{r\cos\theta} = \frac{\frac{7}{2}}{\frac{7\sqrt{3}}{2}} = \frac{1}{\sqrt{3}}$$

$\Rightarrow\quad \tan\theta = \tan 30° \Rightarrow \theta = 30°$

∵ $r\sin\theta = \frac{7}{2} \Rightarrow r\times\sin 30° = \frac{7}{2}$

$\Rightarrow\quad r\times\frac{1}{2} = \frac{7}{2} \Rightarrow r = 7$

अतः *r* का मान 7 होगा।

134. $\sin\theta = \frac{1}{2} = \sin 30°$

$\Rightarrow\quad \theta = 30°$

∵ $\theta + \phi = \frac{\pi}{2} = 90°$

$\Rightarrow\quad 30° + \phi = 90°$

$\Rightarrow\quad \phi = 90° - 30° = 60°$

∴ $\sin\phi = \sin 60° = \frac{\sqrt{3}}{2}$

अतः $\sin\phi$ का मान $\frac{\sqrt{3}}{2}$ होगा।

135. ∵ $a + b + c + d = 4$

$$\therefore \frac{1}{(1-a)(1-b)(1-c)} + \frac{1}{(1-b)(1-c)(1-d)} + \frac{1}{(1-c)(1-d)(1-a)} + \frac{1}{(1-d)(1-a)(1-b)}$$

$$= \frac{1-d+1-a+1-b+1-c}{(1-a)(a-b)(1-c)(1-d)}$$

$$= \frac{4-(a+b+c+d)}{(1-a)(1-b)(1-c)(1-d)}$$

$$= \frac{4-4}{(1-a)(1-b)(1-c)(1-d)} = 0.$$

136. $t^2 - 4t + 1 = 0$

$(t)^2 - 2.t(2) + (2)^2 = 4 - 1$

$(t-2)^2 = \left(\sqrt{3}\right)^2$

$\Rightarrow\quad t - 2 = \pm\sqrt{3}$

$\therefore\quad t = 2\pm\sqrt{3}$

या तो $t = 2+\sqrt{3}$

या $t = 2-\sqrt{3}$

$$t^3+\frac{1}{t^3} = \left(t+\frac{1}{t}\right)^3 - 3(t)\left(\frac{1}{t}\right)\left(t+\frac{1}{t}\right)$$

$$= \left(2+\sqrt{3}+2-\sqrt{3}\right)^3 - 3\left(2+\sqrt{3}+2-\sqrt{3}\right)$$

$= (4)^3 - 3(4) = 64 - 12 = 52.$

141. 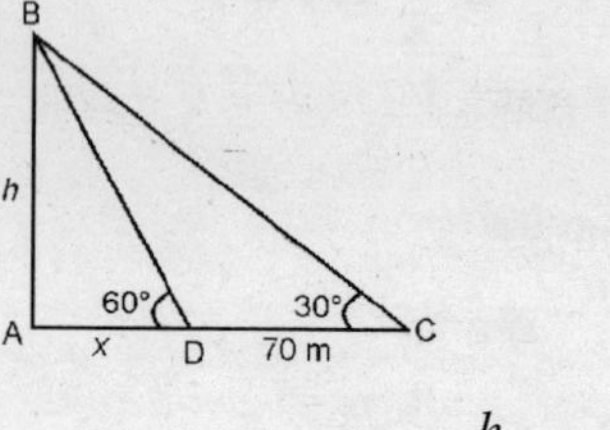

$$\tan 60° = \frac{h}{x} \Rightarrow \sqrt{3} = \frac{h}{x}$$

$$\Rightarrow \quad h = \sqrt{3x} \quad ...(i)$$

$$\tan 30° = \frac{h}{x+70} \Rightarrow \frac{1}{\sqrt{3}} = \frac{h}{x+70}$$

$$h = \frac{x+70}{\sqrt{3}} \quad ...(ii)$$

समीकरण (i) तथा (ii) से,

$$\sqrt{3x} = \frac{x+70}{\sqrt{3}}$$

$\Rightarrow \quad 3x - x = 70$

$\Rightarrow \quad x = 35$

$\therefore \quad h = \sqrt{3x}$

$= \sqrt{3}\times 35 = 35\sqrt{3}$ मी.

अतः मीनार की ऊँचाई = $35\sqrt{3}$ मी.

142. 2008 में परीक्षार्थियों की संख्या = 240

उत्तीर्ण छात्रों की संख्या = 180

उत्तीर्ण छात्रों का प्रतिशत = $\frac{180}{240}\times 100 = 75\%.$

143. 2006 में तृतीय श्रेणी में उत्तीर्ण छात्रों की संख्या = 140 – 80 = 60.

144. 2006 में उत्तीर्ण छात्रों का प्रतिशत

$$= \frac{140}{170}\times 100 = \frac{1400}{17} = 82.3\%.$$

2007 में उत्तीर्ण छात्रों का प्रतिशत

$$= \frac{150}{190}\times 100 = \frac{1500}{19} = 78.9\%.$$

2008 में उत्तीर्ण छात्रों का प्रतिशत

$$= \frac{180}{240}\times 100 = \frac{1800}{24} = 75\%.$$

अतः 2006 में कॉलेज का परिणाम सर्वश्रेष्ठ रहा।

145. 2007 में प्रथम श्रेणी से उत्तीर्ण छात्रों का प्रतिशत

$$= \frac{30}{190}\times 100 = \frac{300}{19} = 15\frac{15}{19}\%.$$

146. अभीष्ट अनुपात

$$= \frac{20+12.5}{10+17.5} = \frac{32.5}{27.5} = \frac{325}{275} = 13:11.$$

147. विज्ञापन पर खर्च = 15%

परिवहन एवं कर पर व्यय में अन्तर

= 12.5 – 10 = 2.5%

$\because$ 15% पर खर्च = $\frac{210}{100}\times 10000000$

$\therefore$ 1% पर खर्च = ₹ $\frac{21\times 1000000}{15}$

$\therefore$ 2.5% पर खर्च = $\frac{21\times 1000000}{15}\times\frac{25}{10}$

= ₹ 3500000 = ₹ 35 लाख

148. प्रश्नानुसार, $N\times 5 = 100$

$\Rightarrow \quad N = \frac{100}{5} = 20$

अतः N का मान 20 होगा।

149. ऋण पर खर्च = 17.5

विज्ञापन, कर तथा अनुसंधान एवं विकास पर खर्च

15 + 10 + 5 = 30

$\because$ 17.5 = 2.45 करोड़

$\therefore \quad 30 = \frac{2.45}{17.5}\times 30$

$= \frac{245}{1750}\times 30 = \frac{21}{5} = 4.2$ करोड़

150. अभीष्ट प्रतिशत = 17.5 – 12.5 = 5%.

पिछले प्रश्न-पत्र (हल सहित)

SSC–संयुक्त हायर सेकेन्डरी स्तर–CHSL (10+2) भर्ती परीक्षा–2013

भाग – I: सामान्य बुद्धिमत्ता

1. यदि एक कूट भाषा में 'NEUROTIC' को 'TICRONEU' लिखा जाता है, तो उसी कूट भाषा में 'PSYCHOTIC' को किस प्रकार लिख सकते हैं?

A. TICOCHPSY B. TICCHOPSY
C. TICCOHPSY D. TICHCOPSY

2. नीचे कुछ अक्षर पहली पंक्ति में दिए गए हैं और उनके नीचे दूसरी पंक्ति में अंक दिए गए हैं। अंक और अक्षर एक-दूसरे के कूट हैं। दिए गए अक्षर समूह का सही संख्या-कूट चुनिए।

C	W	E	A	Z	X	J	Y	K	L
3	9	5	7	4	8	1	0	2	6

J W X C L Z

A. 1 9 8 3 6 4 B. 1 9 8 2 6 4
C. 1 9 8 3 5 4 D. 1 9 7 3 5 4

3. दिए हुए विकल्पों में से उस शब्द को चुनिए जो नीचे दिए गए शब्द में शामिल अक्षरों से बन सकता हो।

PREPARATION

A. PAMPER B. REPEAT
C. PARTITION D. PARROT

4. यदि एक कूट भाषा में 'GLOSSORY' को '97533562' लिखा जाता है और 'GEOGRAPHY' को '915968402' लिखा जाता है, तो उस कूट भाषा में 'GEOLOGY' किस प्रकार लिखा जाएगा?

A. 915692 B. 9157592
C. 9057592 D. 9157591

5. निम्नलिखित विकल्पों में से वह शब्द चुनिए जो दिए गए शब्द के अक्षरों को प्रयोग करके नहीं बनाया जा सकता।

INTERVENTION

A. ENTER B. INTENTION
C. INVENTION D. ENTERTAIN

निर्देश : *प्रश्न सं. 6 और 7 में दिए गए विकल्पों में से लुप्त अंक ज्ञात कीजिए।*

6.

81	36	25
49	100	36
9	64	16
139	200	?

A. 107 B. 77
C. 27 D. 50

7.

2	24	48
3	9	27
4	?	40

A. 10 B. 16
C. 12 D. 32

निर्देश : *प्रश्न सं. 8 और 9 में कुछ समीकरण एक विशेष प्रणाली के आधार पर हल किए गए हैं। उसी आधार पर अनुत्तरित समीकरण का सही उत्तर ज्ञात कीजिए।*

8. यदि 2463 = 36 और
5552 = 30, तो
6732 = ?

A. 32 B. 36
C. 34 D. 39

9. $4 \times 6 \times 9 = 694$,
$5 \times 3 \times 2 = 325$,
$7 \times 8 \times 2 = ?$

A. 729 B. 872
C. 827 D. 279

10. यदि '–' का अर्थ है '×', '×' का अर्थ है '+', '+' का अर्थ है '÷' और '÷' का अर्थ है '–', तो
$40 \times 12 + 3 - 6 \div 60 = ?$

A. 44 B. 16
C. 7.95 D. 4

11. एक स्थान से प्रारंभ करके, 'A' पूरब की ओर 3 कि.मी. जाता है, फिर बायीं ओर मुड़कर 3 कि.मी. चलता है। वह इसके बाद फिर बायीं ओर मुड़कर 3 कि.मी. जाता है। 'A' अपने प्रारंभिक स्थान से किस दिशा में है?

A. उत्तर B. पूरब
C. पश्चिम D. दक्षिण

12. राम उत्तर की ओर 15 मीटर जाता है फिर दायीं ओर मुड़कर 20 मीटर जाता है, फिर पुनः दायीं ओर मुड़कर 10 मीटर चलता है, फिर पुनः दायीं ओर मुड़ता है और 20 मीटर चलता है। वह अपने प्रारंभिक स्थान से कितनी दूर है?

A. 5 B. 10
C. 15 D. 20

13. दिए गए समीकरण को संतुलित करने तथा * चिह्नों के स्थान पर गणितीय चिह्नों को प्रतिस्थापित करने के लिए उनका सही क्रम चुनिए।

5 * 6 * 5 * 8 * 14

A. + − × = B. × ÷ + =
C. ÷ + = − D. + × − ÷

निर्देश : *प्रश्न सं. 14 और 15 में दो कथनों के आगे दो निष्कर्ष I और II दिए गए हैं। आपको कथनों को सत्य मानकर विचार करना है चाहे वे सामान्यतः ज्ञात तथ्यों से भिन्न प्रतीत होते हों। आपको निर्णय करना है कि दिए गए निष्कर्षों में से कौन से, यदि कोई हो, निश्चित रूप से दिए गए कथनों के आधार पर निकाला जा सकता है। अपना उत्तर निर्दिष्ट करें।*

14. कथन :

1. भारतीय संग्रहालयों की सुरक्षा, केन्द्रीय सरकार का दायित्व है।
2. विक्टोरिया मेमोरियल कक्ष राष्ट्रीय सम्पत्ति है।

निष्कर्ष :

I. भारतीय संग्रहालय राष्ट्रीय सम्पत्ति है।
II. राष्ट्र की ऐतिहासिक सम्पत्ति का संरक्षण केन्द्रीय सरकार द्वारा किया जाता है।

A. केवल निष्कर्ष I निकलता है।
B. केवल निष्कर्ष II निकलता है।
C. निष्कर्ष I और II दोनों निकलते हैं।
D. दोनों में से कोई निष्कर्ष नहीं निकलता।

15. कथन :

1. कुछ कुर्सियाँ लकड़ी की बनी हैं।
2. कुछ मेजें लकड़ी की बनी हैं।

निष्कर्ष :

I. सभी लकड़ी की बनी चीजें या तो कुर्सी होती हैं या मेजें।
II. कुछ कुर्सियाँ मेजें हैं।

A. केवल निष्कर्ष I निकलता है।
B. केवल निष्कर्ष II निकलता है।
C. निष्कर्ष I और II दोनों निकलते हैं।
D. दोनों निष्कर्षों में से कोई निष्कर्ष नहीं निकलता।

निर्देश (प्र.सं. 16 से 22) : *दिए गए विकल्पों में से सम्बन्धित शब्द/अक्षर/संख्या को चुनिए।*

16. पैर : ? : : हाथ : कलाई

A. लम्बाई B. जूता
C. टखना D. टाँग

17. कुर्सी : लकड़ी : : ?

A. पुस्तक : मुद्रण
B. दर्पण : काँच (शीशा)
C. प्लेट (थाली) : भोजन
D. पर्स (बटुआ) : धन

18. EDUCATION : NOITACUDE :: INTELLIGENCE : ?

A. ECENGILLTEIN
B. ECNGEILLTENI
C. ECNEGILLETNI
D. ECNEGILLTENI

19. AZCX : BYDW :: HQJO : ?

A. GREP B. IPKM
C. IPKN D. GRJP

20. 08 : 66 :: ? : 38

A. 2 B. 6
C. 12 D. 19

21. 32 : 21 :: 35 : ?

A. 51 B. 53
C. 32 D. 26

22. चर्मकार : चमड़ा : : बढ़ई : ?

A. फर्नीचर B. लकड़ी
C. हथौड़ी D. कुर्सी

निर्देश (प्र.सं. 23 से 26) : *दिए गए विकल्पों में से विषम शब्द/अक्षर/संख्या युग्म चुनिए।*

23. A. ध्वज : ध्वज-पोत
B. लुभाना : प्रणय-निवेदन
C. युद्ध : पूजा
D. मित्र : मित्रता

24. A. BDFH B. MOQS
C. SUWY D. TVZE

25. A. 8 – 15 B. 25 – 36
C. 49 – 64 D. 81 – 100

26. A. वस्तु-विनिमय B. क्रय
C. विक्रय D. उधार लेना

27. नीचे दिए गए चार समूहों में उस समूह को ज्ञात कीजिए जो दिए गए समूह के समान है।
(13 : 20 : 27)
A. (3 : 11 : 18) B. (18 : 25 : 32)
C. (18 : 27 : 72) D. (7 : 14 : 28)

28. निम्नलिखित अक्षर शृंखला में कितने 'M' इस प्रकार उपस्थित हैं, जिनके पहले 'W' है और बाद में 'V' है?
X U V M R S T M W N V M W O P M W U V M W A C W M V H P N V W M W T U N
A. 3 B. 2
C. 1 D. 5

29. निम्नलिखित शब्दों को शब्दकोश में दिए गए क्रम के अनुसार लिखें।
1. Aqueous 2. Aquarium
3. Aquiline 4. Aquatic
A. 4, 3, 2, 1 B. 1, 2, 3, 4
C. 2, 4, 1, 3 D. 3, 1, 4, 2

30. अक्षरों का कौन-सा समूह खाली स्थानों पर क्रमवार रखने से दी गई अक्षर शृंखला को पूरा करेगा?
mc_m_a_ca_ca_c_mc
A. a c m m m a B. c a m c a m
C. a a a c m m D. a c m m m c

31. निम्न विकल्पों में से कौन-सा विकल्प नीचे दिये हुए शब्दों का सार्थक क्रम दर्शाता है?
1. सांध्य प्रकाश 2. उषाकाल
3. दोपहर (मध्याह्न) 4. रात्रि
A. 2, 1, 3, 4 B. 2, 3, 1, 4
C. 1, 2, 3, 4 D. 1, 3, 2, 4

निर्देश (प्र.सं. 32 से 34) : *एक अनुक्रम दिया है, जिसमें एक पद लुप्त है। दिए गए विकल्पों में से वह सही विकल्प चुनिए जो अनुक्रम को पूरा करे।*

32. 5, 6, 9, 14, 21, ?
A. 28 B. 30
C. 31 D. 29

33. 4, 11, 30, 67, 128, ?
A. 219 B. 228
C. 231 D. 237

34. AMN, BOP, CQR, ?
A. BAS B. DST
C. EQP D. FRS

35. लक्ष्मी मीनू से आयु में बड़ी है। लीला, मीनू से बड़ी है लेकिन लक्ष्मी से छोटी है। लता, मीनू और हरी दोनों से छोटी है किन्तु हरी मीनू से छोटा है। सबसे छोटा कौन है?
A. लक्ष्मी B. मीनू
C. लीला D. लता

36. निखिल अपने भाई रोहन से आयु में 8 वर्ष छोटा है। रोहन की आयु क्या होगी जब वह निखिल से आयु में दुगुना बड़ा है?
A. 4 B. 6
C. 8 D. 16

37. अक्षरों की एक पंक्ति में, एक अक्षर बायीं ओर से 5वें स्थान पर और दायीं ओर से 12वें स्थान पर है। पंक्ति में कुल कितने अक्षर हैं?
A. 15 B. 16
C. 17 D. 18

38. एक महिला की ओर संकेत करते हुए साइमन ने कहा, "वह मेरे पिता की एकमात्र बहिन की पुत्री है।" वह महिला साइमन से किस प्रकार सम्बन्धित है?
A. माता B. बुआ
C. बहिन D. फुफेरी बहिन

39. यदि A = 1, ACT = 24, तो FAT = ?
A. 26 B. 25
C. 27 D. 24

40. यदि बीते कल से पहले दिन (परसों) बुधवार था, तो रविवार कब होगा?

A. आज

B. आने वाला कल

C. आने वाले कल के बाद अगले दिन

D. आने वाले कल के दो दिन बाद

41. 60 परिवारों में से 30% परिवारों के पास अपनी-अपनी कार हैं। शेष परिवारों के 50% परिवारों के पास अपनी-अपनी मोटर साइकिल है। शेष परिवारों में प्रत्येक के पास अपनी साइकिल है। कितने परिवारों के पास अपनी साइकिल है?

A. 12 B. 21

C. 18 D. 42

42. एक सभा में सात सदस्य एक पंक्ति में बैठे हैं। 'C' बैठा है 'B' के बायीं ओर किन्तु 'D' के दायी ओर। 'A' बैठा है 'B' के दायीं ओर। 'F' बैठा है 'E' के दायीं ओर किन्तु 'D' के बायीं ओर। 'H' बैठा है 'E' के बायीं ओर। बीच में कौन बैठा है?

A. C B. D

C. E D. F

43. दिए गए विकल्पों में से सम्बन्धित आकृति चुनिए।

प्रश्न आकृतियाँ :

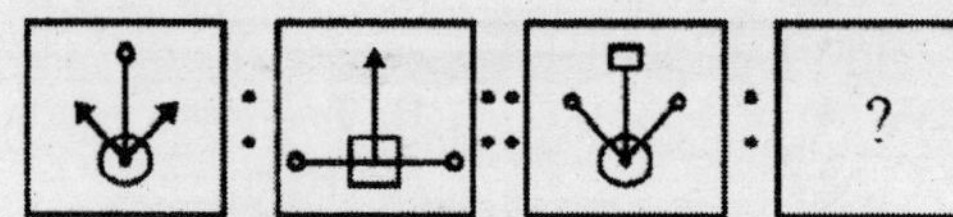

उत्तर आकृतियाँ :

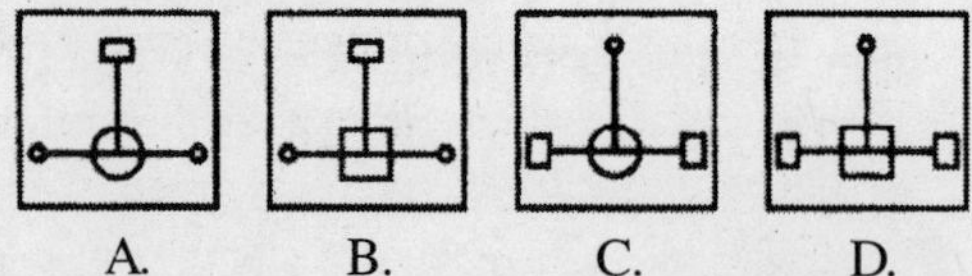

A. B. C. D.

44. दिए गए विकल्पों में से विषम आकृति चुनिए।

A.  B. 

C.  D. 

45. दिए गए विकल्पों में से उसे चुनिए जो अनुक्रम को पूरा करेगा।

प्रश्न आकृतियाँ :

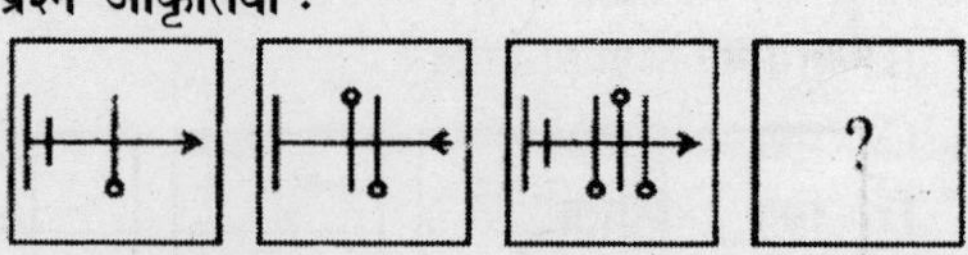

उत्तर आकृतियाँ :

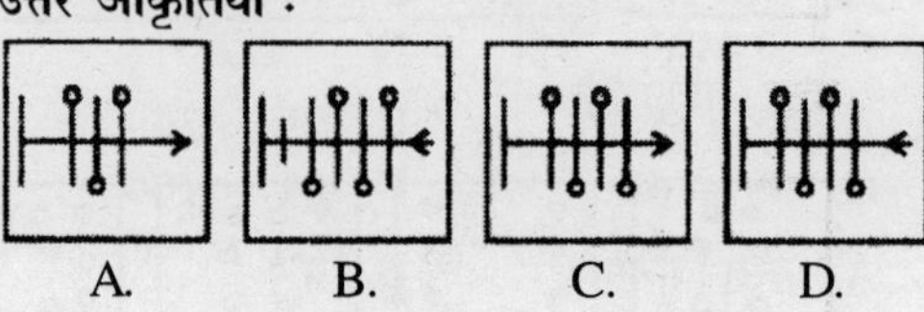

A. B. C. D.

46. दिए गए विकल्पों में से लुप्त अंक ज्ञात कीजिए।

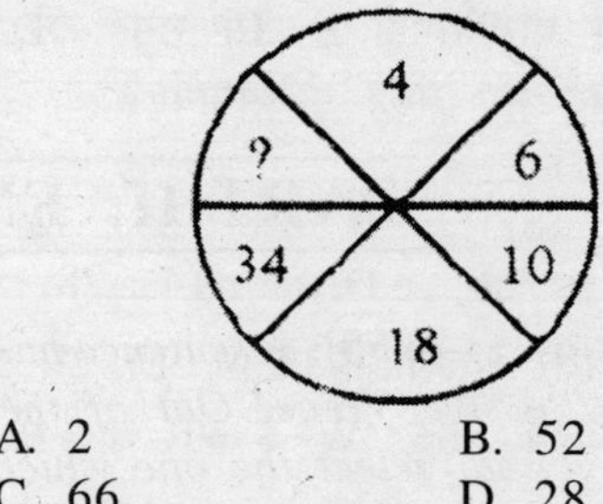

A. 2 B. 52

C. 66 D. 28

47. वह आरेख चुनिए जो नीचे दिए वर्गों के बीच सम्बन्ध का सही निरूपण करता है।

स्तनपायी, कुत्ता, चमगादड़

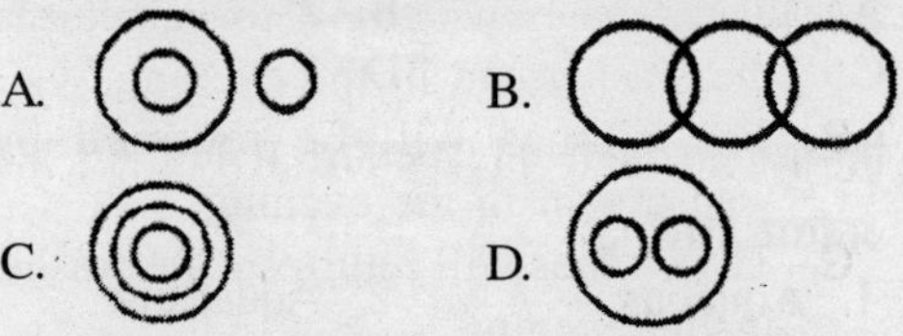

48. कौन-सी उत्तर आकृति प्रश्न आकृति के प्रतिरूप को पूरा करेगी?

प्रश्न आकृति :

उत्तर आकृतियाँ :

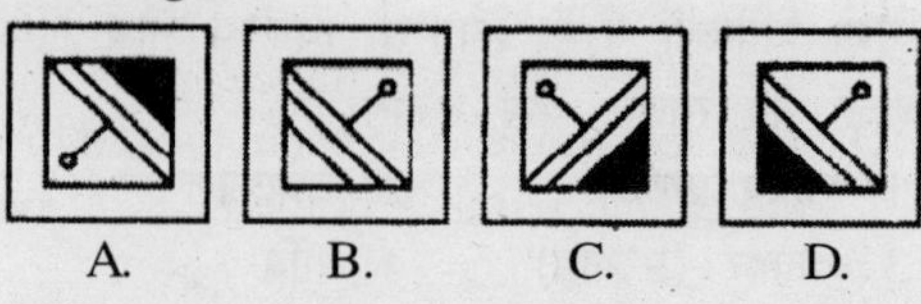

A. B. C. D.

49. नीचे प्रश्न आकृतियों में दिखाए अनुसार कागज को मोड़कर काटने/छेदने तथा खोलने के बाद वह किस उत्तर आकृति जैसा दिखाई देगा?

प्रश्न आकृतियाँ :

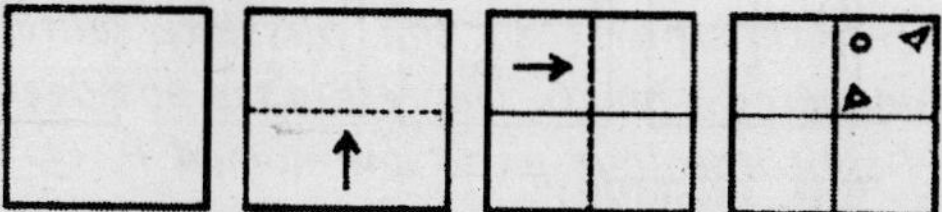

उत्तर आकृतियाँ :

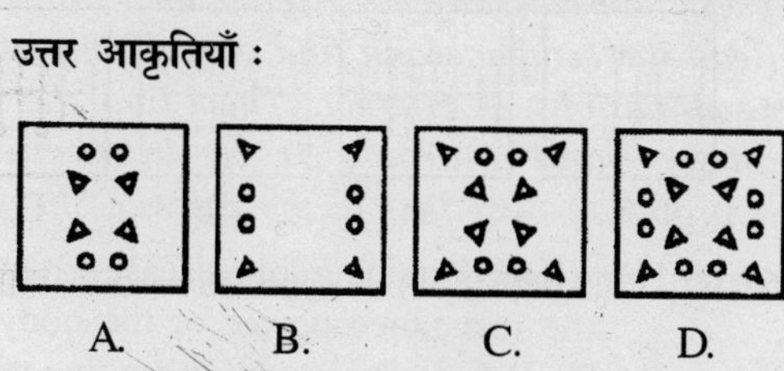

A. B. C. D.

50. दी गई उत्तर आकृतियों में से उस उत्तर आकृति को चुनिए जिसमें प्रश्न आकृति निहित है।

प्रश्न आकृति :

उत्तर आकृतियाँ :

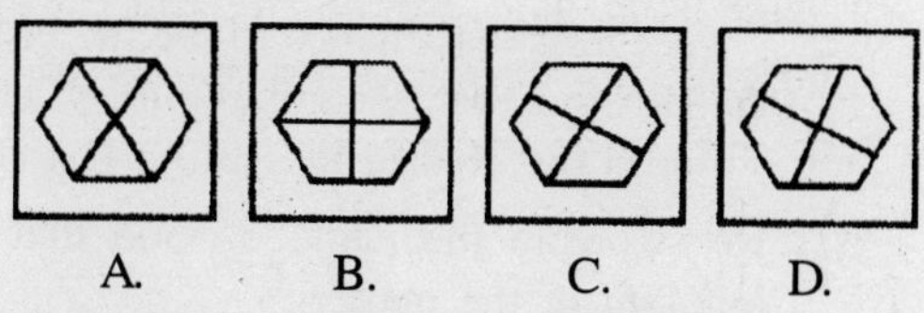

A. B. C. D.

PART-II: ENGLISH LANGUAGE

Directions (Q. Nos. 51 to 55): *A sentence has been given in Active/Passive Voice. Out of the four alternatives suggested, select the one which best expresses the same sentence in Passive/Active Voice and mark your answer in the Answer Sheet.*

51. The washerman will return the clothes in the evening.

A. The clothes will have to be returned by the washerman in the evening.
B. The clothes will be returned by the wahserman in the evening.
C. The clothes will return by the washerman in the evening.
D. In the evening the clothes will have been returned by the washerman.

52. He picked up the telephone and dialled the police number.

A. The telephone was being picked up and the police number dialled.
B. The telephone was picked up and the police number dialled.
C. The telephone had been picked up and the police number dialled.
D. The telephone has been picked up and the police number dialled.

53. An i-pod has been bought by Anubhav's mother.

A. Anubhav's mother was engaged in buying an i-pod.
B. Anubhav's mother had bought an i-pod.
C. Anubhav's mother has been buying an i-pod.
D. Anubhav's mother has bought an i-pod.

54. I took care of his dog.

A. His dog was taken care by me.
B. His dog is taken care by me.
C. His dog is taken care of by me.
D. His dog was taken care of by me.

55. Some girls were cleaning their dormitories.

A. The dormitories were cleaned by some girls.
B. The dormitories will have been cleaned by some girls.
C. The dormitories were being cleaned by some girls.
D. The dormitories are being cleaned by some girls.

Directions (Q. Nos. 56 to 60): *A sentence has been given in Direct/Indirect. Out of the four alternatives suggested, select the one which best expresses the* *same sentence in Indirect/Direct and mark your answer in the Answer Sheet.*

56. He proposed to his companions that they should not miss that chance to see the last show.

A. He said to his companions, 'Let us not to miss the chance to see the last show.'

B. He said to his companions, 'Let us not miss that chance to see the last show.'

C. He said to his companions, 'We should not miss that chance to see the last show.'

D. He said to his companions, 'Let us not miss the chance to see the last show.'

57. He swore in the name of God that he was ignorant of the matter.

A. He said, "I'm ignorant by God!"

B. He declared, "God knows I was ignorant of the matter."

C. He said, "By God! I'm ignorant of the matter."

D. He said he was ignorant of God.

58. "How much will you pay for this cow?" Jack asked the strange man.

A. Jack asked the strange man how much he would pay for that cow.

B. Jack asked the strange man how much would he pay for that cow.

C. Jack asked the strange man how much would he pay for this cow.

D. Jack asked the strange man how much he will pay for that cow.

59. The teacher said, "Water boils at 100°C."

A. The teacher told water boiled at 100°C.

B. The teacher said that water boiled at 100°C.

C. The teacher said that water boils at 100°C.

D. The teacher told that water boiled at 100°C.

60. "Bring me an elephant with one golden tusk," the witch told her minion.

A. The witch requested her minion to bring her an elephant with one golden tusk.

B. The witch told her minion to bring her the elephant with one golden tusk.

C. The witch ordered her minion to bring her an elephant with one golden tusk.

D. The witch advised her minion to bring her an elephant with one golden tusk.

Directions (Q. Nos. 61 to 66): *The 1st and the last sentences/parts of the passage/sentence are numbered 1 and 6. The rest of the passage/sentence is split into four parts and named P, Q, R and S. These four parts are not given in their proper order. Read the sentence and find out which of the four combinations is correct. Then find the correct answer and indicate it by blackening the appropriate oval [●] in the Answer Sheet.*

61. 1. AIDS is an incurable disease which affects the resistance power of the body.

P. People succumb within two years and often die inspite of any treatment.

Q. AIDS is caused by a virus named HIV.

R. In such a condition the body is totally defenseless against all kinds of infection.

S. HIV destroys the white blood cells which fight the bacterial virus.

6. Thorough research is going on throughout the world for the prevention and cure of AIDS.

A. QPRS B. QSRP
C. RQSP D. SPQR

62. 1. Six robbers entered a Nationalised bank today at 9.50 a.m.

P. One group kept an eye on the customers.

Q. The assistant manager was forced to unlock the vault.

R. The other group held the Manager at gun point.

S. They cut off the telephone lines and deactivated the burglar alarm.

6. The whole operation was over in 20 minutes.

A. SPRQ B. PSRQ
C. PQSR D. QPRS

63. 1. One of the greatest advances

P. has been the invention of computers

Q. in modern technology

R. in industry, administration and education,

S. which are widely used

6. and in almost every sphere of human life.

A. PQRS B. QPSR
C. QPRS D. SPQR

64. 1. The amount of oxygen

P. to meet the increasing demands

Q. due to indiscriminate deforestation

R. is being diminished day-by-day

S. which is released from the plant kingdom

6. of the human population.

A. RQSP B. PSRQ
C. RPQS D. SRQP

65. 1. Books are the best company.

P. Through books we even see them as if they are really alive.

Q. They also give us the best society.

R. We hear what such great men said or did.

S. They help us in establishing contact with many great men.

6. As we read, we share great thoughts with great men.

A. PQSR B. QRSP
C. QSRP D. SPQR

66. 1. A patient accusing a doctor

P. of malpractice will find it difficult

Q. without another doctor's testimony

R. to prove damage

S. or even file a case in the court

6. about proper medical procedures

A. RPQS B. SQPR
C. QRPS D. PRSQ

Directions (Q. Nos. 67 to 71): *In the following passage some of the words have been left out. Read the passage carefully and choose the correct answer to each question out of the four alternatives and fill in the blanks.*

In these days of cable television the radio has again become popular. As in the days before the 67 of television, people switch on their radios first thing in the morning. FM channels of every 68 can be heard broadcasting news and songs of every 69. More than anything else, people prefer to listen 70 which bring a refreshing change to the 71 routine of their everyday lives.

67. A. advent B. appearance
C. birth D. genesis

68. A. range B. variety
C. frequency D. category

69. A. state B. language
C. description D. kind

70. A. into the songs B. from the songs
C. the songs D. to the songs

71. A. packed B. monotonous
C. exciting D. light

Directions (Q. Nos. 72 to 76): *You have brief passage with 5 questions following the passage. Read the passage carefully and choose the best answer to each question out of the four alternatives and mark it by blackening the appropriate oval [●] in the answer Sheet.*

Bringing up the baby is now a science and fine art! Most of the maternal grandparents would agree with this statement. My mother lost fifteen kilos in six months when my son was born and I gained that as much. Both ways it was because of the anxiety and shared responsibility. My colleagues welcome retirement when their daughter is ready to deliver or had just delivered. They most often befriend young experienced mothers and spend long counselling sessions with them collecting tips on how to tackle a crisis.

It is a funny sight to see grey haired women browse "Bringing up Baby" books at the local book store. One tends to think what they did with their own off springs. Ask them and pat comes the reply "it was so easy then. They grew up on their own". The mother may wear many hats at the same time. But to her or her parents, the mind boggling thing for the first few years is diaper changes, circadian rhythm and continual feeding. At home social life is taboo. Phone calls give cause for irritation, music becomes noise, friends and relatives become total strangers, the domestic help a spirit of mercy and the pediatrician a fairy godmother. Raising a kid is akin to a guerilla warfare and it you hear a woman say that her baby 'is beautiful and perfect and an angel all the time' then she is the grandma.

76. How did the mother and the daughter share the same anxiety?

A. Both were uneasy with the new born
B. Both feared babies
C. Both were concerned about raising the baby
D. Both were nervous about shard responsibility

73. Why do female colleagues welcome retirement?

A. They get lot of free time.
B. They become free to attend to household duties.
C. They can be of help to their daughters and their offspring.
D. They can cook good food for their children and grandchildren.

74. 'To wear many hats' means

A. Wear helmet
B. Wear head gear
C. Do hairstyling
D. Undertake much work

75. Why is social life taboo at home?

A. Babies are demanding.
B. Babies do not like guests.
C. Babies hate parties.
D. Babies prefer to go out than stay at home.

76. What is difficult for maternal grandparents?

A. Raising grandchildren
B. Feeding children
C. Giving birth to grandchildren
D. Bringing up babies

Directions (Q. Nos. 77 to 81): *Some parts of the sentences have errors and some are correct. Find out which part of a sentence has an error and blacken the oval [●] corresponding to the appropriate letter (A, B, C). If a sentence is free from error, blacken the oval corresponding to (D) in the Answer Sheet.*

77. (A) Rohan had been playing/(B) for his club for fifteen years,/(C) when his elbow got injured./(D) No error.

78. (A) None of/(B) the twins/(C) offered to help me./(D) No error.

79. (A) My teacher/(B) did not object/(C) to me using the calculator./(D) No error.

80. (A) The river/(B) has overflown/(C) its banks./(D) No error.

81. (A) The principal/(B) started his lecture/(C) with a pessimistic note./(D) No error.

Directions (Q. Nos. 82 to 86): *Sentences are given with blanks to be filled in with an appropriate word(s). Four alternatives are suggested for each question. Choose the correct alternative out of the four and indicate it by blackening the appropriate oval [●] in the answer sheet.*

82. The bird's voice was speaking .... all lying under stars.

A. to B. for
C. at D. in

83. India will .... arch rival Pakistan in the finals.

A. takes after B. looks after
C. taken back D. take on

84. The shepherd was looking after the .... of sheep.

A. crew B. gang
C. fleet D. flock

85. Many of us believe that science is something modern .... the truth is otherwise.

A. unless B. though
C. if D. as if

86. .... my food and my repose were salted.

A. None of B. All of
C. Both D. Both of

Directions (Q. Nos. 87 and 88): *Out of the four alternatives, choose the one which best expresses the meaning of the given word and mark it in the Answer Sheet.*

87. STAUNCH

A. Loyal B. Benign
C. Good D. Wise

88. VIVACIOUS

A. Lively B. Venomous
C. Clear D. Superior

Directions (Q. Nos. 89 and 90): *Choose the word opposite in meaning to the given word and mark in the Answer Sheet.*

89. Spite
A. Spleen B. Venom
C. Spirit D. Affection

90. Modesty
A. Honesty B. Vanity
C. Originality D. Variety

Directions (Q. Nos. 91 and 92): *Four words are given in each question, out of which only one word is correctly spelt. Find the correctly spelt word and mark your answer in the Answer Sheet.*

91. A. Sovenir B. Souvenir
C. Suvenir D. Suvenior

92. A. Adalosent B. Adolascent
C. Adolescent D. Adaloscent

Directions (Q. Nos. 93 to 95): *Four alternatives are given for the Idiom/Phrase underlined in the sentence. Choose the alternative which best expresses the meaning of the Idiom/Phrase and mark it in the Answer Sheet.*

93. Rajib washed his hands of the matter long ago.
A. overcame the difficulties
B. refused to accept responsibility for
C. took the responsibility
D. refused to change the decision

94. All the neighbours gave her the cold shoulder because she ill-treated her daughter-in-law.
A. showed intentional unfriendliness to her company
B. felt her shoulder was cold
C. showed dislike for her company
D. showed liking for her company

95. If you want to solve the problem for ever you must take the bull by the horns.
A. pull the bull's horns.
B. face a difficulty or danger boldly.
C. run away from a difficulty or danger.
D. face a difficulty or danger confidently.

Directions (Q. Nos. 96 to 98): *Out of the four alternatives choose the one which can be substituted for the given words/sentence.*

96. A place where bees are kept
A. Aviary B. Apiary
C. Granary D. Dispensary

97. A hater of women
A. Bigamist B. Misogynist
C. Misanthrope D. Polygynist

98. A person who runs away from justice or the law
A. Refugee B. Martyr
C. Fugitive D. Recluse

Directions (Q. Nos. 99 and 100): *A part of the sentence is underlined. Below are given alternatives to the underlined part at (A), (B), (C) which may improve the sentence. Choose the correct alternative. In case no improvement is needed your answer is (D). Mark your answer in the Answer Sheet.*

99. The expert was very interesting in this candidate.
A. was having interest
B. was very interested
C. is having interest
D. No improvement

100. The criminal was ordered to be hanged to death.
A. hung to death B. hanged till death
C. hung till death D. No improvement

भाग – III: मात्रात्मक अभिक्षमता

101. यदि $x+\frac{1}{y}=1, y+\frac{1}{z}=1$ हो, तो $z+\frac{1}{x}$ किसके बराबर होगा?
A. 2 B. $\frac{1}{2}$
C. 1 D. 0

102. यदि $4x-5z=16$ तथा $xz=12$ हो, तो $64x^3-125z^3$ किसके बराबर होगा?
A. 15610 B. 15616
C. 15618 D. 15620

103. यदि $x + y + z = 15$, $xy + yz + zx = 75$ हो, तो $\frac{x+4y+z}{3z}$ किसके बराबर होगा?

A. 1 B. 0
C. 2 D. –1

104. यदि $3x - 5y = -8$ तथा $3x + 5y = 32$ के लेखाचित्र एक-दूसरे को बिंदु (p, q) पर काटते हों, तो $p - q$ का मान कितना होगा?

A. 3 B. 2
C. 1 D. 0

105. यदि $x = \sqrt{3}+\sqrt{2}$ तथा $y = \sqrt{3}-\sqrt{2}$ हो, तो $8xy(x^2 + y^2)$ का मान कितना होगा?

A. $16\sqrt{6}$ B. 32
C. $48\sqrt{2}$ D. 80

106. 50 व्यक्ति, प्रति दिन 6 घंटे कार्य करके एक कार्य 12 दिनों में कर सकते हैं। उसी कार्य को 60 व्यक्ति प्रति दिन x घंटे कार्य करके 8 दिनों में पूरा कर सकते हैं। तदनुसार x का मान कितना होगा?

A. 15 B. $7\frac{1}{2}$
C. $5\frac{2}{3}$ D. 5

107. त्रिभुज ABC की भुजा BC को D तक बढ़ाया गया है। उसमें यदि $\angle ACD = 112°$ तथा $\angle ABC = \frac{3}{4}\ \angle BAC$ हो, तो $\angle ABC$ किसके बराबर होगा?

A. 68° B. 58°
C. 48° D. 38°

108. ΔABC में, X तथा Y, क्रमशः AB तथा BC भुजाओं पर ऐसे बिंदु हैं कि $XY \parallel AC$ है और XY, ABC त्रिभुजीय क्षेत्र के क्षेत्रफल को दो बराबर भागों में बाँट देती है। तदनुसार, $\frac{AX}{AB}$ किसके बराबर हो जाएगा?

A. $\frac{2+\sqrt{2}}{2}$ B. $\frac{\sqrt{2}+3}{2}$
C. $\frac{2-\sqrt{2}}{2}$ D. $\frac{3-\sqrt{2}}{2}$

109. एक वृत्त, ΔABC की भुजा BC को P पर स्पर्श कर रहा है और AB तथा AC को बढ़ाने पर क्रमशः Q तथा R पर स्पर्श कर रहा है। तदनुसार, यदि AQ = 6 सेमी हो, तो ΔABC का परिमाप क्या होगा?

A. 6 सेमी B. 10 सेमी
C. 12 सेमी D. 18 सेमी

110. ΔABC में, $\angle A = 80°$ है। उसमें यदि $\angle B$ तथा $\angle C$ के आंतरिक द्विभाजक क्रमशः BD तथा CD हों, तो $\angle BDC$ कितना होगा?

A. 100° B. 110°
C. 120° D. 130°

111. एक समद्विबाहु ट्रैपीजियम का क्षेत्रफल 176 सेमी^{2} है और उसकी ऊँचाई, उसकी समांतर भुजाओं के योग की $\frac{2}{11}$ है। तदनुसार, यदि समांतर भुजाओं की लम्बाई का अनुपात 4 : 7 हो, तो उसके विकर्ण की लम्बाई कितनी होगी?

A. $\sqrt{168}$ सेमी B. $2\sqrt{147}$ सेमी
C. $\sqrt{137}$ सेमी D. $2\sqrt{137}$ सेमी

112. एक त्रिभुज ABC की माध्यिकाएँ AD, BE तथा CF क्रमशः 18 सेमी, 24 सेमी तथा 30 सेमी लंबी हैं। तदनुसार, उस त्रिभुज का क्षेत्रफल कितने सेमी^{2} है?

A. 96 B. 192
C. 288 D. 374

113. 6 सेमी व्यास वाले एक ठोस लोहे के गोले को पिघलाकर एक खोखली बेलनाकार नली बनाई गई है, जिसका बाह्य व्यास 10 सेमी है और लम्बाई 4 सेमी है। तदनुसार उस नली के फलक की मोटाई कितनी होगी?

A. 1 सेमी B. 2 सेमी
C. 3 सेमी D. 4 सेमी

114. यदि एकसमान त्रिज्या वाले एक गोले तथा एक बेलन के आयतन एक समान हों, तो उस बेलन की त्रिज्या तथा ऊँचाई का अनुपात कैसा होगा?

A. 4 : 3 B. 3 : 2
C. 3 : 4 D. 2 : 3

115. एक वृत्त की दो समांतर जीवाएँ 6 सेमी तथा 8 सेमी लम्बी हैं। यदि उनमें छोटी जीवा केन्द्र से 4 सेमी की दूरी पर हो, तो अन्य जीवा की केन्द्र से दूरी कितनी होगी?

A. 5 सेमी B. 6 सेमी
C. 4 सेमी D. 3 सेमी

116. यदि n भुजाओं वाले एक समबहुभुज के बाह्य कोण तथा $(n + 1)$ भुजाओं वाले एक अन्य समबहुभुज के बाह्य कोण का अंतर 5° हो, तो n का मान कितना होगा?
A. 5 B. 6
C. 7 D. 8

117. यदि 20 सेमी ऊँचाई वाले एक समलम्ब प्रिज्म का आधार, 14 सेमी तथा 18 सेमी के विकर्णों वाला एक समचतुर्भुज हो, तो उस प्रिज्म का आयतन कितने सेमी^{3} होगा?
A. 2520 B. 2250
C. 3520 D. 1250

118. $\sin^2 1° + \sin^2 3° + \sin^2 5° + ... + \sin^2 87° + \sin^2 89°$ का मान कितना होगा?
A. 22 B. $22\frac{1}{2}$
C. 23 D. $22\frac{1}{4}$

119. $\cos^2\theta + \sec^2\theta$ का न्यूनतम मान कितना होगा?
A. 0 B. 1
C. 2 D. 3

120. यदि $\cos\theta + \sec\theta = 2$ $(0° \le \theta \le 90°)$ हो, तो $\cos 10\theta + \sec 11\theta$ का मान कितना होगा?
A. 0 B. 1
C. 2 D. −1

121. यदि एक समलम्ब पिरामिड का आधार 21 सेमी, 20 सेमी, तथा 13 सेमी भुजाओं वाला त्रिभुज हो और उसकी ऊँचाई 30 सेमी हो, तो उसका आयतन कितने सेमी^{3} होगा?
A. 430 B. 630
C. 1068 D. 1260

122. $\frac{2}{5}$ के $\frac{1}{2}+\left(\frac{7}{8}\times\frac{4}{5}\right)-\left(\frac{2}{3}\div\frac{4}{5}\right)+\frac{3}{4}$ का मान कितना होगा?
A. $\frac{1}{3}$ B. $\frac{2}{3}$
C. $\frac{3}{4}$ D. $\frac{3}{5}$

123. मान लीजिए $x = 5+\frac{1}{\sqrt{5}}+\frac{1}{5+\sqrt{5}}+\frac{3}{\sqrt{5}-5}$ है, तो x का मान क्या होगा?
A. $5+\sqrt{5}$ B. 0
C. $\frac{9}{2}$ D. 5

124. $(25)^{10} \times (24)^{20} \times (26)^{25}$ में अभाज्य गुणनखंडों की कुल संख्या कितनी है?
A. 1000 B. 120
C. 150 D. 140

125. $\frac{0.625\times0.0729\times28.9}{0.0081\times0.025\times1.7}$ का मान कितना है?
A. 3825 B. 3845
C. 3925 D. 3945

126. विभाजन के एक योगफल में विभाजक, भागफल का 10 गुना और शेषफल का 5 गुना है। तदनुसार, यदि उसके शेषफल 40 हो, तो भाज्य कितना होगा?
A. 240 B. 440
C. 4040 D. 4000

127. दो संख्याएँ, एक तीसरी संख्या से क्रमशः 25% तथा 40% कम हैं। तदनुसार, दूसरी संख्या, पहली की कितने प्रतिशत है?
A. 60 B. 70
C. 40 D. 80

128. चीनी की कीमत में 20% कमी हो जाने पर श्री भद्र ₹ 320 में 5 किग्रा चीनी ज्यादा खरीद लेते हैं। तदनुसार, चीनी की मूल कीमत कितनी है?
A. ₹ 12 प्रति किग्रा B. ₹ 15 प्रति किग्रा
C. ₹ 16 प्रति किग्रा D. ₹ 20 प्रति किग्रा

129. दो किस्मों की मिश्रित चाय में दार्जलिंग तथा असम की चाय का अनुपात क्रमशः 4 : 7 तथा 2 : 5 है। तदनुसार, उन दोनों किस्मों की चाय को किस अनुपात में मिलाना चाहिए, ताकि दार्जलिंग तथा असम की चाय का प्रतिशत, नए मिश्रण में 6 : 13 हो जाए?
A. 2 : 7 B. 5 : 13
C. 4 : 13 D. 22 : 35

130. $\sqrt{8-8\times\dfrac{2\frac{1}{5}-1\frac{2}{7}}{2-\dfrac{1}{6-\frac{1}{6}}}}$ का मान है

A. 0 B. 4
C. 3 D. 2

131. $\sqrt{\dfrac{0.081\times0.324\times4.624}{1.5625\times0.0289\times72.9\times64}}$ का मान क्या है?

A. 24 B. 2.4
C. 0.024 D. 2.04

132. एक प्रकार की मिश्रधातु में सीसा तथा टीन का अनुपात 5 : 6 है। तदनुसार, उस अनुपात को 1 : 1 करने के लिए इस मिश्रधातु के 12.1 किग्रा में कितना सीसा और मिलाना चाहिए?

A. 1.1 किग्रा B. 1 किग्रा
C. 0.9 किग्रा D. 1.5 किग्रा

133. यदि m संख्याओं का औसत n^2 हो और n संख्याओं का m^2 हो, तो $(m + n)$ संख्याओं का औसत कितना होगा?

A. $\dfrac{m}{n}$ B. mn
C. $m - n$ D. $m + n$

134. वह धनराशि क्या है, जिस पर x वर्षों का $x\%$ वार्षिक दर पर साधारण ब्याज ₹ x हो?

A. ₹ x B. ₹ 100 x
C. ₹ $\dfrac{100}{x}$ D. ₹ $\dfrac{100}{x^2}$

135. यदि $2x + 3y : 3x + 5y = 18 : 29$ हो, तो $\dfrac{x}{y}$ किसके बराबर होगा?

A. $\dfrac{3}{4}$ B. $\dfrac{4}{3}$
C. $\dfrac{2}{3}$ D. $\dfrac{5}{6}$

136. 18 वस्तुओं का लागत मूल्य 15 वस्तुओं के बिक्री मूल्य के बराबर है। तदनुसार उन पर लाभ कितने प्रतिशत है?

A. 25% B. 20%
C. 18% D. 15%

137. 50% तथा 50% की क्रमिक छूटें, कितने प्रतिशत की छूट के बराबर हैं?

A. 100% B. 75%
C. 50% D. 25%

138. A, B, C अपने हिस्से $\dfrac{7}{2}:\dfrac{4}{3}:\dfrac{6}{5}$ के अनुपात में रखकर एक साझेदारी में शामिल होते हैं। 4 महीनों बाद A अपना हिस्सा 50% बढ़ा देता है। तदनुसार, यदि वर्ष के अंत में कुल लाभ ₹43,200 का हुआ हो, तो उसमें B का हिस्सा कितना होगा?

A. ₹ 4,200
B. ₹ 4,800
C. ₹ 7,200
D. ₹ 8,000

139. दो एकसमान लम्बाई वाली रेलगाड़ियाँ समान्तर पटरियों पर क्रमशः 65 किमी./घं. तथा 85 किमी./घं. की गति से विपरीत दिशा में चल रही हैं। वे एक-दूसरे को 6 सेकंडों में पार कर लेती हैं। तदनुसार, प्रत्येक रेलगाड़ी की लम्बाई कितनी है?

A. 100 मीटर
B. 115 मीटर
C. 125 मीटर
D. 150 मीटर

140. एक दुकानदार एक वस्तु $12\frac{1}{2}\%$ हानि पर बेचता है। यदि उसने वही वस्तु ₹ 51.80 अधिक में बेची होती, तो उसे 6% लाभ मिल जाता। तदनुसार, उस वस्तु का लागत मूल्य कितना है?

A. 280 B. 580
C. 370 D. 450

141. 120 मीटर ऊँचे एक पेड़ के शीर्ष से पेड़ की जड़ से एक ही दिशा में तथा एक ही रेखा में स्थित दो

नौकाओं के अवनमन कोण क्रमशः 45° तथा 60° हैं। तदनुसार, उन नौकाओं के बीच की दूरी कितनी है?

A. $40(3-\sqrt{3})$ मी
B. $40(3\sqrt{3}-1)$ मी
C. $120(\sqrt{3}-1)$ मी
D. $120(3-\sqrt{3})$ मी

142. $(a+b-2c)^3+(b+c-2a)^3+(c+a-2b)^3$ किसके बराबर होगा?

A. $(a+b-2c)(b+c-2a)(c+a-2b)$
B. $2(a+b-2c)(b+c-2a)(c+a-2b)$
C. $3(a+b-2c)(b+c-2a)(c+a-2b)$
D. $-3(a+b-2c)(b+c-2a)(c+a-2b)$

143. दो संख्याओं का योग 528 है और उनका महत्तम समापवर्त्यक 33 है। तदनुसार, इस प्रकार की संख्याओं के कुल कितने जोड़े हो सकते हैं?

A. 1
B. 2
C. 3
D. 4

144. A, B तथा C तीन नलियाँ एक टंकी से संबद्ध हैं। A तथा B एक साथ उस टंकी को 6 घंटों में भर सकती हैं, B तथा C उसे 10 घंटों में और A तथा C उसे $7\frac{1}{2}$ घंटों में भर सकती हैं। तदनुसार अकेली C उस टंकी को कितने समय में भर सकती है?

A. 10 घंटे
B. 12 घंटे
C. 20 घंटे
D. 30 घंटे

145. यदि $\sec\theta - \operatorname{cosec}\theta = 0$, हो तो $\tan\theta + \cot\theta$ का मान कितना होगा?

A. 0
B. 1
C. –1
D. 2

146. A तथा B एक आयताकार मैदान के एक कोने से दूसरे विकर्णतः विरुद्ध कोने तक चलते हैं। उनमें A विकर्ण के अनुसार चलता है तथा B भुजाओं के अनुसार और अंतिम बिंदु तक वे एक साथ पहुँचते हैं। तदनुसार, यदि मैदान की लम्बाई तथा चौड़ाई का अनुपात 3 : 4 हो, तो उनकी गतियों का अनुपात कितना होगा?

A. 3 : 4
B. 4 : 3
C. 4 : 5
D. 5 : 7

निर्देश (प्र.सं. 147 और 148) : *निम्न सारणी अध्ययन करके प्रश्नों का उत्तर दीजिए।*

वर्ष	दिए गए संकाय के अंतर्गत योग्य घोषित उम्मीदवार का प्रतिशत					योग्य उम्मीदवारों की कुल संख्या
	कला	विज्ञान	वाणिज्य	कृषि	इंजीनियरिंग	
2006	24	40	19	09	08	780
2007	15	42	18	13	12	650
2008	20	45	20	08	07	500
2009	15	45	16	14	10	620
2010	19	35	15	19	12	900
2011	18	42	14	12	14	850

147. इंजीनियरिंग के संकाय में 2009 से 2010 तक योग्य घोषित उम्मीदवारों की संख्या में कितनी वृद्धि हुई?

A. 28
B. 30
C. 46
D. 49

148. विज्ञान के संकाय में योग्य घोषित उम्मीदवारों की संख्या किस वर्ष में न्यूनतम थी?

A. 2006
B. 2008
C. 2009
D. 2010

निर्देश (प्र.सं. 149 और 150) : *निम्न लेखाचित्र का अध्ययन करके प्रश्नों का उत्तर दीजिए।*

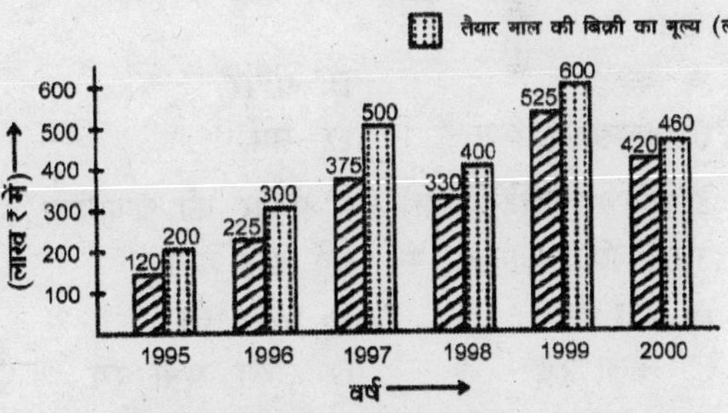

149. 1999 में तैयार माल की बिक्री का मूल्य, वर्ष 1997, 1998 तथा 1999 में कच्चे माल में निवेशित औसत राशि का कितने प्रतिशत था?

A. 33%
B. 37%
C. 49%
D. 52%

150. वह वर्ष कौन-सा है, जिसमें कच्चे माल में निवेशित राशि तथा तैयार माल की बिक्री में मूल्य का अंतर सर्वाधिक था?

A. 1995
B. 1996
C. 1997
D. 1998

भाग – IV: सामान्य जानकारी

151. प्रकाश-विद्युतप्रभाव, धातु के सतह से किस स्थिति में इलेक्ट्रॉनों के निष्कासन के रूप में व्याख्यायित किया जाता है?

A. वह गर्म हो जाए।

B. उसे सशक्त विद्युत क्षेत्र में रख दिया जाए।

C. उपयुक्त वेग के इलेक्ट्रान उससे टकराएँ।

D. उपयुक्त तरंग-दैर्ध्य का प्रकाश उस पर गिरे।

152. X-किरणें किस प्रकार की तरंगें हैं?

A. अनुदैर्ध्य   B. अनुप्रस्थ

C. विद्युत चुम्बकीय   D. प्रत्यास्थ

153. वर्षा की बूंद का आकार गोलाकार किस कारण से हो जाता है?

A. श्यानता   B. पृष्ठ तनाव

C. प्रत्यास्थता   D. गुरुत्व

154. α, β तथा γ की वेधन शक्तियाँ अपने अवरोही क्रम में किस क्रम में होती हैं?

A. α, β, γ B. γ, β, α

C. β, α, γ D. γ, α, β

155. MS-ऐक्सेल में, निम्न में कौन-सा प्रकार्य, सूची के अंतर्गत उच्चतम मान ज्ञात करने के लिए प्रयुक्त किया जाता है?

A. काउंट   B. प्रॉपर

C. मैक्स   D. सम

156. डेल्टोनिज्म (प्रोटेनोपिया) एक प्रकार की वर्णांधता है, उसमें रोगी कौन-सा रंग नहीं देख पाता?

A. हरा रंग   B. लाल रंग

C. नीला रंग   D. उक्त सभी रंग

157. किसी संकर कम्प्यूटर में, निम्न में किन विशेषताओं का समन्वय होता है?

A. सुपर तथा माइक्रो कम्प्यूटरों का

B. मिनी तथा माइक्रो कम्प्यूटरों का

C. अनुरूप तथा अंकीय कम्प्यूटरों का

D. सुपर तथा मिनी कम्प्यूटरों का

158. ट्राइटियम किसका समस्थानिक है?

A. ऑक्सीजन   B. हाइड्रोजन

C. फॉस्फोरस   D. नाइट्रोजन

159. एक परमाणु के तीन आधारभूत अवयव कौन-से हैं?

A. प्रोटोन, न्यूट्रान तथा आयन

B. प्रोटोन, न्यूट्रान तथा इलेक्ट्रान

C. प्रोटियम, ड्यूटिरियम तथा ट्राइटियम

D. प्रोटोन, न्यूट्रिनोस तथा आयन

160. साबुनीकरण प्रक्रिया में प्राप्त अल्कोहल कौन-सा होता है?

A. इथाइल अल्कोहल   B. मिथाइल अल्कोहल

C. काष्ठ स्पिरिट   D. ग्लिसरॉल

161. किसी तत्त्व के तुल्यांकी भारत तथा संयोजकता का गुणनफल किसके बराबर होता है?

A. वाष्प घनत्व   B. सापेक्ष ताप

C. परमाणु भार   D. अणु भार

162. क्लोरोफ्लूरो कार्बन, ज्यादातर कहाँ इस्तेमाल होते हैं?

A. माइक्रो ओवनों में

B. सौर्य हीटरों में

C. धुलाई मशीनों में

D. रेफ्रिजरेटरों में

163. जब कोई कम्प्यूटर कोई क्रमादेश लागू करता है, तो वह क्रमादेश कहाँ पर अटक जाता है?

A. रैम

B. रोम

C. अनम्यिका (हार्ड डिस्क)

D. नम्यिका (फ्लॉपी डिस्क)

164. भोपाल गैस त्रासदी के लिए उत्तरदायी प्रमुख प्रदूषक कौन-सा था?

A. मिथाइल आइसोसायनेट

B. ब्रोमीन

C. क्लोरोफ्लूरो कार्बन

D. क्लोरीन

165. वर्तमान में अल्पसंख्यक मामलों का केन्द्रीय मंत्री कौन है?

A. डॉ. फारुख अब्दुल्लाह

B. गुलाम नबी आजाद

C. के. रहमान खाँ

D. सलमान खुर्शीद

166. सन् 2013 में महिला फ्रेंच ओपन का खिताब किसने जीता था?

A. मारिया शारापोवा

B. विक्टोरिया अजारेंका

C. सेरेना विलियम्स

D. वीनस विलियम्स

167. सिखों के धार्मिक स्थलों में निम्न में कौन-सा स्थल भारत में नहीं है?

A. ननकाना साहिब B. नानदेद

C. पाऊँटा साहिब D. केशगढ़ साहिब

168. निम्न में किस संगठन का मुख्यालय जेनेवा में नहीं है?

A. खाद्य एवं कृषि संगठन

B. विश्व मौसमविज्ञानी संगठन

C. विश्व स्वास्थय संगठन

D. विश्व व्यापार संठगन

169. किस इको-प्रणाली में ग्रासलैंड शामिल किया जाता है?

A. मरीन B. ताजा पानी

C. स्थलीय D. कृत्रिम

170. निम्न में किस यूरोपीय संघ के देश की अपनी निजी मुद्रा है और उसने यूरो को नहीं अपनाया है?

A. फ्रांस B. जर्मनी

C. स्वीडन D. स्पेन

171. आधुनिक हिंदी साहित्य का अग्रणी साहित्यकार कौन है?

A. श्रीनिवास दास B. मुंशी प्रेमचंद

C. देवकीनंदन खत्री D. भारतेन्दु हरिश्चंद्र

172. जुलाई 2013 में, निम्न में से किस देश को यूरोपीय संघ के 28वें सदस्य के रूप में शामिल किया गया है?

A. बल्गेरिया B. क्रोएशिया

C. साइप्रस D. रोमानिया

173. निम्न में कौन-सा जोड़ा गलत है?

	खेल		**मैदान**
A.	व्यायाम	—	ट्रैक
B.	बेसबाल	—	कोर्ट
C.	गोल्फ	—	कोर्स
D.	कुश्ती	—	अखाड़ा

174. निम्न में कौन-सा अमरीकी राष्ट्रपति, राष्ट्रपति बनने से पहले एक सुप्रसिद्ध फिल्म/टीवी. अभिनेता था?

A. जॉन एफ. केनेडी

B. जेराल्ड आर. फांड

C. रिचर्ड निक्सन

D. रोनाल्ड रीगन

175. भारत के निम्न संग्रहालयों में किसका स्थान गलत ढंग से अंकित है?

A.	राष्ट्रीय रेल संग्रहालय	—	नई दिल्ली
B.	वस्त्रों का कैलिको संग्रहालय	—	मुंबई
C.	सालारजंग संग्रहालय	—	हैदराबाद
D.	नेपियर संग्रहालय	—	तिरुवनंतपुरम्

176. मुद्रा के रूप में व्यक्त किया गया किसी वस्तु का मान, क्या कहलाता है?

A. मूल्य B. माँग

C. उपयोगिता D. मुद्रा का मान

177. *विक्रय लागत* किसका भाग है?

A. एकस्वाम्य स्पर्धा B. पूर्ण स्पर्धा

C. विशुद्ध स्पर्धा D. एकस्वाम्य

178. उत्पादन के घटक की अवसर लागत क्या होती है?

A. जो वह, अपने वर्तमान उपयोग में अर्जित कर सकती है।

B. जो वह, लम्बी अवधि में अर्जित कर सकती है।

C. जो वह, किसी अन्य उपयोग में अर्जित कर सकती है।

D. उत्पादन की लागत।

179. किसी उत्पादन की वह माँग, जो वह अपने लिए चाहती है, क्या कहलाती है?

A. व्युत्पन्न माँग

B. औद्योगिक माँग

C. कंपनी की माँग

D. प्रत्यक्ष या स्वायत्त माँग

180. भारत में सरकार की संसदीय प्रणाली कहाँ से ग्रहण की गई है?

A. अमरीकी संविधान B. रूसी संविधान

C. ब्रिटिश संविधान D. स्विस संविधान

181. लोकतांत्रिक प्रणाली के लिए निम्न में कौन-से तत्त्व आवश्यक हैं?
A. स्वतंत्र एवं निष्पक्ष चुनाव
B. अवसर की समानता
C. अधिकारों का संरक्षण
D. उक्त सभी

182. "अतिरिक्त मान" किसके बराबर है?
A. निर्गत-आगत का अंतर
B. विनिर्माण लाभ
C. सकल लाभ
D. पूँजीगत लाभ

183. भारतीय संविधान का कौन-सा अनुच्छेद यह निर्धारित करता है कि राजकीय नीति के निर्देशक सिद्धांत किसी न्यायालय द्वारा लागू नहीं किए जा सकते?
A. अनुच्छेद 31 B. अनुच्छेद 38
C. अनुच्छेद 37 D. अनुच्छेद 39

184. निम्न में से कौन-सी भाषा भारतीय संविधान की 8वीं अनुसूची में उल्लेखित नहीं है?
A. संस्कृत B. सिंधी
C. अंग्रेजी D. नेपाली

185. कौन-सा प्राचीन भारतीय साम्राज्य नीचे उसकी राजधानी के साथ गलत जोड़े के रूप में अंकित है?
A. मौर्य — पाटलिपुत्र
B. पंड्या — मदुराई
C. पल्लव — वेल्लौर
D. काकतीया — वारांगल

186. वे दो वंसज कौन थे, जिन्होंने खिल्जी शासकों से तत्काल पहले और बाद में शासन किया था?
A. गुलाम तथा लोदी
B. सैय्यद तथा लोदी
C. गुलाम तथा तुगलक
D. तुगलक तथा लोदी

187. निम्न में से किसने, अंग्रेजों के विरुद्ध 1857 के संघर्ष में भाग नहीं लिया था?
A. तांत्या टोपे B. टीपू सुल्तान
C. रानी लक्ष्मीबाई D. नाना साहेब

188. निम्न में कौन-सा संशोधन अधिनियम 'मिनी संविधान' माना जाता है?
A. 7वाँ संविधान संशोधन अधिनियम, 1956
B. 24वाँ संविधान संशोधन अधिनियम, 1971
C. 42वाँ संविधान संशोधन अधिनियम, 1976
D. 44वाँ संविधान संशोधन अधिनियम, 1978

189. निम्न ऐतिहासिक घटनाओं को क्रमानुसार व्यवस्थित कीजिए।
I. फ्रांसीसी क्रांति
II. ग्लोरियस क्रांति
III. स्वतंत्रता की अमरीकी लड़ाई
IV. रूसी क्रांति
A. I II III IV
B. II III I IV
C. II I IV III
D. III II I IV

190. भारत के दक्षिण में सबसे दूरस्थ स्थल कौन-सा है?
A. केप कोमोरिन B. प्वाइंट कैलीमियर
C. इंदिरा प्वाइंट D. पोर्ट ब्लेअर

191. धान की खेती के लिए सर्वाधिक आदर्श मृदा कौन-सी है?
A. लैटेराइट मृदा B. लाल मृदा
C. जलोढ़ मृदा D. काली मृदा

192. लाल मृदा में लाल रंग, किसके आलेपन के कारण आ जाता है?
A. नाइट्रोजन B. ह्यूमस
C. लोहा D. तांबा

193. निम्न में कौन-सी नदी, भूमध्य रेखा को दो बार पार करती है?
A. कांगो नदी B. अमेजन नदी
C. नाइगर नदी D. नील नदी

194. 'प्रार्थना समाज' का संस्थापक कौन था?
A. रामकृष्ण परमहंस B. स्वामी विवेकानंद
C. आत्माराम पांडुरंग D. दयानंद सरस्वती

195. पान की लता में बनने वाली जड़, कौन-सी होती है?
A. अवस्तंभ जड़ B. अनुलग्न जड़
C. आरोही जड़ D. छायादार जड़

196. गुणसूत्र किससे बनते हैं?
A. डी.एन.ए.
B. प्रोटीन
C. डी.एन.ए. तथा प्रोटीन
D. आर.एन.ए.

197. जर्सी साँड, जो संकरण में इस्तेमाल होता है, किस जगह की मोहक उपजाति है?
A. इंग्लैंड
B. फ्रांस
C. हॉलैंड
D. स्विटजरलैंड

198. निम्न में कौन-सा सांकेतिक संबंध, लाइकेन निर्मित करता है?
A. एक ऐल्गी तथा एक फंगस
B. एक ऐल्गी तथा एक ब्रायोफाइट
C. एक बैक्टीरियम तथा एक फंगस
D. एक बैक्टीरियम तथा एक जिम्नोस्पर्म

199. निम्न में कौन-सा फसल-संयोजन, भारत की मिश्रित फसलों में इस्तेमाल नहीं किया जाता?
A. गेहूँ तथा सरसों
B. गेहूँ तथा चिक पी
C. चावल तथा मूँगफली
D. मूँगफली तथा सूरजमुखी

200. निम्न देशों और उनकी राजधानियों के जोड़े बनाकर सही उत्तर का चयन कीजिए।

देश	राजधानी
(*a*) अर्जेन्टीना	(*i*) बोगोटा
(*b*) कोलंबिया	(*ii*) हरारे
(*c*) मिश्र	(*iii*) बूनस एअर्स
(*d*) जिम्बाब्वे	(*iv*) कायरो

	(*a*)	(*b*)	(*c*)	(*d*)
A.	(*ii*)	(*iii*)	(*iv*)	(*i*)
B.	(*iii*)	(*iv*)	(*i*)	(*ii*)
C.	(*iv*)	(*i*)	(*ii*)	(*iii*)
D.	(*iii*)	(*i*)	(*iv*)	(*ii*)

उत्तरमाला

1	2	3	4	5	6	7	8	9	10
B	A	D	B	D	B	A	A	C	D
11	**12**	**13**	**14**	**15**	**16**	**17**	**18**	**19**	**20**
A	A	B	C	D	C	B	C	C	B
21	**22**	**23**	**24**	**25**	**26**	**27**	**28**	**29**	**30**
A	B	C	D	A	D	B	C	C	A
31	**32**	**33**	**34**	**35**	**36**	**37**	**38**	**39**	**40**
B	B	A	B	D	D	B	D	C	C
41	**42**	**43**	**44**	**45**	**46**	**47**	**48**	**49**	**50**
B	B	D	D	D	C	D	B	C	A
51	**52**	**53**	**54**	**55**	**56**	**57**	**58**	**59**	**60**
B	B	D	D	C	D	B	A	C	C
61	**62**	**63**	**64**	**65**	**66**	**67**	**68**	**69**	**70**
B	A	B	D	C	D	A	B	C	D
71	**72**	**73**	**74**	**75**	**76**	**77**	**78**	**79**	**80**
B	C	C	D	A	A	D	A	C	B
81	**82**	**83**	**84**	**85**	**86**	**87**	**88**	**89**	**90**
C	B	D	D	B	C	A	A	D	B
91	**92**	**93**	**94**	**95**	**96**	**97**	**98**	**99**	**100**
B	C	B	A	B	B	B	C	B	B

101	102	103	104	105	106	107	108	109	110
C	B	C	D	D	B	C	C	C	D
111	112	113	114	115	116	117	118	119	120
D	C	A	C	D	D	A	B	C	C
121	122	123	124	125	126	127	128	129	130
D	B	C	C	A	C	D	C	D	D
131	132	133	134	135	136	137	138	139	140
C	A	B	C	A	B	B	D	C	A
141	142	143	144	145	146	147	148	149	150
A	C	D	D	D	D	C	B	C	C
151	152	153	154	155	156	157	158	159	160
D	C	B	B	C	B	C	B	B	D
161	162	163	164	165	166	167	168	169	170
C	D	A	A	C	C	A	A	C	C
171	172	173	174	175	176	177	178	179	180
D	B	B	D	B	A	A	C	D	C
181	182	183	184	185	186	187	188	189	190
D	A	C	C	C	C	B	C	B	C
191	192	193	194	195	196	197	198	199	200
C	C	A	C	C	C	A	A	C	D

कुछ चुने हुए प्रश्नों के व्याख्यात्मक उत्तर

1. 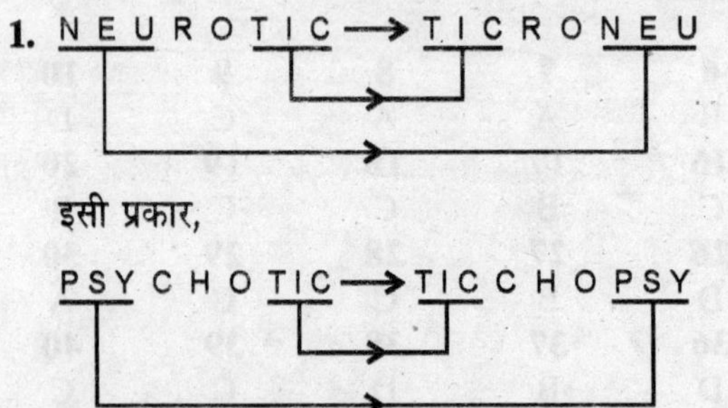

2. JWXCLZ → 198364

4. GLOSSORY तथा GEOGRAPHY

↓↓↓↓↓↓↓↓ ↓↓↓↓↓↓↓↓↓

97533562 915968402

इसी प्रकार,

GEOLOGY

↓↓↓↓↓↓↓

9157592

5. दिये गये शब्द में 'A' अक्षर नहीं आता है, अतः 'ENTERTAIN' नहीं बनाया जा सकता।

6.

81	36	25
49	100	36
9	64	16
139	200	77

7.

2	24	48 (24 × 2)
3	9	27 (9 × 3)
4	10	40 (4 × 10)

9. $4 \times 6 \times 9 = 694$, $5 \times 3 \times 2 = 325$, $7 \times 8 \times 2 = 827$

10. $40 + 12 \div 3 \times 6 - 60$
$= 40 + 4 \times 6 - 60$
$= 40 + 24 - 60 = 4$

11. 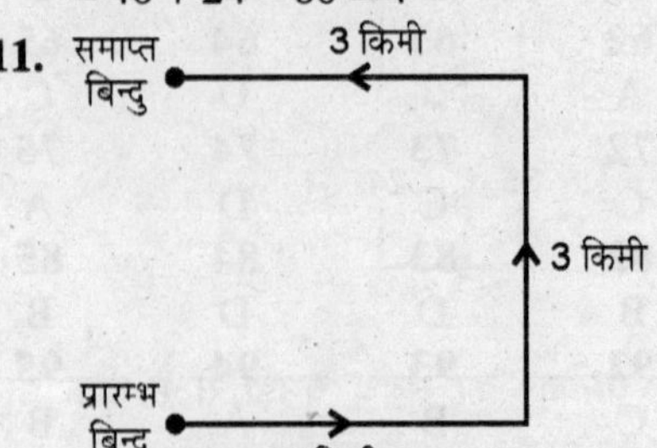

12.

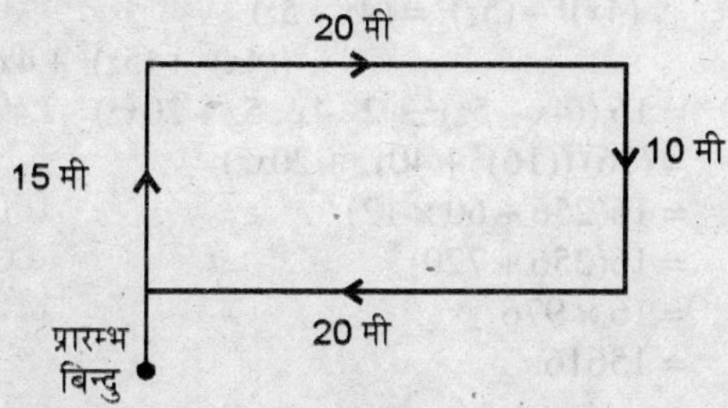

प्रारंभिक स्थान से दूरी = 15 मी. – 10 मी. = 5 मी.

13. A. $5+6-5\times 8 = 14$

$11-40 = 14$

$-29 = 14$ (गलत)

B. $5\times 6\div 5+8 = 14$

$5\times\frac{6}{5}+8 = 14$

$6+8 = 14$ (सही)

अतः सही विकल्प (B) है।

18. EDUCATION — NOITACUDE (विपरीत क्रम में)

इसी प्रकार,

INTELLIGENCE — ECNEGILLETNI (विपरीत क्रम में)

19. A Z C X : B Y D W

+1, +1, −1, −1

H Q J O : I P K N

+1, −1, +1, −1

20. 08 : 66 :: 06 : 38

$(8)^2+2$; $(6)^2+2$

21. 32 : 21 :: 35 : 24

32 − 21 = 11 ; 35 − 24 = 11

22. जिस प्रकार चर्मकार का संबंध चमड़ा से है ठीक उसी प्रकार बढ़ई का संबंध लकड़ी से है।

24.

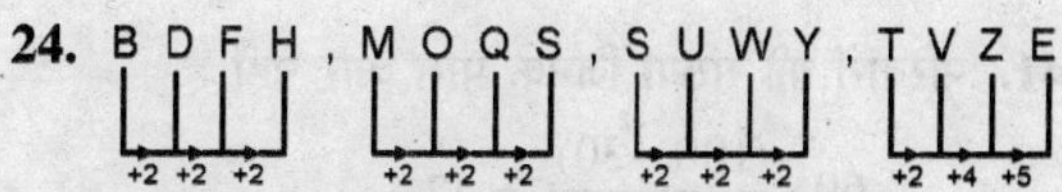

25. विकल्प (A) को छोड़कर बाकी तीन विकल्प लगातार पूर्णांक संख्याओं के वर्ग का युग्म है।

27.

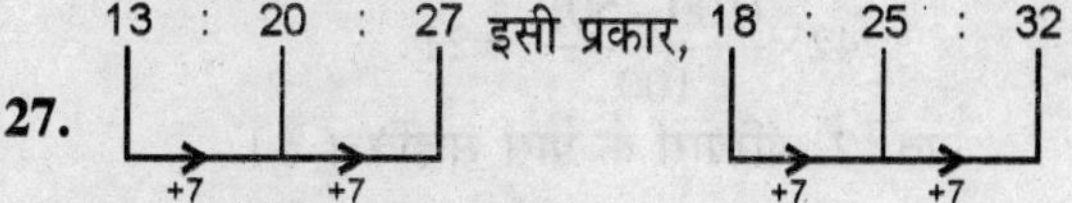

30. शृंखला इस प्रकार है MCA, MC, MCA ......

32.

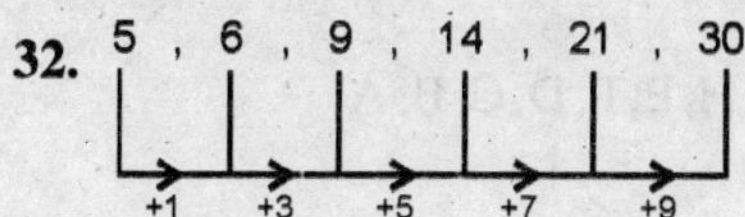

33.

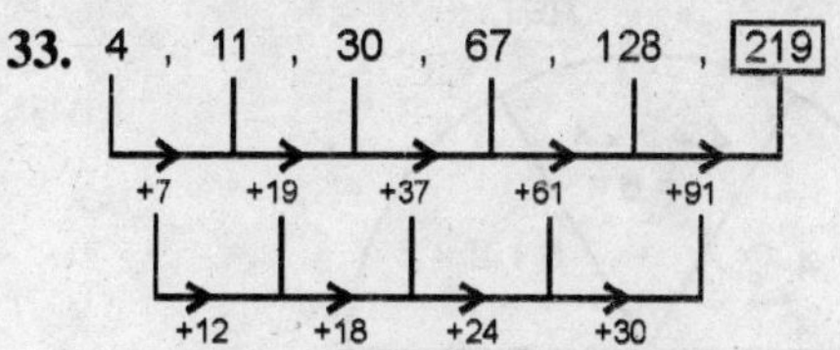

34.

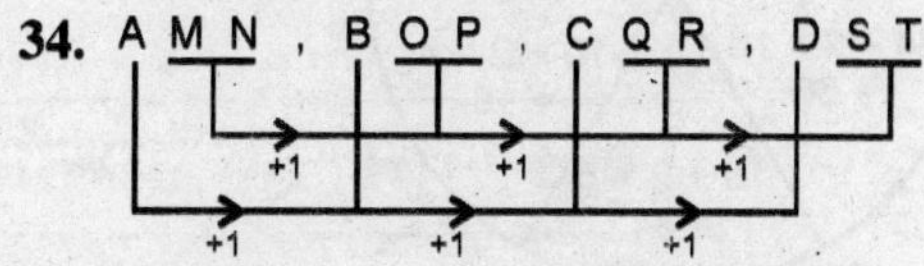

35. उम्र के हिसाब से बढ़ते क्रम की व्यवस्था

लता < हरी < मीनू < लीला < लक्ष्मी

(सबसे छोटी) (सबसे बड़ी)

36. माना कि रोहन की आयु x वर्ष है, तो निखिल की आयु $(x-8)$ वर्ष होगी।

प्रश्नानुसार,

$x = 2(x-8)$

$x = 2x-16$

$2x-x = 16$

$\therefore\quad x = 16$ वर्ष।

37. कुल अक्षरों की संख्या = 5 + 12 − 1 = 16.

39. अंग्रेजी वर्ण के स्थान के अनुसार उनकी क्रम संख्या

$A\rightarrow 1$

$C\rightarrow 3$

$T\rightarrow 20$

$\therefore\quad ACT = 1+3+20 = 24$

इस प्रकार $F\rightarrow 6$

$A\rightarrow 1$

$T\rightarrow 20$

$\therefore\quad FAT = 6+1+20 = 27.$

41. परिवारों की संख्या जिनके पास कार नहीं है

$$60\times\frac{(100-30)}{100}=42$$

परिवारों की संख्या जिनके पास मोटर साइकिल नहीं है।

$$42\times\frac{(100-50)}{100}=21$$

अतः 21 परिवारों के पास साइकिल हैं।

42. उत्तर दिशा की ओर मुँह करके इनके बढ़ने का क्रम इस प्रकार है

H, E, F, D, C, B, A
↑
मध्य

46.

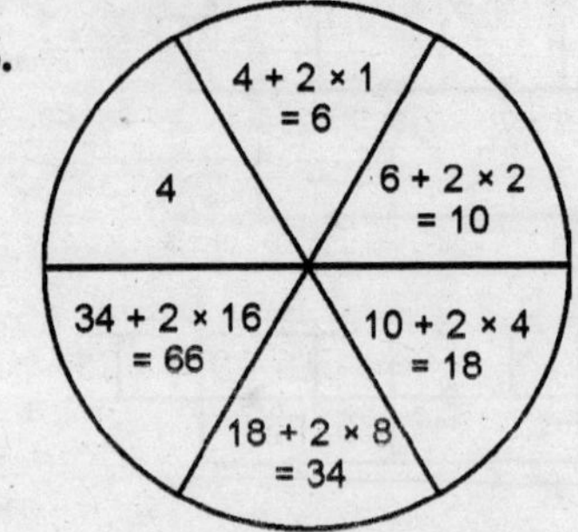

101. $x+\frac{1}{y}=1$

या $xy+1=y \Rightarrow y=\frac{1}{1-x}$ ...(*i*)

पुनः $y\frac{1}{z}=1 \Rightarrow y=1-\frac{1}{z}=\frac{z-1}{z}$ ...(*ii*)

(*i*) और (*ii*) से, हम पाते हैं कि,

$$\frac{1}{1-x}=\frac{z-1}{z}$$

या $z=-zx+z+x-1$

$1=x-zx$

या $\frac{1}{x}=1-z$

$\therefore z+\frac{1}{x}=1.$

102. $4x-5z=16$

हम जानते हैं, $a^3-b^3=(a-b)(a^2+b^2+ab)$

यहाँ $a=4x, b=5z$

$\therefore (4x)^3-(5z)^3=(4x-5z)$
$((4x)^2+(5z)^2+4x\,.\,5z))$
$=16\,((4x-5z)^2+2\,.\,4x\,.\,5z+20xz)$
$=(16)\,((16)^2+40xz+20xz)$
$=16(256+60\times12)$
$=16(256+720)$
$=16\times976$
$=15616.$

103. हम जानते हैं

$(x+y+z)^2=x^2+y^2+z^2+2\{xy+yz+zx\}$

$(15)^2=x^2+y^2+z^2+2\{75\}$

$\therefore x^2+y^2+z^2=225-150=75$

अतः $x^2+y^2+z^2=xy+yz+zx$

दोनों ओर 2 से गुणा करने पर

$2(x^2+y^2+z^2)=2\{xy+yz+zx\}$

या $(x^2+y^2-2xy)+(y^2+z^2-2yz)+$
$(z^2+x^2-2zx)=0$

$(x-y)^2+(x-z)^2+(z-x)^2=0$

अतः $x=y=z$

इसलिए $\frac{x+4y+z}{32}=\frac{1+4+1}{3}=\frac{6}{3}=2.$

104. दी गई रेखाएँ बिन्दु (p, q) से गुजरती हैं।

इसलिए $3p-5q=-8$

और $3p+5q=32$

जोड़ने पर $6p=24$

$\therefore p=\frac{24}{6}=4$

$3(4)+5q=32$

$12+5q=32$

$5q=20$

$\therefore q=4$

$p-q=4-4=0.$

105. $x.y=(\sqrt{3}+\sqrt{2})(\sqrt{3}-\sqrt{2})=(\sqrt{3})^2-(\sqrt{2})^2$

$=3-2=1. \qquad \therefore x=\frac{1}{y}$

अब, $x^2+y^2=(\sqrt{3}+\sqrt{2})^2+(\sqrt{3}-\sqrt{2})^2$

$=3+2+2\sqrt{6}+3+2-2\sqrt{6}=10$

$\therefore 8xy(x^2+y^2)=8(x^2+y^2)=8(10)=80.$

106. 50 व्यक्ति 12 दिनों मेंकार्य पूरा करने के लिए 6 घंटे काम करते हैं।

$\therefore$ 1 व्यक्ति 1 घंटे काम करके 50×6 दिनों में पूरा करेंगे

$\therefore$ 60 व्यक्ति x घंटे काम करके 8 दिनों में कार्य पूरा करेंगे

यदि $x = \dfrac{50 \times 6 \times 12}{60 \times 8} = 7\dfrac{1}{2}$ घंटे।

107.

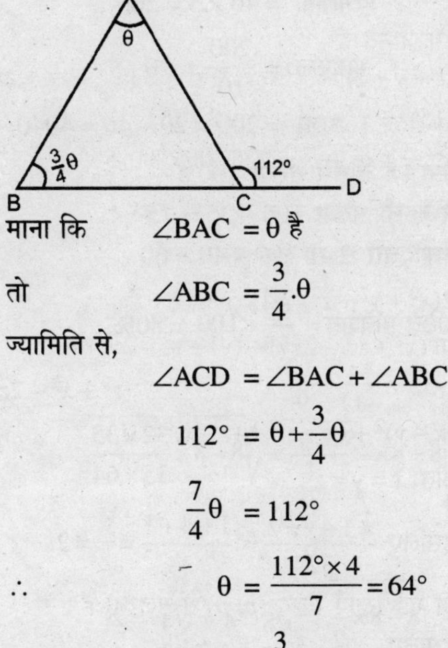

माना कि $\angle BAC = \theta$ है

तो $\angle ABC = \dfrac{3}{4}.\theta$

ज्यामिति से,

$$\angle ACD = \angle BAC + \angle ABC$$

$$112° = \theta + \frac{3}{4}\theta$$

$$\frac{7}{4}\theta = 112°$$

$$\therefore \quad \theta = \frac{112° \times 4}{7} = 64°$$

$$\angle ABC = \frac{3}{4} \times 64 = 48°.$$

110. ΔABC में,

$$\angle A + \angle B + \angle C = 180°$$

$$\angle B + \angle C = 180° - \angle A$$

$$= 180° - 80° = 100°$$

ΔBDC में,

$$\angle D + \frac{1}{2}(\angle B + \angle C) = 180°$$

$$\angle D + \frac{1}{2}(100°) = 180°$$

$$\angle D = 180° - 50° = 130°.$$

114. माना कि बेलन की त्रिज्या r और ऊँचाई h है। गोले का आयतन = बेलन का आयतन

$$\frac{4}{3} \times \pi \times r^3 = \pi \times r^2 \times h$$

$$\therefore \quad \frac{4}{3}r = h$$

$$\therefore \quad \frac{r}{h} = \frac{3}{4}.$$

115.

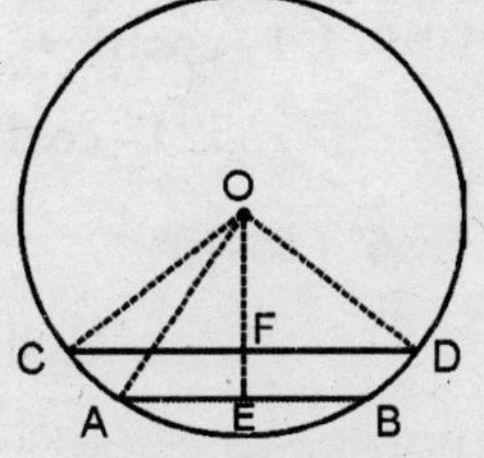

माना कि AB और CD क्रमशः 6 सेमी और 8 सेमी हैं। और 'O' वृत्त का केन्द्र बिन्दु है।

ΔAEO से,

वृत्त की त्रिज्या (AO) $= \sqrt{(OE)^2 + (AE)^2}$

$$= \sqrt{(4)^2 + \left(\frac{6}{2}\right)^2}$$

$$= \sqrt{16+9} = \sqrt{25}$$

= 5 सेमी.

पुनः ΔCFD से,

$$OF = \sqrt{(OC)^2 - (CF)^2}$$

$$= \sqrt{(5)^2 - \left(\frac{8}{2}\right)^2}$$

$$= \sqrt{25-16} = \sqrt{9}$$

= 3 सेमी.

116. प्रश्नानुसार,

$$4 \times 90° \left[\frac{1}{n} - \frac{1}{n+1}\right] = 5°$$

या, $n(n+1) = \dfrac{4 \times 90°}{5°} = 72°$

$$n^2 + n - 72° = 0$$

$$(n+9)(n-8) = 0$$

$$\therefore \quad n = 8.$$

117. प्रिज्म का आयतन = पृष्ठ क्षेत्रफल × ऊँचाई

= समलंब का क्षेत्रफल × ऊँचाई

$= \dfrac{1}{2} \times 14 \times 18 \times 20 = 2520$ सेमी^{3}.

118. $\sin^2 1° + \sin^2 3° + \sin^2 5° + ...$
$+ \sin^2 87° + \sin^2 89°$

$\frac{1}{2}\left\{2\sin^2 1° + 2\sin^2 3° + ...2\sin^2 89°\right\}$

$= \frac{1}{2}\{1-\cos 2° + 1-\cos 6° + 1-\cos 10° +$
$.......1-\cos 178°\}$

$= \frac{1}{2}\{45° - (\cos 2° + \cos 6° + \cos 10°$
$....... + \cos 178°\}$

$= \frac{45}{2} - 0 = 22\frac{1}{2}.$

119. $\cos^2\theta + \frac{1}{\cos^2\theta} = \left(\cos\theta - \frac{1}{\cos\theta}\right)^2 + 2$

न्यूनतम मान के लिए $\cos\theta - \frac{1}{\cos\theta} = 0$

$\therefore$ न्यूनतम मान = 2.

120. $\cos\theta + \frac{1}{\cos\theta} = 2$

यह केवल $\cos\theta = 1$

$\therefore \theta = 0°$

$\therefore \cos 10\,\theta + \sec 11\,\theta$

$= \cos 0° + \frac{1}{\cos 0°} = 2.$

121. आधार का क्षेत्रफल हीरो सूत्र से

$= \sqrt{s(s-a)(s-b)(s-c)}$

$\left\{\text{यहाँ } s = \frac{21+20+13}{2} = 27\right\}$

$= \sqrt{27(27-21)(27-20)(27-13)}$

$= \sqrt{27 \times 6 \times 7 \times 14} = 126$ सेमी^{2}

पिरामिड का आयतन = $\frac{1}{3}$ × आधार का क्षेत्रफल × ऊँचाई

$= \frac{1}{3} \times 126 \times 30 = 1260$ सेमी^{3} ।

122. $\frac{1}{2} + \left(\frac{7}{8} \times \frac{4}{5}\right) - \left(\frac{2}{3} \times \frac{5}{4}\right) + \frac{3}{4} \times \frac{2}{5}$

$= \frac{1}{2} + \frac{7}{10} - \frac{5}{6} + \frac{3}{10} = \frac{20}{30} = \frac{2}{3}.$

123. $x = 5 + \frac{\sqrt{5}}{5} + \frac{1}{20}\left(5-\sqrt{5}\right) - \frac{3}{20}\left(5+\sqrt{5}\right)$

$= 5 - \frac{1}{2} = \frac{9}{2}.$

125. भाज्य = विभाजक × भागफल + शेषफल

दिया गया क्षेत्रफल = 40

$\therefore$ विभाजक $= 40 \times 5 = 200$

भागफल $= \frac{200}{10} = 20$

$\therefore$ भाज्य $= 200 \times 20 + 40 = 4040.$

127. माना कि तीसरी संख्या 100 है

तो पहली संख्या 100 – 25 = 75

तथा दूसरी संख्या 100 – 40 = 60

वांछित प्रतिशत = $\frac{60}{75} \times 100 = 80\%.$

130. $\sqrt{8 - 8 \times \frac{\frac{11}{5} - \frac{9}{7}}{2 - \frac{1}{\frac{35}{6}}}} = \sqrt{8 - 8 \times \frac{32 \times 35}{35 \times 64}}$

$= \sqrt{8 - 8 \times \frac{1}{2}} = \sqrt{8-4} = \sqrt{4} = 2.$

131. $\sqrt{\frac{0.081 \times 0.324 \times 4.624}{1.5625 \times 0.0289 \times 72.9 \times 64}}$

$= \sqrt{\frac{81 \times 324 \times 4624}{15625 \times 289 \times 729 \times 64}}$

$= \frac{9 \times 18 \times 68}{125 \times 17 \times 27 \times 8} = 0.024.$

132. $5x + 6x = 12.1$

$\therefore x = 1.1$

मिश्रधातु में सीसा का भार = $5x = 5.5$

मिश्रधातु में टीन का भार = $6x = 6.6$

माना कि x कि.ग्रा. सीसा मिलाने से इनका अनुपात 1 : 1 हो जाता है,

तो $\frac{5.5 + x}{6.6} = \frac{1}{1}$

$\therefore x = 6.6 - 5.5 = 1.1.$

133. m संख्याओं का योग $= n^2 . m$

n संख्याओं का योग $= m^2 . n$

$\therefore$ $(m+n)$ संख्याओं का योग $= n^2 . m + m^2 . n$

$$\text{औसत} = \frac{n^2.m + m^2.n}{m+n}$$

$$= \frac{mn^2 + m^2.n}{m+n} = \frac{mn(m+n)}{(m+n)} = m.n.$$

134. माना कि धनराशि p है, तो

$$x = \frac{p \times x \times x}{100}$$

$$\therefore \quad p = \frac{100}{x}.$$

135. $\frac{2x+3y}{3x+5y} = \frac{18}{29}$

या, $$\frac{\frac{2x}{y} + \frac{3.y}{y}}{\frac{3x}{y} + \frac{5.y}{y}} = \frac{18}{29}$$

या, $$29\left(\frac{2.x}{y} + 3\right) = 18\left(\frac{3.x}{y} + 5\right)$$

$$\frac{4.x}{y} = 90 - 87$$

$$\therefore \quad \frac{x}{y} = \frac{3}{4}.$$

136. लाभ % $= \frac{18-15}{15} \times 100 = 20\%.$

137. $100 - 100 \times \frac{50}{100} \times \frac{50}{100} = 100 - 25 = 75\%.$

138. साझेदारी का अनुपात $\frac{7}{2} : \frac{4}{3} : \frac{6}{5} = 105 : 40 : 36$

जब A अपना हिस्सा 50% बढ़ाता हो तो इनके साझेदारी का अनुपात

$(105 \times 4 + 157.5 \times 8) : (40 \times 12) : 36 : 12$

$= 1680 + 480 + 432 = 2592$

$\therefore$ B का हिस्सा $= \frac{480}{2592} \times 43200 = ₹\ 8000.$

139. रेलगाड़ियाँ की सापेक्षिक चाल $= 65 + 85 = 150$ किमी/घं.

$= 150 \frac{5}{18}$ मीटर/सेकेण्ड

अतः रेलगाड़ी की लम्बाई

$$= \frac{150 \times \frac{5}{18} \times 6}{2} = \frac{250}{2} = 125 \text{ मी.}$$

140. माना कि वस्तु का लागत मूल्य x है।

प्रश्नानुसार,

$$x \times \frac{87.5}{100} + 51.8 = \frac{53x}{50}$$

$$0.875x + 51.8 = 1.06x$$

$$0.185x = 51.8$$

$$x = \frac{51.8}{0.185} = ₹\ 280.$$

141.

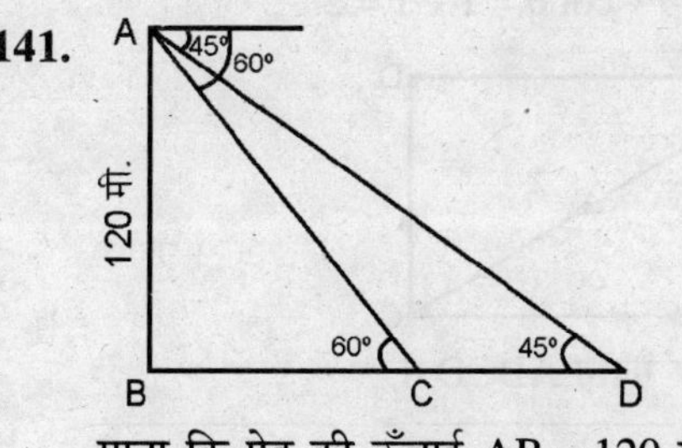

माना कि पेड़ की ऊँचाई AB = 120 मी.

ΔABD से,

$$\tan(45°) = \frac{AB}{BD}$$

$$1 = \frac{120}{BD}$$

$\therefore$ BD = 120 मी.

पुनः ΔABC से,

$$\tan(60°) = \frac{AB}{BC}$$

$$\sqrt{3} = \frac{120}{BC}$$

$\therefore$ BC $= 40\sqrt{3}$ मी.

नौकाओं के बीच की दूरी $= 120 - 40\sqrt{3}$ मी.

$= 40\left(3 - \sqrt{3}\right)$ मी.

142. हम जानते हैं कि, यदि

$$x+y+z=0$$

तो $x^3+y^3+z^3=3xyz$

यहाँ, $a+b-2c+b+c-2a+c+a-2b=0$

∴ सही विकल्प (C) है।

144. A, B और C, द्वारा एक घंटे में टंकी का भरा गया भाग

$$=\frac{1}{2}\left[\frac{1}{6}+\frac{1}{10}+\frac{2}{15}\right]=\frac{1}{5}$$

C द्वारा एक घंटे में भरा गया भाग

$$=\frac{1}{5}-\frac{1}{6}=\frac{1}{30}$$

∴ C अकेले उस टंकी को 30 घंटे में भरेगा।

145. $\sec\theta-\operatorname{cosec}\theta=0$

$\therefore \tan\theta=1$

अतः $\tan\theta+\cot\theta=1+1=2.$

146. 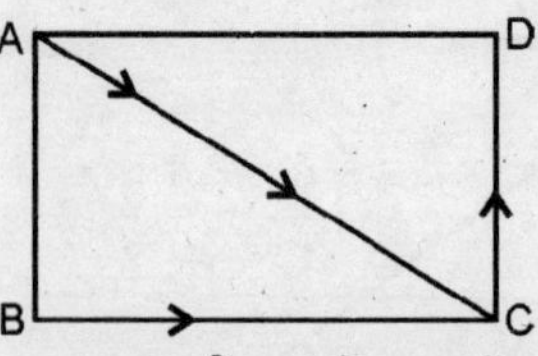

आयताकार मैदान ABCD में,

$$AC=\sqrt{(AB)^2+(BC)^2}=\sqrt{(3x)^2+(4x)^2}$$

$$=\sqrt{25x^2}=5x$$

जब A चलकर C तक पहुँचता है (विकर्ण AC के रास्ते) तो B चलकर D तक पहुँचता है।

$$\therefore \frac{AC}{\text{A की चाल}}=\frac{BC+CD}{\text{B की चाल}}$$

$$\frac{5x}{\text{A की चाल}}=\frac{3x+4x}{\text{B की चाल}}$$

$$\therefore \frac{\text{A की चाल}}{\text{B की चाल}}=\frac{5}{7}.$$

147. इंजीनियरिंग के संकाय में योग्य घोषित उम्मीदवारों की संख्या

$$2009 \text{ में } = \frac{620\times10}{100}=62$$

$$2010 \text{ में } = \frac{900\times12}{100}=108$$

उनका अंतर $=108-62=46.$

148. विज्ञान की संकाय में योग्य घोषित उम्मीदवारों की संख्या

$$2006 \text{ में } = \frac{780\times40}{100}=78\times4=312$$

$$2007 \text{ में } = \frac{650\times42}{100}=6.5\times42=273$$

$$2008 \text{ में } = \frac{500\times45}{100}=5\times45=225$$

$$2009 \text{ में } = \frac{620\times45}{100}=6.2\times45=279$$

$$2010 \text{ में } = \frac{900\times35}{100}=9\times35=315$$

अतः न्यूनतम संख्या 2008 में थी।

149. 1999 में माल का बिक्री मूल्य = 600

1997, 1998 तथा 1999 में निवेशित राशि

$=375+330+525=1230$

$$\text{प्रतिशत} = \frac{600}{1230}\times100=48.78\cong49\%.$$

150. मूल्यों को अंतर

वर्ष 1995 में = 200 – 120 = ₹ 80 लाख

वर्ष 1996 में = 300 – 225 = ₹ 75 लाख

वर्ष 1997 में = 500 – 375 = ₹ 125 लाख

वर्ष 1998 में = 400 – 330 = ₹ 70 लाख

अतः सर्वाधिक अंतर वर्ष 1997 में दर्ज किया गया।

पिछले प्रश्न-पत्र (हल सहित)

SSC–संयुक्त हायर सेकेन्डरी स्तर–CHSL (10+2) भर्ती परीक्षा–2012

भाग – I: सामान्य बुद्धिमत्ता

निर्देश (प्र.सं. 1 से 6) : *दिए गए विकल्पों में से सम्बन्धित शब्द/अक्षरों/संख्या को चुनिए।*

1. आभूषण : सोना : : फर्नीचर : ?
A. मेज B. वृक्ष
C. लकड़ी D. पेंट

2. लेखक : उपन्यास : : नृत्य-निर्देशक : ?
A. संगीत B. चित्र
C. श्रृंगार D. नृत्य

3. Rig : Ofd : : Met : ?
A. Jbq B. Kcr
C. Jcr D. Kbq

4. BDAC : FHEG : : NPMO : ?
A. RQTS B. QTRS
C. RTQS D. TRQS

5. 49 : 64 : : 144 : ?
A. 186 B. 121
C. 256 D. 169

6. SHOE : NCJZ : : REWA : ?
A. WJBF B. CITY
C. MZRV D. CAAR

निर्देश (प्र.सं. 7 से 10) : *उसे चुनिए जो अन्य तीन विकल्पों से भिन्न है।*

7. A. जीभ B. दांत
C. नाक D. कान

8. A. पेट्रोल – कार B. विद्युत् – टेलीविजन
C. स्याही – पेन D. धूल – वैक्यूम क्लीनर

9. A. हलका – भारी B. अपराध – आरोप
C. छोटा – लंबा D. पुरुष – स्त्री

10. A. 343 B. 512
C. 729 D. 144

निर्देश (प्र.सं. 11 और 12) : *निम्न विकल्पों में से कौन-सा विकल्प नीचे दिए हुए शब्दों का सार्थक क्रम दर्शाता है?*

11. 1. गंतव्य 2. टिकट खरीदना
3. चढ़ना 4. यात्रा
5. योजना
A. 1, 2, 3, 4, 5 B. 3, 4, 5, 1, 2
C. 4, 3, 1, 2, 5 D. 5, 2, 3, 4, 1

12. 1. निदान 2. चिकित्सक
3. बीमार 4. इलाज
5. स्वास्थ्यलाभ
A. 1, 2, 3, 4, 5 B. 3, 2, 1, 4, 5
C. 2, 1, 3, 4, 5 D. 4, 5, 1, 3, 2

13. निम्नलिखित शब्दों को शब्दकोष में दिए गए क्रम के अनुसार लिखिए :
1. Genuine 2. Genesis
3. Gender 4. Gentle
5. General
A. 4, 5, 3, 2, 1 B. 1, 5, 4, 3, 2
C. 3, 5, 2, 4, 1 D. 2, 5, 3, 1, 4

निर्देश (प्र.सं. 14 से 17) : *एक अनुक्रम दिया है, जिसमें एक पद/संख्या/अक्षर लुप्त है। दिए गए विकल्पों में से वह सही विकल्प चुनिए जो अनुक्रम को पूरा करे।*

14. V, VIII, XI, XIV, ?, XX
A. IX B. XXIII
C. XV D. XVII

15. 3463, (2218) 1245
5324 (?) 3626
A. 2312 B. 1142
C. 1698 D. 1592

16. XGH, WIJ, VKL, UMN, ?
A. HOW B. UJI
C. TOP D. SOP

17. SCD, TEF, UGH, ?, WKL
A. CMN B. UJI
C. VIJ D. VJI

18. K, B से ज्यादा सुंदर है। B, Y के समान सुंदर नहीं है। J, B या Y के समान सुंदर नहीं है। तदनुसार, सुंदरता की कोटि में सबसे निचले स्तर पर कौन है?
A. Y B. K
C. B D. J

19. एक व्यक्ति की वर्तमान आयु, उसकी माँ की आयु की 2/5 है। 8 वर्षों बाद, उसकी आयु, उसकी माँ की आयु की आधी हो जाएगी। तदनुसार, इस समय उसकी माँ की आयु कितनी है?
A. 32 वर्ष B. 36 वर्ष
C. 40 वर्ष D. 48 वर्ष

20. रघु तथा बाबू जुड़वाँ हैं। बाबू की बहन रीमा है। रीमा का पति राजन है। रघु की माँ लक्ष्मी है। लक्ष्मी का पति, राजेश है। तदनुसार, राजेश का राजन से क्या रिश्ता है?
A. चाचा B. दामाद
C. ससुर D. चचेरा भाई

21. यदि – चिह्न ÷ के लिए हो, + चिह्न × के लिए, ÷ चिह्न – के लिए और × चिह्न + के लिए हो, तो निम्न में से कौन-सा एक सही है?
A. $49 + 7 - 3 \times 5 \div 8 = 20$
B. $49 - 7 + 3 \div 5 \times 8 = 24$
C. $49 \times 7 + 3 \div 5 - 8 = 16$
D. $49 \div 7 \times 3 + 5 - 8 = 26$

निर्देश (प्र.सं. 22 और 23) : *निम्नलिखित विकल्पों में से वह शब्द चुनिए जो दिए गए शब्द के अक्षरों का प्रयोग करके नहीं बनाया जा सकता।*

22. 'ANNIVERSARY'
A. SAVE B. VIEW
C. YARN D. VERY

23. 'REMEMBRANCE'
A. REMEMBER B. MEMBRANE
C. NUMBER D. EMBRACE

24. यदि MADRAS को DAMSAR लिखा जाए, तो उसी कूट-भाषा में MUMBAI को क्या लिखा जाएगा?
A. BAIUMM B. MUMIAB
C. IABMUM D. MBIAUM

25. यदि DREAM को कूट-भाषा में 78026 लिखा जाए और CHILD को 53417, तो LEADER को कूट-भाषा में किस प्रकार लिखा जाएगा?
A. 102078 B. 102708
C. 102087 D. 102780

26. एक चूहे को कुत्ता कहा जाए, कुत्ते को नेवला, नेवले को शेर, शेर को साँप तथा साँप को हाथी कहा जाए, तो पालतू पशु के रूप में किसे पाला जाएगा?
A. चूहा B. कुत्ता
C. नेवला D. शेर

निर्देश (प्र.सं. 27 से 31) : *दिए गए विकल्पों में से लुप्त संख्या ज्ञात कीजिए।*

27. 7, 8, 10, 13, 17, ?
A. 23 B. 20
C. 22 D. 21

28. 69, 72, 78, 87, ?, 114
A. 93 B. 96
C. 111 D. 99

29.
1 8
? 27
A. 41 B. 64
C. 35 D. 61

30. 48, 82, 44, 77, 40, 72, ?
A. 36 B. 40
C. 76 D. 70

31. यदि 364 (146) 437 हो,
तो 574 (?) 641
A. 236 B. 356
C. 250 D. 134

32. एक कॉलेज के एक पाठ्यक्रम में, विद्यार्थियों की संख्या में हर वर्ष वृद्धि हो जाती है। तदनुसार, निम्न विवरण के आधार पर सन् 2010 की संख्या ज्ञात कीजिए :

वर्ष	2005	2006	2007	2008	2009	2010
विद्यार्थियों की संख्या	20	23	29	38	50	?

A. 55 B. 65
C. 70 D. 75

33. प्रकाश ने 6 किमी की यात्रा उत्तर दिशा में की। फिर बाएँ मुड़कर 4 किमी और पुनः बाएँ मुड़कर 6 किमी

की यात्राएँ कीं। तदनुसार, अपने प्रस्थान-बिन्दु से प्रकाश कितनी दूर पहुँच गया?

A. 10 किमी B. 8 किमी
C. 6 किमी D. 4 किमी

34. दो कारें एक ही स्थान से एक ही समय पर चलती हैं। उनमें एक 20 किमी/घं. की गति से उत्तर दिशा में और दूसरी 15 किमी/घं. की गति से पूर्व दिशा में जाती है। तदनुसार, दो घंटों की यात्रा के बाद उनके बीच कितनी दूरी (किमी में) हो जाएगी?

A. 70 B. 10
C. 25 D. 50

35. यदि पुलिस को शिक्षक कहा जाए, शिक्षक को राजनीतिज्ञ, राजनीतिज्ञ को डॉक्टर, डॉक्टर को वकील तथा वकील को सर्जन कहा जाए, तो अपराधियों को कौन पकड़ेगा?

A. पुलिस B. वकील
C. शिक्षक D. डॉक्टर

निर्देश (प्र.सं. 36 और 37) : *दो कथनों के आगे दो/चार निष्कर्ष I, II, III और IV दिए गए हैं। आप सामान्य ज्ञात तथ्यों में अन्तर होने पर भी दोनों कथनों की पड़ताल, सत्य समझकर करें। आप तय करें कि दिए गए निष्कर्षों में से कौन-सा, यदि कोई हो, दिए गए कथनों से निकलता है।*

36. कथन :

1. कुछ बसें, चौपहिया वाहन हैं।
2. सभी चौपहिया वाहन, वैन हैं।

निष्कर्ष :

I. कुछ वैन बसें हैं।
II. कुछ बसें वैन हैं।

A. केवल निष्कर्ष I निकलता है
B. केवल निष्कर्ष II निकलता है
C. या तो निष्कर्ष I या II निकलता है
D. निष्कर्ष I और II दोनों निकलते हैं

37. कथन :

1. सभी मोर, शेर हैं।
2. कुछ बाघ, मोर हैं।

निष्कर्ष :

I. कुछ शेर, बाघ नहीं हैं।
II. सभी बाघ, शेर हैं।
III. कुछ बाघ, शेर हैं।
IV. सभी मोर, बाघ हैं।

A. केवल निष्कर्ष I निकलता है
B. केवल निष्कर्ष II निकलता है
C. केवल निष्कर्ष III निकलता है
D. केवल निष्कर्ष IV निकलता है

निर्देश (प्र.सं. 38 और 39) : *यदि एक दर्पण को XY रेखा पर रखा जाए, तो दी गई उत्तर-आकृतियों में से कौन-सी आकृति प्रश्न आकृति की सही प्रतिबिम्ब होगी?*

38. प्रश्न आकृति :

उत्तर आकृतियाँ :

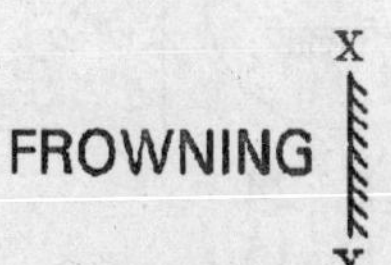

39. प्रश्न आकृति :

X
FROWNING
Y

उत्तर आकृतियाँ :

A. ᘐИIИMORꟻ B. ᘐИIИMOЯꟻ
C. ᘐИIИWOЯꟻ D. ᘐИIИWOЯꟻ

40. इस आकृति में घनों की संख्या कितनी है?

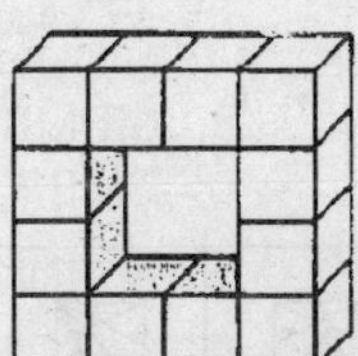

A. 16 B. 12
C. 10 D. 8

41. कितने शिक्षित लोग, नौकरी-पेशा हैं?

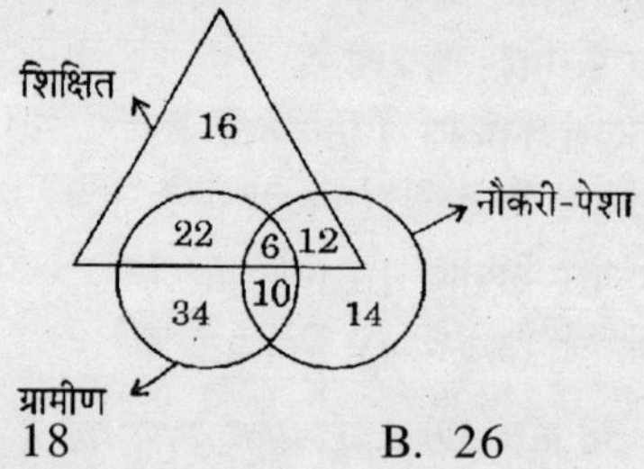

A. 18 B. 26
C. 24 D. 16

42. दिए गए विवरणों के आधार पर, कोई भी समाचार-पत्र न पढ़ने वाले लोगों की संख्या कितनी है?

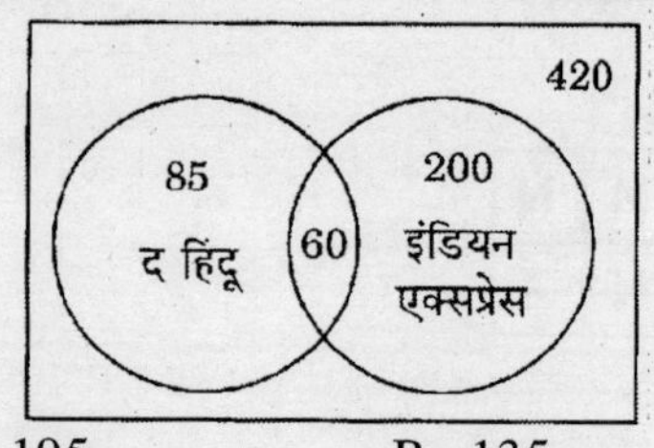

A. 195 B. 135
C. 175 D. 75

43. उन व्यक्तियों की संख्या कितनी है, जो कोई भी खेल नहीं खेलते?

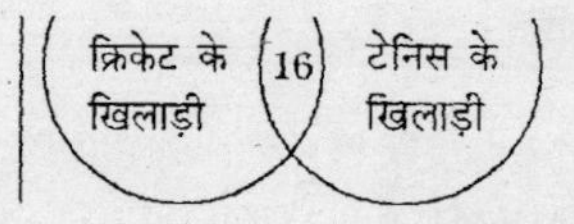

A. 9 B. 24
C. 18 D. 15

44. कौन-सी उत्तर आकृति प्रश्न आकृति के प्रतिरूप को पूरा करेगी?

प्रश्न आकृति :

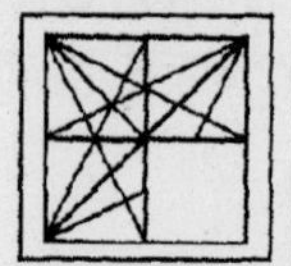

उत्तर आकृतियाँ :

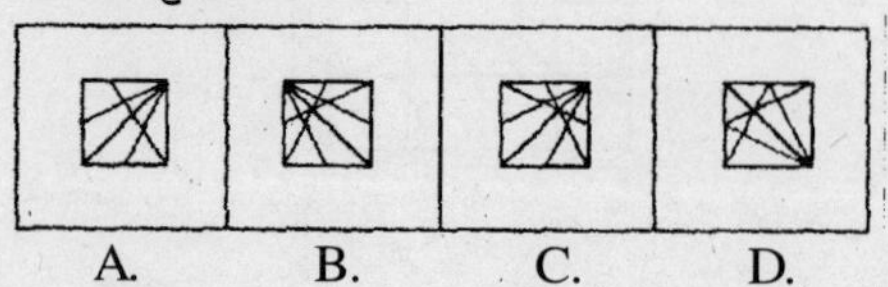

निर्देश (प्र.सं. 45 से 47) : *दी गई उत्तर आकृतियों में से उस उत्तर आकृति को चुनिए जिसमें प्रश्न आकृति निहित है।*

45. प्रश्न आकृति :

उत्तर आकृतियाँ :

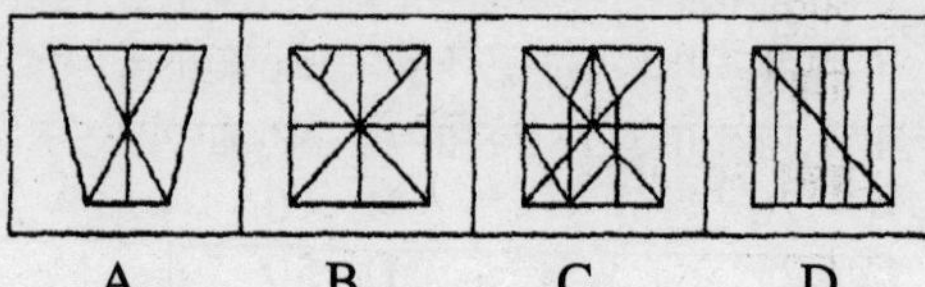

46. प्रश्न आकृति :

उत्तर आकृतियाँ :

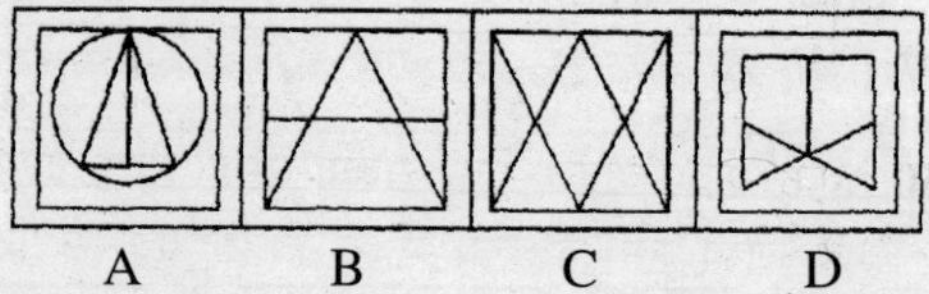

47. प्रश्न आकृति :

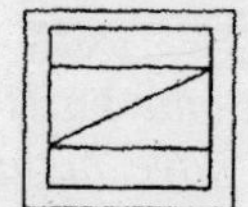

उत्तर आकृतियाँ :

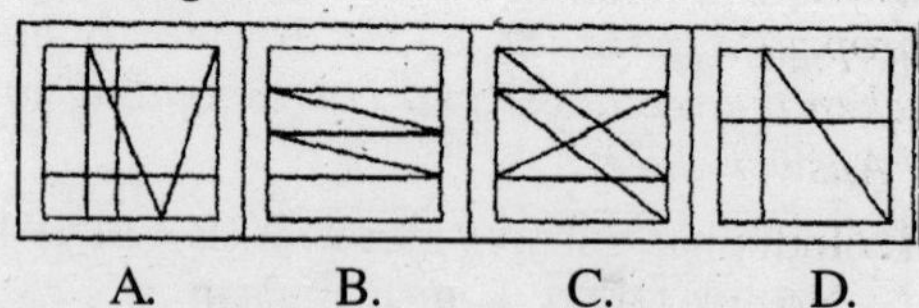

48. यदि निम्न प्रारूप को एक पारदर्शी आयताकार कागज पर बनाया जाए और उसे बिन्दु-चिह्नित रेखा के साथ मोड़ दिया जाए, तो वह कैसा दिखेगा?

प्रश्न आकृति :

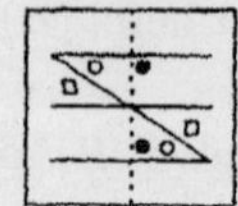

उत्तर आकृतियाँ :

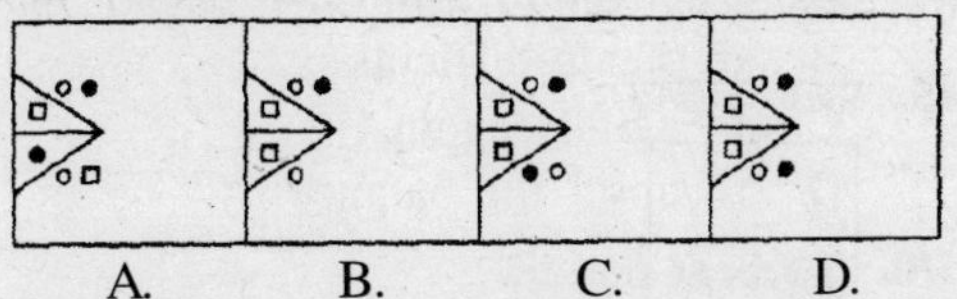

A. B. C. D.

49. एक त्रिभुजाकार कागज का पन्ना मोड़कर, निम्न आकृतियों की शृंखला में प्रदर्शित ढंग से छिद्रित किया गया है। वह खोलने पर कैसा दिखेगा?

प्रश्न आकृतियाँ :

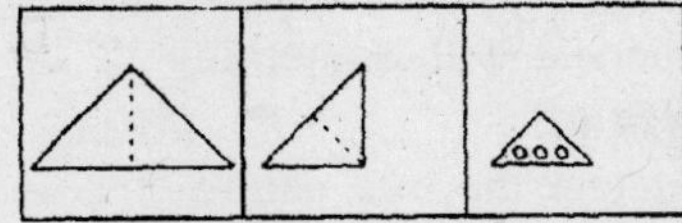

उत्तर आकृतियाँ :

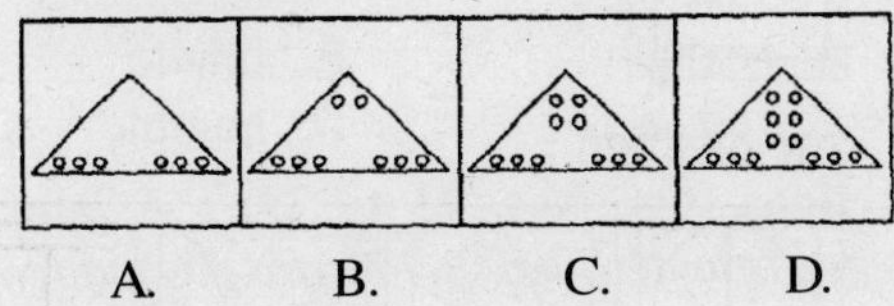

A. B. C. D.

50. एक शब्द केवल एक संख्या-समूह द्वारा दर्शाया गया है, जैसा कि विकल्पों में से किसी एक में दिया गया है। विकल्पों में दिए गए संख्या-समूह अक्षरों के दो वर्गों द्वारा दर्शाए गए हैं, जैसा कि नीचे दिए गए दो आव्यूहों में है। आव्यूह I के स्तम्भ और पंक्ति की संख्या 0 से 4 दी गई है और आव्यूह II की 5 से 9 । इन आव्यूहों से एक अक्षर को *पहले उसकी पंक्ति और बाद में स्तम्भ संख्या* द्वारा दर्शाया जा सकता है। उदाहरण के लिए, M को 14, 21, आदि द्वारा दर्शाया जा सकता है, तथा P को 59, 78, आदि द्वारा दर्शाया जा सकता है। इसी तरह से, आपको शब्द MIST के लिए समूह को पहचानना है।

आव्यूह I

	0	1	2	3	4
0	F	O	M	S	R
1	S	R	F	O	M
2	O	M	S	R	F
3	R	F	O	M	S
4	M	S	R	F	O

आव्यूह II

	5	6	7	8	9
5	A	T	D	I	P
6	I	P	A	T	D
7	T	D	I	P	A
8	P	A	T	D	I
9	D	I	P	A	T

A. 02, 58, 03, 86
B. 40, 77, 34, 98
C. 14, 89, 22, 88
D. 40, 58, 03, 56

PART-II: ENGLISH LANGUAGE

Directions (Qs. Nos. 51 to 56): *Some parts of the sentences have errors and some have none. Find out which part of a sentence has an error and blacken the rectangle [▬] corresponding to the appropriate letter (A, B, C). If there is no error, blacken the rectangle [▬] corresponding to (D) in the Answer Sheet.*

51. India has got (A)/ freedom (B)/ in 1947. (C)/ No error (D).

52. Every scientific invention (A)/ has proved (B)/ much harmful to society than beneficial. (C)/ No error (D).

53. She is preparing (A)/ for this examination (B)/ since 2004. (C)/ No error (D).

54. I can depend upon (A)/ your help, (B)/ can I? (C)/ No error (D).

55. I am tired (A)/ so I'll lay down (B)/ and take rest. (C)/ No error (D).

56. If her grandfather (A)/ would have lived three more days (B)/ he would have been 100 years old. (C)/ No error (D).

Directions (Qs. Nos. 57 to 61): *Sentences are given with blanks to be filled in with an appropriate word(s). Four alternatives are suggested for each question. Choose the correct alternative out of the four and indicate it by blackening the appropriate oval [▬] in the Answer Sheet.*

57. She thanked Vishal as she could reach the station on time ______ his help.
A. since B. for
C. with D. in

58. My ______ brother is called Arhaan.
A. older B. oldest
C. senior D. elder

59. The lawyer has plenty of ______ .
A. criminals B. buyers
C. customers D. clients

60. "I have brought the book. It's ______ !" Ravi said assertively to all the boys present.
A. mine B. my
C. me D. myself

61. "The project is good, but there is ______ missing to make it an excellent work," the engineer commented.
A. everything B. anything
C. something D. nothing

Directions (Qs. Nos. 62 to 64): *Out of the four alternatives, choose the one which best expresses the meaning of the given word and mark it in the Answer Sheet.*

62. Fortitude
A. Prudence B. Support
C. Courage D. Sincerity

63. Imply
A. Conclude B. Connote
C. Confirm D. Comply

64. Vigilant
A. Intelligent B. Ambitious
C. Smart D. Watchful

Directions (Qs. Nos. 65 to 67): *Choose the word opposite in meaning to the given word and mark it in the Answer Sheet.*

65. Feeble
A. Rickety B. Weak
C. Infirm D. Robust

66. Adulterate
A. Contaminate B. Purify
C. Wash D. Stain

67. Vain
A. Conceited B. Egotistic
C. Humble D. Proud

Directions (Qs. Nos. 68 to 72): *Four alternatives are given for the Idiom/Phrase. Choose the alternative which best expresses the meaning of the Idiom/Phrase and mark it in the Answer Sheet.*

68. A cry in wilderness
A. a cry in vain
B. an unpleasant situation
C. a cry in disgrace
D. a cry with a laughter

69. To rock the boat
A. to conspire against
B. to create difficulties
C. to agitate against
D. to upset the balance

70. To beat the air
A. to make a great effort
B. to act intelligently
C. to make efforts that are useless and/or vain
D. to make every possible effort

71. See through
A. to persist with something
B. to see off
C. to detect the true nature
D. to ignore something

72. To give airs
A. exhale B. inhale
C. boast D. humble

Directions (Qs. Nos. 73 to 79) : *A part of the sentence is underlined. Below are given alternatives to the underlined part at A, B, C which may improve the sentence. Choose the correct alternative. In case no improvement is needed, your answer is D. Mark your answer in the Answer Sheet.*

73. She is my <u>better half.</u>
A. wife B. Mrs.
C. partner D. No improvement

74. The Prime Minister has gone to Brazil, <u>isn't it?</u>
A. has he? B. hasn't he?
C. didn't he? D. No improvement

75. They <u>were congratulated him for</u> his birthday.
A. congratulated him for
B. were congratulated him on
C. congratulated him on
D. No improvement

76. My <u>cousin sister</u> is a teacher.
A. cousin B. cousin's sister
C. cousin brother D. No improvement

77. The news is <u>so good but it can't</u> be true.
A. too good to B. very good to
C. rather good to D. No improvement

78. I <u>had lived</u> in this house since 2005.
A. am living B. have been living
C. have lived D. No improvement

79. Keeping away from controversy is <u>best policy.</u>
A. a better policy B. the best policy
C. most best policy D. No improvement

Directions (Qs. Nos. 80 to 83) : *Out of the four alternatives choose the one which can be substituted for the given words/sentence.*

80. Impossible to decipher, make out or read.
A. eligible B. intelligible
C. illegible D. ambiguous

81. Careful not to harm or inconvenience others.
A. humble B. considerate
C. obstinate D. rash

82. One who finds it easy to produce new and original ideas and things.
A. impulsive B. creative
C. hospitable D. bright

83. Done with good judgement.
A. eminent B. judicious
C. enviable D. judicial

Directions (Qs. Nos. 84 and 85) : *There are four different words out of which one is correctly spelt. Find the correctly spelt word and indicate it by blackening the appropriate oval [▀] in the Answer Sheet.*

84. A. grammar B. gramer
C. grammer D. gramar

85. A. imidate B. imidiate
C. immediate D. imidiat

Directions (Qs. Nos. 86 to 100) : *You have following two brief passages with 10 questions in passage I and 5 questions in passage II. Read the passages carefully and fill in the blanks with suitable words out of the four alternatives given.*

Passage I

Beggars have found a new way of making money. They seek <u>86</u> via SMS, requesting to credit sums <u>87</u> from ₹ 10 to ₹ 100. They explain their <u>88</u> and end the message with a statement of <u>89</u>. "Those who are God-fearing will definitely <u>90</u> to their request and will be heaped with <u>91</u> as a reward for their good <u>92</u>." Many also send heavenly pictures of <u>93</u>. Quite a few people <u>94</u> and give away alms. They <u>95</u> that they are giving money in the name of God, irrespective of who the receiver is.

86. A. donation B. loan
C. alms D. favour

87. A. differing B. ranging
C. fluctuating D. producing

88. A. problem B. difficulty
C. task D. duty

89. A. dependence B. morality
C. immorality D. faith

90. A. leap B. heed
C. forward D. think

91. A. curse B. cruelty
C. blessings D. tensions

92. A. deed B. work
C. task D. job

93. A. river B. hell
C. garden D. paradise

94. A. take action B. respond
C. argue D. quarrel

95. A. argue B. consider
C. believe D. imagine

Passage II

Left-handed persons can do certain things better than those who are right-handed. They generally find it more <u>96</u> to learn languages and mathematics, but have an advantage when it <u>97</u> to music or sports. Recent research shows that the reason for <u>98</u> or right-handedness, and the qualities <u>99</u> go with each of these, <u>100</u> lie in differences in the construction of the brain.

96. A. easy B. difficult
C. hard D. rigid

97. A. come B. came
C. comes D. coming

98. A. left B. right
C. lame D. handicapped

99. A. those B. these
C. who D. that

100. A. might B. must
C. may D. need

भाग – III: मात्रात्मक अभिक्षमता

101. श्रृंखला 2, 9, 28, 65, 126, 216, 344 में गलत संख्या है :

A. 9 B. 65
C. 216 D. इनमें से कोई नहीं

102. आठ क्रमिक संख्याएँ दी गई हैं। यदि मध्य में आने वाली दो संख्याओं का औसत 4.5 है, तो आठ दी गई संख्याओं का योगफल है :

A. 36 B. 48
C. 54 D. 64

103. यदि $(1 \times 2 \times 3 \times 4 \times \ldots \times n) = \underline{|n}$, तो $(\underline{|14} - \underline{|13} - \underline{|12})$ किसके बराबर है?

A. $14 \times 12 \times (\underline{|12})$ B. $14 \times 12 \times (\underline{|13})$
C. $14 \times 13 \times (\underline{|13})$ D. $13 \times 12 \times (\underline{|12})$

104. A और B मिलकर एक काम को 12 दिन में पूरा कर लेते हैं, जबकि B अकेला उसे 30 दिन में पूरा कर सकता है। A अकेला उस काम को कितने दिन में पूरा कर सकता है?

A. 15 दिन B. 18 दिन
C. 20 दिन D. 25 दिन

105. A और B मिलकर एक काम को 12 दिन में पूरा कर सकते हैं। A की कुशलता B से दुगुनी है। B अकेला उस काम को कितने दिन में पूरा कर सकता है?

A. 36 B. 12
C. 18 D. 9

106. अंकित कीमत, लागत कीमत से 20% अधिक है। अंकित कीमत पर 20% छूट दी जाती है। इस प्रकार की बिक्री से होता है :

A. न लाभ न हानि B. 4% लाभ
C. 4% हानि D. 2% हानि

107. ₹ 350 अंकित एक कुर्सी 25% तथा 10% के आनुक्रमिक बट्टों पर उपलब्ध है। उस कुर्सी का विक्रय मूल्य है :

A. ₹ 240.25 B. ₹ 242.25
C. ₹ 236.25 D. ₹ 230.25

108. एक व्यापारी अपनी वस्तुओं पर कीमत इस प्रकार अंकित करता है कि 15% का बट्टा देने के बाद वह 20% लाभ कमाता है। जिस वस्तु की लागत कीमत ₹ 170 है, उसकी अंकित कीमत क्या है?

A. ₹ 220 B. ₹ 200
C. ₹ 240 D. ₹ 260

109. दो प्रकार के स्टेनलेस स्टील में, क्रोमियम और स्टील का अनुपात क्रमशः 2 : 11 और 5 : 21 है। उन दोनों को किस अनुपात में मिलाया जाए जिससे मिश्रित प्रकार में क्रोमियम और स्टील का अनुपात 7 : 32 हो जाए?

A. 1 : 2 B. 1 : 3
C. 2 : 3 D. 3 : 4

110. ₹ 7,000 की राशि A, B, C में इस प्रकार विभाजित की गई है कि A तथा B के अंश 2 : 3 के अनुपात में हैं और B तथा C के अंश 4 : 5 के अनुपात में हैं। B का हिस्सा है :

A. ₹ 1,600 B. ₹ 2,000
C. ₹ 2,400 D. ₹ 3,000

111. ₹ 126 प्रति किग्रा और ₹ 135 प्रति किग्रा की चाय को एक तीसरी किस्म में 1 : 1 : 2 के अनुपात में मिलाया गया है। यदि मिश्रण ₹ 153 प्रति किग्रा का हो, तो तीसरी किस्म की कीमत प्रति किग्रा होगी :

A. ₹ 169.5 B. ₹ 170.0
C. ₹ 175.5 D. ₹ 180.0

112. मध्याह्न में, एक छात्रा ने 60 पृष्ठ प्रतिघंटे की दर से 100 पृष्ठ पढ़े। सायंकाल में, जब वह थकी हुई थी, उसने 40 पृष्ठ प्रतिघंटा की दर से 100 पृष्ठ और पढ़े। उसकी पढ़ने की औसत दर, पृष्ठ प्रतिघंटा में क्या थी?

A. 48 B. 50
C. 60 D. 70

113. एक स्कूल के 34 छात्रों का माध्य भार 42 किग्रा है। यदि अध्यापक का भार भी शामिल कर दिया जाए, तो माध्य भार 400 ग्राम बढ़ जाता है। अध्यापक का भार (किग्रा में) ज्ञात कीजिए।

A. 66 B. 56
C. 55 D. 57

114. एक क्रिकेटर का 10 पारियों में रनों का औसत 60 है। ग्यारहवीं पारी में वह कितने रन बनाए ताकि उसका औसत बढ़कर 62 रन हो जाए?

A. 80 B. 81
C. 83 D. 82

115. एक व्यापारी एक कलाई घड़ी और एक दीवार घड़ी ₹ 390 में खरीदता है। वह उन्हें बेचकर कलाई घड़ी पर 10% लाभ कमाता है और दीवार घड़ी पर 15%। वह कुल ₹ 51.50 लाभ कमाता है। दीवार घड़ी और कलाई घड़ी की मूल कीमतों में अंतर है :

A. ₹ 110 B. ₹ 100
C. ₹ 80 D. ₹ 120

116. एक विक्रेता अपनी लागत कीमत पर 13% लाभ की आशा करता है। यदि एक माह में उसकी बिक्री ₹ 7,91,000 थी, तो उसका लाभ कितना था?

A. ₹ 91,000 B. ₹ 97,786
C. ₹ 85,659 D. ₹ 88,300

117. एक व्यापारी ने अपनी लागत कीमत पर 40% लाभ जोड़ने के बाद अपनी वस्तुओं की विक्रय कीमत ₹ 700 निर्धारित की। क्योंकि कीमत के इस स्तर पर बिक्री बहुत कम थी, अतः उसने 10% लाभ पर विक्रय कीमत तय करने का निर्णय लिया। नई विक्रय कीमत ज्ञात कीजिए।

A. ₹ 450 B. ₹ 490
C. ₹ 500 D. ₹ 550

118. A अपने मासिक वेतन का 20% बचाता है। यदि उसका मासिक व्यय ₹ 6,000 है, तो उसकी मासिक बचत है :

A. ₹ 1,200 B. ₹ 4,800
C. ₹ 1,500 D. ₹ 1,800

119. 2008 से 2009 तक, एक पुस्तक की बिक्री 80% कम हो गई। यदि 2010 में बिक्री उतनी ही हुई जितनी 2008 में हुई थी, तो 2009 से 2010 में कितने प्रतिशत वृद्धि हुई?

A. 80% B. 100%
C. 120% D. 400%

120. एक बस की चाल 72 किमी/घं. है। बस द्वारा 5 सेकण्ड में तय की गई दूरी है :

A. 50 मी. B. 74.5 मी.
C. 100 मी. D. 60 मी.

121. दो आदमी एक साथ कुछ दूरी चलना शुरू करते हैं, एक 4 किमी/घं. पर और दूसरा 3 किमी/घं. पर। पहले वाला दूसरे से आधा घंटा जल्दी पहुँच जाता है। दूरी ज्ञात कीजिए।

A. 6 किमी B. 9 किमी
C. 8 किमी D. 7 किमी

122. एक आदमी किसी बैंक में 10% प्रतिवर्ष साधारण ब्याज की दर से ₹ 12,000 सावधि निक्षेप में जमा करता है। परन्तु किसी कारण से उसे सम्पूर्ण राशि 3 वर्ष के बाद वापस लेनी पड़ती है, जिसके लिए बैंक ने उसे ब्याज की कम दर दी। यदि उसे उससे ₹ 3,320 कम मिले जो उसे 5 वर्षों के अंत में मिले होते, तो बैंक द्वारा दी गई ब्याज की दर है :

A. $7\frac{8}{9}\%$ B. $8\frac{7}{9}\%$

C. $7\frac{5}{9}\%$ D. $7\frac{4}{9}\%$

123. ₹ 30,000 पर 7% प्रतिवर्ष की दर से कुछ अवधि के लिए चक्रवृद्धि ब्याज ₹ 4,347 है। अवधि है :

A. 2 वर्ष B. 2.5 वर्ष
C. 3 वर्ष D. 4 वर्ष

124. एक प्रिज्म का आधार एक समकोण त्रिभुज है जिसकी समकोण के आसन्न भुजाएँ 10 सेमी और 12 सेमी लंबी हैं। प्रिज्म की ऊँचाई 20 सेमी है। प्रिज्म की सामग्री का घनत्व 6 ग्राम/घन सेमी है। प्रिज्म का भार है :

A. 3.4 किग्रा. B. 4.8 किग्रा.
C. 6.4 किग्रा. D. 7.2 किग्रा.

125. 4 सेमी, 6 सेमी और 8 सेमी त्रिज्याओं वाले तीन वृत्त एक-दूसरे को युग्म-वार बाहर से स्पर्श करते हैं। तीनों वृत्तों के केन्द्रों को जोड़ने वाले रेखाखंडों से बने त्रिभुज का क्षेत्रफल है :

A. $6\sqrt{6}$ वर्ग सेमी B. $24\sqrt{6}$ वर्ग सेमी

C. $144\sqrt{13}$ वर्ग सेमी D. $12\sqrt{105}$ वर्ग सेमी

126. एक लंबवृत्तीय शंकु के आधार की त्रिज्या को दुगुना कर दिया गया। आयतन उतना ही रखने के लिए शंकु की ऊँचाई हो जाएगी :

A. पहली ऊँचाई से आधी
B. पहली ऊँचाई से एक-तिहाई
C. पहली ऊँचाई से एक-चौथाई
D. पहली ऊँचाई का $\frac{1}{\sqrt{2}}$ गुणा

127. एक शंकु और एक बेलन के आधार की त्रिज्या वही है 6 सेमी; उनकी ऊँचाई भी वही है 8 सेमी। बेलन और शंकु के वक्रपृष्ठों का अनुपात है :

A. 4 : 3 B. 5 : 3
C. 8 : 5 D. 8 : 3

128. एक समद्विबाहु त्रिभुज की प्रत्येक समान भुजा और तीसरी भुजा की लंबाई का अनुपात 3 : 4 है। यदि त्रिभुज का क्षेत्रफल $18\sqrt{5}$ वर्ग एकक है, तो तीसरी भुजा है :

A. $8\sqrt{2}$ एकक B. 12 एकक
C. 16 एकक D. $5\sqrt{10}$ एकक

129. 21 सेमी त्रिज्या वाले एक वृत्त में एक चाप केंद्र पर 72° का कोण बनाती है। चाप की लंबाई है :

A. 13.2 सेमी B. 19.8 सेमी
C. 21.6 सेमी D. 26.4 सेमी

130. $7x - 3y = 2$ के ग्राफ का x-अंतःखण्ड (इन्टरसेप्ट) है :

A. $\frac{2}{5}$ B. $\frac{2}{7}$
C. $\frac{3}{4}$ D. $\frac{3}{7}$

131. यदि $x=\sqrt{3}+\sqrt{2}$, तो $\left(x+\frac{1}{x}\right)$ का मान है :

A. 2 B. 3
C. $2\sqrt{2}$ D. $2\sqrt{3}$

132. यदि $p + q = 10$ और $pq = 5$, तो $\frac{p}{q}+\frac{q}{p}$ का संख्यात्मक मान होगा :

A. 22 B. 18
C. 16 D. 20

133. यदि $a+\frac{1}{a}=\sqrt{3}$, तो $a^6-\frac{1}{a^6}+2$ का मान होगा :

A. $3\sqrt{3}$ B. 5
C. 1 D. 2

134. एक वर्ग PQRS के भीतर एक समबाहु त्रिभुज TQR बनाया गया है। कोण PTS का मान डिग्री में है :

A. 75 B. 90
C. 120 D. 150

135. यदि a, b और c एक त्रिभुज की भुजाएँ हैं और $a^2 + b^2 + c^2 = ab + bc + ca$, तो त्रिभुज है :

A. समबाहु B. समद्विबाहु
C. समकोण D. अधिक कोणीय

136. 3 सेमी त्रिज्याओं वाले दो समान वृत्तों के केंद्रों के बीच दूरी 10 सेमी है। अनुप्रस्थ उभयनिष्ठ स्पर्श रेखा की लंबाई है :

A. 4 सेमी B. 6 सेमी
C. 8 सेमी D. 10 सेमी

137. यदि एक समकोण त्रिभुज का परिमाप 56 सेमी है और त्रिभुज का क्षेत्रफल 84 वर्ग सेमी है, तो कर्ण की लंबाई (सेमी में) है :

A. 7 B. 24
C. 25 D. 50

138. Δ ABC में, $\angle A = 30^\circ$, $\angle B = 60^\circ$। वृत्तीय माप में $\angle C$ ज्ञात करें।

A. $\frac{\pi^c}{6}$ B. $\frac{\pi^c}{2}$
C. $\frac{2\pi^c}{3}$ D. $\frac{3\pi^c}{4}$

139. यदि $\cos\theta + \sec\theta = 2$, तो $\cos^6\theta + \sec^6\theta$ का मान है :

A. 1 B. 2
C. 4 D. 8

140. बिन्दु P पर खड़ा एक आदमी एक टॉवर के शिखर को देख रहा है जो 30° का उन्नयन कोण बनाता है। आदमी टॉवर की ओर कुछ दूर चलता है और टॉवर

के शिखर पर उसका उन्नयन कोण 60° बन जाता है। यदि टॉवर की ऊँचाई 30 मी. है, तो उसके द्वारा चली गई दूरी है :

A. 20 मी. B. $20\sqrt{3}$ मी.

C. 22 मी. D. $22\sqrt{3}$ मी.

निर्देश (141 से 145) : *निम्नलिखित वृत्तारेख में किसी एक वर्ष में 360 छात्रों की परीक्षा में उपलब्धि दिखाई गई है। वृत्तारेख का अध्ययन करें और प्रश्नों के उत्तर दें।*

141. प्रथम श्रेणी में उत्तीर्ण छात्रों की संख्या है :
A. 45 B. 54
C. 64 D. 74

142. दूसरी श्रेणी में उत्तीर्ण छात्रों की संख्या प्रथम श्रेणी में उत्तीर्ण छात्रों की संख्या से कितनी अधिक है?
A. 111 B. 112
C. 109 D. 108

143. उत्तीर्ण छात्रों का अनुत्तीर्ण छात्रों के साथ अनुपात है :
A. 9 : 1 B. 5 : 1
C. 1 : 9 D. 2 : 7

144. परीक्षा में अनुत्तीर्ण होने वाले छात्रों का प्रतिशत है :
A. 20% B. 36%
C. 10% D. 30%

145. दूसरी या तीसरी श्रेणी में उत्तीर्ण होने वाले छात्रों की कुल संख्या है :
A. 162 B. 270
C. 108 D. इनमें से कोई नहीं

निर्देश (प्र.सं. 146 से 150) : *निम्न अनुप्रस्थ पट्टी आरेख दुर्घटनाएँ दर्शाता है जिनमें दुपहिया सम्मिलित हैं, अन्य वाहनों के साथ। आरेख का अध्ययन करें और प्रश्नों के उत्तर दें।*

टकराए वाहन

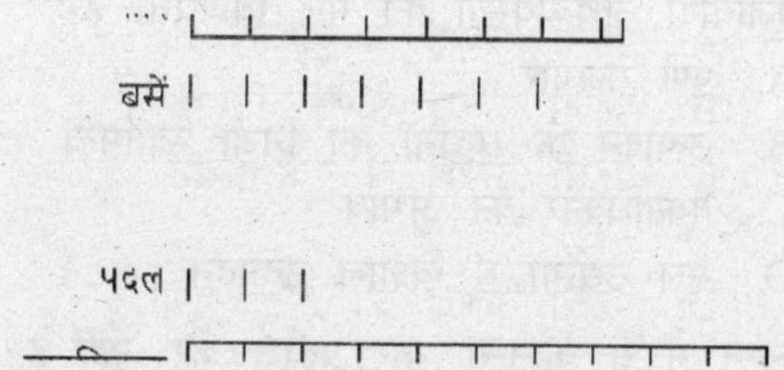

146. दुर्घटनाओं का प्रतिशत जिनमें पैदल और साइकल सवार शामिल हैं, है :
A. 60 B. 20.4
C. 24 D. 6

147. जिन दुर्घटनाओं में बसें शामिल हैं उनका प्रतिशत उन दुर्घटनाओं से कितना कम है जिनमें टैंकर लॉरी शामिल हैं?
A. 40 B. 28
C. 6 D. 4

148. जिन दुर्घटनाओं में दुपहिया एवं दुपहिया और दुपहिया एवं अन्य वाहन शामिल हैं उनके बीच प्रतिशत में अंतर है क्रमश :
A. 54, अधिक B. 54, कम
C. 77, अधिक D. 77, कम

149. 60% दुर्घटनाओं के कारण हैं :
A. दुपहिया, कारें, बसें और खड़े वाहन
B. दुपहिया, कारें, बसें और टैंकर लॉरी
C. कारें, बसें, टैंकर लॉरी और पैदल
D. कारें, टैंकर लॉरी, बाइसिकल और खड़े वाहन

150. यदि पट्टी आरेख की सूचना वृत्तारेख में दिखाई जाए और वृत्तारेख के एक खण्ड का कोण 36° हो, तो यह खण्ड दर्शाएगा दुर्घटना जिसमें शामिल हों :
A. बसें B. खड़े वाहन
C. पैदल D. बाइसिकल

भाग – IV: सामान्य जानकारी

151. पूँजीवादी अर्थव्यवस्था की मूल विशेषता है :
A. पूर्ण रोजगार
B. उत्पादन के साधनों का निजी स्वामित्व
C. एकाधिकार का अभाव
D. मूल उद्योगों में विशाल उत्पादन

152. निम्न में से कौन-सा कर प्रत्यक्ष कर ***नहीं*** है?
A. उपहार कर B. संपत्ति कर
C. बिक्री कर D. संपदा शुल्क

153. UNDP बनाता है :
A. कीमत स्तर का सूचकांक
B. भौतिक गुणता सूचकांक
C. मानव विकास सूचकांक
D. जीवन स्तर सूचकांक

154. राजकोषीय नीति से आशय है :
A. आर.बी.आई. द्वारा प्रतिभूतियों का क्रय और विक्रय
B. सरकारी कर, व्यय और ऋण
C. सरकार द्वारा विदेशों से ऋण
D. केंद्रीय सरकार द्वारा अपने राजस्व को राज्यों से बाँटना

155. लोकतंत्र में जनमत को आधिकारिक स्वरूप किसके माध्यम से मिलता है?
A. समाचार-पत्र B. संसद
C. प्रभावक समूह D. जन सभाएँ

156. निम्न में से कौन-सा किसी देश की विदेश नीति का निर्धारक तत्त्व ***नहीं*** है?
A. राष्ट्रीय हित
B. परस्पर निर्भरता
C. सांस्कृतिक परिस्थितियाँ
D. धार्मिक परिस्थितियाँ

157. लोक लेखा समिति के अध्यक्ष के रूप में कौन काम करेगा?
A. लोक सभा में विपक्ष का नेता
B. सदन का नेता
C. लोक सभा का अध्यक्ष
D. भारत का उप-राष्ट्रपति

158. सर्वसम्मति से भारत का राष्ट्रपति कौन चुना गया था?
A. डॉ. एस. राधाकृष्णन
B. नीलम संजीवा रेड्डी
C. के.आर. नारायणन
D. डॉ. ए.पी.जे. अब्दुल कलाम

159. संविधान सभा द्वारा भारत का संविधान कब पारित किया गया था?
A. 17 अक्टूबर, 1949 B. 14 नवंबर, 1949
C. 26 नवंबर, 1949 D. 26 जनवरी, 1949

160. चुनाव याचिका पर निर्णय लेने का अधिकार किसमें निहित है?
A. संसद B. उच्चतम न्यायालय
C. उच्च न्यायालय D. चुनाव आयोग

161. 1857 के विद्रोह की विफलता का मुख्य कारण था :
A. अंग्रेजों को फ्रांसीसियों का समर्थन मिला
B. अंग्रेजों की संख्या अधिक थी
C. आयोजन तथा नेतृत्व का अभाव
D. यह असामयिक था

162. *द स्टोरी ऑफ 'माय एक्सपेरिमेन्ट्स विथ ट्रुथ' (The story of 'My Experiments with Truth')* किसकी आत्मकथा है?
A. लाला लाजपत राय
B. गोपाल कृष्ण गोखले
C. बाल गंगाधर तिलक
D. महात्मा गांधी

163. निम्न में से किसने महाराष्ट्र में गणपति उत्सव को अत्यंत लोकप्रिय बना दिया?
A. गोपाल कृष्ण गोखले B. ऐनी बेसेंट
C. महादेव रानाडे D. बाल गंगाधर तिलक

164. बुलंद दरवाजा का निर्माण करने वाला मुगल शासक था :
A. अकबर B. बाबर
C. हुमायूँ D. बहादुर शाह

165. प्रांतों में द्विराज लागू किया गया था :
A. इंडियन काउंसिल्स ऐक्ट, 1861 द्वारा
B. इंडियन काउंसिल्स ऐक्ट, 1892 द्वारा

C. गवर्नमेंट ऑफ इंडिया ऐक्ट, 1919 द्वारा
D. गवर्नमेंट ऑफ इंडिया ऐक्ट, 1935 द्वारा

166. संसार का विशालतम मरुस्थल निम्न में से कौन-सा है?
A. गोबी
B. सहारा
C. द ग्रेट ऑस्ट्रेलियन मरुस्थल
D. अरेबियन मरुस्थल

167. किसी सरिता में अपरदन की दर न्यूनतम होती है जहाँ :
A. चौड़ाई ज्यादा हो
B. वेग अधिक हो
C. नदी समुद्र में मिलती हो
D. गहराई ज्यादा हो

168. नाम 'सह्याद्री' किससे सम्बन्धित है?
A. पश्चिमी घाट B. चक्रवात के जोखिम
C. वर्षावाही पवन D. हिमालय की चोटी

169. निम्न में से कौन-सा मिलान सही ***नहीं*** है?
A. हिमाचल प्रदेश — शिलांग
B. आंध्र प्रदेश — हैदराबाद
C. उत्तर प्रदेश — लखनऊ
D. अरुणाचल प्रदेश — ईटानगर

170. समुद्र की लहरों में भंडारित होती है :
A. द्रवचालित ऊर्जा
B. गतिज ऊर्जा
C. गुरुत्वीय स्थितिज ऊर्जा
D. तीनों प्रकार की ऊर्जाओं का संयोजन

171. विकसित भ्रूण के प्रसव को वैज्ञानिक रूप से कहा जाता है :
A. प्रसव B. अण्डनिक्षेपण
C. गर्भपात D. अण्डोत्सर्ग

172. थायरॉक्सिन हार्मोन स्रावित किया जाता है :
A. पीयूष ग्रंथि से B. अवटु ग्रंथि से
C. अधिवृक्क ग्रंथि से D. वृषण से

173. बिना एन्जाइम वाला पाचक रस है :
A. पित्त B. लार
C. आंत्र-रस D. आमाशय-रस

174. बीज के अंकुरण की एक अनिवार्य विशेषता किसकी मौजूदगी है?
A. खनिज B. जल
C. प्रकाश D. ताप

175. पत्थरों और चट्टानों से लगे पौधे होते हैं :
A. लवणमृदोद्भिद् B. वातोद्भिद् (वायु पादप)
C. बालुकोद्भिद् D. शैलोद्भिद्

176. स्पर्श रोम किसके शरीर में पाया जाता है?
A. कीट B. स्तनपायी
C. सरीसृप D. पक्षी

177. सूर्य में ऊर्जा का स्रोत है :
A. नाभिकीय विखंडन B. नाभिकीय संलयन
C. रेडियोसक्रियता D. वैद्युत ऊर्जा

178. नाभिकीय रिऐक्टर शक्ति जनित्र में निम्न में से कौन-सी सामग्री नियंत्रक के रूप में प्रयोग की जाती है?
A. कैडमियम B. बेरिलियम
C. ग्रैफाइट D. भारी पानी

179. सड़क या रेल की पटरी पर गोलाई की बैंकिंग क्या पैदा करने के लिए की जाती है?
A. अभिकेंद्री बल B. अपकेंद्री बल
C. गुरुत्व बल D. कोणीय वेग

180. संचार के लिए प्रयुक्त एक प्रकार का एप्लिकेशन सॉफ्टवेयर है :
A. एफ.टी.पी. B. शब्द संसाधन
C. डाटाबेस D. इमेज एडिटिंग

181. फ्लॉपी डिस्क होती है :
A. एक अर्धचालक रैंडम-एक्सेस मेमोरी
B. एक एपरोम
C. कम्प्यूटरों में प्रयुक्त एक प्राथमिक मेमोरी
D. चुम्बकीय द्रव्य से निर्मित

182. MDI का पूरा रूप है :
A. मल्टिपल डॉक्युमेंट इंटरफेस
B. मल्टिपल डिजाइन इन्टरफेस
C. मल्टिपल डिजाइन इन्टरएक्शन
D. मल्टिपल डॉक्युमेंट इन्टरएक्शन

183. कार्बन डाइऑक्साइड के वातावरण में लोगों की मृत्यु हो जाती है क्योंकि :

A. यह एक विषैली गैस है
B. यह ऊतकों को नष्ट कर देती है
C. ऑक्सीजन नहीं मिल पाती
D. दम घुट जाता है

184. प्रकाश-संश्लेषण के दौरान प्रकाश-सुग्राहीकारक के रूप में निम्न में से कौन काम करता है?

A. ऑक्सीजन B. नाइट्रोजन
C. पर्णहरित (क्लोरोफिल) D. क्लोरीन

185. यदि विरंजक चूर्ण (ब्लीचिंग पाउडर) को हवा में खुला छोड़ दिया जाए, तो क्या होता है?

A. वह गहरे भूरे रंग का हो जाता है
B. वह पीले रंग का हो जाता है
C. उसकी ऑक्सीजन क्रमशः समाप्त हो जाती है
D. उसकी क्लोरीन क्रमशः समाप्त हो जाती है

186. आर्सेनिक प्रदूषण से होता है :

A. व्हाइट फुट रोग B. ब्लैक फुट रोग
C. डिस्लेक्सिया D. प्रत्यूर्जता (ऐलर्जी)

187. निम्न में से कौन-सा प्रदूषण में योगदान ***नहीं*** करता?

A. ऊष्मीय शक्ति संयंत्र
B. न्यूक्लीय शक्ति संयंत्र
C. जलविद्युत् शक्ति संयंत्र
D. परमाणु शक्ति संयंत्र

188. शुष्क वायु के दो मुख्य घटक (आयतन से) निम्न में से कौन-से हैं?

A. नाइट्रोजन और ऑक्सीजन
B. ऑक्सीजन और आर्गन
C. नाइट्रोजन और अमोनिया
D. ऑक्सीजन और कार्बन डाइऑक्साइड

189. निम्न में से कौन-सा एक सरित् (लोटिक) पारिस्थितिक तंत्र का उदाहरण ***नहीं*** है?

A. सरिता B. लैगून (समुद्रताल)
C. तालाब D. मुहाना

190. दिन के समय औद्योगिक क्षेत्र में अनुमत शोर का स्तर है :

A. 40 dB (A) B. 75 dB (A)
C. 120 dB (A) D. 140 dB (A)

191. पाकिस्तान की पूर्व प्रधानमंत्री बेनजीर भुट्टो की हत्या हुई थी :

A. हैदराबाद में B. कराची में
C. रावलपिंडी में D. इस्लामाबाद में

192. निम्न में से कौन-सा मिलान सही है?

	अनुसंधान संस्थान		***मुख्यालय***
A.	चर्म अनुसंधान संस्थान	—	लखनऊ
B.	चावल अनुसंधान संस्थान	—	कटक
C.	रेशम अनुसंधान संस्थान	—	बेंगलुरु
D.	शर्करा अनुसंधान संस्थान	—	चेन्नई

193. किसको स्नेह से ''ग्रैंड ओल्ड मैन ऑफ इंडिया'' कहा जाता था?

A. गोपाल कृष्ण गोखले
B. महात्मा गाँधी
C. बाल गंगाधर तिलक
D. दादाभाई नौरोजी

194. भारत ने .... व्हीलर द्वीप से अपने अग्नि-V, पृथ्वी-से-पृथ्वी आई.सी.बी.एम. का सफल परीक्षण विस्फोट किया।

A. 7 मार्च, 2012 को B. 7 अप्रैल, 2012 को
C. 17 मार्च, 2012 को D. 19 अप्रैल, 2012 को

195. विषम मद चुनिए।

A.	IDBI	—	औद्योगिक वित्त
B.	SIDBI	—	लघु उद्योगों को वित्तीय सहायता
C.	FCI	—	वाणिज्यिक संस्थाओं को वित्तीय सहायता
D.	EXIM बैंक	—	आयात-निर्यात व्यापार का वित्तीयन

196. बारहवीं पंचवर्षीय योजना की अवधि है :

A. 2010–2015 B. 2011–2016
C. 2012–2017 D. 2013–2018

197. पुरुष तथा महिला साक्षरता में अधिकतम अंतर वाला राज्य है :

A. उत्तर प्रदेश B. मध्य प्रदेश
C. राजस्थान D. केरल

198. "Better to reign in hell than serve in heaven."
ये शब्द किसने कहे थे?

A. विलियम शेक्सपियर B. मिल्टन
C. विलियम वर्ड्सवर्थ D. लॉर्ड टेनिसन

199. व्यापक परीक्षण निषेध संधि (सी.टी.बी.टी.) निम्न में से किस पर निषेध से सम्बन्धित है?

A. संयुक्त राज्य नियमों के अंतर्गत कुछ संस्थाओं पर निषेध
B. धन लुटाने की गतिविधियों पर निषेध
C. शस्त्रागारों के विकास के लिए नाभिकीय परीक्षणों पर निषेध
D. आतंकवाद पर निषेध

200. पुलित्जर पुरस्कार निम्न में से किसके साथ सम्बन्धित है?

A. पर्यावरण की सुरक्षा B. सिविल विमानन
C. पत्रकारिता D. ओलिम्पिक खेल

उत्तरमाला

1	2	3	4	5	6	7	8	9	10
C	D	A	C	D	C	B	D.	B	D
11	**12**	**13**	**14**	**15**	**16**	**17**	**18**	**19**	**20**
D	B	C	D	C	C	C	D	C	C
21	**22**	**23**	**24**	**25**	**26**	**27**	**28**	**29**	**30**
B	B	C	B	B	C	C	D	B	A
31	**32**	**33**	**34**	**35**	**36**	**37**	**38**	**39**	**40**
D	B	D	D	C	D	C	B	C	B
41	**42**	**43**	**44**	**45**	**46**	**47**	**48**	**49**	**50**
A	A	A	D	A	B	C	D	D	D
51	**52**	**53**	**54**	**55**	**56**	**57**	**58**	**59**	**60**
A	C	A	C	B	B	C	D	D	A
61	**62**	**63**	**64**	**65**	**66**	**67**	**68**	**69**	**70**
C	C	B	D	D	B	C	A	D	C
71	**72**	**73**	**74**	**75**	**76**	**77**	**78**	**79**	**80**
C	C	A	B	C	A	A	B	B	C
81	**82**	**83**	**84**	**85**	**86**	**87**	**88**	**89**	**90**
B	B	B	A	C	C	B	A	D	B
91	**92**	**93**	**94**	**95**	**96**	**97**	**98**	**99**	**100**
C	A	D	B	C	B	C	A	D	C
101	**102**	**103**	**104**	**105**	**106**	**107**	**108**	**109**	**110**
C	A	A	C	A	C	C	C	A	C
111	**112**	**113**	**114**	**115**	**116**	**117**	**118**	**119**	**120**
C	A	B	D	A	A	D	C	D	C
121	**122**	**123**	**124**	**125**	**126**	**127**	**128**	**129**	**130**
A	D	A	D	B	C	C	B	D	B
131	**132**	**133**	**134**	**135**	**136**	**137**	**138**	**139**	**140**
D	B	D	D	A	C	C	B	B	B
141	**142**	**143**	**144**	**145**	**146**	**147**	**148**	**149**	**150**
B	D	A	C	B	C	D	B	A	B

151	152	153	154	155	156	157	158	159	160
B	C	C	B	B	D	A	B	C	D
161	**162**	**163**	**164**	**165**	**166**	**167**	**168**	**169**	**170**
C	D	D	A	C	B	A	A	A	D
171	**172**	**173**	**174**	**175**	**176**	**177**	**178**	**179**	**180**
A	B	A	B	D	A	B	A	A	A
181	**182**	**183**	**184**	**185**	**186**	**187**	**188**	**189**	**190**
D	A	C	C	D	B	C	A	C	B
191	**192**	**193**	**194**	**195**	**196**	**197**	**198**	**199**	**200**
C	B	D	D	C	C	C	B	C	C

कुछ चुने हुए प्रश्नों के व्याख्यात्मक उत्तर

1. जिस तरह आभूषण सोना से बनाया जाता है, उसी तरह फर्नीचर लकड़ी से बनाया जाता है।

3. R I G : O F D :: M E T : J B Q

–3 –3 –3 –3 –3 –3

4.

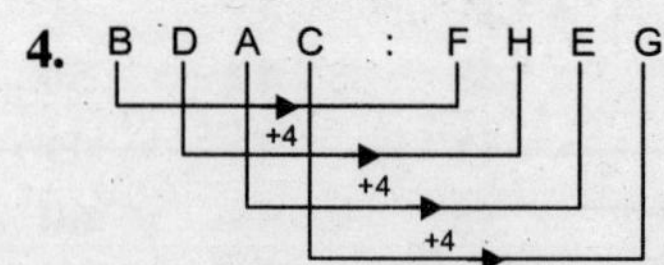

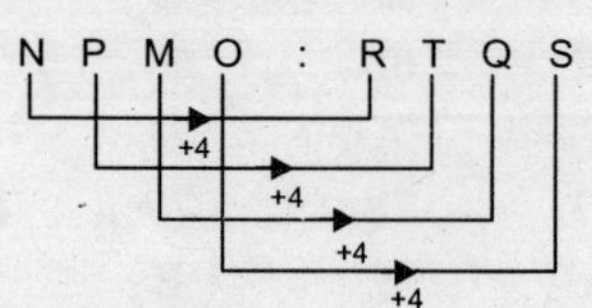

5. 49 : 64 :: 144 : ?

$(7)^2 : (8)^2 :: (12)^2 : (13)^2$

$(13)^2 = 169$

6. S H O E : N C J Z

–5 –5 –5 –5

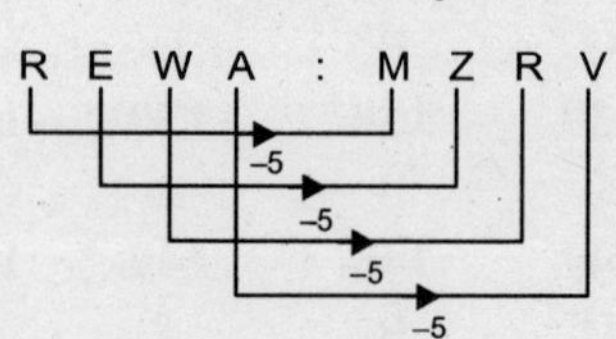

9. विकल्प B क्राइम-आरोप को छोड़कर बाकी सारे विकल्प विपरीतार्थक शब्द के उदाहरण हैं।

10. विकल्प D 144 को छोड़कर बाकी सारे विकल्प किसी पूर्ण संख्या के घन हैं।

11. किसी यात्रा के प्रारंभ की हम योजना बनाते हैं। तब उचित टिकट खरीदकर हम गाड़ी पर चढ़कर यात्रा पूरा कर अपने गंतव्य पर पहुंचते हैं।

12. एक बीमार व्यक्ति चिकित्सक के पास जाकर निदान के लिए इलाज कराता है और उसे स्वास्थ्यलाभ प्राप्त होता है।

13. Gender, General, Genesis, Gentle, Genuine.

14. V, VIII XI, XIV, XVII XX

(5), (8), (11), (14), (17), (20)

15. 3463 (3463 – 1245 = 2218) 1245

5324 (5324 – 3626 = 1698) 3626

16. XGH , WIJ , VKL , UMN , TOP

–1 –1 –1 –1

+1 +1 +1 +1

17. SCD , TEF , UGH , VIJ , WKL

+1 +1 +1 +1

+1 +1 +1 +1

18. K > B > Y > J

19. माना कि माँ की वर्तमान आयु x है।

तब व्यक्ति की आयु = $\frac{2}{5}x$

8 वर्षों के बाद की आयु,

$$\frac{2}{5}x+8=\frac{x}{2}+4$$

$$\frac{x}{2}-\frac{2}{5}x=8-4$$

$$\frac{(5-4)x}{10}=4$$

$$x = 40 \text{ वर्ष}$$

24.

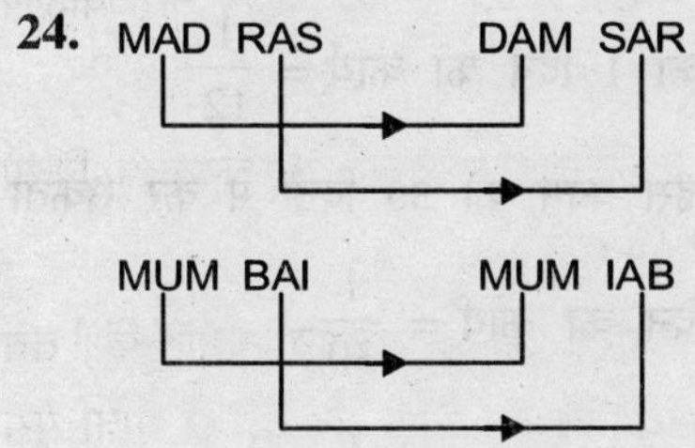

25.

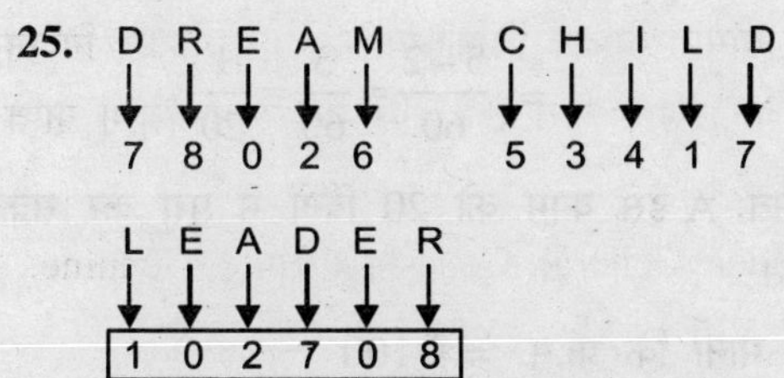

27. 7, 8, 10, 13, 17, 22

+1 +2 +3 +4 +5

28. 69, 72, 78, 87, 99, 114

+3 +6 +9 +12 +15

29. 1 8 $(1)^3$ $(2)^3$

? 27 $(4)^3$ $(3)^3$

30. 48, 82, 44, 77, 40, 72, 36

–4 –4 –4

–5 –5

31. 364 $(2 \times \{437 - 364\})$ 437

574 $(2 \times \{641 - 574\})$ 641

32. विद्यार्थियों की संख्या

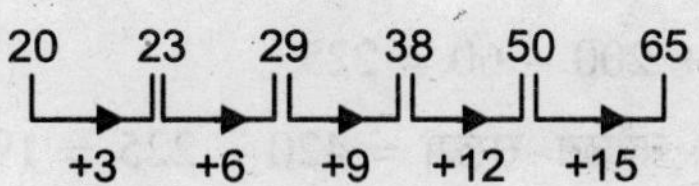

33.

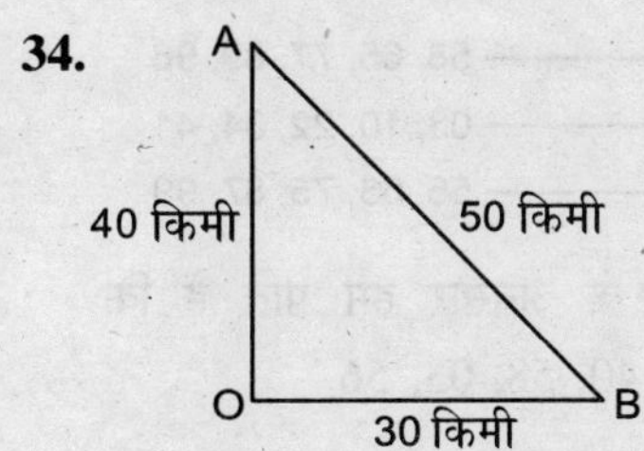

34.

पहले कार के द्वारा 2 घंटों में तय की गई दूरी OA = 20 × 2 = 40 किमी।

दूसरे कार के द्वारा 2 घंटों में तय की गई दूरी OB = 15 × 2 = 30 किमी।

2 घंटों के बाद उनके बीच की दूरी

$$AB = \sqrt{(OA)^2+(OB)^2}$$

$$= \sqrt{(40)^2+(30)^2}$$

$$= 50 \text{ किमी}$$

36.

37.

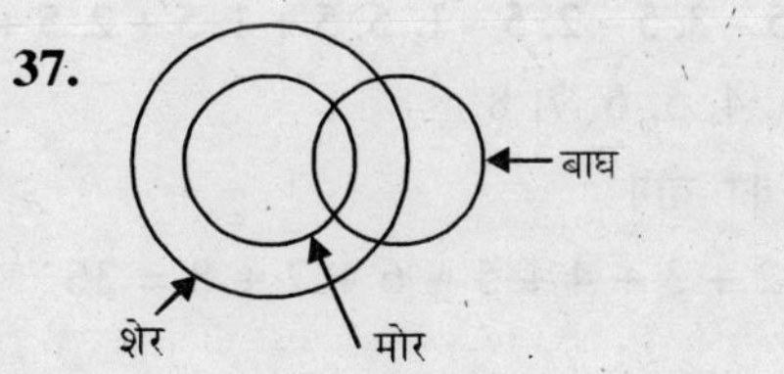

41. शिक्षित नौकरी-पेशा वालों की संख्या

= 12 + 6 = 18

42. कोई भी समाचार-पत्र पढ़नेवालों की संख्या

= 85 + 200 – 60 = 225

इसलिए वांछित संख्या = 420 – 225 = 195

43. व्यक्ति की संख्या जो कोई भी गेम खेलते हो

= 25 + 22 – 16 = 31

वांछित संख्या = 40 – 31 = 9

50. 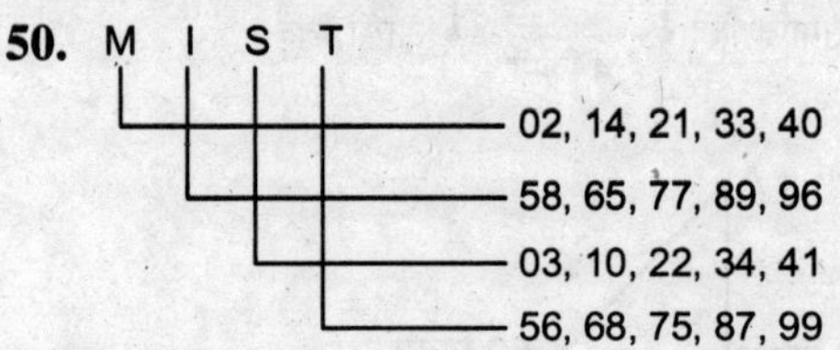

ऊपर के मान के अनुसार हम पाते हैं कि

M I S T $\rightarrow$ 40, 58, 03, 56

101.

2	9	28	65	126	217 216	344
↓	↓	↓	↓	↓	↓	↓
1^3+1	2^3+1	3^3+1	4^3+1	5^3+1	6^3+1	7^3+1

अतः गलत संख्या 216 है।

102. माना कि आठ क्रमिक संख्याएँ इस प्रकार हैं :

$x-4, x-3, x-2, x-1, x, x+1, x+2, x+3$

प्रश्नानुसार,

$$\frac{x-1+x}{2} = 4.5$$

$\Rightarrow \quad 2x - 1 = 2\,(4.5) = 9$

$\Rightarrow \quad 2x = 9 + 1 = 10$

$\Rightarrow \quad x = 5$

शृंखला,

5 – 4, 5 – 3, 5 – 2, 5 – 1, 5, 5 + 1, 5 + 2, 5 + 3

1, 2, 3, 4, 5, 6, 7, 8

शृंखला का योग

= 1 + 2 + 3 + 4 + 5 + 6 + 7 + 8 = 36

103. $\because (1 \times 2 \times 3 \times 4 \times \ldots \times n) = \underline{|n}$

$\therefore (\underline{|14} - \underline{|13} - \underline{|12})$

$= (14 \times 13 \times \underline{|12} - 13 \times \underline{|12} - \underline{|12})$

$= \underline{|12}(14 \times 13 - 13 - 1)$

$= \underline{|12}(14 \times 13 - 14)$

$= \underline{|12} \times 14 \times 12$

$= 14 \times 12 \times \underline{|12}$

104. (A + B) किसी काम को 12 दिनों में करते हैं

(A + B) का 1 दिन का कार्य = $\frac{1}{12}$

B अकेला इस काम को 30 दिनों में कर सकता है

B का 1 दिन का कार्य = $\frac{1}{30}$

A का 1 दिन का कार्य = $\frac{1}{12} - \frac{1}{30}$

$$= \frac{5-2}{60} = \frac{3}{60} = \frac{1}{20}$$

अतः A इस काम को 20 दिनों में पूरा कर सकता है।

106. माना कि क्र.मू. = ₹ 100

अंकित मूल्य = ₹ 100 + 20 = ₹ 120

छूट = $\frac{20}{100} \times 120$ = ₹ 24

विक्रय मूल्य = 120 – 24 = ₹ 96

हानि = क्र.मू. – वि.मू.

= 100 – 96 = ₹ 4

प्रतिशत हानि = $\frac{\text{हानि}}{\text{क्रय मूल्य}} \times 100$

$$= \frac{4}{100} \times 100 = 4\%$$

107. कुर्सी का अंकित मूल्य = ₹ 350

$$\text{पहली छूट} = \frac{25}{100}\times 350 = ₹\ 87.5$$

$$350 - 87.5 = ₹\ 262.5$$

$$\text{दूसरी छूट} = \frac{10}{100}\times 262.5$$

$$= ₹\ 26.25$$

$$\text{विक्रय मूल्य} = 262.5 - 26.25$$

$$= ₹\ 236.25$$

108. क्रय मूल्य = ₹ 170

$$\text{लाभ} = \frac{20}{100}\times 170 = 34$$

विक्रय मूल्य = 170 + 34 = ₹ 204

100 − 15 = 85

जब विक्रय मूल्य 85 है तब अंकित मूल्य = ₹ 100

जब विक्रय मूल्य 204 है तब अंकित मूल्य

$$= \frac{100}{85}\times 204 = \frac{20}{17}\times 204 = 20 \times 12$$

अंकित मूल्य = ₹ 240

109.

क्रोमियम	स्टील
$\frac{2}{13}$	$\frac{11}{13}$
$\frac{5}{26}$	$\frac{21}{26}$

माना कि दोनों को $x : y$ के अनुपात में मिलाया गया।

$$\left(\frac{2}{13}\times\frac{x}{x+y}+\frac{5}{26}\times\frac{y}{x+y}\right) : \left(\frac{11}{13}\times\frac{x}{x+y}+\frac{21}{26}\times\frac{y}{x+y}\right)$$

$$\left(\frac{2x}{13(x+y)}+\frac{5y}{26(x+y)}\right) : \left(\frac{11x}{13(x+y)}+\frac{21y}{26(x+y)}\right)$$

$$\left(\frac{4x+5y}{26(x+y)}\right) : \left(\frac{22x+21y}{26(x+y)}\right)$$

प्रश्नानुसार,

$$\frac{4x+5y}{22x+21y} = \frac{7}{32}$$

$$\Rightarrow \quad 154x + 147y = 128x + 160y$$

$$\Rightarrow \quad 154x - 128x = 160y - 147y$$

$$\Rightarrow \quad 26x = 13y$$

$$\Rightarrow \quad \frac{x}{y} = \frac{13}{26} = \frac{1}{2}$$

अतः $x : y = 1 : 2$

110. A : B = 2 : 3 तथा B : C = 4 : 5

A : B : C = 8 : 12 : 15

$$\text{B का हिस्सा} = \frac{7000}{8+12+15}\times 12$$

$$= \frac{7000}{35}\times 12 = ₹\ 2400$$

111. प्रथम दो किस्म की चाय को बराबर अनुपात में मिलाया गया।

$$\text{इसलिए इसका औसत मान} = \frac{126+135}{2} = ₹\ 130.50$$

माना कि तीसरी किस्म की कीमत प्रति किलोग्राम = ₹ x तो दो तरह की मिश्रण में एक की कीमत ₹ 130.50 प्रति किलोग्राम तथा दूसरे की कीमत ₹ x प्रति किलोग्राम 2 : 2 यानी 1 : 1 के अनुपात में मिलाया गया।

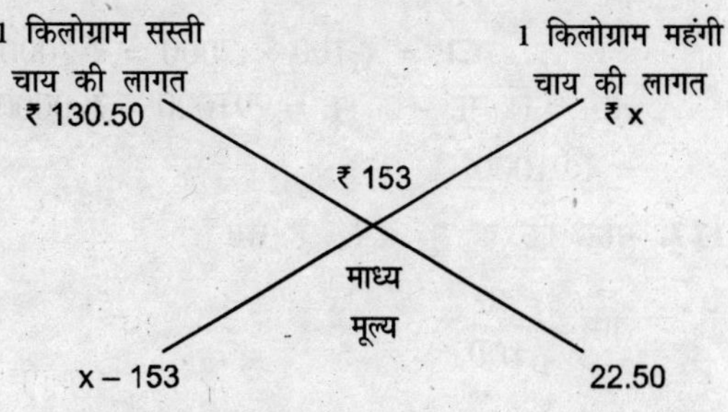

$$\text{अब,} \quad \frac{x-153}{22.50} = 1$$

$$\Rightarrow \quad x - 153 = 22.50$$

$$\therefore \quad x = ₹\ 175.50$$

112. 60 पृष्ठ 1 घंटे में पढ़े गए

100 पृष्ठ $\frac{1}{60}\times100=\frac{5}{3}$ घंटे में पढ़े गए

फिर, 40 पृष्ठ 1 घंटे में पढ़े गए

100 पृष्ठ $\frac{1}{40}\times100=\frac{5}{2}$ घंटे में पढ़े गए

औसत दर = $\frac{200}{\frac{5}{3}+\frac{5}{2}}=\frac{200\times6}{25}$ = 48 पृष्ठ प्रतिघंटा

113. 34 छात्रों का कुल भार

= 34 × 42 = 1428 किग्रा

अध्यापक के साथ कुल भार

= 35 × 42.4 = 1484 किग्रा

अतः अध्यापक का भार

= 1484 – 1428 = 56 किग्रा

114. 10 पारियों में कुल रन = 60 × 10 = 600

11 पारियों में कुल रन = 62 × 11 = 682

अतः ग्यारहवीं पारी में बने रन = 682 – 600 = 82

116. माना कि क्रय मूल्य = ₹ 100, लाभ = क्रय मूल्य का 13 प्रतिशत

वि. मू. = 100 + 13 = ₹ 113

जब वि. मू. = ₹ 113 तब क्र. मू. = ₹ 100

जब वि. मू. = ₹ 791000 तब क्र. मू. = $\frac{100}{113}\times791000$

CP = ₹ 100 × 7000 = ₹ 700000

लाभ = वि. मू. – क्र. मू. = 791000 – 700000

= ₹ 91000

117. माना कि क्र. मू. = ₹ x है तब

लाभ = $\frac{40}{100}\times x=\frac{2x}{5}$

वि. मू. = क्र. मू. + लाभ = $x+\frac{2x}{5}=\frac{7x}{5}$

प्रश्नानुसार,

$$\frac{7x}{5}=700$$

$\Rightarrow\quad x=500$

क्र. मू. = ₹ 500

लाभ = 500 का 10 प्रतिशत = $\frac{10}{100}\times500$ = ₹ 50

अतः, नया विक्रय मूल्य = 500 + 50 = ₹ 550

118. जब ₹ 80 खर्च करता है तब मासिक वेतन ₹ 100 है

जब ₹ 6000 खर्च करता है तब मासिक वेतन

= ₹ $\frac{100}{80}\times6000$ = ₹ 7500

बचत = 7500 का 20%

= $\frac{20}{100}\times7500$ = ₹ 1500

अतः, उसकी मासिक बचत = ₹ 1500

120. बस की चाल = 72 किमी/घंटा

= $72\times\frac{5}{18}$ मी./सेकेण्ड

= 20 मी./सेकेण्ड

5 सेकेण्ड में तय की गई दूरी = 20 × 5

= 100 मी.

121. ← × किमी →

पहले आदमी द्वारा लिया गया समय = $\frac{x}{4}$ घंटा

दूसरे आदमी द्वारा लिया गया समय = $\frac{x}{3}$ घंटा

प्रश्नानुसार,

$$\frac{x}{3}-\frac{x}{4}=\frac{1}{2}$$

$$\Rightarrow\quad\frac{4x-3x}{12}=\frac{1}{2}$$

$$\Rightarrow\quad\frac{x}{12}=\frac{1}{2}$$

$$\Rightarrow\quad x=6$$

$\therefore$ दूरी = 6 किमी

122. मूलधन = ₹ 12000

दर = 10%

समय = 5 वर्ष

$$\text{साधारण ब्याज} = \frac{\text{मूलधन} \times \text{दर} \times \text{समय}}{100}$$

$$= \frac{12000 \times 10 \times 5}{100} = ₹\, 6000$$

मिश्रधन = 12000 + 6000 = ₹ 18000

प्राप्त राशि 18000 − 3320 = ₹ 14680

साधारण ब्याज = 14680 − 12000 = ₹ 2680

$$\text{दर} = \frac{\text{साधारण ब्याज} \times 100}{\text{मूलधन} \times \text{समय}}$$

$$= \frac{2680 \times 100}{12000 \times 3}$$

$$= \frac{67}{9} = 7\frac{4}{9}\%$$

∴ बैंक द्वारा दी गई ब्याज की दर = $7\frac{4}{9}\%$

123. मूलधन (p) = ₹ 30000

दर (r) = 7%

चक्रवृद्धि ब्याज (CI) = ₹ 4347

∴ मिश्रधन = मूलधन + चक्रवृद्धि ब्याज

= 30000 + 4347 = ₹ 34347

$$\text{मिश्रधन} = p\left(1 + \frac{r}{100}\right)^t$$

$$\Rightarrow \frac{34347}{30000} = \left(1 + \frac{7}{100}\right)^t$$

$$\Rightarrow \frac{11449}{10000} = \left(\frac{107}{100}\right)^t$$

$$\Rightarrow \left(\frac{107}{100}\right)^2 = \left(\frac{107}{100}\right)^t$$

⇒ समय (t) = 2 वर्ष

124. समकोण त्रिभुज का क्षेत्रफल = $\frac{1}{2}$ × आधार × ऊँचाई

$$= \frac{1}{2} \times 10 \times 12$$

= 60 वर्ग सेमी

आयतन = क्षेत्रफल × ऊँचाई = 60 × 20

= 1200 घन सेमी

$$\text{घनत्व} = \frac{\text{मात्रा}}{\text{आयतन}} \Rightarrow \text{मात्रा} = \text{घनत्व} \times \text{आयतन}$$

= 6 × 1200 = 7200 ग्राम

अतः प्रिज्म का भार = 7.2 किग्रा.

125.

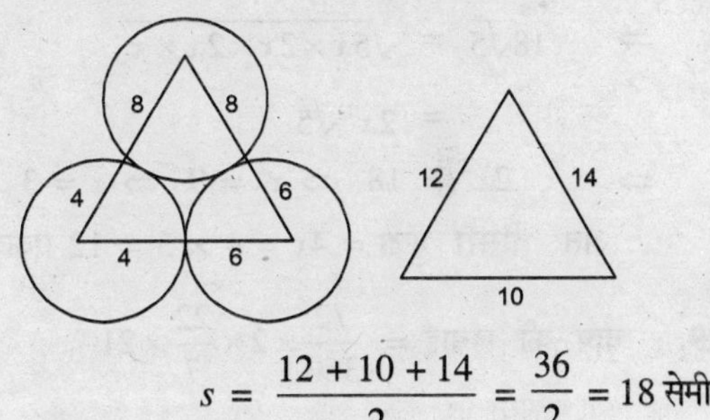

$$s = \frac{12 + 10 + 14}{2} = \frac{36}{2} = 18 \text{ सेमी}$$

त्रिभुज का क्षेत्रफल

$$= \sqrt{s(s-a)(s-b)(s-c)}$$

$$= \sqrt{18(18-12)(18-10)(18-14)}$$

$$= \sqrt{18 \times 6 \times 8 \times 4}$$

$$= \sqrt{6 \times 3 \times 6 \times 2 \times 2 \times 2 \times 2 \times 2}$$

$$= 24\sqrt{6} \text{ वर्ग सेमी}$$

126.

शंकु का आयतन (V_1) = $\frac{1}{3}\pi r^2 h$

$$V_2 = \frac{1}{3}\pi(2r)^2 \times H$$

प्रश्नानुसार, $\frac{1}{3}\pi r^2 h = \frac{1}{3}\pi 4r^2 H$

$$\Rightarrow H = \frac{h}{4}$$

अतः आयतन उतना ही रखने के लिए शंकु की ऊँचाई पहली ऊँचाई कि एक चौथाई हो जाएगी।

127. $\dfrac{\text{बेलन का वक्र पृष्ठ का क्षेत्रफल}}{\text{शंकु के वक्र पृष्ठ का क्षेत्रफल}} = \dfrac{2\pi rh}{\pi rl}$

$$= \frac{2\pi\times 6\times 8}{\pi\times 6\times 10} = \frac{8}{5}$$

अतः बेलन और शंकु के वक्रपृष्ठों का अनुपात = 8 : 5

128. माना कि समद्विबाहु त्रिभुज की दो बराबर भुजाओं में से एक $3x$ एकक तथा तीसरी भुजा $4x$ एकक है।

त्रिभुज का क्षेत्रफल = $\sqrt{s(s-a)(s-b)(s-c)}$

$$18\sqrt{5} = \sqrt{5x(5x-3x)(5x-3x)(5x-4x)}$$

$$\Rightarrow \quad 18\sqrt{5} = \sqrt{5x\times 2x\times 2x\times x}$$

$$= 2x^2\sqrt{5}$$

$$\Rightarrow \quad 2x^2 = 18 \Rightarrow x^2 = 9 \Rightarrow x = 3$$

$\therefore$ अतः तीसरी भुजा = $4x = 4 \times 3 = 12$ एकक

129. चाप की लंबाई = $\dfrac{72}{360}\times 2\times\dfrac{22}{7}\times 21$

$$= \frac{1}{5}\times 2\times 22\times 3$$

$$= \frac{132}{5} = 26.4 \text{ सेमी}$$

अतः चाप की लंबाई = 26.4 सेमी

130. $7x - 3y = 2$ के ग्राफ का x अंतःखण्ड है।

अतः $y = 0$

$$7x = 2 \Rightarrow x = \frac{2}{7}$$

131. चूँकि $x = \sqrt{3}+\sqrt{2}$

$$\frac{1}{x} = \frac{1}{\sqrt{3}+\sqrt{2}}\times\frac{\sqrt{3}-\sqrt{2}}{\sqrt{3}-\sqrt{2}}$$

$$= \frac{\sqrt{3}-\sqrt{2}}{3-2} = \frac{\sqrt{3}-\sqrt{2}}{1}$$

$$x+\frac{1}{x} = \sqrt{3}+\sqrt{2}+\sqrt{3}-\sqrt{2} = 2\sqrt{3}$$

132. $p + q = 10$ तथा $pq = 5$

$$\frac{p}{q}+\frac{q}{p} = \frac{p^2+q^2}{pq} = \frac{(p+q)^2-2pq}{pq}$$

$$= \frac{(10)^2-2(5)}{5}$$

$$= \frac{100-10}{5} = \frac{90}{5} = 18$$

137.

माना कि त्रिभुज ABC के आधार, ऊँचाई एवं कर्ण क्रमशः x, y एवं z है।

त्रिभुज ABC का क्षेत्रफल = $\dfrac{1}{2}\times x\times y = \dfrac{xy}{2}$

$$84 = \frac{xy}{2} \Rightarrow xy = 168 \quad ...(i)$$

पाइथागोरस प्रमेयके अनुसार , $z^2 = x^2 + y^2$ ...(*ii*)

प्रश्नानुसार, त्रिभुज की परिधि

$$p = x + y + z$$

$$x + y + z = 56$$

$$x + y = 56 - z$$

दोनों ओर वर्ग करने पर,

$$(x + y)^2 = (56 - z)^2$$

$$x^2 + y^2 + 2xy = 3136 + z^2 - 112z$$

समीकरण (*i*) एवं (*ii*) से

$$z^2 + 2(168) = 3136 + z^2 - 112z$$

$$336 = 3136 - 112z$$

$$112z = 3136 - 336$$

$$= 2800$$

$$z = \frac{2800}{112} = 25$$

अतः कर्ण की लंबाई = 25 सेमी

138. 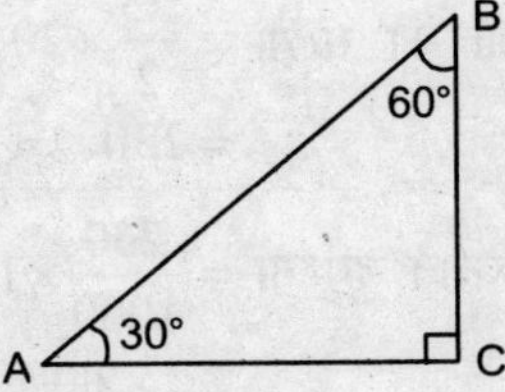

त्रिभुज ABC में, $\angle A = 30^\circ$, $\angle B = 60^\circ$

$\angle A + \angle B + \angle C = 180^\circ$

$30^\circ + 60^\circ + \angle C = 180^\circ$

$\angle C = 180^\circ - 90^\circ = 90^\circ$

$180^\circ = \pi^C$

$90^\circ = \frac{\pi^C}{180^\circ} \times 90^\circ = \frac{\pi^C}{2}$

139. $\cos\theta + \sec\theta = 2$

दोनों तरफ वर्ग करने पर,

$(\cos\theta + \sec\theta)^2 = (2)^2$

$\Rightarrow \cos^2\theta + \sec^2\theta + 2\cos\theta \times \sec\theta = 4$

$\Rightarrow \cos^2\theta + \sec^2\theta = 4 - 2 = 2$

$\cos^6\theta + \sec^6\theta = (\cos^2\theta)^3 + (\sec^2\theta)^3$

$= (\cos^2\theta + \sec^2\theta)^3 - 3\cos^2\theta \cdot \sec^2\theta\,(\cos^2\theta + \sec^2\theta)$

$= (2)^3 - 3(2) = 8 - 6 = 2$

140. 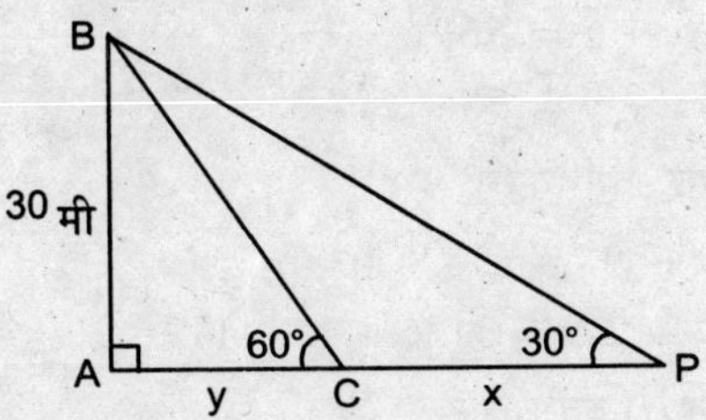

त्रिभुज ABP में,

$$\tan 30^\circ = \frac{30}{x+y}$$

$$\Rightarrow \quad \frac{1}{\sqrt{3}} = \frac{30}{x+y}$$

$$\Rightarrow \quad x + y = 30\sqrt{3} \quad \ldots(i)$$

त्रिभुज ABC में,

$$\tan 60^\circ = \frac{30}{y}$$

$$\Rightarrow \quad \sqrt{3} = \frac{30}{y}$$

$$\Rightarrow \quad \sqrt{3}y = 30$$

$$\Rightarrow \quad y = \frac{30}{\sqrt{3}} \times \frac{\sqrt{3}}{\sqrt{3}} = 10\sqrt{3}$$

y का मान समीकरण (i) में रखने पर,

$$x + y = 30\sqrt{3}$$

$$\Rightarrow x + 10\sqrt{3} = 30\sqrt{3}$$

$$\Rightarrow \quad x = 30\sqrt{3} - 10\sqrt{3} = 20\sqrt{3}$$

$\therefore$ आदमी द्वारा चली गई दूरी = $20\sqrt{3}$ मी.

141. प्रथम श्रेणी में उत्तीर्ण छात्रों की संख्या $\frac{54}{360} \times 360 = 54$

142. प्रथम श्रेणी में उत्तीर्ण छात्रों की संख्या = 54

दूसरी श्रेणी में उत्तीर्ण छात्रों की संख्या

$= \frac{162}{360} \times 360 = 162$

अंतर = 162 – 54 = 108

143. उत्तीर्ण छात्रों की संख्या = 360 – 36 = 324

अनुत्तीर्ण छात्रों की संख्या = $\frac{36}{360} \times 360 = 36$

उत्तीर्ण छात्रों की संख्या का अनुत्तीर्ण छात्रों की संख्या का अनुपात = $\frac{324}{36} = \frac{9}{1}$ = 9 : 1

144. परीक्षा में अनुत्तीर्ण छात्रों की संख्या = 36

अनुत्तीर्ण छात्रों का प्रतिशत = $\frac{36}{360} \times 100$

= 10 प्रतिशत

145. तीसरी श्रेणी में उत्तीर्ण छात्रों की संख्या = 108

दूसरी श्रेणी में उत्तीर्ण छात्रों की संख्या = 162

दूसरी तथा तीसरी श्रेणी में उत्तीर्ण कुल छात्रों की संख्या = 108 + 162 = 270

146. पैदल और साइकिल सवार में शामिल कुल दुर्घटनाओं की संख्या = 12 × 20 = 240

प्रतिशत दुर्घटना = $\frac{240}{1000}\times 100 = 24$ प्रतिशत

147. बस से दुर्घटनाएँ (%) = $\frac{120}{1000}\times 100$

= 12 प्रतिशत

टैंकर लॉरी से दुर्घटनाएँ (%) = $\frac{160}{1000}\times 100$

= 16%

अंतर = 16 प्रतिशत – 12 प्रतिशत = 4 प्रतिशत

148. दुपहिया में दुर्घटनाओं की संख्या = $\frac{23}{2}\times 20$

= 230

प्रतिशत दुर्घटना = $\frac{230}{1000}\times 100$

= 23 प्रतिशत

अन्य धाहन से दुर्घटनाओं की संख्या

= 1000 – 230

= 770

प्रतिशत दुर्घटना = $\frac{770}{1000}\times 100$

= 77 प्रतिशत

अन्तर = 77 प्रतिशत – 23 प्रतिशत = 54 प्रतिशत कम

149. दुपहिया, कारें, बसें और खड़े वाहन से कुल प्रतिशत दुर्घटना = (23 + 15 + 12 + 10)% = 60 प्रतिशत

150. $\frac{36}{360}\times 1000 = 100$

यह खड़े वाहन की दुर्घटना को दर्शाएगा।

पिछले प्रश्न-पत्र (हल सहित)

SSC–संयुक्त हायर सेकेन्डरी स्तर–CHSL (10+2) भर्ती परीक्षा–2011

भाग (क) : सामान्य बुद्धिमत्ता

निर्देश (प्र.सं. 1 से 9 तक): *दिए गए विकल्पों में से सम्बन्धित शब्द/अक्षरों/संख्या को चुनिए।*

1. जीवन : मृत्यु : : आशा : ?
A. रोना B. दर्द
C. निराशा D. दुख

2. ईसाई : मुस्लिम : : ? : कुरान
A. गीता B. रामायण
C. देवदूत (फरिश्ता) D. बाइबिल

3. बृहत : विशाल : : ?
A. बिल्ली : बाघ B. गरमाहट : तुषार (पाला)
C. गोल-मटोल : मोटा D. शाही : दावत देना

4. BC : DI : : DE : ?
A. PY B. FP
C. EI D. RU

5. ACE : KIG : : MOQ : ?
A. WUS B. WVU
C. WVT D. WUT

6. DCEF : WXVU : : KJLM : ?
A. QPRS B. STRQ
C. PQNO D. NMKL

7. 3 : 27 : : 7 : ?
A. 21 B. 42
C. 147 D. 343

8. 9 : 28 : : 56 : ?
A. 3 B. 18
C. 112 D. 169

9. 12 : 35 : : 16 : ?
A. 78 B. 32
C. 55 D. 63

निर्देश (प्र.सं. 10 से 18 तक): *उसे चुनिए जो अन्य तीन विकल्पों से भिन्न है।*

10. A. नदी B. महासागर
C. झील D. वर्षा

11. A. राजा B. रानी
C. शाही D. राजकुमार

12. A. आम B. सेब
C. सन्तरा D. अमरूद

13. A. M B. N
C. O D. P

14. A. GLOV B. CFKR
C. ILQX D. ADIP

15. A. GOD B. RAT
C. WAR D. PAPER

16. A. 363 B. 484
C. 1331 D. 5462

17. A. 8–64 B. 6–36
C. 9–81 D. 7–50

18. A. 121–196 B. 144–225
C. 36–83 D. 16–49

19. नीचे दिए गए शब्दों में से कौन-सा अंग्रेजी शब्दकोश के अनुसार दूसरे क्रम में आएगा?
A. Complaint B. Complication
C. Complement D. Compose

निर्देश (प्र.सं. 21 और 21 तक): *दिए गए विकल्पों में से कौन-सा निम्नलिखित शब्दों के सार्थक आरोही क्रम दर्शाएगा?*

20. 1. रेखा 2. कोण
3. वर्ग 4. त्रिभुज
A. 2, 1, 4, 3 B. 3, 4, 1, 2
C. 4, 2, 1, 3 D. 1, 2, 4, 3

21. 1. बाल्यावस्था 2. प्रौढ़ावस्था
3. बचपन 4. किशोरावस्था
A. 4, 1, 3, 2, 5 B. 3, 5, 1, 4, 2
C. 2, 5, 1, 4, 3 D. 5, 4, 2, 3, 1

22. दी गई अक्षर-शृंखला के खाली स्थानों पर क्रम से रखने पर निम्नलिखित में से कौन-सा अक्षर-समूह उसे पूरा करेगा?

L_NOO_ML_MNO_NML

A. MNLO B. ONML
C. NLMO D. LOMN

निर्देश (प्र.सं. 23 और 26 तक): *दिए गए विकल्पों में से उस सही विकल्प को चुनिए जो अनुक्रम को पूरा करेगा।*

23. AD, EH, IL, ?, QT

A. LM B. MN
C. MP D. OM

24. ABCD, IJKL, QRST, ?

A. YZAB B. ABYZ
C. BAZY D. YAZB

25. 2, 6, 14, 26, ?, 62

A. 52 B. 54
C. 44 D. 42

26. 6, 12, 21, 33, ?

A. 45 B. 48
C. 40 D. 46

27. दी गई शृंखला में **गलत** संख्या ज्ञात कीजिए।

13, 24, 29, 39, 44, 54, 61, 69

A. 61 B. 13
C. 44 D. 24

28. P और Q भाई हैं। R और S बहिनें हैं। P का पुत्र S का भाई है। Q का R से क्या सम्बन्ध है?

A. चाचा B. भाई
C. पिता D. दादा

29. सतीश, किशोर, मोहन, अनिल और राजेश पाँच मित्र हैं। मोहन सबसे लम्बा है। सतीश किशोर से छोटा है किन्तु राजेश से लम्बा है। अनिल किशोर से थोड़ा छोटा है किन्तु सतीश से थोड़ा लम्बा है। राजेश से लम्बा किन्तु अनिल से छोटा कौन है?

A. अनिल B. किशोर
C. राजेश D. सतीश

30. दिए हुए विकल्पों में से उस शब्द को चुनिए जो दिए गए शब्द के अक्षरों का प्रयोग करके **नहीं** बनाया जा सकता।

COLLABORATION

A. ACTION C. BILL
B. BORN D. CRITERION

31. कुछ अक्षरों का समूह दिया गया है जिनमें से प्रत्येक अक्षर को एक अंक निर्धारित किया गया है। इन अक्षरों को इस प्रकार व्यवस्थित करें कि उससे एक अर्थपूर्ण शब्द बन जाए और उनके अंकों के सही क्रम को दिए गए विकल्पों में से दर्शाएँ।

E F N R A C
1 2 3 4 5 6

A. 136452 B. 245361
C. 415623 D. 645312

32. यदि TIMBER को एक कूट भाषा में BERMIT लिखा जाए, तो उस कूट भाषा में BANTER को किस प्रकार लिखा जाएगा?

A. RETNAB B. TERNAB
C. TENBAR D. TABNER

33. यदि UNIVERSITY को एक कूट भाषा में 1273948756 लिखा जाए, तो उस कूट भाषा में TRUSTY को किस प्रकार लिखा जाएगा?

A. 542856 B. 531856
C. 541856 D. 541956

34. चिह्नों के किस अदल-बदल से निम्न समीकरण सही हो जाएगा?

$35 + 7 \times 5 \div 5 - 6 = 24$

A. × और − B. + और ×
C. ÷ और + D. − और ÷

35. दिए गए समीकरण को संतुलित करने तथा * चिह्नों को प्रतिस्थापित करने के लिए गणितीय चिह्नों का सही क्रम समूह चुनिए।

8 * 5 * 2 * 72 * 4

A. = × + ÷ B. × = + ÷
C. × + = ÷ D. + × = ÷

36. कुछ समीकरण किसी विशेष प्रणाली के आधार पर हल किए गए हैं। इसी आधार पर हल न किए गए समीकरण का सही उत्तर ज्ञात कीजिए।

$3 \times 8 \times 2 = 832$, $6 \times 4 \times 1 = 461$,
$8 \times 6 \times 1 = ?$

A. 238 B. 816
C. 146 D. 681

निर्देश (प्र.सं. 37 और 38 तक): *दिए गए विकल्पों में से लुप्त संख्या ज्ञात कीजिए।*

37. 27 9 3

4 16 64

512 ? 8

A. 64 B. 2

C. 16 D. 8

38. 5 3 7 1

7 5 9 3

4 4 4 4

3 2 ? 1

A. 6 B. 5

C. 4 D. 2

39. 'A' उत्तर की ओर चलना प्रारम्भ करता है, बाएँ मुड़ता है, फिर बाएँ मुड़ता है, दाएँ मुड़ता है, फिर दाएँ मुड़ता है, फिर एक बार बाएँ मुड़ता है। 'A' अब किस दिशा की ओर चल रहा है?

A. पूर्व B. दक्षिण

C. पश्चिम D. दक्षिण-पूर्व

40. राम अपने घर से 4 किमी पश्चिम की ओर चलता है और फिर दक्षिण की ओर मुड़कर 8 किमी तय करता है। अंत में पूर्व की ओर 6 किमी जाता है और फिर 2 किमी पश्चिम की ओर जाता है। वह अपने प्रारंभिक स्थान से कितनी दूर है?

A. 4 किमी B. 8 किमी

C. 10 किमी D. 12 किमी

41. A, B, C, D और E उत्तर की ओर मुँह करके एक पंक्ति में खड़े हैं। E, B से 40 मीटर बायीं ओर खड़ा है। A, C से 20 मीटर बायीं ओर खड़ा है। D, E से 20 मीटर दायीं तथा C से 50 मीटर दायीं ओर खड़ा है। A और D के बीच कितनी दूरी है?

A. 50 मीटर B. 60 मीटर

C. 70 मीटर D. 80 मीटर

42. 4 इंच आकार के एक ठोस घन के विपरीत फलकों के जोड़े लाल, हरे और काले रंगे हुए हैं। इसे एक इंच के घनों में काटा गया है। कितने घनों के केवल तीन फलक रंगे हुए हैं?

A. 4 B. 8

C. 12 D. 16

43. दो कथनों के आगे दो निष्कर्ष I और II दिए गए हैं। आपकों कथनों को सत्य मानकर विचार करना है चाहे वे सामान्यतः ज्ञात तथ्यों से भिन्न प्रतीत होते हों। आपको निर्णय करना है कि दिए गए निष्कर्षों में से कौन-सा, यदि कोई हो, निश्चित रूप से दिए गए कथनों के आधार पर लागू होता है। अपना उत्तर निर्दिष्ट करें।

कथन :

1. एड्स जान लेवा बीमारी है।
2. उपचार की अपेक्षा एड्स को रोकना सरल है।

निष्कर्ष :

I. एड्स की रोकथाम बहुत महँगी है।

II. लोग एड्स की रोकथाम में सहयोग नहीं करेंगे।

A. केवल निष्कर्ष I लागू होता है

B. केवल निष्कर्ष II लागू होता है

C. निष्कर्ष I और II में से कोई लागू नहीं होता है

D. निष्कर्ष I और II दोनों लागू होते हैं

44. दो कथनों के आगे चार निष्कर्ष I, II, III और IV दिए गए हैं। आपकों कथनों को सत्य मानकर विचार करना है चाहे वे सामान्यतः ज्ञात तथ्यों से भिन्न प्रतीत होते हों। आपको निर्णय करना है कि दिए गए निष्कर्षों में से कौन-सा, यदि कोई हो, निश्चित रूप से दिए गए कथनों के आधार पर लागू होता है। अपना उत्तर निर्दिष्ट करें।

कथन :

1. सभी कलम पेन्सिलें हैं।
2. कोई भी पेन्सिल बंदर नहीं है।

निष्कर्ष :

I. कोई भी कलम बंदर नहीं है।

II. कुछ कलम बंदर हैं।

III. सभी बंदर कलम हैं।

IV. कुछ बंदर कलम हैं।

A. निष्कर्ष II या III में से कोई भी लागू होता है

B. निष्कर्ष II या IV में से कोई भी लागू होता है

C. केवल निष्कर्ष I लागू होता है

D. सभी निष्कर्ष लागू होते हैं

45. कौन-सी उत्तर आकृति प्रश्न-आकृति के पैटर्न को पूरा करेगी?

प्रश्न आकृति :

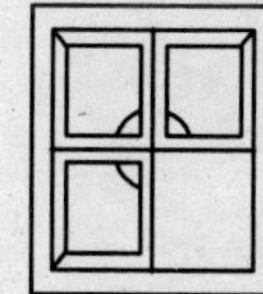

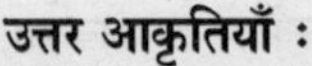

उत्तर आकृतियाँ :

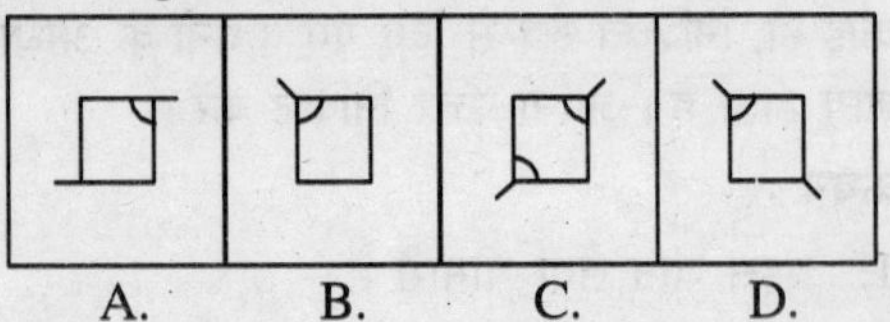

A. B. C. D.

46. उस उत्तर आकृति को चुनिए जिसमें प्रश्न आकृति निहित है।

प्रश्न आकृति :

उत्तर आकृतियाँ :

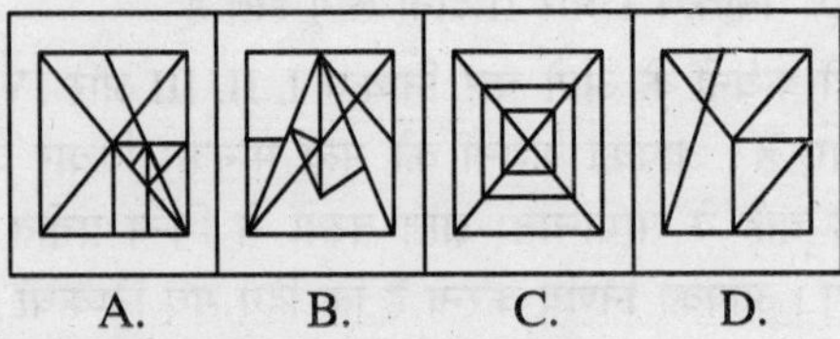

A. B. C. D.

47. नीचे प्रश्न आकृतियों में दिखाए अनुसार क़ागज को मोड़ने, काटने तथा खोलने के बाद वह किस उत्तर आकृति जैसा दिखाई देगा?

प्रश्न आकृतियाँ :

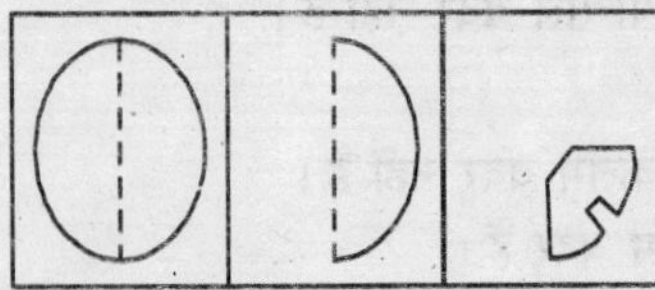

उत्तर आकृतियाँ :

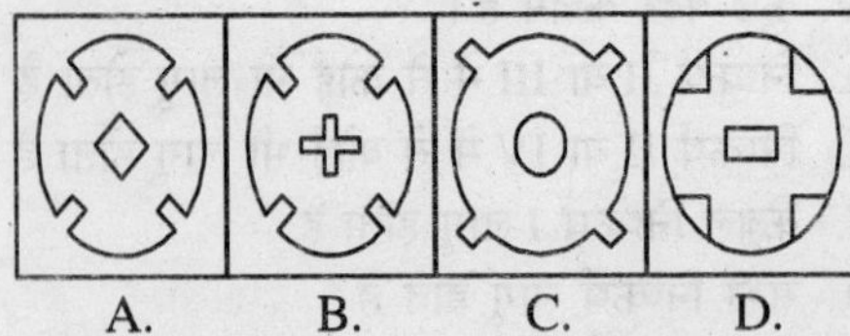

A. B. C. D.

48. उत्तर आकृतियों में से कौन-सी आकृति प्रश्न आकृति का सही दर्पण प्रतिबिम्ब होगा, जबकि दर्पण PQ रेखा पर रखा हो?

प्रश्न आकृति :

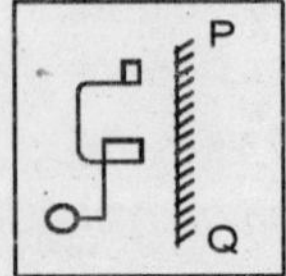

उत्तर आकृतियाँ :

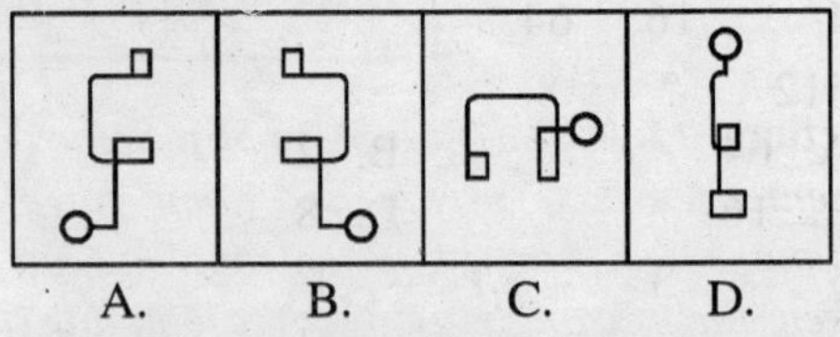

A. B. C. D.

49. निम्नलिखित में से कौन-सी आकृति कबूतरों, पक्षियों और कुत्तों के बीच सम्बन्ध को भली-भांति दर्शाती है?

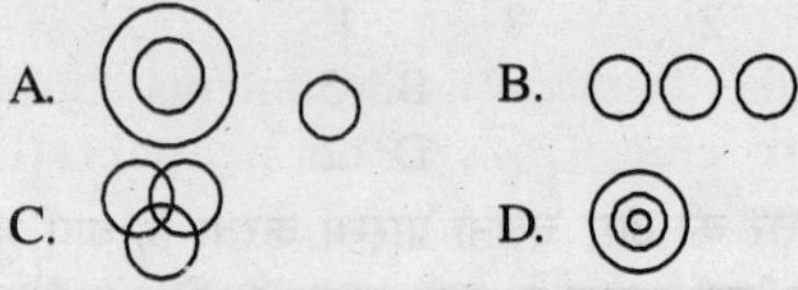

50. एक शब्द केवल एक संख्या-समूह द्वारा दर्शाया गया है, जैसा कि विकल्पों में से किसी एक में दिया गया है। विकल्पों में दिए गए संख्या-समूह अक्षरों के दो वर्गों द्वारा दर्शाए गए हैं, जैसा कि नीचे दिए गए दो मैट्रिसेज में है। मैट्रिक्स I के स्तंभों और पंक्तियों की संख्या 0 से 4 दी गई हैं और मैट्रिक्स II की 5 से 9। इन मैट्रिसेज से एक अक्षर को पहले उसकी पंक्ति और बाद में स्तंभ संख्या द्वारा दर्शाया जा सकता है। उदाहरण के लिए, 'F' को 01, 13, 32, आदि द्वारा दर्शाया जा सकता है तथा 'M' को 56, 68, 87 आदि द्वारा दर्शाया जा सकता है। दिए गए शब्द NIFE के लिए संख्या-समूह पहचानिए।

मैट्रिक्स I

	0	1	2	3	4
0	E	F	G	H	I
1	H	I	E	F	G
2	F	G	H	I	E
3	I	E	F	G	H
4	G	H	I	E	F

मैट्रिक्स II

	5	6	7	8	9
5	L	M	N	O	P
6	O	P	L	M	N
7	M	N	O	P	L
8	P	L	M	N	O
9	N	O	P	L	M

A. 95, 30, 32, 43   B. 95, 30, 31, 43
C. 57, 42, 31, 43   D. 57, 41, 32, 43

भाग (ख) : ENGLISH LANGUAGE

Directions (Question Nos. 51 to 55): *Some parts of the sentences have errors and some have none. Find out which part of a sentence has an error blacken the rectangle [■] corresponding to the appropriate letter A, B, C. If there is no error, blacken the rectangle [■] corresponding to D in the Answer Sheet.*

51. Neither of these two documents(A)/support your claim(B)/on the property(C)/No error(D).

52. Get this book(A)/be published(B)/in time(C)/ No error(D).

53. He(A)/is junior than(B)/all his friends(C)/ No error(D).

54. Had you(A)/worked hard(B)/you will have passed(C)/No error(D).

55. He works hardly(A)/to make(B)/both ends meet(C)/No error(D).

Directions (Question Nos. 56 to 60): *Sentences are given with blanks to be filled in with an appropriate word(s). Four alternatives are suggested for each question. Choose the correct alternative out of the four and mark it in the Answer Sheet.*

56. Have you got any idea as to what has happened to Akila? I haven't seen her ______.

A. lately B. later on
C. late D. later

57. I ______ hard to establish the validity of the theory from morning.

A. have been trying
B. had tried
C. tried
D. am trying

58. ______ of defence personnel would be given transfers to their place of choice.

A. Friends B. Wives
C. Husbands D. Spouses

59. Sachin was standing ______ me.

A. aside B. next
C. beside D. besides

60. My sister and ______ are pleased to accept your invitation.

A. I B. me
C. myself D. I myself

Directions (Question Nos. 61 to 65): *Out of the four alternatives, choose the one which best expresses the meaning of the given word and mark it in the Answer Sheet.*

61. Deny

A. regain B. refuse
C. repair D. reduce

62. Abuse

A. use B. praise
C. scorn D. raise

63. Docile

A. submissive B. stubborn
C. strong D. changeable

64. Considerate

A. agreeable B. kind
C. like-minded D. thoughtful

65. Nurture

A. to encourage B. to grow
C. to see D. to maintain

Directions (Question Nos. 66 to 70): *Choose the word opposite in meaning to the given word and mark it in the Answer Sheet.*

66. Concur

A. disagree B. disappear
C. disarrange D. discourage

67. Veneration

A. fear B. reverence
C. remorse D. disrespect

68. Insolent

A. ignorant B. proud
C. laudable D. humble

69. Urban

A. rustic B. rural
C. civil D. foreign

70. Incredible

A. possible B. believable
C. enjoyable D. imaginary

Directions (Question Nos. 71 to 75): *Four alternatives are given for the idiom/phrase. Choose the alternative which best expresses the meaning* *of the idiom/phrase and mark it in the Answer Sheet.*

71. To bring to light
A. to reveal
B. to conceal
C. to provide luminescence
D. to appeal

72. To hit the jackpot
A. to gamble
B. to get an unexpected victory
C. to be wealthy
D. to make money quickly

73. To burn the candle at both ends
A. to spend cautiously
B. to be stingy
C. to be extravagant
D. to survive difficulty

74. Status quo
A. unchanged position
B. excellent place
C. unbreakable statue
D. long queue

75. By fair means or foul
A. without using common sense
B. without difficulty
C. in any way, honest or dishonest
D. having been instigated

Directions (Question Nos. 76 to 80): *A part of the sentence is underlined. Below are given alternatives to the underlined part at A, B and C which may improve the sentence. Choose the correct alternative. In case no improvement is needed, your answer is D.*

76. Rakesh <u>didn't knew</u> my address.
A. didn't known B. didn't have
C. didn't know D. No improvement

77. It was quite clear that the runner <u>could be able</u> to improve upon his own record.
A. will be able B. should be able
C. would be able D. No improvement

78. This work of art is worthy <u>to</u> praise.
A. for B. of
C. about D. No improvement

79. To <u>alleviate</u> the pain of losing his only son, he took up meditation.
A. lessen B. minimalise
C. lesson D. No improvement

80. The Prime Minister <u>established</u> a commission to look after the plight of the widows.
A. formed B. created
C. set up D. No improvement

Directions (Question Nos. 81 to 85): *Out of the four alternatives, choose the one which can be substituted for the given words/sentence.*

81. Person with whom one works
A. contemporary B. companion
C. colleague D. partner

82. Honesty of character
A. integrity B. rectitude
C. honour D. dignity

83. The act or practice of spying
A. strategy B. espionage
C. diplomacy D. enumeration

84. Expressions of sympathy
A. congratulation B. condolence
C. compliment D. condemnation

85. An instrument used to record sound
A. gramophone B. hydrophone
C. phonograph D. megaphone

Directions (Question Nos. 86 to 90): *Groups of four words are given. In each group, one word is correctly spelt. Find the* **correctly spelt** *word and mark your answer in the Answer Sheet.*

86. A. Gaurd B. Gard
C. Guard D. Garad

87. A. Coreigible B. Coraegible
C. Correigible D. Corrigible

88. A. Secretariel B. Secreterel
C. Secreterial D. Secretarial

89. A. Aquisition B. Acquizition
C. Acquisition D. Acquisision

90. A. Vaccation B. Vocation
C. Vecation D. Vecasion

Directions (Question Nos. 91 to 100): *In the following passage, some of the words have been left out. First read the passage over and try to understand what it is about. Then fill in the blanks with the help of the alternatives given. Mark your answer in the Answer Sheet.*

The word 'ticket' is 91 to every language in India. 92 those who are actively 93 in the political process 94 a ticket as permission to 95 an election as candidate 96 a political party. The 97, if elected, sits in the 98 assembly, or any other 99 for which he/she contests, as 100 of that party.

91. A. general B. peculiar C. common D. familiar

92. A. So B. But C. And D. Since

93. A. involved B. seen C. leading D. attracted

94. A. look B. interpret C. interfere D. interrupt

95. A. stand in B. campaign C. vote D. contest

96. A. inside B. of C. for D. to

97. A. leader B. party C. candidate D. ticket

98. A. legislative B. legal C. political D. electoral

99. A. body B. election C. party D. institute

100. A. candidate B. participant C. representative D. interpreter

भाग (ग) : सांख्यिकीय अभिक्षमता

101. एक दो-अंकों वाली संख्या में दहाई का अंक, इकाई के अंक से 5 अधिक है। यदि उन दोनों अंकों के योगफल का 5 गुना उस संख्या से घटा दिया जाए, तो उस संख्या के अंक उलट जाते हैं। तदनुसार उस संख्या के अंकों का योगफल कितना है?

A. 11 B. 7 C. 9 D. 13

102. $\sqrt[4]{3}, \sqrt[5]{4}, \sqrt[10]{12}, 1$ में सबसे बड़ी संख्या कौन-सी है?

A. 1 B. $\sqrt[5]{4}$ C. $\sqrt[4]{3}$ D. $\sqrt[10]{12}$

103. एक भिन्न के अंश में से 4 घटाने पर और हर में 1 जोड़ने पर वह $\frac{1}{6}$ बन जाती है। यदि उसी भिन्न के अंश तथा हर में क्रमशः 2 तथा 1 जोड़ दिए जाएँ, तो वह $\frac{1}{3}$ बन जाती है। तदनुसार उसके अंश तथा हर का लघुतम समापवर्त्य कितना होगा?

A. 14 B. 350 C. 5 D. 70

104. $(4^{61} + 4^{62} + 4^{63})$ निम्न में से किससे विभाज्य है?

A. 3 B. 11 C. 13 D. 17

105. दो संख्याओं का अनुपात 4 : 5 है और उनका महत्तम समापवर्तक 8 है। तदनुसार उनका लघुतम समापवर्त्य कितना होगा?

A. 130 B. 140 C. 150 D. 160

106. एक सम बहुभुज का प्रत्येक आंतरिक कोण 144° है। तदनुसार उस बहुभुज की भुजाएँ कितनी है?

A. 8 B. 9 C. 10 D. 11

107. एक पिरामिड ऐसा है, जिसका आधार $2a$ सेमी भुजा वाला एक सम षट्भुज है। यदि उस पिरामिड की प्रत्येकतिरछी भुजा $5a/2$ सेंमी. लंबी हो, तो उस पिरामिड का आयतन कितना होग?

A. $3a^3$ सेमी^{3} B. $3\sqrt{2}\,a^3$ सेमी^{3} C. $3\sqrt{3}\,a^3$ सेमी^{3} D. $6a^3$ सेमी^{3}

108. दो एकसमान ऊँचाई और क्रमशः r_1 तथा r_2 त्रिज्याओं वाले ठोस शंकु पिघलाकर R त्रिज्या वाले एक ठोस गोले में बदल दिए जाते हैं। तदनुसार उन शंकुओं की ऊँचाई कितनी थी?

A. $\frac{4R^2}{r_1^2 + r_2^2}$ B. $\frac{4R}{r_1 + r_2}$ C. $\frac{4R^3}{r_1^2 + r_2^2}$ D. $\frac{R^2}{r_1^2 + r_2^2}$

109. दो शंकुओं की त्रिज्याओं का अनुपात 3 : 4 है और उनकी ऊँचाइयों का अनुपात 4 : 3 है। तदनुसार उनके आयतनों का अनुपात क्या होगा?

A. 3 : 4　　B. 4 : 3
C. 9 : 16　　D. 16 : 9

110. एक समबाहु त्रिभुज के परिवृत्त तथा अंतःवृत्त के क्षेत्रफलों का अनुपात कितना होगा?
A. 2 : 1　　B. 4 : 1
C. 8 : 1　　D. 3 : 2

111. एक कमरे की चारों दीवारों का क्षेत्रफल 660 वर्ग मीटर है और उसकी लंबाई, उसकी चौड़ाई की दुगुनी है। यदि कमरे की ऊँचाई 11 मीटर हो, तो उसके फर्श का क्षेत्रफल (वर्ग मीटर में) कितना होगा?
A. 120　　B. 150
C. 200　　D. 330

112. लोहे की एक बेलनाकार छड़, जिसकी ऊँचाई; उसकी त्रिज्या की आठ गुनी है, पिघलाकर उस बेलन की आधी त्रिज्या वाली गोलाकार गेंदों में बदल दी जाती है। तदनुसार इस प्रकार बनाई गई गोलाकार गेंदों की संख्या कितनी होगी?
A. 12　　B. 16
C. 24　　D. 48

113. A तथा B एक कार्य को 10 दिनों में कर सकते हैं। B तथा C वही कार्य 12 दिनों में कर सकते हैं। A तथा C उसे 15 दिनों में कर सकते हैं। तदनुसार अकेला A वही कार्य कितने दिनों में कर पाएगा?
A. 24 दिन　　B. 20 दिन
C. 40 दिन　　D. 30 दिन

114. A, B से किए हुए काम में 50%, B द्वारा लिए गए समय से एक-तिहाई समय में, कर पाता है। यदि दोनों मिलकर कार्य करें, तो वह कार्य 10 दिनों में पूरा हो पाएगा। तदनुसार यदि B अकेला वही कार्य करे, तो कितने दिनों में पूरा कर पाएगा?
A. 30 दिन　　B. 25 दिन
C. 6 दिन　　D. 12 दिन

115. क्रमशः 20%, 20% तथा 10% की छूट एक अकेली कितनी छूट के बराबर होगी?
A. 50%　　B. 48.4%
C. 42.4%　　D. 40.4%

116. यदि कोई दुकानदार अपनी चीजों का मूल्य, उनके लागत मूल्य से 50% अधिक अंकित करता है और उस पर 40% की छूट देता है, तो उसके लाभ या हानि का प्रतिशत कितना रहता है?
A. 10% लाभ　　B. 10% हानि
C. 20% लाभ　　D. 20% हानि

117. अनुपात $p : q$ ($p \neq q$ के लिए) प्राप्त करने के लिए $x : y$ अनुपात के प्रत्येक पद में किस संख्या को जोड़ा जाए?
A. $\frac{px+qy}{p-q}$　　B. $\frac{qx-py}{p-q}$
C. $\frac{px-qy}{p-q}$　　D. $\frac{py-qx}{p-q}$

118. दो बर्तनों में अम्ल और पानी क्रमशः 3 : 1 तथा 5 : 3 के अनुपात में मिलाकर घोल बनाया गया है। उन घोलों से एक नया मिश्रित घोल अम्ल तथा पानी का 2 : 1 अनुपात में तैयार करने के लिए दोनों प्रकार के घोलों को परस्पर किस अनुपात में मिलाना चाहिए?
A. 1 : 2　　B. 2 : 1
C. 2 : 3　　D. 3 : 2

119. a, b, c, d, e, f, g क्रमिक सम संख्याएं हैं। j, k, l, m, n क्रमिक विषम संख्याएँ हैं। उन सभी संख्याओं का औसत कितना होगा?
A. $3\left(\frac{a+n}{2}\right)$　　B. $\left(\frac{l+d}{2}\right)$
C. $\frac{a+b+m+n}{4}$　　D. $\frac{j+c+n+g}{4}$

120. तीन संख्याओं का औसत 40 है। इनमें पहली संख्या, दूसरी की दुगुनी है और दूसरी संख्या, तीसरी संख्या की तिगुनी है। तदनुसार सबसे बड़ी संख्या और सबसे छोटी संख्या का अंतर कितना है?
A. 30　　B. 36
C. 46　　D. 60

121. 12 संतरे ₹ 60 में बेचने पर एक व्यक्ति को 25% हानि होती है। तदनुसार उसे 25% लाभ के लिए ₹ 100 में कितने संतरे बेचने चाहिए?
A. 10　　B. 11
C. 12　　D. 15

122. 400 नींबुओं का लागत मूल्य 320 नींबुओं के बिक्री मूल्य के बराबर है। तदनुसार उन पर लाभ का प्रतिशत कितना है?
A. 15%　　B. 20%
C. 25%　　D. 40%

123. एक व्यक्ति अपनी आय की 75% राशि खर्च कर देता है। अनंतर उसकी आय 20% बढ़ जाती है और वह खर्च में 15% की वृद्धि कर देता है। तदनुसार उसकी बचत में कितने प्रतिशत वृद्धि हो जाएगी?

A. 33% B. $33\frac{1}{3}\%$

C. 35% D. 40%

124. 25 लीटर नमक के एक घोल में नमक की मात्रा 6% है। तदनुसार उस घोल में कितना पानी और मिला दिया जाए कि नमक की मात्रा 5% हो जाए?

A. 4 लीटर B. 5 लीटर

C. 6 लीटर D. 8 लीटर

125. एक नदी की धारा 4 किमी प्रति घंटा की गति से बहती है। उसमें एक नाव 6 किमी जाकर अपने प्रस्थान-बिंदु पर 2 घंटों में वापस आ जाती है। तदनुसार स्थिर पानी में उस नाव की गति कितनी रहेगी?

A. 6 किमी/घं. B. 8 किमी/घं.

C. 7.5 किमी/घं. D. 6.8 किमी./घं.

126. वह धनराशि कितनी होगी, जिस पर 8% वार्षिक दर पर 2 वर्षों के लिए साधारण ब्याज और चक्रवृद्धि ब्याज का अंतर रु. 8 के बराबर होगा?

A. ₹ 1200 B. ₹ 1250

C. ₹ 1300 D. ₹ 1350

127. यदि $2x+\frac{1}{3x}=5$ हो, तो $\frac{5x}{6x^2+20x+1}$ का मान ज्ञात कीजिए।

A. 1/4 B. 1/6

C. 1/5 D. 1/7

128. यदि दो वास्तविक स्थिरांकों a तथा b के लिए, $ax^3 + 3x^2 - 8x + b$ व्यंजक $(x + 2)$ तथा $(x - 2)$ द्वारा पूर्णतः विभाज्य हो, तो निम्न में से कौन-सा सही है?

A. $a = 2, b = 12$ B. $a = 12, b = 2$

C. $a = 2, b = -12$ D. $a = -2, b = 12$

129. यदि $x^2 - 3x + 1 = 0$ हो, तो $x^3+\frac{1}{x^3}$ का मान क्या होगा?

A. 9 B. 18

C. 27 D. 1

130. यदि $x^2 + y^2 + 2x + 1 = 0$ है, तो $x^{31} + y^{35}$ का मान क्या होगा?

A. –1 B. 0

C. 1 D. 2

131. यदि p, q, r सभी वास्तविक संख्याएँ हों, तो $(p-q)^3 + (q-r)^3 + (r-p)^3$ किसके बराबर होगा?

A. $(p-q)(q-r)(r-p)$

B. $3(p-q)(q-r)(r-p)$

C. 0

D. 1

132. ABCD एक वर्ग है। M, AB भुजा का मध्य-बिन्दु है और N, BC भुजा का मध्य-बिन्दु है। DM तथा AN को जोड़ कर नई भुजाएँ बना दी जाती हैं, जो O पर मिलती हैं। तदनुसार निम्न में से कौन-सा सही है?

A. OA : OM = 1 : 2

B. AN = MD

C. ∠ADM = ∠ANB

D. ∠AMD = ∠BAN

133. AB = 8 सेंमी. तथा CD = 6 सेंमी. लंबी दो ऐसी समानांतर जीवाएं हैं जो किसी वृत्त के केंद्र के एक ओर ही है। उनके बीच की दूरी 1 सेंमी है। तदनुसार उस वृत्त की त्रिज्या कितनी है?

A. 5 सेंमी B. 4 सेंमी

C. 3 सेंमी D. 2 सेंमी

134. एक त्रिभुज ABC का परिकेंद्र O है। यदि ∠BAC= 85° और ∠BCA = 75° हों, तो ∠OAC का मान कितना होगा?

A. 40° B. 60°

C. 70° D. 90°

135. O केंद्र वाले एक वृत्त की दो जीवाएं AB तथा CD, P बिन्दु पर मिलती हैं और ∠AOC = 50°, ∠BOD = 40° है। तदनुसार ∠BPD का मान कितना होगा?

A. 60° B. 40°

C. 45° D. 75°

136. त्रिभुज ABC के आधार BC के समानांतर एक सरल रेखा उस त्रिभुज की AB तथा AC भुजाओं को क्रमशः D तथा E बिन्दुओं पर काटती है। तदनुसार यदि Δ ABE का क्षेत्रफल 36 वर्ग सेंमी हो, तो Δ ACD का क्षेत्रफल कितना होगा?

A. 18 वर्ग सेंमी B. 36 वर्ग सेंमी

C. 18 सेंमी D. 36 सेंमी

137. यदि $\tan\theta = 1$ हो, तो $\dfrac{8\sin\theta + 5\cos\theta}{\sin^3\theta - 2\cos^2\theta + 7\cos\theta}$ का मान कितना होगा?

A. 2 B. $2\frac{1}{2}$

C. 3 D. $\frac{4}{5}$

138. यदि θ एक धनात्मक न्यून कोण हो और $\cos^2\theta + \cos^4\theta = 1$ हो, तो $\tan^2\theta + \tan^4\theta$ का मान क्या होगा?

A. 3/2 B. 1

C. 1/2 D. 0

139. tan 4°, tan 43°, tan 47°, tan86° का मान कितना होगा?

A. 0 B. 1

C. $\sqrt{3}$ D. $\frac{1}{\sqrt{3}}$

140. 16 मीटर और 9 मीटर लंबे दो खंभों के बीच की दूरी x मीटर है। यदि उन खंभों के शीर्ष के अपने सामने वाले खंभे के अधोभाग के साथ बने उन्नयन कोण परस्पर पूरक कोण हों, तो x का मान कितने मीटर होगा?

A. 15 B. 16

C. 12 D. 9

141. यदि $\tan\theta = \frac{4}{3}$ हो, तो $\dfrac{3\sin\theta + 2\cos\theta}{3\sin\theta - 2\cos\theta}$ का मान क्या होगा?

A. 0.5 B. –0.5

C. 3.0 D. –3.0

निर्देश (प्र.सं. 142 से 146 तक): *निम्न स्तम्भ-आलेख में एक कंपनी के लगातार छः वर्षों के उर्वरक उत्पादन को (लाख टनों में) दर्शाया गया है। इस आलेख का अध्ययन करके उत्तर दीजिए।*

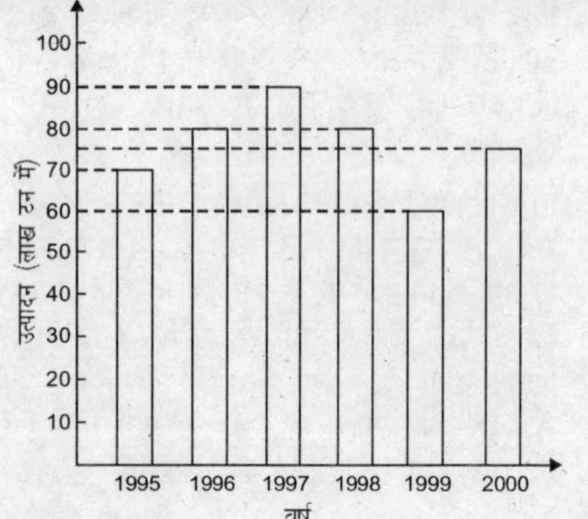

142. प्रथम तीन वर्षों के उर्वरकों के औसत उत्पादन तथा अंतिम तीन वर्षों के औसत उत्पादन का अंतर (लाख टनों में) कितना था?

A. $2\frac{1}{3}$ B. $8\frac{1}{3}$

C. $4\frac{1}{6}$ D. $3\frac{1}{3}$

143. वर्ष 1995, 1997 तथा 1999 के उर्वरकों के कुल उत्पादन और शेष तीन वर्षों के कुल उत्पादन का अनुपात कितना था?

A. 44 : 45 B. 48 : 43

C. 44 : 47 D. 46 : 45

144. वर्ष 1998 तथा 2000 के उर्वरकों का कुल उत्पादन, वर्ष 1997 तथा 1999 के कुल उत्पादन का $x\%$ है, तो x का मान कितना था?

A. $103\frac{1}{3}$ B. $79\frac{7}{17}$

C. $96\frac{24}{31}$ D. $125\frac{25}{27}$

145. वह वर्ष कौन-सा है जिसमें उर्वरकों का उत्पादन, सभी छः वर्षों के औसत उत्पादन के लगभग बराबर था?

A. 1999 B. 1998

C. 1995 D. 2000

146. वह वर्ष कौन-सा था जिसमें पिछले वर्ष में उर्वरकों के उत्पादन की तुलना में अधिकतम प्रतिशत वृद्धि हुई थी?

A. 1996 B. 1997

C. 1999 D. 2000

निर्देश (प्र.सं. 147 से 150 तक): *नीचे A, B, C, D, E पाँच नगरों के निवासियों की सिनेमा देखने सम्बन्धी आदतों के बारे में एक सर्वेक्षण के आँकड़े दिए गए हैं। उनमें पहले स्तंभ I में प्रत्येक नगर के उन दर्शकों के प्रतिशतों को दर्शाया गया है, जो प्रति सप्ताह दो से कम फिल्में देखते हैं। दूसरे स्तंभ II में उन दर्शकों की कुल संख्या को दर्शाया गया है, जो प्रति सप्ताह दो या अधिक फिल्में देखते हैं। अतः सारणी का अध्ययन करके उत्तर दीजिए।*

नगर	I	II
A	60	2400
B	20	3000
C	85	2400
D	55	2700
E	75	8000

147. नगर C में कितने दर्शक ऐसे हैं, जो प्रति सप्ताह दो से कम फिल्में देखते हैं?

A. 2040 B. 13600
C. 16000 D. 3600

148. वह नगर कौन-सा है, जहाँ फिल्में देखने वालों की संख्या सबसे कम है?

A. नगर E B. नगर D
C. नगर B D. नगर C

149. सर्वेक्षण में शामिल किसी भी नगर में फिल्में देखने वालों की सबसे अधिक संख्या कितनी है?

A. 36000 B. 32000
C. 6000 D. 16000

150. वे दो नगर कौन-से हैं, जहाँ फिल्में देखने वालों की संख्या बराबर है?

A. C तथा E B. C तथा D
C. A तथा B D. D तथा A

भाग (घ) : सामान्य जानकारी

151. माँग लोच किसी वस्तु की माँग की गई मात्रा की, किसके प्रति अनुक्रियाशीलता को मापती है?

A. वस्तु की कीमत में परिवर्तन
B. प्रतिस्थापित वस्तु की कीमत में परिवर्तन
C. पूरक वस्तु की कीमत में परिवर्तन
D. संयुक्त उत्पादों की कीमत में परिवर्तन

152. उपभोग फलन किसके साथ उपभोग के सम्बन्ध को अभिव्यक्त करता है?

A. बचत B. आय
C. निवेश D. कीमत

153. 'मिश्रित अर्थव्यवस्था' किसका उल्लेख करती है?

A. भारी, लघु और कुटीर उद्योगों का सह-अस्तित्व
B. कृषि के साथ-साथ कुटीर उद्योगों का संवर्धन
C. धनी और निर्धन दोनों का सह-अस्तित्व
D. सार्वजनिक और निजी क्षेत्र दोनों का सह-अस्तित्व

154. निम्नलिखित में से क्या नियत लागत **नहीं** है?

A. प्रशासनिक स्टाफ के वेतन
B. फैक्टरी भवन का किराया
C. सम्पत्ति कर
D. विद्युत् प्रभार

155. निम्नलिखित में से क्या अर्थशास्त्र में आर्थिक कार्यकलाप **नहीं** होता है?

A. अध्यापक द्वारा विद्यार्थियों को कॉलेज में पढ़ाया जाना
B. अध्यापक द्वारा विद्यार्थियों को कोचिंग संस्था में पढ़ाया जाना
C. अध्यापक द्वारा घर में अपनी पुत्री को पढ़ाया जाना
D. अध्यापक द्वारा सर्व शिक्षा अभियान स्कीम के अंतर्गत विद्यार्थियों को पढ़ाया जाना

156. शून्य काल किसका विवेकाधिकार होता है?

A. प्रधानमंत्री B. स्पीकर
C. विपक्ष के नेता D. राष्ट्रपति

157. उच्च न्यायालय के न्यायाधीशों के पद की शपथ किसके द्वारा दिलाई जाती है?

A. उच्च न्यायालय के मुख्य न्यायाधीश
B. भारत के राष्ट्रपति
C. भारत के मुख्य न्यायाधीश
D. राज्य के राज्यपाल

158. फ्रांसीसी क्रांति ने विश्व को क्या नारा दिया था?

A. स्वतंत्रता, प्राधिकार, समानता
D. स्वतंत्रता, समानता, बंधुत्व
C. स्वतंत्रता, कानून, बंधुत्व
D. परम्परा, प्राधिकार, कानून

159. भारत के राष्ट्रपति केवल किसकी लिखित सिफारिश पर राष्ट्रीय आपात-स्थिति की उद्घोषणा जारी कर सकते है?

A. प्रधानमंत्री
B. ऐसा मंत्रिमंडल जिसमें केवल संघ के मंत्रिमंडल के सदस्य हों
C. संघ का मंत्रिपरिषद्
D. संसद

160. संसद किसके माध्यम से सार्वजनिक व्यय पर नियंत्रण रखता है?

A. महाधिवक्ता
B. नियंत्रक एवं महालेखापरीक्षक
C. वाणिज्य मंत्री
D. वित्त मंत्री

161. हर्षवर्धन के राजकवि कौन थे?
A. भानि B. रवि कीर्ति
C. बाण D. विष्णु शर्मा

162. भारतीय राष्ट्रीय कांग्रेस के कहाँ पर आयोजित वार्षिक सत्र में 'पूर्ण स्वराज' का संकल्प अपनाया गया था?
A. बम्बई B. लाहौर
C. कलकत्ता D. मद्रास

163. निम्नलिखित में से किस देश में हाल में बुद्ध की मूर्तियों को विरूपित किया गया और हटाया गया?
A. पाकिस्तान B. टर्की
C. अफगानिस्तान D. ईरान

164. किसने यह आह्वान किया कि "पुनः वेदों को अपनाएँ"?
A. रामकृष्ण परमहंस B. स्वामी विवेकानंद
C. ज्योतिबा फूले D. स्वामी दयानंद सरस्वती

165. निम्नलिखित में से कौन-सी जोड़ी **गलत** है?
A. बाबर बनाम संग्राम सिंह
B. शेरशाह बनाम हुमायूँ
C. चंगेज खाँ बनाम अलाउद्दीन खिलजी
D. अकबर बनाम हेमु

166. पर्वतों के उन प्राकृतिक अंतरालों को क्या कहा जाता है जो मार्ग बन जाते हैं?
A. शिखर B. टिब्बा
C. पठार D. दर्रा

167. झूम कृषि कहाँ पर की जाती है?
A. उत्तर-पूर्व भारत
B. दक्षिण-पश्चिम भारत
C. दक्षिण-पूर्व भारत
D. उत्तर भारत

168. फ्रंटल वर्षा किस कारण से होती है?
A. संवहनी धारा
B. समुद्री हवाओं
C. चक्रवातीय गतिविधि
D. पर्वतों से वाष्पित जल का संघनन

169. पाक स्ट्रेट किसके बीच स्थित है?
A. बंगाल की खाड़ी औरं मन्नार की खाड़ी
B. अंडमान और निकोबार द्वीपसमूह
C. रन ऑफ कच्छ और गल्फ ऑफ खंभात
D. लक्षद्वीप और मालदीव

170. निम्नलिखित की जोड़ी बनाएँ :

नदियाँ	**नगर**
(*a*) गोमती	1. गुवाहाटी
(*b*) ब्रह्मपुत्र	2. राजमुंद्री
(*c*) गोदावरी	3. तिरुचिरापल्ली
(*d*) कावेरी	4. लखनऊ

	(*a*)	(*b*)	(*c*)	(*d*)
A.	3	4	2	1
B.	2	1	3	4
C.	4	1	2	3
D.	4	2	1	3

171. किस उभयलिंगी पशु में पर-निषेचन किया जाता है?
A. हाइड्रा B. ऐस्कारिस
C. केंचुआ D. रेशम कीट

172. ब्लब्बर क्या होता है?
A. रबड़ के पौधे से निकलने वाला दूधिया स्राव
B. सघन वसा की परत
C. किन्हीं एक्वैटिक पौधों द्वारा कीट को फँसाने की युक्ति
D. चावल के पौधों का फंगल संक्रमण

173. डी.एन.ए. के कोडकरण खंड को क्या कहा जाता है?
A. कोडॉन B. म्यूटॉन
C. इन्ट्रॉन D. एक्सॉन

174. वसा में घुलनशील विटामिन कौन से हैं?
A. टोकोफेरॉल, निआसिन, सियानोकोबालमिन
B. कैल्सीफेरॉल, कैरोटीन, टोकोफेरॉल
C. ऐस्कॉर्बिक ऐसिड, कैल्सीफेरॉल, राइबोफ्लेविन
D. थायेमीन, कैरोटीन, बायोटिन

175. रेशम का उत्पादन किससे होता है?
A. रेशम कीट के अंडे से
B. रेशम कीट के प्यूपा से
C. रेशम कीट के लार्वा से
D. स्वयं कीट से

176. निम्नलिखित में से अंडा देने वाला स्तनपायी कौन-सा है?
A. चमगादड़ B. पर्णिल चींटीखोर
C. व्हेल D. कंटीला चींटीखोर

177. ट्रांसफॉर्मर किससे काम करता है?
A. केवल प्रत्यावर्ती धारा से
B. केवल दिष्ट धारा से
C. ए.सी. और डी.सी. दोनों से
D. किसी भी सिग्नल से

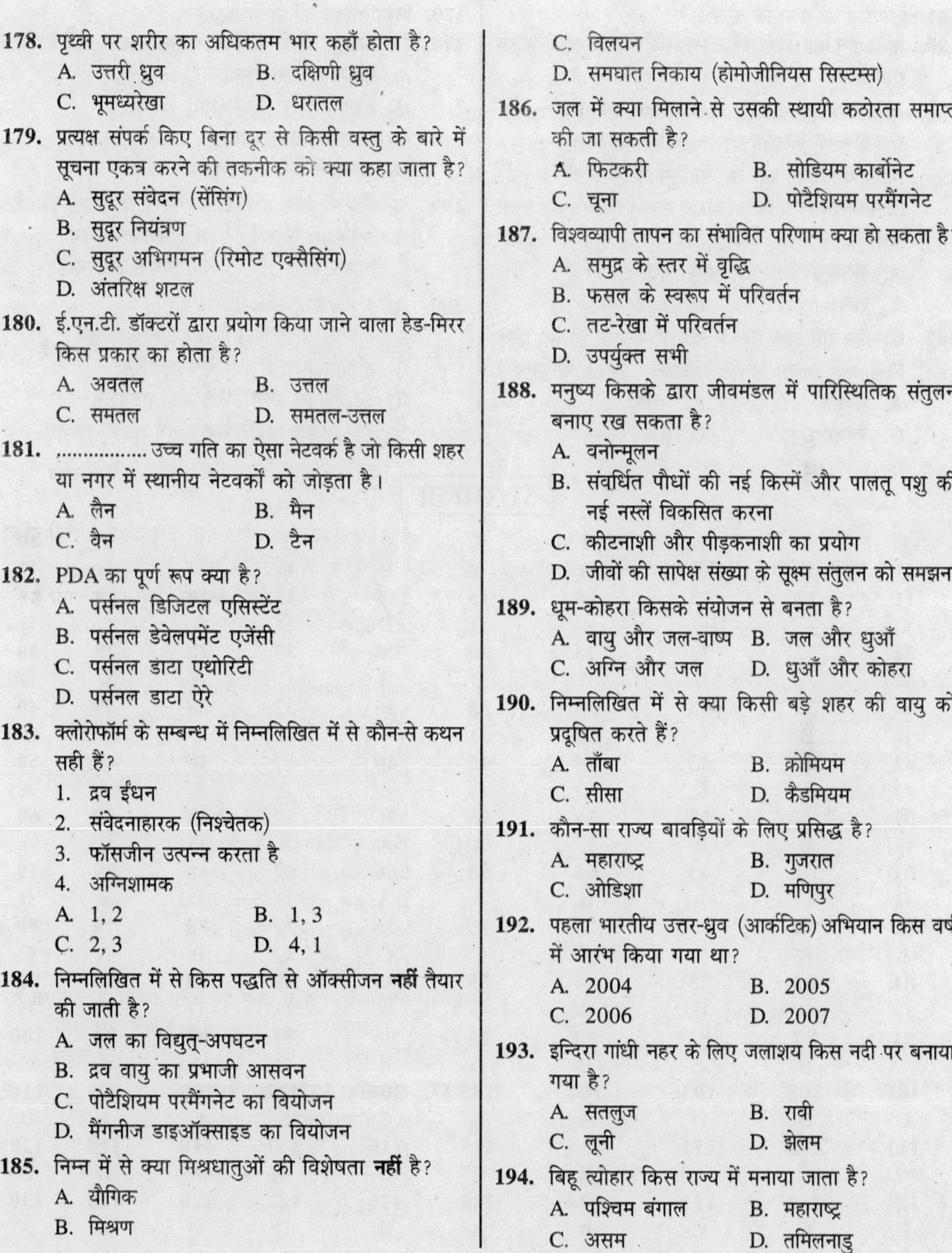

178. पृथ्वी पर शरीर का अधिकतम भार कहाँ होता है?
A. उत्तरी ध्रुव B. दक्षिणी ध्रुव
C. भूमध्यरेखा D. धरातल

179. प्रत्यक्ष संपर्क किए बिना दूर से किसी वस्तु के बारे में सूचना एकत्र करने की तकनीक को क्या कहा जाता है?
A. सुदूर संवेदन (सेंसिंग)
B. सुदूर नियंत्रण
C. सुदूर अभिगमन (रिमोट एक्सैसिंग)
D. अंतरिक्ष शटल

180. ई.एन.टी. डॉक्टरों द्वारा प्रयोग किया जाने वाला हेड-मिरर किस प्रकार का होता है?
A. अवतल B. उत्तल
C. समतल D. समतल-उत्तल

181. .... उच्च गति का ऐसा नेटवर्क है जो किसी शहर या नगर में स्थानीय नेटवर्कों को जोड़ता है।
A. लैन B. मैन
C. वैन D. टैन

182. PDA का पूर्ण रूप क्या है?
A. पर्सनल डिजिटल एसिस्टेंट
B. पर्सनल डेवेलपमेंट एजेंसी
C. पर्सनल डाटा एथोरिटी
D. पर्सनल डाटा ऐरे

183. क्लोरोफॉर्म के सम्बन्ध में निम्नलिखित में से कौन-से कथन सही हैं?
1. द्रव ईंधन
2. संवेदनाहारक (निश्चेतक)
3. फॉसजीन उत्पन्न करता है
4. अग्निशामक
A. 1, 2 B. 1, 3
C. 2, 3 D. 4, 1

184. निम्नलिखित में से किस पद्धति से ऑक्सीजन **नहीं** तैयार की जाती है?
A. जल का विद्युत्-अपघटन
B. द्रव वायु का प्रभाजी आसवन
C. पोटैशियम परमैंगनेट का वियोजन
D. मैंगनीज डाइऑक्साइड का वियोजन

185. निम्न में से क्या मिश्रधातुओं की विशेषता **नहीं** है?
A. यौगिक
B. मिश्रण
C. विलयन
D. समघात निकाय (होमोजीनियस सिस्टम्स)

186. जल में क्या मिलाने से उसकी स्थायी कठोरता समाप्त की जा सकती है?
A. फिटकरी B. सोडियम कार्बोनेट
C. चूना D. पोटैशियम परमैंगनेट

187. विश्वव्यापी तापन का संभावित परिणाम क्या हो सकता है?
A. समुद्र के स्तर में वृद्धि
B. फसल के स्वरूप में परिवर्तन
C. तट-रेखा में परिवर्तन
D. उपर्युक्त सभी

188. मनुष्य किसके द्वारा जीवमंडल में पारिस्थितिक संतुलन बनाए रख सकता है?
A. वनोन्मूलन
B. संवर्धित पौधों की नई किस्में और पालतू पशु की नई नस्लें विकसित करना
C. कीटनाशी और पीड़कनाशी का प्रयोग
D. जीवों की सापेक्ष संख्या के सूक्ष्म संतुलन को समझना

189. धूम-कोहरा किसके संयोजन से बनता है?
A. वायु और जल-वाष्प B. जल और धुआँ
C. अग्नि और जल D. धुआँ और कोहरा

190. निम्नलिखित में से क्या किसी बड़े शहर की वायु को प्रदूषित करते हैं?
A. ताँबा B. क्रोमियम
C. सीसा D. कैडमियम

191. कौन-सा राज्य बावड़ियों के लिए प्रसिद्ध है?
A. महाराष्ट्र B. गुजरात
C. ओडिशा D. मणिपुर

192. पहला भारतीय उत्तर-ध्रुव (आर्कटिक) अभियान किस वर्ष में आरंभ किया गया था?
A. 2004 B. 2005
C. 2006 D. 2007

193. इन्दिरा गांधी नहर के लिए जलाशय किस नदी पर बनाया गया है?
A. सतलुज B. रावी
C. लूनी D. झेलम

194. बिहू त्योहार किस राज्य में मनाया जाता है?
A. पश्चिम बंगाल B. महाराष्ट्र
C. असम D. तमिलनाडु

195. भारत रत्न का डिजाइन किस वृक्ष के पत्ते की तरह बनाया गया है?
A. बरगद का वृक्ष B. पीपल का वृक्ष
C. नारियल का वृक्ष D. चंदन का वृक्ष

196. 2011 की जनगणना के अनंतिम परिणाम के अनुसार निम्नलिखित में से किस राज्य में बाल लिंग अनुपात सबसे कम है?
A. हरियाणा B. पंजाब
C. बिहार D. उत्तर प्रदेश

197. कौन-सी टीम खुले खेल में पाँच में से एक भी मैच जीते बिना आगे 'कोपा अमेरिका फाइनल 2011' में पहुंची?
A. ब्राजील B. पैराग्वे
C. वेनेजुएला D. पेरू

198. निम्नलिखित में से कौन-सा वस्तुतः गार्डन **नहीं** है?
A. हैंगिग गार्डन्स (मुम्बई)
B. ईडन गार्डन्स (कोलकाता)
C. वृन्दावन गार्डन्स (मैसूर)
D. खुसरो गार्डन्स (लखनऊ)

199. 'द ऑडैसिटी ऑफ होप' नामक पुस्तक के लेखक कौन हैं?
A. नयनतारा सहगल B. अरविंद अडिगा
C. विक्रम सेठ D. बराक ओबामा

200. 'इसरो' किसका संक्षिप्त रूप है?
A. इंडियन साइंटिफिक रिसर्च ऑर्गनाइजेशन
B. इंडियन स्पेस रिसर्च ऑर्गनाइजेशन
C. इंटरनैशनल स्पेस रिसर्च ऑर्गनाइजेशन
D. इंटरनैशनल साइंटिफिक रिसर्च ऑर्गनाइजेशन

उत्तरमाला

1	2	3	4	5	6	7	8	9	10
C	D	C	A	A	B	D	D	D	D
11	**12**	**13**	**14**	**15**	**16**	**17**	**18**	**19**	**20**
C	C	C	A	D	D	D	C	C	D
21	**22**	**23**	**24**	**25**	**26**	**27**	**28**	**29**	**30**
B	A	C	A	D	B	C	A	D	D
31	**32**	**33**	**34**	**35**	**36**	**37**	**38**	**39**	**40**
B	B	C	C	D	D	A	C	C	B
41	**42**	**43**	**44**	**45**	**46**	**47**	**48**	**49**	**50**
C	B	C	C	D	B	A	B	A	A
51	**52**	**53**	**54**	**55**	**56**	**57**	**58**	**59**	**60**
B	B	B	C	A	A	A	D	C	A
61	**62**	**63**	**64**	**65**	**66**	**67**	**68**	**69**	**70**
B	C	A	B	A	A	D	D	B	B
71	**72**	**73**	**74**	**75**	**76**	**77**	**78**	**79**	**80**
A	B	C	A	C	C	C	B	A	C
81	**82**	**83**	**84**	**85**	**86**	**87**	**88**	**89**	**90**
C	B	B	B	C	C	D	D	C	B
91	**92**	**93**	**94**	**95**	**96**	**97**	**98**	**99**	**100**
C	B	A	B	D	B	C	A	A	C
101	**102**	**103**	**104**	**105**	**106**	**107**	**108**	**109**	**110**
C	B	D	A	D	C	C	C	A	B
111	**112**	**113**	**114**	**115**	**116**	**117**	**118**	**119**	**120**
C	D	A	B	C	B	B	A	B	D
121	**122**	**123**	**124**	**125**	**126**	**127**	**128**	**129**	**130**
C	C	C	B	B	B	D	C	B	A

131	132	133	134	135	136	137	138	139	140
B	B	A	C	C	B	A	B	B	C
141	142	143	144	145	146	147	148	149	150
C	B	C	A	D	D	B	C	B	D
151	152	153	154	155	156	157	158	159	160
A	B	D	D	C	B	A	B	B	B
161	162	163	164	165	166	167	168	169	170
C	B	C	D	C	D	A	C	A	C
171	172	173	174	175	176	177	178	179	180
C	B	D	B	C	D	A	D	A	A
181	182	183	184	185	186	187	188	189	190
B	A	C	D	A	B	D	D	D	C
191	192	193	194	195	196	197	198	199	200
B	D	A	C	B	B	B	B	D	B

कुछ चुने हुए प्रश्नों के व्याख्यात्मक उत्तर

4. 2 3 4 9 4 5 16 25
B C D I D E [P] [Y]

5. A C E : K I G :: M O Q : W U S
(+2 +2, +2 +2, +2 +2, +2 +2; +2, +2)

6. D C E F : W X V U :: K J L M : S T R Q
(+1 +1, +1 +1, +1 +1, +1 +1; +1, +1, +1, +1)

9. $12 \times 3 - 1 = 35$
$16 \times 4 - 1 = 63$

13. शेष सभी अंग्रेजी वर्णमाला के व्यंजन हैं।

14. G L O W C F K R I L Q X A D I P
(+5 +8 +3 +7 +3 +7 +3 +7; +3, +5, +5, +5)

15. शेष सभी में केवल तीन अक्षर हैं।

16. शेष सभी 11 से विभाज्य हैं।

17. $8^2 = 64$, $6^2 = 36$, $9^2 = 81$ $\boxed{7^2 \neq 50}$

18. $11^2 - 14^2$, $12^2 - 15^2$, $4^2 - 7^2$

23. A D E H I L [M P] Q T
(+3 +3 +3 +3 +3; +1 +1 +1 +1)

24. [ABCD] [IJKL] [QRST] [YZAB]
(+5 +5 +5)

25. 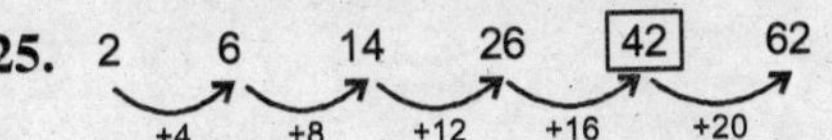

26. 6 12 21 33 [48]
(+6 +9 +12 +15)

28. 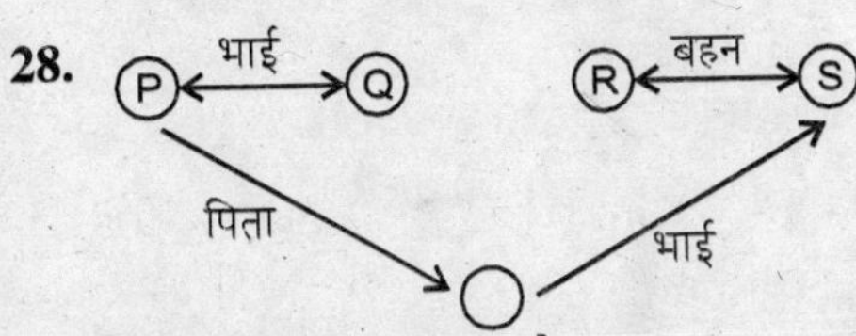

अतः, Q, R का चाचा है।

29. मोहन > किशोर > अनिल > सतीश > राजेश

31. दिए गए वर्णों से बना शब्द है – FRANCE

34. $35 \div 7 \times 5 + 5 - 6 = 24$
अतः, विकल्प C सही होगा।

35. $8 + 5 \times 2 = 72 \div 4$

37. $27 = 9 \times 3$
$4 \times 16 = 64$
$512 = \boxed{64} \times 8$

38. $5 + 3 - 7 = 1$
$7 + 5 - 9 = 3$
$4 + 4 - 4 = 4$
$3 + 2 - (4) = 1$

39.

उत्तर

पश्चिम — पूरब

दक्षिण

40.

4 किमी.

8 किमी.

8 किमी.

41.

20 30 20 20

A C E D B

44.

कलम

पेंसिलें

बन्दर

102. $\sqrt[4]{3}, \sqrt[5]{4}, \sqrt[10]{12}, 1$

4, 5, 10 का लघुतम समापवर्त्य = 20

$$\sqrt[4]{3} = \sqrt[4\times5]{3^5} = \sqrt[20]{243}$$

$$\sqrt[5]{4} = \sqrt[5\times4]{4^4} = \sqrt[20]{256}$$

$$\sqrt[10]{12} = \sqrt[10\times2]{12^2} = \sqrt[20]{144}$$

$$1 = 1 = 1$$

स्पष्टतः सबसे बड़ी संख्या 256 है।

अतः $\sqrt[5]{4}$ सबसे बड़ी संख्या है।

103. माना कि भिन्न $\frac{x}{y}$ है।

प्रश्नानुसार,

$$\frac{x-4}{y+1} = \frac{1}{6}$$

$$6x - 24 = y + 1$$

$$6x - y = 25 \qquad ...(i)$$

तथा

$$\frac{x+2}{y+1} = \frac{1}{3}$$

$$3x + 6 = y + 1$$

$$3x - y = -5 \qquad ...(ii)$$

समीकरण (*i*) तथा (*ii*) से,

$$6x - y = 25$$

$$3x - y = -5$$

$$- \quad + \qquad +$$

$$3x = 30$$

$$x = 10$$

$$y = 35$$

$\therefore$ भिन्न = $\frac{x}{y} = \frac{10}{35}$

अंश और हर का लघुतम समापवर्त्य = 70.

111. प्रश्नानुसार,

$$2(l + b)\, h = 660 \text{ m}^2$$

$$(l + b)11 = \frac{660}{2} = 330$$

$$(l + b) = \frac{330}{11} = 30$$

$$2b + b = 30$$

$$b = 10$$

$$l = 20$$

क्षेत्रफल = $20 \times 10 = 200 \text{ m}^2$.

113. (A + B) द्वारा 1 दिन में किया गया कार्य = $\frac{1}{10}$ ...(*i*)

(B + C) द्वारा 1 दिन में किया गया कार्य = $\frac{1}{12}$ ...(*ii*)

(A + C) द्वारा 1 दिन में किया गया कार्य = $\frac{1}{15}$ ...(*iii*)

समीकरण (*i*) में से (*ii*) को घटाने पर,

$$A + B - B - C = \frac{1}{10} - \frac{1}{12} = \frac{6-5}{60} = \frac{1}{60}$$

$$\therefore \quad A - C = \frac{1}{60} \qquad ...(iv)$$

समीकरण (*iii*) और (*iv*) को जोड़ने पर

$$A + C + A - C = \frac{1}{15} + \frac{1}{60}$$

$$2A = \frac{4+1}{60}$$

$$2A = \frac{5}{60}$$

$$A = \frac{5}{60\times2} = \frac{1}{24}$$

$\therefore$ A अकेले उस काम को 24 दिनों में पूरा करेगा।

120. माना कि संख्याएँ *a*, *b* और *c* हैं।

$$a + b + c = 3 \times 40 = 120$$

प्रश्नानुसार,

$$6c + 3c + c = 120$$

$$10c = 120$$

$$c = 12$$

$\therefore\ a = 6 \times 12 = 72,\ b = 3 \times 12 = 36,$
$c = 12 \times 1 = 12$
बड़ी संख्या और छोटी संख्या का अन्तर $= 72 - 12 = 60.$

122. प्रश्नानुसार,

$400 - 320 = 80$

प्रतिशत लाभ $= \frac{80}{320} \times 100 = 25\%$

126. माना कि मूलधन 100 है।

साधारण ब्याज $= \frac{100 \times 8 \times 2}{100} =$ ₹ 16

मिश्रधन = मूलधन$\left(1 + \frac{8}{100}\right)^2$

$= 100 \times \frac{27}{25} \times \frac{27}{25} = \frac{2916}{25}$

$\therefore$ चक्रवृद्धि ब्याज $= \frac{2916}{25} - 100$

$= \frac{2916 - 2500}{25} = \frac{416}{25}$

चक्रवृद्धि ब्याज और साधारण ब्याज का अन्तर

$= \frac{416}{25} - 16 = \frac{416 - 400}{25} = \frac{16}{25}$

$\because$ ₹ $\frac{16}{25}$ के अन्तर पर मूलधन ₹ 100 है।

$\therefore$ ₹ 8 के अन्तर पर मूलधन $= \frac{100 \times 25 \times 8}{16}$

$= 50 \times 25 = 1250$

अतः मूलधन = ₹ 1250.

127. $\because \quad 2x + \frac{1}{3x} = 5$

$\therefore \quad 6x^2 + 1 = 15x$

$\frac{5x}{6x^2 + 20x + 1} = \frac{5x}{(6x^2 + 1) + 20x}$

$= \frac{5x}{15x + 20x} = \frac{5x}{35x} = \frac{1}{7}$

128. दिया हुआ व्यंजक $(x + 2)$ तथा $(x - 2)$ से विभाज्य है। अतः एक बार x का मान 2 और दूसरी बार -2 डालने पर

$\therefore \quad 8a + b = 4 \quad ...(i)$

तथा $\quad -8a + b = -28 \quad ...(ii)$

समीकरण (i) और (ii) को हल करने पर

$a = 2$ तथा $b = -12$

अतः C सही है।

131. $p - q + q - r + r - p = 0$

यदि $\quad a + b + c = 0$ हो तो

$a^3 + b^3 + c^3 = 3\ abc$ होता है।

यहाँ, $(p - q)$, $(q - r)$ तथा $(r - p)$ का योगफल 0 है।

अतः $(p - q)^3 + (q - r)^3 + (r - p)^3$

$= 3(p - q)\ (q - r)\ (r - p)$ होगा।

133.

AB = 8 सेमी

CD = 6 सेमी

त्रिभुज ONB में, $(OB)^2 = (ON)^2 + (NB)^2$

$r^2 = x^2 + 16 \quad ...(i)$

त्रिभुज OMD से, $(OD)^2 = (OM)^2 + (MD)^2$

$r^2 = (x + 1)^2 + (3)^2 \quad ...(ii)$

समीकरण (i) और (ii) से,

$x^2 + 2x + 1 + 9 = x^2 + 16$

$2x = 6$

$x = 3$

समीकरण (i) में x का मान डालनें पर

$r^2 = 25 \Rightarrow r = 5$

अतः वृत्त की त्रिज्या = 5 सेंमी।

136.

चूँकि DE, BC के समानान्तर है।

अतः त्रिभुज BDE तथा त्रिभुज CDE का क्षेत्रफल बराबर होगा क्योंकि दोनों त्रिभुज एक ही आधार और समान्तर रेखाओं के मध्य स्थित है। दोनों त्रिभुजों में

त्रिभुज ADE का क्षेत्रफल जोड़ने पर

त्रिभुज ABE का क्षेत्रफल = त्रिभुज ACD का क्षेत्रफल

अतः त्रिभुज ACD का क्षेत्रफल = 36 वर्ग सेंमी।

137. चूंकि $\tan\theta = 1$ है अतः $\tan\theta$ = लम्ब/आधार

(कर्ण)^2 = (लम्ब)^2 + (आधार)^2

कर्ण = $\sqrt{1+1} = \sqrt{2}$

$$\sin\theta = \frac{1}{\sqrt{2}},\ \cos\theta = \frac{1}{\sqrt{2}}$$

$$\frac{8\sin\theta+5\cos\theta}{\sin^3\theta-2\cos^3\theta+7\cos\theta}$$

$$= \frac{8\times\frac{1}{\sqrt{2}}+5\times\frac{1}{\sqrt{2}}}{\frac{1}{2\sqrt{2}}-2\times\frac{1}{2\sqrt{2}}+7\times\frac{1}{\sqrt{2}}}$$

$$= \frac{\frac{13}{\sqrt{2}}}{\frac{13}{2\sqrt{2}}} = 2.$$

139. $\tan 4^\circ \cdot \tan 43^\circ \cdot \tan 47^\circ \cdot \tan 86^\circ$

$= \tan 4^\circ \times \tan(90^\circ - 4^\circ)$

$\times \tan 43^\circ \times \tan(90^\circ - 43^\circ)$

$= \tan 4^\circ \times \cot 4^\circ \times \tan 43^\circ \times \cot 43^\circ$

$$= \tan 4^\circ \times \frac{1}{\tan 4^\circ} \times \tan 43^\circ \times \frac{1}{\tan 43^\circ}$$

$= 1 \times 1 = 1.$

140.

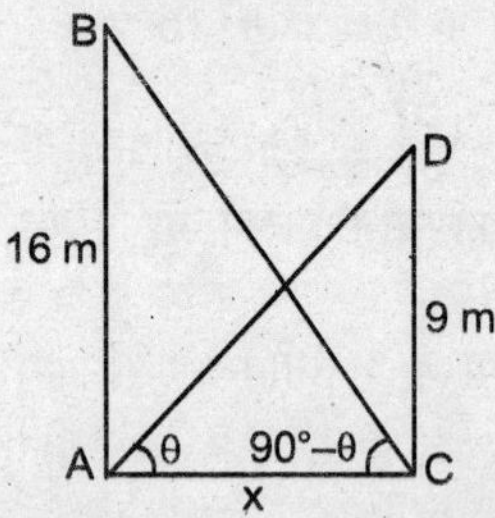

त्रिभुज ABC में,

$$\tan(90^\circ - \theta) = \frac{16}{x}$$

$$\cot\theta = \frac{16}{x} \quad ...(i)$$

त्रिभुज ACD में, $\tan\theta = \dfrac{9}{x}$ ...(ii)

समीकरण (i) तथा (ii) को गुणा करने पर

$$\cot\theta \times \tan\theta = \frac{16}{x}\times\frac{9}{x}$$

$$\cot\theta\times\frac{1}{\cot\theta} = \frac{144}{x^2}$$

$$1 = \frac{144}{x^2}$$

$$x^2 = 144$$

$$x = 12$$

अतः x का मान 12 मीटर होगा।

141. $\because \tan\theta = \dfrac{4}{3}$

$$\frac{3\frac{\sin\theta}{\cos\theta}+2\frac{\cos\theta}{\cos\theta}}{3\frac{\sin\theta}{\cos\theta}-2\frac{\cos\theta}{\cos\theta}}$$

[अंश और हर को $\cos\theta$ से भाग देने पर]

$$= \frac{3\tan\theta+2}{3\tan\theta-2} = \frac{3\times\frac{4}{3}+2}{3\times\frac{4}{3}-2} = \frac{6}{2} = 3.$$

पिछले प्रश्न-पत्र (हल सहित)

SSC–संयुक्त हायर सेकेन्डरी स्तर–CHSL (10+2) भर्ती परीक्षा–2010

भाग (क): सामान्य बुद्धिमत्ता एवं तर्कशक्ति

1. निम्नलिखित में से कौन-सी संख्या इस श्रृंखला में नहीं आती?

232, 343, 454, 564, 676

A. 676 B. 454
C. 343 D. 564

2. एक बस जब चली तो उसमें निश्चित संख्या में कुछ यात्री बैठे हुए थे। पहले स्टॉप पर बस से आधे यात्री उतर गए और 35 यात्री बस में चढ़े। दूसरे स्टॉप पर $\frac{1}{5}$ यात्री उतर गए और 40 चढ़े। उसके बाद बस में 80 यात्री थे और वह बिना रुके गंतव्य-स्थल की ओर गई। आरंभ में बस में कितने यात्री थे?

A. 25 B. 30
C. 40 D. 50

3. यदि आगामी परसों रविवार है तो आगामी कल के दिन गत परसों का कौन-सा वार होगा?

A. शुक्रवार B. बृहस्पतिवार
C. सोमवार D. मंगलवार

4. एक व्यक्ति अपनी पत्नी से 3 वर्ष बड़ा है और अपने पुत्र से चार गुना बड़ा है। यदि तीन वर्ष बाद पुत्र की आयु 15 वर्ष हो जाएगी तो इस समय पत्नी की आयु कितनी है?

A. 60 वर्ष B. 51 वर्ष
C. 48 वर्ष D. 45 वर्ष

5. X और Y भाई-भाई हैं। R, Y का पिता है। S, T का भाई है और X का मामा है। T का R से क्या संबंध है?

A. माता B. पत्नी
C. बहन D. भाई

6. 39 विद्यार्थियों की एक कक्षा में सुरेश अशोक से 7 रैंक आगे है। यदि अशोक की रैंक अंत से 17वीं है तो सुरेश की आरंभ से कौन-सी रैंक होगी?

A. 16वीं B. 23वीं
C. 24वीं D. 15वीं

7. बड़े अक्षरों में एक शब्द/अक्षर-समूह दिया गया है। इसके पश्चात् चार शब्द उसके उत्तर के रूप में दिए गए हैं। दिए गए शब्द/अक्षर-समूह के अक्षरों को मिलाकर इनमें से केवल एक शब्द को नहीं बना सकते, उसको चुनिए।

INDETERMINATE

A. DETERMINE B. RETINUE
C. REMINDER D. RETINA

8. कुछ अक्षरों के समूहदिए गए हैं। इनमें से हर एक अक्षर को एक कूट अंक दिया गया है। इन अक्षरों को इस तरह से व्यवस्थित करें कि उससे एक अर्थपूर्ण शब्द बन जाए और उससे उपलब्ध कूट को दिए हुए विकल्पों में से दर्शायें :

R	A	H	K	S
1	2	3	4	5

A. 5 1 2 3 4 B. 5 4 2 1 3
C. 5 3 2 1 4 D. 5 3 1 2 4

9. एक वक्तव्य दिया गया है, जिसके आगे दो पूर्वानुमान (1) और (2) दिए गए हैं। आपको विचार करना है कि वक्तव्य सत्य है चाहे वह सामान्यतः ज्ञात तथ्यों से भिन्न प्रतीत होता हो। आपको निर्णय करना है कि दिए गए वक्तव्य में से कौन-सा निश्चित रूप से सही पूर्वानुमान निकाला जा सकता है। अपने उत्तर को निर्दिष्ट कीजिए।

वक्तव्य : सैद्धांतिक शिक्षा से आर्थिक प्रगति नहीं होती और इससे देश में आत्मविश्वास और धन की निरंतर हानि होती है।

पूर्वानुमान : (1) आत्मविश्वास के विकास और आर्थिक विकास में गहरा संबंध है।

(2) आत्मविश्वास के विकास में सैद्धांतिक शिक्षा का अमूल्य योगदान है।

A. केवल 1 निहित है।
B. 2 निहित है।
C. 1 और 2 दोनों निहित हैं।
D. 1 और 2 दोनों निहित नहीं हैं।

10. दो वक्तव्य दिए गए हैं जिसके आगे चार निष्कर्ष I, II, III और IV दिए गए हैं। आपको विचार करना है कि वक्तव्य सत्य हैं चाहे वे सामान्यतः ज्ञात तथ्यों से भिन्न प्रतीत होते हों। आपको निर्णय करना है कि दिए गए वक्तव्यों में से कौन-सा निश्चित रूप से सही निष्कर्ष निकाला जा सकता है। अपने उत्तर को निर्दिष्ट कीजिए।

वक्तव्य : (A) कोई गाय कुर्सी नहीं है।
(B) सभी कुर्सियां मेज हैं।

निष्कर्ष : I. कुछ मेजें कुर्सियां हैं।
II. कुछ मेजें गाय हैं।
III. कुछ कुर्सियां गाय हैं।
IV. कोई मेज गाय नहीं है।

A. निष्कर्ष II अथवा III निकलता है।
B. निष्कर्ष II अथवा IV निकलता है।
C. केवल निष्कर्ष I निकलता है।
D. सभी निष्कर्ष निकलते हैं।

11. यदि HONESTY को 5132468 के रूप में लिखा जाता है और POVERTY को 7192068 के रूप में, तो HORSE को किस रूप में कोड में लिखा जाएगा?
A. 50124 B. 51042
C. 51024 D. 52014

12. किसी कूट भाषा (कोड) में SISTER को RHRSDQ रूप में लिखा जाता है तो उस कोड में UNCLE को किस रूप में लिखा जाएगा?
A. TMBKD B. TBMKD
C. TVBOD D. TMKBD

13. यदि 841 = 3, 633 = 5, 425 = 7 तो 217 = ?
A. 6 B. 7
C. 8 D. 9

14. निम्नलिखित समीकरणों में सार्व गुणधर्म अपनाया जाता है। D को पूरा करने के लिए सही मान निकालें :
A = 51 (714) 14; B = 61 (915) 15;
C = 71 (1136) 16; D = 81 (?) 17
A. (1377) B. (1378)
C. (1356) D. (1346)

15. ÷ तथा =, 2 तथा 3 का स्थान बदलने पर निम्नलिखित में से कौन-सा सही है?
A. 15 = 2 ÷ 3 B. 5 ÷ 15 = 2
C. 2 = 15 ÷ 3 D. 3 = 2 ÷ 15

16. 25 * 2 * 6 = 4 * 11 * 0
निम्नलिखित में प्रतीकों के किस सेट को * के स्थान पर रखा जा सकता है?
A. ×, −, ×, + B. +, −, ×, +
C. ×, +, ×, − D. ×, +, +, ×

17. दिए गए विकल्पों में से लुप्त संख्या ज्ञात कीजिए :

5	6	12
4	3	4
2	3	?
18	27	96

A. 4 B. 5
C. 3 D. 6

18. पीटर 8 किमी. पश्चिम की ओर चलने के बाद दायीं ओर मुड़ गया और 3 किमी. चला। उसके बाद वह फिर दायीं ओर मुड़कर 12 किमी. चला। वह उस स्थाल से कितनी दूरी पर है जहाँ से उसे चलना आरंभ किया था।
A. 7 B. 8
C. 4 D. 5

19. बाबू रहीम का पड़ोसी है और उसका मकान पश्चिमोत्तर दिशा में 200 मीटर की दूरी पर है। जोसेफ रहीम का पड़ोसी है और उसका मकान दक्षिण पश्चिम दिशा में 200 मीटर की दूरी पर है। गोपाल जोसेफ का पड़ोसी है और वह दक्षिण पूर्व दिशा में 200 मीटर की दूरी पर रहता है। राय गोपाल का पड़ोसी है और उसका मकान पूर्वोत्तर दिशा में 200 मीटर की दूरी पर है। राय का मकान बाबू के मकान की किस दिशा में स्थिति है?
A. दक्षिण पूर्व B. दक्षिण पश्चिम
C. उत्तर D. पूर्वोत्तर

20. कुछ मित्र अष्टभुज स्थान पर एक-एक कोने में बैठे हैं। सबका मुख बीच की ओर है। महिमा तिरछे रूप

में राम के सामने बैठी है। राम सुषमा के दाहिने तरफ बैठा है। रवि सुषमा के बगल में और गिरधर के सामने बैठा है। गिरधर चंद्रा के बाएँ तरफ बैठा है। सावित्री महिमा के दाहिने तरफ नहीं है लेकिन शालिनी के सामने है। शालिनी के दाहिने तरफ कौन बैठा है?

A. रवि B. महिमा
C. गिरधर D. राम

21. एक क्यूब के पाँच फलक पर निम्नलिखित आकृतियाँ अंकित हैं। क्यूब के ऊपरी सतह पर कुछ भी अंकित नहीं है। क्रॉस और त्रिभुज के बीच दीर्घवृत्त है। त्रिभुज के दाहिने तरफ वर्ग है। दीर्घवृत्त और वर्ग एक-दूसरे के सम्मुख हैं। क्यूब के किस फलक पर वृत्त अंकित है?

A. ऊपरी सतह पर B. दीर्घवृत्त के सम्मुख
C. त्रिभुज के सम्मुख D. क्यूब के तल पर

निर्देश : (प्रश्न-संख्या 22–29): *दिए गए विकल्पों में से सम्बन्धित शब्द/अक्षरों/संख्या/आकृति को चुनिए।*

22. लोमड़ी : चालाक : : खरगोश : ?
A. साहसी B. खतरनाक
C. डरपोक D. क्रूर

23. नम्य : अनम्य : : आत्मविश्वास : ?
A. आत्मसंशय B. उदासीनता
C. कायरता D. डर जाना

24. AZCX : BYDW : : HQJO : ?
A. GRFP B. JPKM
C. IPKN D. GRJP

25. QIOK : MMKO : : YAWC : ?
A. USGA B. UESG
C. VUES D. SUEG

26. $\frac{ABC}{F} : \frac{BCD}{I} : \frac{CDE}{L} : ?$
A. $\frac{DEF}{O}$ B. $\frac{DEF}{N}$
C. $\frac{EDF}{O}$ D. $\frac{DEF}{M}$

27. 1 : 8 : : 27 : ?
A. 37 B. 47
C. 57 D. 64

28. 24 : 120 :: 48 : ?
A. 433 B. 192
C. 240 D. 344

29. 987 : IHG :: 654 : ?
A. FDE B. FED
C. EFD D. DEF

निर्देश : (प्रश्न-संख्या 30–36): *दिए गए विकल्पों में से विषम शब्द/अक्षरों/संख्या/आकृति को चुनिए।*

30. A. कमरा C. चैम्बर
B. बरामदा D. केबिन

31. A. माउथ ऑर्गन B. इलेक्ट्रिक गिटार
C. की-बोर्ड D. सोनाटा

32. A. A B. I
C. D D. E

33. A. RNMP B. JFEH
C. RPOQ D. HDCF

34. A. AbcdE B. IfghO
C. ApqrL D. UlmnE

35. A. 6243 B. 2643
C. 8465 D. 4867

36. A. 49-33 B. 62-46
C. 83-67 D. 70-55

37. दिए गए विकल्पों में से उस विकल्प का चयन कीजिए, जिसमें दी गई संख्याओं का समूह निम्नलिखित संख्याओं के समूह के समान हो :
(6,14,30)
A. 4, 16, 28 B. 7, 12, 22
C. 6, 12, 22 D. 5, 12, 20

38. निम्न विकल्पों में से कौन-सा विकल्प नीचे दिए गए शब्दों का सार्थक क्रम दर्शाएगा?
1. परिवार 2. समुदाय
3. सदस्य 4. इलाका
5. देश
A. 3, 1, 4, 2, 5 B. 3, 1, 2, 4, 5
C. 3, 1, 2, 5, 4 D. 3, 1, 4, 5, 2

39. निम्नलिखित शब्दों को कोश के अनुसार क्रम से रखें :
(1) TORTOISE (2) TORONTO
(3) TORPED (4) TORUS
(5) TORSEL
A. 2, 5, 3, 1, 4 B. 2, 5, 3, 4, 1
C. 2, 3, 5, 1, 4 D. 2, 3, 5, 4, 1

40. दी गई अक्षर-शृंखला के खाली स्थानों पर क्रम से रखने पर निम्नलिखित में से कौन-सा अक्षर-समूह उसे पूरा करेगा?

_ a __ aaaba __ __ ba __ ab __

A. abaaaa B. abaaba
C. aababa D. ababaa

निर्देश : (प्रश्न-संख्या 41–45): *निम्न श्रेणी में लुप्त संख्या/अक्षर/आकृति दिए गए विकल्पों में से ज्ञात कीजिए।*

41. a, r, c, s, e, t, g, __, __

A. x,z B. u, i
C. w,y D. v,b

42. (?), PSVYB, EHKNQ, TWZCF, ILORU

A. BEHKN
B. ADGJM
C. SVYBE
D. ZCFIL

43. 0, 4, 18, 48, ?, 180

A. 58 B. 68
C. 84 D. 100

44. 36, 28, 24, 22, ?

A. 18 B. 19
C. 21 D. 22

45. 7, 9, 13, 21, 37, ?

A. 58 B. 63
C. 69 D. 72

46. निम्नलिखित के संबंध में सही आकृति का चयन करें:
नीली आँख वाले व्यक्ति, स्त्रियाँ, डॉक्टर

A.  B. 

C. 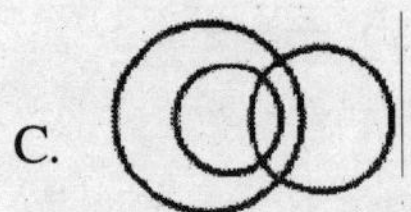 D. 

47. चार उत्तर आकृतियों में से कौन-सी आकृति नीचे प्रश्न आकृति में दिए गए टुकड़ों से बनाई जा सकती है?

प्रश्न आकृतिः

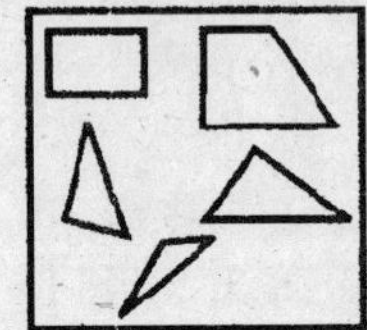

उत्तर आकृतियाँः

A. 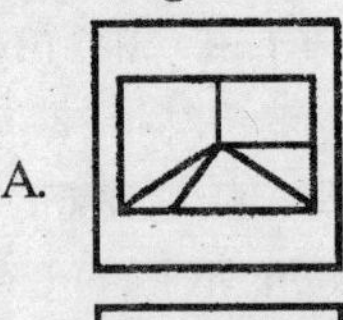 B. 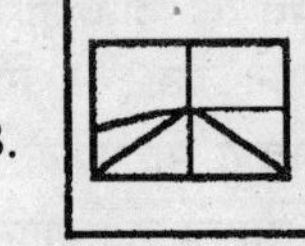

C. 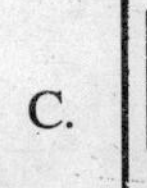  D. 

48. यदि किसी दर्पण को रेखा LM पर रखा जाए, तो दी गई उत्तर आकृतियों में से कौन-सी आकृति प्रश्न आकृति का सही प्रतिबिम्ब होगी?

प्रश्न आकृतिः

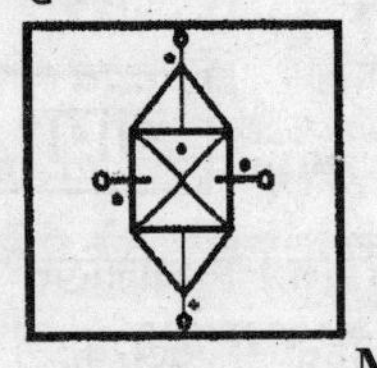

L ______ M

उत्तर आकृतियाँः

A. 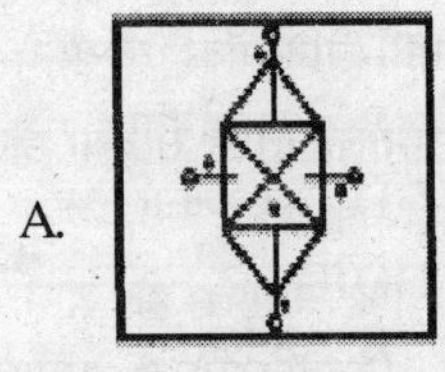  B. 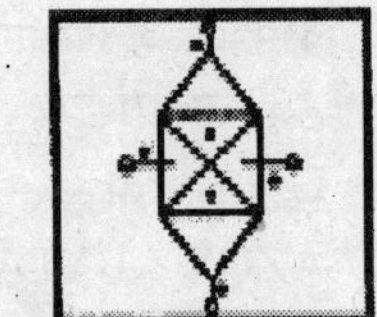

C. 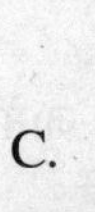 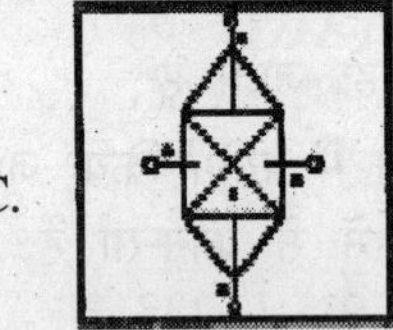 D. 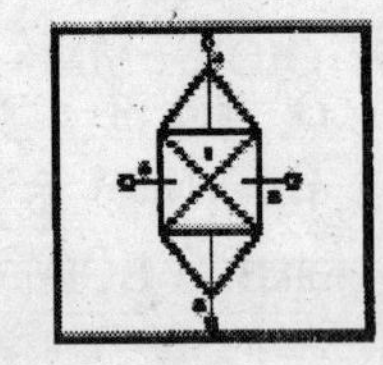

49. निम्न आकृति में कितने त्रिभुज हैं?

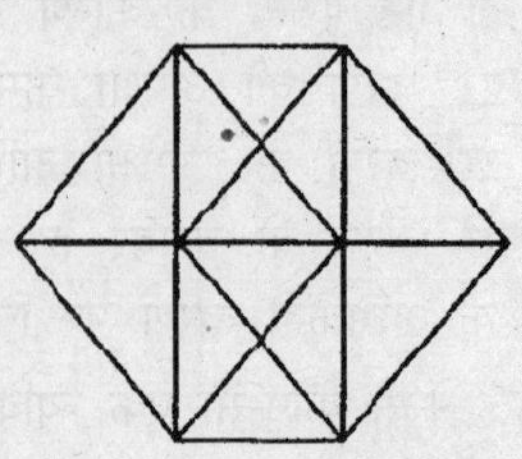

A. 20 B. 24
C. 28 D. 32

50. दी गई उत्तर आकृति में से उस एक को चुनिए, जिसमे प्रश्न आकृति निहित है।

प्रश्न आकृतिः

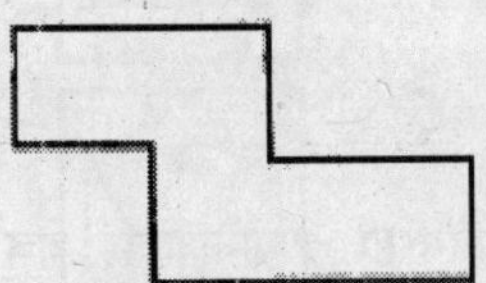

उत्तर आकृतियाँः

A. 

B. C. D.

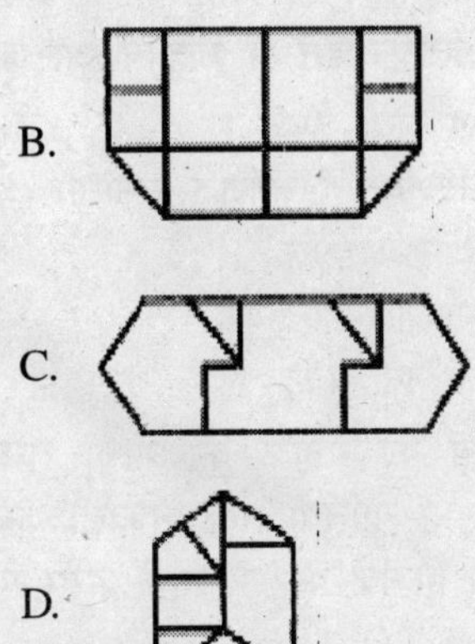

भाग (ख): सामान्य सचेतता

51. टेट्राएथिल लेड (टी.ई.एल.) निम्नलिखित में से क्या है?
A. फॉसिल ईंधन दहन में उत्प्रेरक
B. प्रति ऑक्सीकारक
C. अपचायक
D. अपस्फोटरोधी यौगिक (ऐन्टिनॉक कम्पाउंड)

52. क्यूरी बिंदु तापमान पर निम्नलिखित में से क्या होता है?
A. द्रव्य रेडियोएक्टिव हो जाता है
B. धातु का चुम्बकीय गुण समाप्त हो जाता है
C. धातु की चालकता (कन्डक्टिविटी) समाप्त हो जाती है
D. धातु में तत्त्वांतरण हो जाता है

53. परमाणु ऊर्जा के उत्पादन में प्रयोग किया जाने वाला आइसोटोप निम्नलिखित में से कौन-सा है?
A. U-235 B. U-238
C. U-234 D. U-236

54. विषुवत रेखा पर गुरुत्व के कारण त्वरण
A. ध्रुवों पर त्वरण की अपेक्षा कम है
B. ध्रुवों पर त्वरण की अपेक्षा अधिक है
C. ध्रुवों पर त्वरण के बराबर है
D. पृथ्वी के अभिकेंद्री त्वरण पर निर्भर नहीं करता

55. निम्नलिखित में से कौन-सा एक न्यूक्लिऑन नहीं है?
A. प्रोटोन B. न्यूट्रॉन
C. इलेक्ट्रॉन D. पोसिट्रॉन

56. सीसा पेंसिल के निर्माण में किस सामग्री का प्रयोग किया जाता है?
A. ग्रैफाइट B. सीसा
C. कार्बन D. अभ्रक

57. फ्रिक्शन कोण और रिपोज़ कोण निम्नलिखित में से किस रूप में होता है?
A. एक दूसरे के समान
B. एक दूसरे के समान नहीं
C. एक दूसरे के समानुपातिक
D. इनमें से कोई भी नहीं

58. कंप्यूटर के प्रॉसेसर की गति को निम्नलिखित में से किसमें मापा जाता है?
A. बी.पी.एस. B. एम.आई.पी.एस.
C. बौड D. हर्ट्ज

59. 'C' भाषा
A. निम्नस्तरीय भाषा है
B. उच्चस्तरीय भाषा है
C. मशीन के स्तर की भाषा है
D. संयोजन स्तर की भाषा है

60. यदि व्यक्ति को गलत प्रकार का रक्त दे दिया जाए तो निम्नलिखित में से क्या परिणाम होता है?
A. सभी धमनियाँ संकुचित हो जाती है
B. सभी धमनियों का विस्तारण हो जाता है

C. RBCs का संश्लेषण हो जाता है

D. तिल्ली और लिम्फनोड्स में विकृति आ जाती है

61. NIS का पूर्ण रूप क्या है?

A. नेशनल इन्फेक्शियस डिज़ीज़िज़ सेमीनार

B. नेशनल इरीगेशन शेड्यूल

C. नेशनल इम्यूनाइज़ेशन शेड्यूल

D. नेशनल इन्फॉर्मेशन सेक्टर

62. यदि किसी व्यक्ति को बन्दूक की गोली लगने पर उसके शरीर से सभी गोलियाँ नहीं निकाली जातीं तो निम्नलिखित में से किसके कारण उसके शरीर में जहर फैल जाएगा?

A. पारा B. सीसा

C. लोहा D. आर्सेनिक

63. दाद की बीमारी निम्नलिखित में से किस प्रकार की होती है?

A. बैक्टीरियल B. प्रोटोज़ोन

C. वायरल D. फंगल

64. पीयूष ग्रंथि शरीर में किस स्थान पर स्थित होती है?

A. हृदय के आधार में

B. मस्तिष्क के आधार में

C. गर्दन में

D. उदर में

65. सीमेंट की खोज किसने की?

A. अगासिट B. एल्बर्ट्स मैमस

C. जोसेफ आस्पदिन D. जैनसीन

66. बैंकिंग की प्रवृतियों और प्रगति पर भारतीय रिजर्व बैंक की रिपोर्ट के अनुसार भारत में वर्ष 2008-09 के दौरान भारतीय बैंकों में गैर-निष्पादन परिसम्पत्तियों (NPA's) का प्रतिशत वर्ष 2008 में कितना था?

A. 2.3 प्रतिशत B. 2.6 प्रतिशत

C. 3.5 प्रतिशत D. 5.2 प्रतिशत

67. माइक्रोसॉफ्ट कॉरपोरेशन के नवीनतम ऑपरेटिंग सिस्टम 'विंडोज 7' में भारतीय भाषाओं के कितने फांट हैं?

A. 14 B. 26

C. 37 D. 49

68. ट्रिप्स और ट्रिम्स पद संबंधित हैं

A. आई.एम.एफ. से B. डब्ल्यू.टी.ओ. से

C. आई.बी.आर.डी. से D. आई.डी.ए. से

69. राष्ट्रपति का अध्यादेश कितनी अवधि के लिए लागू रहता है?

A. तीन महीने

B. छह महीने

C. नौ महीने

D. अनिश्चित काल के लिए

70. निम्नलिखित में से कौन-सा इण्डोनेशियाई क्षेत्र 2004 में बहुत बड़े भूकम्प का शिकार बना?

A. इरीएण जया B. सुमात्रा

C. कलिबंगन D. जावा

71. बिना विराम चलने वाली पहली वातानुकूलित रेलगाड़ी 'दूरांतो' निम्नलिखित में से किन स्थानों के बीच चलाई गई है?

A. सीयाल – नई दिल्ली

B. मुम्बई – हावड़ा

C. बैंगलूरू – हावड़ा

D. चेन्नई – नई दिल्ली

72. निम्नलिखित में से किस एजेंसी ने वर्ष 2009-10 के लिए 'इकोनॉमिक आउटलुक' नामक रिपोर्ट प्रकाशित की है?

A. योजना आयोग

B. प्रधानमंत्री का आर्थिक सलाहकार परिषद्

C. वित्त-आयोग

D. भारतीय रिजर्व बैंक

73. भारत और संयुक्त राज्य ने निम्नलिखित में से किससे संबंधित करार को अंतिम रूप देने का निर्णय लिया है?

A. व्यापार और निवेश B. बौद्धिक सम्पदा

C. पारम्परिक ज्ञान D. उपर्युक्त सभी

74. निम्न में से कौन-सा राज्य नर्मदा नदी की घाटी का हिस्सा नहीं है?

A. मध्य प्रदेश B. राजस्थान

C. गुजरात D. महाराष्ट्र

75. निम्नलिखित में से कौन-सा देश ट्विटर के लिए तीसरा सबसे बड़ा बाज़ार है?

A. चीन B. भारत

C. ब्राज़ील D. इंडोनेशिया

76. दो देशों के बीच वस्तु-विनिमय (एक्सचेंज ऑफ कॉमोडिटीज़) को क्या कहा जाता है?
A. व्यापार शेष B. द्विपक्षीय व्यापार
C. व्यापार परिमाण D. बहुपक्षीय व्यापार

77. पर्वतीय स्लोपों (hill slopes) पर मृदा अपरदन को किस प्रकार नियंत्रित किया जा सकता है?
A. वनरोपण B. सोपान-कृषि
C. पट्टीदार खेती D. समोच्चरेखीय जुताई

78. 'जॉग्रफी' शब्द किसने निर्मित किया था?
A. टॉलमी B. इराटॉस्थेनीज़
C. हिकाटस D. हिरोडाटस

79. निम्नलिखित में से किसको "भारत का पारिस्थितिक तप्त स्थल" कहा जाता है?
A. पश्चिमी घाट B. पूर्वी घाट
C. पश्चिमी हिमालय D. पूर्वी हिमालय

80. मानचित्र बनाने की कला और विज्ञान को क्या कहा जाता है?
A. सुदूर-सुग्राही B. मानचित्र कला
C. फोटोग्राममिति D. मान-चित्रण

81. पृथ्वी कितनी पुरानी है इसका निर्धारण किस प्रकार किया जाता है?
A. भूवैज्ञानिक समय-मान
B. रेडियो-मैट्रिक काल निर्धारण
C. गुरुत्वाकर्षण पद्धति
D. जीवाश्मन पद्धति

82. अशोक ने किस बौद्ध साधु से प्रभावित होकर बौद्ध धर्म अपनाया?
A. विष्णु गुप्त B. उपा गुप्त
C. ब्रह्म गुप्त D. बृहद्रथ

83. यह घोषणा किसने की थी कि लोकतंत्र ऐसी सरकार होती है जो 'जनता की, जनता द्वारा और जनता के लिए' हो?
A. जॉर्ज वॉशिंग्टन B. विंसटन चर्चिल
C. अब्राहम लिंकन D. थियोडोर रूसवेल्ट

84. लोदी वंश की स्थापना किसने की थी?
A. इब्राहिम लोदी B. सिकन्दर लोदी
C. बहलोल लोदी D. खिज्र खान

85. हर्षवर्धन को किसने पराजित किया था?
A. प्रभाकर वर्धन
B. पुलकेसिन-II
C. नरसिंह वर्मा पल्लव
D. शशांक

86. निम्नलिखित में से कौन-सा व्यक्ति निरक्षर था?
A. जहांगीर B. शाहजहाँ
C. अकबर D. औरंगज़ेब

87. किस गवर्नर-जनरल का नाम राज्य हड़प नीति (डॉक्ट्रिन ऑफ लैप्स) के साथ जुड़ा हुआ है?
A. लॉर्ड रिपन B. लॉर्ड डलहौज़ी
C. लॉर्ड बेन्टिंक D. लॉर्ड कर्ज़न

88. भारत को अधिकार क्षेत्र का दर्जा (डोमिनियन स्टेटस) किस तारीख को मिला?
A. 15 जनवरी 1947 B. 15 अगस्त 1947
C. 15 अगस्त 1950 D. 15 अक्टूबर 1947

89. निम्नलिखित किस स्थिति में स्वेच्छाचारी शासन संभव है?
A. एकदलीय राज्य B. द्विदल राज्य
C. बहुदल राज्य D. दो और बहुदल राज्य

90. मार्क्स निम्नलिखित में से किस देश के थे?
A. जर्मनी B. हॉलैण्ड
C. फ्रांस D. ब्रिटेन

91. निम्नलिखित में से मूल अधिकारों का संरक्षक कौन है?
A. विधायिका B. कार्यपालिका
C. राजनीतिक दल D. न्यायपालिका

92. सरकारिया आयोग निम्नलिखित में से किस कार्य के लिए बनाया गया था?
A. प्रशासनिक सुधार B. निर्वाचन संबंधी सुधार
C. वित्तीय सुधार D. केन्द्र-राज्य संबंध

93. लोकसभा अध्यक्ष को अपना त्यागपत्र किसको संबोधित करना होता है?
A. भारत के प्रधानमंत्री
B. भारत के राष्ट्रपति
C. लोकसभा के उपाध्यक्ष
D. संसदीय कार्य मंत्री

94. निम्नलिखित किस कारण से एक आवश्यकता माँग बन जाती है?

A. क्रय क्षमता
B. क्रय की आवश्यकता
C. क्रय की इच्छा
D. वस्तु की उपयोगिता

95. 'व्यष्टि अर्थशास्त्र' और 'समष्टि अर्थशास्त्र' शब्दों का निर्माण किसने किया था?

A. अल्फ्रेड मार्शल
B. रेगनर नर्क्स
C. रेगनर फ्रिश्च (Ragner Frisch)
D. जे.एम. कीन्स

96. मुद्रास्फीति के समय के दौरान कर की दरों में निम्नलिखित में से क्या होगा?

A. वृद्धि B. कमी
C. स्थिर बने रहना D. घट-बढ़

97. भारत में निम्नलिखित में से कौन-सा क्षेत्र सबसे अधिक कर का भुगतान करता है?

A. कृषि क्षेत्र B. औद्योगिक क्षेत्र
C. परिवहन क्षेत्र D. बैंकिंग क्षेत्र

98. ''ऐसा अर्थशास्त्र जैसा उसे होना चाहिए''—यह कथन निम्नलिखित में से किसके संबंध में है?

A. मानक अर्थशास्त्र
B. सकारात्मक अर्थशास्त्र
C. मुद्रा अर्थशास्त्र
D. राजकोषीय अर्थशास्त्र

99. जब व्यक्ति को किसी वस्तु को छोड़ने के बजाय उसके लिए अधिक कीमत अदा करनी पड़ती है तो उसे क्या कहा जाता है?

A. कीमत
B. लाभ
C. उत्पादक का अधिशेष
D. उपभोक्ता का अधिशेष

100. फोटोग्राफीय प्लेटों में सिल्वर हैलाइड का प्रयोग किया जाता है, क्योंकि वे

A. वायु में ऑक्सीकृत होती हैं
B. हाइपो-सॉल्यूशन में विलेय होती हैं
C. प्रकाश से रूपांतरित हो जाती हैं
D. बिलकुल रंगविहीन होती हैं

भाग (ग): सांख्यिकीय अभिक्षमता

101. 120 तथा 300 के बीच कितनी पूर्ण संख्याएँ हैं?

A. 5 B. 6
C. 7 D. 8

102. $\left\{\frac{(0.1)^2-(0.01)^2}{0.0001}+1\right\}$ बराबर है

A. 1010 B. 110
C. 101 D. 100

103. यदि किसी वस्तु के क्रय मूल्य पर 20% का लाभ हो, तो उसके विक्रय मूल्य पर परिकलन करने पर लाभ की प्रतिशतता होगी

A. 24 B. $16\frac{2}{3}$
C. $8\frac{1}{3}$ D. 20

104. यदि 15 पुस्तकों का क्रय मूल्य 20 पुस्तकों के विक्रय मूल्य के बराबर हो, तो हानि की प्रतिशतता होगी

A. 16 B. 20
C. 24 D. 25

105. यदि किसी वस्तु को 200% के लाभ से बेचा जाता है, तो इसके क्रय मूल्य का इसके विक्रय मूल्य से अनुपात होगा

A. 1 : 2 B. 2 : 1
C. 1 : 3 D. 3 : 1

106. यदि किसी अंकित मूल्य पर 30% के एक बट्टे तथा 20% और 10% के दो क्रमवार बट्टे देने पर प्राप्त विक्रय मूल्यों का अन्तर 72 रु. है, तो अंकित मूल्य (रुपयों में) होगा

A. 3,600 B. 3,000
C. 2,500 D. 2,400

107. यदि बिजली के बिल का भुगतान निर्धारित तिथि से पहले किया जाए, तो बिल की राशि पर 4% की छूट मिलती है। निर्धारित तिथि से पहले भुगतान करने वाले किसी व्यक्ति को 13 रु. की छूट प्राप्त हुई। उसके बिल की राशि थी

A. 125 रु. B. 225 रु.
C. 325 रु. D. 425 रु.

108. 10%, 20% तथा 30% के क्रमवार बट्टे किस एक मात्र बट्टे के समतुल्य हैं?

A. 60% B. 49.6%
C. 40.5% D. 36%

109. किसी वस्तु के मूल्य में पहले 10% की वृद्धि तथा उसके उपरांत 20% की वृद्धि की गयी। यदि अन्तिम बढ़ा हुआ मूल्य 33 रु. हो, तो प्रारंभिक मूल्य कितना था?

A. 30 रु. B. 27.50 रु.
C. 26.50 रु. D. 25 रु.

110. यदि किसी वर्ग की प्रत्येक भुजा को 10% बढ़ा दिया जाए, तो इसके क्षेत्रफल में कितनी वृद्धि होगी?

A. 10% B. 21%
C. 44% D. 100%

111. चार पात्रों के मिश्रणों में दूध तथा पानी क्रमशः 5 : 3, 2 : 1, 3 : 2 तथा 7 : 4 के अनुपात में हैं। किस पात्र में पानी के सापेक्ष दूध की मात्रा सबसे कम है?

A. पहले B. दूसरे
C. तीसरे D. चौथे

112. दो संख्याएँ 1 : 3. के अनुपात में हैं। यदि उनका योगफल 240 है, तो उनका अन्तर होगा

A. 120 B. 108
C. 100 D. 96

113. किसी व्यक्ति की आय तथा व्यय 11 : 10 के अनुपात में हैं। यदि प्रति वर्ष वह 9,000 रु. की बचत करता है, तो उसकी मासिक आय है

A. 8,000 रु. B. 8,800 रु.
C. 8,500 रु. D. 8,250 रु.

114. यदि $W_1 : W_2 = 2 : 3$ तथा $W_1 : W_3 = 1 : 2$ हो, तो $W_2 : W_3$ बराबर होगा

A. 3 : 4 B. 4 : 3
C. 2 : 3 D. 4 : 5

115. एक ताँबे के तार, जिसकी लम्बाई 36 मी. तथा व्यास 2 मिमी. है, को पिघलाकर एक गोला बनाया गया है। गोले का अर्द्धव्यास (सेमी. में) है

A. 2.5 B. 3
C. 3.5 D. 4

116. दो पहियों की त्रिज्याएँ 3 : 4 के अनुपात में हैं। उनकी परिधियों का अनुपात होगा

A. 4 : 3 B. 3 : 4
C. 2 : 3 D. 3 : 2

117. यदि किसी आयत की लम्बाई में 10% की वृद्धि तथा इसकी चौड़ाई में 10% की कमी की जाए, तो इसके क्षेत्रफल में क्या परिवर्तन होगा?

A. 1% वृद्धि B. 1% की कमी
C. 10% की वृद्धि D. कोई परिवर्तन नहीं

118. साधारण ब्याज की $6\frac{1}{4}$% वार्षिक दर से कोई धन राशि कितने वर्षों में स्वयं की दुगुनी हो जाएगी?

A. 24 B. 20
C. 16 D. 12

119. चक्रवृद्धि ब्याज पर जमा की गयी 12,000 रु. की धनराशि 5 वर्ष में दुगुनी हो जाती है। 20 वर्ष के बाद यह कितनी हो जायेगी?

A. 1,44,000 रु. B. 1,20,000 रु.
C. 1,50,000 रु. D. 1,92,000 रु.

120. अर्द्ध-वार्षिक रूप में संयोजित ब्याज की 10% वार्षिक दर से 800 रु. की धनराशि कितने वर्ष में 926.10 रु. होगी?

A. $1\frac{1}{2}$ B. $1\frac{2}{3}$
C. $2\frac{1}{3}$ D. $2\frac{1}{2}$

121. किसी 100 मीटर की दौड़ में कमल बिमल को 5 सेकण्ड से हरा देता है। यदि कमल की चाल 18 किमी./घं. है, तो बिमल की चाल होगी

A. 15.4 किमी./घं. B. 14.5 किमी./घं.
C. 14.4 किमी./घं. D. 14 किमी./घं.

122. 240 मी. लम्बी एक रेलगाड़ी किसी 3 किमी./घं. की चाल से रेलवे लाइन के साथ-साथ विपरीत दिशा में चलने वाले आदमी को 10 सेकण्ड में पार करती है। रेलगाड़ी की चाल होगी

A. 63 किमी./घं. B. 75 किमी./घं.
C. 83.4 किमी./घं. D. 86.4 किमी./घं.

123. एक नाविक धारा के अनुदिश 5 मिनट में 1 किमी. की गति से तथा धारा के विपरीत दिशा में एक घंटे में 6 किमी. की गति से नाव खेता है। धारा की चाल है

A. 3 किमी./घं. B. 6 किमी./घं.
C. 10 किमी./घं. D. 12 किमी./घं.

124. A किसी कार्य का $\frac{1}{3}$ भाग 5 दिन में तथा B उसी कार्य का $\frac{2}{5}$ भाग 10 दिन में पूरा करता है। दोनों A तथा B मिलकर उस कार्य को कितने दिन में पूरा करेंगे?

A. 10 B. $9\frac{3}{8}$
C. $8\frac{4}{5}$ D. $7\frac{1}{2}$

125. 7 आदमी किसी कार्य को 12 दिन में पूरा कर सकते हैं। उससे दुगुने कार्य को 8 दिन में पूरा करने के लिए कितने अतिरिक्त आदमियों की आवश्यकता होगी?

A. 28 B. 21
C. 14 D. 7

126. एक पाइप किसी पानी के टैंक को एक अन्य पाइप की तुलना में तीन गुनी तेजी से भरता है। यदि दोनों पाइप मिलकर खाली टैंक का पूरा भरने में 36 मिनट लें, तो धीमी रफ्तार वाला पाइप अकेले टैंक को भरने में कितना समय लेगा?

A. 1 घंटा 21 मिनट B. 1 घंटा 48 मिनट
C. 2 घंटे D. 2 घंटे 24 मिनट

127. किसी परीक्षा में, एक विद्यार्थी को प्रत्येक सही उत्तर के लिए 4 अंक मिलते हैं तथा प्रत्येक गलत उत्तर के लिए उसके अंकों में से 1 अंक कम कर दिया जाता है। एक विद्यार्थी ने सभी 200 प्रश्नों के उत्तर दिये तथा उसे कुल 200 अंक प्राप्त हुए। उसने जिन प्रश्नों के सही उत्तर दिये, उनकी संख्या थी।

A. 82 B. 80
C. 68 D. 60

128. 100 तक की विषम संख्याओं का औसत है

A. 50.5 B. 50
C. 49.5 D. 49

129. यदि A की आय B की आय से 25% कम हो, तो B की आय A की आय से कितने प्रतिशत अधिक होगी?

A. 25 B. 30
C. $33\frac{1}{3}$ D. $66\frac{2}{3}$

130. $(1^2 + 2^2 + 3^2 + ... + 10^2)$ बराबर है

A. 380 B. 385
C. 390 D. 392

131. अनुक्रम 2, 6, 11, 17, ... का छठा पद है

A. 24 B. 30
C. 32 D. 36

132. दो संख्याएँ 7 : 11 के अनुपात में हैं। यदि प्रत्येक संख्या में 7 जोड़े जायें, तो यह अनुपात 2 : 3 हो जाता है। उनमें छोटी संख्या है

A. 39 B. 49
C. 66 D. 77

133. $\left(1-\frac{1}{3}\right)\left(1-\frac{1}{4}\right)\left(1-\frac{1}{5}\right)...\left(1-\frac{1}{25}\right)$ बराबर है

A. $\frac{2}{25}$ B. $\frac{1}{25}$
C. $1\frac{19}{25}$ D. $\frac{1}{325}$

134. किसी संख्या को 136 से भाग देने पर शेष 36 प्राप्त होता है। यदि उसी संख्या को 17 से भाग दिया जाए, तो शेष प्राप्त होगा

A. 9 B. 7
C. 3 D. 2

135. $\left[\left(\sqrt[5]{x^{-3/5}}\right)^{-5/3}\right]^5$ का सरलीकृत रूप है

A. x^5 B. x^{-5}
C. x D. $\frac{1}{x}$

136. किसी 2-अंकीय संख्या को दो बार साथ-साथ, जैसे 1515, 3737, आदि, लिखकर एक 4-अंकीय संख्या बनायी जाती है। इस रूप की कोई संख्या किस संख्या से सर्वदा विभाजित होगी?

A. 7 B. 11
C. 13 D. 101

137. $(0.1 \times 0.01 \times 0.001 \times 10^7)$ बराबर है

A. 100 B. $\frac{1}{10}$
C. $\frac{1}{100}$ D. 10

138. यदि $2p + \frac{1}{p} = 4$ हो, तो $p^3 + \frac{1}{8p^3}$ बराबर होगा

A. 4 B. 5
C. 8 D. 15

139. यदि p तथा q अंक निरूपित करते हों, तो कथन $5p9 + 327 + 2q8 = 1114$ में q का संभव अधिकतम मान क्या होगा?

A. 9 B. 8
C. 7 D. 6

140. भिन्नों $\frac{15}{16}, \frac{19}{20}, \frac{24}{25}, \frac{34}{35}$ में सबसे छोटी भिन्न है

A. $\frac{34}{35}$ B. $\frac{15}{16}$
C. $\frac{19}{20}$ D. $\frac{24}{25}$

141. $\frac{p}{q}$ के रूप में $1.\overline{27}$ बराबर होगा

A. $\frac{127}{100}$ B. $\frac{73}{100}$
C. $\frac{14}{11}$ D. $\frac{11}{14}$

142. $\frac{3.25 \times 3.20 - 3.20 \times 3.05}{0.064}$ बराबर है

A. 1 B. $\frac{1}{2}$
C. $\frac{1}{10}$ D. 10

143. छः लगातार आने वाली प्राकृत संख्याओं में से यदि पहली तीन का योगफल 27 है, तो दूसरी तीन का योगफल क्या होगा?

A. 36 B. 35
C. 25 D. 24

144. दो संख्याओं का म.स. तथा ल.स. क्रमशः 12 और 336 है। यदि उनमें से एक संख्या 84 है, तो दूसरी होगी

A. 36 B. 48
C. 72 D. 96

145. दो संख्याओं का योग 36 तथा उनके म.स. और ल.स. क्रमशः 3 तथा 105 हैं। उनके व्युत्क्रमों का योग होगा

A. $\frac{2}{35}$ B. $\frac{3}{25}$
C. $\frac{4}{35}$ D. $\frac{2}{25}$

146. यदि 'n' कोई प्राकृत संख्या है, तो $(n^3 - n)$ सर्वदा किस बड़ी से बड़ी संख्या से विभाजित होगा?

A. 3 B. 6
C. 12 D. 18

147. यदि $1.5\,a = 0.04\,b$ हो, तो $\frac{b-a}{b+a}$ बराबर होगा

A. $\frac{73}{77}$ B. $\frac{77}{33}$
C. $\frac{2}{75}$ D. $\frac{75}{2}$

निर्देश : *यहाँ दिया गया पाई-चार्ट, किसी विशिष्ट वर्ष में, एक विद्यालय प्रशासन द्वारा विभिन्न खेलों पर व्यय की गयी धनराशि को प्रदर्शित करता है।*

पाई-चार्ट का ध्यानपूर्वक अवलोकन कीजिए तथा इस पर आधारित प्रश्न-संख्या **148–150** *के उत्तर दीजिए।*

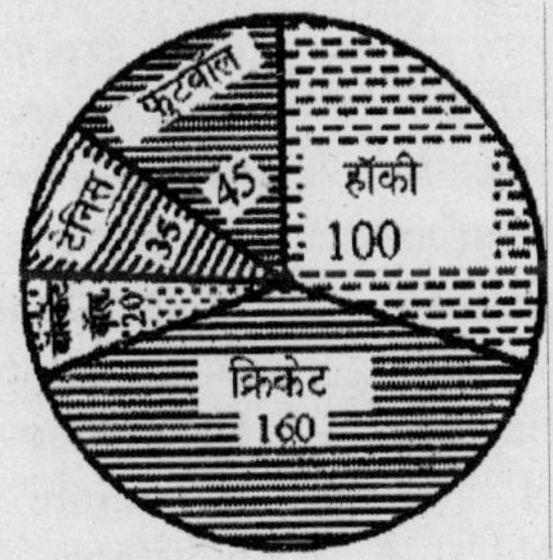

148. यदि फुटबॉल पर 9,000 रु. व्यय किये गये, तो हॉकी पर फुटबॉल से कितनी अधिक धनराशि व्यय की गयी?

A. 11,000 रु. B. 11,500 रु.
C. 12,000 रु. D. 12,500 रु.

149. यदि फुटबॉल पर 9,000 रु. व्यय किये गये, तो क्रिकेट पर कितनी राशि व्यय की गयी?

A. 31,000 रु. B. 31,500 रु.
C. 32,000 रु. D. 32,500 रु.

150. यदि फुटबॉल पर 9,000 रु. व्यय किये गये, तो सभी खेलों पर कुल मिलाकर कितनी धनराशि व्यय की गयी?

A. 73,000 रु. B. 72,800 रु.
C. 72,500 रु. D. 7,2,000 रु.

भाग (घ): ENGLISH COMPREHENSION

Directions: *In Question Nos.* ***151*** *to* ***155****, out of the four alternatives, choose the one which can be substituted for the given words/sentence and indicate it by blackening the appropriate rectangle [▬] in the Answer-Sheet.*

151. One who hides away on a ship to obtain a free passage.

A. Compositor B. Stoker
C. Stowaway D. Shipwright

152. Clues available at a scene

A. circumstantial B. derivative
C. inferential D. suggestive

153. An unexpected piece of good fortune

A. windfall B. philanthropy
C. benevolence D. turnstile

154. An emolument over and above fixed income or salary.

A. Honorarium B. Sinecure
C. Perquisite D. Prerogative

155. The animals of a particular region.

A. Flora B. Museum
C. Zoo D. Fauna

Directions : *In Question Nos.* ***156*** *to* ***160****, groups of four words are given. In each group, one- word is correctly spelt. Find the correctly spelt word and mark your answer in the Answer-Sheet.*

156. A. paraphernelia B. parsimonious
C. peccadilo D. peadiatrics

157. A. measureable B. manageable
C. marriagable D. manoevrable

158. A. tussel B. tunnle
C. tumble D. trable

159. A. populus B. pompuous
C. prelious D. presumptuous

160. A. impromptue B. illustrious
C. illusery D. impetous

Directions : *In Question Nos.* ***161*** *to* ***165****, the 1st and the last sentences of the passage are numbered 1 and 6. The rest of the passage is split into four parts and named P, Q, R and S. These four parts are not given in their proper order. Read the sentence and find out which of the four combinations is correct. Then find the correct answer and indicate it in the Answer-Sheet.*

161. 1. The most vulnerable section of the society are the students.

P. Revolutionary and new fledged ideas have a great appeal to them.

Q. Agitations may be non-violent methods of protest.

R. They cannot resist the charm of persuasion.

S. They are to be taught that without discipline they cannot get proper education.

6. However if these become violent, the antisocial elements get encouraged and they put all proper working out of gear.

A. PRSQ B. RSQP
C. SRPQ D. RPQS

162. 1. Venice is a strange city.

P. There are about 400 odd bridges connecting the islands of Venice.

Q. There are no motor cars, no horses and no buses there.

R. These small islands are close to one another.

S. It is not one island but a hundred islands.

6. This is because Venice has no streets.

A. SRPQ B. PSRQ
C. RQPS D. QSRP

163. 1. One of the most terrible battles of the American Civil War was fought in July 1863, at Gettysburg.

P. The chief speech on that occasion was given by Edward Everett, a celebrated orator.

Q. Lincoln was asked to make a few remarks.

R. In November of that year a portion of the battlefield was dedicated as a final resting-place for men of both armies who died there.

S. Everett's speech lasted 2 hours; Lincoln's for 2 minutes; it was over almost before, the crowd realized that it had begun.

6. But the Gettysburg speech, is now one of the world's immortal pieces of literature.,

A. SQRP B. RPQS
C. PQRS D. QPSR

164. 1. The teacher training agency in England hopes to make teaching one of the top three professions.

P. They have also demanded that the campaign should be matched by improved pay scales, work load and morale so as to avoid recruitment problems with an aim to raise the image of the teaching profession.

Q. A series of advertisements are now being screened showing famous people speaking about teachers they remember and admire.

R. An amount of $ 100 million has been set aside to combat the shortage of applicants for teacher training.

S. Teacher Unions have welcomed this campaign.

6. It is high time for the Indian Government also to think on similar lines and take steps to lift up the sinking morale of the teaching profession.

A. QRPS B. RPSQ
C. RQSP D. QPSR

165. 1. Some say that failure is like toxic waste.

P. I see failure more as a fertilizer.

Q. Thinking about it pollutes and undermines the attitudes needed for success.

R. The seeds of success must be planted afresh.

S. It can be used to enrich the soil of your mind.

6. Turning failure into a fertilizer is accomplished by using your errors as steps in learning.

A. SRQP B. PQSR
C. SPQR D. QPSR

Directions ; *In Question Nos.* ***166 to 170****, a sentence has been given in Active Voice/Passive Voice. Out of the four alternatives suggested, select the one which best expresses the same sentence in Passive/Active Voice and mark your answer in the Answer-Sheet.*

166. The agent had disclosed the secret before it was evening.

A. The secret was disclosed by the agent before it was evening

B. The secret had disclosed by the agent before it had been evening.

C. The secret had been disclosed by the agent before it was evening.

D. The secret was disclosed by the agent before it had been evening.

167. Surely the lost child must have been found by now.

A. Surely must have found the lost child by now.

B. Surely some one must have found the lost child by now.

C. Surely now must have found the lost child

D. Now must have found the lost child surely.

168. We serve hot meals till 10.30, guests can order coffee and sandwiches upto 11.30.

A. Hot meals are serving till 10.30; coffee and sandwiches are ordering by guests till 11.30.

B. Hot meals are being served till 10.30; coffee and sandwiches are being ordered till 11.30.

C. Hot meals are served till 10.30; coffee and sandwiches may be ordered till 11.30.

D. Hot meals will be served till 10.30; coffee and sandwiches will be ordered upto 11.30

169. Lie face-down; stretch your arms in front

A. You are face-down, arms are to be outstretched.

B. You should be lying face-down, with arms outstretched.

C. You should be lying face down; let arms stretch out.

D. Let face be down; let arms be stretched out.

170. The Greeks expected to win the international trophy.

A. It was expected that the Greeks would win the international trophy.

B. The international trophy was expected to be won by the Greeks.

C. It was expected that the Greeks will win the international trophy.

D. It was expected by the Greeks that they would win the international trophy.

Directions : *In Question Nos.* ***171 to 175****, you have a brief passage with 5 questions following the passage. Read the passage carefully and choose the best answer to each question out of the four alternatives and mark it in the Answer Sheet.*

Passage (Q. Nos. 171 to 175)

In May 1966, the World Health Organisation was authorised to initiate a global campaign to eradicate smallpox. The goal was to eradicate the disease in one decade. Because similar projects for malaria and yellow fever had failed, few believed that smallpox could actually be eradicated, but eleven years after the initial organisation of the campaign, no cases were reported in the field.

The strategy was not only to provide mass vaccinations, but also to isolate patients with active small-pox in order to contain the spread of the disease and to break the chain of human transmission. Rewards for reporting small-pox assisted in motivating the public to aid health workers. One by one, each small-pox victim was sought out, removed from contact with others and treated. At the same time, the entire village where the victim had lived was vaccinated.

Today small-pox is no longer a threat to humanity. Routine vaccinations have been stopped worldwide.

171. Which of the following is the best title for the passage ?

A. The World Health Organisation

B. The Eradication of Small-pox

C. Small-pox Vaccinations

D. Infectious Diseases

172. What was the goal of the campaign against small-pox ?

A. To decrease the spread of small-pox worldwide.

B. To eliminate small-pox worldwide in ten years.

C. To provide mass vaccinations against small-pox worldwide.

D. To initiate worldwide projects for small-pox, malaria and yellow fever at the same time.

173. According to the paragraph what was the strategy used to eliminate the spread of small-pox ?

A. Vaccination of the entire village.

B. Treatment of individual victims.

C. Isolation of victims and mass vaccinations.

D. Extensive reporting of outbreaks.

174. Which statement doesn't refer to small-pox ?

A. Previous projects had failed.

B. People are no longer vaccinated. for it.

C. The World Health Organisation mounted a worldwide campaign to eradicate the disease.

D. It was a serious threat.

175. It can be inferred that
A. no new cases of small-pox have been reported this year.
B. malaria and yellow fever have been eliminated.
C. small-pox victims no longer die when they contract the disease.
D. small-pox is not transmitted from one person to another.

Directions : *In Question Nos.* ***176*** *to* ***180****, some of the sentences have errors and some have none. Find out which part of a sentence has an error and blacken the rectangle [■] corresponding to the appropriate letter (A, B, C). If there is no error, blacken the rectangle [■] corresponding to (D) in the Answer-Sheet.*

176. Judge in him(A)/prevailed upon the father(B)/and he sentenced his son to death(C)/No error(D).

177. Nine tenths(A)/of the pillar(B)/have rotted away(C)/No error(D).

178. One major reason(A)/for the popularity of television is(B)/that most people like to stay at home(C)/No error(D).

179. Our efforts are aimed(A)/to bring about(B)/ a reconciliation(C)/No error(D)/

180. Three conditions critical(A)/for growing plants are soil, temperature, chemical balance(B)/or amount of moisture(C)/No error (D).

Directions : *In Question Nos.* ***181*** *to* ***185****, sentences are given with blanks to be filled in with an appropriate word(s). Four alternatives are suggested for each question. Choose the correct alternative out of the four and indicate it by blackening the appropriate rectangle [■] in the Answer-sheet.*

181. The court ___ cognisance of the criminal's words.
A. took B. made
C. gave D. allowed

182. ____ wins this civil war there will be little rejoicing at the victory.
A. Whichever B. Whoever
C. Whatever D. Wherever

183. As he got older his belief in these principles did not ___.
A. wither B. shake
C. waver D. dither

184. Everyone in this world is accountable to God ____ his actions.
A. about B. for
C. to D. over

185. Your father used to be the principal of this college, ___
A. did he? B. does he ?
C. didn't he? D. doesn't he?

Directions : *In Question Nos.* ***186*** *to* ***190,*** *choose the word opposite in meaning to the given word and mark it in the Answer-Sheet.*

186. Jettison
A. accept B. reward
C. preserve D. consent

187. Ameliorate
A. improve B. depend
C. soften D. worsen

188. Grotesque
A. natural B. odd
C. whimsical D. sinful

189. Devious
A. Straight B. Obvious
C. Simple D. Superficial,

190. Evanescent
A. Imminent B. Permanent
C. Pervasive D. Immanent

Directions : *In Question Nos.* ***191*** *to* ***195,*** *out of the four alternatives, choose the one which best expresses the meaning of the given word and mark it in the Answer-Sheet.*

191. Debacle
A. Decline B. Downfall
C. Discomfiture D. Degeneration

192. Ostracise
A. banish B. belittle
C. beguile D. besiege

193. Prophylactic
A. Antagonistic B. Toxic
C. Preventive D. Purgative

194. Coddle

A. huddle B. satisfy
C. protect D. cheat

195. Flimsy

A. Funny B. Irrational
C. Weak D. Partisan

Directions : *In Question Nos.* ***196*** *to* ***200****, a part of the sentence is underlined. Below are given alternatives to the underlined part at (A), (B) and (C) which may improve the sentence. Choose the correct alternative. In case no improvement is needed your answer is (D).*

196. To get into the building I'll disguise as a reporter.

A. disguise to be B. disguise as one
C. disguise myself D. No improvement

197. He denied that he <u>had not forged</u> my signature.

A. would not forge
B. had forged
C. did not forge
D. No improvement

198. If <u>I had played, well</u>, I would have won the match.

A. I played well
B. I play well
C. I am playing well
D. No improvement

199. Since the records are missing, the possibility of paying more than one compensation for the same piece of land cannot be ruled <u>aside.</u>

A. out B. off
C. away D. No improvement

200. A callous system <u>generates</u> nothing but a misanthrope.

A. develops B. induces
C. produces D. No improvement

उत्तरमाला

1	2	3	4	5	6	7	8	9	10
D	B	B	D	B	A	B	C	D	C
11	**12**	**13**	**14**	**15**	**16**	**17**	**18**	**19**	**20**
B	A	D	A	B	A	D	D	A	A
21	**22**	**23**	**24**	**25**	**26**	**27**	**28**	**29**	**30**
D	C	A	C	B	A	D	C	B	C
31	**32**	**33**	**34**	**35**	**36**	**37**	**38**	**39**	**40**
C	C	C	C	C	D	B	B	C	A
41	**42**	**43**	**44**	**45**	**46**	**47**	**48**	**49**	**50**
B	B	D	C	C	D	A	C	C	A
51	**52**	**53**	**54**	**55**	**56**	**57**	**58**	**59**	**60**
D	B	A	A	D	A	C	D	B	C
61	**62**	**63**	**64**	**65**	**66**	**67**	**68**	**69**	**70**
D	B	D	B	C	A	D	B	B	B
71	**72**	**73**	**74**	**75**	**76**	**77**	**78**	**79**	**80**
A	B	D	B	B	B	B	B	A	B
81	**82**	**83**	**84**	**85**	**86**	**87**	**88**	**89**	**90**
B	B	C	C	B	C	B	B	A	A
91	**92**	**93**	**94**	**95**	**96**	**97**	**98**	**99**	**100**
D	D	C	A	C	A	B	A	D	A
101	**102**	**103**	**104**	**105**	**106**	**107**	**108**	**109**	**110**
C	D	B	D	C	A	C	B	D	B
111	**112**	**113**	**114**	**115**	**116**	**117**	**118**	**119**	**120**
B	A	D	A	B	B	B	C	D	A

121	122	123	124	125	126	127	128	129	130
C	C	A	B	C	D	B	B	C	B
131	132	133	134	135	136	137	138	139	140
C	B	A	D	C	D	D	B	A	B
141	142	143	144	145	146	147	148	149	150
C	D	A	B	C	B	A	A	C	D
151	152	153	154	155	156	157	158	159	160
C	A	A	C	D	B	B	C	D	B
161	162	163	164	165	166	167	168	169	170
D	A	B	C	D	C	B	C	D	D
171	172	173	174	175	176	177	178	179	180
B	B	C	A	A	D	C	D	B	C
181	182	183	184	185	186	187	188	189	190
A	B	A	B	C	A	D	A	A	B
191	192	193	194	195	196	197	198	199	200
B	A	C	C	B	C	B	D	A	C

कुछ चुने हुए प्रश्नों के व्याख्यात्मक उत्तर

2. माना कि आरंभ में x यात्री थे।

पहले स्टॉप के बाद यात्रियों की संख्या = $\frac{x}{2}+35$

दूसरे स्टॉप के बाद यात्रियों की संख्या

$= \left(\frac{x}{2}+35\right)\frac{4}{5}+40$

प्रश्नानुसार, $\left(\frac{x}{2}+35\right)\frac{4}{5}+40 = 80$

$\Rightarrow \frac{x}{2}+35 = \frac{40\times 5}{4} \Rightarrow \frac{x}{2} = 15$

$\therefore x = 30.$

4. पुत्र की वर्तमान आयु = $15 - 3 = 12$ वर्ष

$\therefore$ व्यक्ति की वर्तमान आयु = $12 \times 4 = 48$ वर्ष

$\therefore$ पत्नी की वर्तमान आयु = $48 - 3 = 45$ वर्ष

5.

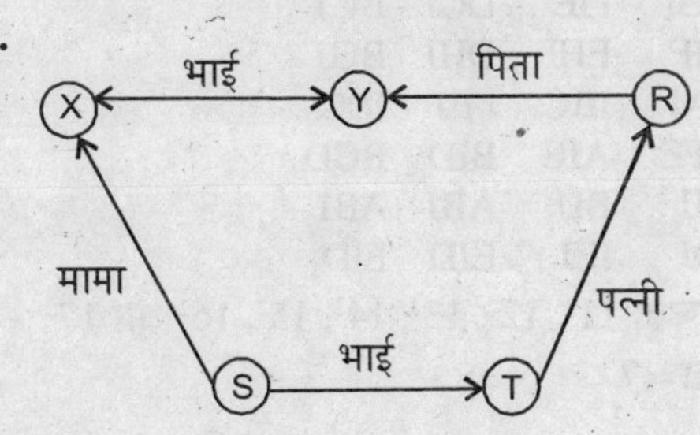

6.

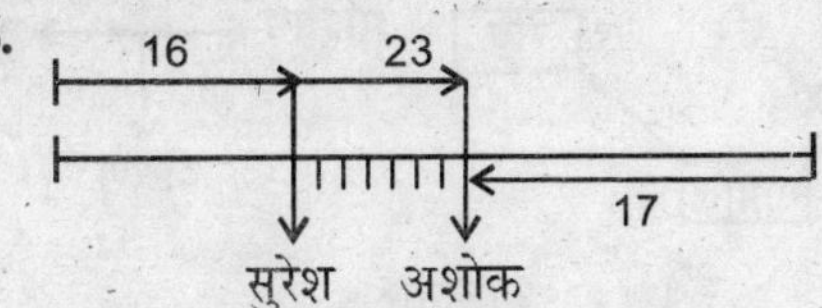

8. सार्थक शब्द = SHARK

$\therefore$ कोड = 53214

10.

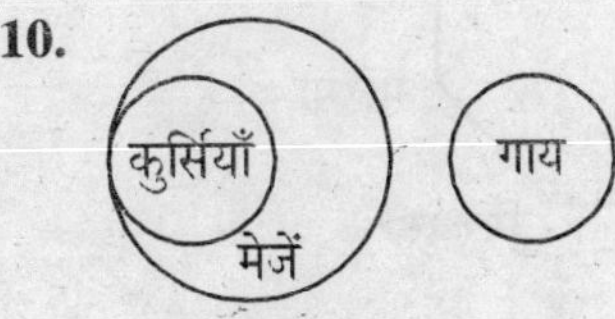

12.

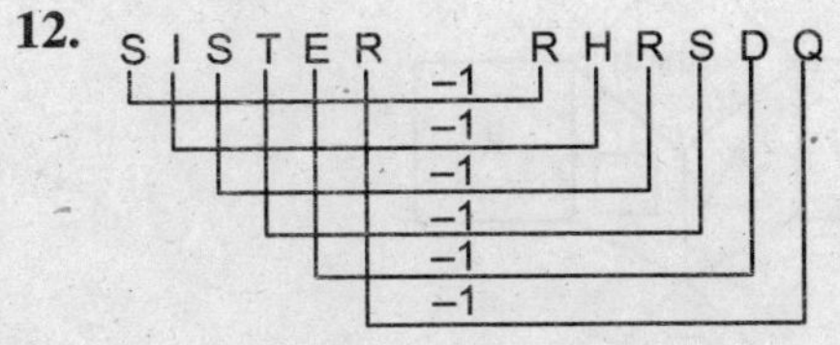

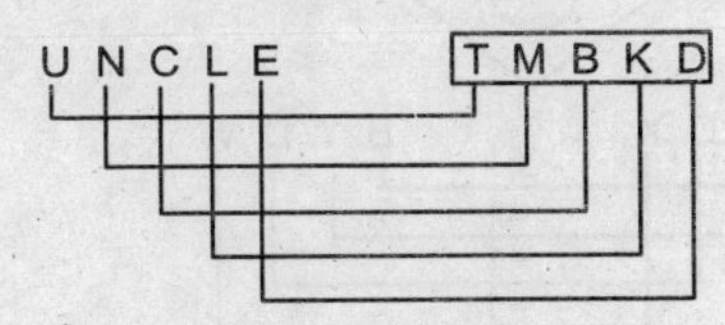

13.

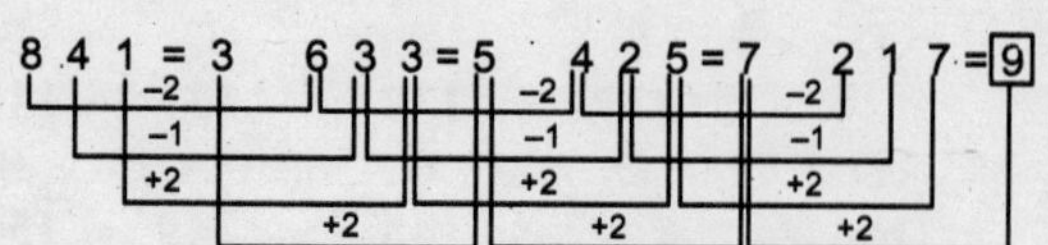

14. $51 \times 14 = 714$

$61 \times 15 = 915$

$71 \times 16 = 1136$

$\therefore 81 \times 17 = 1377.$

17. $5 + 4 \times 2 = 18$

$6 + 3 \times 3 = 27$

$12 + 4 \times 6 = 96$

19.

20.

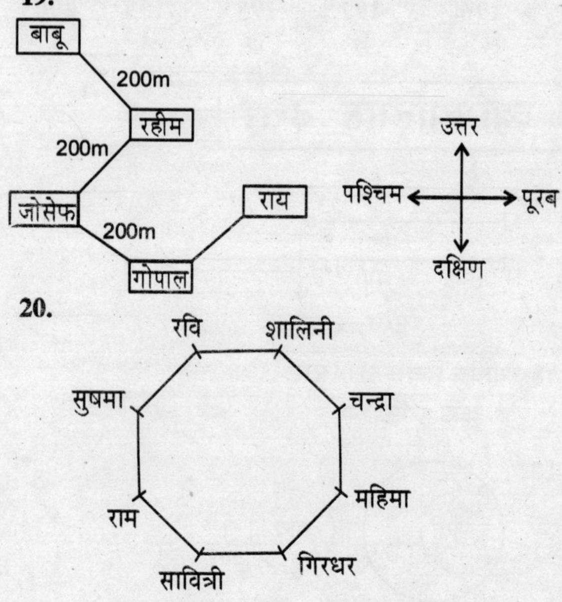

21.

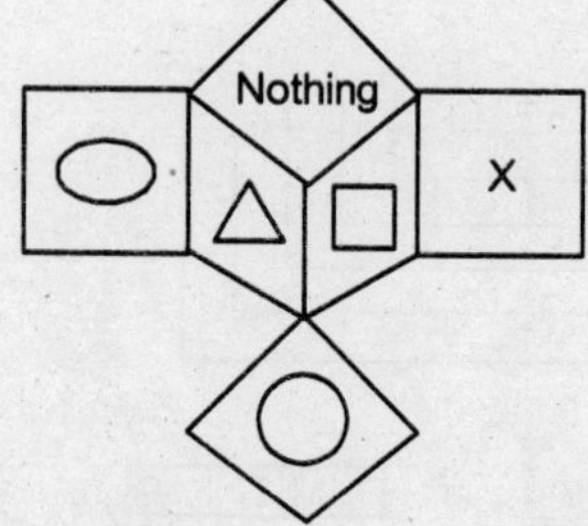

24.

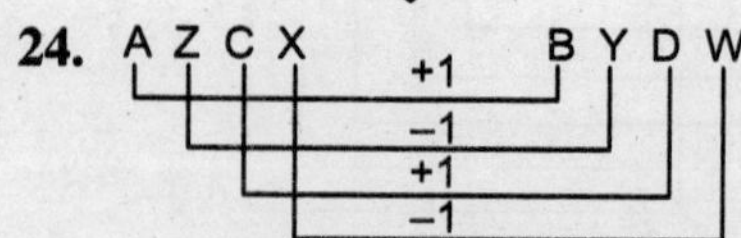

25.

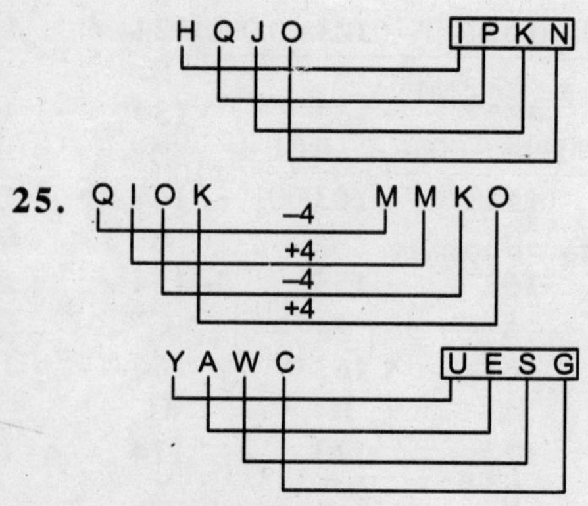

30. बरामदा खुली जगह है।

31. की-बोर्ड को छोड़कर अन्य सभी का सम्बन्ध संगीत से है।

37. $6 + 8 = 14$ और $14 + 16 = 30$

इसी प्रकार, $7 + 5 = 12$ और $12 + 10 = 22$.

38. सदस्य → परिवार → समुदाय → इलाका → देश

39. TORONTO → TORPED → TORSET → TORTOISE → TORUS

40. a a b aaaba a a ba a ab a

41.

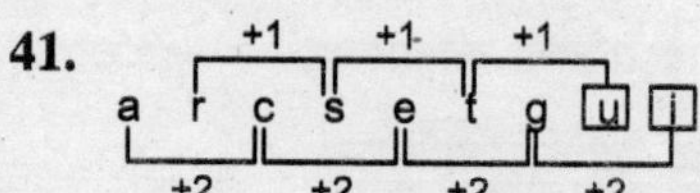

49.

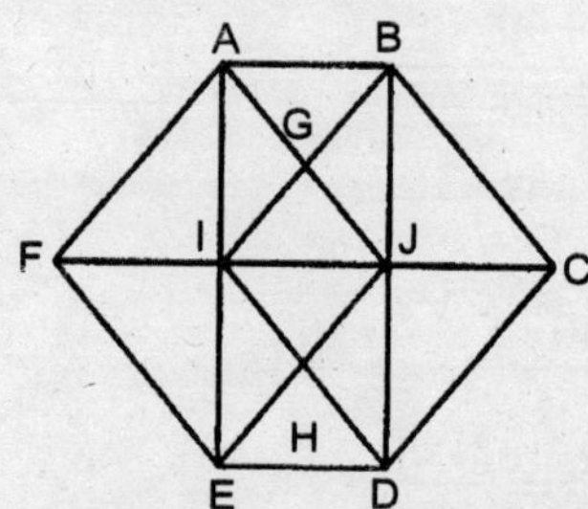

ये त्रिभुज हैं–

AGB	IGJ	IHJ	EHD
AGI	FIE	DCJ	BCJ
AIF	EHI	DHJ	BGJ
FAJ	IBC	FEJ	IDC
AFE	AJE	BID	BCD
AIJ	BIJ	ABJ	ABI
IDJ	IEJ	EJD	EID

101. स्पष्टत: 11^2, 12^2, 13^2, 14^2, 15^2, 16^2 और 17^2

कुल = 7

102. $\dfrac{(0.01+0.01)(0.1-0.01)+0.0001}{0.0001}$

$= \dfrac{0.0099+0.0001}{0.0001} = \dfrac{0.01}{0.0001} = 100$

105. माना कि क्रय मूल्य $= x$

तब विक्रय मूल्य $= x\left(1+\dfrac{200}{100}\right)$

$= 3x$

$\therefore$ अनुपात $= \dfrac{x}{3x} = 1:3.$

109. माना कि वस्तु का मूल्य x रु. है।

प्रथम वृद्धि 10% $= x\left(1+\dfrac{10}{100}\right) = \dfrac{11x}{10}$

पुनः वृद्धि 20 % $= \dfrac{11x}{10}\left(1+\dfrac{20}{100}\right) = \dfrac{66x}{50}$

अब प्रश्नानुसार, $\dfrac{66x}{50} = 33$

$\therefore x = \dfrac{33\times 50}{66} = 25.$

110. माना कि वर्ग की भुजा $= x$ इकाई

तो क्षेत्रफल $= x^2$ वर्ग इकाई

अब वर्ग की भुजा में वृद्धि $= x\left(1+\dfrac{10}{100}\right) = \dfrac{11x}{10}$

$\therefore$ नये वर्ग का क्षेत्रफल $= \dfrac{121x^2}{100}$

क्षेत्रफल में वृद्धि $= \dfrac{21x^2}{100}$

वृद्धि प्रतिशत $= \dfrac{21x^2}{100\times x^2}\times 100 = 21\%.$

112. माना कि संख्याएँ x तथा $3x$ हैं।

$\therefore x + 3x = 240 \Rightarrow x = 60$

उनका अन्तर $= 180 - 60 = 120.$

115. ताम्बे के तार की लम्बाई = 36 मी. = 3600 सेमी.

व्यास = 2 मिलीमीटर $\therefore$ त्रिज्या = 1 मिलीमीटर $= \dfrac{1}{10}$ सेमी.

अब यह बेलन के रूप में है।

$\therefore$ आयतन $= \pi r^2 h = \pi \dfrac{1}{100}\times 3600 = 36\pi$

अब गोले का आयतन $= \dfrac{4}{3}\pi r^3$

$36\pi = \dfrac{4}{3}\pi r^3$

$\therefore \quad r^3 = 27$

$\Rightarrow \quad r = 3$ सेमी.

117. माना कि आयत की लम्बाई $= l$ इकाई

आयत की चौड़ाई $= b$ ईकाई

$\therefore$ क्षेत्रफल $= lb$ वर्ग इकाई

अब प्रश्नानुसार लम्बाई $= l\left(1+\dfrac{10}{100}\right)$

और, चौड़ाई $= b\left(1-\dfrac{10}{100}\right) = \dfrac{9l}{10}$

क्षेत्रफल $= \dfrac{99lb}{100}$

क्षेत्रफल में कमी $= lb\left(1-\dfrac{99}{100}\right) = \dfrac{lb}{100}$

$= \dfrac{lb}{100\times lb}\times 100$

अभीष्ट प्रतिशत कमी % = 1%.

119. A = 24,000 रु. P = 12,000 रु.,

माना कि दर $= r\%$

$\therefore 24000 = 12000\left(1+\dfrac{r}{100}\right)^5$

$2 = \left(1+\dfrac{r}{100}\right)^5$

$\therefore 2^4 = \left(1+\dfrac{r}{100}\right)^{20}$

अर्थात् मूलधन का 16 गुना

$\therefore$ अभीष्ट राशि $= 16\times 12,000 = 92,000$ रु.

128. 100 तक की कुल विषम संख्याएँ = 50.

अतः उसका योगफल

$= \frac{50}{2}\{2 \times 1 + (50-1) \times 2\}$
$= 25(2+98)$
$= 2500$

$\therefore$ औसत $= \frac{2500}{50} = 50$

129. स्पष्टतः $1 \times 10 \times 0.01 \times 10^2 \times 0.001 \times 10^3 \times 10$
$= 1 \times 1 \times 1 \times 10 = 10.$

139. $5p9 + 3R7 + 2\,Q\,8 = 1114$

दिए गए प्रश्न को हम इस प्रकार लिख सकते हैं

	1	2
5	P	9
3	Q	7
2	R	8
11	1	4

$2 + P + R + Q = 11$

अतः Q का अधिकतम मान
$(11-2) = 9$ (जब P = 0, R = 0).

142. $\frac{3.20(3.25-30.5)}{0.064} = \frac{3.20 \times 0.20}{0.064}$

$= \frac{320 \times 20}{640} = 10$

148. 45° का कोण बनता है जब खर्च 9000

$\therefore$ 1° का कोण बनता है जब खर्च $\frac{9000}{45}$

$\therefore$ 100° का कोण बनता है जब खर्च $\frac{9000}{45} \times 100$

= 20,000 रु.

$\therefore$ अभीष्ट धन = 11,000 रु.

149. 45° का कोण बनता है जब खर्च 9000

$\therefore$ 160° का कोण बनता है जब खर्च $\frac{9000 \times 160}{45}$

= 32,000 रु.